Korea

# 韓国

JN047906

## COVER STORY

華やかな韓服に身を包んだ観光客が戻ってきました。
昔ながらの韓屋の黒い瓦屋根が波打つ全州の旧市街。
週末となれば思いおもいの衣装を着た若いグループが
スマホをかざしてそぞろ歩きを楽しみます。
ソウルでも、慶州でも、歴史的な町並みと韓服はよく似合う。
活気を取り戻した韓国へ、プチトリップはいかがでしょう。

地球の歩き方 編集室

# KOREA CONTENTS

## 本文中に使われているマークについて

この部分には該当エリアの読み、日本漢字などを記載

**MAP** 地図参照ページ
**住** 所在地の住所
**旧** 旧住所
**TEL** 電話番号
**開** 営業時間
**休** 休日
**CC** カード
　　A アメックス
　　D ダイナース
　　J JCB
　　M mastercard
　　V VISA
**日** 日本語が通じるか
**日メ** 日本語メニューがあるか
　※無表示の場合はなし
**英メ** 英語メニューがあるか
　※無表示の場合はなし
**料** 料金
**交** 交通アクセス
**URL** 公式ウェブサイトのURL

✉ 読者投稿
**info** はみ出し情報

雪岳山に見守られた景勝地　　　　江原道 東草市 ソウル●●中部
# 束草 ソクチョ
속초 Sokcho

www.sokcho.go.kr
市外局番●033
人口●8万1998人

東草観光案内所
**TEL** (033) 635-2003
**開** 9:00〜18:00
**休** 5/1、旧正月とチュソク連休
雪岳山への入口にある雪岳日出公園内にある。
▶ 東草高速バスターミナル
**MAP** P.195-C2
▶ 東草市外バスターミナル
**MAP** P.195-C1
ほかにボックスタイプの案内所がある。

東草の高速バスターミナル
市内バス ・・・・・・・・・・・・・・
一般バス₩1400
（交通カード₩1260）
上記は東草市内への最短距離で行く場合は₩2690、交通カード利用で、降車時にタッチして90分以内に乗り継ぐと、1回限りだが最終降車地東草市内の場合は追加料金は必要ない。
タクシー ・・・・・・・・・・・・・・
初乗り₩3800（2kmまで）

裏陽空港からはいったん裏陽共用バスターミナルに出てから広域バスに乗り換える

裏陽国際空港
**MAP** P.76-B2
**住** 201 Gonghang-ro, Sonyang-myeon, Yangyang
**旧** 양양군 손양면 공항로 201
**旧** 양양군 손양면 동호리 545
**TEL** 1661-2626
**URL** www.airport.co.kr/yangyang

江原道の東北にある海に面した町。38度線の北にあるため1945年にソ連軍に占領され、後に北朝鮮の領土となった。1951年朝鮮戦争により韓国領となるなど時代に翻弄されてきたが、近年は融和ムードの高まりから観光地として注目されている。市の西側は韓国有数の景勝地、雪岳山国立公園。名刹洛山寺のある裏陽、北朝鮮との境界である高城郡などへの基点となる町だ。

東明港にある雪琴亭は絶好のフォトスポット

## 歩 き 方

東草の中心は青草湖の北にある中央市場のあたり。さらに北には市外バスターミナルが、その東には国際フェリーターミナルがある（2019年現在定期旅客便は運航されていない）。高速ターミナルは青草湖の南にある。多数のバスを通り市外バスターミナルとを結んでいる。

▶ 東草周辺の広域バス
東草エリアは広域バスが市内を走っており、うまく使うことでひと通りの見どころへは行ける。特に1、3、7、9番のバスは市外バスターミナルからケッペ船入口、中央市場から東草中心部、高速ターミナル、大浦港、雪岳日の出公園へと貫く。1番は北の高城方面へ、3番は尺山温泉方面へ、7番は新興寺方面、そして9番は洛山寺やビーチを経由して裏陽共用バスターミナルへと行く。

▶ 裏陽国際空港からのアクセス
東草から最も近い空港である裏陽国際空港には2022年12月現在日本からの定期便は運航されていない。便の発着に合わせて裏陽共用バスターミナルまでシャトルバスがある。タクシーを使うなら裏陽市外バスターミナルまで所要約10分、運賃は₩9000ほど。

190 **info** 2019年11月22日、裏陽国際空港を拠点とする航空会社「フライ江原」が運行を開始した。国内便は済州、龍水路線があり、2022年10月からは成田路線が週4便運行している。

※記号説明用のサンプルです

## ■掲載情報のご利用にあたって

　編集室では、できるだけ最新で正確な情報を掲載するように努めていますが、現地の規則や手続きなどがしばしば変更されたり、またその解釈に見解の相違が生じることがあります。このような理由に基づく場合、または弊社に重大な過失がない場合は、本書を利用して生じた損失や不都合などについて、弊社は責任を負いかねますのでご了承ください。また、本書をお使いいただく際には、掲載されている情報やアドバイスがご自身の状況や立場に適しているか、すべてご自身の責任でご判断のうえご利用ください。

## ■現地取材および調査時期

　本書は「できるかぎり具体的ですぐに役立つ情報」をポリシーに編集されており、特に記載がないかぎり、情報は**2022年8月〜2023年1月**に取材したもので

す。しかし、記述が具体的になればなるほど、現状との誤差が生じる可能性があります。韓国ではレストランやショップの値上げ、閉鎖や移転、交通機関の路線変更や料金変更が少なくありません。**また新型コロナウイルスの影響もあり、実際に旅行される時点で状況が大きく変化していることが予想されます。**

## ■本書の特徴

　本書は、韓国全土を対象に作成しました。特に個人旅行者向けに、各都市のアクセス、ホテル、レストランなどの情報を豊富に掲載しています。

## ■ホテルの料金について

　本書で掲載している料金は、取材時の個人客用の料金です。韓国のホテルはシーズンや状況によって宿泊費の変動が大きいため、ご利用になる前に必ずその時

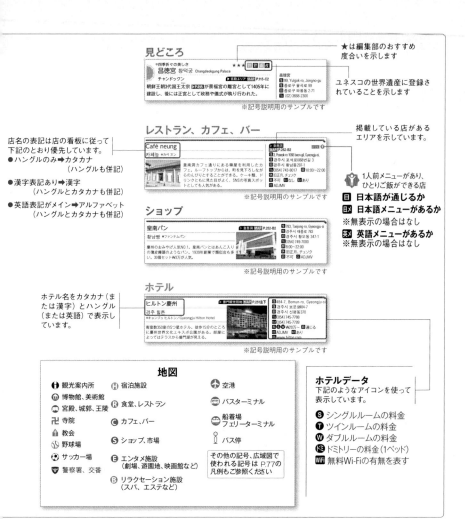

## 見どころ

★は編集部のおすすめ度合いを示します

★四季折々の美しさ
**昌徳宮** 창덕궁 Changdeokgung Palace
チャンドックン

ユネスコの世界遺産に登録されていることを示します

朝鮮王朝3代国王太宗 ▶P.103 が景福宮の離宮として1405年に建設され、後には正宮として政務や儀式が執り行われた。

詳細情報
■99, Yulgok-ro, Jongno-gu
■종로구 율곡로 99
■종로구 와룡동 2-71
■(02) 3668-2300

※記号説明用のサンプルです

## レストラン、カフェ、バー

店名の表記は店の看板に従って下記のとおり優先しています。
● ハングルのみ ➡ カタカナ
　（ハングルも併記）
● 漢字表記あり ➡ 漢字
　（ハングルとカタカナも併記）
● 英語表記がメイン ➡ アルファベット
　（ハングルとカタカナも併記）

掲載している店があるエリアを示しています。

**Café neung**
카페능 ★カペヌン

皇南洞カフェ通りにある韓屋を利用したカフェ。ルーフトップからは、町を見下ろしながらのんびりすることができる。ケーキ類、ドリンクともに見た目がよく、SNSの写真スポットとしても人気がある。

▶慶州 MAP P.252-B2
■8, Poseok-ro 1068 beon-gil, Gyeongju-si.
■경주시 포석로1068번길 8
■경주시 탑동 297-1
■(054) 743-8017 ■10:00～22:00
■日正月、チュソク ■あり
■ADJMV

1人前メニューがあり、ひとりご飯ができる店

**日** 日本語が通じるか
**日メ** 日本語メニューがあるか
※無表示の場合はなし

**英メ** 英語メニューがあるか
※無表示の場合はなし

※記号説明用のサンプルです

## ショップ

**皇南パン** 황남빵 ★ファンナムパン

慶州のおみやげ人気No.1。皇南パンとはあんこ入りの薄皮饅頭のようなパン。1939年創業で類似店も多い。30個セットW3万が人気。

▶慶州 MAP P.252-B2
■783, Taejong-ro, Gyeongju-si
■경주시 태종로 783
■경주시 황남동 347-1
■(054) 749-7000
■8:00～22:00
■日正月、チュソク ■不可 ■ADJMV

※記号説明用のサンプルです

## ホテル

ホテル名をカタカナ（または漢字）とハングル（または英語）で表示しています。

**ヒルトン慶州** 경주 힐튼
★★キョンジュヒルトン／Gyeongju Hilton Hotel

客室数350室の5つ星ホテル。徒歩15分のところに慶州世界文化エキスポ公園がある。部屋によってはテラスから専門湖が見える。

▶普門観光団地 MAP P.251下左
■484-7, Bomun-ro, Gyeongju-si
■경주시 보문로 484-7
■경주시 신평동 484-7
■(054) 745-7788
■(054) 745-7799
■S W2017～ ■通じる
■ADJMV ■あり
■www.hilton.com

※記号説明用のサンプルです

## 地図

- 観光案内所
- 博物館、美術館
- 宮殿、城郭、王陵
- 寺院
- 教会
- 野球場
- サッカー場
- 警察署、交番

- 宿泊施設
- 食堂、レストラン
- カフェ、バー
- ショップ、市場
- エンタメ施設
  （劇場、遊園地、映画館など）
- リラクセーション施設
  （スパ、エステなど）

- 空港
- バスターミナル
- 船着場
  フェリーターミナル
- バス停

その他の記号、広域図で使われる記号は P.77の凡例もご参照ください

## ホテルデータ

下記のようなアイコンを使って表示しています。

**S** シングルルームの料金
**T** ツインルームの料金
**W** ダブルルームの料金
**D** ドミトリーの料金（1ベッド）
**WiFi** 無料Wi-Fiの有無を表す

---

点での宿泊費をご確認ください。本書で表示している料金はひと部屋あたりの部屋代です。観光ホテルの場合は税とサービス料がかかる場合があります。

### ■住所表示について

　韓国では2007年から住所表示が変更になり、これまでの「地番」から「道路名＋番号」になりました。2014年からは道路名表示が法定表示となっています。また道路の行先表示板や、道路標識には英語併記も増えてきています。とはいえ、店舗カードに古い住所表記しかなかったり、タクシーの運転手には古い住所表記のほうが通じやすい場合もあります。そこで本書では、日本人が読める「新住所の英語表記」「ハングル新住所」「ハングル旧住所」をできる限り併記しています。状況に合わせてご活用ください。

### ■発行後の更新情報について

　本書発行後に変更された掲載情報や訂正箇所は、「地球の歩き方」ホームページの本書紹介ページ内に「更新・訂正情報」として可能なかぎり最新のデータに更新しています（ホテル、レストラン料金の変更などは除く）。下記URLよりご確認いただき、ご旅行前にお役立てください。
**URL** www.arukikata.co.jp/travel-support/

### ■新型コロナウイルス感染症について

新型コロナウイルス（COVID-19）の感染症危険情報について、全世界に発出されていたレベル1（十分注意してください）は、2023年5月8日に解除されましたが、渡航前に必ず外務省のウェブサイトにて最新情報をご確認ください。

◎外務省　海外安全ホームページ・韓国危険情報
**URL** www.anzen.mofa.go.jp/info/
pcinfectionspothazardinfo_003.html#ad-image-0

## 韓国の基本情報

▶旅の韓国語→P.484

**国 旗**
太極旗。白地の中心に赤と青の2色からなる円（太極円）が置かれ、そのまわりに4つの図象（卦）が配置されている

**正式国名**
大韓民国
Republic of Korea
대한민국（テハンミングク）
**国 歌**
愛国歌（エグッカ）
**面 積**
約10万km$^2$（朝鮮半島全体の45%、日本の約4分の1）
**人 口**
約5163万人
**首 都**
ソウル　Seoul　서울

**元 首**
尹錫悦（ユン・ソンニョル）大統領
**政体・民族構成**
民主共和国。韓民族
**宗 教**
仏教徒約762万人、キリスト教徒（プロテスタント約968万人、カトリック約389万人）等
**言 語**
公用語は韓国語。
文字は15世紀に創り出された表音文字の「ハングル」

●データ：外務省（2023年2月現在）

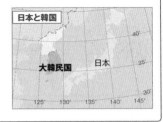
日本と韓国　大韓民国　日本

## 通貨と為替レート

▶両替、予算とお金→P.454

通貨単位はウォンで、記号は₩。
2024年4月現在、₩100が約11.19円に相当する。紙幣は₩5万、₩1万、₩5000、₩1000の4種類、硬貨は₩500、₩100、₩50、₩10、₩5、₩1の6種類あるが、₩5、₩1は事実上流通していない。

## 電話のかけ方

**日本から韓国へかける場合**　例 ソウルの(02)123-4567へかける場合

| 国際電話識別番号 **010**※ | + | 韓国の国番号 **82** | + | 市外局番（頭の0は取る） **2** | + | 相手先の電話番号 **123-4567** |
|---|---|---|---|---|---|---|

※携帯電話の場合は010のかわりに「0」を長押しして「+」を表示させると国番号からかけられる
※ NTTドコモは事前にWORLD CALLに登録が必要

## 出入国

**パスポート**
滞在期間や入国目的によってさまざまだが、パスポートの残存期間は入国時6ヵ月以上あること。

**ビザ**
観光目的で90日以内の滞在の場合はビザは必要ないが、18〜64歳の人はK-ETAの申請が必要。（2024年12月31日まで一時的に申請が不要となっている）。

▶旅の必要書類
→P.450
▶出国と入国
→P.457

## 日本からのフライト時間

成田からソウルまで約2時間30分。羽田からソウルまで約2時間20分。関西からソウルまで約2時間。札幌（新千歳）からソウルまで約3時間、名古屋（中部）からソウルまで約2時間10分、福岡からソウルまで約1時間20分。

## 気候

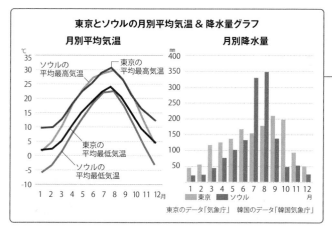

**東京とソウルの月別平均気温 & 降水量グラフ**

月別平均気温

ソウルの平均最高気温　　東京の平均最高気温
東京の平均最低気温
ソウルの平均最低気温

月別降水量

1 2 3 4 5 6 7 8 9 10 11 12月
東京　ソウル

東京のデータ「気象庁」　韓国のデータ「韓国気象庁」

▶旅のカレンダー
→P.26

## 時差とサマータイム

日本との時差はない。サマータイムもないので1年を通じて日本と同一時間。

## ビジネスアワー

**銀　行**
月〜金曜9:00〜16:00、土・日曜、祝日休。営業時間中は両替可能。
**郵便局**
月〜金曜9:00〜18:00、土・日曜、祝日休。ソウル中央郵便局は土曜13:00まで営業。官公庁は土曜も休み。

**商　店**
一般的に10:00〜20:00くらい。ファッションビルは深夜営業も多い。旧正月とチュソクは休む店が多い。
**レストラン**
一般的には11:00〜22:00くらい。15:00〜17:00頃に中休みをとる店も多い。旧正月とチュソクは休む店が多い。

▶郵便
→P.476
▶旅のカレンダー
→P.26

**韓国から日本へかける場合**　例 (03)1234-5678または090-1234-5678へかける場合

| 国際電話識別番号 001、002 005、008 00700 | + | 日本の国番号 81 | + | 市外局番と携帯電話番号の最初の0を除いた番号 3または90 | + | 相手先の電話番号 1234-5678 |
|---|---|---|---|---|---|---|

## 祝祭日
### （おもな祝祭日）

▶旅のカレンダー
→P.26

韓国の祝祭日は新暦のものと旧暦のものがある。旧暦の祭日は毎年日付が変動する。旧暦の祭日は「ソルラル（旧正月）」、「プチョニムオシナル（釈迦生誕日）」、「チュソク（日本でいう旧盆のようなもの）」の3つ。

| 1/1 | 新正月 |
| 2/9～11（'24）、1/28～30（'25） | ソルラル（旧暦大晦日～旧暦1月2日） |
| 3/1 | 三·一節 |
| 4/10（'24） | 地方選挙 |
| 5/5（'24は日曜のため翌6日も休日） | 子供の日 |
| 5/27（'23）、5/15（'24） | 釈迦生誕日 |
| 6/6 | 顕忠日 |
| 8/15 | 光復節 |
| 9/28～30（'23）、9/16～18（'24） | チュソク |
| 10/3 | 開天節 |
| 10/9 | ハングルの日 |
| 12/25 | クリスマス |

## 電圧とプラグ

韓国の電圧は220V、プラグはSE型が主流。C型も使えるが、電圧100V、A型プラグの日本と異なる。スマートフォンやノートPCのアダプターは、通常国際対応しており、A型→SE型またはC型の変換プラグを使えば利用できるが、国際対応していない日本のドライヤーなどの使用には変圧器が必要。一部のホテルには110V、A型のコンセントがある。

220V、SE型のコンセント

## 映像ソフト

日本のDVDのリージョンコードは2、韓国は3。購入する際はリージョンフリー（オールリージョン）のものを。リージョンコードが異なると市販のデッキでは再生できない。パソコンではリージョンコードの変更が可能だが、通常5回までの回数制限がある。ブルーレイのリージョンコードは日本と韓国は同じリージョンAなので、韓国で購入したソフトは日本でもそのまま再生できる。

## チップ

不要。高級店での飲食代やホテル宿泊費などには、あらかじめサービス料が付加されている。

## 飲料水

水道水は硬水。慣れない人はスーパーマーケットやコンビニエンスストアでミネラルウオーターを買うとよい。ホテルにはミネラルウオーターとともに、お茶やインスタントコーヒーのセットが置いてあることが多い。食堂などで無料で提供されるお茶や水は一般的には安全だと考えられる。

## 生もの

食材や調理法が豊かな韓国では、なんでもおいしく食べたいもの。食中毒のリスクを見分けることは難しいが、魚介の刺身などの生もの、日本で禁止されている牛肉のユッケには注意。豚肉、牛ひき肉、内臓肉などの生焼け、淡水性の貝類やカニなどにリスクがあることは知っておこう。

郵便ポストの色は明るい赤色。日本への国際郵便料金は下記のとおり。
・航空はがき　₩430
・航空封書　10gまで₩570
・国際小包　船便2kgまで　₩1万7680
・航空便2kgまで　₩2万1000
・EMS非書類500gまで　₩2万3500

切手は郵便局のほか一部の文房具店などで買える。小包は郵便局からEMS（国際スピード郵便）で送るとよい（一部のデパートやおみやげ屋では代行する）。

都市部では随所に設置されている。差し入れ口は左がその市区（地域）行きで右がその他の地域行き

## 郵 便
▶郵便
→P.476

---

都市部では公共の無料Wi-Fiが利用できるエリアが年々増えている。チェーン系カフェや商業施設でも使える。パスワードの入力や事前登録が必要な場合があるが、基本的に手続きは難しくない。プリペイドカード式Wi-Fiをコ

ンビニエンスストアで購入することもできる。携帯電話会社の海外パケット定額サービスやWi-Fiルーターレンタルサービスなど、自分に合った利用法を検討しよう。

## Wi-Fi
▶インターネットとスマートフォン
→P.477

---

10%の付加価値税（VAT）がすべての消費行為に対しかけられている。通常は内税だが、まれに外税もある。外国人が「TAX FREE」のマークがある加

盟店で₩1万5000以上の買い物（1店での支払い合計が1日₩1万5000以上）をし、手続きをした場合は、VATの一部が払い戻される制度がある。

## 税 金
▶免税ショッピング
→P.474

---

韓国の治安は一般的に悪くないが、日本大使館にはスリや置き引きなどの被害が報告されている。明洞や東大門でのスリ、チムジルバン（韓国式サウナ）での置き引きなどに注意。また、日本語で声を掛けられてバーでぼったくられたり、カジノで高利貸しにはまったり、ルームメイトになった人に貴重品を持ち去られたりという事案もある。
●外務省　領事サービスセンター
☎(03)3580-3311

●外務省　海外安全ホームページ
🔗 www.anzen.mofa.go.jp
●警察緊急通報
　（日本の110番に相当）
☎ 112（電話を通して日本語通訳サービスを行っている）
●火災、救急車
　（日本の119番に相当）
☎ 119（日本語可）
●観光案内電話
☎ 1330（日本語可）

## 安全とトラブル

▶旅のトラブル
→P.480

---

19歳未満へのたばことアルコールの販売、カジノへの入店は禁止されている。

## 年齢制限

---

韓国では、長さ、容積、重さの単位は日本と同じくメートル法が用いられている。

## 度量衡

---

●在大韓民国日本大使館
🏠 8th Floor, Twin Tree Tower A, 6, Yulgok-ro, Jongno-gu, Seoul
🏠 서울시 종로구 율곡로 6
　트윈트리타워　A동 8층
🏚 서울시 종로구 중학동 14 트윈트리타워 A동 8층　☎(02)739-7400
🔗 www.kr.emb-japan.go.jp
●在釜山日本国総領事館
🏠 18, Gogwan-ro, Dong-gu, Busan
🏠 부산시 동구 고관로 18
🏚 부산시 동구 초량3동 1147-11

☎ (051)465-5101〜6
🔗 www.busan.kr.emb-japan.go.jp
●在済州日本国総領事館
🏠 Segi Bldg, 9F (Nohyeong-dong) 3351, 1100-ro, Jeju-si
🏠 제주특별자치도 제주시 1100로 3351　세기빌딩 9층
🏚 제주특별자치도 제주시 노형동 977-1　세기빌딩 9층
☎ (064)710-9500
🔗 www.jeju.kr.emb-japan.go.jp

## 在外公館

# 韓国最新ニュース 旅に役立つ話題のニュースをご紹介！
# News & Topics KOREA

長項スカイウオークから見た舒川干潟
円内:順天干潟に生息するシオマネキの仲間

## ① 韓国の干潟4ヵ所が世界遺産に登録
各地 ▶ P.33

絶滅危惧種や固有種を含む多くの動植物が見られる舒川、宝城・順天、高敞、新安の4ヵ所の干潟が2021年、ユネスコ世界自然遺産に登録された。

## ② 韓国のタルチュムが無形文化遺産に登録
河回 ▶ P.244

2022年、ユネスコの無形文化遺産に韓国各地の18の仮面劇、タルチュムが登録された。そのなかのひとつ、安東河回村の河回別神グッタルノリは、一年を通じて公演が行われている。

機織りをする老婆

嘲笑的に演じられる破戒僧

## ③ 韓国旧大統領府の青瓦台が一般開放

チョンワデ

**ソウル青瓦台** ▶ P.138

2022年5月に韓国大統領に就任した尹錫悦氏（ユンソンニョル）。彼は大統領府を移転し、70年以上使われていた青瓦台を一般に開放した。長きにわたり政治や外交の表舞台だっただけに敷地内は見どころたっぷり。新たなソウルの観光名所として注目を集めている。

大統領とその家族が暮らす官邸は韓屋式

青い屋根が印象的な本館

## ④ ソウルの韓国観光広報館がHiKR Groundとして リニューアル

**ソウル鐘閣** ▶ P.96

観光案内と韓国文化の体験ができる韓国観光広報館だったK-Style Hubは、2022年5月に新たにHiKR Ground（ハイカーグラウンド）としてリニューアルした。5階建ての建物は、観光案内はもちろん、体感型のアトラクションが多数設けられており、K-POPや韓国のモダンアートなどに触れられる。

現代アートも展示している

## ⑤ 国立益山博物館がオープン

イクサン

**益山** ▶ P.377

純金製の仏坐像

世界遺産に登録されている弥勒寺址（ミルクサジ）に隣接する、韓国で13番目にできた国立博物館。およそ4年もの歳月を費やして、従前の弥勒寺址遺物展示館を増改築した。ハイライトは金色に輝く舎利荘厳具や百済最後の王陵として知られる双陵（サンヌン）で発見された木棺など。弥勒寺址や益山近郊の遺跡から発掘された出土品3万点あまりを収蔵している。

益山の双陵から出土した木棺

世界一高所にあるスタバ

夕景から夜の帳が落ちる頃がベスト

## ⑥ 釜山の海雲台に新名所が続々!! 釜山 ▶P.302

港湾都市釜山を一望できる BUSAN X the SKY は韓国で2番目に高い展望台。98階にあるスタバは台湾の台北101店を抜いて世界一高い場所にある店舗となった。

海雲台ブルーラインパークは海雲台地区に新しくオープンした観光施設。東海南部線の旧鉄道施設を再利用した「海岸列車」と、4人乗りの小型モノレール「スカイカプセル」が海沿いを走行する。

1 釜山の江ノ電としてフォトスポットになっている踏切
2 海の方向にシートが並ぶ
3 海岸列車とスカイカプセルのツーショット

## ⑦ 博多・釜山間にクイーンビートル就航 釜山 ▶P.456

2022年11月4日に博多と釜山を結ぶ航路が再開され、高速船のクイーンビートルが就航した。もともと2020年に導入される予定だったがコロナ禍で日韓航路が運休していたため、竣工から2年後の就航となった。博多・釜山間は所要3時間40分、乗客は航行中でもシートベルトの着用は必要なく、ショッピングや食事を自由に楽しむことができる。

快適な船旅を♪

また来るね釜山!

© JR九州高速船株式会社

1 軽食やドリンクが楽しめる売店。スタッフはもちろん日本語が通じる
2 インテリアデザインは数々の観光列車を手がけた水戸岡鋭治氏。一般席でも十分な広さ
3 博多と釜山を結ぶ勇姿。途中、対馬もよく見える
4 海風を受け、後方デッキから過ぎ去る釜山を眺める

## ⑧ 浦項に歩く ジェットコースター?

**浦項** ▶ MAP P.263-A

スペースウォークは韓国を代表する企業ポスコが制作し、2021年から市民に開放されている施設。全長333m、717段の階段があり、海やポスコ工場群を眺めながら歩くことができる。あたかも宇宙遊泳をしているかのようでその名が付けられた。けっこう揺れるので注意。

鉄鋼メーカーポスコが地元への社会貢献として制作。造形としても美しい

## ⑨ 錨型の展望台 イガリタッチョンマンデ

**浦項** ▶ MAP P.85-D1

イガリは地名、タッが船の錨、チョンマンデが展望台を表す。上から見ると錨の形をしていることから名付けられた。岩の多い海に100mほど突き出した展望スポットで、荒波が打ち付ける様子は、なかなかの迫力だ。

上から見ると錨の形をしている

## ⑩ 安東と慶州の 鉄道駅が廃駅に

**安東** ▶ P.240　**慶州** ▶ P.250

中央線の改良工事によって、町の中心にあった安東駅は廃駅となり、新たな安東駅が町の西、バスターミナルの隣に建設された。慶州でも同様に中心部にあった慶州駅が廃駅となったことで、町の西にある新慶州駅が、唯一の鉄道駅になっている。

町の西に新たに建てられた安東駅

## ⑪ ロッテワールド・ アドベンチャー釜山 開業

**釜山** ▶ MAP P.273-D2

2022年3月末にオープンした韓国南部最大のテーマパーク。スリル満点のアトラクションやキャラクターによるパレードなど子ども連れに大人気。ロッテプレミアムアウトレットが隣接しており、帰りにショッピングも楽しめる。東海線オシリア駅から徒歩10分。

大きなトーキングツリーがお出迎え

info 2022年10月1日から新型コロナウイルス関連による韓国への入国の規制がほぼ撤廃されたが、K-ETAなど新しい変更点もある。渡航前に一度確認しておこう。 ▶ P.450

## どこで何が見られるの？
# 韓国の見どころ エリアナビ

韓国の行政区分は下の地図のように分けられている。観光公社も道や広域市ごとに設置されているので、資料をもらうときなどに覚えておくと役に立つ。

歴史と現代が交錯する活気ある首都

平昌オリンピック開催地。緑濃い夏も雪景色も魅力

**京畿道** キョンギド
**江原特別自治道** カンウォン

● ソウル特別市
● 仁川広域市

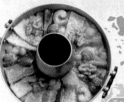

彩りよく材料を並べるのも伝統

**忠清南道** チュンチョンナムド
**忠清北道** チュンチョンブクト

● 世宗特別自治市
● 大田広域市

**慶尚北道** キョンサンブクト

大邱はキリスト教の伝来も早く古い教会などのある趣がある町

**全羅北道** チョルラブクト

● 大邱広域市
● 蔚山広域市

**慶尚南道** キョンサンナムド

● 光州広域市

**全羅南道** チョルラナムド

● 釜山広域市

芸術や文化の町。食文化も豊か

フェリーの便も便利。海鮮と市場巡りが楽しい

**済州特別自治道** チェジュ

済州島の中央にそびえる漢拏（ハルラ）山頂上付近のツツジも見どころ

# 京畿道
キョンギド
**▶P.91**
Gyeonggi-do

朝鮮王朝以来、700年以上にわたり、朝鮮半島の中心都市であり続け、新たな流行が次々と生まれるソウル。歴史都市の水原や韓国の空の玄関、仁川など近郊の町にも見るべきものは多い。

ソウル観光の
必訪スポット

**1** ソウル 景福宮 **▶P.132**

カラフルな
シティツアーバスで
グルメ旅に出発!

**2** 仁川 中華街 **▶P.159**

**3** ソウルスカイ **▶P.137**

**4** 水原華城 **▶P.171**

熱々オデンは
屋台の定番おやつ

ソウル 明洞 **▶P.141**

1景福宮の守門将交代式ではカラフルな大太鼓が打ち鳴らされる 2仁川には古くから中華街が開けた 3桜のシーズンのロッテワールドタワー 4都市と歴史的景観がマッチした水原

17

**キョンサンド**
# 慶尚道 ▶P.217
Gyeongsang-do

| 大邱広域市 | Daegu | ▶P.222 |
| 釜山広域市 | Busan | ▶P.270 |

大邱の盆地を
見渡せるよ

釜山は日本各地からフェリーでも入れる
身近な都市。ほかにも大邱、慶州といっ
た特色ある都市を擁する慶尚道には、昔
ながらの文化が今も根付いている。取れ
たての海の幸が楽しめるのも魅力的。

1 春を告げる満開の桜と大邱83タワー 2 釜山国際
映画祭BIFFにちなんだ施設でさまざまな体験ができる
3 釜山エアクルーズは松島海水浴場の東西を海上で
結ぶロープウエイ 4 カラフルな家が並ぶ夕暮れの甘
川文化村 5 高層ビルが並ぶビーチは釜山を代表す
る風景

韓国仏教を
代表する名刹

1 大邱 83タワー ▶P.232

仏国寺 ▶P.258

2 釜山映画体験博物館
▶P.298

BIFFといえば
釜山国際映画祭

透明な床のロープウ
エイで空中散歩

3 釜山エアクルーズ ▶P.300

カラフルな日中も
夕景もおすすめ

4 釜山 甘川文化村 ▶P.301

庶民の娯楽として発展した
河回村の仮面劇

安東河回村 ▶P.244

釜山名物、海産物がいっぱいだよ！

釜山 チャガルチ市場 ▶P.297

近未来ビーチだ！

5 釜山 海雲台海水浴場とBUSAN X the SKY ▶P.302

# チョルラド
# 全羅道
## Jeolla-do ▶P.325

光州広域市　Gwangju ▶P.330

朝鮮半島の南端、全羅道は食の宝庫。ビビンバプ（混ぜ飯）、トルソッパプ（釜飯）など、ここから全国を席巻した料理も数知れず。特色ある場所が多く、時間をかけてゆっくり回りたいエリアだ。

映画の主人公みたい！

韓服を着て散歩♪

② 全州 慶基殿 ▶P.359

① 全州韓屋村 ▶P.359

①韓国スタイルの家屋が並ぶ全州の「韓屋村」　②朝鮮王朝ゆかりの慶基殿で韓服をレンタルして記念撮影　③陰陽を考慮し美しい具材を配した全州ビビンバプ　④南岸には幻想的な湿地帯もある　⑤順天近くにある楽安邑城民俗村は昔の暮らしを再現してくれる

ビビンバプ

③ 全州ビビンバプ ▶P.362

韓国最大の湿地だよ

石の上で洗濯だ！

⑤ 楽安邑城民俗村 ▶P.344

④ 順天湾湿地帯 ▶P.344

20

チュンチョンド
# 忠清道
Chungcheong-do ▶P.379

大田広域市 Daejeon ▶P.410

百済の象徴
五重塔

①扶余 定林寺址 ▶P.388

百済の中心地だったと考えられている
エリア。日本ともゆかりが深く、古墳
などの遺跡からは倭との関連を思わせ
るものがたくさん出土している。歴史
ファンならぜひ訪れたいところだ。

①百済時代の仏教遺跡、扶余の定林寺址　②百
済文化祭をはじめイベントも盛りだくさん。歴史絵巻
を見に行こう　③百済を伝える建築物は多くない
が遺構をたどるのも興味深い　④鉄路の要衝、大
田駅にもほど近い市場を散策

②公州 百済文化祭 ▶P.400

③扶余 官北里遺跡 ▶P.389

④大田 中央市場 ▶P.414

ドラマや映画の
ロケ地が多い
清州

映画の里、清州 ▶P.403

カンウォンド

# 江原道 ▶P.179
## Gangwon-do

『冬ソナ』みたいに
ラブラブ散歩ね

平昌と江陵は KTX の開通でソウルから日帰り圏となった。山間の田舎らしい素朴な風景と、ロマンティックな日の出スポットとして人気がある東海岸の両面が楽しめる。韓牛や松茸などの名産地。

松茸を贅沢に
韓牛と鍋で

襄陽 松茸鍋 ▶P.197

海岸線を走る
「海列車」も人気

江陵 海列車 ▶P.182

① 春川·南怡島 ▶P.188

①『冬のソナタ』で有名な並木道には今でも観光客が絶えない ②朝日の名所、正東津には世界で最も海に近い駅がある

朝日よ、
こっち来い!

② 正東津の朝日 ▶P.212

チェジュド
# 済州道
Jeju-do ▶P.419

海の美しさは絶妙

1 月汀里海水浴場 ▶P.433

自然の驚異を体感

2 万丈窟 ▶P.429

韓国の南西に浮かぶ最大の離島。暖かな気候のためリゾートアイランドとして発展してきた。済州島の中心にそびえる漢挐（ハルラ）山は韓国最高峰で、世界自然遺産にも登録されている。

お茶の産地のジェラート

1 エメラルドグリーンの海が人気
2 火山島のため溶岩洞窟も多い
3 菜の花畑と山房山。お椀のような形は側火山といわれる独特の地形

OSULLOC

花に埋もれそう！

3 山房山 ▶P.442

23

# ○○するならココで！
# 韓国でできること
# テーマナビ

近くて行きやすい韓国だから、
何度も足を運んで、
いろいろな魅力を堪能しよう。
ここでは旅の目的別に、
どこへ行けば何ができるのか紹介。

## ショッピング

韓国のショッピングといえば、なんといっても無限のバリエーションを誇るコスメ。カラフルな韓国の手工芸品や、キッチュな雑貨もおみやげにぴったり。ショップ数はソウルが群を抜いているが、大都市ならまずまずの品揃え。空港のショップも役に立つ。

雑貨

免税店での
コスメショッピングも
楽しい

コスメ

ソウル ▶P.96

ソウル ほか
▲LINEフレンズフラッグ
シップストアの伝統衣装
のキャラクター

安東 ▶P.240
江陵 ▶P.207
平昌 ▶P.200

韓牛

海鮮 釜山 ▶P.270

魚介類は新鮮さが
なによりのおいしさ

タコ 木浦 ▶P.351

## グルメ

ビビンバプ 全州 ▶P.356

豊かな食文化を誇る韓国では、個性的な地方料理がたくさんある。ソウルでもレベルの高い地方料理が味わえるが、ぜひ本場へ行って楽しんでほしい。

麗水 ▶P.347

カニ

冷麺 晋州 ▶P.317

## 韓流ドラマロケ地巡り

ドラマや映画が年間100本も作られる韓国では、人気作品のロケ地を巡る旅も人気。『トッケビ〜君がくれた愛しい日々〜』で印象深いシーンは仁川 ▶P.153 に多い。『太陽の末裔』には仁川や太白が登場。太白 ▶P.204 にはセットもある。水原 ▶P.168 の華城行宮や韓国民俗村は『チャングムの誓い』ほか多くの時代劇で利用されている。

▲『冬のソナタ』の舞台
春川 ▶P.184 には、今もゆかりのオブジェが多い

◀『砂時計』の舞台となった
正東津 ▶P.212 （上）
ソウルの雲峴宮 ▶P.134 は
『宮』のロケ地に。洋館は『トッケビ』の撮影で使われた（下）

## イベントに参加

釜山 ▶P.270 の国際映画祭は、毎年日本からの出品も多い華やかなイベント。毎年10月に行われる。
光州 ▶P.330 のビエンナーレは、韓国最大の国際美術展。2年毎に行われ、次回は2023年4月に開催。

釜山では毎年10月頃に花火大会が開催される

## 歴史探訪

百済の都が置かれた公州や扶余、益山には、日本にも関わりの深いものがたくさん見つかっている。慶州は新羅の古都として10世紀まで栄えた。

公州 コンジュ ▶P.396
扶余 プヨ ▶P.384

百済

慶州 キョンジュ ▶P.250　世界遺産

## 海岸風景

海岸線の長い韓国、ビーチもオススメ！

朝日が美しい東海岸が人気。釜山のビーチはパラソルの数で世界一だとか。火山島である済州島は海岸の奇岩も美しいリゾートとして知られている。

白い砂浜がキレイ！
釜山 プサン ▶P.270

済州島 チェジュド ▶P.419

リゾート

海列車 江陵 カンヌン ▶P.207

## K-POPスターに会う

ソウルで、テレビ局の公開録画や事務所・スターの経営するショップやレストランを巡るのもファンの楽しみ。

ソウル ▶P.96

# 旅のカレンダー

| | 日本の祝日<br>連休は航空運賃が高くなる | 韓国の祝日<br>（振替休日を除く） | イベント | 自然を<br>楽しむ |
|---|---|---|---|---|
| **1月** | 1/1 元日<br>1/8（'24）1/13（'25）<br>成人の日 | 1/1 新正月<br>1/28〜30（'25）<br>ソルラル*¹ | 1/1 釜山日の出祭り | |
| **2月** | 2/11 建国記念の日<br>2/23 天皇誕生日 | 2/9〜11（'24）<br>ソルラル*¹ | | |
| **3月** | 3/21（'23）3/20（'24）<br>春分の日 | 3/1 三・一節 | 3/9（'23）〜 済州野火祭り | 菜の花祭り |
| **4月** | 4/29 昭和の日 | 4/10（'24）<br>地方選挙*² | 4/7（'23）〜 光州ビエンナーレ<br>4/26（'23）〜 利川陶磁器祭り | さくら祭り |
| **5月** | 5/3 憲法記念日<br>5/4 みどりの日<br>5/5 子どもの日 | 5/5 子どもの日<br>5/27（'23）<br>5/15（'24）<br>釈迦生誕日 | 5/7（'23） 宗廟大祭<br>5/19（'23）〜 燃燈祝祭（燃燈会）<br>5/4（'22）〜 南原 春香祭 | バラ祭り |
| **6月** | | 6/6 顕忠日 | 6/22（'23）前後 江陵端午祭 | |
| **7月** | 7/17（'23）7/15（'24）<br>海の日 | | 7/14（'22）〜 扶余薯童蓮祭り<br>7/30（'22）〜 釜山海祭り | |
| **8月** | 8/11 山の日 | 8/15 光復節 | 8/5（'22）〜 仁川ペンタポート・<br>ロックフェスティバル | |
| **9月** | 9/18（'23）9/16（'24）<br>敬老の日<br>9/23（'23）9/22（'24）<br>秋分の日 | 9/28〜9/30（'23）<br>9/16〜18（'24）<br>チュソク | 9/22（'22）〜 密陽アリラン祭り<br>9/29（'22）〜 安東国際仮面舞フェスティバル 🅐<br>9/30（'22）〜 漢城百済文化祭<br>9/30（'22）〜 高敞牟陽城祭り | ススキ祭り |
| **10月** | 10/9（'23）10/14（'24）<br>スポーツの日 | 10/3 開天節<br>10/9 ハングルの日 | 10/1（'22）〜 晋州南江流灯祭り<br>10/1（'22）〜 百済文化祭（扶余・公州）🅑<br>10/5（'22）〜 釜山国際映画祭（BIFF）🅒<br>10/6（'22）〜 全州ビビンバプ祭り🅓<br>10/8（'22）〜 ソウル世界花火大会<br>11/5（'22）〜 釜山花火祭り<br>10/20（'22）〜 光州世界キムチ祭り | 菊まつり<br>紅葉祭り |
| **11月** | 11/3 文化の日<br>11/23 勤労感謝の日 | | 11/5（'22）〜 釜山花火祭り | |
| **12月** | | 12/25 クリスマス | 12/19（'22）〜 ソウルランタンフェスティバル<br>12/23（'22）〜 海雲台ホッキョクグマ祭り | |

*1 ＝ソルラル（旧暦大晦日〜旧暦1/2）／*2 ＝韓国では選挙が行われる日は公休となる
ソルラルや釈迦生誕日などが土・日曜日と重なる場合は直後の月曜日に振替休日が適用される

## ✿ PICK UP EVENT

### 安東国際仮面舞フェスティバル 🅐

韓国の代表的な舞「仮面踊り」をはじめ、世界各国の仮面舞踊が披露される。

### 百済文化祭 🅑

仏教文化が花開き、最後の都として栄えた公州・扶余で1年ごとの交互に行われる歴史絵巻。

韓国には四季があり、日本と同じように花見や紅葉狩りを楽しむ。また伝統の祭りのほか、アートや芸能のイベントも質が高い。目的を絞って旅をするのもおすすめ。旧正月ソルラル、中秋の時期のチュソクは連休となり、休業するところが多いので旅行には向かない。

| 気候 | 服装 | | |
|---|---|---|---|
| | 都市部 | 南部北部 | 山間部 |
| 最低気温がマイナス10度を下回ることもあるほど寒く、また乾燥している | 冬の北海道・東北を旅するような服装<br>ダウン／手袋／帽子 | ダウン＋風が強いのでウィンドブレーカー | 雪の積もる山間部ならスキーに行くような服装で手袋、帽子<br>耳あて<br>足元も冷える |
| 1月と同じように寒い。雪も降る | 1月のような服装でOK<br>重ね着できるフリースも便利 | | |
| まだ寒く、暖かく感じる日があっても安定しない | フリースなどで調節を<br>薄手のダウン | | |
| 4月の中旬からはグンと暖かくなる | 東京の同時期と同じような服装でOK<br>＋ウィンドブレーカー | | ダウン＋フリース |
| 安定しない天気だが、汗ばむ日も出てくる | 薄手の上着<br>半袖と長袖両方の準備を | 海岸に近いところに行くなら日焼け止め<br>サングラス<br>ウィンドブレーカー | 薄手のダウン<br>ウィンドブレーカー |
| 半ばからは梅雨のシーズン | 日本の梅雨同様蒸し暑い<br>半袖＋薄手の上着／雨具 | | 長袖／薄手の上着<br>雨具 |
| 7月下旬、遅いと8月まで梅雨が明けず雨が多い日が続く。晴れれば気温がグンと上がる | 半袖＋薄手の上着<br>雨具<br>日焼け止め | 日本の夏同様の服装でOK<br>サングラス<br>日焼け止め<br>水着 | 東北の夏の高原を旅するような服装で<br>はおりもの<br>日焼け止め<br>雨具 |
| 梅雨が明けると一気に暑くなり、日差しも強く感じる。下旬には早くも朝晩、秋の気配が漂い始める | 半袖<br>薄い上着<br>ストール<br>日焼け止め | | |
| 朝晩の冷え込みが強くなり、空気が乾燥してくる。台風シーズン | 薄手のダウン | 涼しくなるが天気がよければかなり暑いので調節できる服装で | 薄手のダウン<br>フリース |
| 紅葉の便りが聞こえてくると、山や海では日が差していても、風が冷たくなる | 長袖<br>しっかりした上着<br>ウィンドブレーカー | | 薄手のダウン<br>フリース |
| 晩秋の気配、昼間でも寒く感じる。中旬以降はかなり冷え込む | 薄手のダウン<br>フリース | | ダウン<br>フリース |
| 本格的な冬 | 1月と同じような服装で | | |

イベントのスケジュールの多くは2022年の開催実績を元に掲載。2023年以降の日程は韓国観光公社のサイトなどで随時確認を
URL japanese.visitkorea.or.kr

**釜山国際映画祭** C

アジアの若手監督作品の発表の場として1996年から行われている映画祭。規模はアジア最大級。

**全州ビビンバプ祭り** D

たくさんの材料を使い、豪華で美しいのが全州のビビンバプ。韓国グルメ祭りのなかでも代表的イベント。

# 韓国旅行のキーワード

旅で出くわす韓国語。独特の言い回しや単語にちょっと戸惑うこともある。ここでは、覚えておくと便利なキーワードを解説しよう。

## 食事のときに

삼보식당
752-7421

### モクチャコルモク
### 먹자골목

うまいもの通り

韓国では素材や料理ごとに同業店が1ヵ所に集まることが多い。「ホルモン通り」「ユッケ通り」などそこに行けば、何軒もの専門店が並ぶ。ただし正式な通り名ではないので注意。「トッポッキタウン」などと称されることもある。

### シクタン
### 식당

食堂

店名にこの単語があれば庶民的な大衆食堂。

韓国では食堂にコーヒーマシンが備えられていることが多く、無料でサービスされている。砂糖入りまたは砂糖とミルク入りだが辛い食事のあとにはなかなかおいしい。

### コピ
### 커피

コーヒー

### キサシクタン
### 기사식당

技士食堂　タクシーの運転手が利用しやすいように駐車場を備えた食堂。ボリュームがあっておいしく、しかも安いところが多い。

### ホンバプ
### 혼밥

ひとりご飯

大勢で食卓を囲むことが多い韓国でも、ひとりで食べるシーンが増えている。おひとり様歓迎の店も増えている。**ホンスル혼술**はひとり酒。

### パンチャン
### 반찬

メインの料理に付いてくるキムチやナムルなどの**小皿料理**。食べきったらおかわりも可能。テーブルに置いてあってセルフでおかわりできる店もある。

## バスや鉄道で移動するときに

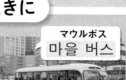

### マウルポス
### 마을 버스

### シウェ ポス
### 시외 버스

市外バス　都市間を走る長距離バス。途中いくつかの町で停車する。高速道路を利用する市外バスもある。詳細は ▶P.466

### チャソク ポス
### 좌석 버스

座席バス　市内バス（郡内バス）の区分のひとつ。普通の市バスより座席が多く、原則として定員制（満席で乗せることもある）。他のバスに座席がないわけではない。前乗り前降り。

マウルバス　マウルは村や地区のこと。地下鉄駅から特定の団地など比較的短い区間を運行する。地方に行くと郡内バスや農漁村バスというローカルバスもある。

# 町 歩きや宿泊するときに

道路名に付けられる単語。日本なら〇〇通り、英語でStreetやAvenueに該当する。大通りが**大路**（デロ）、以下、**路**（ロ）＞**거리**（コリ）またはキル（ギル）の順に道が細くなる。

**キル**
**길**

**ドン**
**동**

洞　行政区画。日本の町や丁目に該当する。

**チュンアン**
**중앙**

中央。中央通り、中央市場など繁華街を示す。

**サゴリ**
**사거리**

四つ角、交差点。バス停名などに現れる。「**삼거리**（サムゴリ）＝三つ角」も頻出ワード

**イプク**
**입구**

入口　「建大入口」など地下鉄名で目にする単語。「**앞**（アプ）＝前」も覚えておくと便利。

2個買うとひとつオマケで付いてくるという意味。化粧品やスーパーの菓子などに多い表記。3+1、3+2なども。

**ハンボク**
**한복**

韓服
韓国の民族衣装。チョゴリが上衣、チマは女性のスカート、パジは男性のズボン。歴史的な建造物がある観光地で韓服を着ることが流行しており、レンタルショップも多い。

**オンドル**
**온돌**

韓国の伝統的な床下暖房。ホテルでオンドル部屋というとベッドではなく布団を敷いて寝る部屋になる。
▶P.470

**タウム 다음**

次　バスの車内アナウンスでは「この停留所は〇〇です、次は（タウム）××です」という。「タウム」という単語の次に聞こえる停留所名は、2つ目。慌てて降りてはいけない。慣れると降りる準備を早めにできるので便利。

**ウドゥン**
**우등**

優等　バスの等級のひとつ。座席数や車内設備の違いで、一般（イルバン）、優等、プレミアム（プリミオム）に分かれており料金も違う。詳細は▶P.466

**モボム テクシ**
**모범 택시**

模範タクシー　タクシーの等級。模範タクシーは高級車を使い、サービスもよいとされる。一般タクシーより料金も高い。▶P.109

**トゥクシル**
**특실**

特室
列車の等級。日本のグリーン車に相当する。
▶P.462

# 周遊旅行の ヒント

韓国は日本から1～3時間程度で着く、いちばん近い外国。LCC（格安航空会社）を利用すれば、片道数千円での渡航も可能だから、週末の1～2泊旅行を繰り返して地方を訪れることも可能だ。1週間ぐらいかければ、おもな町を回ることもできる。

## ソウル ▶P.96 滞在 1～3日

日本各地から直行便があり、効率的に旅が始められる。市内の観光に半日～1日みればいいだろう。

### 日帰り圏

京畿道の水原 ▶P.168、利川 ▶P.163 は鉄道でもバスでも1時間ほど。両都市間のバスもあり、1日で両方回ることも可能。仁川空港利用なら到着時に仁川市内 ▶P.153 を見てしまおう。荷物をホテルに届けてくれる荷物託送サービス ▶P.154 を利用するといい。江原道の春川 ▶P.184 も鉄道で1時間だから日帰りがおすすめ。

水原の城塞は世界遺産

ソウル観光のハイライト、景福宮

水原名物フライドチキン。映画にちなんだ「大王カルビ」味も大ヒット

### Hint 1 行き帰りの航空券を決める

韓国への航空便、フェリー便はたくさんある。まずは韓国の到着地と帰国便に乗る町を決めよう。片道ずつ買えるので同じ町にする必要はない。

日帰りで気持ちがいい森林浴へ！

### 🚄 KTXで約2時間

## 江陵 ▶P.207 滞在 1～2日

自然の見どころが多いので、域内のアクセスも時間がかかる。江陵を足がかりに日数を考えて目的地を決めよう。

### 日帰り圏

江陵から北へ束草 ▶P.190 方面で1日、アルペンシアリゾート ▶P.202 などで遊ぶなら1日、海列車 ▶P.182 に乗り東海 ▶P.210 経由、太白 ▶P.204 で1日必要。

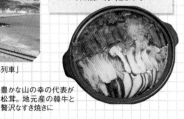

海岸線ギリギリを走る人気の「海列車」

### Hint 2 江原道は交通の便が悪い

春川はソウルに近く、東部沿岸の町とのアクセスは悪い。春川は日帰りにして、ソウルからはKTXで江陵に行くとよい。

豊かな山の幸の代表が松茸。地元産の韓牛と贅沢なすき焼きに

### 🚄 KTXで約4時間

# 大邱 <small>テグ</small> ▶P.222 滞在 1～3日

安東 ▶P.240 だけなら日本から直行便のある大邱を足がかりにするとよい。世界遺産の山寺や書院をいくつか回るなら安東で1泊はしたいところ。

**日帰り圏**

安東、浦項 ▶P.262 、慶州 ▶P.250 はいずれも日帰りで行ける。

### 🖱 KTXで約1時間

絶景ね！

大邱近郊の八公山は紅葉の名所

## Hint 3 慶州へは バスが便利

慶州は郊外にしか鉄道駅がなく、中心部まで時間がかかる。バスターミナルは町中にあるので、バス利用がおすすめ。

サメが高速で泳ぐのが大迫力ね！

釜山の水族館の大水槽は人気のデートスポット

# 釜山 <small>プサン</small> ▶P.270 滞在 1～2日

韓国の南の玄関口として、日本からの直行便、フェリーや高速船の便がたくさんある。

**日帰り圏**

北の慶州 ▶P.250 、南のリゾート島、巨済島 ▶P.315 など。

### 🚌 バスで3～4時間

慶州郊外の仏国寺は世界遺産

# 光州 <small>クァンジュ</small> または 全州 <small>チョンジュ</small> ▶P.356 滞在 1～2日

それぞれ、全羅南道と北道の交通の中心。大邱からも釜山からもバスの便がたくさんある。町自体に見どころが多い。

ビビンバブは本場の全州で食べてね！

**日帰り圏**

光州 ▶P.330 から木浦 ▶P.351 や世界遺産の高敞支石墓群 ▶P.337 など。

## Hint 4 全羅道は 東西の交通は不便

南北の交通はKTXが全羅線や湖南線に乗り入れており、ソウルから麗水 ▶P.347 、木浦、光州などのアクセスはよい。東西の交通はバスになり、本数が少ない路線もあるので注意が必要だ。

全州にはビビンバブ教室もある

### 🚌 バスで2～3時間

# 扶余 <small>プヨ</small> ▶P.384 滞在 1～2日

百済の面影をたどる歴史ファン必須の見どころ。ほかにも公州 ▶P.396 など訪れておきたい町は少なくない。ただ、扶余は幹線から離れ、町の規模も小さい。宿泊や交通の便を考えるなら大田 ▶P.410 、清州 ▶P.403 などがおすすめ。

## Hint 5 忠清道は ソウルからも便利

町の規模が大きいのは大田、見どころが多いのは清州。このふたつの町はソウルからKTXで1時間。扶余へもソウルからバスで日帰りが可能だ。

**日帰り圏**

大田からも清州からも扶余や公州に日帰りで行ける。

景色がいいフォトスポットでパチリ！

映画やドラマロケを積極的に誘致している清州

百済の栄華を再現した扶余の百済文化団地

# 韓国の世界遺産

**① 宗廟**（チョンミョ）
文化遺産／1995

朝鮮王朝歴代王と后の位牌を安置する廟で現在の建物は17世紀のもの。毎年5月の宗廟大祭はユネスコの無形文化遺産でもある。　▶ P.133

**② 昌徳宮**（チャンドックン）
文化遺産／1997

15世紀初頭に景福宮の離宮として造られた。17世紀に再建された後は王宮として機能してきた。秘苑と呼ばれる庭園も見事。　▶ P.133

**③ 朝鮮王陵の王墓群**
文化遺産／2009

朝鮮王朝時代の歴代王や王族の墓。墓を造成する場所は風水によって決められていた。ソウルと京畿道を中心に点在する。　▶ P.136他

**④ 南漢山城**（ナマンサンソン）
文化遺産／2014

外敵が侵入した際に王が籠城するために都近郊に造られた山城。稜線を巧みに利用した城壁と城門が特徴。　▶ P.142

**⑤ 水原華城**（スウォンファソン）
文化遺産／1997

正祖（第22代朝鮮王）が父、荘献世子の墓を水原に移した際に造らせた城塞。八達門、華西門は堅固かつ優美な建築。　▶ P.171

**⑥ 高敞、和順、江華の支石墓群**（コチャン、ファスン、カンファ）
文化遺産／2000

紀元前10世紀頃から造られた巨石墓。ヨーロッパで多く見られるがアジアでは韓国に多く分布する。
▶ P.94 ▶ P.335 ▶ P.337

**⑦ 百済歴史地域**
文化遺産／2015

古代日本とのつながりが深く、仏教文化が花開いた百済時代の王宮跡や古墳群。扶余や公州、益山などに点在する。　▶ P.376他

**⑧ 韓国の歴史的集落群 河回と良洞**（ハフェ、ヤンドン）
文化遺産／2010

保存状態のいい瓦葺きや藁葺きの伝統家屋が多く残る村落。どちらも両班を多く排出する名家の同族が暮らしてきた。　▶ P.244

2023年1月現在、韓国には15の世界遺産が登録されている。長い歴史を語る建造物や自然を訪ねてみよう。

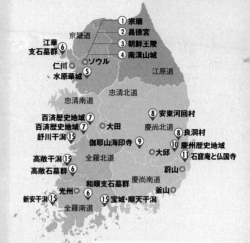

京畿道
江華
支石墓群 ⑥
① 宗廟
② 昌徳宮
③ 朝鮮王陵
④ 南漢山城
仁川
水原華城
ソウル ⑤
江原道

忠清北道
忠清南道
百済歴史地域 ⑦
百済歴史地域 ⑦
舒川干潟 ⑮
大田
⑧ 安東河回村
慶尚北道
⑨ 良洞村
伽耶山海印寺 ⑨
⑩ 慶州歴史地域
⑪ 石窟庵と仏国寺
高敞干潟 ⑮
全羅北道
大邱
高敞石墓群 ⑥
蔚山
和順支石墓群 ⑥
慶尚南道
釜山
新安干潟 ⑮
光州
全羅南道
⑮ 宝城・順天干潟

⑬ 山寺、韓国の山地僧院

| | | | |
|---|---|---|---|
| 浮石寺 | ▶P.246 | 大興寺 | ▶P.354 |
| 鳳停寺 | ▶P.246 | 麻谷寺 | ▶P.399 |
| 仙岩寺 | ▶P.345 | 法住寺 | ▶P.407 |
| 通度寺 | ▶MAP P.85-C2 | | |

⑫ 済州島

⑨

八萬大蔵経の納められた
**伽耶山海印寺**
文化遺産／1995

伽耶山海印寺は9世紀創建の名刹。仏教経典の集大成ともいうべき大蔵経は13世紀に完成し寺内の経板庫に納められている。　▶P.234

⑩

**慶州歴史地域**
文化遺産／2000

約千年にわたって栄えた新羅の都があった慶州市周辺の遺跡群。なかでも瞻星台は東洋最古の天文台ともいわれている。　▶P.250

⑪

**石窟庵と仏国寺**
文化遺産／1995

どちらも新羅時代の8世紀創建。長い間荒れ果てていたが日本統治時代に修復された。新羅時代の石塔や仏像が残る。　▶P.258

⑫

**済州火山島と
溶岩洞窟群**
自然遺産／2007

島の中心にそびえる韓国最高峰の漢拏山の火山活動により、カルデラや滝、柱状節理など多彩な火山地形が形成された。▶P.429

⑬

**山寺、韓国の山地僧院**
文化遺産／2018

朝鮮王朝時代は儒教が国教となり、仏教は弾圧されたが、一部は山寺として存続してきた。そのうちの7寺が登録された。　上MAP参照

⑭

**韓国の書院**
文化遺産／2019

朝鮮王朝時代に各地に建てられた儒学の教育機関。慶尚道や全羅道に点在する9ヵ所が登録された。
道東書院 ▶P.234
屏山書院・陶山書院 ▶P.243
紹修書院（写真上）▶P.246

⑮

**韓国の干潟**
自然遺産／2021

生物多様性保全のための普遍的価値が認められ登録された。順天がアクセス◎。
舒川 ▶ MAP P.82-B1
宝城・順天 ▶P.344
高敞 ▶ MAP P.82-B2
新安 ▶ MAP P.86-A1

# 2泊3日で訪ねる フォトジェニックロード

# 大邱&
テ グ
# 慶尚北道の旅
キョンサンブクド

大邱はソウルと釜山を繋ぐ重要な町。
プサン
成田、関西、福岡、新千歳から直行便もあって
アクセスは抜群！
2019年に世界遺産に登録された「書院」など、
大邱を足がかりに、慶尚北道のフォトスポット、
世界遺産巡りを楽しもう！

## Day1 旅のスタートは 慶州から
ギョンジュ

慶州は新羅時代に首都として栄えていた地。当時は仏教が盛んだったため仏教寺院も多く残っている。日本から大邱に飛行機で着いたなら、慶州へはバスで1時間弱。

### 9:00 卵たっぷりキンパプで朝食

錦糸卵がたっぷり入った太巻きはあっさりして朝食にぴったりだ。韓国3大キンパプのひとつって、びっくり！

あふれん
ばかりの
卵焼き！

### 10:00 韓服をレンタルして散策

近くに並ぶ店で流行の「レトロモダン」な韓服をレンタル。古墳で記念撮影をしたり、カフェで有名な「皇理団キル」を歩いたり。

**ハンボックァキョボク**
한복과교복
MAP P.252-B2
住 계림로 (Gyerim-ro) 8
開 10:00〜24:00　休 無休

**カフェ・オハイ**
카페오하이 Cafe Ohi
MAP P.252-B2
住 포석로
(Poseok-ro, Hwangnam-dong) 1070
開 11:00〜22:00
(火〜18:00)
休 無休　韓屋の
夢の波が美しい
屋上テラス

ドラマの舞台
行列必至の
写真スポット

モダン韓服1時間レンタル W8000

## **12:00** ランチは豪華に宮廷風韓定食!

海産物をベースに作った自家製味噌や、サヨンジキムチと呼ばれるさっぱりとした白菜キムチがおいしい! カルビの蒸し物(カルビチム)も評判の味。

カルビチムおいしいよ!

バソル定食
₩3万9000(2人前から)

**ヨソックン** 요석궁
MAP P.252左下
住 교촌안길(Kyochonan-gil) 19-4
開 11:30〜15:30、17:00〜21:00　休 無休
URL www.1779.kr

## **14:00** 世界遺産の仏国寺 ▶P.258 へ

名刹の誉れ高い仏国寺。バスの便も比較的よく、気軽に行ける山寺。時間があればさらにバスで1時間かかるが石窟庵 ▶P.258 も風情がある。

紅葉シーズン真っ盛りできれい!

## **17:00** 海もちょっと見たいよね、浦項 ▶P.262 へ

近未来的な工場夜景が人気急上昇中の浦項は、最東端の虎尾串や九龍浦近代文化歴史通り ▶P.266 に代表される日本家屋が残る町並みなどの見どころがある。

右手は海の中から突き出している!?

これは、手だ!

日本家屋街ポストもかわいい

安くておいしいカニづくしの夕食を!

## **18:00** 海鮮料理屋が並ぶ市場でカニづくし

浦項はカニの名産地としても名高いところ。夕食は、もちろんカニ&海鮮で!

**サムヒョンジェ フェテゲ センター** 삼형제 회대게 센터
MAP P.264-A
住 북구 죽도시장길(Buk-gu,Jukdosijang-gil) 37
開 24時間　休 無休

テゲセット 4人前 ₩15万

## Day2 人気急上昇中の大邱（テグ）へ

韓国第3の都市大邱は、日本からの直行便もあって注目度Up中の町。トレンドを生み出すB級グルメ、薬令市の流れを汲む美容＆医療も魅力的。

海抜820m

山頂の展望台
紅葉シーズンは
防寒してね！

♪

### 9:00 大邱韓医大のプログラムでエステ体験

朝イチで韓方処方のフェイスエステ。微笑鍼（顔）、保湿パック、美白パック、腹部へのお灸など韓方を駆使した手法でお肌の手入れ。カウンセリングで肌のタイプや悩みをしっかりフォローしてくれて安心。

ベーシックな
フェイスコース ₩12万

**大邱韓医大学付属大邱韓方病院**
MAP P.223-A （コロナ禍以降休止中）
住 수성구 신천동로
(Suseong-gu, Sincheondong-ro) 136
TEL (053) 770-2212
開 9:00～16:00 休 日·祝
URL daegu.dhu.ac.kr

### 10:00 紅葉を楽しみに八公山（パルゴンサン） P.233 へ

大邱市内から車で30分ほど、ロープウエイで気軽に山気分を味わえる八公山は紅葉の名所としても知られている。山頂駅の食堂「ソルマル」の名物は「フライングそば（プルラインメミル）」！

フライングそば（プル
ラインメミル）₩1万

**ソルマル**
솔마루
MAP P.233
開 9:30～日没
休 無休

ゆるキャラと
ツーショットも
お約束！

私ら聖人も
韓服を着て
いるぞ

### 13:00 赤いレンガが印象的な教会へ

西洋文化をいち早く取り入れた大邱はフォトスポットもいっぱい。桂山聖堂（ケサンソンダン） P.232 や医療宣教博物館になっている宣教師チャムネス邸 MAP P.224-B3 ではレトロモダンな写真が撮れる。

青蘿の丘
チョンラオンドク
と呼ばれる
宣教師が住んだ
エリア

大邱カトリック大学の
聖堂。2階は
宣教の歴史がわかる
ちょっとした博物館に
なっている

ピクニックセット
₩2万9000～（2人用）

### 15:00 えっ? カフェでピクニック?

大邱は、比較的前からカフェが親しまれている町。老舗から新規店まで個性を競っている。今回は頭龍公園でピクニック体験ができるカフェをチョイス!

**Green Face Café**
그린페이스카페
MAP P.223-A
住 성당로
（Seongdang-ro）117-10
開 12:00～18:00
休 旧正月、チュソクの初日

### 18:00 夕食は気軽に楽しむモツ焼肉で!

大邱といえば豚モツ焼き。市の西南にあるアンジラン通りはコプチャン焼肉店が集まっている。締めのインスタントラーメンも隠れた名物。

**トンバクサ コプチャンマクチャン**
돈박사곱창막창
MAP P.223-A
住 남구 대명로36길
（Nam-gu, Daemyeong-ro 36-gil）79-1
開 15:00～翌1:00
休 第1・3日

こんがり香ばしい!

センマクチャン+コプチャン（いずれもモツ）+ハツ（心臓）串焼き10本セット ₩3万2000

### 20:00 まだまだ夜は長いぜ!

大邱の新しい名所、西門市場夜市の人気が定着し、またまた新しい夜市が登場した。ピョルピョルサンサン七星夜市は、西門よりも各国料理やフュージョン料理が多く、お客さんも店主も若い! 遅くまで大行列の話題店もある。

バナナパン
₩1500

ピーナツパン
₩2000（13個）

マンドゥ&タンミョン
（春雨）₩5000

**ピョルピョルサンサン
七星夜市**
MAP P.225-D2
開 18:00～22:30
（金・土19:00～23:30） 休 火
URL 7starnm.com

**西門市場夜市**
MAP P.224-A3
開 19:00～23:30（日～22:30）
休 月～木
URL www.nightseomun.com

仕上げは
バーナーで焼いてあり
味もしっかり
巨大肉

恐竜肉（実際は七面鳥）₩9900

37

## Day3 安東(アンドン) 表情豊かな 仮面劇を鑑賞

河回村は伝統家屋が残る集落が世界遺産になっており、そこで伝承されている仮面劇は世界的にも評価が高い。足がかりとなる町は安東。大邱からは高速道路で1時間30分ほど。

### 7:00 世界遺産の鳳停寺(ボンジョンサ) ▶P.246 へ

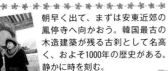

朝早く郊を出て、まずは安東近郊の鳳停寺へ向かおう。韓国最古の木造建築が残る古刹として名高く、およそ1000年の歴史がある。静かに時を刻む。

### 9:00 コチュジャン作りを体験

たっぷり500g
本格韓国料理を
日本でも

安東に戻り、市内を散策。安東ダムの周辺は観光団地 ▶MAP P.242-B として整備され、民俗村 ▶MAP P.242-B の安東班家で伝統文化体験ができる。近くの月映橋 ▶MAP P.242-A を渡ったり、のんびり風景を満喫！ 韓国随一の韓紙生産を誇る工場 ▶MAP P.242-A で、自分で漉いたハガキをGet！

コチュジャン作り
₩2万5000
当日予約OK

### 安東民俗村コチュジャン作り体験(安東班家)
안동민속촌한자마을 고추장만들기체험 (안동반가)
**MAP P.242-B**
住 안동시 민속촌길 (Minsokchon-gil) 190
開 9:00～18:00
休 1/1、5/1、旧正月、チュソク
URL andongbanga.co.kr

### 12:00 安東河回村(アンドンハフェマウル) ▶P.244 で 名物のサバ料理に舌鼓

内陸に位置する安東ではカンコドゥンオ(塩サバ)が名物。身が厚くジューシーで日本人も納得の味。

韓紙体験 ₩3000
63cm×93cmの韓紙製品1枚 ₩2000

コドゥンオジョンシク(サバ定食)
₩2万2000(2人前)

### 安東韓紙　안동한지
**MAP P.242-A**
住 풍산읍 나바우길 (Pungsan-eup, Nabau-gil) 13
開 9:00～18:00
休 無休(工場見学は土・日休)
URL www.andonghanji.com

### チョンギワミンソクシクタン
청기와 민속식당
**MAP P.244左**
住 풍천면 전서로 (Ungcheon-myeon, Jeonseo-ro) 214-6
開 9:00～19:00　休 無休

**13:00～14:00** 河回村 ▶P.244 を見学、いよいよ仮面劇 ▶P.244 ！

こっちへおいで

大きな屋敷や藁葺き家屋の残る世界遺産の村を見学後、専用劇場で仮面劇を鑑賞。内容は支配層や僧侶などを揶揄し、人間の本質を描いた民衆の娯楽劇。言葉がなくてもわかりやすいが、スクリーンに日本語の解説も流れる。

おひねりもお願いしま～す！

**15:00** 屏山書院&絶景巡り

近郊には自然と人々の暮らしが融合した美しい里山風景が広がる。世界遺産の屏山書院 ▶P.243 なども訪れよう。

栄州ムソム村영주무섬마을
▶ MAP P.80-B2

細い橋で川を渡って集落へ

←醴泉回龍浦
예천 회룡포
▶ MAP P.80-B3

**19:00** 名物のセリでディナータイム

セリのチヂミ ₩1万

このあたりはセリの生産が盛ん。柔らかくて香りの高いセリは、チヂミのほか、サムギョプサルで巻いて食べることもできる。

回龍浦ミナリシクタン 회룡포미나리식당
**MAP P.80-B3**
住 예천군 용궁면 용개로（Yecheon-gun, Yonggung-myeon Yonggae-ro）339
TEL (054)655-6599
開 11:00～21:00 休 火、旧正月、チュソク

フレッシュなセリがおいしい！

セリのビビンバプ ₩8000

# 昼も夜も Korea3大タワーから絶景を楽しむ

町のシンボルとなるタワーは、必ず行っておきたいテッパンの観光スポット。展望台からの眺めはもちろん、ショップや工夫を凝らした体験メニューもあって地元っ子にも人気がある。

たくさんビルが並んでるな〜

▲足元の南山にはソウル城郭が連なるのが見える。漢江を挟み対岸が江南、奥にそびえるのがロッテワールドタワー

## Nソウルタワー ▶P.137

名前についた「N」は建っている南山の頭文字。塔の高さは236m、山の高さを入れると塔のなかほどにある展望台は471mになる。展望台の高さこそロッテワールドタワーの展望台「ソウルスカイ」▶P.137 に譲ったが、ソウルのシンボルとしての地位は不動。町のあらゆるところから見え隠れする存在感は、Nソウルタワーならではだ。

◀ロープウエイの数分間も期待が高まる

▲漢江から見る
Nソウルタワー

▲市内ではなかなか見つけられないキャラクターグッズなどおみやげコーナーも充実している

▲愛を誓う錠前がぎっしり掛けられたコーナーも人気

▶カップルで写真を撮る体験もできる

港の夜景
ロマンティック！

◀▲釜山の夜景を楽しむ。窓に花びら
を散らす演出も

## 釜山ダイヤモンドタワー ▶P.298

市民の憩いの場、龍頭山公園 ▶P.298 にある。展望台の高さは120mとそれほど高くはないが、360度の絶景が楽しめる釜山のランドマークとして親しまれている。映画の町として知られる釜山だけに、映像を駆使した演出も凝っている。近くにある「釜山映画体験博物館」もおすすめ。

▲カラフルな演出が人気、館内の
フォトスポット

◀釜山ダイヤモンドタワーのある
龍頭山公園は小高い丘の上にある

## 大邱83タワー ▶P.232

塔の高さは堂々の202m。回転レストランのあるどっしりとしたフォルムが市民に親しまれている。高さが83階に相当するという理由で「83（パルサム）」の名が付けられた。テーマパークE-Worldの中にあり、家族連れやカップルでいつもにぎわっている。

▲盆地だということがよくわかる大邱の町並み

▲▶桜の季節はとく
に美しく、花見スポ
ットとしても有名だ

▲アクセスはロープウエイで。一帯は公
園と遊園地になっている

▲窓辺のラブラブ♪スポット

韓国には日本同様四季がある。桜の花見や紅葉狩りを楽しもう。

# 季節を楽しむ 韓国の旅

**大邱 テグ**
町のシンボル、83タワー ▶P.232 から見る桜。ライトアップの名所でもあり夜桜も美しい。

**大邱 テグ**
八公山 ▶P.233 は韓国中から観光客が訪れる名所だが、市内の公園でも紅葉狩りが楽しめる。郊外の道東書院 MAP P.84-B2 も秋が美しい。

**安東 アンドン**
洛東江畔 MAP P.242-A などにピンクミュルリの群生地がある。幻想的なピンク色が人気となり今や韓国中にフォトスポットができた。見頃は9〜11月。

秋

## 春

### ソウル
汝矣島 **MAP**折込ソウルA2〜B2
の桜並木、ロッテワールドタワー **▶P.137** の見える石村湖など桜の名所は目白押し。

### 済州島 チェジュド
菜の花と桜が同時に楽しめるのは4月上旬。黄色い花は1月から島内各所で咲き始める。

### 釜山 プサン
遊歩道になっている温泉川の土手 **MAP P.285左上**、月見の道 **▶P.301** などが桜並木になっている。

### ソウル
ソウルの秋は昌徳宮 **▶P.133** の後苑が名高い。イチョウ並木なら北村 **MAP P.114-B1** がおすすめ。少し木は小さいがカロスキル **▶P.141**、汝矣島もきれい。

## 冬

### 全州 チョンジュ
全州韓屋村 **▶P.359** の瓦がうっすらと雪をかぶる美しい風景。世界遺産の山寺も雪深いところにあることが多く、風情がある。

## 江陵 安木海岸カフェ通り
カンヌン アンモクヘビョン カペゴリ
강릉 안목해변 카페거리

江陵は、韓国で初めてコーヒー栽培に成功したコーヒーの町で、カフェが集まるのは安木海水浴場に沿った海岸通り。テラス席があるカフェが多く、のどかな海を眺めながらコーヒーを楽しめる。名物の安木コーヒーパンをおみやげに買う人も。 MAP P.209左上

特集4
テーマのある旅

波の音を聞きながらテラスでゆったりとした時間を過ごせる。チーズケーキもおいしいと好評
アルベロ▶P.215

# 韓国各地の「映えカフェ」

独自の進化を続ける韓国のカフェ。
カフェの集まる激戦区ではメニューも、
インテリアも各店舗が個性を競い合っている。

Modern Dabang ▶ P.237
見た目もかわいいスイーツを出す人気店で薬令市にある。店内に置かれた小物もかわいい。看板メニューは何といってもプチトースト。りんごのプチトーストは食べるのがもったいなくなるほど。カップ入りレモンチーズケーキも人気。

## 大邱 カフェの町
テグ 大邱

大邱は比較的早くからカフェ文化が流入したため、老舗から気鋭の店までレベルの高い店が揃う。東城路のカフェ通りなどは、本来の東城路を越えて西城路、北城路方面へも広がってきた。また、金光石（キム・グァンソク）通りにもカフェが増えている。▶ P.237

## 光州 東明洞 カフェ通り
クァンジュ トンミョンドン カペゴリ
광주 동명동 카페거리

ミルクティーもおいしいよ

文化殿堂駅から中央図書館付近の東明洞に広がる瀟洒な住宅が並ぶエリア。もともとこのあたりは塾が多く、学生たちが勉強したり、親と待ち合わせたりするためにカフェが増えた。チェーン店がほとんどなく、個性的な建物を生かしたお店が並ぶ。 MAP P.333-B

## 釜山 F 1963
プサンF1963
부산 F1963

ワイヤー鋼材を生産していた高麗鉄鋼の工場跡地は再開発され、数件の飲食店が集まるエリアに。テラロサコーヒー店は、工場の面影を残す鉄製の梁、テーブルに生かされた鋼板などがユニーク。 MAP P.273-C2

## 釜山 甘川洞の
## カフェエリア
プサン カムチョンドン
부산 감천동

バルボンベーカリー
▶ P.408

カラフルな家がビッシリと並ぶ風景で有名な甘川洞。観光客の増加にともないカフェや雑貨店が急増している。芸術性にあふれた町だけに個性的な店が多い。▶ P.301

出演者の写真やサインが飾られている。菓子パンもいろいろある

雲の絵がかわいいザ ブルーハウスでは、綿菓子を使ったバルーンコーヒーが看板メニュー
ザ ブルーハウス ▶ P.307

## 清州
## 寿岩谷カフェ通り
チョンジュ スアムコル カペゴリ
청주 수암골 카페거리

壁画村として有名な地区だが、ドラマ『製パン王キム・タック』のヒットをきっかけに、カフェが増えている。作品のロケ地となった「バルボンベーカリー」もカフェとして営業中だ。
**MAP** P.405-B1

アーモンドのスティックパイ

を巡ろう

韓屋を生かしたカフェのオンドル部屋でくつろげるのも、古都ならでは

ビックリ・カフェ
**MAP** P.252-B2

## 慶州
## 皇南洞カフェ通り
キョンジュ ファンナムドン カペゴリ
경주 황남동 카페거리

慶州の中心地区に横たわる大陵苑西側の通りにはカフェが多く、皇理団ギル（ファンリダンギル）とも呼ばれるように。韓服のお店もいくつかあり、韓服姿でお店を訪れる人も少なくない。**MAP** P.252-B2

工場の雰囲気バツグン

店内に一歩入ると。韓国風のシックな調度品が迎えてくれる。インテリアもすてきだが、大きな窓から見える一面の海も魅力。海雲台の数あるカフェのなかでも、**ビビビタンカフェ**の眺望は随一だ。

**MAP** P.273-D2

## 釜山・海雲台
## シービューカフェ
プサン ヘウンデ
부산 해운대

**仁川・自由公園内のベンチとその付近** MAP P.158-A

ドラマの序盤と終盤に登場。序盤では、ウンタクがゴミ箱のたばこの煙を吹き消しトッケビが現れた場所、終盤では、桜の木の下で、トッケビがウンタクへ愛の告白をする名シーンで使われた。

## トッケビ ～君がくれた愛しい日々～

高麗時代。英雄キム・シン（コン・ユ）は、若い王の嫉妬を買い逆賊として命を落とす。神の力でトッケビにされ、胸に刺さったままの剣と共に不老不死の運命に。そして、その生を終わらせられる唯一の存在の"トッケビの花嫁"を探し続けている。900年たったある日、自分はトッケビの花嫁だと名乗る女子高生ウンタク（キム・ゴウン）が現れた。

**東仁川のハンミ書店** MAP P.156-B1

劇中、何度か出てくる黄色い古本屋さん。トッケビとウンタクが、お互いの頭をスダムスダム（なでなで）するシーンや、トッケビと三神（産神）ハルメが対峙する印象的なシーンで使われた。

『トッケビ ～君がくれた愛しい日々～』
Blu-ray1&2、DVD-BOX1&2
価　格：Blu-ray 各6000円（本体）＋税、DVD 各5000円（本体）＋税
発売元：コンテンツセブン
販売元：NBCユニバーサル・エンターテイメント
© STUDIO DRAGON CORPORATION

スターが
演じた
胸キュン・シーン

# 注目ドラマのロケ地へGO！

韓国ドラマの人気の名作から、韓国各地が舞台になった
おすすめのドラマとロケ地をピックアップ。
ドラマのシーンに浸りながら散策してみよう。

特集 5
テーマのある旅

## 青い海の伝説

スペインに逃げてきた詐欺師のホ・ジュンジェ（イ・ミンホ）は、不思議な女性と出会う。それは人魚（チョン・ジヒョン）だった。その後、ソウルで再会したふたりだが、ある事件に巻き込まれていく。前世の運命も絡み合い、イケメン詐欺師と都会に迷い込んだ人魚の純愛ファンタジーが始まる。

**Nソウルタワー** ▶P.137

背景や劇中の5話と6話に登場。ジュンジェとシムチョンは初雪の日にここNソウルタワーで会う約束をするが、シムチョンは、向かう途中で交通事故にあってしまう。Nソウルタワーではジュンジェがシムチョンを待つシーンが撮影された。

『青い海の伝説（日本編集版）』
Blu-ray-BPX1～2、DVD-BOX1～2
価　格：Blu-ray-BOX各2万7000円（本体）＋税、DVD-BOX各2万4000円（本体）＋税
発売元：アクロスト／ポニーキャニオン／韓流ぴあ／COPUS JAPAN
販売元：ポニーキャニオン
© STUDIO DRAGON CORPORATION

**抱川アートバレー** MAP P.75-C2

採石場跡を複合文化観光施設として再生させたもの。第2話の朝鮮時代のシーンで、タムリョン（ジュンジェの前世）と人魚セファ（シムチョン）が再会したシーンで登場した。

ウンタクの誕生日にトッケビが現れる印象的なシーンは江陵の海で撮影

君と共にした時間全てが眩しかった。初恋だった

死神とサニーの出会いの場所となる橋は2号線龍踏駅近くの陸橋

### ソウル安国洞の感古堂キル
**MAP P.114-B2**

第1話で雨降る中、トッケビとウンタクが初めて出会う場面。ふたりは一瞬目を合わせるが、そのまますれ違う。ウンタクを目で追うトッケビの眼差しが切ない。挿入歌が静かに流れるロマンチックな名シーンだ。

### 雲が描いた月明かり

幼少から男装して生きてきたサムノム（キム・ユジョン）。恋文を代筆し金を稼いでいた。ある日、身分を隠し町にやって来た皇太子イ・ヨン（パク・ボゴム）は、トラブルに巻き込まれサムノムと最悪な出会い方をする。その後、サムノムは借金取りに捕まり宮殿に売られる。女性とバレずに皇太子の内官になるが、その皇太子は町で会ったあの男だった。

『雲が描いた月明かり』
**Blu-ray SET 1〜2、DVD SET 1〜2**
価　格　Blu-ray-SET各2万1000円（本体）＋税
　　　　DVD-SET各1万9000円（本体）＋税
　　　　※コンプリート・シンプルBlu-ray-BOX 6,000円、DVD-BOX 5,000円シリーズ同時発売中
発売元：NBCユニバーサル・エンターテイメント
　　　　※期間限定生産

### 南原「広寒楼苑」の橋「烏鵲橋」と池 ▶P367
5話で、池に溺れているサムノムをヨンが池に飛び込み助けるシーンで使われた。

### 全州「慶基殿」の竹林 ▶P359
第1話で、皇太子ヨンと内官になったサムノムが、宮殿内で初めて会った場所。

---

### 多くの作品が生まれたドラマ撮影場

ドラマ撮影が盛んな韓国には、数多くの撮影所がある。ここでは代表的なところを紹介しよう。

### 龍仁大長今パーク ▶P.172
용인대장금파크
ヨンインテジャングム パク

公共放送MBCのドラマ撮影所。250万㎡もある敷地に各時代のセットがある。

**撮影作品**

オクニョ、善徳女王、イ・サン、トンイ、武神、奇皇后、太陽を抱く月、九家の書、夜警日誌、輝いたり狂ったり、君主、ホジュン（2013年版）、馬医、夜を歩く士（ソンビ）、逆賊ホンギルトン、華政、火の女神ジョンイ

### 高句麗鍛冶屋村 ▶P.142
고구려 대장간마을
コグリョ テジャンガンマウル

高句麗の遺跡も展示されている。

大河ドラマ『太王四神記』の撮影地として設計されたためドラマの世界そのまま。高句麗の遺跡も展示されている。

**撮影作品**

大王四神記、シークレットガーデン、シンイ、快刀ホンギルトン、善徳女王ほか

### 順天ドラマ撮影場 ▶P.344
순천드라마촬영장
スンチョンドゥラマチャリョンジャン

『製パン王キム・タック』、『ジャイアント』などの撮影が行われた。80年代など近代の町並みが再現されている。

### 海洋ドラマセット場 **MAP P.84-B3**
해양드라마셋트장
ヘヤンドゥラマセットゥジャン

『キムスロ』の撮影地として有名な釜山近郊の撮影所。海が舞台の名シーンはここで撮影されるものも多い。

### ソドンヨテーマパーク ▶P.390
서동요테마파크
ソドンヨテマパク

百済時代の王を描いた『ソドンヨ』のセットを公開した扶余近郊にある施設。

### 羅州映像テーマパーク **MAP P.86-B1**
나주영상테마파크
ナジュヨンサンテマパク

35週にもわたり視聴率1位を記録した『朱蒙（チュモン）』のロケ地。

〈協力〉坂巻亜弥子（さかまきあやこ）
韓国ドラマのOST（オリジナル・サウンドトラック）評論家として講演などで活動。
モンタンKOREA主宰　sarahn.exblog.jp

蚕室野球場でのLGツインズ
とキウム・ヒーローズの試合

# 韓国で プロ野球を 見よう

特集 6 テーマのある旅

韓国のプロ野球観戦は楽しい。2022年シーズンは観客動員数が600万人を突破した。ファンの裾野も広がり、ユニフォームを着た野球女子も少なくない。熱い応援団に混じって一緒に応援してもいいし、日本ほど球場の規模も大きくないので間近に試合を見るのもいい。レギュラーシーズンは4月上旬から10月初旬、ポストシーズンは10月中旬から11月上旬までと日本とほぼ変わらない。

トラワヨ プサンハンへ
돌아와요 부산항에
帰れ 釜山港へ

パイティン！
파이팅！
ファイト！

## 球場グルメ

フライドチキン
（蚕室野球場）

GOURMET

乾き物おつまみセット
（高尺スカイドーム）

特大サイズの生ビールはストロー付き（蚕室野球場）

ホットドッグ
（蚕室野球場）

## 外野寄りの内野席で 盛り上がろう

韓国でプロ野球観戦をするなら、外野に近い内野席、甲子園でいう、いわゆるアルプス席での観戦が楽しい。チアガールが踊ったり、応援団長が指揮したりするスペースが設けられていて、自軍の攻撃のときには一生懸命踊り続ける。それに合わせて観客は歌ったり踊ったりして一緒に応援する。

## 攻守交代時の「キスタイム」

攻守交代のときにはさまざまな企画が行われるが、特に人気なのが「キスタイム」。球場のカメラがさまざまなカップルを映し出し、カメラに映されたカップルはキスするまで球場じゅうから囃し立てられる。

突然始まるキスタイム

LGツインズのファン
（蚕室野球場）

# 野球場ガイド

プロ野球チームが本拠地とする野球場は、ソウル（3チーム）、仁川、水原、大田、釜山、大邱、馬山、光州にある。窓口のスタッフは英語ができる人が多いので、チケットは当日球場で買うのがラク。よほど注目される試合でない限り、チケットが売り切れることはなく、座席もできる限り希望を聞いてくれる。料金は1000〜6000円ほどと、日本よりも安い価格で見られるのも魅力だ。試合開始時間は平日が18:30、週末は14:00のことが多い。

蚕室野球場

## 蚕室野球場（チャムシル ヤ グ ジャン）　　MAP 折込ソウルD2

잠실야구장

韓国を代表する野球場で収容人数は2万5553人。斗山ベアーズとLGツインズの2チームの本拠地となっており試合開催日も多い。

🏠 서울특별시 송파구 잠실7동 올림픽로 25
🚇 地下鉄2·9号線 218 930 総合運動場
斗山ベアーズ URL www.doosanbears.com
LGツインズ URL www.lgtwins.com

## 高尺スカイドーム（コチョク）　　MAP 折込ソウルA3

고척스카이돔

2015年完成の韓国初のドーム球場で1万6744人収容。プロ野球ではキウム・ヒーローズの本拠地。韓国代表チームの試合やコンサートなどにも利用される。

🏠 서울특별시 구로구 고척1동 경인로 430
🚇 KORAIL京仁線 142 九一
URL www.sisul.or.kr/open_content/skydome
キウム・ヒーローズ URL www.heroesbaseball.co.kr

## 仁川SSGランダースフィールド（インチョン）　　MAP P.157-D3

인천SSG 랜더스필드

正式名称は文鶴野球場。SKワイバーンズから2021年に新世界グループのSSGランダースの本拠地となった。収容人数は2万6000人。

🏠 인천광역시 남구 매소홀로 618
🚇 仁川地下鉄1号線 I 127 文鶴競技場
SSGランダース URL www.ssglanders.com

## 水原ktウィズパーク（スウォン）　　MAP P.170-A1

수원케이티위즈파크

2013年に創設され、2021年に初優勝したktウィズの本拠地で収容人数は2万2000人。正式名称は水原総合運動場野球場。

🏠 수원시 장안구 경수대로 893
🚇 KORAIL京釜線 P155 水原駅 からバス310、777、900番などで「水原ktウィズパーク」停留所
ktウィズ URL www.ktwiz.co.kr

## ハンファ生命イーグルスパーク（センミョン）　　MAP P.413-A2

한화생명이글스파크

正式名称は大田ハンバッ運動場野球場。収容人数は1万3000人。千葉ロッテでも活躍した金泰均を育てたことでも知られ、帰国後も2021年に引退まで活躍した。

🏠 대전광역시 중구 대종로 373
🚇 KORAIL京釜線·湖南線大田駅からバス2番「ハンバッ総合運動場」停留所
ハンファ・イーグルス URL www.hanwhaeagles.co.kr

## 社稷野球場（サジク ヤ グ ジャン）　　MAP P.273-C2

사직야구장

ロッテ・ジャイアンツの本拠地で収容人数は2万6800人。熱烈な応援でも有名で、『釜山港へ帰れ』『釜山カルメギ』は定番の応援歌。

🏠 부산광역시 동래구 사직로 45
🚇 釜山地下鉄3号線 308 社稷、307 総合運動場
ロッテ・ジャイアンツ URL www.giantsclub.com

## 大邱サムスン・ライオンズ・パーク（テグ）　　MAP P.223-B

대구삼성라이온즈파크

サムスン・ライオンズの本拠地で収容人数は2万9718人。大リーグ球場をモデルに2016年にオープン。観客席とフィールドが近く、迫力があるぶん、ファウルグランドが狭い。

🏠 대구광역시 수성구 야구전설로 1
🚇 大邱地下鉄2号線 238 大公園
サムスン・ライオンズ URL www.samsunglions.com

## 昌原NCパーク（チャンウォン）　　MAP P.84-B3

창원NC파크

2019年に完成したNCダイノスの新球場。2018年までのNCの本拠地だった馬山総合運動場野球場のすぐ東側に位置する。収容人数は2万2112人。

🏠 창원시 마산회원구 삼호로 63
🚇 KORAIL慶全線馬山駅からバス100番「文化放送」停留所
NCダイノス URL www.ncdinos.com

## 光州起亜チャンピオンズフィールド（クァンジュ キ ア）　　MAP P.332中-A

광주기아챔피언스필드

2014年に完成した起亜タイガースの本拠地で収容人数は2万7000人。子どもの遊び場を作るなど、小さい子ども用の設備が充実している。

🏠 광주광역시 북구 서림로 10
🚇 KTX湖南線光州松汀駅からバス98番で「無等野球場」停留所
起亜タイガース URL www.tigers.co.kr

# 韓国の宝物とご対面
# 国立博物館めぐりの旅

韓国にはソウルの国立中央博物館が管轄する博物館が、
2023年現在、中央博物館を含めて14あり、
国宝をはじめとする各地方の宝物を収蔵、展示している。
うれしいことに韓国の国立博物館は企画展を除いて入場料が無料!
ここでしか見ることができない逸品に会いに行こう。

国立中央博物館の仏教彫刻室

## ソウル 国立中央博物館
クンニブ チュンアン パンムルグァン
국립중앙박물관 ▶P.140

韓国全土にある国立博物館の中心的存在。最も
多くの国宝を収蔵するのもこの博物館で、なかで
も弥勒菩薩半跏思惟像は、「思惟空間」という別
室でゆっくり味わえるように展示されている。
展示は韓国内のみならず、北朝鮮の世界遺産、
高句麗古墳群のもの、明治大正期に大谷光瑞の
調査した中央アジアの収集物も。また、2024年1
月までメトロポリタン美術館の中東コレクションも
常設展示されている。

頭上に蓮の花のような冠を
かぶった弥勒菩薩半跏思惟像

現在は北朝鮮にある高句麗古墳
群江西大墓の玄武（模写）

大谷探検隊の中央アジアコレクション
の展示も豊富

メソポタミアのバビロンのレリーフは2024年1月
28日までの展示

聖徳王陵を守っている十二支のサルです

天馬塚から出土した金の冠と帯（いずれも国宝に指定）

## 慶州 国立慶州博物館

クンニブ キョンジュ パンムルグァン
국립경주박물관 ▶P.256

慶州は新羅の首都、金城として発展、三韓を統一した後も首都として繁栄した。いまも市内には王陵や寺院などが残る。この博物館にはこれらからの出土物や寄贈品がおもに展示されている。新羅歴史館、新羅美術館、月池館などに分かれて展示されているので、慶州を観光する前に見ておくといい。新羅は三国を統一した王朝であることもあり、宝物の質、量ともに充実している。なかでも金銀の装飾品はまばゆいばかりの美しさ。

国宝・聖徳大王神鐘（エミレの鐘）は771年完成、東洋最大級の梵鐘。鋳造時に生贄となった少女の声「エミレ」に似た音が鳴るそう

伽耶の遺跡から発見された人面土器です

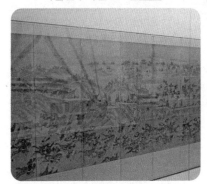

何度も激戦が繰り広げられた平壌城の戦いを描いた絵図

## 晋州 国立晋州博物館

クンニブ チンジュ パンムルグァン
국립진주박물관 ▶P.319

何度も日本軍との激戦が行われた晋州城内にある博物館。韓国では壬辰倭乱と呼ばれる文禄の役に関する展示が中心だ。両軍が使った当時の武器や、水軍を率いた李舜臣に関する史料などが揃っている。2023年3月から日本で公開される映画『ハンサン ―龍の出現―』でも描かれる文禄の役を、作品と合わせて見るのもおすすめ。また、先史時代以来の出土品などの展示も充実している。日本に流出した文物を集めた在日韓国人、金龍斗のコレクション、斗庵室もある。

宝物となっている高麗青磁、「青磁象嵌梅竹鶴文梅瓶」

## 金海 国立金海博物館

クンニブ キメ パンムルグァン
국립김해박물관 ▶P.303

出自はインドの王女といわれ、金官伽耶国の初代首露王に嫁いだ許黄玉の陵に隣接する博物館。金官伽耶のものを中心に、鉄の王国ともいわれ、倭や中国と活発な交流を行った伽耶の土器や鉄器を収蔵している。
展示では伽耶時代までの出土物のほか、当時の人々の暮らしぶりがわかる展示や、王族たちがつけたイヤリングや腕輪などアクセサリーも紹介されている。

弁韓の遺跡で出土、韓国最大級の水晶のネックレス

伽耶時代に造られた鉄製の鎧

## <ruby>公州<rt>クンニブ</rt></ruby> 国立公州博物館
국립공주박물관 ▶P.399

百済時代に熊津と呼ばれた古都にあり、日本統治時代に造られた歴史ある博物館。見どころは何といっても「世紀の発見」と騒がれた武寧王陵の副葬品の数々で、武寧王陵室として独立した部屋で展示されている。

新羅統一直後、燕岐地方の百済系遺民が造ったとされる癸酉銘千仏碑像（国宝）

武寧王陵から出土したヒスイで作られた勾玉。ヒスイの硬玉は朝鮮半島では産出せず、日本でしか作られないもの。武寧王は日本生まれともいわれており、深い交流が感じられる

私が王のお墓を守ってきましたよ

武寧王陵に通じる入口で見つかった鎮墓獣像（国宝）

百済の王宮に設置されていたと思われる貯水槽

国宝の金銅観音菩薩立像（左）と作者と思しき「鄭智遠」の銘が入った金銅三尊仏立像（右）。いずれも百済時代に作られた

## <ruby>扶余<rt>クンニブ</rt></ruby> <ruby>国立扶余博物館<rt>ブヨ　　バンムルグァン</rt></ruby>
국립부여박물관 ▶P.388

百済最後の都となった<ruby>泗沘<rt>サビ</rt></ruby>の故地に建つ博物館。百済に仏教が完全に定着し、工芸文化も発展していった。国宝にも指定されている金銅大香炉は陵山里寺院跡から発掘された仏教芸術の傑作だ。

国立扶余博物館の屋外で展示されている唐<ruby>劉仁願紀功碑<rt>りゅうじんがんきこうひ</rt></ruby>は、唐から見た百済の最後の姿を記しており、一線級の歴史資料といえる。

## <ruby>益山<rt>クンニブ</rt></ruby> <ruby>国立益山博物館<rt>イクサン　　バンムルグァン</rt></ruby>
국립익산박물관 ▶P.377

世界遺産となった弥勒寺址からの出土品を中心に展示する博物館で、2020年にオープンした。弥勒寺は、歴史書『三国遺事』にも登場する、百済王家の若君と新羅の王女の有名な伝説『<ruby>薯童謡<rt>ソドンヨ</rt></ruby>』の舞台となっている。創建時から残る西の石塔は現在でも高さ14.5mもあり、創建当初は高さ20mをはるかに超えていたと考えられる。

石造如来坐像（複製）。本物は益山蓮洞里にある石仏寺に祀られている。顔以外の部分は百済様式

弥勒寺址の石塔1階から見つかった金銀製の金剛般若波羅蜜経。新羅末または後百済の10世紀のものと思われていたが、7世紀の百済期に作られたという説も出てきている

この石塔は調査のために解体して再度組み立てられた。その際に大量の仏具などが出土し、それらを整理、保存するため、弥勒寺址に隣接して新たに国立博物館が建てられた。出土物は弥勒寺址室で見学することができる。弥勒寺とともに世界遺産となっている王宮里遺跡からの出土品は、益山百済室で展示されている。

## 清州 国立清州博物館
(クンニプ チョンジュ パンムルグァン)
국립청주박물관 ▶P.405

新羅統一直後の673年製の阿弥陀仏像（国宝）

清州は金属加工で古くから知られ、のちには世界最古の金属活版印刷を生み出した地。この博物館では、この地域の歴史を金属出現以前と以降に分けて紹介している。屋外展示では百済の製鉄炉や統一新羅時代の墓などが復元されている。

清州の中心部、龍頭寺址に残されていた鉄幢竿。国宝に指定されているが複製。現物はいまも町なかにある

清州雲泉洞出土の青銅鐘。新羅後期のものと考えられ、火炎宝珠など高麗時代の装飾の萌芽も見られる

和順の栄山江流域から見つかった青銅八珠鈴（国宝）。8つの丸が鈴になっており、祭礼に使われたと考えられている

## 光州 国立光州博物館
(クンニプ クァンジュ パンムルグァン)
국립광주박물관 ▶P.334

国立光州博物館は先史時代以来、独自の文化を発展させてきた全羅南道の文化を紹介する博物館。屋外には全羅南道に圧倒的に多い支石墓（コインドル）の展示もある。この地域は百済、さらに新羅の支配下に入るが、中世になると一転、海上貿易の主役となり、さまざまな陶磁器の集散地として発展した。1階のアジア陶磁文化室には、日本や中国、ベトナムなどの陶磁器も展示されている。

順天出土の阿弥陀如来三尊像

## まだまだある！　国立博物館

歴史や考古学、あるいは民俗資料を展示した国立博物館は、韓国各地に14ある。それぞれの地域の出土物が中心となっており、見ごたえのある博物館が多い。地方でもぜひ足を延ばしてみよう。

### 大邱 国立大邱博物館
(クンニプ テ グ パンムルグァン)
국립제주박물관 ▶P.232

新羅、伽耶時代の出土物から、大邱を中心とする服飾文化を紹介する服装繊維室まで、幅広い展示を行う。

### 全州 国立全州博物館
(クンニプ チョンジュ パンムルグァン)
국립제주박물관 ▶P.361

馬韓時代以来の出土物を展示しているが、特に朝鮮王朝時代のソンビ（儒者）に関する展示が充実。

### 羅州 国立羅州博物館
(クンニプ ナ ジュ パンムルグァン)
국립나주박물관 MAP P.86-B1

羅州を流れる栄山江流域には数多くの古墳が残り、博物館も潘南古墳群にある。この地域には前方後円墳もあり、古代日本とのつながりを感じさせる。

住 나주시 반남면 고분로 747
交 KTX湖南線の羅州駅、羅州市外バスターミナル、または栄山浦バスターミナルから市内バス107番で「国立羅州博物館국립나주박물관」停留所
URL naju.museum.go.kr

### 春川 国立春川博物館
(クンニプ チュンチョン パンムルグァン)
국립춘천박물관 MAP P.187上-B

江陵の寒松寺址出土の国宝の文殊菩薩像をはじめ仏像を多く所蔵。

住 춘천시 우석로 70
交 KORAIL南春川駅から市内バス100番で「春川博物館춘천박물관」停留所、バス15番で「博物館入口박물관입구」停留所。春川駅から100番で「春川博物館」停留所
URL chuncheon.museum.go.kr

### 済州 国立済州博物館
(クンニプ チェジュ パンムルグァン)
국립제주박물관 MAP P.431-D1

耽羅国として朝鮮半島とは別の歴史を送り、朝鮮王朝に組み込まれてからも、本土とは異なる独自の文化を築いてきた済州島の先史時代以来の資料を展示。

住 제주시 일주동로 17
交 済州国際空港から市内バス316、325、326番で「ウダン図書館入口우당도서관입구」停留所、済州市バスターミナルから335、336番で「コウニモール 国立済州博物館고으니모르 국립제주박물관」停留所
URL jeju.museum.go.kr

# 物価高に負けない！

# リーズナブルに滞在するコツ

長かったコロナ禍による渡航規制もようやくほぼ解除され、再び韓国へ旅ができるようになった。しかし、時代は世界的な物価高。まだまだ航空便数も以前のようには戻らず、航空運賃も高止まりだ。「気軽に行ける韓国」に戻るまで、賢く旅をしたい。

## 食べる ▶P.62

旅の楽しみの大きな部分を占める食事。節約しつつも郷土料理や名物料理を楽しみたい。

## 屋台フード ▶P.56

各地の市場は、食材の販売だけでなく、屋台が立ち並んでおり、地元の食材を利用した名物グルメがお値打ち価格で楽しめる。地元の生活に触れながら、お腹を満たすことができる旅行者にとって最高の食体験だ。

済州の東門市場 ▶P.434

シアホットク

## テイクアウト

韓国の食堂はメニューの種類が少ない専門店が多いので、一度に食べられる料理の種類が限られがち。複数人での旅なら、いくつかの店でテイクアウトをしてシェアするのがおすすめだ。多くの店で料理の持ち帰りが可能、高級ホテルでなければ、部屋での飲食も黙認されている。もちろん常識的な後片付けはきちんとするのがオトナの旅。

テイクアウトしたソンジョン三代クッパブ ▶P.305 のテジクッパブ

### 2+1に注目！

日本でコンビニといえば定価のイメージが強いが、韓国のコンビニでは、ドリンクやお菓子などをふたつ買えばひとつ無料になる2+1として販売しているものも多い。チェックした上で購入しよう。

## カメクチプする？

カゲは店、メクチュはビール、チプは屋。つまり雑貨屋やスーパーマーケットの店先で飲み食いできるところがカメクチプ。ラーメンやチヂミなど簡単な料理が安く食べられる。商品の菓子をつまみに飲むのもOK。会社の帰りに、チョイ飲みする人たちが次々と訪れるような店は、家庭的でおいしいこと、間違いなし！

雑貨屋の店先に簡易テーブル。この店の人気メニューは具だくさんの卵焼き入りのトースト

## 移動 ▶P.459

韓国旅行でうれしいのは交通費が安いこと。単純な安さより、費用対効果を考えた利用を。

## バス VS 鉄道 ▶P.462

高速鉄道は早くて高額、長距離バスは遅くて安いという構図は日本も韓国も一緒。ただし、韓国の新幹線KTXは日本の新幹線に比べて料金は半分ほどで済むので、単に料金だけよりも、鉄道利用によって節約できる時間のメリットも考えた上で選びたい。また、長距離バスの普通料金はKTXのさらに半分ほどだが、長距離バスの優等やプレミアムは、座席がよくなる代わりに、KTXとの料金との差が小さくなる点についても留意しておきたい。

## タクシーも実は安い

ソウルの一般タクシーの初乗り料金は最初の1.6kmが₩4800（約500円）で、その後131mごとに₩100（10.4円）と爆安！ 乗り換えが必要な地下鉄ルートなら、思い切ってタクシーを利用するのも時間節約の賢い方法だ。
気をつけたいのはソウルでの漢江を渡るルート。橋を渡るために渋滞することが多く時間がかかり、料金もかさみがち。ここは地下鉄とうまく組み合わせて使おう。

韓国のタクシーメーター。支払いは、現金のほか交通系カードやクレジットカードが使える

### タクシー配車アプリ

アフターコロナの韓国では、人手不足が深刻なよう。とくに流しのタクシーが拾いにくくなった。そこでぜひスマホでタクシーを呼べる配車アプリをインストールしておこう。韓国で主流なアプリはKakao T。日本語にも対応しているが、アプリ払いに国際クレジットカードは使えないので、下車時に運転手に直接支払う。ウーバーUberは個人が客を乗せるライドシェアサービスはないものの、タクシーの配車は可能。ただし、登録車両がKakao Tに比べて少ない。なお、深夜は配車まで時間がかかることが多い。あらかじめ時間指定で手配しておこう。

## コスパがいいのは日系ホテル

最安はトイレやシャワーが共同のホステルだが、快適さと料金のバランスを考えると、日系のビジネスホテルは魅力的なオプションといえる。モーテルも比較的安く利用できるが、当たり外れが大きい。
近年のホテル料金は定価がなく、同じ部屋でも宿泊日と予約のタイミングで料金が異なる。早めに予約したとしても、何度かウェブサイトを確認してみると、安い料金が出ていることがある。なお、韓国ならではのチムジルバンは安く泊まれるサウナとして人気があったが、コロナ禍で24時間営業を取りやめたり、宿泊エリアを閉めるなど少し使いにくくなった。

## 泊まる ▶P.468

安い料金を見つけるためには、手間を惜しまないのが鉄則。予約サイトによっても料金は変わってくる。

特集8
テーマの
ある旅

そぞろ歩きも楽しい

# 屋台フードを堪能！

韓国では、屋台で気軽に
名物料理が楽しめる。
伝統的なおやつから、
トレンドグルメまで
おいしいものを探してみよう！

ソウル、明洞のメインストリート。
薄暮の頃から人がどんどん増えてくる

**定番**

**イチゴ飴**
丸ごとのイチゴが飴に。季節によりブドウなど他の果物になることもある

**キンパプ**
韓国風海苔巻き
具材はいろいろ

**定番**

**タッカンジョン**
鶏のから揚げ
甘辛ソース味

 W4000

**トッポッキ**
固めの餅を唐辛子ソースで煮た
甘辛味

W5000

クロワッサン生地の
たいやき。あんこのほか、
バナナ、チーズと多彩

秋の風物詩は焼き栗の屋台。
韓国産の大きな栗はホクホク

**オコノミヤキ**
広島風お好み焼のソウルバージョン。半熟卵
がおいしい

W5000

**ビビンタンミョン**
チャプチェを
使ったまぜ麺。
釜山の国際市場の名物

**釜山**

**済州**

**ピントック**
そば粉のクレープに塩味
の大根が入っている済州
島の名物屋台料理

**済州**

旧済州の東門市場

**ソフトクリーム**
済州島名産の
みかん入り！

W4000

**豚鉄板焼き**
済州島名産の
黒豚を使った
鉄板焼き

**済州**

W700

W1万

56

**ヤキウドン**
大邱十味として親しまれている庶民の味

**ナプチャクマンドゥ**
韓国の餃子は大きいものが多いが、これは小さくて食べやすい

W5000

大邱

大邱

大邱

**恐竜肉**
実際は七面鳥の肉だが、インパクトのある大きさで40分待ちの大行列！

W9900

**チーズ＆トッポッキ**
焼いたハルミチーズと餅のくにゃっとした食感がやみつきに！

W3000

**屋台のソース**
何種類か置いているソースはセルフサービス

**ハッパ（ホットバー）**
ウインナーやカニカマを魚のすり身で巻いて揚げたもの

1本W3000

**エビバター**
エビのバター焼き串。プリプリの身は誰もが納得の味

W6000

**エビ焼き**
チーズをとろりと掛けて上からもあぶってできあがり！

1本W3000

束草

**カニとエビの天ぷら**
名物だが高価なカニを手頃な値段で！

釜山の富平カントン市場

定番

**アバイスンデ＆オジンオスンデ**
腸詰めとイカ飯の盛り合わせ

束草

釜山

**オデン**
全国定番の屋台フードだが、練り物の種類が多いのは釜山

W2000

**オムク**
おでんと同じ練り物だが汁につけずに焼いて食べる

serve8

**シアホットック**
ヒマワリの種やナッツたっぷりの釜山名物

釜山

OREO

**オレオチュロス**
ソウルっ子の好きなオレオ味

W3000

**韓** 国の屋台は2種類ある。立ち食いの屋台はノジョム（露店）といい、串に刺したり、カップに入れて提供している。席がある一杯飲み屋の屋台はポジャンマチャ（布張馬車）。地元の人が入れ替わり立ち替わり座って飲んでいく。ここで紹介したのはノジョム。ソウルなら明洞が最大。地方なら市場の中に並んでいるノジョムを探してみよう。明洞は14:00〜22:00、各市場ではもう少し早く閉まる。夜市として営業する市場もある。

※料金は目安になります。軽食はW4000〜6000、串物はW3000〜6000、海鮮はW1万5000ほどです。

57

# 雑貨みやげはキュートでカラフル！

代表的なおみやげは、
伝統のパッチワーク「ポジャギ」や、
刺繍がほどこされた手工芸品。
ユニークなキャラクターもの、
デザイン雑貨も人気。

KOREA発の

➡「BT21」というタグがついているのは人気アイドルBTSのブランド。赤いハートのキャラは「TATA」

₩2万6000 **C**

## キャラクター

LINEフレンズとKAKAO TALKのキャラクター人気は不動。タレントとコラボした商品もどんどん出てきている。

₩6000 **B**

➡カカオの仲間たちがドリンクマーカーに！（グラスは別）

₩9900 **A**

➡カップに密着するシリコーンの蓋でLINEのコニーが海水浴？

各₩3500 **E**

各₩5000 **D**

₩1万2000 **D**

➡フェルトの質感があたたかいキーホルダー

➡刺繍入りの携帯楊枝入れ

₩5万5000 **D**

## 伝統モチーフ

定番の巾着から本格的な刺繍が施された小物まで。華やかな色彩で目移りしそう。

➡組紐と玉の組み合わせも伝統

➡韓国風のモチーフをモダンに描いたピンクッション

₩3万9000 **D**

➡新婚さんや夫婦に贈るカップルのあひる

₩1350

← バターの豊かな香りと、薄いのにしっかりした硬さがクセになるバター・ワッフル

₩1250

↑コーンとチーズはテッパンの組み合わせ

↑コーンスープ味のスナック

₩1100

## スナック菓子

チーズやガーリックをプラスして、濃い味にするのが韓国スタイル。

\ 町でよく見る /

## 大手のコンビニチェーン

₩2980

## 韓国海苔

定番中の定番だけど、新製品も続々登場。おいしい&健康がキーワード。

₩9880（32袋入）

↑ふりかけタイプの韓国海苔は豆腐やサラダのトッピングにもおすすめ

↑有名なブランド両班海苔

### CU
シーユー
URL cu.bgfretail.com

### 7-ELEVEN
セブン・イレブン

# スーパー&コンビニで
# 手軽に買えるプチプラみやげ

町のあちこちにあるコンビニやスーパーマーケット。韓国テイストを持ち帰って、日本でも思い出の味を楽しみたい。

特集10 テーマのある旅

₩1450

₩1400

## インスタント食品

麺類をはじめ、レトルトや缶詰など韓国の味を再現できるアイテムがいっぱい。

➡かわいいキャラでもしっかり辛い

↑辛ラーメンなら「ブラック」のほうがおすすめ

### GS25
ジーエス25
URL gs25.gsretail.com

### emart24
イーマート24
URL emartcompany.com

₩2250

₩4980

₩4500

➡レトルトカレー「カレーの女王」

↑コグマ（さつま芋）ラテの素。カフェで定番の味を手軽に味わえる

↑「ミスカル」。湯で溶いて健康ドリンクに、そのままピンス（かき氷）にかけてもおいしい

コスメライター・ジャヨンミさん提案!
本気で使える! おすすめガイド

# 韓国コスメ BEST 10

コスメ用語については ▶P.488　韓国コスメビギナーもリピーターの人も、
これはいい! と思えるおすすめコスメを
コスメライター・ジャヨンミさんがご紹介!

### アハバハ
### レモントナー

아하 바하 레몬 토너
Tocobo トコボ

不要な角質を整えつるん
と潤う肌に導く化粧水。
さわやかなレモンの香り

**W2万5000** T

### No.1クール
### モイストマスク

넘버1 쿨 모이스트 마스크
Neaf Neaf ニフニフ

肌鎮静と保湿に特化した
天然素材のマスク。BTS
実姉のブランドで話題に

**W1万5000** T

## 基礎化粧品
韓国コスメの実力はスキン
ケアにあり。憧れの美肌を
手に入れてすっぴん美人に!

### アクアレン
### ソルーション

셀러스 아쿠알렌
솔루션
Lagom ラグム

さらりとした液状
で吸収力抜群。翌
朝のツヤ肌が楽し
みになる美容液

**W4万2000** C

### リンクルバウンス
### マルチバーム

멀티밤
Kahi カヒ

固形のしわ改善美容液。
スティックコスメブーム
の火付け役

**W4万2000** O

### ワンダー ポア
### クリアパッド

원더 포어 클리어 패드
Freeup フリーアップ

化粧水を浸透させた拭
き取りパッド。目的に応
じた6種類から選べる

**W2万5000** T

監修:ジャヨンミ
(加来紗緒里)さん
ソウル在住。ブログ
「韓国コスメ イヤ
ギbyジャヨンミ」を
主宰。情報誌等の
寄稿やコスメや美
容に関する旅のサ
ポートなど活動範囲は多彩。
URL www.instagram.com/
jayeonmi_beauty

**W1万2000**

### モイスチャー
### クレンジングフォーム

모이스처 클렌징폼
Boryeong Mud

ミネラル豊富な泥で優
しく汚れを落とす

### 保寧 ボリョン

ビーチのある忠清南道の保
寧は、夏のマッドフェスティ
バルで人気の町。ミネラル分
たっぷりの泥が化粧品として
開発されている。

### 大邱 テグ

大邱は400年の歴史を誇
る薬令市を擁する町。先
進医療と韓方を融合させ
た治療や化粧品が注目さ
れている。

### ハヌルホス
### 化粧水

한방스킨
Skylake ハヌルホス

18種類の韓方薬草
エキスを90日熟成。
さっぱりタイプ

**W3万1000**

### オブジェリキッド
オブ제 리퀴드

**Muzigae Mansion**
ムジゲマンション

抜群の密着力で軽い付け心地。デザイン性の高い容器は揃えたくなるかわいさ

₩1万8000 **O**

### ザブロウ リフティングワックス
더브로우 리프팅

**Espoir** エスポア

眉毛を固めず毛並みを自然に固定。トレンドメイクに欠かせないアイテム

₩1万8000 **O**

# メイクアップ

バリエーションが豊富なメイクグッズ。遊び心のある商品もチェックしたい。

### ミドルトーン コレクター アイシャドウ パレット
미들톤 컬렉터 아이섀도우 팔레트

**Laka** ラカ

中間色だけで構成されたユニークな配色。水彩画のような澄んだ目もとに

₩3万2000 **C**

₩1万5000 **T**

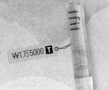

### アイドルカバー コンシーラー
아이돌 커버 컨실러

**Tifit** ティフィット

特殊加工のパウダーで薄付きでも強力なカバー力。持続力の高さも秀逸

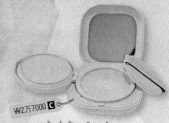

₩2万7000 **C**

### ネオクッション
네오쿠션

**Laneige** ラネージュ

カバー力もツヤ肌も叶えマスクにも付きにくい、コロナ禍誕生の逸品

🌹 **ショップ**

---

## ご当地コスメも注目!

コスメの発信地は地方にも!豊かな自然や伝統が韓国美人をしっかりサポート。

### 済州ツバキオイル
동백꽃 오일

**Jeju Iyagi** チェジュイヤギ

天然由来成分99%以上。軽く保湿力も抜群

₩3万5000

### ハンドクリーム
핸드크림

**Innisfree** イニスフリー

済州島の旅をテーマにした香りの限定セット

₩1万2000

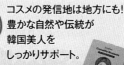

₩1万

### 済州島 チェジュド

済州は火山の島。溶岩泥、深層水、名産の茶や椿など自然の恵みをコスメに積極的に展開している。

### カメリアブロッサム バイオセルロース マスクパック
카멜리아 블러썸 바이오셀룰로오스 마스크팩

**Jeju Indi** チェジュインディ

済州椿成分を含む天然素材シートで潤い肌に

### インテンシブ モイスチャー クリームプラス
인텐시브 모이스쳐 크림 플러스

**R2nskin** アールトゥエンスキン

済州固有の植物成分や火山岩盤水を使用

₩3万5000

# 定番 地方 韓国料理ガイド

**105**

日本でもおなじみの韓国料理は、
料理法や食材が多彩なことで知られている。
地方ごとに特徴があるのも豊かな食文化を物語る。
いろいろな料理を試してみよう。

## 焼肉

スップルグイ
**炭焼き**

チョルパングイ
**鉄板焼き**

焼肉といっても、肉の種類や部位によっても扱う店が変わるほど食材は豊富。専門店化しているのが特徴だ。

**1** 갈비구이　▶水原
### カルビグイ
**牛バラ肉焼き**　味付けしないのが「セン」、味付きは「ヤンニョム」という。水原カルビは大きさとタレが特徴。

カボジョンカルビ　▶P.173

**2** 흑돼지구이　▶済州島
### フクテジグイ
**黒豚の焼肉**　済州では皮付きのバラ肉を使い、イワシの塩辛を鉄板で温めて付けて食べる。

豚家マウル　▶P.446

**3** 간장삼겹살　▶清州
### カンジャンサムギョプサル
**豚バラ肉の醤油焼肉**　韓方食材を入れた醤油に漬けて焼く。行者ニンニクと一緒に食べるとおいしい。

忠州トルグイ　▶P.408

**4** 닭갈비　▶春川
### タッカルビ
**鶏の鉄板焼き**　鶏とキャベツなどの野菜を甘辛く炒めた料理。網焼きバージョンもある。

1.5タッカルビ　▶P.189

**5** 닭갈비　▶春川
### タッカルビ（網焼き）
**鶏の網焼き**　塩味、またはヤンニョム味の鶏肉を固くならないように下焼きしてから炭火で仕上げる。

春川サランタッカルビ
マッククス　▶P.189

## 豚肉の部位

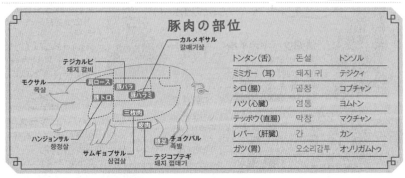

| | | |
|---|---|---|
| トンタン（舌） | 돈설 | トンソル |
| ミミガー（耳） | 돼지귀 | テジクィ |
| シロ（腸） | 곱창 | コプチャン |
| ハツ（心臓） | 염통 | ヨムトン |
| テッポウ（直腸） | 막창 | マクチャン |
| レバー（肝臓） | 간 | カン |
| ガツ（胃） | 오소리감투 | オソリガムトウ |

（豚の図内ラベル）
カルメギサル　갈매기살
テジカルビ　돼지 갈비
肩ロース　豚バラ　豚ハラミ
モクサル　목살
豚トロ
三枚肉
皮付
ハンジョンサル　항정살
サムギョプサル　삼겹살
チョクパル　족발
テジコプテギ　돼지 껍데기

**6** 돼지곱창 ◎定番
## テジコプチャン

**豚ホルモン焼** 各地で人気の食材。ソウルなら東大門周辺、大邱や釜山にも専門店の集まるエリアがある。

トンバクサ コプチャンマクチャン ▶P.37

---

ヤンコギ
양고기
## ラム肉も食べられる

韓国では羊を食べる習慣はなかったが、健康にいいことから人気が出てきた。ラムが多くマトンはあまり見かけない。ヤンコチ양꼬치（串焼き）は韓国で最もポピュラーな羊肉の食べ方。焼き台に串を刺すと自動的に串が回る。ほかにヤンコギカルビ양고기 갈비（ラムチョップ）も食べられる。

ソウルでは東大門歴史文化公園駅の近く MAP P.119-A1 釜山では釜山駅前の中華街 MAP P.280-A3 に多い

---

**7** 불고기 ◎定番
## プルゴギ

**牛肉の甘辛炒め煮** 別の肉が使われるときは「テジ（豚）プルゴギ」など、素材名をプルゴギの前に置く。

安東黄牛村 ▶P.220

---

**8** 떡갈비 ▶全羅南道潭陽
## トッカルビ

**叩きカルビ** 牛カルビを包丁で叩いて柔らかくし、下味を付けてハンバーグ状にまるめて焼く。

申食堂 ▶P.340

---

**9** 석갈비 ▶公州
## ソッカルビ

**豚カルビの石板焼き** 甘い醤油タレの豚のカルビを石焼きにした料理。千切りしたネギと一緒に食べる。

セイハクガーデン ▶P.401

---

생선구이
センソングイ
## 焼き魚

町の食堂では生のほか一夜干しの焼き魚など日本と同じようなメニューが並ぶ。沿岸の町ではぜひ地元産を。

---

**10** 고등어구이 ◎定番
## コドゥンオグイ

**サバの塩焼き** 食堂の定番メニューのひとつ。コチュジャンをきかせて煮付けにもする。

ムルコギセサン ▶P.436

---

**11** 갈치구이 ▶麗水
## カルチグイ

**タチウオ焼き** タチウオは済州島や南海岸地方の港で水揚げされる。塩焼き、煮付け、鍋などで。

ペクチョンソノ マウル ▶P.350

---

# 牛肉の部位

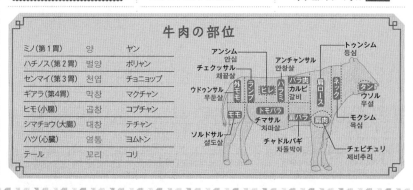

| ミノ（第1胃） | 양 | ヤン |
| ハチノス（第2胃） | 벌양 | ボリャン |
| センマイ（第3胃） | 천엽 | チョニョップ |
| ギアラ（第4胃） | 막창 | マクチャン |
| ヒモ（小腸） | 곱창 | コプチャン |
| シマチョウ（大腸） | 대창 | テチャン |
| ハツ（心臓） | 염통 | ヨムトン |
| テール | 꼬리 | コリ |

トゥンシム 등심
アンシム 안심
アンチャンサル 안창살
チェクッサル 채끝살
ウドゥンサル 우둔살
ピレ
バラ肉
カルビ 갈비
肩ロース
ネック
タン
ウソル 우설
外モモ
モモ
トモバラ
チマサル 처마살
肩バラ
肩肉
モクシム 목심
ソルドサル 설도살
チャドルバギ 차돌박이
チェビチュリ 제비추리

63

**12**

옥돔구이　▶済州島
## オクトムグイ

**アマダイ焼き** 済州特産の高級魚アマダイを開き、塩だけで味を付けて焼いた料理。

済州オソンカルチジョリム ▶P.445

**13**

민물장어　▶高敞
## ミンムルチャンオ

**ウナギ** 蒸さずに焼くので皮はパリッとする。高敞と扶余のものがおいしいと評判。

ソクチョン プンチョンチャンオ ▶P.340

**14**

조기구이　◎定番
## チョギグイ

**イシモチの塩焼き** 生のイシモチはチョギといい、焼き魚定食の定番。干物はクルビという高級品。

カチグモンチプ（コースの一品） ▶P.220

---

チョリム ヨリ
조림 요리
**煮物**

ボックム ヨリ
볶음 요리
**炒め物**

煮物、炒め物。さらに炒め煮は家庭料理でもよく使われる調理法。ニンニクのきいた甘辛味がご飯に合う！

**15**

족발　◎定番
## チョクパル

**豚足** 茹でた豚足を醤油やニンニクベースのタレで煮込んだコラーゲンたっぷりの料理。

西帰浦毎日オルレ市場 ▶P.442

**16**

잡채　◎定番
## チャプチェ

**春雨炒め** 春雨と野菜の甘辛炒め。ご飯にのせたチャプチェバブもポピュラーな料理。

ヤンバンガ（コースの一品） ▶P.362

**17**

두부두루치기　▶大田
## トゥプトゥルチギ

**豆腐の炒め煮** イカを追加すると、甘辛い味付けにイカの旨味が豆腐に染み込んで美味。

チルロチプ ▶P.416

---

## フライドチキン
프라이드치킨

韓国で独自の進化を遂げているのがフライドチキン。スイートチリやカルボナーラ味など、さまざまな味がある。定番は甘辛味のヤンニョムチキン양념치킨。屋台でも大鍋でタレをからめて熱々を売っている。また、若いガッツリ男子＆女子には、フライドチキン＆ビール（チメク）というスタイルが定着している。

フライドチキンは屋台でも人気。カップに入れてもらって歩きながら食べる

---

## 食材＆料理用語①

| | | | | | | | | | |
|---|---|---|---|---|---|---|---|---|---|
| チョッカラク | 젓가락 | 箸 | バンチャン | 반찬 | 小皿に入ったおかず | センソン | 생선 | 魚 |
| スッカラク | 숟가락 | スプーン | キムチ | 김치 | 辛いタレで作る漬物 | ナクチ | 낙지 | タコ |
| ポク | 포크 | フォーク | ナムル | 나물 | 野菜のごま油和え | オジンオ | 오징어 | イカ |
| カル | 칼 | ナイフ | カクトゥギ | 깍두기 | 大根の漬物。カクテキ | チョゲ | 조개 | 貝 |
| チャグンチョプシ | 작은접시 | 小皿 | チョッカル | 젓갈 | 塩辛 | フェ | 회 | 刺身 |
| ムル | 물 | 水 | サンチュ | 상추 | レタスの葉 | クイ | 구이 | 焼き |
| ソグム | 소금 | 塩 | ケンニプ | 깻잎 | エゴマの葉 | チム | 찜 | 蒸し |
| カンジャン | 간장 | 醤油 | キム | 김 | 韓国海苔 | ボックム | 볶음 | 炒め |

**18** 객주리조림 ▶済州島
## ケクチュリジョリム

**ウマヅラハギの煮付け** ピリ辛に煮付けた郷土料理。大豆を入れるのがおいしさのポイント!

トゥルドゥルシクタン ▶P.436

蒸 茹

チムヨリ
**蒸し物**

テチムヨリ
**茹で料理**

素材のおいしさがはっきりわかる、シンプルな蒸し(茹で)料理。キムチやタレの違いで味の変化も楽しめる。

**19** 꼬막찜 ▶順天
## コマクチム

**灰貝の煮付け** ラムサール条約にも登録されている干潟のある順天の貝。ぷりっとした食感が身上。

ナムドパプサン(コースの一品) ▶P.346

**20** 찜닭 ▶安東
## チムタク

**鶏の甘辛煮** 激辛のチョンヤンコチュで味付けした鶏料理。2000年代のブームを経て全国区に。

チョンガチムタク ▶P.220

**21** 돔베고기 ▶済州島
## トムベゴギ

**蒸し豚** まな板にのせるのが済州式。サンチュなどの葉野菜の上に豚肉と塩辛をのせて食べる。

イェンナルイェッチョク ▶P.445

**22** 보쌈 ▶ソウル
## ポッサム

**茹で豚** キムチとともに野菜の葉で包んで食べる。肉だけで食べる料理はスユク。

チャングンクルポッサム ▶P.144

**23** 홍어 삼합 ▶木浦 ▶全州
## ホンオサマプ

**ガンギエイ** 発酵させたガンギエイ(ホンオ)とゆで豚とキムチを食べることを三合(サマプ)という。

ヤンバンガ(コースの一品) ▶P.362

**24** 계란찜 ◎定番
## ケランチム

**蒸し焼き卵** 食堂のパンチャンで、₩1000増しで食べられたりする庶民の味方。ふわふわのやさしい食感。

食堂のパンチャン(副菜)で

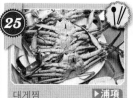

**25** 대게찜 ▶浦項
## テゲチム

**蒸しズワイガニ** シンプルにカニを楽しめる。甲羅にご飯を入れカニみそを混ぜて締めよう。

海洋フェテゲセンター ▶P.268

---

## 食材&料理用語②

| パジョン | 파전 | ネギチヂミ | ラミョン | 라면 | インスタントラーメン |
|---|---|---|---|---|---|
| キムチジョン | 김치전 | キムチのチヂミ | コンギバプ | 공기밥 | 白ご飯 |
| ククス | 국수 | そうめん | トッパプ | 덮밥 | おかずがのったどんぶりご飯 |
| カルググクス | 칼국수 | 小麦の平打ち麺 | サムパプ | 쌈밥 | 野菜包みご飯 |
| メミルグクス | 메밀국수 | そば。メミルソバとも | チュモクパプ | 주먹밥 | おにぎり |
| ウドン | 우동 | ククスより太い麺 | オデン | 오뎅 | 魚介の練り物 |
| ティギム | 튀김 | 韓国式の天ぷら | クク | 국 | スープ料理 |
| トック | 떡 | 餅(うるち米を使う) | ヘジャンクク | 해장국 | 酔い覚ましスープ |

꼬막 　▶順天
## コマク
**灰貝**　小ぶりだがぷっくりと詰まった身は食べ応えがある。味は赤貝にも負けない濃厚さ。

ナムドバブサン（コースの一品）▶P.346

굴찜 　▶統営
## クルチム
**牡蠣の蒸し焼き**　鍋ごとテーブルに出るので迫力満点。生牡蠣なら酢＋コチュジャンで韓国流に。

センセンクルマウルテプングァン ▶P.316

오징어순대 　▶束草
## オジンオスンデ
**詰め物をした蒸しイカ**　スルメイカにひき肉、豆腐、野菜などを詰めて蒸した料理。

チニャンフェッチブ ▶P.198

회
フェ
# 刺身
魚介の刺身も葉野菜で包んでニンニクなどの薬味と食べる。店自慢のタレで和えた刺身も試してみよう。

모듬회 　◎定番
## モドゥムフェ
**刺身の盛り合わせ**　規模の大きい刺身屋では、魚一匹でなく、数種類の魚が一度に楽しめる。

チニャンフェッチブ ▶P.198

민어회 　▶木浦
## ミノフェ
**ニベの刺身**　7〜8月が旬。刺身には浮袋やゆがいた皮も添え、珍味として楽しむ。

ヨンナンフェッチブ ▶P.355

고등어회 　▶済州島
## コドゥンオフェ
**サバの刺身**　港から店の生け簀に毎日直送するサバは新鮮そのもの。驚きの歯応え。

ムランシクタン ▶P.435

전복회 　▶莞島　▶済州島
## チョンボクフェ
**アワビの刺身**　薄く切ったアワビをゴマ油と塩で食べる。キモもおいしい。

ヤンバンガ（コースの一品）▶P.362

육회탕탕이 　▶木浦
## ユッケタンタンイ
**牛のユッケと活タコ**　不思議なコラボだが、韓国では人気。韓国海苔に包んで食べる。

トゥルチェ ▶P.355

말고기회 　▶済州島
## マルゴギフェ
**馬刺し**　済州島には在来馬がおり、昔から馬肉を食べる習慣がある。刺身はいろいろな部位の盛り合わせ。

チョンウ馬ガーデン ▶P.436

생간 　◎定番
## センガン
**生レバー**　焼肉屋やモツ焼き専門店で出す。センマイ（牛の第3胃）、牛刺し、ユッケ（細切り牛刺し）もある。

プルタヌン コプチャン ▶P.144

꿩회 　▶忠州
## クォンフェ
**キジの刺身**　信頼できる店なら新鮮な刺身が食べられる。しゃぶしゃぶで食べるのもおすすめ。

大将軍 ▶P.409

**37** ▶ソウル
**カンジャンケジャン** 간장게장

**ワタリガニの醤油漬け** 最後に残ったつゆでご飯を食べる。韓国では「ご飯泥棒」と呼ばれる逸品。

ソサンコッケ ▶P.95

**38** ▶ソウル
**カンジャンセウ** 간장새우

**エビの醤油漬け** とろっとした身、溶け出したミソ、ニンニクのきいた醤油が特徴。こちらもご飯泥棒。

ナムドバプサン（コースの一品）▶P.346

**39** ▶済州島
**ムルフェ** 물회

**水刺身** 香味野菜と細切りにした刺身に、冷たいスープを張った料理。スズメダイやイカが定番。

オンドンムル ▶P.435

---

鍋 뚝배기 トゥッペギ
**1人鍋**

汁 국 クク
**スープ**

具だくさんの汁物とご飯、それにパンチャン（小さいおかず）の組み合わせは、ポピュラーな食卓風景。

**40** ◎定番
**テンジャンチゲ** 된장찌개

**味噌煮込み鍋** 野菜やキノコなどが入った具だくさんの味噌汁。韓国の納豆が入ったものはチョングクチャンという。

具は色々だが、各町にある

**41** ▶大邱
**ユッケジャン** 육개장

**牛肉の辛口スープ** 牛塊肉を茹でてスープを取り、大豆モヤシ、ワラビ、芋茎、長ネギなどの野菜と煮込む。

イェッチブシクタン ▶P.235

---

**42** ◎定番
**タッコムタン** 닭곰탕

**鶏煮込みスープ** シンプルに鶏を煮込んだスープ。あっさりしていて日本人向きの味。

タクチンミ ▶P.143

**43** ▶済州島
**カルチクク** 갈치국

**タチウオのスープ** ぶつ切りのタチウオに、青菜とカボチャが入る。青唐辛子をアクセントに。

ムランシクタン ▶P.435

**44** ◎定番
**ソルロンタン** 설렁탕

**牛骨スープ** 牛骨ダシのみの薄味。粗塩を入れるとグッと締まり、キムチやカクトゥギの漬け汁を足すと味が広がる。

神仙ソルロンタン（チェーン店）など

---

**45** ▶済州島
**コドゥンオヘジャンクク** 고등어해장국

**サバのスープ** 下煮をしたサバを豪快にすりつぶし豆モヤシなどと煮込む。エゴマがたっぷりで香りがいい。

ソンミシクタン ▶P.436

**46** ◎定番
**ソモリコムタン** 소머리곰탕

**牛頭肉のスープ** 牛の頭部を長時間かけて煮込んだスープ。あっさりとして上品な味。

ヤンボクソモリコムタン ▶P.259

**47** ▶済州島
**ヘムルトゥクペギ** 해물뚝배기

**海鮮味噌鍋** 済州島特産のトコブシ、アワビ、ミナミアカザエビ、ウニなどの味噌鍋。

サンボシクタン ▶P.445

**48**

순두부찌개　◎定番
## スンドゥブチゲ

**おぼろ豆腐鍋**　スンドゥブ（おぼろ豆腐）のピリ辛鍋。海鮮やキノコなどの具入りもある。卵を合わせて食べる。

八公山スンドゥブ　▶P.236

**49**

곰치국　▶東海
## コムチクク

**クサウオのスープ**　ぶつ切りのクサウオを古漬けキムチと煮込む。墨湖港に専門店が多く、朝食としても人気。

東海パダコムチクク　▶P.215

**50**

삼계탕　▶ソウル
## サムゲタン

**参鶏湯**　鶏に韓方やもち米を入れ高麗人参とともに煮たスープ。薄味なので鶏に塩や胡椒をふって食べる。

清潭栄養センター　▶P.146

**51**

초당두부　▶江陵
## チョダントゥブ

**草堂豆腐**　呉汁（大豆）をにがりではなく、東海岸の海水を使って固めるのが特徴。

草堂ハルモニスンドゥブ　▶P.214

**52**

황태해장국　▶平昌
## ファンテヘジャンクク

**干しダラのスープ**　牛骨と干しダラを煮込んだスープ。アミの塩辛を入れると風味アップ。

ファンテ会館　▶P.205

**53**

고사리육개장　▶済州島
## コサリユッケジャン

**豚とワラビのスープ**　ワラビは揉み込んで柔らかくし、細く裂いた豚肉と煮て、そば粉でとろみをつけた料理。

ウジンヘジャンクク　▶P.435

---

냄비요리
### ネムビヨリ
# 鍋物

カセットコンロの上でぐつぐつ煮える鍋。大勢で食べる場合が多いが、1人前で注文できる店もある。

**54**

닭한마리　◎定番
## タッカンマリ

**鶏の水炊き**　鶏一羽という意味。スープに入れる韓方や薬味に店の個性が出る。締めの麺がおいしい。

ミョンドンタッカンマリ　▶P.143

**55**

매운탕　▶麗水
## メウンタン（カニバージョン）

**アラ鍋**　刺身屋で出てくるアラ鍋。辛味噌味や塩味などがある。この店は名物のカニで贅沢に。

コットルケジャン1番街　▶P.350

**56**

아구탕　▶仁川
## アグタン

**アンコウ鍋**　セリやもやしとプリプリのアンコウを、辛いスープで煮ながら食べる。ご飯がすすむ味。

ソンジンムルトゥボン　▶P.95

**57**

꽃게탕　▶江華島
## コッケタン

**ワタリガニ鍋**　ニンニク、ネギ、唐辛子、コチュジャン、味噌のスープにカニの味が溶け込んだ辛旨鍋。

忠南瑞山家　▶P.95

**58**

연포탕　▶木浦
## ヨンポタン

**テナガダコ鍋**　木浦特産の小ぶりの蛸タコを入れた野菜たっぷりの鍋。タコは煮えばなを食べるのがおいしい。

トゥルチェ　▶P.355

### 59

명태지리국 ▶江原道高城郡
**ミョンテチリクク**

**スケトウダラの澄まし鍋** 高城は
スケトウダラ漁が盛んで、10～11
月にはスケトウダラ祭りも開催される。

チェビホシクタン ▶P.183

### 60

추어탕 ▶南原
**チュオタン**

**ドジョウ鍋** 南原名産のドジョウを
煮てすりつぶし、味噌、野菜、エゴマ
を入れてさらに煮た料理。

セチブチュオタン ▶P.369

### 61

짱뚱어탕 ▶順天
**チャントゥンオタン**

**ムツゴロウ鍋** 干潟でとれるムツ
ゴロウを煮込んですりつぶし、大根葉
と一緒にスープに仕立てる。夏が旬。

ユッポハルメチブ ▶P.346

### 62

세미탕 ▶麗水
**セミタン**

**オニオコゼ鍋** あっさりしたスー
プで日本人好みの味。セリと春菊の
香りが淡泊なオコゼによく合う。

チョンダウン食堂 ▶P.329

### 63

갈치조림 ▶ソウル
**カルチジョリム**

**タチウオの辛煮鍋** タチウオのぶつ切
りをコチュジャンベースの煮汁で煮付け
た料理。身離れがよい魚で食べやすい。

ユニョンパプサン ▶P.143

### 64

송이닭국 ▶慶尚南道昌寧郡
**ソンイタックク**

**松茸と鶏肉の水炊き** 火旺山や玉
泉渓谷で採れた香り高い松茸をふん
だんに入れた贅沢な水炊き。

テナムチブ ▶P.221

### 65

자연산벚섯탕 ▶全羅南道海南郡
**チャヨンサンポソッタン**

**天然きのこ鍋** 10種類以上の旬
の新鮮なきのこが堪能できる。秋が
おすすめ。

ホナムシクタン ▶P.355

### 66

감자탕 ◎定番
**カムジャタン**

**豚骨ジャガイモ鍋** エゴマの香りが高
い豚骨鍋。ピョダギヘジャンククはジャガ
イモなしだが似た味で1人前でも頼める。

カムジャタン通り ▶MAP P.118-B3

### 67

어복쟁반 ▶ソウル
**オボクチェンバン**

**北朝鮮式のもてなし鍋** 雌牛の
腹肉(オボク)を使い、さまざまな材
料を美しく盛りつけて出される。

綾羅パプサン ▶P.144

---

## 鍋や鉄板焼きの締めは何?

鍋料理の「締め」は楽しみなものだ
が、韓国では鉄板焼きでも「締め」
ができる。エキスを炭水化物に吸
わせて残さず食べよう!
白飯 コンギパプ 공기밥
基本の締め。少し辛いときなどは
途中で注文して一緒に食べるのも
おすすめ。鉄板焼きのあとに白飯
を投入して、チャーハンのように食
べるのも定番。

うどん ウドン 우동
スープが多めに残ったときはうど
んもおいしい。
インスタントラーメン
ラミョン 라면
最初から入っている鍋もあるが締
めに入れるのも可能。
餅 トック 떡
締めではなく途中で投入。鍋料理
ではオプション注文もできる。

サムギョプサルのあとの「ポックン
パプ」(焼き飯)。肉のうま味がた
っぷりでおいしい!

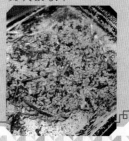

**68**

정국갈비　▶江華島
**チョックッカルビ**

**豚肉の塩辛鍋**　もやし、春菊、キノコ、カボチャなどを入れ豚カルビ肉と一緒に煮て食べる郷土料理。

ワンジャジョン ムッパブ　▶P.95

**69**

부대찌개　▶京畿道議政府市
**プデチゲ**

**ソーセージ鍋**　ソーセージ、スパム、ラーメンやチーズを加えたB級グルメ。この地が発祥で全国区となった。

オデン食堂　▶P.94

**70**

오리탕　▶光州
**オリタン**

**アヒル鍋**　アヒル1羽のボリュームとエゴマたっぷりのどろどろスープで大満足。セリの香りも秀逸。

ヨンミオリタン　▶P.339

밥
**パプ**
# 飯

韓国は日本と同じように米が主食の国。白米だけでなく、粥や炊き込みご飯のバリエーションもたくさんある。

**71**

돼지국밥　▶釜山
**テジクッパプ**

**豚骨スープご飯**　釜山名物として名高い。濃度のわりに薄味なので、塩やアミの塩辛で味を調えて食べる。

ソンジョン三代クッパブ　▶P305

**72**

콩나물국밥　▶全州
**コンナムルクッパプ**

**もやしクッパ**　名産の豆もやしのスープに別盛りのご飯付き。もやしがシャキシャキ、すっきりしたスープ。

チョンジュウェンイ　▶P.363

**73**

국밥　◎定番
**クッパプ**

**スープご飯**　具沢山のスープにご飯が入っているご飯を別盛りにするのはタロクッパブと呼ばれ、大邱の名物。

具はいろいろだが、各町にある

**74**

돌솥밥　◎定番
**トルソッパプ**

**釜飯**　野菜や韓方素材、アワビなどの海鮮が材料はさまざまだが比較的あっさり味。残ったおこげに湯をかけて食べる。

具はいろいろだが、各町にある

**75**

굴밥　▶忠清南道保寧市
**クルパプ**

**牡蠣ご飯**　牡蠣の産地は各地にあるが、保寧は小ぶりで濃いのが特徴。醤油ベースのタレと混ぜて食べる。

トガーデン　▶P.383

---

## パンチャン 반찬

韓国の食習慣のひとつに、食事の時の品数の多さがあげられる。麺だけの食事も、キムチが2種類ぐらい付くし、定食形式で食べるときも、おかずの皿が数種類並ぶ。この小皿料理をパンチャンといい、キムチやナムル、葉野菜などのほか、サラダや煮物など、ちゃんとした一品料理になりそうなものが提供されることもある。

パンチャンがたくさん並ぶスタイルを韓定食という。家庭料理風の定食から宮廷料理をモデルにした豪華版、山菜づくし、精進料理など地域の特性を活かしたものまで内容は多岐にわたる。
パンチャンは無料。おかわりもできる太っ腹な韓国の食文化は、実はパンチャンに込められているのかもしれない。

朝鮮王朝時代の両班家での韓定食（ヨソックン→P.35）

### 76
대추영양밥 ▶忠清北道報恩郡
## テチュヨンヤンバプ
**ナツメ釜飯** 報恩特産のナツメを入れたご飯。副菜も俗離山で採れた山菜や薬草を使ったヘルシーな定食。
ペヨンスク山野草バプサン ▶P.409

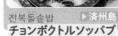

### 77
전복돌솥밥 ▶済州島
## チョンボクトルソッパプ
**アワビ釜飯** 済州島のアワビをふんだんに入れた贅沢な釜飯。バターを落として食べることもある。
テウジョン ▶P.445

### 78
전주비빔밥 ▶全州
## チョンジュビビンパプ
**全州ビビンパプ** ビビンパプの王様といわれる料理。20種類以上の食材をひとつずつ調理し、美しく盛る。
ハングクチプ ▶P.362

### 79
육회비빔밥 ▶晋州
## ユッケビビンパプ
**牛刺身のせビビンパプ** 牛赤身肉のユッケ、緑豆モヤシ、海藻などが入る。牛肉スープを添えて出すのが正式。
チェイルシクタン ▶P.320

### 80
황등비빔밥 ▶益山
## ファンドゥンビビンパプ
**黄登ビビンパプ** あらかじめコチュジャンを混ぜたご飯の上に新鮮な野菜とたっぷりのユッケがのった料理。
チンミシクタン ▶P.378

### 81
바지락죽 ▶全羅北道扶安郡
## バジラクチュク
**アサリ粥** 地元の干潟でとれたアサリの剥き身とニンジンなどの刻んだ野菜、緑豆などが入る粥。
キムインギョン元祖バジラクチュク ▶P.329

### 82
전복죽 ▶済州島
## チョンボクチュク
**アワビ粥** アワビと米をゴマ油で炒めて炊く。新鮮なアワビなら肝も加え、濃厚なコクと磯の風味を楽しむ。
テウジョン ▶P.445

### 83
연잎밥 ▶扶余
## ヨンニプパプ
**蓮の葉蒸しご飯** もち米のほか、黒米、黒豆、松の実、栗などが入る。蓮は仏教国家百済の都、扶余の象徴。
ベクチェチプ ▶P.394

### 84
밤밥 ▶公州
## パムパプ
**栗ご飯** 栗は主産地の公州正安面から正安栗栗안밥と呼ばれる名産。栗ご飯は栗づくし韓定食の一品。
ミマジ（コースの一部） ▶P.401

---

# 食事と楽しむドリンク

食事をいっそうおいしくするドリンク。ことに韓国では大勢で食事をする機会が多く、「飲みニケーション」ツールとしても重要だ。
**ビール　メクチュ（麦酒）　맥주**
ハイト Hite とオービー OB が2大銘柄。味わいはどちらも軽い。
**焼酎　ソジュ　소주**
韓国の国民酒。地方ごとに銘柄があるが、メジャーなのは日本でもおなじみ、真露のチャミスル（참이슬）。
**ソメク　소맥**
焼酎をビールで割った「爆弾酒」。3:7の割合がベストだとか。
**マッコリ　막걸리**
米などの粉を発酵させたにごり酒。アルコール度数が低く乳酸発酵が健康にいいと再注目された。
**百歳酒　ベクセジュ　백세주**
韓方の入った酒。

やかんとアルミの茶碗で飲むのが昔ながらのマッコリスタイル。

## 면 요리
## ミョンヨリ
# 麺

カルグクスは包丁（カル）で切った手打ち麺。ラーメン（ラミョン）を注文するとインスタントラーメンが出てくる。

**85**

곰국수
### コムグクス
◎定番

**牛骨麺** 牛骨スープで煮込んだ麺で、焼肉店でよく出てくる。コングクス（冷たい豆乳麺）とは別料理。

コムグクシジブ ▶P.143

**86**

짬뽕
### チャンポン
◎定番

**チャンポン** 中華料理店にある海鮮の具がたくさん入った辛い麺料理。辛くないチャンポンや白チャンポンもある。

各地の中華大衆食堂で

**87**

짜장면
### チャジャンミョン
▶仁川

**韓国式ジャージャー麺** チュンジャンと呼ばれる黒味噌を、大量のひき肉と一緒に炒めた韓国風麺。

共和春 ▶P.161

**88**

얼큰이칼국수
### オルクニカルグクス
▶大田

**辛口の手打ち麺** 濃厚な辛いスープに、生の春菊を浸して食べる。独特の苦みと清涼感がおいしさを生む。

ボクス粉食 ▶P.416

**89**

칼국수
### カルグクス
◎定番

**平打ち温麺** 薄く切った手打ちの麺を温かいだしで食べる。これは牡蠣がのったクルカルグクス。

各町にある

**90**

생선국수
### センソングクス
▶利川

**川魚スープ麺** 魚を煮込み、コチュジャンやニンニク、唐辛子、ネギ、セリ、エゴマの葉などを入れる。

利川センソングクス本店 ▶P.95

**91**

바지락칼국수
### パジラクカルグクス
▶仁川

**アサリ麺** アサリ、ハマグリ、シオフキ、ムール貝、干しダラ、エビなどが入ったうどん。

黄海ヘムルカルグクス ▶P.161

**92**

고기국수
### コギグクス
▶済州島

**豚スープ麺** 豚骨スープに中麺と呼ばれる中細の小麦粉麺を入れ、具にスライスした茹で豚をのせた料理。

オルレグクス ▶P.435

**93**

올챙이국수
### オルチェンイグクス
▶旌善

**トウモロコシ麺** 江原道の名物料理。トウモロコシの澱粉で作った短めの麺が特徴。

フェドンチブ ▶P.183

**94**

옥천냉면
### オクチョンネンミョン
▶京畿道楊平郡

**玉泉冷麺** 黄海道出身者が広めた麺。豚肉を煮込んだスープと、そば粉、サツマイモの澱粉を混ぜた麺が特徴。

玉泉平壌冷麺 ▶P.95

**95**

밀면
### ミルミョン
▶釜山

**小麦冷麺** 小麦粉で作るため、そば粉の冷麺ほどコシはない。甘辛くてとても刺激的な味。

ネホ冷麺 ▶P.306

## 분식
## プンシク
# 粉食

おやつ感覚でつまめる屋台＆B級グルメ。粉物料理のほかにもキンパプやオデンなど、軽食一般を指す。

**96**

분밥
## キンパプ
◎定番

**海苔巻き** 日本の巻き寿司のように海苔で巻いたご飯だが、お酢ではなくごま油などを和えたご飯を使う。屋台でも定番。

屋台や駅の売店で

**97**

떡볶이
## トッポッキ
◎定番

**餅と野菜炒め煮** うるち米で作った餅（トック）を野菜と炒め煮にする。汁多めでキンパプやスンデを投入することも。

屋台のほか新堂洞のトッポッキ通り ▶MAP P.119-B2

**98**

굴전
## クルジョン
◎定番

**牡蠣のチヂミ** 具に少量の粉を混ぜ大きく焼いたお好み焼きのような料理。海鮮、ネギ、芋など具は多彩。

マッコリ酒場ほかムクチョンで ▶P.146

**99**

전
## ジョン
◎定番

**ジョン** 野菜などの具に卵をつけて焼いたピカタ風の料理。韓定食では彩りや陰陽を盛り込んで供される。

ヤンバンガ（コースの一品）▶P.362

**100**

라면
## ラミョン
◎定番

**インスタントラーメン** 粉食店ではインスタントラーメンも定番メニュー。

粉食店や軽食店で

**101**

빈대떡
## ピンデトック
▶ソウル

**緑豆チヂミ** 小麦粉ではなく緑豆粉を使ったチヂミ。具は豚肉やキムチ、モヤシなどが入る。

広蔵市場 ▶P.118-A3

**102**

만두
## マンドゥ
◎定番

**餃子** 漢字では饅頭。焼き餃子のことをクンマンドゥ、蒸し餃子のことをチンマンドゥ、スープ餃子のことをマンドゥククという。

各町にある

**103**

순대
## スンデ
◎定番

**腸詰め** 豚の腸にひき肉やもち米、春雨や香菜を入れて蒸したもの。麺などのサイドメニューのほか屋台の定番。

オデン屋台やトッポッキ屋で

**104**

튀김
## ティギム
◎定番

**天ぷら** 衣を花のように散らすため、さくさくした食感。具はエビ、卵、サツマイモなど。トッポッキに入れるのも定番の食べ方。

屋台やトッポッキ屋で

**105**

오뎅
## オデン
◎定番

**おでん** 具はひらひらと帯状になった串刺しの練り物だけだが、釜山では日本のように数種類の具が入る。

屋台やトッポッキ屋で

推薦人
**八田靖史さん**
（はった やすし）

八田さんおすすめ

コリアン・フード・コラムニスト。1999年に韓国へ留学。以来、韓国料理の魅力を伝えるべく、2001年より執筆活動を開始。トークイベントや講演、韓国グルメツアーのプロデュースも行っている。食とハングルに関する著書多数。
URL www.kansyoku-life.com

このマークは八田さんおすすめの地方料理です。

**A**　　　　　　　**B**

鳳山郡
Bongsan-gun
봉산군

黄海北道
Hwanghaebuk-do
황해북도

朝鮮民主主義
人民共和国
（北朝鮮）

**1**

銀波郡
Eunpa-gun
은파군

新渓郡
Singye-gun
신계군

麟山
Insan
인산

兎山
Tosan
토산

麟山郡
Insan-gun
인산군

平山郡
Pyeongsan-gun
평산군

金川郡
Geumcheon-gun
금천군

兎山郡
Tosan-gun
토산군

峰泉郡
Bongcheon-gun
봉천군

黄海南道
Hwanghaenam-do
황해남도

峰泉
Bongcheon
봉천

金川
Geumcheon
금천

長豊郡
Jangpung-gun
장풍군

長豊
Jangpung
장풍

青丹郡
Cheongdan-gun
청단군

白川郡
Baecheon-gun
배천군

**2**

白川
Baecheon
배천

開城
Kaesong

P.175 DMZ・板門店

開豊
Kaepung
개풍

開豊郡
Gaepung-gun
개풍군

板門店
판문점
P.176

| P.74-75 | P.76-77 |
|---|---|
| P.78-79 | P.80-81 |
| P.82-83 | P.84-85 |
| P.86-87 | P.88-89 |

臨津閣平和누리
임진각 평화누리 P.177

都羅山
臨津江
臨津江

江華湾

P.94 江華支石墓
강화지석묘

鉄山
Cheolsan
철산

P.94 江華歴史博物館
강화역사박물관

喬桐島
Gyodongdo
교동도

席毛島
Songmodo
석모도

ワンジャジョン
ムツパプ P.95

48

江華
Ganghwa
강화

忠南瑞山家 P.95

P.94 江華山城
강화산성

麻谷
Magok
마곡

通津
Tongjin
통진

陽村
Yangchon
양촌

普門寺
보문사

江華島
Ganghwa-do
강화도

江華郡
Ganghwa-gun
강화군

上坊
Sangbang
상방

伝燈寺
전등사

草芝鎮
초지진

斗雲
Duun
두운

金浦
Gimpo
김포

恵音島
Boreumdo
볼음도

注文島
Jumundo
주문도

麻田洞
Majeondong
마전동

仁川国際空港高速道路

**N 京畿道**

0　　10km　　20km

京畿湾

長峰島
Jangbongdo
장봉도

信島
Sindo
신도

仁川国際空港
인천국제공항

仁川
Incheon
인천
P.153

**A**

地図 P.78 →

**B**

舞衣島
Muido
무의도

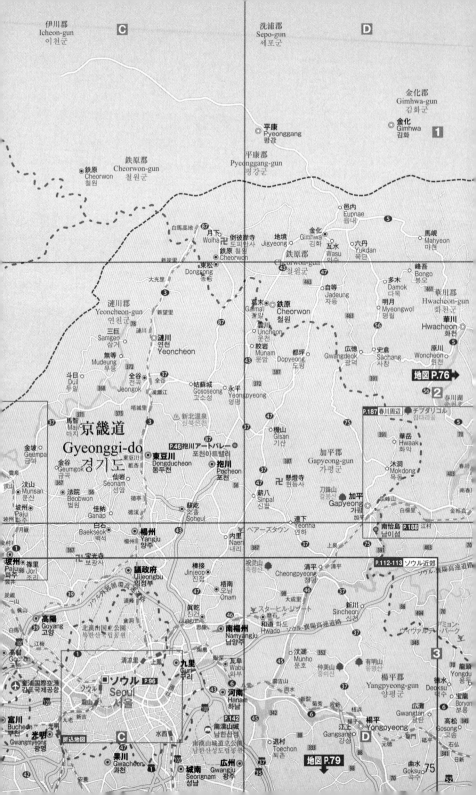

伊川郡
Icheon-gun
이천군

**C**

洗浦郡
Sepo-gun
세포군

**D**

金化郡
Gimhwa-gun
김화군

**1**

平康
Pyeonggang
평강

金化
Gimhwa
김화

鉄原郡
Cheorwon-gun
철원군

鉄原
Cheorwon
철원

平康郡
Pyeonggang-gun
평강군

邑内
Eupnae
읍내

馬峴
Mahyeon
마현

白馬高地
月下
Wolha
월하

倒彼岸寺
도피안사

地境
Jigyeong
지경

金化
Gimhwa
김화

鉄原 철원
Cheorwon

瓦水
Wasu
와수

六丹
Yukdan
육단

峰吾
Bongo
봉오

東松
Dongsong
동송

鉄原郡
Cheorwon-gun
철원군

自等
Jadeung
자등

多木
Damok
다목

華川郡
Hwacheon-gun
화천군

大光里

新望里

葛末
Galmal
갈말

鉄原
Cheorwon
철원

明月
Myeongwol
명월

漣川郡
Yeoncheon-gun
연천군

雲川
Uncheon
운천

華川
Hwacheon
화천

三巨
Samgeo
삼거

漣川
Yeoncheon
연천

救岩
Munam
문암

都坪
Dopyeong
도평

広徳
Gwangdeok
광덕

史倉
Sachang
사창

原川
Woncheon
원천

無等
Mudeung
무등

全谷
Jeongok
전곡

姑蘇城
Gososeong
고소성

永平
Yeongpyeong
영평

**地図 P.76 ➡**

斗日
Duil
두일

新北温泉
신북온천

**P.187** 春川周辺

チプタリゴル
집다리골

京畿道
Gyeonggi-do
경기도

馬智
Maji
마지

金城
Geumpa
금파

機山
Gisan
기산

華岳
Hwaak
화악

雲泉

法院
Beobwon
법원

東豆川
Dongducheon
동두천

抱川
Pocheon
포천

加平郡
Gapyeong-gun
가평군

沐洞
Mokdong
목동

汶山
Munsan
문산

仙岩
Seonam
섬암

**P.46抱川アートバレー**
포천아트밸리

坡州
Paju
파주

金谷
Geumgok
금곡

佳紵
Ganap
가납

懸燈寺
현등사

刀鋒山
칼봉산

加平
Gapyeong
가평

徳渓

蘇屹
Soheul
소흘

薪八
Sinpal
신팔

月籠

白石
Baekseok
백석

楊州
Yangju
양주

内里
Naer
내리

連下
Yeonna
연하

**南怡島 P.188**
남이섬

坡州
Paju
파주

篠里
Jori
조리

宝光寺

議政府
Uijeongbu
의정부

ベアーズタウン

祝霊山
축령산

**P.112-113** ソウル近郊

高陽
Goyang
고양

北漢山国立公園
북한산국립공원

榛接
Jinjeop
진접

清平
Cheongpyeong
청평

清平

新川
Sincheon
신천

高杉
Gochon
고촌

眞乾
Jungeon
진건

梧南
Onam
오남

スターヒル・リゾート

和道 화도
Hwdo

ヴィヴァルディパーク

奎浦国際空港
김포국제공항

ソウル

南楊州
Namyangju
남양주

汶湖
Munho
문호

有明山
유명산

楊平郡
Yangpyeong-gun
양평군

龍沼
Yongdu
용두

富川
Bucheon
부천

**ソウル P.96**

九里
Guri
구리

瓦阜
Wabu
와부

仲美山
중미산

徳沼
Deoksu
덕수

**Seoul**
서울

河南
Hanam
하남

宝琳
Borym
보림

光明
Gwangmyeong
광명

**P.142**
南漢山城
남한산성

廣州
Gwangju
광주

広瀬
Gwangtan
광탄

高松
Gosong
고송

果川
Gwacheon
과천

城南
Seongnam
성남

退村
Toechon
퇴촌

**地図 P.79**

江上
Gangsang
강상

楊平
Yongpyeong
용평

曲水
Goksu
곡수

**C**

**D**

**2**

**3**

75

地図 P.75

昌道
Chando
창도

昌道郡
Cahngdo-gun
창도군

金剛郡
Geumgang-gun
금강군

**1**

**A**

**B**

P.196 高城統一タワーへ
고성통일타워

7

P.183 チェビホ R シクタン

花津浦
화진포 P.196

巨津
Geojin
거진

高城郡
Goseong-gun
고성군

乾鳳寺
건봉사 卍

高城
Goseong
고성

7

清澗亭
청간정

縣里
Hyeonri
현리

瑞和
Seohwa
서화

芳台山
방태산

龍垈
Yongdae
용대

46

地図 P.75

林塘
Imdang
임당

453

460

460

46

P.190 東草
Sokcho

P.192 新興寺 卍 權金城
신흥사 권금성

P.193

P.196 百潭寺 卍
백담사 雪岳山国立公園 P.193
설악산국립공원

豊山
Pungsan

華川郡
Hwacheon-gun
화천군
破虜湖
파로호

楊口郡
Yanggu-gun
양구군

31

403

楊口
Yanggu
양구

龍下
Yongha
용하

31

笛里
Jukri
적리

46

元通
Wontong
원통

44

麟蹄郡
Inje-gun
인제군

44

釘岩
정암 R
Jeongam

洛山寺 P.197
낙산사 卍

雪岳山
1708m

P.197 喜岩
백담사 R

汋淄
Mulchi
웅치

7

461

檢村
Yuchon
유촌

麟蹄
Inje
인제

五色薬水 P.197
오색약수

五色食堂
오색식당

論化
Nonhwa
논화

襄陽
Yangyang
양양

襄陽国際空港
양양국제공항

**2**

清平寺 卍
청평사

春川周辺 P.187

昭陽江

新南
Sinnam
신남

院垈
Wondae
원대

貴屯
Gwidun
귀둔

縣里
Hyeonri
현리

西林
Seorim
서림

襄陽郡
Yangyang-gun
양양군

59

P.185 昭陽湖
소양호

魚論
Eoron
어론

418

米川谷
이천곡

漁城田
Eoseongjeon
어성전

新北
Sinbuk
신북

P.184 春川
춘천
Chuncheon

56

**江原道**
**Gangwon-do**
**강원도**

ソウル-襄陽高速道路

56

56

楓川
Pungcheon
풍천

44

451

道寛
Dogwan
도관

446

上南
Sangam
상남

451

坊内
Bangnae
방내

31

三峰
상봉

明開
Myeonggae
명개

広院
Gwangwon
광원

56

五台山 P.202
오대산

**3**

5

ソウル-襄陽高速道路

55

城山
Seongsan
성산

408

君業
Guneop
군업

56

栗田
Yuljeon
율전

洪川郡
Hongcheon-gun
홍천군

P.201 平昌駅～大関嶺

五台山国立公園 P.202
오대산국립공원

P.202 月精寺
월정사 卍

地図 P.75

中央高速道路

陽德院
Yangdeogwon
양덕원

44

洪川
Hongcheon
홍천

寿陀寺 卍
수타사

魚論
Eoron
어론

豊岩
Pungam
풍암

笙谷
Saenggok
생곡

56

424

31

6

5

魯川
Nocheon
노천

405

19

大関嶺韓牛プラザ R
대관령한우프라자

蓬坪
Bongpyeong
봉평

6

408

P.202 アルペンシアリゾート
알펜시아리조트

珍富
Jinbu
진부

6

50

494

上蒼峯
Sangchangbong
상창봉

横城郡
Hoengseong-gun
횡성군

フェニックスパーク

禾洞
Hwadong
화동

平昌郡
Pyeongchang-gun
평창군

59

楡峴
Yuhyeon
유현

6

鶴潭
Hakdam
학담

6

舊坊
Gubang
구방

浦洞
Podong
포동

平昌
Pyeongchang
평창

横城富饒韓牛プラザ R
횡성축협한우프라자

書院
Seowon
서원

横城
Hoengseong
횡성

青太山
청태산

屯內
Dunnae
둔내

**A**

**B**

金旺
Geumwang
금왕

349

405

原州空港
원주공항

卿金
Jeonggeum
정금

411

嶺東高速道路

ウェリ・ヒリ・パーク

大和
Daewha
대화

R 平昌韓牛マウル本店
평창한우마을 본점

**76**

龜龍寺 卍
Anheung
양흥
구룡사

地図 P.80

42

芳林
Bangnim
방림

31

加里王山
가리왕산

42

C        D

## 凡例

### 地方行政区画

- ■ 広域市、特別市、道庁所在地
- ◎ 市
- ◎ 郡
- ◎ 邑（ゆう）
- ○ 面・里・洞などの地区名

### 道路

- ══00 000 0000══ 郡道・市道
- ──00── 国道
- ──00── 高速道路

### 鉄道

- ━━━━ 高速鉄道専用線
- ━━━━ 在来線
- ■ 高速列車停車駅
- ■ 在来線停車駅
- ■ 旅客営業のない駅

### 記号・アイコン

- ❶ 観光案内所
- ⓜ 博物館、美術館
- ⌂ 宮殿、城郭、王陵
- 卍 寺院
- ▲ 山頂
- ♣ 自然休養林
- ♨ 温泉
- ⛷ スキー場
- 🏖 海水浴場
- ✈ 空港
- 🚌 バスターミナル
- Ⓗ 宿泊施設
- Ⓡ 食堂、レストラン
- Ⓒ カフェ、バー
- Ⓢ ショップ、市場
- Ⓔ エンターテインメント施設（劇場、遊園地、映画館など）

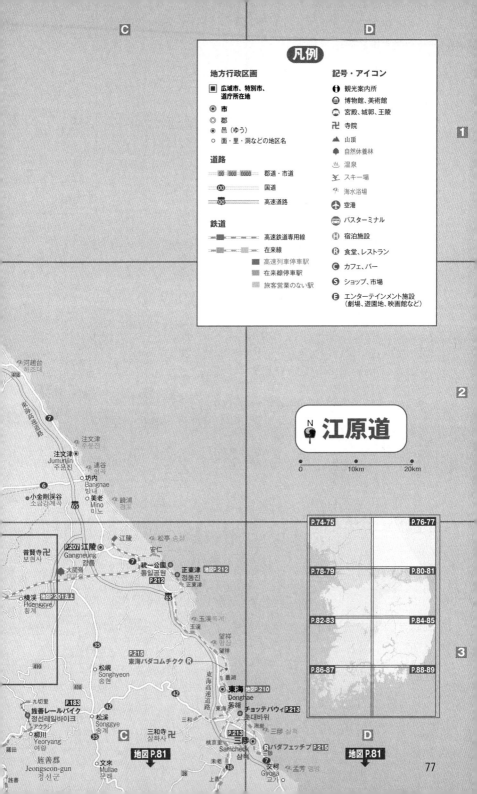

## 江原道

0    10km    20km

| P.74-75 | P.76-77 |
| P.78-79 | P.80-81 |
| P.82-83 | P.84-85 |
| P.86-87 | P.88-89 |

▲河趙台
청조대
418

⑦ 旌善高速道路

注文津
주문진
注文津
Jumunjin
주문진

連谷
연곡

坊内
Bangnae
방내

⑥

●小金剛渓谷
소금강계곡

美老
Mino
미노

鏡浦
경포

普賢寺 卍
보현사

P.207 江陵
Gangneung
강릉

江陵

松亭 송정

安仁

⑦ 統一公園
통일공원
地図P.212
P.212

正東津
정동진
地図P.212
正東津

大関嶺
대관령

●横渓 地図P.201左上
Hoenggye
횡계

65

玉渓족계
玉渓

望祥
망상
望祥

35

松峴
Songhyeon
송현

P.215
東海バダコムチクク Ⓡ

裏湖

東海高速道路

東海 地図P.210
Donghae
동해

42

チョッテバウィ P.213
촛대바위

九切里
P.183
旌善レールバイク
정선레일바이크

アウラジ
아우라지

三和寺 卍
삼화사

35

松渓
Songgye
송계

三和

P.213

三陟
Samcheok
삼척

横京里

Ⓡ バダフェッチプ P.215

柳川
Yeoryang
여양

⑦
交柯
Gyoga
교가

孟芳 맹방

38

羅田

旌善郡
Jeongseon-gun
정선군

文來
Mullae
문래

上川

未老

C      地図 P.81 ↓        D      地図 P.81 ↓

A

B

舞衣島
Muido
무의도

301
始華湖
Sihwaho
시화호

平澤始興高速道路

77

1

德積島
Deokjeokdo
덕적도

西浦里
서포리

蘇爺島
Soyado
소야도

小伊作島
소이작도

大伊作島
대이작도

德積群島
Deokjeokgundo

紫月島
Jawoldo
자월도

甕津郡
Ongjin-gun
옹진군

昇鳳島
Seungbongdo
승봉도

靈興島
Yeongheungdo
영흥도

大阜島
Daebudo
대부도

322

済扶島
Jebudo
제부도

305

三尊
Samjon
삼존

梅花
Maehwa
매화

309

宮坪
Gungpyeong
궁평

301

豊島

立波島

京畿道
忠清道

N

0　　10km　　20km

蘭芝島
Nanjido
난지섬

蘭芝島
란지도

橋路
Gyoro
교로

牙山湾
아산만

大路
Daero
대로

38

29

大山
Daesan
대산

通丁
Tongjeong
통정

547

上巨
Sanggeo
상거

38

松岳
Songak
송악

鶴岩浦
학암포

泰安半島
Teanbando
태안반도

634

蟠溪
Bangye
반계

花川
Hwacheon
화천

梧松
Osa
오사

調琴
Jogeum
조금

龍頭
Yongdu
용두

天宜
Cheonui
천의

唐津
Dangjin
당진

32

鳳巢
Bongseo
봉소

32

千里浦
천리포

坪里
Pyeongri
평리

瑞山
Seosan
서산

龍獐
Yongjang
용장

城上
Seongsang
성상

合德
Hapdeok
합덕

万里浦
만리포

新德
Sindeok
신덕

32

泰安郡
Taean-gun
태안군

泰安
Taean
태안

芚堂
Dundang
둔당

29

忠清南道
Chungcheongnam-do
충청남도

泰安海岸国立公園
태안 해안국립공원

603

翠坪
Chwipyeong
취평

45

挿橋
Sapgyo
삽교

45

蓮浦
연포

77

即月湖
간월호

29

洪城
Hongseong
홍성

40

2

夢山浦
몽산포

649

元青
Woncheong
원청

倉里
Changri
창리

96

上村
Sangchon
삼촌

洪城
Hongseong
홍성

21

華陽
화양

倉基
Changgi
창기

梨湖
Iho
이호

五鳳
Obong
오봉

新城
신성

白沙場
백사장

浅水湾
천수만

洪城郡
Hongseong-gun
홍성군

雲月
Unwol
운월

609

29

安眠
Anmyeon
안면

P.383トガーデン R

安眠島
안면도

洪城
Hongseong
홍성

広川
Gwangcheon
광천

619

下万
Haman
하만

15

広川
광천

青陽市外
バスターミナル

安眠島
Anmyeondo
안면도

古南
Gonam
고남

40

青所
Cheongso
청소

610

山亭
Sanjeong
산정

元山島
Wonsando
원산도

周浦
주포

21

西海岸高速道路

挿矢島
Sapsido
삽시도

大川
대천

保寧
Boryeong
보령

大川
대천

36

邑内
Eupnae
읍내

万寿
Mansu
만수

21

藍浦
남포

607

605

617

武昌浦
무창포

3

A

B

P.112-113
ソウル近郊

地図 P.82

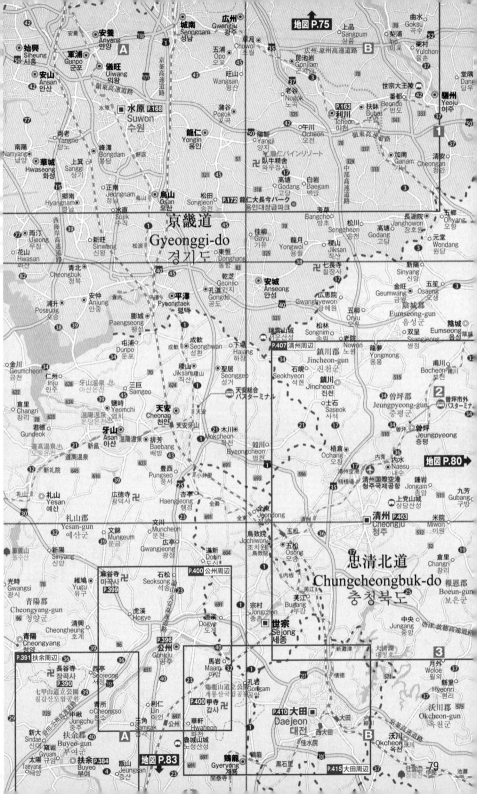

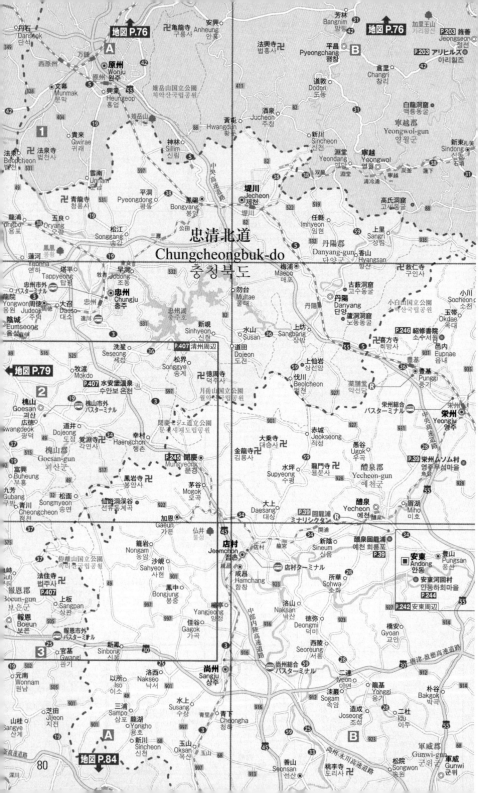

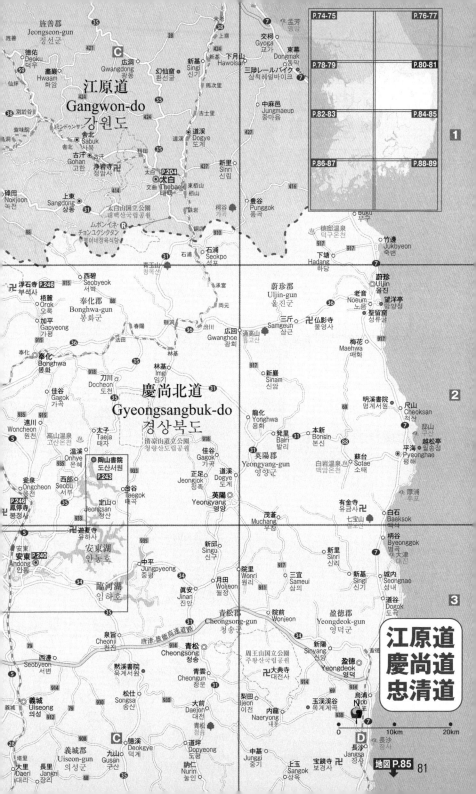

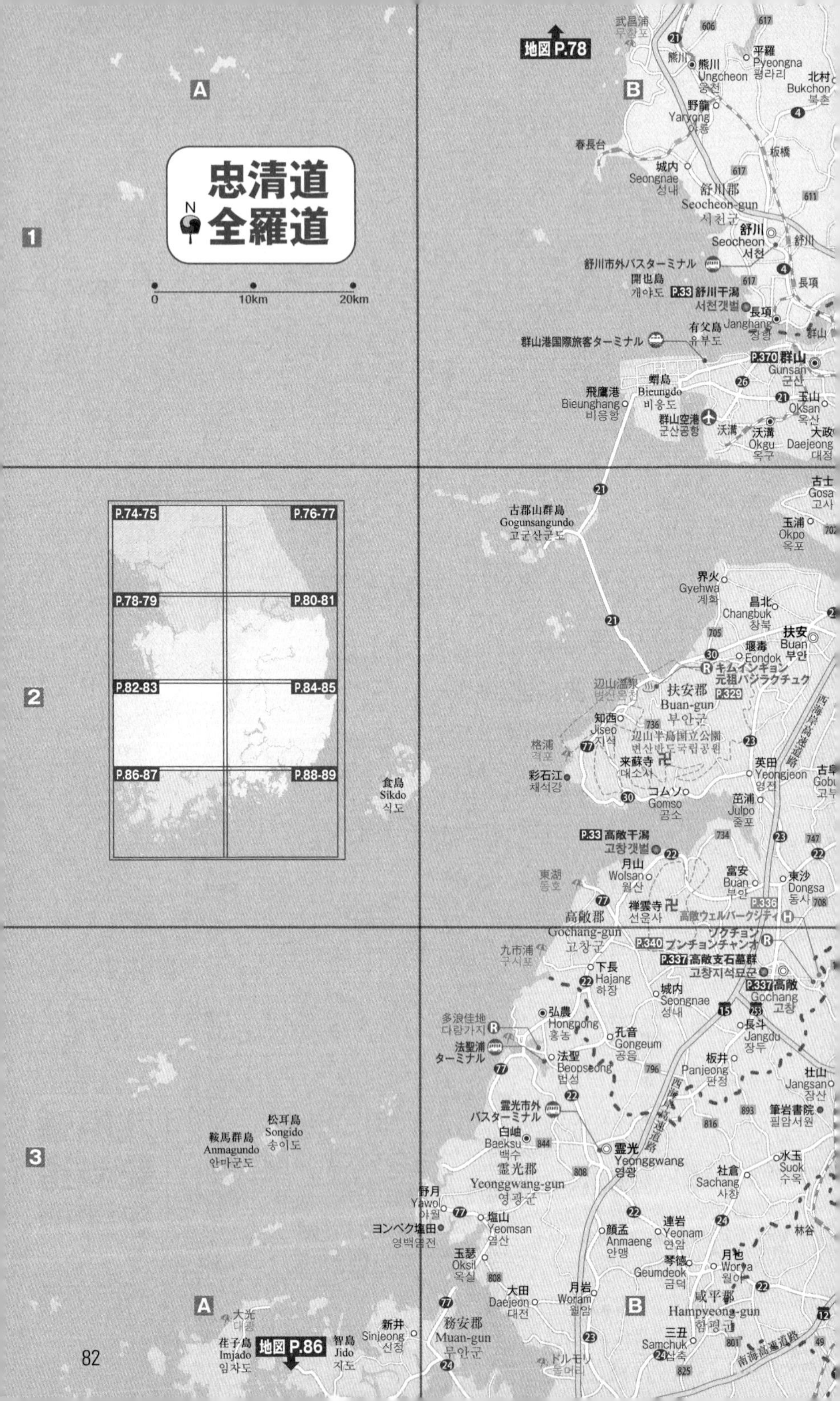

地図 P.78

A

B

## 忠清道 全羅道

N

0　　　　10km　　　　20km

**1**

| P.74-75 | P.76-77 |
| P.78-79 | P.80-81 |
| P.82-83 | P.84-85 |
| P.86-87 | P.88-89 |

武昌浦
무창포

熊川 Ungcheon 웅천

平羅 Pyeongna 평라

北村 Bukchon 북촌

野龍 Yaryong 야룡

春長台

城内 Seongnae 성내

舒川郡 Seocheon-gun 서천군

舒川 Seocheon 서천

舒川
서천

長項

舒川市外バスターミナル
開也島 Gaeyado 개야도

P.33 舒川干潟 서천갯벌

長項 Janghang 장항

群山港国際旅客ターミナル

有父島 Yubudo 유부도

P.370 群山 Gunsan 군산

玉山 Oksan 옥산

蝟島 Wido 위도

飛鷹港 Bieunghang 비응항

群山空港 군산공항

沃溝 Okgu 옥구

大政 Daejeong 대정

古士 Gosa 고사

**2**

古郡山群島 Gogunsangundo 고군산군도

玉浦 Okpo 옥포

界火 Gyehwa 계화

昌北 Changbuk 창북

扶安 Buan 부안

705

堰毒 Eondok 언독

キムインチョン元祖パジラクチュク

辺山温泉 변산온천

扶安郡 Buan-gun 부안군 P.329

736

知西 Jiseo 지석

辺山半島国立公園 변산반도국립공원

来蘇寺 대소사

英田 Yeongjeon 영전

古阜 Gobu 고부

格浦 Gyeokpo 격포

彩石江 채석강

コムソ Gomso 곰소

茁浦 Julpo 줄포

P.33 高敞干潟 고창갯벌

東湖 Donghu 동호

月山 Wolsan 월산

富安 Buan 부안

東沙 Dongsa 동사

禅雲寺 선운사

高敞ウェルパークシティ P.333

**3**

九市浦 구시포

多浪佳地 다랑가지

高敞郡 Gochang-gun 고창군

ジュクチョン

P.340 プンチョンチャンオ

P.337 高敞支石墓群 고창지석묘군

P.337 高敞 Gochang 고창

下長 Hajang 하장

城内 Seongnae 성내

長斗 Jangdu 장두

弘農 Hongnong 홍농

孔音 Gongeum 공음

板井 Panjeong 판정

壮山 Jangsan 장산

法聖 Beopseong 법성

法聖浦ターミナル

霊光市外バスターミナル

白岫 Baeksu 백수

霊光郡 Yeonggwang-gun 영광군

霊光 Yeonggwang 영광

筆岩書院 필암서원

社倉 Sachang 사창

水玉 Suok 수옥

舒月 Yawol 야월

ヨンベク塩田 영백염전

塩山 Yeomsan 염산

連岩 Yeonam 연암

顔孟 Anmaeng 안맹

月也 Worya 월야

林谷

松耳島 Songido 송이도

鞍馬群島 Anmagundo 안마군도

玉瑟 Oksil 옥실

琴徳 Geumdeok 금덕

大田 Daejeon 대전

月岩 Woram 월암

咸平郡 Hampyeong-gun 함평군

大光 대광

佳子島 Imjado 임차도

地図 P.86

新井 Sinjeong 신정

荏子島 Jido 지도

務安郡 Muan-gun 무안군

三丑 Samchuk 삼축

ドゥルモリ

南海高速道路

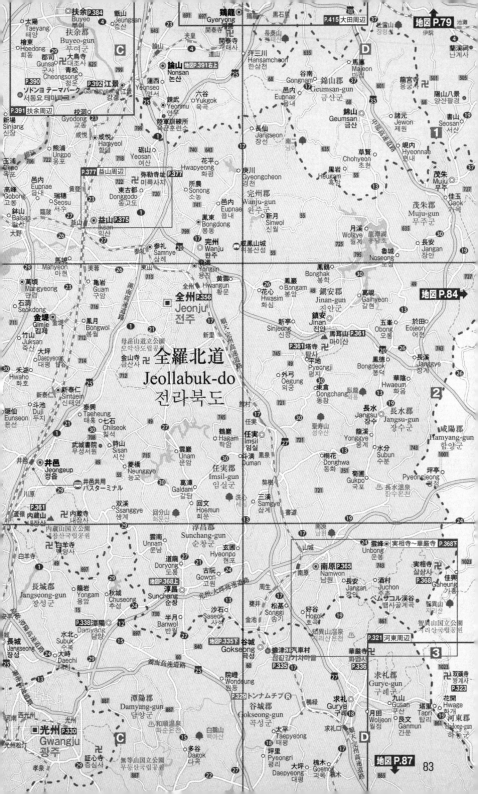

地図 P.79
P.415 大田周辺
地図 P.84 →

全羅北道
Jeollabuk-do
전라북도

金山寺 卍
금산사

全州
Jeonju
전주

N

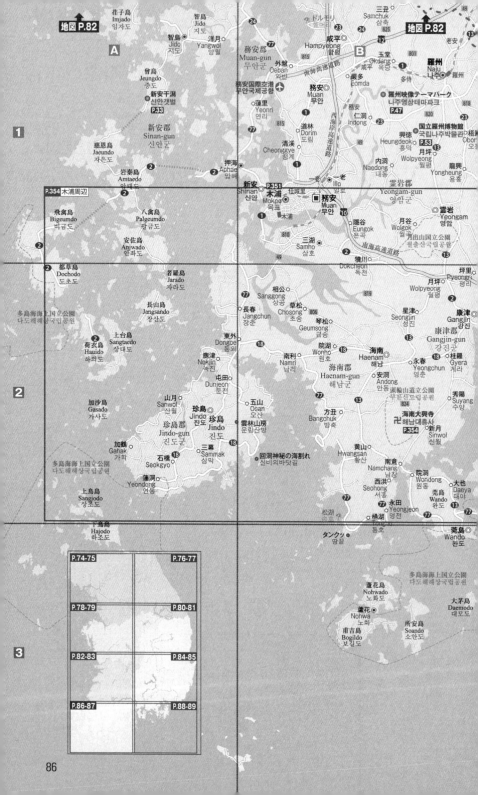

荏子島
Imjado
임자도

智島
Jido
지도

洋月
Yangwol
양월

智島
Jido
지도

務安郡
Muan-gun
무안군

外盤
Oeban
외반

咸平
Hampyeong
함평

三丑
Samchuk
삼축

玉堂
Okdang
옥당

羅州
Naju
나주

曾島
Jeungdo
증도

新安干潟
신안갯벌
P.33

務安国際空港
무안국제공항

蓮里
Yeonni
연리

務安
Muan
무안

嚴多
Eomda
엄다

多侍

羅州映像テーマパーク
나주영상테마파크
P.47

慈恩島
Jaeundo
자은도

新安郡
Sinan-gun
신안군

道林
Dorim
도림

仁洞
Indong
인동

国立羅州博物館
국립나주박물관
P.53

岩泰島
Amtaedo
암태도

押海
Aphae
압해

清渓
Cheonggye
청계

興德
Heungdeok
흥덕

月坪
Wolpyeong
월평

龍興
Yongheung
용흥

飛禽島
Bigeumdo
비금도

八禽島
Palgeumdo
팔금도

新安
Shinan
신안

木浦
Mokpo
목포

務安
Muan
무안

内洞
Naedong
내동

靈岩郡
Yeongam-gun
영암군

霊岩
Yeongam
영암

安佐島
Anjwado
안좌도

木浦周辺
P.354

隠谷
Eungok
은곡

月谷
Wolgok
월곡

都草島
Dochodo
도초도

者羅島
Jarado
자라도

三湖
Samho
삼호

月出山国立公園
월출산국립공원

坪里
Pyeongri
평리

多島海海上国立公園
다도해해상국립공원

長山島
Jangsando
장산도

相公
Sanggong
상공

草松
Chosong
초송

星津
Seongjin
성진

月坪
Wolpyeong
월평

康津
Gangjin
강진

上台島
Sangtaedo
상태도

長春
Jangchun

琴松
Geumsong
금송

康津郡
Gangjin-gun
강진군

荷衣島
Hauido
하의도

東外
Dongoe
동외

院湖
Wonho
원호

海南
Haenam
해남

永春
Yeongchun
영춘

桂羅
Gyera
계라

加沙島
Gasado
가사도

鹿津
Nokjin
녹진

南利
Namri
남리

海南郡
Haenam-gun
해남군

安洞
Andong
안동

秀陽
Suyang
수양

山月
Sanwol
산월

屯田
Dunjeon
둔전

頭輪山道立公園
두륜산도립공원

加鶴
Gahak
가학

珍島
Jindo
진도

五山
Osan
오산

方丑
Bangchuk
방축

海南大興寺
해남대흥사
P.354

新月
Sinwol
신월

珍島郡
Jindo-gun
진도군

雲林山房
운림산방

黄山
Hwangsan
황산

石橋
Seokgyo
석교

三幕
Sammak
삼막

回洞神秘の海割れ
신비의바닷길

南倉
Namchang
남창

院洞
Wondong
원동

大也
Daeya
대야

蓮洞
Yeondong
연동

西洪
Seohong
서홍

莞島
Wando
완도

上島島
Sangjiodo
상조도

永田
Yeongjeon
영전

桶湖
Tonghho
통호

下鳥島
Hajodo
하조도

タンクッ
땅끝

莞島
Wando
완도

多島海海上国立公園
다도해해상국립공원

蓮花島
Nohwado
노화도

大茅島
Daemodo
대모도

蓮花
Nohwa
노화

甫吉島
Bogildo
보길도

所安島
Soando
소안도

地図 P.84

河東郡
Hadong-gun
横川 北川 梅田
Hoengcheon 川前
横川 죽전
Hoengcheon
多率寺 다솔사
P.321 河東周辺
P.321 河東
Hadong 河東
河東 津上

泗川
Sacheon
泗川
大谷 사천
Daegok 대곡

蓮花山道立公園
연화산도립공원

永山
Yeongsan
영산

五西
Oseo
오서

鳳谷
Bonggok
봉곡

海洋ドラマセット場
해양드라마셋트장 P.47

盤洞
Bandong
반동

光陽
Gwangyang
광양

辰橋
Gupyeong
진교
舊坪
Gupyeong
구평

砧店
Chimjeom
침점

固城郡
Goseong-gun
고성군

慶尚南道
Gyeongsangnam-do
경상남도

晋州湾
진주만

濂頻亭
Cheokbeonjeong
척번정

望林
Mangnim
망림

固城
Goseong
고성

良村
Yangchon
양촌

慈陽
Jayang

露梁
Noryang
노량

南陽
Namyang
남양

閑麗海上国立公園
한려해상국립공원

鶴林
Hangnim
학림

法松
Beopsong
법송

P.315 巨済島
Geojedo
거제도

統営
Tongyeong P.311
통영

大寺
Daesa
대사

慈山
Chasan
차산

昌善島
Changseondo
창선도

知足
Jijok
지족

蛇梁島
Saryangdo
사량도

山陽
Sanyang
산양

閑山島
한산도 P.314

南海
Namhae
남해

南海郡
Namhae-gun
남해군

洞天
Dongcheon
동천

閑麗海上国立公園
한려해상국립공원

城浦
Seongpo
성포

P.315 巨済島

興國寺
Heungguksa

南海島
Namhaedo
남해도

南海ドイツ村
남해독일마을

西上
Seosang
서상

竹田
Jukjeon
죽전

松亭
Songjeong
송정

唐項
Danghang
당항

欲知島
Yokjido
욕지도

麗水
Yeosu
여수 P.347

閑麗海上国立公園
한려해상국립공원

突山島
Dolsando
돌산도

突山
Dolsan
돌산

麗水湾
여수만

金鰲島
Geumodo
금오도

安島
Ando
안도

多島海上国立公園
다도해상국립공원

←地図 P.87

ミョンナンR
スナック
명랑스낵

シムピョC
심표

P.436 ムルコギセサン R

済州国際空港
제주국제공항

P.428 済州市
Jeju-si
제주시

P.430-431

モンサンド
エウォル P.437
郭支クァムル
광지괴물

極楽寺
극락사

コムンオルム
거문오름

涯月邑
Aewol-eup
애월읍

トッケビ道路
도깨비도로

YMCAキャンプ場

翰林
Hallim

扶才海水浴場 P.433
절재 해수욕장

翰林公園 P.434
한림공원

翰林邑
Hallim-eup
한림읍

済州乗馬公園
제주승마공원

御里牧登山口
어리목탐방로입구

節婦岩
절부암

漢京面
Hangyeong-myeon
한경면

オーソルロク ティーミュージアム P.443
오설록티뮤지엄

漢拏山
Hallasan P.429
한라산

靈室奇岩
영실기암

堂山峰
당산봉

イニスフリー済州ハウス P.443
이니스프리제주하우스

高山里遺跡
고산리유적

P.443 済州神話ワールド
제주신화월드

済州観光公社中文免税店 S
P.446

安德面
Andeok-myeon
안덕면

P.439 西帰浦市
Seogwipo-si
서귀포시

大静邑
Daejeong-eup
대정읍

済州彫刻公園
제주조각공원

中山間西路
Jungsanganseo-ro

P.446

山房窟寺
산방굴사

山房山
산방산 P.442

中文観光団地
중문관광단지

大浦海岸柱状節理帯 P.441
대포해안주상절리대

加波島・馬羅島行き
旅客船ターミナル
가파도

下摹
하모

松岳山

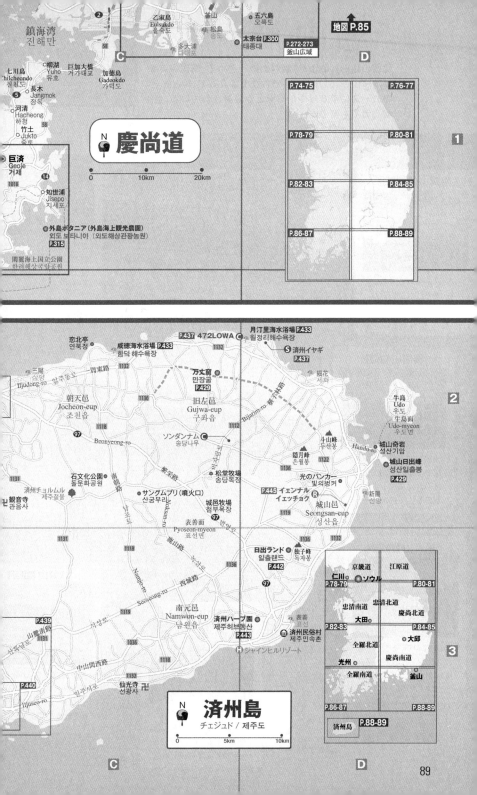

# 韓国の名山MAP

韓国の地形はおよそ7割が山地を占める。韓国最高峰は漢拏山の1947m。韓国でも登山は人気で、ほとんどのコースに手すりや階段などが設置されている。登山初心者でも安心だ。

## 南漢山城 ▶P.142
ナマンサンソン

標高およそ500mの清凉山を中心に築かれた山城。ソウルから日帰りできるハイキングコースとして親しまれている。

## 雪岳山 ▶P.193
ソラクサン

世界遺産の暫定リストにも載されている名峰。登山度は比較的高めだが、麓に ープウエイが設置されてい

ソウル

## 鶏龍山 ▶P.415
ケリョンサン

大田中心部から25kmほど西にある標高845mの山。山寺も多く点在しており、古くから陶器の里としても知られている。

大田

全州

大邱

## 馬耳山 ▶P.361
マイサン

馬の耳に似ていることからその名がついた山。石を積み重ねて作られた石塔が80基ほど点在している。

光州

釜山

## 漢拏山 ▶P.429
ハルラサン

韓国で数少ない火山のひとつ。春はツツジ、夏は高山植物、秋は紅葉、冬は雪景色と一年を通して登山を楽しめる。

## 八公山 ▶P.233
パルゴンサン

美しい紅葉で知られる名登山コースもあるが、820mではロープウエイで登れので軽装でもOK。

済州島

# Gyeonggi-do 京畿道
キョンギド

円内：水原の高級韓肉店で贅沢ディナー
景福宮で行われる守門将交代式 ▶P.132

# 京畿道 旅のガイダンス

<small>キョンギド</small>

仁川広域市○　○ソウル特別市

## ソウル、仁川と京畿道の基本

### ソウル、仁川は京畿道とは別の独立した自治体

- ソウル特別市、仁川広域市は京畿道とは別の独立した自治体
- 首都圏だけで韓国の人口の49.6%が集まる巨大都市圏
- 最北部は北朝鮮と境を接するDMZ地帯
- 京畿道の道庁所在地は水原市

京畿道
경기도
キョンギド
Gyeonggi-do

ほかほかの
屋台飯
食べ歩きが
楽しい

### このエリアでしたいこと

**1　ソウルの古宮巡り**
▶P.132
ソウルの各王宮では韓服姿で訪れると、なんと入場料が無料に！

**2　仁川のそぞろ歩き**
<small>インチョン</small>
▶P.158
かつて日本人が住んだ日本家屋街はカフェやショップに変身、楽しい町歩きエリアになった。

**3　世界遺産、水原華城へ**
<small>スウォンファソン</small>
▶P.171
ソウルから30分ほどで、美しい城郭の町水原へ。名物のカルビも楽しみ！

**4　ドラマ撮影地巡り**
▶P.46

**5　平和の息吹を感じにDMZへ**
▶P.174

**6　陶芸＆韓定食を楽しむ利川**
<small>イチョン</small>
▶P.163

### 地理と気候

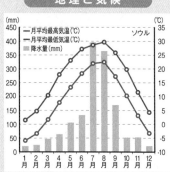

(mm) ／ (℃)
- 月平均最高気温(℃)
- 月平均最低気温(℃)
- 降水量(mm)

ソウル

出典：大韓民国気象庁

春〜秋の気温は東京とそれほど変わりないが、湿度は低め。梅雨の時期は7〜8月と日本より遅い。冬は東京よりも寒く、北海道に近い気候だ。韓国のなかでも冷え込みが厳しい地域で降雪も多い。内陸部は農業が盛んで、利川はおいしい米が生産される韓国の穀倉地帯。

## 旅のグルメ

全国から人も物資も集まるエリア。韓国式中華料理のチャジャンミョン 料理P.72- ◎87 やB級グルメの代表プデチゲ 料理P.70- ◎69 など、アレンジ上手の名物料理も多い。また、ソウルでは地方料理を出す店も多く、居ながらにして各地のグルメ巡りも可能だ。

別名ご飯泥棒、ワタリガニのしょうゆ漬けはソウル江南名物

たくさんの小皿が並ぶ米どころ利川の韓定食

店ごとに特徴がある仁川のチャジャンミョン（ジャージャー麺）

### ― おすすめ！ ―

#### ソウルスカイ ▶P.137

世界で4番目に高い、500mの高さに位置する展望台。118階のスカイデッキにはガラスの床があり、真下が透けて天空を歩くような感覚を味わえる。高所恐怖症の人は要注意！

デート＆フォトスポット

### ― ショッピング ―

#### 安い！カワイイ！うまい！

道ばたの露店から巨大ファッションビルまで、どの町でも市場は活気にあふれている。ソウルはもちろん、地方でも市場には必ず寄りたいもの。安くてカワイイ、さらにはおいしいは市場にあり！

爆安ソックスの露店

### ― 伝統工芸 ―

#### 陶芸体験 ▶P.166

質のいい土が得られる韓国最大の陶器の町、利川。工房では陶器作りの体験ができる。陶芸祭で掘り出し物を見つけるのも楽しいもの。家族連れで訪れるのもおすすめ。

ろくろを回す体験もできる

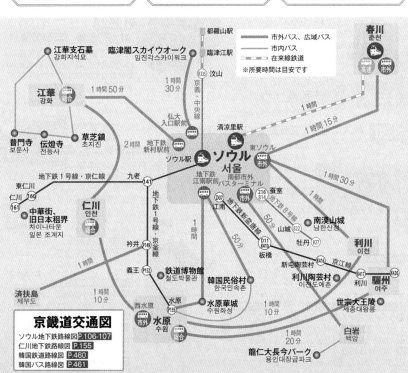

### 京畿道交通図

ソウル地下鉄路線図 P.106-107
仁川地下鉄路線図 P.155
韓国鉄道路線図 P.460
韓国バス路線図 P.461

# 歴史散歩も買い物も！

# 3日間で巡る ソウル＆京畿道

昌徳宮で記念写真

## 韓服に着替えて昌徳宮へ ▶P.133

ソウルの中心部に戻って古宮を見に行こう。韓服を着ていると無料で見学できる。韓服レンタルの店もたくさんある。

### 1日目　ソウル

**10:30**
ソウルスカイ ▶P.137

ソウルに着いたらまずは上空から。ソウル中心部の東に建つロッテワールドタワーの展望台から朝眺めると順光になる。123階、555mからの大パノラマが広がる。

ソウル市街をバックにポーズ

**12:00** ロッテモールで
名物プデチゲを ▶P.94

議政府発祥の料理、プデチゲ名店の味がソウルでも。ソウルスカイの足元、ロッテモール内にあるオデン食堂は深みのある辛いスープがほかにはない味と人気。

**14:30**
古民家カフェの前でパチリ
仁寺洞韓服散歩 ▶P.141

韓服のまま仁寺洞や益善洞をぶらぶら。雰囲気のいいカフェに入ったり、小物をショッピングしたり、フォトスポットで写真を撮ったり。

**15:30**
明洞でコスメショップ巡り ▶P.141

明洞には人気のコスメブランドのショップがこぞって進出している。バラマキみやげにも自分へのご褒美探しにもピッタリ。

**16:30**
南大門市場 ▶MAP P.120-A3

南大門市場には食材や日用品など、庶民的なお店が並ぶ。観光地でもあるので日本語ができる店員さんも多い。

ソウルいちの繁華街、明洞を歩こう

路上には観光案内のスタッフもいる

### 2日目　江華島＆ソウル

**9:30** バスに乗って江華島支石墓へ ▶P.94

朝から新村発 MAP P.125-D2 の広域バス3000番で江華島へ。支石墓は世界遺産にも登録されている。建国神話から近現代にいたる歴史を展示した博物館も併設。

巨石で造られた石墓は世界遺産

江華山城の南門

**11:00**
江華山城を歩こう ▶P.94

13世紀前半にモンゴル軍の襲来に備えて建てられた城で城門が復元されている。少し歩いて自然豊かな美しい景色を楽しもう。

京畿道 MEMO

---

♪おすすめレストラン♪

料理 P.70・◎169
プデチゲ（ソーセージ鍋）
**オデン食堂ロッテモール店**
오뎅식당 롯데몰점
▶ソウル MAP 折込ソウルD2
住 6F, Lotte World Mall, 300, Olympic-ro, Songpa-gu　住 서울시 송파구 올림픽로 300
旧 서울시 송파구 신천동 29
TEL (02) 3213-4623
開 10:30〜24:00　休 無休

江華山城の西門

**江華山城**
강화산성
●カンファサンソン
▶江華島
MAP P.74-B3
開 随時　料 無料
交 新村、弘大入口駅から3000番バスで江華総合バスターミナルへ。そこから徒歩約5分

**江華支石墓＆
江華歴史博物館**
강화지석묘 & 강화역사박물관
カンファチソンミョ & カンファヨクサバンムルグァン
▶江華島 MAP P.74-B3
住 994-19 Ganghwa-daero Hajeom-myeon
住 강화군 하점면 강화대로 994-19
旧 강화군 하점면 부근리 317
TEL (032)934-7887　開 9:00〜18:00
休 月（祝日の場合は翌日）、1/1、旧正月とチュソク当日　料 ₩3000
交 郡内バス18、23、25、27、28、30、32、34番

**12:30** 塩辛のだしがしみた
名物カルビ鍋を　▶P.95

チョックックカルビとは、江華島特産の塩辛でだしを取り、豚肉のカルビとさまざまな野菜を鍋に入れて煮込んだ江華島の名物料理。

**15:00** ソウルに戻って
国立中央博物館へ　▶P.140

ソウルに戻ったら、深遠な表情をのぞかせる半跏思惟像に会いに国立中央博物館へ。

これが
半跏思惟像

**18:00**
東大門でショッピング&夕食 ▶P.141

**3日目** 水原&ソウル
スゥォン

**9:30**
バスで
水原華城へ　▶P.171

最終日は朝から水原華城へ。ソウル江南方面から広域バス3000番で行けばダイレクトに水原華城に入ることができる。

華城にある
雲漢閣

**11:30**
お昼は水原名物の特大カルビ ▶P.173

**14:00** ソウルに戻ったら、
世界遺産宣靖陵へ ▶P.136

ソウルの内外にちらばる世界遺産の古墳だが、なかでも行きやすいのが三陵公園の別名ももつ宣靖陵。

鳥居のような
門の向こうに
古墳がある

COEXモールのほぼ中心にあるビョルマダン図書館

**16:00**
COEXモールで
思いおもいの時間を過ごす ▶P.141

COEXモールはショップ、グルメ、水族館から図書館までさまざまな設備があるので、どんな目的で来ても楽しめる場所。

**18:00**
旅の締めくくりは、人気のお店で
カンジャンケジャンを ▶P.95

ピークタイムは予約必須のカンジャンケジャンの専門店で、旅の締めくくりを。

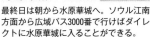

おすすめレストラン

---

料理P.70-⑩68
チョックッカルビ（豚肉の塩辛鍋）
**ワンジャジョンムッパプ**
왕자정묵밥
▶ 江華島　MAP P.74-B3
🏠 55, Bungmun-gil Ganghwa-eup, Ganghwa-gun, Incheon
🏠 인천시 강화군 강화읍 북문길 55
🏠 인천시 강화군 강화읍 관청리 750-7
TEL（032）933-7807
開 10:00~20:00（L.O.）　休 月

---

料理P.68-⑩56
アグタン（アンコウ鍋）
**ソンジンムルトムボン**
성진물텀벙
▶ 仁川　MAP P.156-B2
🏠 10, Dokbae-ro 403beon-gil, Michuhol-gu, Incheon
🏠 인천시 미추홀구 독배로403번길 10
🏠 인천시 미추홀구 용현동 509-17
TEL（032）883-1771
開 11:00~22:00（L.O.21:00）
休 旧正月とチュソク連休

---

料理P.68-⑩57
コッケタン（ワタリガニ鍋）
**忠南瑞山家**
충남서산집　チュンナムソサンチプ
▶ 江華島　MAP P.74-B3
🏠 1200, Jungang-ro Naega-myeon,
🏠 강화군 내가면 중앙로 1200
🏠 강화군 내가면 외포리 385
TEL 0507-1324-8403　開 10:00~15:00、15:30~19:00（L.O.18:00）
休 第2月、旧正月とチュソク連休

---

料理P.72-⑩90
センソングクス（川魚スープ麺）
**利川センソングクス本店**
이천생선국수 본점
▶ 利川　MAP P.113-D3
🏠 36, Sasil-ro 1063beon-gil Moga-myeon, Icheon-si
🏠 이천시 모가면 사실로1063번길 36
🏠 이천시 모가면 신갈리 143-2
TEL（031）634-0453　開 10:00~20:00
休 月、旧正月とチュソク連休
交 利川バスターミナルまたは利川駅から26-1番で신갈리（シンガル里）下車

---

料理P.67-⑩37
カンジャンケジャン
（ワタリガニの醤油漬け）
**ソサンコッケ** 서산꽃게
▶ ソウル　MAP 折込ソウルB2
🏠 12-3, Dohwa-gil, Mapo-gu
🏠 서울시 마포구 도화길 12-3
🏠 서울시 마포구 도화동 201-5
TEL（02）719-9693　開 11:50~14:30、17:30~20:00（要予約）
休 旧正月とチュソク連休

京畿道
MEMO

---

料理P.72-⑩94
オクチョンネンミョン
**玉泉平壌冷麺**
옥천평양냉면
▶ 楊平郡　MAP P.113-D2
🏠 71, Goeup-ro Okcheon-myeon
🏠 양평군 옥천면 고읍로 71
🏠 양평군 옥천면 옥천리 843-41
TEL 0507-1331-0564
開 11:00~20:00　休 月
交 中央線 K133 我新駅から6番バスで옥천여단（オクチョンヨダン）下車。徒歩約5分

# ソウル

서울 Seoul

japanese.visitseoul.net
市外局番●02
人口●978万4112人

**ソウル観光プラザ観光情報センター**
- **MAP** P.117-C1
- 住 85, Cheonggyecheon-ro, Jung-gu
- 住 종로구 청계천로 85
- 旧 종로구 관철동 10-2
- TEL (02) 6365-3100
- 開 9:00～18:00
- 休 旧正月、チュソク
- URL kto.visitkorea.or.kr

**韓国観光公社 HiKR Ground**
- **MAP** P.116-B1
- 住 40 Cheonggyecheon-ro, Jung-gu
- 住 중구 청계천로 40
- 旧 중구 다동 10
- TEL (02) 729-9594
- 開 10:00～21:00 (2～4階～19:00)
- 休 2～4階は月曜定休、5階の観光案内所は毎日営業
- URL hikr.visitkorea.or.kr

▶ **観光案内電話1330**
- TEL (02) 1330
- 24時間受付。日本語対応。

**市内バス（幹線・支線）**
₩1300（交通カード₩1200）

**広域バス**
₩2400（交通カード₩2300）

**タクシー**
初乗り₩4800（1.6kmまで）
模範＆大型タクシー₩7000
（初乗り3kmまで）

若者の町となった益善洞

弘大のパフォーマー

朝鮮王朝の正宮、景福宮。風水のパワースポットに建てられている

ソウルは、人口約1000万人を誇る韓国の首都。朝鮮王朝の太祖、李成桂によって1395年に首都になった。ソウルは「首都、都」を表す韓国語。漢語に該当する文字はないが、現代中国語では首尓と表記される。市の南北を分かつのは漢江。王宮を中心とした北のエリア「江北」から発展し、高度成長期には企業や外国資本が「江南」へ進出しトレンドは南へと移っている。

## 歩き方

### ▶ おもな観光スポットは江北

ソウルは古くは漢陽と呼ばれたが、王宮や宗廟など、歴史的な見どころの中心は漢陽都城の内部にある。東は東大門、南は南山や南大門あたりまでで、東大門や南大門の周辺には市場が広がっている。

**古宮エリア** 世界遺産の景福宮や昌徳宮など朝鮮王朝時代の王宮が点在。旧大統領府の青瓦台や歴代朝鮮王の墓所の宗廟もこのエリアにある。

**明洞** ホテルも多く、割安なアパレルの店やコスメ店も多い韓国最大の繁華街。ショッピングやグルメが楽しめる。

**仁寺洞＆益善洞** レトロな建物を生かしたショップが多く、最近人気を集めるエリア。

**梨泰院** 米軍基地がある梨泰院はさまざまな文化が交錯する地区で、外国人観光客にも人気がある。

**弘大、梨大、新村エリア** 新村の周辺には延世大、梨花女子大、弘益大など大学が多く、若者の町として発展してきた。特に弘益大周辺の弘大エリアでは路上パフォーマンスに多くの人が集まり、カジュアルなショップやカフェが並ぶ。現在は延南洞や望遠洞のほうまで人気エリアが広がっている。

 info ソウルは百済時代、漢城と呼ばれ、高句麗により陥落するまで首都だった。当時の中心は江南で、オリンピック公園は当時の都城跡に造られた。

## ACCESS

| ● 釜山から 부산 Busan | | | 所要時間 | 料金 |
|---|---|---|---|---|
| KTX | 釜山駅➡ソウル駅 | 5:10～22:10の間1時間に1～5便 | 約2時間30分 | ₩5万9800 |
| SRT | 釜山駅➡水西駅 | 5:00～23:00の間1時間に1～4便 | 約2時間30分 | ₩5万2100 |
| KORAIL | 釜山駅➡ソウル駅 | 5:10～18:19の間1～3時間に1便程度 | 約5時間30分 | ₩2万8600 |
| 高速バス | 釜山総合🚌➡ソウル高速🚌 | 6:00～翌2:00 (22:00以降は深夜便)の間20～30分に1便程度 | 約4時15分間 | ₩2万4200 (一般) |
| 市外バス | 釜山西部🚌➡東ソウル総合🚌 | 6:20～17:30の間1時間～1時間30分に1便程度 | 約4時15分間 | ₩2万4200 (一般) |

| ● 大邱から 대구 Daegu | | | 所要時間 | 料金 |
|---|---|---|---|---|
| KTX | 東大邱駅➡ソウル駅 | 5:58～22:57の間1時間に3～6便 | 約1時間50分 | ₩4万3500 |
| SRT | 東大邱駅➡水西駅 | 5:48～23:48の間5分～1時間30分に1便 | 約1時間40分 | ₩3万7000 |
| 高速バス | 東大邱🚌➡ソウル高速🚌 | 6:00～21:20の間1時間に1～4便程度 22:00 22:50 0:30 1:30(深夜) | 約3時間30分間 | ₩2万8800(一般) |

| ● 大田から 대전 Daejeon | | | 所要時間 | 料金 |
|---|---|---|---|---|
| KTX | 大田駅➡ソウル駅 | 5:55～23:39の間1時間に2～6便 | 約1時間 | ₩2万3700 |
| SRT | 大田駅➡水西駅 | 6:30～翌0:30の間1時間に1～4便程度 | 約1時間 | ₩1万9800 |
| 高速バス | 大田複合🚌➡ソウル高速🚌 | 6:45～21:40の間20～30分に1便程度 22:10～24:00の間30分に1便程度(深夜) | 約2時間 | ₩1万800(一般) |

🚌…バスターミナル

### グルメ
韓国各地の料理が食べられるソウル。ソウルで火がついて全国区になった料理もたくさんある。カンジャンケジャンは新沙洞で人気となった料理だ。

カンジャンケジャン(カニの醤油漬け)

### 宿泊
日系ホテルやカプセルホテル、キッチンのついたレジデンスに文化体験のできる伝統韓屋まで、さまざまなタイプの宿泊施設がある。近年はゲストハウスが人気。

ゲストハウス

### 旅のポイント
手っ取り早く効率的に観光するなら、ひととおりの見どころを巡回する、乗り降り自由の観光バスの利用が便利。

シティツアーバス

### ▶ ショッピングエリアは江南
古い建物が多い江北とは対照的に、江南は今のソウルを象徴する経済の中心。
新沙洞　イチョウ並木が印象的な目抜き通りカロスキルや、裏通りのセロスキルにおしゃれな店が並ぶ。
狎鴎亭洞　ロデオ通りを中心にセンスあるショップやカフェが集まるソウルの最先端エリア。
三成洞　COEXという複合商業施設があり、周囲に高級ホテルが立ち並ぶ。
清潭洞　高級ブランドのショップが多い。また、芸能関係の事務所が集まり、コリアンスターにまつわる施設も多い。

セロスキルで雑貨探し

COEXにあるピョルマダン図書館

info　ソウルの町を囲む城門の扁額は通常横書きだが、崇礼門(南大門)は縦書き、興仁之門(東大門)は縦書きの二行になっている。いずれも風水的思想によるもの。

97

仁川国際空港
**MAP** P.153-A
**URL** www.airport.kr

手荷物配送サービス
▶T-Luggage
**URL** tluggage.co.kr
▶TRIPEASY
**URL** tripeasy.co.kr

Kリムジン
**料** ₩1万8000
**URL** www.klimousine.com
▶6701番（市庁方面）
コリアナホテル、プラザホテル、ウェスティン朝鮮ホテル、ロッテホテルソウルなど
▶6702番（東大門、南山方面）
ラマダホテル＆スイート、グランドハイアット、JWマリオット東大門、グランドアンバサダーなど
▶6703番（江南方面）
ノヴォテルアンバサダー江南、サムジョン、インターコンチネンタルCOEXなど
▶6705番（蚕室方面）
ロッテホテルワールド、ビスタウォーカーヒルソウルなど

エアポートリムジン
**料** ₩1万6000〜1万7000
**URL** www.airportlimousine.co.kr

# 空港から市内へ

### ▶仁川国際空港から市の中心部へ

2018年に第2ターミナルがオープンし、ますます便利になった仁川国際空港。第1ターミナルと第2ターミナルはシャトルバスで結ばれており、所要時間は20分ほど。

空港の案内カウンター

**A'REX（空港鉄道）** 空港とソウル駅は鉄道で結ばれている。第1ターミナル、第2ターミナルとも地下の交通センターに乗り場があり、第1ターミナルを出ればノンストップでソウル駅に至る「直通」と、各駅に停まる「一般」がある。直通列車と一般列車は乗り場も改札も別。切符はソウル駅までの通常の1回券と地下鉄の乗り換えが可能な統合1回券があり、いずれも改札を出たらデポジット払い戻し機で切符を返して₩500を受け取る。一般列車では交通カード **▶P.104** の購入、利用も可能。

**手荷物配送サービス** 空港鉄道駅で手荷物を預け、地下鉄各駅、各ホテルで受け取ることができる配送サービスがある。手ぶらで観光してホテルにチェックインできるので便利。ソウルからの出発時にも利用できる。

**リムジンバス** 重い荷物を預けることができ、ホテルによっては目の前で降りることもできるリムジンバス。第1ターミナルは3〜7番出口を出たところにソウル行きバス乗り場がある。第2ターミナルは地下の交通センターから出る。

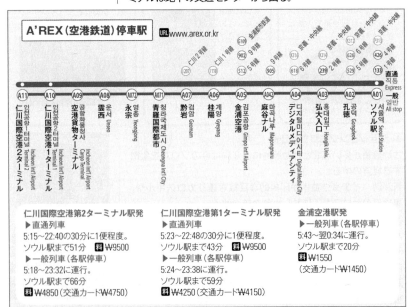

## A'REX（空港鉄道）停車駅　**URL** www.arex.or.kr

| A11 | A10 | A09 | A08 | A072 | A071 | A07 | A06 | A05 | A042 | A04 | A03 | A02 | A01 |
|---|---|---|---|---|---|---|---|---|---|---|---|---|---|
| 仁川国際空港第2ターミナル | 仁川国際空港第1ターミナル | 空港貨物ターミナル | 雲西 Unseo | 永宗 Yeongjong | 青羅国際都市 Cheongna Int'l City | 黔岩 Geomam | 桂陽 Gyeyang | 金浦空港 Gimpo Int'l Airport | 麻谷ナル Magongnaru | デジタルメディアシティ Digital Media City | 弘大入口 Hongik Univ. | 孔徳 Gongdeok | ソウル駅 Seoul Station |
| | | | | | | | 9号線 902 | 5号線 512 9号線 905 | 6号線 618 | 京義・中央線 239 2号線 | 2号線 239 京義・中央線 | 5号線 529 6号線 626 | 京義・中央線 426 4号線 133 |

仁川国際空港第2ターミナル駅発
▶直通列車
5:15〜22:40の30分に1便程度。
ソウル駅まで51分 **料** ₩9500
▶一般列車（各駅停車）
5:18〜23:32に運行。
ソウル駅まで66分
**料** ₩4850（交通カード₩4750）

仁川国際空港第1ターミナル駅発
▶直通列車
5:23〜22:48の30分に1便程度。
ソウル駅まで43分 **料** ₩9500
▶一般列車（各駅停車）
5:24〜23:38に運行。
ソウル駅まで59分
**料** ₩4250（交通カード₩4150）

金浦空港駅発
▶一般列車（各駅停車）
5:43〜翌0:34に運行。
ソウル駅まで20分
**料** ₩1550
（交通カード₩1450）

**info** A'REXと地下鉄の乗り換えには、いずれの駅でもかなり時間がかかる。重い荷物がある場合などはリムジンバスやタクシーの利用を検討しよう。

▶ **帰国時に便利な都心空港ターミナル**

仁川国際空港から出国の際には、ソウル駅のA'REX直通列車乗り場の隣にチェックインカウンターがあり、ここで搭乗手続きと出国審査ができる。利用できる航空会社が限られているので事前に確認しよう。

▶ **金浦国際空港**

羽田、関空など、一部の国際便と国内便が発着する金浦国際空港。ソウル中心部から近くて便利だ。ターミナルは国際線と国内線に分かれており、地下鉄や空港鉄道の駅はちょうどその間にある。

金浦国際空港

**A'REX（空港鉄道）** 金浦空港からソウル駅への空港鉄道は一般列車を利用する。 A01 ソウル駅まで所要約20分。明洞へはソウル駅から地下鉄4号線に乗り換えてふたつ目 424 明洞駅下車。

**地下鉄** 地下鉄5号線を利用すれば、 534 鍾路3街駅まで1本で行くことができる。所要約45分、₩1650。江南へは地下鉄9号線の利用が便利。急行列車を使えば 923 高速ターミナル駅まで27分、 936 オリンピック公園駅まで約50分で到着する。1回券、交通カードともに利用可能。

**リムジンバス** 金浦空港の国際線ターミナルから市内へのリムジンバス乗り場は、6・7番から発着。

**市内バス** 国内線ターミナルへの巡回バスの5番乗り場を挟んだ4番乗り場から発着。なお、市内バスには大きな荷物は載せられない。飛行機に預けるような大きな荷物がある場合は、リムジンバスを利用しよう。

**明洞までのタクシー料金の目安**

|  | 仁川国際空港 | 金浦国際空港 |
|---|---|---|
| 一般型車両（3人まで） | ₩5万5000〜6万8000 | ₩2万5000〜3万3000 |
| 模範＆大型タクシー | ₩9万2000〜10万 | ₩4万〜5万4000 |

**都心空港ターミナル**
▶ **ソウル駅**
🚇 地下鉄1・4号線
133 426 ソウル駅
URL www.arex.or.kr
※2023年7月現在、大韓航空とアシアナ航空の国際線、チェジュ航空（グアム、サイパンなど米州、中国路線を除く）、ティーウェイ航空の米州路線（グアム／サイパンなど）以外の国際線、エアプサンの国際線、エアソウルの国際線、ジンエアーの国際線で利用できる。なお、チャーター便については手続きができないこともあるので事前に確認を。

**金浦国際空港**
MAP P.112-A1
TEL (02) 2660-2260
URL airport.co.kr/gimpojpn/main.do

**おもなリムジンバス路線**
金浦空港からソウル駅、南大門、明洞方面への6021番バス、高速バスターミナル、蚕室方面への6000番バスは2023年5月現在運休中。
▶ **6003番**（大林、ソウル大学方面）始発、終点は仁川空港。1号線九老駅、2号線大林駅、ソウル大入口駅を経由。
▶ **6008番**（永登浦区庁、新豊方面）始発、終点は仁川空港。2号線堂山駅、永登浦区庁駅、7号線新豊駅を経由。
**金浦空港からのおもな市内バス**
▶ **601番** 景福宮、鍾路3街方面
▶ **605番** ソウル駅方面
▶ **6629番** 永登浦方面
料 ₩1300（交通カード₩1200）

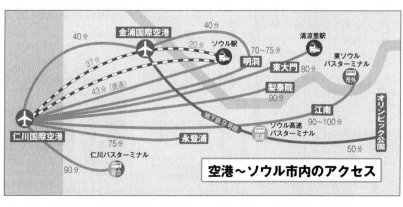

空港〜ソウル市内のアクセス

総合鉄道旅行案内
☎ 1544-7788

ソウル駅 Seoul Sta.
서울역／ソウルヨク
**MAP** P.116-A3
🚇 地下鉄1・4号線
133 426 ソウル駅1番出口直結

観光案内所は混みあうことが多い

ソウル駅に停車するKTX

**観光案内所や空港でも列車の切符が買える**
鍾路の観光公社本社内にある観光案内展示館でも列車の切符を購入することができる。また、仁川国際空港1階には鉄道案内カウンターがあり、全国の切符を買うことができる。すいているのでおすすめだ。

# ソウルの主要駅

## ▶ソウル駅

ソウルの玄関口、ソウル駅には京釜(キョンプ)線のKTXと急行、普通列車やA'REX（空港鉄道）、地下鉄など数多くの列車が発着する。駅前には市内バスの乗り換えセンターもあり、隣接してロッテマートやアウトレットモールもある。日本統治時代に塚本靖の設計で建てられた旧駅舎は文化駅ソウル284 ▶P.284 という文化施設になっている。

KORAILソウル駅　建物は地上4階、地下7階の巨大な駅だが、KORAILの切符売り場、コンビニエンスストア、ファストフード店、パン屋や弁当屋、鉄道案内所や観光案内所、コインロッカーなどはすべて2階のコンコースにある。ほぼ中央に3階へ上がるエスカレーターがあり、VIPラウンジやフードコートがある。

プラットホームは1階に1～14番線まで並んでいる。仁川(インチョン)と金浦(キンポ)の国際空港へのA'REXは駅の西側の地下ホーム、地下鉄1号線と4号線は駅の東側の地下ホームを利用する。

ソウル駅プラットホーム

コインロッカーはすぐ空きがなくなるので早めの利用を

駅でお弁当も買える

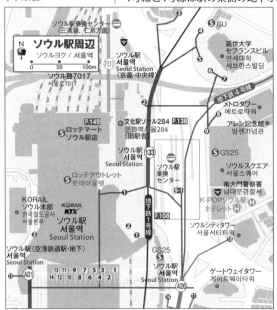

ガラス張りで近代的な外観をしたソウル駅。ロッテアウトレットやロッテマートも併設し、ショッピングにも便利

文化駅ソウル284として利用されている旧ソウル駅舎。1925年に建造されたれんが造りの建物

info 空港との手荷物配送も行うT-Luggage ▶P.98 では手荷物を預けることもでき、予約もできる。ロッカー利用者にもうれしいサービスだ。

A'REX（空港鉄道）ソウル駅　各駅停車の一般列車の改札は地下3階、仁川国際空港行きの直通列車の改札は地下2階。プラットホームは地下7階。

地下鉄1・4号線ソウル駅　地下鉄駅は線路の東側。A'REXとの乗り換えは、地下通路で線路の下を潜り抜けるため、乗り換えには10分ほどかかる。

### ▶ 龍山駅
ヨンサン

五松以南の忠清道、全羅道方面へ直通する湖南線、全羅線方面へのKTXや在来線のターミナル駅で、わずかにソウル駅発着の列車があるものの、大半の列車がこの龍山駅発着となる。京義線

龍山駅の切符窓口

を走るDMZトレイン（2022年現在運休中）もこの駅が始発。また、仁川および水原方面への地下鉄1号線の特急や急行列車もこの駅が始発駅。駅にはI'Park Mallという大型ショッピングモールが併設されており、新羅免税店も入っている。周囲は電気街になっており、I'Park Mallにもデジタル関連の店が多い。

### ▶ 清凉里駅
チョンニャンニ

KTX京江線、ITX青春も走る京春線など江原道方面の列車のほか、中央線経由で大邱、釜山へ向かう長距離列車などが発着するターミナル駅。首都圏電鉄は1号線のほか、京義・中央線も通

ソウル西部のターミナル駅

る。また、盆唐線の始発駅でもあり、江南方面へのアクセスも便利。駅にはロッテ百貨店とロッテマートが入っている。

### ▶ 上鳳駅
サンボン

春川へ向かう京春線の各駅停車（交通カードの利用が可能）の列車の多くはこの駅が始発となる。上鳳市外バスターミナルとはやや距離があり、隣の K121 忘憂駅からのほうが近い。KTXのプラットホームはちょうど両駅の間にあり、どちらの駅からも乗り継ぎが可能。地下鉄は7号線が接続。

### ▶ 永登浦駅
ヨンドゥンポ

ターミナル駅ではないが、仁川、金浦の両空港からのリムジンバスも発着する主要駅で、京釜線KTXも一部停車する。駅にはロッテ百貨店が併設されている。首都圏電鉄は1号線が接続している。

永登浦駅

### ▶ 水西駅
スソ

SR（Supreme Railways）の運営する高速列車SRTのターミナル駅。京釜線、湖南線方面へのSRTはここが始発となる。地下鉄3号線と盆唐線が接続しており、江南方面からのアクセスは良好。なお、SRTはKORAIL運営ではないのでKORAILのパスなどは使えない。

---

### 龍山駅 Yongsan Sta.
용산역／ヨンサンヨク
**MAP** 折込ソウルB2
🚇 首都圏電鉄1号線 135
🚇 京義・中央線 K110 龍山駅
　鉄道への乗り換えにはいったん改札を出る必要がある。
地下鉄4号線 429 新龍山駅徒歩5分

### ソウル駅から龍山駅への移動での注意
ソウル駅から龍山駅に移動して湖南線や全羅線のKTXに乗る場合、ソウル〜龍山と龍山からのKTXは別の切符を買う必要があるので注意しよう。日本のように通しで切符を買うことはできない。また、ソウル〜龍山間は首都圏電鉄1号線で移動するのが便利だが、KORAILとは運賃系統が違うので、交通カードか1回券で乗る。

### 清凉里駅 Cheongnyangni Sta.
청량리역／チョンニャンニヨク
**MAP** 折込ソウルC1
🚇 地下鉄1号線 124
🚇 地下鉄盆唐線 K209
　京義中央線 K117 清凉里駅
　乗り換えは改札を出る
※龍山駅同様、ソウル駅から清凉里駅経由でKTXや在来線に乗る場合、通しで切符は買えず、1号線と清凉里駅からの列車で別々の精算が必要。

### 上鳳駅 Sangbong Sta.
상봉역／サンボンヨク
**MAP** 折込ソウルD1
🚇 地下鉄7号線 720
　京義中央線京春線 K120 上鳳駅
　駅乗り換えは4・5番ホームへエレベーターで移動

### 永登浦駅 Yeongdeungpo Sta.
영등포역／ヨンドゥンポヨク
**MAP** 折込ソウルA2
🚇 地下鉄1号線直通の京釜電鉄線 139 永登浦駅

### 水西駅 Suseo Sta.
수서역／スソヨク
**MAP** 折込ソウルD3
🚇 地下鉄3号線、盆唐線 349 K221 水西駅
　乗り換えはいったん改札を出る

---

info KORAILのソウル駅の駅名が「ソウル」なのに対して、地下鉄ソウル駅の駅名は「ソウル駅」と駅まで が駅名になっている。本書はソウル駅駅という表記は避け、どちらもソウル駅とした。

## ソウル高速バスターミナル
서울고속버스터미널／
ソウルコソクポストミノル

**MAP** P.128-A2〜A3
**TEL** 1688-4700
**開** 5:30〜翌2:00
**交** 地下鉄3・7・9号線
339 734 923
高速ターミナル駅
**URL** kobus.co.kr

**おもな京釜線乗場**
▶1・2番 釜山総合／西部
▶3番 馬山 ▶4番 昌原
▶5番 晋州
▶6番 蔚山、金海、統営
▶7・8番 東大邱、密陽
▶9番 慶州、浦項方面
▶10番 金泉、聞慶、尚州方面
▶11・12番 大田
▶13番 世宗
▶14・15番 天安
▶16番 公州、牙山

**おもな嶺東線乗場**
▶17番 鳥致院
▶18番 束草、襄陽
▶20番 東海、三陟
▶22番 江陵
▶23番 堤川
▶24・25番 原州
▶26番 龍仁
▶27番 利川
▶28番 驪州
▶29番 春川、鉄原方面
▶30番 安東、栄州方面
▶31番 安城
▶32番 平沢
▶33〜35番 清州

**セントラルシティ**
**おもな湖南線乗場**
▶2番 海南、宝城、珍城、務安
方面
▶4番 光州方面
▶5番 木浦、益山方面
▶6番 順天、潭陽、南原方面
▶7番 麗水、光陽方面
▶8番 全州、群山、儒城方面
▶10番 高敞、淳昌方面
▶11番 忠州、清州方面
▶12番 保寧、洪城方面

ターミナルの北側にはGOTO
モールというファッションショ
ッピングモールがあり、安くて
日本人からも人気

# ソウルのバスターミナル

## ▶ ソウル高速バスターミナル

**交通の要** 江南の盤浦洞にあり、地下鉄3号線、7号線、9号線が接続している。金浦空港からは9号線で1本だ。仁川空港とは6020番リムジンバスでも結ばれている。

**ふたつのターミナル** 地下鉄3号線の駅を挟んで、東側が高速バスターミナルで、西側が新世界百貨店とセントラルシティと呼ばれるバスターミナルになっている。隣り合っているためセントラルシティも含めて高速バスターミナルと呼ばれることが多い。どちらにも高速バスのほか市外バスも発着している。

**高速バスターミナル** 鉄道線に準じて、京釜線、嶺東線などと呼ばれる。京釜線は大田など忠清道東部から慶尚道にかけての路線で、プラットホームの1〜16を利用している。嶺東線はおもに京畿道から江原道にかけての路線で、プラットホームは17〜35までを利用している。バスの予約サイトや時刻表では、このターミナルは、ソウル京釜（Seoul Gyeongbu）と表記されることが多い。

**セントラルシティ** 新世界百貨店の一角に建っているが、こちらも大きなターミナル。忠清道西部から全羅道のいわゆる湖南線のバスがこちらを利用する。

高速バスターミナル

京釜線の切符売場

**高速バスターミナル周辺**
コソクポストミノル／고속버스터미널
0　100　200m

**info** GOTOモールのイーストゾーン、ウェストゾーンのそれぞれの端は飲食店エリアとなっており、手頃な料金で食事ができる。ちょっと休憩するのにもちょうどいい。

## ▶ 東ソウル総合バスターミナル

ソウル東部の広津区にあり、地下鉄2号線 214 江辺駅4番出口前の横断歩道を渡ったところにある。

東ソウル総合バスターミナル

**ソウル最大の市外バスターミナル**
ほぼ韓国全域からの市外バスが発着、数はそれほど多くはないが高速バス路線もある。特に多いのは京畿道東部から江原道、慶尚道方面への便で、光州や全州など全羅道方面への便も主要都市なら数十分間隔で発着している。バスの予約サイトや時刻表では、東ソウル（Dong Seoul）と表記されることが多い。

**チケットは1階か2階** 1階に海外発行のクレジットカードが使える自動券売機と券売窓口が、2階にも券売窓口がある。プラットホームはすべて1階にある。

## ▶ ソウル南部ターミナル

**忠清道＆全羅道に強い** 東ソウルに次ぐ規模の市外バスターミナルで、地下鉄3号線 341 南部ターミナル駅5番出口に直結している。特に忠清道から全羅道にかけてのエリアはこちらにしか発着しないという路線も少なくない。ほかに巨済や晋州、河東など慶尚南道の西部への便もある。

## ▶ そのほかのバスターミナル

そのほかに上鳳バスターミナルなどいくつか市外バスが停車する場所があるが、いずれも便は多くない。以前は新村ターミナルから出ていた江華島への市外バスが3000番広域バスに置き換えられるなど、市内バスの概念を広げた広域バスの運行が盛んになってきている。

---

**東ソウル総合バスターミナル**
동서울종합버스터미널／
トンソウルチョンハブ
ポストミノル
**MAP** 折込ソウルD2
**TEL** 1688-5979（テープ案内）
**開** 案内所8:30〜17:30
　（週末は8:00〜20:00）
有人切符売場5:30〜23:30
**交** 地下鉄2号線 214 江辺駅
　西口にある
**URL** www.ti21.co.kr

東ソウル総合バスターミナルの
切符売場

**ソウル南部ターミナル**
서울남부터미널／ソウルナ
ンブトミノル
**MAP** 折込ソウルC3
**TEL** 1664-3070
**開** 6:00〜24:00
**交** 地下鉄3号線 341
　南部ターミナル駅
**URL** www.nambuterminal.com

**上鳳ターミナル**
상봉터미널／
サンボントミノル
**MAP** 折込ソウルD1
**TEL** (02) 323-5885
**開** 6:00〜24:00
**交** 京義・中央線・京春線 K121
　忘憂駅

---

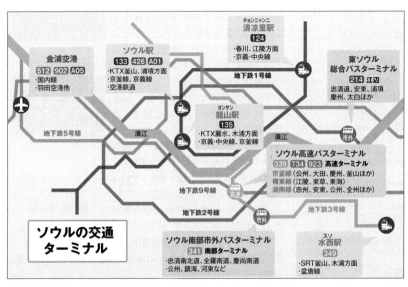

**ソウルの交通ターミナル**

**金浦空港** 512 902 A05
・国内線
・羽田空港他

**ソウル駅** 133 426 A01
・KTX釜山、浦項方面
・京釜線、京義線
・空港鉄道

**清凉里駅**（チョンニャンニ） 124
・春川、江陵方面
・京義・中央線

**東ソウル総合バスターミナル** 214 江辺
忠清道、安東、浦項
慶州、太白ほか

**龍山駅**（ヨンサン） 135
・KTX麗水、木浦方面
・京義・中央線、京釜線

**ソウル高速バスターミナル** 339 734 923 高速ターミナル
京釜線（公州、大田、慶州、釜山ほか）
嶺東線（江陵、束草、東海）
湖南線（忠州、安東、公州、全州ほか）

**ソウル南部市外バスターミナル** 341 南部ターミナル
・忠清南北道、全羅南道、慶尚南道
・公州、鎮海、河東など

**水西駅**（スソ） 349
・SRT釜山、木浦方面
・盆唐線

地下鉄5号線　地下鉄1号線　地下鉄9号線　地下鉄2号線　地下鉄3号線
漢江

**info** 東ソウル総合ターミナルのある江辺駅の北側にはテクノマートという電器店専門のショッピングモールがある。10階建ての建物で、9階にはフードコートがある。

## 左カラム

### T-money機能付き
**旅行者向けトラベルカード**
T-moneyの交通カードに見どころの割引などの特典が付いた観光客向けカードは以下のものがある。

### M-PASS(メトロポリタンパス)
ソウルの地下鉄、空港鉄道（一般列車）、市内バス（広域バスは除く）が乗り放題。返還時はカード料金（₩5000）＋チャージ済みの金額が手数料を除いて返還。
**URL** tmoneympass.co.kr
▶購入できる場所
仁川空港第1ターミナル1階5番出口前、10番出口前の観光案内所
仁川空港第1ターミナル駅のインフォメーションデスク
ソウル駅10番出口前の「T-moneyタウン」
地下鉄2号線乙支路入口駅5番出口の観光案内所
**料** 1日券₩1万5000
2日券₩2万3000
3日券₩3万500
5日券₩4万7500
7日券₩6万4500
（17:00以降の購入は₩3000割引）

### ディスカバーソウルパス
ソウルのおもな見どころが有効期間内に無料になる。
**URL** www.discoverseoulpass.com
▶購入できる場所
仁川空港や主要見どころなどで購入できるほか、オンラインでの購入も可能。
**料** 24時間券₩5万
48時間券₩7万
72時間券₩9万

### コリアツアーカード
見どころの入場料や韓服レンタル、DMZツアーなど幅広い割引が受けられる。
**URL** www.koreatourcard.kr/jp
▶購入できる場所
全国の主要コンビニ
**料** ₩4000

### WOWPASS ▶P.111
プリペイドカードとしての機能以外に、T-moneyとしての機能ももっている。
▶購入できる場所
専用の自動両替機。ソウルの主要駅やホテルなど70箇所以上に設置されている。
**料** ₩5000

## 右カラム

# ソウルの市内交通

ソウルには地下鉄、市内バス、タクシーなどさまざまな交通機関がある。うまく使えば、縦横無尽にソウルを歩くことができる。

**料金システム** 地下鉄、市内バスとも運営する会社はたくさんあるが、統一の料金システムを採用しており、違う会社の路線を乗り継いでもそのたびに運賃がかかるということはない。

**乗り継ぎの注意** 交通カードを使えば市内バスを乗り継ぐ場合にも追加料金はかからないし、地下鉄→バス、バス→地下鉄と乗り継いでも30分以内なら追加料金はかからない。ただし地下鉄の改札を出てまた入る場合や、同じ路線の市内バスを使う場合は、乗り継ぎとはみなされず新たに料金がかかる。

# 交通カードの種類

### ▶ 韓国の交通カード
JR東日本のSuicaのように改札でタッチするICカード。ストラップタイプやスマートフォンに組み込むモバイルタイプもある。タクシーやコンビニの支払い、コインロッカーや公衆電話にも使えて便利。旅行者が使いやすいのはどこでも売っているプリペイド式のカード。料金はデザインやスタイルによりさまざまで、Suicaなどとは違いカード本体の料金は返還されないが、チャージ分は払い戻せる（₩500の手数料が必要）。交通カードは発行する会社によりさまざまで、ソウルでは以下のようなものが買える。

### ▶ T-money **料** ₩2500〜
ソウルでは地下鉄の駅でも買えるT-moneyが最もポピュラー。コンビニでも販売されている。韓国全土での通用度も最も高く、まずはこれを持っていれば間違いない。

T-money

### ▶ cashbee **料** ₩2500〜
おもに釜山で使われているカードだが通用度はT-moneyに続き、ほぼ全国で使える。もちろんソウルでもチャージ、使用ともに問題ない。最近はソウルでも販売する場所が増加中。

cashbee

### ▶ Rail Plus Card **料** ₩1000〜
KORAILの駅で購入すると出てくるカード。KORAIL駅構内の自販機やコンビニエンスストア「Story Way」でチャージ可。全国的な通用度は上の2枚にやや劣るが、ソウルでの使用についてはソウル地下鉄、市内バスともに問題ない。

Rail Plus Card

**info** ソウルの地下鉄、市内バスなどの公共交通機関は、2023年春に運賃の値上げを行う予定だったが、物価高に対する負担の大きさを懸念して値上げの予定は下半期に延期されている。

# ソ ウ ル の 地 下 鉄

ソウルの地下鉄は1〜9号線があり、ほかに盆唐線など路線名が付いたものも含めて首都圏電鉄と呼ばれている。いずれの路線でも紙の切符は使われておらず、交通カードの利用が一般的。

**急行が走る路線** KORAILの京仁線（ソウルメトロ1号線）と京釜線（ソウルメトロ1号線）とソウルメトロ9号線では急行列車も運行されている。移動の際の停車駅に注意しよう。

**行き先に注意** 九老駅を境に仁川方面と水原方面で大きく方向が違う1号線のほか、5号線も江東駅で枝分かれしている。2号線は環状部分と支線部分に分かれている。

### ▶ 1回券

カード型で、券売機の購入画面では日本語も選べるので購入は簡単だ。デポジット₩500を含めて購入し、下車後改札を出てから払い戻し機にカードを入れて₩500硬貨を受け取る。

1回券はカードタイプ

券売機は日本語表示対応

ソウル交通公社（1〜9号線）
**Seoul Metro**
TEL 1577-1234
URL www.seoulmetro.co.kr

新盆唐線株式会社
TEL （031) 8018-7777
URL www.shinbundang.co.kr

KORAIL（1、3、4号線の郊外部分と盆唐線、京義・中央線、京春線）
TEL 1544-7788
URL info.korail.com

地下鉄料金
料 ₩1350〜
（交通カード₩1250〜）
※1回券は₩500のデポジットあり。
地下鉄の運行時間
5:30頃〜24:00頃（路線により異なる）。

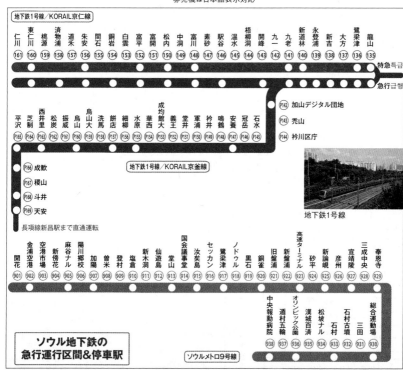

**地下鉄1号線／KORAIL京仁線**

仁川 ⑯ / 東仁川 ⑯ / 桃源 ⑯ / 済物浦 ⑯ / 道禾 ⑯ / 朱安 ⑯ / 間石 ⑯ / 銅岩 ⑯ / 白雲 ⑮ / 富平 ⑮ / 富開 ⑮ / 松内 ⑮ / 中洞 ⑭ / 富川 ⑭ / 素砂 ⑭ / 駅谷 ⑭ / 温水 ⑭ / 梧柳洞 ⑭ / 開峰 ⑭ / 九一 ⑭ / 九老 ⑭ / 新道林 ⑭ / 永登浦 ⑭ / 新吉 ⑭ / 大方 ⑭ / 鷺梁津 ⑯ / 龍山 ⑯ 特急特急 急行급행

平沢 ⑯ / 芝制 ⑯ / 西井里 ⑯ / 松炭 ⑯ / 振威 ⑯ / 烏山 ⑯ / 烏山大 ⑯ / 洗馬 ⑮ / 餅店 ⑮ / 細柳 ⑮ / 成均館大 ⑮ / 華西 ⑮ / 水原 ⑮ / 義王 ⑮ / 堂井 ⑮ / 軍浦 ⑮ / 衿井 ⑭ / 鳴鶴 ⑭ / 安養 ⑭ / 冠岳 ⑭ / 石水 ⑭

加山デジタル団地 ⑭ / 秀山 ⑭ / 衿川区庁 ⑭

成歓 ⑯ / 稷山 ⑯ / 斗井 ⑯ / 天安 ⑯

**地下鉄1号線／KORAIL京釜線**

地下鉄1号線

長項線新昌駅まで直通運転

開花 ⑨ / 金浦空港 ⑨ / 空港市場 ⑨ / 新傍花 ⑨ / 麻谷郷校 ⑨ / 陽川郷校 ⑨ / 加陽 ⑨ / 曽米 ⑨ / 登村 ⑨ / 塩倉 ⑨ / 新木洞 ⑨ / 仙遊島 ⑨ / 堂山 ⑨ / 国会議事堂 ⑨ / 汝矣島 ⑨ / セッカン ⑨ / 鷺梁津 ⑨ / ノドゥル ⑨ / 黒石 ⑨ / 銅雀 ⑨ / 旧盤浦 ⑨ / 新盤浦 ⑨ / 高速ターミナル ⑨ / 砂平 ⑨ / 新論峴 ⑨ / 彦州 ⑨ / 宣靖陵 ⑨ / 三成中央 ⑨ / 奉恩寺 ⑨

中央報勲病院 ⑨ / 遁村五輪 ⑨ / オリンピック公園 ⑨ / 漢城百済 ⑨ / 松坡ナル ⑨ / 石村古墳 ⑨ / 石村 ⑨ / 三田 ⑨ / 総合運動場 ⑨

## ソウル地下鉄の急行運行区間&停車駅

**ソウルメトロ9号線**

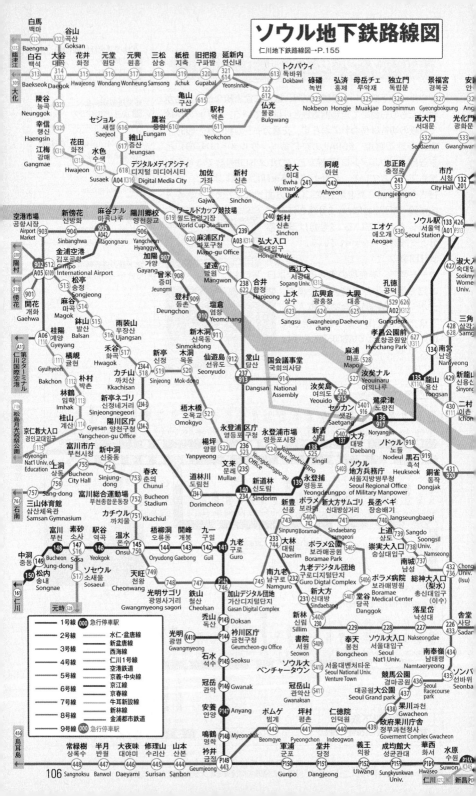

ソウル地下鉄路線図

仁川地下鉄路線図→P.155

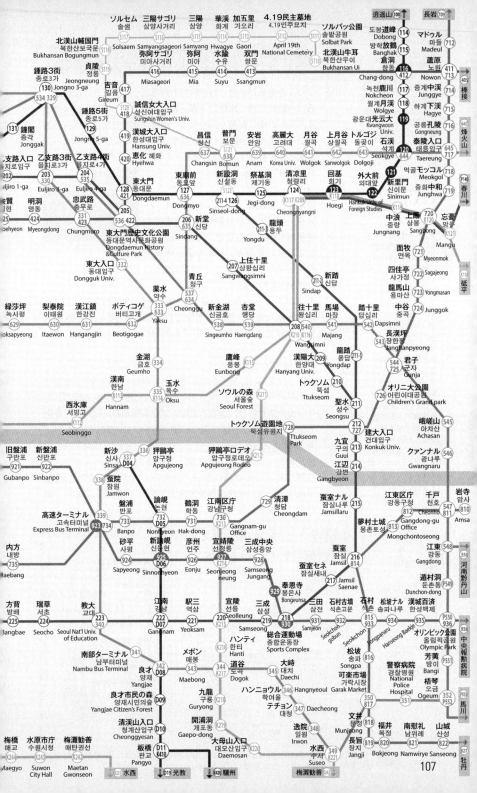

市内バスの料金
▶広域バス
料 ₩2400～
　（交通カード₩2300～）
▶支線バス・幹線バス
料 ₩1300～
　（交通カード₩1200～）
▶循環バス
料 ₩1200（交通カード₩1100）
▶マウルバス
料 ₩1000（交通カード₩900）
URL bus.go.kr
便利な広域バス路線
ソウル⟷江華島
▶金浦バス3000番
新村→弘大入口→松亭駅→
江華ターミナル
ソウル⟷仁川
▶仁川バス1300番
ソウル駅→新村→弘大入口
→仁川ターミナル→松島
▶仁川バス1301番
ソウル駅→新村→弘大入口
→松島国際都市
▶仁川バス1400番
ソウル駅→新村→弘大入口
→仁川ターミナル
ソウル⟷水原
▶水原バス1007番
蚕室→石村→水西駅→水原
華城→水原駅→水原大
▶水原バス3000番
江南駅→良才駅→水原駅
▶水原バス7770番
舎堂駅→水原駅
ソウル⟷坡州
▶坡州バス7300番
弘大入口→合井駅→オドゥ
山展望台→臨津閣
▶坡州バス9710番
崇礼門→ソウル駅→坡州三
陵→汶山

# 市内バス

ソウルを走るバスは、ひと目でわかるように色で分けられている。一般的に赤（水色）→青→緑（支線バス）→黄→緑（マウルバス）の順に距離が短くなる。路線は複雑だが、次ページのアプリを使えば目的のバスが簡単に探せる。交通カードはバスに乗るときも降りるときもタッチする。現金でも乗れる。

### ▶広域バス（赤・水色）

ソウルと水原、仁川、DMZがある坡州など近隣都市を結ぶ座席バス。バスターミナルや水原駅を経由せずに水原華城に行く場合など、うまく使えばとても使い勝手がいい。なお、停車する停留所が少ない急行タイプは水色。

江華島行き3000番バス

### ▶幹線バス（青）

市内バスながら長い距離を走るのが青い幹線バス。江北と江南を結んだり、周囲の町まで行くものもある。地下鉄で何度も乗り換えが必要な区間でも幹線バス1本で行くことがある。

### ▶支線バス（緑）

駅から行きづらい場所を結んでいるのが緑の支線バス。なかでも小型の車体（普通の車体のことも）で短距離を走る緑バスをマウルバスと呼び、運賃も安い。ソウル駅から光化門、三清洞方面へ行く鍾路区11番バスなど使い勝手がよい路線も多い。

### ▶循環バス（黄）

特定のルートをぐるぐると回っているのが循環バスだが、現在残っているのは南山循環バスのみ。南大門市場や光化門、景福宮、仁寺洞や忠武路駅やNソウルタワーを結んでおり、旅行者にも便利なルート。

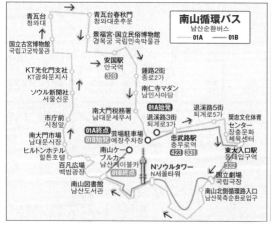

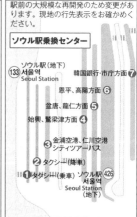

info バスの場合降りるときにタッチしてから30分以内に乗り、再びタッチすれば、乗り継ぎとみなされ追加料金なしで乗れる。ソウル市の場合は4回まで無料。

### ▶乗換センター（ファンスンセンター）

市内バスのターミナルのことを乗換センター（ファンスン）という。清涼里駅やロッテワールドのある蚕室（チャムシル）などにあるが、いちばん規模の大きいのがソウル駅の乗換センター。シティツアーバスやリムジンバスも停まる市内バスの一大拠点だ。

### ▶使って便利なアプリ

**Visit Seoul** ソウル市の公式観光アプリ。ソウルの基本観光情報に加えて、位置情報の取得を許可しておけば、周辺のショッピング、レストラン、ホテルなどの情報が得られる。

**NAVER Map、Kakao Map** ▶P.453 ともにルート検索に優れている。位置情報を使って現在地から目的地までの行き方がすぐに検索できるほか、地図をタッチしてピンポイントで任意の場所から場所への行き方が検索できる。NAVERは日本語、Kakaoはアルファベットでの地図表示が可能。使い方はよく似ているので、どちらかひとつはインストールしておきたい。

Visit Seoul
iPhone　Android

## ソウルのタクシー

ソウルにはさまざまなタクシーの種類がある。流しで圧倒的に多いのは一般タクシーだが、日本語が通じるインターナショナルタクシーもあるので、用途に応じて選ぼう。

**一般タクシー** オレンジ色やシルバー車体など、いろいろあるのが一般タクシー。日本の感覚と比べると安く乗ることができる。手を挙げて停めて乗車する。支払いは一般的に交通カードやクレジットカードでも可能。

**模範タクシー** 高級感ある模範タクシーは、事故歴がないなど一定の基準を満たしたドライバーが運転している。ぼったくりやトラブルの心配も少ない。その分料金がやや高い。

**ジャンボ（大型）タクシー** 6人以上乗れる大型の黒塗りタクシーで、運賃体系は模範タクシーと同じ。大型タクシーに似た「コールバン」という車がタクシーを装って営業していることもある。こちらはメーターがなく、法外な料金を取るという報告がたびたびあるので注意。

**インターナショナルタクシー** 外国語の話せるドライバーが運転するタクシー。一般、模範、ジャンボがあり、通常のタクシーより高いが、日本語が通じる安心感がある。仁川空港と市内間は定額制で、一般ならW7万～9万5500。利用の24時間前にウェブサイトで予約する。

**Kakao T、Uber** タクシー配車アプリのKakao TとUberは日本語に対応しており便利。Uberはアプリ経由で日本のクレジットカード払いに対応しているが、Kakao Tは対応していない。ただし、運転手に直接払う場合は日本のクレジットカードでも問題ない。登録車数はUberよりもKakao Tの方がはるかに多い。

一般タクシー

**タクシーの運賃**
**▶一般タクシー**
初乗りW4800（1.6kmまで）
追加料金W100
（131mまたは30秒ごと）
※22:00～23:00、2:00～4:00に2割増し、23:00～翌2:00に4割増し。W10単位で四捨五入して払う

**▶模範タクシー**
初乗りW7000（3kmまで）
追加料金W200
（151mまたは36秒ごと）
※22:00～翌4:00に2割増し。

**▶ジャンボタクシー**
模範タクシーと同じ料金

**▶インターナショナルタクシー**
TEL 1644-2255
URL www.intltaxi.co.kr

---

info ソウルでは2021年10月から一部の市内バスで、現金払いができない、カード払い専用市内バスのテスト運用を実施。結果次第では、今後すべてのバスがカード払い専用になるかもしれない。

色々な人が乗り込んできてパフォーマンスをしていくおもしろいツアーにあたることも

# ソウルシティツアー

ソウルは交通が発達していて便利だが、それでも見どころをピンポイントでつないで巡ってくれるツアーバスはありがたい。ツアーバスは乗り降り自由で、気が向いたところで降り、次のバスに乗ることができる。2022年12月現在、乗り降り自由のシティツアーバスは、Yellow Balloon City Bus社の伝統文化コースとタイガーバス社の都心・古郡南山コースのふたつ。どちらもソウルシティツアーバスと名乗っているが、提携はしておらず、チケットもそれぞれ別になっている。

**チケット売り場** Yellow Balloon City Busは東大門デザインプラザ（DDP）前にある。タイガーバスは地下鉄5号線 533 光化門駅6番出口コリアナホテルと東和免税店間の広場に窓口がある。チケットはその日の最終バスまで有効。オンラインでも購入でき、それぞれの乗り場でも空きがあれば運転手から買える。

東大門のシティバス乗り場。チケットはここでも買える

**ソウルシティツアーバス（Yellow Balloon City Bus）**
**TEL** 1544-4239
**URL** www.seoulcitytourbus.co.kr
乗り降り自由の伝統文化コース以外に、乗り降りはできない夜間コースがあり、₩1万5000。

**ソウルシティツアーバス（タイガーバス）**
**TEL** (02)777-6090
**URL** www.seoulcitybus.com
乗り降り自由の伝統文化コース以外に、乗り降りはできない夜間コースがあり、季節に応じて19:00～20:00発、₩2万。

シティツアーバス
（Yellow Balloon City Bus）

▶Yellow Baloon City Bus
**伝統文化コース**
9:30～17:00の40分毎
一周約1時間25分
**料** ₩2万

- 東大門デザインプラザ
- パンサン、中部市場
- 乙支路3街
- 乙支路入口
- 青瓦台
- 通仁市場
- 光化門広場
- ソウル駅
- 南大門市場
- 南山ケーブルカー
- 明洞
- 鐘閣
- 仁寺洞
- 宗廟
- 広蔵市場
- ↓東大門デザインプラザ

シティツアーバス
（タイガーバス）

▶タイガーバス
**都心・古宮南山コース**
9:30～16:30の1時間毎
一周約1時間30分
**料** ₩2万4000

- 光化門
- 明洞
- 南山韓屋村
- アンバサダーホテル
- 新羅ホテル
- Nソウルタワー
- ハイアットホテル
- 東大門デザインプラザ
- 大学路
- 昌慶宮
- 昌徳宮
- 仁寺洞
- 青瓦台
- 景福宮
- 世宗文化会館
- ↓光化門

  タイガーバスとYellow Baloon City Busは、これ以外にもいくつものシティーバスツアーを催行しているが、2022年12月現在上記のツアー以外は、運行停止中。

シティツアーバス以外にもソウルではさまざまなツアーが出ているが、ここでは代表的なもののみを紹介する。

## オプショナルツアー

### ▶ 無料のウオーキングツアー

ソウル文化観光解説ボランティアが案内してくれる無料(入場料や文化体験料は参加者負担)のウオーキングツアー。日本語ができるボランティアもいる。景福宮、仁寺洞、北村、西村など全44コースが設定されている。右記ウェブサイトから要予約。

### ▶ DMZツアー ▶P.175

ソウルから板門店まではわずか50km、日帰りでも訪れやすいDMZ(非武装地帯)周辺は、ツアーに参加しないと行けないところが多い。ソウルからさまざまなツアーが催行されているが、基本的に予約が必要で、参加にはパスポートが必要。月曜や祝日は催行されない。

### そのほかのツアー

世界遺産の水原華城や龍仁大長今パークへのツアーが多く、各社が催行している。また、KTXを使った慶州、平昌&江陵の日帰りツアーも人気が高い。

無料のウオーキングツアー
(visit seoul)
TEL (02) 6925-0777
(平日9:00~18:00)
URL dobo.visitseoul.net
URL www.instagram.com/
visitseoul_official_jp
Mail walkingtours@sto.or.kr

#### おもなツアー催行会社

| 社名 | TEL | URL |
|---|---|---|
| 大韓旅行社(KTB) | (02) 778-0150 | www.go2korea.co.kr |
| 中央高速観光 | (02) 2266-3350 | www.jsatour.com |
| 板門店トラベルセンター | (02) 771-5593 | www.panmunjomtour.com |
| ICSC国際文化サービスクラブ | (02) 755-0073 | www.tourdmz.com |
| アイラブソウルツアー | (02) 730-1090 | www.iloveseoultour.com |

---

COLUMN

## ◆ WOWPASSでスマートに両替

2022年にスタートしたWOWPASSは、両替の新たな形として注目を集めている。専用の自動両替機を使って日本円などの外貨をWOWPASSというカードにチャージすれば、それを韓国ウォンとして食堂やショップなどでキャッシュレス決済ができ、両替機を使って韓国ウォンの現金を引き出すことも可能。さらに別途韓国ウォンをチャージすることで、T-moneyカードとしても使うこともできる。レートは明洞の両替商の最安レートには劣るが、空港で両替するよりもよい。利用には登録が必要だが、日本語にも対応しているので手続きは簡単だ。自動両替機は、国内70ヵ所以上に設置しており、ほとんどはソウルにある。カードの管理やレートの確認、自動両替機の場所検索などはスマホのアプリでできる。

WOWPASS
URL www.wowpass.io
料 発行手数料₩5000
登録にはパスポートが必要

WOWPASSの自動両替機。仁川国際空港は各ターミナルのA'REX駅内に、金浦空港では地下鉄駅に設置されている

---

info WOWPASSは、日本発行のクレジットカードが利用できない機器でも支払えることができる。ただし、PINコードを入力するタイプの機器には対応していない。

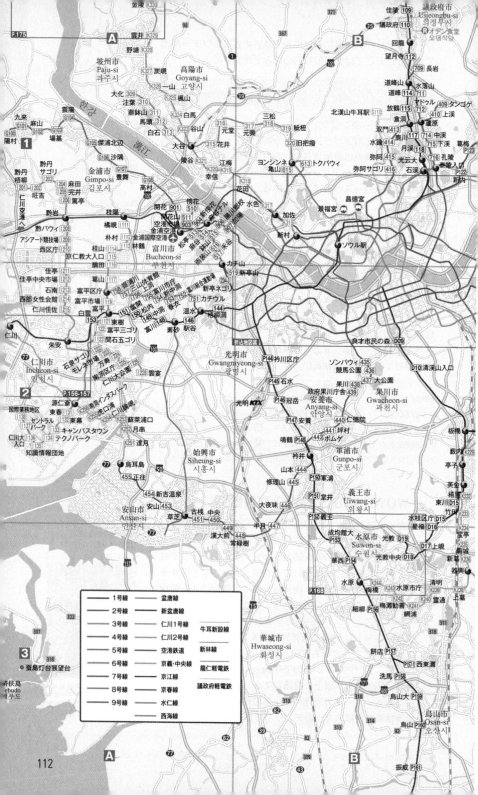

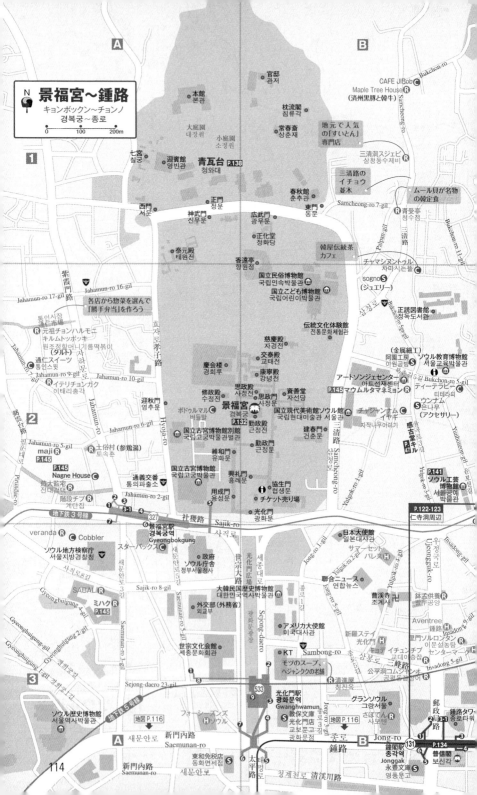

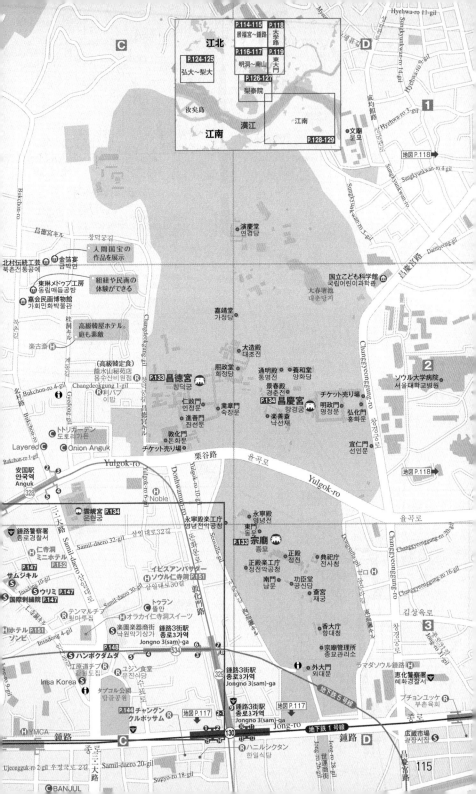

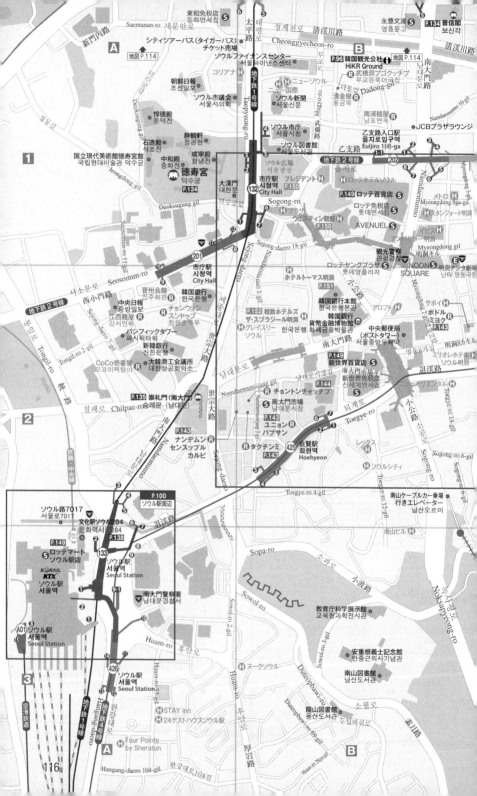

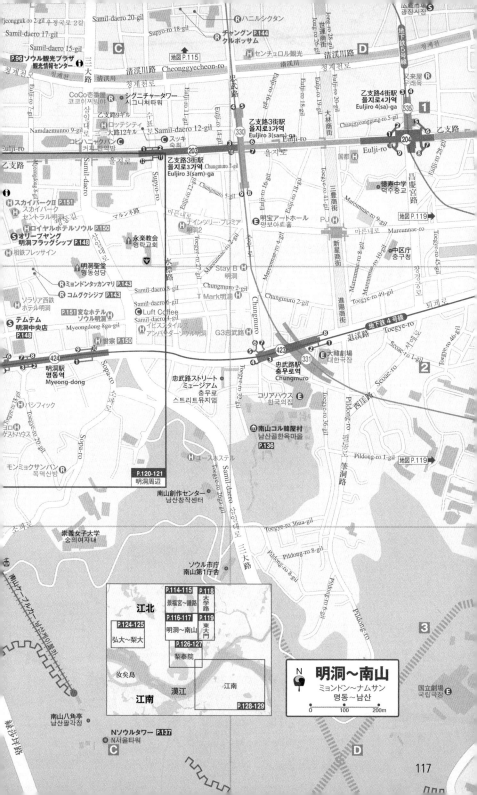

漢城大入口駅
한성대입구역
Hansung Univ. 419

恵化門
혜화문

カトリック大学
가톨릭대학

コスメや雑貨店が多い

地下鉄4号線

三仙橋路

Samseongyo-ro

E 大学路自由劇場
대학로자유극장

S 10×10 P.147

E 大学路ミュージカルセンター
대학로뮤지컬센터

CoCo壱番屋
코코이찌방야

恵化駅
혜화역
Hyehwa 420

街路樹が松

鳳雛チムタク
봉추찜닭

安東名物鶏の
辛煮込み(大皿)

E 大学路芸術劇場
대학로예술극장

E Emoi
에머이

E アルコ芸術劇場
아르코예술극장

劇場のあるエリア
はすべてカフェ&
飲食店街

評判のいいベトナム
料理のチェーン店

駱山公園
낙산공원
Naksan-gil

高台にあり
夕景、夜景も人気

マウル(地域)
バス03番

アルコ美術館
아르코미술관

マロニエ公園
마로니에공원
芸術家の家
예술가의집

アートワンシアター
아트원씨어터

韓国放送通信大学
한국방송통신대학

昌信駅
창신역
Changsin

梨花荘
이화장

ケプル
개뿔

天使の階段

梨花洞壁画村
이화동 벽화마을

急な階段

P.135 ソウル城郭

東大門から城
壁沿いに徒歩
20分で壁画村

上り坂

道路中央の一般
バス停からマウル(地域)バス
03番駱山公園方面

東廟前駅
동묘앞역
Dongmyo

P.135 漢陽都城博物館
한양도성박물관

カムジャタン通り
24時間営業店も

斗山アートセンター
두산아트센터
アマチュオジャゴッシル
아마추어작업실

ビンテックの
店が並ぶ

R プルタヌン コプチャン
Dachak-ro 2-gil

J. Hidden House

東大門駅
동대문역
Dongdaemun 421

興仁之門(東大門)
흥인지문(동대문)

P.135

東大門羊肉串店
동대문 양육관점

鍾路5街駅
종로5가역
Jongno 5(o)-ga

ドサンファ
더쌍화

地図 P.119

東大門市場
동대문시장

JWマリオット H
東大門スクエアソウル P.150

広蔵市場
광장시장

ガオン
ゴールデンパーク

118

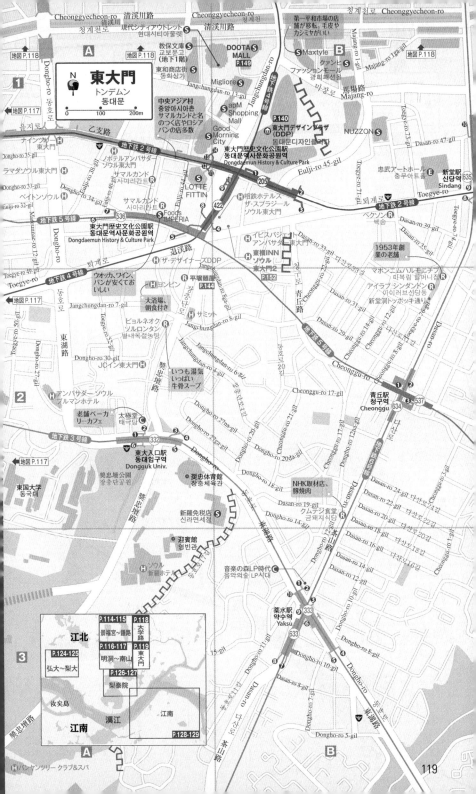

## 明洞～南大門市場
ミョンドン～ナムデムンシジャン
명동～남대문시장

周辺図 P.116-117

### A

ソウル図書館
서울도서관

ソウル広場
서울광장

地下鉄2号線

Eulji-ro 을지로 乙支路

乙支路入口駅
을지로입구역
Eijiro 1(il)-ga

### B

H プレジデント P.150

H ロッテホテルソウル

KEPCO
(韓国電力)
한국전력

円丘壇
원구단

ロッテ百貨店 P.149

ロッテ免税店 S
롯데면세점

スタンフォード明洞

南大門路 Namdaemunno

高級工芸品、マダム向け洋品店、日本語看板の多いレトロ商店街
ウェスティン朝鮮 P.150

AVENUEL

H プラザホテル

市庁駅
시청역
City Hall

ハンファビル ●
한화빌딩

小公地下商街
소공지하상가
지하쇼핑센터

玉ちゃんの水晶社
수정사 S

innisfree S

クラウンパーク H

明洞地下商街
명동지하쇼핑센터 S

世宗大路 Sejong-daero 18-gil
세종대로18길

東湖ミンムルチャンオ 世宗大路18キル
동호 민물장어

ロッテヤングプラザ
롯데영플라자

観光警察
관광경찰 S

NOON SQUARE S

南大門路 Namdaemunno

南大門路16キル Sejong-daero 16-gil

新韓銀行
신한은행 S

ホテルトーマス明洞 P.151

Sogong-ro 소공로

ファーストステイ H

Sejong-daero 14-gil 세종대로14길

デウイン

韓国銀行本館
한국은행

このあたりモーテル街

(薬膳確定食)
ハンガラム
한가람 R

大使館前両替
대사관앞환전
レートがよいと評判

アロフト H

アイリンシティ H

Namdaemunno 1-gil

神鉄ホテルズ
ザ・プラザジール明洞 P.152

韓国銀行
貨幣金融博物館
한국은행
화폐금융박물관 m

中央郵便局
(ポストタワー)
중앙우체국

ル メリディアン
ソウル明洞 H

グレイスリーソウル H

南大門路12길 Namdaemunno 12-gil

Namdaemunno 1-gil

アイリン H

モクシー
ソウル明洞 H

フレイザープレイス南大門 H

アイリン H

Namdaemunno 남대문로
南大門路

LotteMarket
999 S

コートヤード
マリオット南大門 H

南大門路地下
ショッピングセンター
지하쇼핑센터

明洞

自由商街
자유상가 S

新世界百貨店 P.149
신세계백화점 S

会賢地下商街
회현지하쇼핑센터

A TWOSOME
PLACE C

(タチウオ煮)
ヒラクカルチ R

コージ
セロナ
새로나 S

うまい物通り

Namdaemunsijang 남대문시장
南大門市場キル

チョントン
チャッチプ
R P.144

MESA S

P.149 新世界百貨店 S
신세계면세점 명동점 S

新世界免税店明洞店 S

ステイトタワー南山
스테이트타워 남산

タクチンミ R

ソウル商会
서울상회 C棟

F棟

三益ファッションタウン S
삼익패션타운
レスケイプ H

Toegye-ro 퇴계로 退渓路

ウリ銀行
우리은행

南大門市場
남대문시장 S
P.94

D棟

G棟

ユニークな客室
がインスタで人気

地下鉄4号線

こちらのエリアは小規模で経済的なホテルが多い

カールメガネ
카르한경 R

E棟

ユニオン
バザサン R P.143

会賢駅
회현역
Hoehyeon
425

リーダースビュー
南山
리더스뷰남산

Sogong-ro

ナンデムン
センスッブルカルビ R P.143

レックス H

ブンシク通り
麺と麦飯のセットで巨済食堂、民俗食堂などが人気。呼び込みもすごい

T Markグランド H

パレス H

ソウルシティ H

Toegye-ro 퇴계로 退渓路

ソンド教会
성도교회

フローラルシティ H

パークヒル明洞 H

### A

退渓路

### B

120

地下鉄2号線

②③

Eulji-ro 乙支路

乙支路3街駅
을지로3가역
Euljiro 3(sam)-ga

レモンマート
레몬마트 S

C

D

コルベンイ (つぶ貝) 通り
을지로골뱅이골목

韓国外換銀行本店
한국외환은행

モスバーガー
모스버거 R

海外発行カード対応
ATMが並ぶ

IBKファイナンスタワー
IBK파이낸스타워

Samil-daero 10-gil 三一大路

メトロ R

明洞観光情報センター
명동관광정보센터 E

P.151

スカイパークⅡ H

中央シネマ
중앙씨네마 E

南大門税務署
남대문세무서

仁済大学
인제대학교
ソウル白病院
서울백병원

1

Hotel 28 H

スカイパーク
セントラル

YWCA会館
YWCA회관

You are Here C

イビス
アンバサダー
明洞 H

(コムタン) R

ロイヤルホテルソウル P.150
로열호텔

カトリック会館
가톨릭회관

Mareunnae-ro マルンネ路

CPBCカトリック平和放送
CPBC가톨릭평화방송

明洞芸術
劇場
명동예술극장 E

S オリーブヤング
明洞フラッグシップ P.148

永楽教会
영락교회

Myeongdong gil
明洞ナンタ劇場 E
明洞キル
明洞交番
명동파출소
済州ミハン
제주미향 R
祖銭フレッサイン
安東チムタク
안동찜닭
(餃子の有名店)

明洞スッキ
명동숙희

K-POPレジデンス明洞1号店

明洞聖堂
명동성당

中部警察署
중부경찰서

Myeongdong gil

ユグネ R
タッカルビ
쭈꾸네닭갈비 R

ジェイムスチーズ (チーズ万歳!)
トンカルビ 제임스치즈갈비

ミョンドンタッカンマリ R

コストホール文化館
꼬스트홀 문화관

50周年記念館
50주년기념관

中国大使館
중국대사관

コムグクシジブ R
P.143

明洞咸興麺屋
명동함흥면옥 R

バオロ教育館
바오로교육관

女子修道院
여자수도원

郵便局
우체국

ミョンファダン
명화당 R

明洞餃子
명동교자 R
(餃子の有名店)

ソラリア西鉄
ホテル明洞

ハムチョ カンジャンケジャン
함초 간장게장 R

Samil-daero 6-gil

Luft Coffee C

Cafe de Paris C

P.151
変なホテル
ソウル 明洞

2

テムテム
明洞中央店 P.148 R

MCM S
ザ・グランドホテル
明洞

Myeongdong 8ga-gil
オウガ
오우가 R

イビススタイルズ
アンバサダーソウル明洞

サボイ H
ポドルミヨク R
P.143

ナインツリー
明洞

L7明洞 H

世家 H

スカイパーク明洞 H
スカイパーク明洞3 H

NATURE REPUBLIC S

(老舗高級焼肉)
生里ガーデン
우리가든

Toegye-ro 退渓路

栄養センター
영양센터

スカイパーク明洞1 H

ミリオレホテル
ソウル明洞 H

デイズ明洞 H

明洞駅
명동역
Myeong-dong

韓国電力
한국전력

ウォンズビル H

Toegye-ro
退渓路 地下鉄4号線

プリンスソウル H

マムハウス
H

大韓赤十字社
대한적십자사

ニューオリエンタル
明洞

南山セントラルタワー
남산센트럴타워

鶏林荘

パシフィック

南山小学校
남산초교

ハニャン教会
한양교회

ママゲストハウス

南山双龍
PLATINUM
남산 쌍용플래티넘

南山ビル
남산빌딩

ソウル漫画博物館
Seoul Cartoon Museum

ヨロ
ゲストハウス H

南山芸術センター
남산예술센터

若者向けゲストハウスが多い
エリア。外国人のたまり場の
バーも点在

ソウルアニメーションセンター
서울애니메이션센터

Bmy
ゲストハウス

ルックホーム H

モンミョクサンバン
목멱산방

急坂も多いので荷物が
多いと移動が大変

文学の家
문학의집

C

D

ゲストハウス・ザ・ヒル

崇義女子大学
숭의여자대

N
0 25 50m

安国駅
안국역
Anguk
328

Samil-daero 삼일대로

三・一大路

鍾路警察署
종로경찰서

弁当形式の
ランチが人気

野草中心の
韓定食

伝統茶。1階は
ベーカリーカフェ

五嘉茶
오가다

コッパベピダ
꽃밥에피다

仁寺洞ミニホテル P.152

(焼き魚、チゲなど)
ソルバッサン
사곡밥상
+84

インサホステル

評判のいい
ベトナム料理

通信記念館
체신기념관

刺繍、ハングル、猫グッズなどカジュアル雑貨。2Fに人気の大邱コスメのハヌルホス

耕仁美術館
경인미술관

伝統茶院
전통다원
韓果菜
한과채

(駄菓子屋)
トイン

Ujeongguk-ro 우정국로

サムジキル S

(マンドゥの行列店)

木漏れ日と
伝統茶

ウリミ P.147

Insadong-gil

KCDFギャラリー S
KCDF갤러리

国際刺繍院 S
P.147

寺洞麺屋
사동면옥
(細い冷麺)

肉料理と「麻薬テンジャンチゲ(辛い)」のプレートメニューで行列

(精進料理)
鉢盂供養
발우공양
テンプルステイ
インフォメーション
センター

AGIO
(イタリアン)

仁寺洞広報館
인사동홍보관

白岳美術館
백악미술관

仁寺洞
Insa-dong
인사동

1階に3店舗、2階は
老舗パン屋「太極堂」

郵政局路

伝統茶房仁寺洞
전통찻집인사동 C

通仁カゲ
통인가게

テンマルチプ
툇마루집
인사동 4-gil

ドマ
도마

朴英淑窯
박영숙요

(モダン白磁)

ミュージアムキムチ間
뮤지엄김치간

仁寺洞マル S
인사동마루

アベンツリー鍾路

中庭がきれい

ソンビホテル
(SUN BEE)2つ星

ホテルソンビ H
P.151

バンチャク バンチャク
반짝반짝 빛나는
(2階)

ビンナヌン

ロコ御用達ランチ店。コムタン&ビビンパプ

Insadong 9-gil 인사동 9길

里門ソルロンタン
이문설농탕
(牛骨スープの老舗)

チャヤボル
쉬어밤
(ククス、マンドゥ)

1階に刺繍小物セガン
세강、ベビー用品オグオ
グ오구오구など。階段脇
のキンパ屋はお寺さん
も利用するビーガン店。

センター
マーク H

キョデ イチュンチプ
고대이층집
(サムギョプサルが人気)

ハーモニーマート
P.149

アルムダウン茶博物館
아름다운 차박물관

スターバックス
스타벅스

ハンボクダムダ S
P.148

地下鉄5号線

Insadong-gil 인사동길

鍾路タワー
종로타워

CoCo壱番屋
코코이찌방야

YMCA

雲峴宮
운현궁
**P.134**

C

Yulgok-ro 6-gil

Samil-daero 32-gil 삼일대로32길

Samil-daero 32-gil

Samil-daero 32ga-gil

Donhwamun-ro 11-gil

Donhwamun-ro 11ga-gil

Donhwamun-ro

敦化門路

D

**1**

韓国伝統飲食研究所
한국전통음식연구소

トック博物館
떡박물관

セビアン

H アイコン

H DADA

このあたりから北は
小規模ホテルとモー
テルが混在

イビスアンバサダー **P.151**
H ソウル仁寺洞

敦化門路

H ホステルトミ

クラフトビール&
ワインカフェ

삼일대로30길

1993 C

Donhwamun-ro 11ga-gil

地下鉄3号線

益善洞
Ikseon-dong
익선동

益善洞の老舗、
伝統茶

Samil-daero 30-gil

フォトスポット

ナグォンアグチム R
낙원아구찜
(あんこう鍋)

スフレケーキ
で行列

トゥラン
뜰안 C

Samil-daero 28-gil

イテリチョンガク
R 이태리총각
(ピザ)

Supyo-ro 28-gil

マダンフラワーカフェ
마당플라워카페

益善文具店
익선문구사
(粉食)

カルメギサル
(豚ハラミ焼肉)
の店が並ぶ

**2**

馬山アグチム R
마산아구찜
(あんこう鍋)

トップホテル&レジデンス
R Hotel BIZ H

トンベク洋菓店
동백양과점 C

Samil-daero 26-gil

Craft Roo C

味カルメギサル R
미갈매기살

オラカイ仁寺洞
H スイーツ

一味食堂
R 일미식당
(小鍋定食)

Supyo-ro 28-gil

望遠洞ティラミス C
망원동티라미수

チャンファダン
R 창화당
(マンドゥの行列店)

鍾路3街駅
종로3가역
Jongno 3(sam)-ga

楽園商店街 S
낙원상가

地下鉄5号線

534

鍾路3街駅
종로3가역
Jongno 3(sam)-ga

楽器問屋。地下
は生活雑貨と店
舗用品店街

H ホテル呉竹荘

モツ煮込み屋
が並ぶ

地下鉄駅上の通りは夕
方から屋台の一杯飲み
屋が出現。魚介料理で
安くはない

江原道チブ
강원도집

ユジン食堂
R 유진식당

**3**

S Insa Korea

テジモリ(豚カシラのス
ープ飯)が安い人気店

Samil-daero

円覚寺址十層石塔
원각사지십층석탑

モーテル、日雇い労働者
が利用する安宿が点在

八角亭
팔각정

昼から酔っぱらい
がいたり……

삼일대로

タプコル公園
탑골공원

三一大路

郵便局
우체국

C

三一門
삼일문

鍾路3街駅
종로3가역
Jongno 3(sam)-ga

S クムガン
금강

地下鉄1号線

130

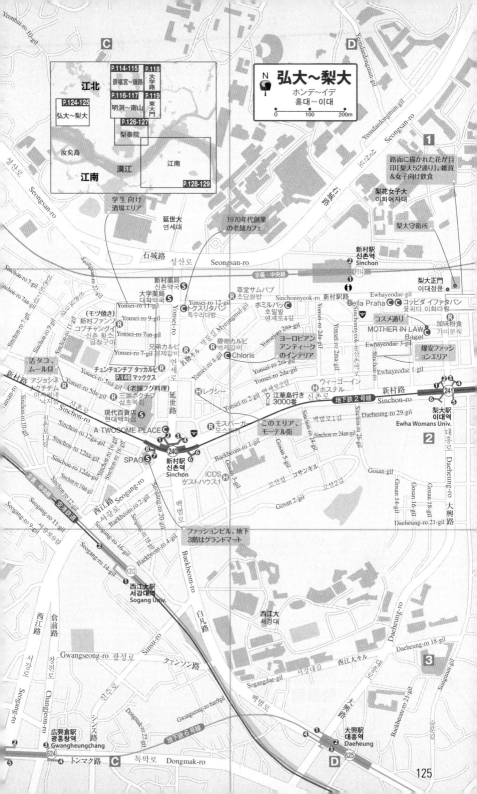

**C** **D**

江北

景福宮~鍾路 P.114-115　大学路 P.118
明洞~南山 P.116-117　東大門 P.119
弘大~梨大 P.124-125
梨泰院 P.126-127

汝矣島
漢江　江南 P.128-129
江南

**N**

# 弘大～梨大
ホンデ～イデ
홍대～이대

0　100　200m

**1**

路面に描かれた花が目印「梨大52通り」。雑貨&女子向け飲食

梨花女子大
이화여자대

梨大守衛所

学生向け
酒場エリア

延世大
연세대

1970年代創業
の老舗カフェ

石城路　성산로　Seongsan-ro

京義・中央線

新村駅
신촌역 Sinchon
P.314

梨大正門
이대정문

Ewhayeodae-gil

草堂サムパプ
초당쌈밥

Sinchonnyeok-gil　新村駅前

新村薬局
신촌약국 **S**
大学薬局
대학약국 **S**

Bella Praha **C C**

コッピダ イファタバン
꽃피다 이화다방

Yonsei-ro 12-gil
Yonsei-ro 11-gil

Myeongmul-gil　명물길

ホミルパッ **C**
호밀밭
연세로4길

コスメ通り
MOTHER IN LAW

加味粉食
가미분식

Yonsei-ro 9-gil
Yonsei-ro 7an-gil

クスリタバン
독수리다방

Yonsei-ro 2da-gil
Ewhayeodae-gil

爆安ファッションエリア

新村ファンソコプチャンクイ
신촌 황소곱창구이 **R**

Yonsei-ro

碧帝カルビ
벽제갈비 **C** Chloris

ヨーロピアンアンティークのインテリア

Bagel

兄弟カルビ
형제갈비 **R**

연세로

碧帝カルビ
벽제갈비 4길

Ewhayeodae 2-gil

Ewhayeodae-gil

梨大駅
이대역
Ewha Womans Univ.

Yonsei-ro 7-gil

チュンチョンチプ タッカルビ
P.146 マックス
(老舗フグ料理)
삼복추탕 **R**

ウィーゴーイン
ホステル

新村路
Sinchon-ro

**241**

Yonsei-ro 5da-gil

Yonsei-ro 2-gil

江華島行き
3000番

地下鉄2号線

活タコ、
ムール貝 **R**

アジョシネ
ナクチチム
아저씨네
낙지찜

新村路 **H** レグシー

여새로2길

このエリア、
モーテル街

延世路

モスバーガー
모스버거 **R**

Backbeom-ro 1-gil

Sinchon-ro

三湖ボクチプ
삼호복집 **R**

Daeheung-ro 29-gil

A TWOSOME PLACE **C**

**240**

現代百貨店
현대백화점 **S**

**②**

新村駅
신촌역
Sinchon

iCOS
ゲストハウス1

**H**

Gosan 5-gil

Backbeom-ro 24an-gil

Daeheung-ro 26-gil

Gosan-gil

SPAO **S**

Sinchon-ro 12ga-gil

Sinchon-ro 12na-gil

Sinchon-ro 12da-gil

西江路　Seogang-ro
서강로

Backbeom-ro 20-gil

고산길
고산2길

고산길 고산2길

Gosan 2-gil

Gosan 14-gil
Gosan 16-gil
Gosan 18-gil

Daeheung-ro 21-gil

大興路
Daeheung-ro

**2**

ファッションビル。地下3階はグランドマート

Seogang-ro 11-gil
Seogang-ro 9-gil

Seogang-ro 16-gil
Seogang-ro 14-gil

Backbeom-ro

**P.313**

西江大駅
서강대역
Sogang Univ.

Seogang-ro 12-gil

西江大
서강대

Gwangseong-ro　광성로

Sinsu-ro

白凡路

西江大キル
서강대길

Seogangdae-gil

Daeheung-ro 18-gil

Daeheung-ro 21-gil

**3**

倉前路
창전로

クァンソン路

地下鉄6号線

Changjeong-ro

シンス路

Dongmak-ro 27-gil

서강대길

Backbeom-ro 21-gil

広興倉駅
광흥창역
Gwangheungchang
**624**

トンマク路
독막로
Dongmak-ro

**C**

大興駅
대흥역
Daeheung
**625**

**D**

125

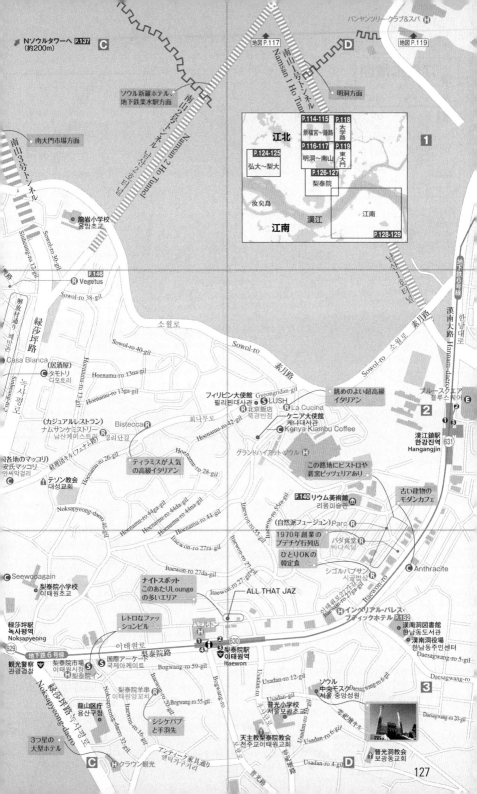

バンヤンツリー・クラブ&スパ H

N ソウルタワーへ C
（約200m） P.137
地図 P.117 D 地図 P.119

ソウル新羅ホテル、 明洞方面
地下鉄東水駅方面

南大門市場方面

P.114-115 P.118
江北 景福宮〜鍾路 大学路
P.116-117 P.119
P.124-125 明洞〜南山 東大門
弘大〜梨大 P.126-127
梨泰院
南大門3号トンネル

汝矣島
江南 漢江 江南
P.128-129

地下鉄6号線
龍岩小学校
용암초교

漢南大路 Hannam-daero
R Vegetus P.146

解放村通り 소월로
Sowol-ro

緑莎坪路 소월로
Casa Blanca Sowol-ro ブルースクエア E
（居酒屋） 블루스퀘어
タモトリ Gyeongnidan-gil
フィリピン大使館 眺めのよい超高級
필리핀대사관 LUSH イタリアン 漢江鎮駅
（カジュアルレストラン） 北京飯店 La Cucina 한강진역
ナムサンケミストリー 북경반점 ケニア大使館 Hangangjin
남산케미스트리 Bistecca R 케냐대사관
Kenya Kiambu Coffee
各地のマッコリ ティラミスが人気 グランドハイアット・ソウル H
安氏マッコリ の高級イタリアン この路地にビストロや
안씨막걸리 薪窯ピッツェリアあり
テソン教会 P.140 リウム美術館 古い建物の
대성교회 리움미술관 モダンカフェ
（自然派フュージョン）Parc R
1970年創業の
プデチゲ行列店 バダ食堂 R
Seewooagain ひとりOKの 바다식당
梨泰院小学校 韓定食 シゴルパブサン R Anthracite
이태원초교 시골밥상
ナイトスポット インペリアル・パレス・
このあたりULounge ALL THAT JAZ ブティックホテル H P.152
の多いエリア
漢南洞図書館
レトロなファッ 한남동도서관
緑莎坪駅 ションビル ハミルトン 漢南洞洞役場
Noksapyeong 한남동주민센터
観光警察 梨泰院市場 630 Daesagwang-ro
관광경찰 이태원시장 梨泰院駅 Daesagwang-ro 5-gil
梨泰院イン 이태원역
H 국제아케이트 Itaewon ソウル
国際アーケイト Bogwang-ro 59-gil 中央モスク Daesagwang-ro 6-gil
梨泰院羊串 서울 중앙성원
이태원양꼬치 R Bogwang-ro 55-gil
3つ星の 龍山区庁
大型ホテル 용산구청 普光小学校 Usadan-ro 20-gil
シシケバブ 서울보광초교
C と手羽先 天主教梨泰院教会 普光洞教会
クラウン観光 アンティーク家具通り 천주교이태원교회 보광동교회
앤틱가구거리 Usadan-ro 4-gil

127

オリンピック大路
Eonju-ro
C
ユラムグ大路
Olympic-daero
D
トゥクソム遊園地駅
뚝섬유원지역
Ttukseom Park
728
清潭大橋
1

ギャラリア百貨店WEST S
갤러리아백화점WEST
ギャラリア百貨店EAST S
갤러리아백화점EAST
狎鴎亭ロデオ駅
압구정로데오역 212
Apgujeongrodeo
三成路
R ムクチョン P.146
Le Chamber (カクテルバー)
R セビョクチプ
새벽집
ユッケと韓牛
24h営業

島山公園
도산공원
Dosan-daero
彦州路
Eonju-ro 154-gil
Eonju-ro 152-gil
도산대로 Dosan-daero
Dosan-daero
Eonju-ro 150-gil
Eonju-ro 148-gil
Eonju-ro 146-gil
Dosandaero 54-gil
Seolleung-ro 148-gil
Seolleung-ro 146-gil
三成路
H Riviera
クラブもあり
きらびやかな
4つ星ホテル

C Mixology (カクテルバー)
清潭公園
청담공원
永東大路

Eonju-ro 140-gil
P.147
Gebang Sikdang R
江南区庁駅
강남구청역 213
Gangnam-gu Office
Hakdong-ro
하동로
729
清潭駅
청담역
Cheongdam
R 清潭栄養センター
奉恩寺駅
봉은사역
Bongeunsa
地下鉄9号線

Eonju-ro 130-gil
Seolleung-ro 120-gil
Seolleung-ro 116-gil
三成中央駅
삼성중앙역
Samseong Jungang
奉恩寺
봉은사
929
アセムタワー
아셈타워
2

宜靖陵駅
선정릉역
Seonjeongneung
Seolleung-ro 112-gil
Bongeunsa-ro
928
InterContinental
Seoul Coex
E セブンラックカジノ
세븐럭카지노
COEX P.141

927
Bongeunsa-ro 68-gil
214
宜陵(貞顕王后陵)
선릉
宜陵(成宗王陵)
선릉
靖陵
정릉
韓国都心空港(CALT)
한국도심공항
新羅ステイ三成 H P.151

彦州駅
언주역
926
超高級韓牛
と冷麺
宣靖陵(三陵公園)
선정릉공원 P.136
InterContinental Grand
Seoul Parnas
現代百貨店
현대백화점
三成駅
삼성역
Samseong 219

バンブーハウス
뱀부하우스
Uri & H

宜陵
선릉駅
Seolleung 215
POSCO
센터
포스코센터
三成路
Samseong-ro
バークハイアットソウル H

チュンヒョン教会
충현교회
H 新羅ステイ駅三
駅三アール
ヌーヴォーシティ
朝鮮パレスソウル江南 H
宜陵
선릉駅
Seolleung 220
Yeoksam-ro
Yeoldomg-daero

Teheran-ro
約700m
大通りのワンブロックは700m～
1kmほどある。坂もあるのでタクシー利用も有効

AO H
221
駅三駅
역삼역
Yeoksam
金融決済院
금융결제원
レ帝超店
カパス
In EURO S
emart S
Nonhyeon-ro 72-gil
Nonhyeon-ro 68-gil
Seolleung-ro

ウリ銀行
우리은행
ステイホテル
江南
ショッピングセンターの
地下1階
Yeoksam-ro
Dogok-ro
3

芸林堂アートホール E
예림당아트홀
東洋文化センター
동영문화센터
ロッテ百貨店 S
롯데백화점
ハンティ駅
한티역
Hanti 216

駅三路
역삼로
道谷路
道谷駅
도곡역
Dogok 217
344
地下鉄3号線
大峙駅
대치역
Daechi 345
D

129

# 狎鴎亭周辺
アブクジョン / 압구정

N

周辺図 P.128-129

0　100　200m

70年以上鍾路で
政財界御用達だっ
た焼肉&韓定食店

現代百貨店
현대백화점

江南観光情報センター
강남관광정보센터

狎鴎亭駅
압구정역 Apgujeong

韓一館本店
한일관본점

Mini Stop

安東ククシ (うどん)
안동국시

セマウル食堂
새마을식당

さぼてん
사보텐
Nonhyeon-ro 172-gil

豚焼肉の有名
チェーン店

ソマン教会
소망교회

三元ガーデン
삼원가든

狎鴎亭聖堂
압구정성당

光林教会
광림교회

光林アートセンター
광림아트센터

ムギョドン
ユジョンナクチ
무교동 유정낙지

牛味学
우미학
(高級焼肉)

CGV
(映画館)

オリジナル
牛肉料理

ABLE

H&M

JUNG SAEM MOOL

Apple Store

(チーズケーキとワイン)
C27

プレートデザ
ート(2階)

SONA

ボクチャネ
복자네

美味麺屋
미미면가

Maserati

サンシャイン

Four Points
by Sheraton

このあたりから宣
陵路まで外車ディ
ーラーが点在

日本そばの
変化球

8SECONDS

adidas

Jタワー
J타워

voco ソウル江南

アンコウ、
カニ、タコ

ザ・リバーサイド

P.147
ユジョン
シクタン

馬山屋
마산옥

新沙駅
신사역 Sinsa

OLIVE YOUNG

ロッテシネマ
롯데시네마

鶴洞公園
학동공원

鶴洞駅
학동역 Hak-dong

カニ醤油漬け
店が並ぶ

プロカンジャンケジャン
프로간장게장

レックス観光

ロコロコチョゲチム
로꼬로꼬조개찜(アワビ入り貝蒸し)

ハーモニーマート
(スーパーマーケット)

論峴駅
논현역 Nonhyeon

## 景福宮

**住** 161, Sajik-ro, Jongno-gu
**住** 鍾路区 社稷路 161
**旧** 鍾路区 世宗路 1-1
**TEL** (02) 3700-3900
**開** 3〜5・9・10月 9:00〜18:00
　6〜8月 9:00〜18:30
　11〜2月 9:00〜17:00
※最終入場は1時間前
**休** 火(祝日の場合は翌日)
**料** W3000
**交** 地下鉄3号線
　**327** 景福宮駅5番出口徒
　歩5分
**URL** www.royalpalace.go.kr
※守門将交代式10:00、14:00
　(各20分)、光化門交代
　式11:00、13:00(各10分)
　季節により開催時間や回
　数は変更される

記念撮影もOK

---

# 見どころ

●朝鮮王朝時代の5大宮殿、ソウルの顔　★★★

## 景福宮 경복궁 Gyeongbokgung Palace
キョンボックン

▶ **宮殿エリア** **MAP** P.114-B2

朝鮮王朝の太祖、李成桂 ▶**P.491** により建てられた正宮。1395年の創建と伝えられ、ソウルに残る5大王宮のなかで、最も規模が大きい。1592年に焼失しその後再建された。毎日行われる王朝絵巻のような守門将交代式は見ごたえ満点。敷地内には国立古宮博物館や国立民俗博物館があるほか、北側に旧大統領府である青瓦台 ▶**P.138** がある。

興礼門の美しい装飾にも注目

韓服を着れば無料で入場できる

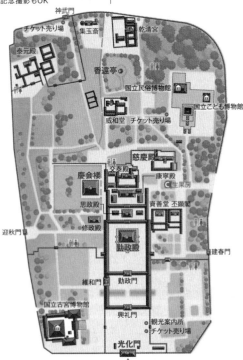

光化門は1395年の創建とされるが幾度となく焼失。1968年にコンクリートの土台で復元された

池に浮かぶ慶会楼は客人をもてなしたり宮中行事が執り行われたところ。四季折々の風景が美しく、迎賓館の役割を果たした

**info** 慶会楼は4〜10月に内部を公開しており、韓国語ガイドの案内でのみ見学ができる。外国人枠は1回のツアーで5名。ウェブサイトで予約をすること。

●四季折々の美しさ

# 昌徳宮 창덕궁 Changdeokgung Palace

★★★ 世界遺産

チャンドックン

▶宮殿エリア MAP P.115-C2

朝鮮王朝3代国王太宗 ▶P.495 が景福宮の離宮として1405年に建設し、後には正宮として政務や儀式が執り行われた。敦化門は木造二層門として韓国最古の門。正殿は仁政殿で、東側にある楽善斎は日本の梨本宮家から嫁いだ李方子妃 ▶P.491 が暮らしたところとして知られる。北半分は後苑（秘苑）といわれる庭園。四季折々で違った美しさを伝える手入れの行き届いた庭だ。

ソウルに現存する正門のなかで最古の敦化門

●王族の位牌を祀る神聖な場所

# 宗廟 종묘 Jongmyo Shrine

★★★ 世界遺産

チョンミョ

▶宮殿エリア MAP P.115-D3

朝鮮王朝の歴代王と后などの位牌を祀っているところ。正殿が横長なのは、位牌が増えるたびに部屋を増やしたためで、独特の建築となっている。ほかに永寧殿、功臣堂、身を清める斎宮などいくつかの建築物がある。毎年5月の第1日曜に王族の末裔である全州李氏の一族が集まり、宗廟大祭（ユネスコの無形文化遺産）が行われる。

屋根の勾配にも注目

王が祭祀のときに身を清める斎宮

柱廊の朱が美しい

---

**昌徳宮**

🏠 99, Yulgok-ro, Jongno-gu
🏠 종로구 율곡로 99
🏚 종로구 와룡동 2-71
☎ (02) 3668-2300
🕐 2～5・9・10月9:00～18:00
　6～8月9:00～18:30
　11～1月9:00～17:30
休 月(祝日の場合は翌日)
料 ₩3000
🚇 地下鉄3号線 328 安国駅3番出口徒歩8分
URL www.cdg.go.kr
※後苑の特別見学の日本語ガイドツアーは水・金・日の13:00発(所要1時間10分～1時間30分)

即位式や謁見などが行われた正殿、仁政殿

**宗廟**

🏠 157, Jong-ro, Jongno-gu
🏠 종로구 종로 157
🏚 종로구 훈정동 1-2
☎ (02) 765-0195
🕐 2～5・9・10月9:00～18:00
　6～8月9:00～18:30
　11～1月9:00～17:30
※最終入場は1時間前
休 火　料 ₩1000
🚇 地下鉄1号線 130 鍾路3街駅11番出口徒歩5分
　地下鉄3・5号線 329 534 鍾路3街駅8番出口徒歩5分
URL jm.cha.go.kr
※土曜以外はガイドと参観しなければならない。日本語ガイドは、9:40、11:40、13:40、15:40

増築されて横長になった正殿

---

info 昌慶宮のすぐ隣には国立子供科学館がある。説明は韓国語のみだが、言葉がわからなくても楽しめる仕掛けが多く、子供連れで訪れる外国人旅行客も多い。プラネタリウムは特に人気。

## 昌慶宮

住 185,Changgyeonggung-ro Jongno-gu
住 종로구 창경궁로 185
旧 종로구 와룡동 2-1
TEL (02) 762-4868
開 9:00～21:00 休 月
料 ₩1000
交 地下鉄4号線 420 恵化駅
　4番出口徒歩10分
URL cgg.cha.go.kr
※日本語案内コースは所要
　約1時間10:00、14:00発
　玉川橋前から出発

## 慶熙宮

住 45, Saemunan-ro, Jongno-gu
住 종로구 새문안로 45
旧 종로구 신문안2가 2-1
TEL (02) 3210-4804
開 3～10月9:00～18:00
　11～2月9:00～17:00
休 月 料 無料
交 地下鉄5号線 532 西大門
　駅4番出口徒歩8分
　533 光化門駅 7番出口徒
　歩15分

## 徳寿宮

住 99, Sejong-daero, Jung-gu
住 중구 세종대로 99
旧 중구 정동 5-1
TEL (02) 771-9951
開 9:00～21:00
休 月 (祝日の場合は翌日)
料 ₩1000
交 地下鉄1・2号線 132 201
　市庁駅1、2番出口徒歩1分
URL www.deoksugung.go.kr
※守門将交代式
　11:00～、14:00～(各約30分)

## 雲峴宮

住 464, Samil-daero, Jongno-gu
住 종로구 삼일대로 464
旧 종로구 운니동 114-10
TEL (02) 766-9090
開 4～10月9:00～19:00
　11～3月9:00～18:00
休 月 (祝日の場合は火)
料 無料
交 地下鉄3号線 328 安国駅
　4番出口徒歩1分
URL www.unhyeongung.or.kr

## 普信閣

住 54, Jong-ro, Jongno-gu
住 종로구 종로 54
旧 종로구 관철동 45-3
TEL (02) 2133-2641 (鐘つきイ
　ベント予約)
開 見学自由
交 地下鉄1号線 131 鐘閣駅
　4番出口徒歩1分

---

●長い時を経て蘇った ★

# 昌慶宮 창경궁 Changgyeonggung Palace

チャンギョングン　▶宮殿エリア MAP P.115-D2

復元された明政殿

昌徳宮の東に隣接する宮殿。第4代朝鮮王世宗 ▶P.493 が、退位後の父太宗 ▶P.495 のために建てたのが始まり。その後、破壊や荒廃の時代を経て1980年代に再建された。

●離宮として王族に愛された ★

# 慶熙宮 경희궁 Gyeonghuigung Palace

キョンヒグン　▶光化門 MAP 折込ソウルB1

ソウルの5大古宮のなかで、最も西にあるため「西殿」とも呼ばれていた。復元後の2002年から一般公開された新しい建築だが、装飾の美しさなどは高く評価されている。周辺には公園や文化施設が多く、市民の憩いの場となっている。

●西洋趣味が建築に生かされた ★★

# 徳寿宮 덕수궁 Deoksugung Palace

トクスグン　▶市庁 MAP P.116-A1

正殿、中和殿

朝鮮王朝第9代国王、成宗の実兄月山大君の邸宅として建設された。景福宮が焼失したときには王宮として使われたこともある。1900年に着工した韓国初の洋館、石造殿や、2023年に公開された惇徳殿なども見どころ。

●朝鮮王朝末期の王の私邸 ★

# 雲峴宮 운현궁 Unhyeongung Royal Residence

ウニョングン　▶仁寺洞 MAP P.115-C3

仁寺洞にある両班の屋敷

朝鮮王朝第26代の王であり大韓帝国初代皇帝の高宗 ▶P.492 の父、興宣大院君の私邸。一時は王宮を凌ぐ規模を誇ったが、その後没落した。残った建物をソウル市が買い取り整備、当時の生活用品などを展示している。

●釣鐘のある楼閣 ★★★

# 普信閣 보신각 Bosingak Belfry

ポシンガク　▶鐘閣 MAP P.114-B3

鍾路にある鐘楼。朝鮮王朝時代には4大門の開閉の合図に使われていた。現在の鐘は1985年に再建されたもの。年越しのカウントダウンで撞かれ、年末の風物詩となっている。

---

info 徳寿宮の石造殿は韓国初の西洋式建築。建設当時、イギリスで流行していた古代ギリシア・ローマ建築を基にしたパッラーディオ様式で建てられている。建物の裏側は今も英国大使館が置かれている。

● ソウルのランドマーク

# 興仁之門（東大門）흥인지문（동대문）

★★★

Heunginjimun Gate (Dongdaemun Gate)
▶東大門 MAP P.118-B3

フンインジムン（トンデムン）

ソウルの象徴としてニュースなどにも登場する。14世紀末に
建てられ、その後2度にわた
り大規模な修復を受けた漢陽
都城の東門。道路建設などに
より周囲の城壁は残っていな
いが、道路を挟んだ両側から
南北に城壁が延びている。
門の南側には東大門市場が広
がっている。

広い通りにも負けない存在感

● 火災を経て再建

# 崇礼門（南大門）숭례문（남대문）

★★

Sungnyemun Gate (Namdaemun Gate)
▶南大門 MAP P.116-A2

スンネムン（ナムデムン）

東大門とともに朝鮮王朝を開いた李成桂 ▶P.491 によって14世
紀末に建てられた。19世紀に大規模な修復がなされた東大門
よりも古いものとして評価
されてきたが、2008年、放火
により全焼。のちに建て直
され、2016年からは守門将交
代式も復活した。大通りを
挟んで東側に広がるのが南
大門市場だ。

強固な石積みと門

● 起伏のある城郭を歩いてみよう

# ソウル城郭（漢陽都城）서울성곽（한양도성）

★★★

Seoul City Wall
▶東大門 MAP P.118-B2

ソウルソングァク（ハニャンドソン）

1396年に建造されたソウルを取り囲む城壁。1周すると
18.627kmと距離が長いので、歩き通すのは大変。何日かに分
けて歩くか、いくつかポイントを絞って歩くといいだろう。
北西の彰義門（ MAP 折込ソウルB1）から粛靖門（ MAP 折込ソウルB1）
までの一帯は軍事エリアのため、パスポートを持参する必要
がある。写真撮影ができないエリアもあるので規則に従お
う。またこの一帯は火〜日曜の9:00〜16:00（冬期10:00〜15:00）
のみ入場可能となっている。
南東の暗門（ MAP 折込ソウルC2）、
展望台（ MAP 折込ソウルC2）一帯
は9:00〜18:00に通行可能。
東大門城郭公園内には漢陽都
城博物館があり、城郭につい
て詳しく知ることができる。

大学口の北側の恵化門 MAP P.118-A1

---

**興仁之門（東大門）**
住 288, Jong-ro, Jongno-gu
住 종로구 종로 288
旧 종로구 종로6가 69
TEL (02) 2148-1822
開 見学自由
交 地下鉄1・4号線 128 421
東大門駅6番出口または7
番出口徒歩1分

**崇礼門（南大門）**
住 40, Sejong-daero, Jung-gu
住 중구 세종대로 40
旧 중구 남대문로4가 29
TEL (02) 779-8547
開 9:00〜18:00　※最終入
場17:50
崇礼門 把守儀式10:00〜
15:30の40分おき
交 地下鉄4号線 425 会賢駅
5番出口徒歩7分

**漢陽都城博物館**
MAP P.118-B3
住 283, Yulgok-ro, Jongno-gu
住 종로구 율곡로 283
旧 종로구 종로6가 70-6
TEL (02) 724-0243
開 3〜10月9:00〜19:00
11〜2月9:00〜18:00
※最終入場1時間前
休 月、正月　料 無料
交 地下鉄1・4号線 128 421
東大門駅10番出口徒歩6分
URL www.museum.seoul.kr

登り口はいくつもある

茶山洞の展望台

---

info 漢陽都城博物館1階の案内所では漢陽都城の地図がもらえる。スタンプシートになっており、東西
南北の各門にあるスタンプ置き場ですべてのスタンプを揃えれば、記念バッジがもらえる。

135

## 南山コル韓屋村

**住** 28, Toegye-ro 34-gil, Jung-gu
**住** 중구 퇴계로34길 28
**旧** 중구 필동2가 84-1
展示・公演 **TEL** (02) 2266-6924
伝統文化体験
**TEL** (02) 2266-6923
**開** 4〜10月9:00〜21:00
　　11〜3月9:00〜20:00
**休** 月　**料** 無料
**交** 地下鉄3・4号線 331 423
　　忠武路駅3番出口徒歩5分
**URL** www.hanokmaeul.or.kr
▶伝統庭園
**開** 見学自由　**休** 月

## 宣靖陵（三陵公園）

▶朝鮮王朝墓
**住** 28, Toegye-ro 34-gil, Jung-gu
**住** 강남구 선릉로100길 1
**旧** 강남구 삼성동 135-4
**TEL** (02) 568-1291
**開** 2〜10月6:00〜21:00
　　11〜1月6:30〜21:00
**休** 月　**料** ₩1000
**交** 地下鉄2号線・盆唐線
　　220 K215 宣陵駅
　　10番出口徒歩8分

陵を守る武官の石像

---

● 一般市民の生活もわかる　　　　　　★★

# 南山コル韓屋村 남산골한옥마을 Namsangol Hanok Village

### ナムサンコルハノンマウル
▶南山 **MAP** P.117-D2

伝統家屋を移築したテーマパーク。両班だけでなく庶民の家も再現されている。正月やチュソクなどの休日には、昔の遊びを体験できたり、伝統音楽が披露される。奥には小川が流れる庭園になっており、市民の憩いの場となっている。

韓屋村の庭園

両班や貴族の家が移築・再現されている

● 朝鮮王朝の墓　　　　　　★★★ 世界遺産

# 宣靖陵（三陵公園）선정릉 Seonjeongneung

### ソンジョンヌン
▶三成 **MAP** P.129C2〜D2

2009年に世界遺産に登録された「朝鮮王陵」は40基あるが、朝鮮王朝時代のソウルは漢陽（ハニャン）と呼ばれた首都だったため、近郊に王墓が多い。なかでも最もアクセスがよいのがソウル市内の江南（カンナム）にある、靖陵、貞顕王妃陵（チョンヒョンワンフヌン）、宣陵だ。ここは三陵公園として整備されている。

宣陵を守る像

敷地内にある博物館

きれいなお椀型の宣陵

ユネスコ世界遺産の碑

---

**info** 南山コル韓屋村の北東側にはさまざまな壁画やストリートアートが並び、「忠武路ストリートミュージアム」 **MAP** P.117-C2 と呼ばれている。個性的なお店も多く、ちょっとした散策にピッタリ。

● 小高い山に立つ町のシンボル　★★★

# Nソウルタワー　N 서울타워　N Seoul Tower

エンソウルタウォ　　　　　▶南山　MAP P.117-C3

ソウル城郭の南側は、標高240mほどの南山（ナムサン）と呼ばれる山の中にある。この山に1971年にテレビ塔として建てられたのがソウルタワーだ。
1980年に展望台が一般に開放され、以来ソウルの町を眺めるビューポイントとして人気を集めてきた。2005年には南山ソウルタワーからNソウルタワーと改称された。

ソウルを一望の下に！

塔の高さは236mだが、山の中にあるので5階にある展望台は標高にして471m。7階にはフレンチレストランが入っている。昼間の眺めもさることながら、夜景がまたすばらしい。麓からロープウエイで上がることもできる。

Nは南山の頭文字

● 家族で楽しめる　★★

# ロッテワールド　롯데월드　Lotte World

ロッテウォルドゥ　　　　　▶蚕室　MAP 折込ソウルD2

ロッテワールドは室内の「アドベンチャー」、野外の「マジックアイランド」などがある総合レジャー施設。ジェットコースターなどのアトラクションをはじめ、「ガーデンステージ」でのショーやパ

マジックアイランドの橋

レードなど盛りだくさん。もちろん、レストランや免税店をはじめとしたショッピングゾーンも充実、1日中楽しめるところだ。

● 世界屈指の展望ビルディング　★★★

# ソウルスカイ　서울스카이　Seoul Sky

ソウルスカイ　　　　　　　▶蚕室　MAP 折込ソウルD2

2017年にグランドオープンした高さ555mのロッテワールドタワーの展望台。117階から123階までが展望台となっている。エレベーターに乗りわずか1分で117階に到着すれば、ここから123階までさまざまな施設があり、写真撮影を楽しめるスポットも多い。ガラスの床の展望エリアはとくに人気。最上階はラウンジになっており、落ち着いた雰囲気のなかで軽食やドリンクが楽しめる。

どこからも目立つフォルム

---

**Nソウルタワー**
🏠 105, Namsangongwon-gil, Yongsan-gu
🏠 용산구 남산공원길 105
🏚 용산구 용산동2가 산1-3
☎ (02) 3455-9288
🕐 12:00〜22:00
　土・日・祝11:00〜22:00
※最終入場30分前
休 無休
料 展望台₩1万6000
交 地下鉄4号線 424 明洞駅4番出口徒歩10分のロープウエイ利用
URL www.nseoultower.com
▶ロープウエイ
🕐 10:00〜23:00
料 往復₩1万4000
ロープウエイ乗り場までは専用の無料エレベーターで行ける。9:00〜23:00に稼働。ただし、月曜9:00〜14:00は点検のため運行中断。

**ロッテワールド**
🏠 240, Olympic-ro, Songpa-gu
🏠 송파구 올림픽로 240
🏚 송파구 잠실동 40-1
☎ (02) 411-2000
🕐 10:00〜22:00（天候により変動あり）
休 無休
料 1日パスポート₩5万9000
交 地下鉄2・8号線 216 814 蚕室駅4番出口徒歩5分
URL www.lotteworld.com

**ソウルスカイ**
🏠 300, Olympic-ro, Songpa-gu
🏠 송파구 올림픽로 300
🏚 송파구 신천동 29
☎ (02) 1661-2000
🕐 10:30〜22:00
　（金・土・祝〜23:00）
休 無休
料 ₩2万7000
交 地下鉄2・8号線 216 814 蚕室駅1・2番出口すぐ
URL www.lwt.co.kr

漢江を眼下に眺める

info ソウルスカイのある建物の5階と6階には、プデチゲ発祥のオデンシクタンや全州ビビンバプの名店ハングクチブ ▶P.362 など、有名店の支店がいろいろ入っている。

## 青瓦台

- 住 1, Cheongwadae-ro, Jongno-gu
- 住 종로구 청와대로 1
- 旧 종로구 세종로 1
- TEL 1522-7760
- 開 韓国人や外国人登録をしている在住者は公式サイトから時間指定のオンライン予約をする。日本人を含む海外からの旅行者は9:00と13:30に正門前で発券される先着500人の当日券で入場可能。申込時にパスポートの提示が必要
- 休 火、不定期
- 交 地下鉄3号線 327 景福宮駅4番出口徒歩17分
- URL www.opencheongwadae.kr

## 文化駅ソウル284

- 住 1, Tongil-ro, Jung-gu
- 住 중구 통일로 1
- 旧 중구 봉래동2가 122-25 통일로 1번지
- TEL (02) 3407-3500
- 開 10:00～19:00
- 休 1/1、旧正月とチュソク当日
- 料 展示による
- 交 地下鉄1・4号線 133 426 ソウル駅1番出口徒歩1分
- URL seoul284.org

## 漢江クルーズ
### E-Land Cruise

- 住 290, Yeouidong-ro, Yeongdeungpo-gu
- 住 영등포구 여의동로 290
- 旧 영등포구 여의도동 85-1
- TEL (02) 6291-6900
- 開 14:00～21:50
- 休 無休
- 料 コースによって異なる W1万6900～ ※乗船時はパスポートなどを携帯
- 交 地下鉄5号線 527 汝矣ナル駅3番出口徒歩10分
- URL elandcruise.com

昼、夜、食事付きなど、さまざまなプランがある

---

● 一般に開放された旧大統領府　★★★

# 青瓦台 청와대 Cheong Wa Dae

チョンワデ　▶古宮エリア MAP P.114-A・B1

1948年以来、韓国大統領府として利用されてきた青瓦台。2022年に尹錫悦大統領の就任を機に大統領府は龍山の国防省庁舎に移転し、旧大統領府となった青瓦台は一般に開放されるようになった。敷地内には、青瓦台という名前の通り青い瓦屋根を

もつ本館のほか、外国からの賓客をもてなしたり、会談が行われた迎賓館、大統領とその家族が暮らした伝統的な韓屋様式の官邸といった建物があり、見学することができる。広大な庭や背後の山を巡るトレッキングコースもある。

北漢山のふもとに建つ青瓦台

● かつての京城駅が生まれ変わった　★

# 文化駅ソウル284 Culture Station Seoul284

문화역서울284 ムヌァヨクソウル イパルサ ▶ソウル駅 MAP P.116-A3

ソウル駅の旧駅舎は東大門運動場と同じ年、1925年に京城駅として建てられた。設計したのは建築家の塚本靖。2004年までソウル駅の駅舎として使われ、修復を経て2011年に文化会館として生まれ変わった。数字の284は国の史跡番号から取られている。

赤レンガの駅舎

● 水辺の町ソウルを実感しよう　★★

# 漢江クルーズ 한강유람선 Hangang River Ferry Cruise

ハンガンユラムソン ▶汝矣島 MAP 折込ソウルB2

ソウルを東西に貫く漢江。クルーズ船から見上げる高層ビルはソウルを象徴する風景だ。汝矣島と蚕室からは毎日趣向を凝らしたクルーズが運航されている。夏ならば盤浦大橋の「月光レインボー噴水」や花火が見もの。沿岸のNソウルタワーや国会議事堂などの建築にも注目したい。国会議事堂のある汝矣島周辺は、汝矣島漢江公園として整備され、桜まつりや花火など季節ごとのイベントも多く開催されている。

カモメにエサやり

デッキからの眺めを楽しむ

---

info 1925年のソウル駅開業とともにオープンし、洋食の味を伝えつづけた「ソウルヨクグリル서울역그릴」は、2021年に惜しまれながら閉店。ロッテワールドタワー6階にある支店は営業を続けている。

## ◆ ソウルのライトアップポイント

ユニークなデザインのビルが多いソウルでは夜のライトアップも見どころ。
宵っ張りな繁華街の隣でライトアップされる王宮も見逃せない。

### Nソウルタワー　MAP P.117-C3

青や紫など色のバリエーションが多く、いつ行ってもカラフルに光っている。タワーの下にたたずむライトアップが美しい八角亭もビューポイント。

### 光化門と広場　MAP P.114-B2
### 古宮の夜間特別観覧

夏の間、ソウルの古宮で夜間の観覧ができる。景福宮では2022年は9月1日～11月6日に行われた。昌慶宮では通常の夜間観覧以外に月光紀行という音楽演奏などもある特別観覧ツアーが夏期に実施される。2022年は9月1日～10月28日に実施された。

### チョングチョン
### 清渓川　MAP P.116-B1

清渓川はソウルの中心部を流れる人工の川。川岸は遊歩道になっており、散歩をしたり流れを楽しみながらベンチでのんびりしたりできる。夜には季節ごとにイルミネーションで彩られる。

### ロッテワールドタワー　MAP 折込ソウルD2

新たなソウルのランドマークとして注目なのが、2017年春にオープンした123階建ての超高層タワー。真ん中が膨らんだ独特のフォルムはひときわ目をひき、夜のタワーはキャンドルのように輝く。もちろん展望室からの夜景もベストビュー！

### 東大門デザインプラザ（DDP）　MAP P.119-B1

ザハ・ハディドによる曲線美が際立つ建物も、もちろんライトアップされる。夜になると人が集まる東大門市場に近く、ソウルでも1、2を争うナイトスポット。

### パンポデギョ
### 盤浦大橋　MAP 折込ソウルB2

夏（4～10月）の間、橋桁から噴水が滝のように漢江へと落ちるショータイムがある。昼間も1回あるが、夜の「レインボー噴水」は必見。橋は1kmにもわたり、橋桁からカラフルに照らされた水しぶきが落ちるさまは圧巻。

漢江クルーズ船から見た花火

ソウルタワーのライトアップ

清渓川の冬のライトアップ

東大門デザインプラザの独特のフォルムが夜に映える

info 昌慶宮では夜間観覧が行われている。17:30以降に入場する人は、入口で提灯を借りることができるので、暗い園内でも安心。

## 国立中央博物館
- 🏠 137, Seobinggo-ro, Yongsan-gu
- 🏠 용산구 서빙고로 137
- 旧 용산구 용산동6가 168-6
- ☎ (02) 2077-9000、9677
- 開 10:00～18:00 (水・土～21:00、日・祝～19:00)
- 休 1/1、旧正月、チュソク
- 料 常設展は無料
- 交 地下鉄4号線 430 KORAIL京義・中央線 K111 二村駅2番出口徒歩1分
- URL www.museum.go.kr

## 戦争記念館
- 🏠 29, Itaewon-ro, Yongsan-gu
- 🏠 용산구 이태원로 29
- 旧 용산구 용산동1가 8
- ☎ (02) 709-3114
- 開 9:30～18:00　休 月
- 料 無料
- 交 地下鉄4・6号線 428 628 三角地駅12番出口徒歩4分
- URL www.warmemo.or.kr

## リウム美術館
- 🏠 60-16, Itaewon-ro 55-gil, Yongsan-gu
- 🏠 용산구 이태원로55길 60-16
- 旧 용산구 한남동 742-1
- ☎ (02) 2014-6900
- 開 10:00～18:00　※最終入場17:30
- 休 月、1/1、旧正月とチュソク連休
- 料 ₩1万2000
- 交 地下鉄6号線 631 漢江鎮駅1番出口徒歩5分
- URL leeum.samsungfoundation.org

## 東大門デザインプラザ（DDP）
- 🏠 281, Eulji-ro, Jung-gu
- 🏠 중구 을지로 281
- 旧 중구 을지로7가 2-1
- ☎ (02) 2153-0000
- 交 地下鉄2・4・5号線 205 422 536 東大門歴史文化公園駅1番出口徒歩1分
- URL www.ddp.or.kr
- ▶ミュージアム、アートホール
- 開 10:00～20:00
- 休 1/1、旧正月、チュソク当日
- 料 展示による

---

● 収蔵コレクションも膨大　★★★

# 国立中央博物館 국립중앙박물관 The National Museum of Korea

クンニプチュンアンパンムルグァン　▶二村 MAP 折込ソウルB2

旧石器時代から朝鮮王朝時代までの遺物を展示する博物館。旧米軍基地を利用した広大な敷地と展示館の大きさは韓国最大だ。1階は先史・古代館と中世・近世館、2階は書画館と個人からの寄贈品を展示するスペース、3階は彫刻・工芸館と世界文化館となっている。国宝78号と83号の半跏思惟像は博物館を代表する収蔵品として知られている。

訪問客数は世界でも屈指

● 朝鮮戦争の悲劇を繰り返さないために　★★

# 戦争記念館 전쟁기념관 The War Memorial of Korea

チョンジェンキニョムグァン　▶三角地 MAP P.126-A3

朝鮮半島の戦史を解説、展示する博物館。なかでも朝鮮戦争時のさまざまなものが展示されている。とくに屋外に並べられた戦闘機や戦車は数が多く、しかも実際に使われたものだ。戦争から教訓を学び、殉職した兵士を悼む意味もあり、地元の学生などがたくさん訪れるところだ。

建物も敷地も広大

● 財閥コレクション　★★

# リウム美術館 리움 미술관
Leeum Museum of Art

リウムミスルグァン　▶梨泰院 MAP P.127-D2

サムスングループ ▶P.493 のコレクション。スイス人建築家、マリオ・ボッタがデザインしたMUSEUM 1には、陶磁器を中心とした古美術が展示されている。フランス人建築家、ジャン・ヌーベルが設計したMUSEUM 2は現代美術の展示となっている。

梨泰院エリアにある美術館

● 歴史ある場所に現れた現代建築　★★

# 東大門デザインプラザ（DDP） 동대문디자인플라자 (DDP)
Dongdaemun Design Plaza

トンデムンディジャインプルラジャ (ティディピ)　▶東大門 MAP P.119-B1

イラク人建築家ザハ・ハディドによる曲線で構成された独特のデザインで、ソウルのランドマークのひとつとなっている。ここには展示会場、国際会議場、ミュージアムなどがあり、「デザイン」を発信。レストランやショップもある。

夜景スポットのひとつ

---

info 梨泰院にあるブルースクエア MAP P.127-D2 は、ソウルきっての劇場として知られる。ふたつのホールが入っているが、特にインターパークホールはミュージカルの常設劇場としてよく知られている。

### ●韓国の伝統工芸を知る
# ソウル工芸博物館 서울공예박물관 Seoul Museum of Craft Art
ソウルコンイェパンムルグァン ★★

▶安国 MAP P.114-B2

2021年7月にオープンした工芸品に特化した博物館。陶磁器や刺繍、家具、韓国伝統の風呂敷であるボジャギなど、実用品でありながらも、高い芸術性を備えている伝統工芸品の数々がジャンル別、年代順に陳列されている。常設展のほか、特別展のためのスペースもある。

校舎を改装した博物館

**ソウル工芸博物館**
住 4, Yulgok-ro 3-gil, Jongno-gu
住 종로구 율곡로3길 4
旧 종로구 안국동 175-112
TEL (02) 6450-7000
開 10:00〜18:00
休 月、1/1
料 常設展無料
交 地下鉄3号線 328 安国駅 1番出口徒歩2分
URL craftmuseum.seoul.go.kr

### ●江南を代表するエンタメゾーン
# COEX
コエックス ★★

▶三成 MAP P.129-D2

江南の三成駅直結の複合施設。国際会議場、展示場などはアジア最大級のコンベンションセンター機能をもつ。地下1、2階は「スターフィールドCOEX MALL」となっており、アクアリウム、劇場、映画館などのレジャー関連を兼ね備えた、トレンド発信地として話題を集めている。2017年には「ピョルマダン図書館」もオープン。

アクアリウムもある

**COEX**
住 513, Yeongdong-daero, Gangnam-gu
住 강남구 영동대로 513
旧 강남구 삼성동 159
TEL (02) 6000-0114
開休料 施設、店舗による
交 地下鉄2号線 219 三成駅 6番出口徒歩5分
地下鉄9号線 929 奉恩寺駅 7番出口徒歩6分
URL www.coex.co.kr

---

COLUMN

## ◆ ソウルの町歩き観光

とくに目的があるわけではないけれど、ぶらぶら歩くのが楽しいのがソウルの魅力。市場でおばちゃんのテキパキした姿を観察したり、日本とはちょっと違う最新トレンドを見てみたり。見て楽しい町歩きスポットを紹介しよう。

**東大門市場** (トンデムンシジャン) MAP P.118-B3

いわずと知れたプチプラファッション街。プロが自分の店を閉めてから仕入れに来ることから深夜営業の店が増え「眠らない町」といわれるようになった。品目ごとに小さな店が集まるのがソウルの商業スタイル。にぎやかな夜の町を歩いてみよう。

**仁寺洞** (インサドン) MAP P.122-123

印章や書道具など、伝統工芸品が集まり、次第に韓服屋さんなどが増えてきたエリア。「伝統の韓国」に触れるならここがベストだ。路地に入れば昔ながらの韓屋が並び、リノベーションをして伝統スイーツを出すカフェなどになっている。

**明洞** (ミョンドン) MAP P.121

右も左もコスメ店。路地を曲がっても、まだまだコスメ店が続く。同業種の店が軒を並べる韓国の商業スタイルでも、これほどの規模のところはないかもしれない。見ているだけで韓国の底力がわかる場所だ。

**カロスキル** MAP P.130-A2

漢江の南はおしゃれな町が多いといわれているが、なかでもカロスキルはファッションからグルメまで、ソウルを代表するトレンドスポット。はやっては消えていくソウルの「今」を知るならこちらへ。

---

info 仁寺洞周辺には町歩きの楽しい地区が広がっている。特に北の三清洞や東の益善洞は仁寺洞に続き風情あふれるショップやカフェエリアとなっており、韓服歩きともマッチすると人気。

## 高句麗鍛冶屋村

**住** 41, Uminae-gil, Guri-si

**住** 구리시 우미내길 41

**旧** 구리시 아천동 316-47

**TEL** (031) 550-2363

**開** 9:00〜18:00

※最終入場1時間前

**休** 無休　**料** 無料

**交** 地下鉄2号線 **214** 江辺駅
4番出口、家電製品専門
ビル、テクノマート前から
9番、1-1バス(5〜6分お
き)で「우미내(ウミネ)」
まで所要10分、下車後徒
歩10分

**URL** www.guri.go.kr/main/gbv

刀鍛冶職人の作業用水車

## 南漢山城

**住** Namhansanseong
Gwangju-si

**住** 광주시 중부면 남한산성
로 731

**旧** 광주시 중부면 산성리 563

**TEL** (031) 743-6610 (南漢山
城道立公園管理事務所)

**交** 地下鉄8号線 **822** 山城
駅2番出口すぐのバス停
から9、52番で終点。52番の
ほうが停留所が少なく、早
く着く。週末は直行の9-1番
バスが運行される。地下鉄
8号線には **823** 南漢山城
入口駅があるが **822** 山
城駅のほうが近い。

▶ 南漢山城行宮

**開** 4〜10月10:00〜18:00
11〜3月10:00〜17:00

**休** 月　**料** ₩2200

南漢山城行宮の入り口、漢南楼

---

●まさにタイムスリップ ★★

### 高句麗鍛冶屋村 고구려 대장간마을 Goguryeo Blacksmith Town

コグリョ テジャンガンマウル　▶九里市 **MAP** 折込ソウルD1

ソウルの北東部、九里市にある撮影所。ペ・ヨンジュン主演のドラマ『太王四神記』の舞台として内外の観光客を集めている。九里市はもともと高句麗時代 ▶P.492 の遺跡発掘に力を入れていたこともあり、『太王四神記』の撮影が行われることとなった。市はセット制作に全面協力し、歴史ファンをもうならせるセットとなった。近郊の山で発掘された遺物や要塞の模型を展示した小さな博物館がある。ドラマと本物を見比べるのもまた楽しい。

1階は厩だった

最終回を撮影した八角テーブル

●ソウルの町並みを眼下に ★★★ 世界遺産

### 南漢山城 남한산성 Namhansanseong Fortress

ナマンサンソン　▶広州市 **MAP** P.113-C2

ソウルから南東約25kmほどのところにある山城で世界遺産に登録されている。大都市ソウルを眼下に一望できる絶景も魅力だ。11.76kmの城壁で囲まれており、1636年に清国が朝鮮に侵攻したときに仁祖が籠城、降伏した「丙子の役」の舞台でもある。イ・ビョンホン主演で坂本龍一が音楽を手がけた『天命の城』は丙子の役を描いた歴史映画で、韓国語の原題は『南漢山城』。

城郭からロッテワールドタワーが見える

**南漢山城行宮**　元々は17世紀前半に建てられたものだが、現在見られるのは2010年に復元されたもの。漢南楼と書かれた立派な門が入口だ。

**城壁と門**　行宮からハイキングコースを歩いていくと見えるのが右翼門(西門)。手前にあるのが国清寺。ここから北門の全勝門まで歩いて中心部に戻るのが手軽なコース。

城壁と整備された散策路

北側にある全勝門

**info** 高句麗鍛冶屋村のある九里市には世界遺産となっている朝鮮王陵が固まって存在する地区があり、9基の王陵があることから東九陵 **MAP** P.113-C1 と呼ばれる。江辺駅から市内バスで行ける。

# 🍴 ソウルのレストラン

## コムグクシジプ

곰국시집 ●コムグクスの家

明洞で焼肉といえばこの店。長い間日本人に愛されている。開店当初から変わらず上質の韓牛を提供。お昼時には自家製麺にだしの濃いスープが絶品のコムグクス（麺）₩1万1000　料理P.72-⑩85　がよく出る。

▶明洞 424 明洞駅　牛肉
MAP P.121-C2
住 2F,19-3, Myeongdong 10-gil, Jung-gu
住 中区 明洞10ギル 19-3 2層
旧 中区 明洞2가 3-3
TEL (02) 756-3449
開 11:30～21:30　休 旧正月とチュソク連休　日 通じる　日メ あり
CC ADJMV

## タクチンミ

닭진미 ●鶏珍味

1962年創業、南大門市場の細い路地にあるタッコムタン　料理P.67-⑩42　専門店。店先にスープをとった鶏ガラが山のように積まれている。タッコムタン₩9000のほか、鶏肉を別皿に盛ったコギペッパン（鶏肉定食）₩1万もある。

▶南大門 425 会賢駅　鶏肉
MAP P.120-A3
住 22-20, Namdaemunsijang-gil, Jung-gu
住 中区 南大門市場ギル 22-20
旧 中区 南倉洞 34-139
TEL (02) 753-9063　開 7:00～21:00
休 旧正月とチュソク連休
日 不可
日メ なし　英メ なし　CC ADJMV

## ミョンドンタッカンマリ

명동닭한마리 ●明洞タッカンマリ

タッカンマリの直訳は「鶏1羽」。転じてぶつ切りにした鶏をネギや薬味といっしょに炊き込んだ鍋を指す。この店のタッカンマリはオムナムという韓方にも使われる生薬を使用している。締めは麺類で。タッカンマリ₩2万4000。　料理P.68-⑩54

▶明洞 424 明洞駅　タッカンマリ
MAP P.121-C2
住 19-13, Myeongdong 10-gil, Jung-gu
住 中区 明洞10ギル 19-13
旧 中区 明洞2가 3-5
TEL (02) 735-4316
開 9:00～24:00(L.O.23:00)
休 無休　日 少し通じる
日メ あり
CC ADJMV

## ポドルミヨク明洞店

보돌미역 명동점

サボイホテル地下にあるワカメスープ専門店。ワカメスープは数種あり、小さなカレイ（가자미カジャミ）が1匹入ったもの₩1万やアワビ、ハマグリなど貝入り₩1万などがある。

▶明洞 424 明洞駅　ワカメスープ
MAP P.121-C2
住 10, Myeongdong 8na-gil, Jung-gu
住 中区 明洞8ナギル 10
旧 中区 忠武路1가 23-1 サボイホテル
TEL (02) 772-7600
開 11:00～22:00 (L.O.21:30)
休 日、旧正月とチュソク連休
日 少し通じる　日メ あり　CC ADJMV

## ナンデムン センスップルカルビ

남대문생숯불갈비 ●南大門生炭火カルビ

ジューシーで分厚いサムギョプサル（₩1万5000、2人前から）が地元での支持が厚い人気店。海鮮のだしがしみた海鮮テンジャンチゲ₩8000は麺を入れて食べるのが特徴。

▶南大門 425 会賢駅　豚焼き肉
MAP P.120-A3
住 13, Namdaemunsijang 2-gil, Jung-gu
住 中区 南大門市場2ギル 13
旧 中区 南倉洞 34-114
TEL (02) 757-9242
開 10:00～22:00 (L.O.21:00)
休 日、旧正月とチュソク連休
日 少し通じる　日メ あり　CC JV

## ユニョンパプサン

윤영밥상

南大門市場の洋服売り場の一角の奥にある庶民的なお店。朝ごはんにもおすすめ。メインはカルチジョリム（₩1万8000、2人前から）　料理P.69-⑩63　や焼きサバ定食₩7000。外国人客も多いのでサムギョプサルも提供している。

▶南大門 425 会賢駅　焼き魚
MAP P.120-A3
住 57-1, Toegye-ro, Jung-gu
住 中区 退渓路 57-1
旧 中区 南倉洞 46-13
TEL (02) 318-2137
開 7:30～20:00 (L.O.19:30)
休 第2·4日曜、1/1、旧正月とチュソク連休　日 不可
日メ なし　英メ なし　CC ADJMV

info 南大門市場には粉食通りがあるが、入口がかなり見つけにくい。店と店の間にあるビニールの仕切りが入口。細い路地の両脇にずらりと軽食の店が並んでいる。

## チョントンチャッチプ

전통찻집 ●伝統茶店

南大門市場のタチウオ（カルチ）通りで30年以上韓方茶を作り続ける老舗。カルチを食べたあとの口直しに立ち寄る人も多い。漢方薬にもある十全大補湯が一番人気。高麗人参のスライス入りはW6000。ナツメ茶W5000なども。

▶ 南大門 ｜425｜ 会賢駅
MAP P.120-A3　伝統茶
住 22-14, Namdaemunsijang-gil, Jung-gu
住 중구 남대문시장길 22-14
旧 중구 남창동 34-134
TEL (02) 778-7772
開 9:00～20:00
休 日、1/1、旧正月とチュソク連休
日 なし　英 なし　CC ADJMV

---

## チャングンクルポッサム

장군굴보쌈 ●将軍牡蠣ポッサム

ピマッコルと呼ばれる細い路地にある。クルポッサムとはゆで豚を牡蠣といっしょに野菜ではさんで食べる料理。ピマッコルには専門店が並ぶが、なかでも人気なのがここ。韓方を惜しまず使ったクルポッサム 料理P.65-●22 はW2万7000～。

▶ 鍾路 ｜130｜329｜534｜ 鍾路3街駅
MAP P.115-C3　豚肉
住 22, Supyo-ro 20-gil, Jongno-gu
住 종로구 수표로20길 22
旧 종로구 관수동 40
TEL (02) 2274-9548
開 11:00～22:30
休 無休　日 不可
日 あり　CC ADJMV

---

## プルタヌン コプチャン

불타는 곱창 ●燃えるコプチャン

牛ホルモン専門店として東大門エリアで高い人気を誇る。コプチャン（小腸）だけではなくヤン（ミノ）やテッチャン（大腸）などがあり、生レバーと生センマイがついてくる。コプチャンセットW2万3000、肉の盛り合わせW2万3000。料理P.66-●35

▶ 東大門 ｜129｜ 鍾路5街駅
MAP P.118-A3　ホルモン
住 8, Jong-ro 35-gil, Jongno-gu
住 종로구 종로35길 8
旧 종로구 효제동 191
TEL (02)3672-4885
開 11:00～24:00、日12:00～24:00
休 無休　日 不可　日X あり
CC ADJMV

---

## 平壌麺屋

평양면옥 ●ピョンヤンミョノク

3代続く平壌式冷麺の名店。冷麺のスープはあっさりしていながらだしの旨みが感じられる。マンドゥ（餃子）も評判。北朝鮮の名物鍋料理、オボクチェンパンW6万も人気。

▶ 東大門　MAP P.119-A2　麺
｜205｜422｜536｜ 東大門歴史文化公園駅
住 207, Jangchungdan-ro, Jung-gu
住 중구 장충단로 207
旧 중구 장충동1가 13
TEL (02) 2267-7784
開 11:00～21:30 (L.O.21:00)
休 無休　日 不可　日X あり
CC ADJMV

---

## サジクドン、クカゲ

사직동,구가게

チベット難民自立の手助けをするための慈善団体が運営している食堂。異国的な雰囲気の中で豆腐カレーW1万1000やラッシーW6000などが楽しめる。ここで食事をするとチベット難民支援に寄付される。

▶ 西村 ｜327｜ 景福宮駅
MAP 折込ソウルB1　カレー
住 18, Sajik-ro 9-gil, Jongno-gu
住 종로구 사직로9길 18
旧 종로구 사직동 1-7
TEL 070-4045-6331
開 11:30～20:00 (L.O.19:30)
休 月　日 不可
日 なし　英 あり　CC ADJMV

---

## 綾羅パプサン

능라밥상 ●ヌンラパプサン

北朝鮮料理がいろいろある珍しいお店。鍋料理の開城（ケソン）ムチムW2万9000～、クッパブのような平壌温飯W1万2000、ジャガイモ餃子はジャガイモをすりおろして作った皮がもちもち。オボクチェンパン 料理P.69-●67 はW9万。

▶ 独立門 ｜326｜ 独立門駅
MAP 折込ソウルB1　北朝鮮料理
住 14, Sajik-ro 2-gil, Jongno-gu
住 종로구 사직로2길 14
旧 종로구 행촌동 1-64
TEL (02)747-9907
開 10:30～22:30
休 1/1、旧正月とチュソク連休
日 不可　日X あり　CC ADJMV

---

info ピマッコル（避馬道）というのは、鍾路のすぐ裏にある庶民が行き来した細い路地。庶民的な店が並び昔の風情を残しているが、再開発によりその面影を失いつつある。

## Nagne House

나그네 하우스　●ナグネハウス

130ヵ国以上を旅したオーナー自ら築200年以上の韓屋をリフォームして造ったワインカフェ兼ゲストハウス。アジアンスタイルで、まったりとした時間が過ごせる。客室予約はウェブサイトまたはインスタグラムのダイレクトメッセージ（英文）で。

▶ 西村　327　景福宮駅　韓屋カフェ
MAP P.114-A2
住 6, Jahamun-ro 1na-gil, Jongno-gu
住 종로구 자하문로1나길 6
旧 종로구 체부동 64
TEL (02) 725-7377
開 11:30～23:00（日～22:00）　休 無休
日 少し　英 あり　CC ADJMV
URL nagnehouse.com
URL www.instagram.com/nagne_wine

## maji

마지 ●マジ

精進料理に代表される韓国伝統の自然菜食を発信するのがコンセプト。自然の植物がもっている天然の薬効成分を失わないように調理している。ランチ＆ディナーコース₩2万1000（2人前から）もヨンバブオルリム（蓮の葉包みご飯定食）も人気がある。

▶ 西村　327　景福宮駅　精進料理
MAP P.114-A2
住 19, Jahamun-ro 5-gil, Jongno-gu
住 종로구 자하문로5길 19
旧 종로구 체부동 132-1
TEL (02) 536-5228
開 11:30～15:30、17:00～21:00、日12:00～16:00　休 火、旧正月とチュソク当日、夏休み、冬休みあり（不定期）、月曜は要予約
日 不可　英 あり　CC AMV

## ミハク

미학 ●米学

店名のとおり米にはこだわりがある。メニューはサバ、塩辛、肉の3種類の定食。12:00～13:00頃は満席になることも多い。食器にもこだわりがあり、韓国の有名作家の作品を使用。

▶ 西村　327　景福宮駅　韓定食
MAP P.114-A3
住 34, Sajik-ro 8-gil, Jongno-gu
住 종로구 사직로8길 34
旧 종로구 내수동 72
TEL (02) 6084-1800
開 11:30～15:00、17:30～21:00（L.O.1時間前）　休 土・日
日 不可　英 なし　CC ADJMV

## マウムルタマネミョン(マダム麺)

마음을담아내면 (마담면) ●心を込めたら

韓屋を明るく改装。韓洋折衷のインテリアは女性好み。ランチタイムは混むのでゆっくり食べたいなら15:00頃がおすすめ。「まごころを込めたククス」やビビン麺は₩9000、ステーキは₩1万9000

▶ 北村　328　安国駅　韓屋カフェ
MAP P.114-B2
住 79, Yulgok-ro 3-gil, Jongno-gu
住 종로구 율곡로3길 79
旧 종로구 소격동 148-2
TEL (02) 732-7768
開 11:30～21:00（L.O.20:30）
休 旧正月、チュソク当日
日 不可　日メ あり　CC ADJMV

## Moment Coffee 2号店

모멘트커피 2호점 ●モメントゥコピイホジョム

モーニングを食べに来る旅行客が多い。焼きパンセット（22:00までオーダー可）は自分でパンを焼いてジャムや半熟卵を塗って食べる。キャラクター入りオリジナルグッズも販売。

▶ 弘大　239　A03　K314　弘大入口駅　カフェ
MAP P.124-A2
住 29, World Cup buk-ro 4-gil, Mapo-gu
住 마포구 월드컵북로4길 29
旧 마포구 동교동 203-30 우퍼빌딩
TEL 070-8860-5287
開 10:00～22:30
休 無休　日 不可
日メ あり　英メ あり　CC ADJMV

## チキンラック

치킨락 ●チキン楽

音楽好きで陽気な店長が調理するチキンが人気の隠れ家的店。半々チキンは、プレーンの他にしょうゆ、にんにく、ペッパーの3種類の中から味を選べる。つまみのサラダも自家製。インディーズアーティストがライブをすることもある。

▶ 弘大　239　A03　K314　弘大入口駅　チキン
MAP P.124-A2
住 8-3, Donggyo-ro 27-gil, Mapo-gu
住 마포구 동교로27길 8-3
旧 마포구 동교동 198-7
TEL (02) 322-1097
開 16:00～24:00（L.O.23:00）
休 月に1回日曜　日 少し通じる
日メ あり　英 なし　CC ADJMV

info チキンラックのチキンにはサツマイモ、たまねぎのトッピングが追加でできるが、この野菜は店長が自ら収穫しているものだそうだ。

## チュンチョンチプ タッカルビ マッククス

春천집닭갈비 막국수 ●春川家タッカルビマッククス

人気のチーズタッカルビ、食べやすい骨なしタッカルビ₩1万1000、辛いタッカルビなどの種類がある。麺と餅とサツマイモがセットのモドゥムサリ（トッピング）を追加するのがおすすめ。

▶**新村** 240 **新村駅**
MAP P.125-C2　　タッカルビ
住 1, Yonsei-ro 5ga-gil, Seodaemun-gu
住 서대문구 연세로5가길 1
旧 서대문구 창천동 57-8
TEL (02) 325-2361
開 11:00〜23:00　休 月、旧正月とチュソク当日　日 不可
日メ なし　英メ なし　CC ADJMV

---

## Vegetus

베제투스 ●ヴェジェトゥス

アーティストや外国人が多く集まる解放村にあるビーガンレストラン。メニューは豆を使ったベジミートのハンバーガーやパニーニ、パスタなど。一品₩1万3000〜1万5000。

▶**解放村** 629 **緑莎坪駅**
MAP P.127-C2　　ビーガン
住 59, Sinheung-ro, Yongsan-gu
住 용산구 신흥로 59
旧 용산구 용산동2가 22-12
TEL 070-8824-5959
開 12:00〜21:30　休 無休　日 不可
日メ なし　英メ あり　CC ADJMV
URL www.vegetus.kr

---

## ネピョンバン

네평반 ●Nepyeongban／4坪半

異国情緒漂う解放村の入口にあるバーで地元の幅広い年齢層に人気。料理に強いこだわりがあり、エビを使ったオリエンタルフュージョン料理が有名な店。自家製スープが自慢のエビワンタン₩1万7000やエビマヨ₩1万9000がおすすめ。

▶**梨泰院** 629 **緑莎坪駅**
MAP P.126-B2　　隠れ家バー
住 19-2, Sinheung-ro, Yongsan-gu
住 용산구 신흥로 19-2
旧 용산구 용산동2가 5-1330
TEL 010-9010-5022
開 18:00〜23:00、土・日18:00〜24:00（L.O.30分前）　休 月に2回火曜
日 不可　日メ なし　英メ あり
CC ADJMV　URL 4point5.co.kr

---

## 清潭栄養センター

청담영양센터 ●チョンダムヨンヤンセント

参鶏湯 料理 P.68-●50 の老舗。高麗人参をはじめとした韓方の材料をふんだんに使って煮込まれている。若鶏を使用しており、柔らかくホロホロ。店内で焼き上げる鳥の丸焼きも地元で人気。

▶**清潭洞** 729 **清潭駅**
MAP P.129-D2　　参鶏湯
住 7, Hakdong-ro 87-gil, Gangnam-gu
住 강남구 학동로87길 7
旧 강남구 청담동 75-1 현대아파트
TEL 0507-1448-9291
開 10:30〜22:00(L.O.21:00)
休 旧正月とチュソク連休　日 不可
日メ なし　英メ なし　CC ADJMV

---

## ムクチョン

묵전

ムクチョンハウスマッコリは3種類のマッコリ（栗や豆）を混ぜており、香ばしい後味。ジョン（チヂミ）の盛り合わせ₩2万3000のほか、少し甘めのにんにくペーストが肉の上にたっぷりのっているマヌルボッサム₩3万8000もおすすめ。

▶**狎鴎亭洞** K212 **狎鴎亭ロデオ駅**
MAP P.131-C1　　居酒屋
住 22, Eonju-ro 168-gil, Gangnam-gu
住 강남구 언주로168길 22
旧 강남구 신사동 645-11
TEL (02) 548-1461
開 11:30〜24:00、日11:30〜22:00（L.O.1時間前）
休 旧正月とチュソク前日当日
日 少し可　日メ なし　CC ADJMV

---

## クンソンセン

군선생 ●グン先生

オフィス街にある焼き魚屋。昼時は会社員で混む。毎朝新鮮な魚を仕入れて炭火で焼いて出す。ホッケ焼き定食₩1万3000。おかずはビュッフェ形式でトッポッキなどもある。土・日・祝は通し営業。

▶**江南** 222 D07 **江南駅**
MAP P.128-B3　　焼き魚
住 24, Gangnam-daero 55-gil, Seocho-gu
住 서초구 강남대로55길 24
旧 서초구 서초동 1321-9
TEL (02) 587-1676
開 11:00〜15:00、17:00〜21:00
休 無休　日 不可
日メ なし　英メ なし　CC ADJMV

---

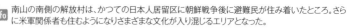

info 南山の南側の解放村は、かつての日本人居住区に朝鮮戦争後に避難民が住み着いたところ。さらに米軍関係者も住むようになりさまざまな文化が入り混じるエリアとなった。

## ユジョンシクタン

유정식당 ●油井食堂

BTSの下積み時代からの行きつけの食堂。壁や天井はBTSのサイン入りポスターや写真などで埋め尽くされている。BTSのお気に入りメニューはユジョン特製野菜包みご飯₩1万（注文は2人前〜）や黒豚炭火ビビンバブ₩1万。

▶新沙洞 337 D04 新沙駅 豚肉 🍴
MAP P.130-B2
住 14, Dosan-daero 28-gil, Gangnam-gu
住 강남구 도산대로28길 14
旧 강남구 논현동 8-8
TEL (02) 511-4592 開 10:00〜22:00
（土・日〜20:00） 休 旧正月とチュソク連休、不定休 日 不可 EX あり
CC ADJMV

## Gebang Sikdang

계방식당 ●ケバンシクタン

ミシュランにも掲載のカンジャンケジャンおひとり様OKの店。代表メニューはカンジャンケジャン。身や卵が一番おいしい時期のものを提供するため時価。定食のほかにエビ、アワビ、カニのビビンバブもある。

▶江南 730 K213 江南区庁駅 カンジャンケジャン 🍴
MAP P.131-C2
住 17, Seolleung-ro 131-gil, Gangnam-gu
住 강남구 선릉로131길 17 1층
旧 강남구 논현동 118-20 1층
TEL 010-8479-1107
開 11:30〜15:00、17:30〜21:00
休 日、旧正月、チュソク連休
日 少し通じる EX なし 英 なし
CC ADJMV

 # ソウルのショップ

### サムジキル

쌈지길 ●サムジギル

カジュアル小物で有名な韓国ブランド「サムジ」プロデュースのショッピングモール。地下1階から地上4階の呼び方が地下は「アレッキル」、1階は「チョゴルムキル」など固有名になっている。

▶仁寺洞 MAP P.122-B2 ショッピングモール
328 安国駅
住 44, Insadong-gil, Jongno-gu
住 종로구 인사동길 44
旧 종로구 관훈동 38
TEL (02) 736-0088
開 10:30〜20:30
休 旧正月、チュソク
CC 日 店舗による

### ウリミ

우리美 ●ウリ美

店内の工房でオーナーが手作りした雑貨が売られている。韓国の白い陶器シリーズは日本人好み。巾着袋、ポジャギ（韓国の風呂敷）のランチョンマット、のれん、メガネケースなども人気。

▶仁寺洞 MAP P.122-B2 雑貨・陶器
328 安国駅
住 12, Insadong 10-gil, Jongno-gu
住 종로구 인사동10길 12
旧 종로구 관훈동 30-7
TEL (02) 722-3744
開 10:00〜18:30
休 旧正月、チュソク当日
日 不可 CC ADJMV

### 国際刺繍院

국제자수원 ●ククチェチャスウォン

伝統刺繍の作家チャン・オギムさんと門下生の作品を展示、販売している。クッションやテーブルクロスなどからカバンや小銭入れまで幅広い。アクセサリーの素材にもなるクルミボタンも人気。

▶仁寺洞 MAP P.122-B2 刺繍雑貨
328 安国駅
住 41, Insadong-gil, Jongno-gu
住 종로구 인사동길 41 1층
旧 종로구 관훈동 189
TEL (02) 723-0830
開 10:00〜20:00 休 無休
日 可 CC ADJMV
URL www.kjasuwon.com

### 10×10大学路店

텐텐문방구 대학로점
●テンテン文房具大学路店／テンテンムンバング テハンノジョム

1階はバラエティーグッズの店、2階は文具店になっている。ソウルで流行中のオリジナル文具のパーツが豊富。店内にはワークスペースもあり、手帳などをカスタマイズできる。

▶大学路 MAP P.118-A1 文房具
420 恵化駅
住 31, Daehak-ro 12-gil, Jongno-gu
住 종로구 대학로12길 31
旧 종로구 동숭동 1-45
TEL (02) 741-9010
開 11:00〜22:30 休 無休
日 不可 CC ADJMV
URL www.10x10.co.kr

info BTS（防弾少年団）お気に入りのユジョンシクタンの通称はバンタン（防弾）食堂。世界中からファンが集まるので、メニューの言語も韓国語、日本語、中国語、英語と多彩だ。

## テムテム 明洞中央店

▶ 明洞 MAP P.121-C2 コスメ

テムテム 명동중앙점
●テムテム ミョンドン チュンアンジョム/ Tem Tem

厳選コスメが常時ディスカウント価格で購入できる。定番人気商品のほか、ネットだけで流通している人気ブランドも扱うなど、ビューティマニア要チェックのショップ。

424 明洞駅
住 43, Myeongdong 8-gil, Jung-gu
住 中区 명동8길 43
旧 中区忠武路2가 66-21
TEL (02) 3789-7871
開 10:00～23:00　休 無休
日 通じる
CC ADJMV

---

## オリーブヤング 明洞フラッグシップ

▶ 明洞 MAP P.121-C1 コスメ

올리브영 명동 플래그십
●オリブヨン ミョンドンプルレグシッp/OLIVE YOUNG

1200以上の店舗を誇る韓国最大級のビューティストアチェーン。日本では「オリヤン」と省略して呼ばれるが、韓国では「オルヨン」と発音する。明洞と江南の大型店はソウルの店舗でもダントツの品揃えを誇る。

424 明洞駅
住 53, Myeongdong-gil, Jung-gu
住 中区 명동길 53
旧 中区 명동1가 8-1
TEL (02) 736-5290
開 10:00～22:30　休 無休
日 通じる　CC ADJMV
URL www.oliveyoung.co.kr

---

## シコル 江南駅店

▶ 江南 MAP P.128-B3 コスメ

시코르 강남역점
●シコル カンナムヨクジョム/CHICOR

全国に20店舗以上展開する総合ビューティストア。プチプラ系からハイクラスの人気ブランド商品も自由に試せる雰囲気で、韓国版セフォラとも呼ばれている。ソウルには他に弘大などにも店舗がある。

222 D07 江南駅
住 441, Gangnam-daero, Seocho-gu
住 서초구 강남대로 441
旧 서초구 서초동 1305
TEL (02) 3495-7600
開 10:30～22:00　休 無休
日 通じる　CC ADJMV
URL www.chicor.com

---

## LINEフレンズ フラッグシップストア弘大店

▶ 弘大 MAP P.124-A2 キャラクター

라인프렌즈 플래그십 스토어 홍대점
●ラインプレンジュ プルレグシプストオ ホンデジョム

韓国最大級のフラッグシップストアで、熊のキャラクター「ブラウン」の巨大オブジェが出迎えてくれる。BT21関連の商品が特に充実している。限定メニューを提供しているBT21カフェは、地下1階にある。

239 A03 K314 弘大入口駅
住 141 Yanghwa-ro, Mapo-gu
住 마포구 양화로 141
旧 마포구 동교동 160-5
TEL (02) 322-9631
開 12:30～20:30
休 無休
日 不可　CC ADJMV

---

## KAKAOフレンズ 弘大フラッグシップストア

▶ 弘大 MAP P.124-B2 キャラクター

카카오프렌즈 홍대플래그십스토어
●カカオプレンジュ ホンデプルレグシッストオ

韓国では利用者ナンバーワンのSNSアプリ、KAKAO TALKのキャラクターグッズがあふれるお店。店内はグッズもさることながら、キャラクターと一緒に撮れる撮影スポットがいっぱい！

239 A03 K314 弘大入口駅
住 162, Yanghwa-ro, Mapo-gu
住 마포구 양화로162
旧 연남동 227-16
TEL (02) 6010-0104
開 10:30～22:00
休 無休
日 不可　CC ADJMV

---

## ハンボクダムダ

▶ 仁寺洞 MAP P.122-B3 伝統工芸

한복담다
●Hanbokdamda

韓服レンタル専門店。ロッカーもあるので荷物を預けて外に出られるほか、スタジオでプロカメラマンに撮影してもらうことも。レンタル料金は2時間₩1万～、1日₩3万、撮影₩1万。

130 329 534 鍾路3街駅
住 2F 14, Insadong-gil, Jongno-gu
住 종로구 인사동길 14번지 2층
旧 종로구 인사동 39
TEL (02) 517-1042
開 9:30～19:00　休 無休
日 不可
CC ADJMV

---

info 韓服レンタルができる仁寺洞周辺では韓服姿で入るのにぴったりな茶店が多いが、食材をこぼしたりして服を汚さないように注意しよう。クリーニングには別料金が必要となる。

## ハーモニーマート 仁寺洞店

하모니마트 인사동점
●ハモニマトゥ インサドンジョム

▶仁寺洞 MAP P.122-A2 ‖131‖ 鐘閣駅　スーパー

🏠 38 Insadong 5-gil, Jongno-gu
住 종로구 인사동5길38
旧 종로구 관훈동 198-42
TEL (02) 739-5624
開 8:00〜23:00
休 無休　日 不可
CC ADJMV

閉店してしまった明洞店と比べると、ばらまき用おみやげなどの品揃えは少なく、地元の小さなスーパーという印象が強い。W3万以上の購入で店から5km圏内のホテルまで宅配可。

## ロッテマート ソウル駅店

롯데마트서울역점
●ロッテマトゥソウルヨクチョム

▶ソウル駅 MAP P.116-A3　スーパー

‖133‖‖426‖‖A01‖‖P313‖ ソウル駅
住 405, Hangang-daero, Jung-gu
住 중구 한강대로 405
旧 중구 봉래동2가 122-11
TEL (02) 390-2500
開 9:00〜24:00
休 第2・4日曜
日 少し通じる　CC ADJMV

ソウル駅に直結しておりおみやげを買う外国人観光客でいつもいっぱい。付加価値税が即時値引きになるレジも多いので、W3万以上の買い物をする人はパスポートの携帯を忘れずに。

## ロッテ百貨店

롯데백화점
●ロッテペクァジョム

▶明洞 MAP P.120-B1　‖202‖ 乙支路入口駅　百貨店

住 81, Namdaemun-ro, Jung-gu
住 중구 남대문로 81
旧 중구 소공동 1
TEL 1577-0001　開 10:30〜20:00
休 月1回不定休、旧正月とチュソク当日
日 通じる
CC ADJMV

明洞のほど近くにあり、スタッフはほぼすべて簡単な日本語が通じるので安心。上階にはロッテ免税店本店も入っている。地下の食品売り場は品揃え豊富でおみやげ探しにもピッタリ。

## 新世界百貨店

신세계백화점
●シンセゲペクァジョム

▶明洞 MAP P.120-B2　‖425‖ 会賢駅　百貨店

住 63, Sogong-ro, Jung-gu
住 중구 소공로 63
旧 중구 충무로1가 52-5
TEL 1588-1234
開 10:30〜20:00（金〜日・祝〜20:30）　休 月1回不定休（月曜）、旧正月、チュソク　日 少し通じる
CC ADJMV

南大門市場と明洞の間にある韓国最古の百貨店。本館と新館があり、新館の上階は新世界免税店になっている。地下のフードマーケットにはイートインスペースがある店も多い。

## DOOTA MALL

두타몰
●トゥタモル

▶東大門 MAP P.119-B1　ファッションビル

‖128‖‖421‖ 東大門駅
住 275, Jangchungdan-ro, Jung-gu
住 중구 장충단로 275
旧 중구 을지로6가 18-12
TEL (02) 3398-3115
開 8:00〜22:00
休 無休　日 不可
CC 店舗により異なる

東大門歴史文化公園の向かいにあるファッションモールで、韓国を代表するデザイナーブランドが多く出店。6〜13階は現代百貨店の免税店になっている。館内には両替商もあって便利。

## GOTOモール

고투몰
●コトゥモル

▶高速ターミナル MAP P.128-A2　ショッピングモール

‖339‖‖734‖‖923‖ 高速ターミナル駅
住 200, Sinbanpo-ro, Seocho-gu
住 서초구 신반포로 200
旧 서초구 잠원동 68-17
TEL (02) 535-8182
開 10:00〜21:00（店により異なる）
休 旧正月とチュソク当日
日 不可　CC 店により異なる
URL www.gotomall.kr

GOTOモールは、長さ880mにわたる細長い地下商店街。周囲には百貨店もあり、おみやげをまとめてショッピングするのにもちょうどいい。大まかに売っているものでエリアが分かれている。お気に入りの店があったら次また来られるように、店の番号と最寄りの出口番号は必ず控えておこう。

## ウェスティン朝鮮ホテル

**▶明洞 MAP P.120-B1**
**202 乙支路入口駅**

웨스틴조선호텔
●THE WESTIN CHOSUN HOTEL

1914年の創業以来、ソウルの顔としての格式を保ってきた風格あるホテル。明洞などの繁華街の中心にあり、立地も便利。スタッフの対応もさすが一流ホテル。

住 106, Sogong-ro, Jung-gu
住 중구 소공로 106
旧 중구 소공동 87
TEL (02) 771-0500
FAX (02) 752-1443
料 Ｓ Ｔ ₩34万～（税・サービス料別途） 日 通じる
CC ADJMV WiFi あり
URL www.marriott.co.jp

## JWマリオット東大門 スクエアソウル

**▶東大門 MAP P.118-B3**
**128 421 東大門駅**

JW메리어트 동대문스퀘어 서울
●JW Marriott Dongdaemun Square Seoul

東大門のファッションモールが立ち並ぶエリア、最後の一等地ともいわれた東大門競技場の跡地に建てられた。高層階の部屋からの眺めもすばらしい。東大門駅とは地下で直結している。

住 279, Cheonggyecheon-ro, Jongno-gu
住 종로구 청계천로 279
旧 종로구 종로6가 289-3
TEL (02) 2276-3000
FAX (02) 2276-3001
料 Ｗ Ｔ ₩28万2400～
日 可 CC ADJMV WiFi あり
URL www.jwmarriottddm.com

## ロッテホテルワールド

**▶蚕室 MAP 折込ソウルD2**
**216 814 蚕室駅**

롯데호텔월드
●LOTTE HOTEL WORLD

遊園地「ロッテワールド」に隣接したホテル。空港からのリムジンバスが発着する。周囲にはロッテワールドをはじめソウルスカイ、ロッテワールドモールなど全天候型の施設が揃っている。

住 240, Olympic-ro, Songpa-gu
住 송파구 올림픽로 240
旧 송파구 잠실동 40-1
TEL (02) 419-7000
FAX (02) 417-3655
料 Ｗ Ｔ ₩24万6500～（税・サービス料別途） 日 通じる
CC ADJMV WiFi あり
URL www.lottehotel.com

## ロイヤルホテルソウル

**▶明洞 MAP P.121-C1**
**424 明洞駅**

로얄호텔서울
●ROYAL HOTEL SEOUL

1971年に開業した老舗ホテル。明洞のほぼ中心という立地にありながら敷地内に美しい中庭をもつ。スパやフィットネスなどの施設も整っており、快適に滞在できる。

住 61, Myeongdong-gil, Jung-gu
住 중구 명동길 61
旧 중구 명동1가 6
TEL (02) 756-1112
FAX (02) 756-1119
料 Ｓ ₩14万9000～ Ｗ ₩15万9000～ Ｔ ₩16万9000～
日 通じる CC ADJMV WiFi あり
URL www.seoulroyal.co.kr

## 世宗ホテル

**▶明洞 MAP P.121-D2**
**424 明洞駅**

세종호텔
●セジョンホテル／SEJONG HOTEL

明洞駅の10番出口直結、空港からのリムジンバスも近くに停車、繁華街にあるという3拍子揃った便利なロケーション。部屋も広々としておりくつろげる。

住 145, Toegye-ro, Jung-gu
住 중구 퇴계로 145
旧 중구 충무로2가 61-3
TEL (02) 773-6000
FAX (02) 755-4906
料 Ｗ ₩8万7065～
Ｔ ₩10万1576（税10%別途）
日 通じる CC ADJMV
WiFi あり URL www.sejong.co.kr

## プレジデントホテル

**▶市庁 MAP P.120-A・B1**
**132 201 市庁駅**

프레지던트호텔
●PRESIDENT HOTEL

ソウル広場に面しており、ビジネスでも観光でも使いやすい場所にある。旅行会社も入っているので、ツアーに参加するのも便利。客室は広々としており、オンドル部屋もある。

住 16, Eulji-ro, Jung-gu
住 중구 을지로 16
旧 중구 을지로1가 188-3
TEL (02) 753-3131
FAX (02) 779-7111
料 Ｓ ₩9万2700～ Ｗ ₩9万3900～ Ｗ ₩9万5700～
日 通じる CC ADJMV WiFi あり
URL www.hotelpresident.co.kr

info 東大門周辺のファッションビルは、夜の20:00ごろに営業を始めて、そのまま翌朝まで開いているところが多い。かつて卸売のバイヤーたちが地方からバスで乗り付けたという商習慣の名残だそうだ。

## イビスアンバサダーソウル仁寺洞

### 이비스 앰배서더 서울 인사동
●Ibis Ambassador Seoul Insadong

▶ 益善洞 MAP P.123-C1
130 329 534 鍾路3街駅

仁寺洞や最近人気の益善洞を歩くにはちょうどいいロケーション。チェーン系ホテルで部屋は標準的だが、地下は大浴場がついたスパエリアになっている。共用ラウンジやフィットネス、コインランドリーもある。

- 住 31, Samil-daero 30-gil, Jongno-gu
- 住 종로구 삼일대로30길 31
- 旧 종로구 익선동 34-3
- TEL (02) 6730-1101
- FAX (02) 6730-1100
- 料 W T ₩8万2650〜
- 日 通じる CC ADJMV
- WiFi あり
- URL www.ambatel.com

## 新羅ステイ三成 (シルラ・サムソン)

### 신라스테이 삼성
●Shilla Stay Samsung

▶ 三成洞 MAP P.129-D2
219 三成駅

新羅ステイホテルは韓国を代表する高級ホテルチェーン。三成のホテルは地下3階、地上21階建てで2020年3月にオープンした。COEX ▶P.141 が近くにあるのでショッピングにも最適。

- 住 506, Yeongdong-daero, Gangnam-gu
- 住 강남구 영동대로 506
- 旧 강남구 삼성동 168-3
- TEL (02) 532-5000
- 料 W T ₩113万6800〜(税・サ別)
- 日 通じる
- CC ADJMV WiFi あり
- URL shillastay.com

## ホテルスカイパークⅡ

### 호텔스카이파크 Ⅱ
●HOTEL SKYPARK Ⅱ

▶ 明洞 MAP P.121-C1
202 乙支路入口駅

明洞のそばにあり、新村、梨大、弘大に乗り換えなしで行ける地下鉄2号線「乙支路入口」駅にも近く便利。地下2階にコインランドリーがある。系列ホテルが2軒隣接している。

- 住 22, Myeongdong 9-gil, Jung-gu
- 住 중구 명동9길 22
- 旧 중구 을지로2가 195-8
- TEL (02) 755-0091
- 料 W T ₩7万000〜
- 日 通じる
- CC ADJMV WiFi 無料
- URL www.skyparkhotel.com

## ホテルトーマス明洞

### 호텔 토마스 명동
●Hotel Thomas Myeongdong

▶ 明洞 MAP P.120-A2
132 201 市庁駅

2018年にオープンした3つ星ホテル。市庁駅からも明洞からも近いロケーションだが、裏通りにあり静かな環境。部屋は機能的にまとまっており、ビジネス利用にもいい。

- 住 26, Sejong-daero 16-gil, Jung-gu
- 住 중구 세종대로 16길 26
- 旧 중구 북창동 12-1
- TEL (02) 777-9500
- 料 W T ₩8万5000〜
- 日 通じる CC ADJMV
- WiFi 無料
- URL www.hotelthomas.co.kr

## 変なホテル ソウル 明洞

### 헨나호텔 서울 명동
●Henn-na Hotel Seoul Myeongdong

▶ 明洞 MAP P.121-D2
424 明洞駅

明洞中心部にある日系ホテル。2021年8月にオープンしたばかりなので客室がきれい。チェックイン・チェックアウト、ルームサービスなどが全てロボットによって行われる。

- 住 59, Myeongdong 8ga-gil, Jung-gu
- 住 중구 명동8가길 59
- 旧 중구 충무로2가 12-5
- TEL 070-8057-1131
- 料 W ₩11万5000〜 T 10万〜
- 日 通じる CC ADJMV
- WiFi あり
- URL www.hennnahotel.com/seoul.myeongdong

## ホテルソンビ

### 호텔썬비
●HOTEL THE SUN BEE

▶ 仁寺洞 MAP P.122-B2
328 安国駅

仁寺洞キルから歩いて2分ほど、観光に便利なエリアにある。繁華街にありながら裏通りにあるので意外と静か。改装を済ませた部屋は明るく過ごしやすい。洗濯機は無料で利用可能。

- 住 26, Insadong 7-gil, Jongno-gu
- 住 종로구 인사동7길 26
- 旧 종로구 관훈동 198-11
- TEL (02) 730-3451
- 料 W ₩9万9000〜 T ₩11万7000〜
- 日 通じる CC ADJMV
- WiFi あり
- URL www.hotelsunbee.com

info ひとりでも気軽に利用しやすいゲストハウスが多いのは大学が多い新村、梨大、弘大エリア。特に弘大入口駅周辺は、空港鉄道が通っていることもあって便利なゲストハウス街となっている。

## 仁寺洞ミニホテル

인사동 미니호텔
●インサドンミニホテル／MINI HOTEL INSA

▶仁寺洞 **MAP** P.122-B1
328 安国駅

仁寺洞の裏路地と、ロケーションは抜群の文字通り小さなホテル。広くはないが部屋にバスルームもついている。コーヒーがおいしいと朝食が人気だったがコロナ以降休止中。

- 住 26, Insadong 14-gil, Jongno-gu
- 住 종로구 인사동 14길 26
- 旧 종로구 관훈동 84-4
- TEL (02) 733-1355
- 料 Ⓦ ₩6万5450～
- Ⓣ ₩7万4800～
- 日 不可
- CC ADJMV
- WiFi あり

---

## 東横INNソウル東大門 2

토요코인 서울동대문2
●トヨコイン トンデマン2／Toyoko Inn Seoul Dongdaemun II

▶東大門 **MAP** P.119-B1
205 422 536
東大門歴史文化公園駅

無料朝食サービスやコインランドリーを備えている日系のチェーンホテル。フロントは24時間オープンで、チェックイン前やチェックイン後に荷物を預かってもらうこともできる。江南や永登浦にも系列のホテルがある。

- 住 325, Toegye-ro, Jung-gu
- 住 중구 퇴계로 325
- 旧 중구 광희동2가 14-1
- TEL (02) 2272-1045
- 料 Ⓢ ₩7万4000～
- Ⓦ ₩8万5000～
- Ⓣ ₩9万6000～
- 日 通じる
- CC ADJMV WiFi あり
- URL www.toyoko-inn.com

---

## インペリアルパレス ブティックホテル

임피리얼팰리스 부티크 호텔
●Imperial Palace BOUTIQUE HOTEL

▶梨泰院 **MAP** P.127-D3
630 梨泰院駅

梨泰院の大通り沿いにあり漢江鎮も近い。色とりどりのブロックを積んだようなかわいらしい外観。日本語が通じるスタッフは少ないが、笑顔を絶やさず親切にしてくれる。

- 住 221, Itaewon-ro, Yongsan-gu
- 住 용산구 이태원로 221
- 旧 용산구 한남동 737-32
- TEL (02) 3702-8000
- 料 Ⓦ ₩5万6938～
- Ⓣ ₩6万1258～
- 日 通じる CC ADJMV
- WiFi あり
- URL imperialpalaceboutiquehotel.com

---

## ホテルバロアト2号店

호텔 바로아토 2호점
●ホテル バロアト イホジョム／Hotel Baro_ato 2

▶弘大 **MAP** P.124-A2
239 A03 K314
弘大入口駅

弘大入口駅から延南洞の住宅街に入ったところにある。コンクリート打ちっぱなしの建物だが、中庭もあって、のんびりくつろげる。内装はとてもスタイリッシュ。

- 住 26-14, Donggyo-ro 25-gil, Mapo-gu
- 住 마포구 동교 25길 26-14
- 旧 마포구 동교동 204-27
- TEL (02) 336-2614
- 料 Ⓢ ₩7万2000～
- Ⓦ ₩9万6000～ 日 不可
- CC ADJMV WiFi あり
- URL www.baroato.com

---

## 相鉄ホテルズ ザ・スプラジール 明洞

소테츠호텔즈 더 스프라지르 명동
●Sotetsu Hotels The Splaisir Myeong-Dong

▶市庁 **MAP** P.120-A2
132 201 市庁駅

東京や横浜など首都圏を中心に展開する相鉄グループが2018年2月にオープンしたホテル。ラインフレンズのキャラクターがデザインされた部屋が話題になっている。

- 住 15, Namdaemun-ro 5-gil, Jung-gu
- 住 중구 남대문로5길 15
- 旧 중구 북창동 93-42
- TEL (02) 772-0900
- 料 Ⓢ Ⓦ ₩8万8200～
- Ⓣ ₩9万2400～
- 日 通じる
- CC ADJMV WiFi あり
- URL sotetsu-hotels.com/splaisir

---

## コートヤード・バイ・マリオット・ソウル・タイムズ・スクエア

코트야드 메리어트 서울 타임스퀘어
●Courtyard by Marriott Seoul Times Square

▶永登浦 **MAP** 折込ソウル-A2
139 永登浦駅

永登浦駅から徒歩5分ほど、新世界百貨店やショッピングモールのタイムズ・スクエアに隣接しているおり、買い物に便利。客室はスタイリッシュにまとまっている。

- 住 15, Yeongjung-ro, Yeongdeungpo-gu
- 住 영등포구 영중로 15
- 旧 영등포구 영등포동4가 442
- TEL (02) 2638-3000
- 料 Ⓦ ₩14万4000～
- Ⓣ ₩15万4000～ 日 通じる
- CC ADJMV WiFi あり
- URL www.marriott.co.jp

---

info 永登浦にあるタイムズ・スクエアは床面積30万㎡と、韓国最大級のショッピング空間。免税店も入っており、隣の新世界百貨店と合わせて、おみやげをいろいろ探すのも楽しい。

仁川広域市

www.incheon.go.kr
市外局番●032
人口●295万3333人

貿易港として栄えた面影が残る

# インチョン 仁川

Incheon 인천

道を挟んで右側が旧日本租界、左側が旧清国租界

仁川は国際空港があるソウルの玄関口として知られているが、もともとソウルの外港として、また韓国の海の玄関口のひとつとして発展してきた町。チャイナタウンや日本租界など、貿易港としての歴史を感じることができる。一方、空港は永宗島（ヨンジョンド）にあり、本土とは2本の橋でつながっている。

## 歩き方

### ▶旧租界と松島

旧租界　1883年の開港以来、仁川には多くの中国人商人をはじめ、外国人が住む租界が形成された。仁川駅前は旧清国租界、その奥が日本の旧租界になっており、多くの歴史的建造物が保存されている。町の中心となる繁華街は東仁川（トンインチョン）駅周辺。

松島（ソンド）　「ワタリガニ通り」があり、新鮮なワタリガニの鍋や蒸し料理、ケジャンなどを楽しむことができる。近年は南部の松島国際都市の開発が進む。

### 観光案内所
▶仁川駅前観光案内所
MAP P.158-A
TEL (032) 777-1330
開 9:00～18:00
▶仁川総合バスターミナル
MAP P.157-D2
TEL 1664-7114
開 9:00～12:00、13:00～18:00
▶仁川国際空港（第1、第2）
MAP P.153-A
開 7:00～22:00
空港施設案内は24時間

### 市内バス
一般バス₩1270
（交通カード₩1250）
空港座席バス₩2400
（交通カード₩2150）

### 地下鉄
仁川1号線と2号線が南北に走っている。1号線終点の桂陽駅と2号線の黔岩駅で空港鉄道（A'REX）に接続している
▶仁川広域市地下鉄公社
TEL (032) 451-2114
開 5:30～24:00
料 初乗り₩1250
URL www.ictr.or.kr

### タクシー
料 初乗り₩3800（2km）

### 模範タクシー
料 初乗り₩6500（3km）

仁川広域図
インチョン／인천
0　2.5km　5km

永宗
永宗島
Yeongjong-do
영종도

雲西

仁川国際空港
第2ターミナル

Eパラダイスシティ P.162

空港貨物ターミナル

仁川国際空港
第1ターミナル

龍遊駅

舞衣島
Muui-do
무의도

R黄海ヘムルカルグクス P.161

京仁高速道路

西区
Seo-gu
서구

東区

中区
Jung-gu
중구

富平区
Bupyeong-gu
부평구

富平

西
Michuhol-gu

仁川　東仁川

朱安

京仁線
水仁線
仁川1号線
仁川2号線
空港鉄道
仁川リニア（休業中）

A

B

P.156-157

松島
弥鄒忽区
Michuhol-gu
미추홀구

セントラルパーク

松島国際都市 P.160

info 仁川国際空港第1ターミナル駅と龍遊駅を結ぶ仁川リニアは、2022年7月から営業運転を休止している。2024年7月の再開を予定している。

| ● ソウルから 서울 Seoul | | | 所要時間 | 料金 |
|---|---|---|---|---|
| 地下鉄1号線普通 | ソウル駅➡仁川駅 | 5:30～23:22の5～10分に1便（週末減便） | 約1時間10分 | ₩1950 |
| 地下鉄1号線急行 | 龍山駅➡東仁川駅 | 5:35～23:16の5～20分に1便（週末減便） | 約48分 | ₩1950 |
| 広域バス 1300、1400番 | ソウル駅➡仁川総合🚍 | 6:00～翌1:00の15～25分に1便（週末減便） | 約1時間20分～ | ₩2650 |
| 市外バス | 東ソウル総合🚍➡仁川総合🚍 | 7:40～21:00の間1時間に1便程度 | 約1時間10分 | ₩5400（一般） |

| ● 利川から 이천 Icheon | | | 所要時間 | 料金 |
|---|---|---|---|---|
| 市外バス | 利川総合🚍➡仁川総合🚍 | 9:50 12:35 14:20 17:30 18:20 19:20 | 約1時間15分 | ₩7500（一般） |

| ● 水原から 수원 Suwon | | | 所要時間 | 料金 |
|---|---|---|---|---|
| 地下鉄水仁・盆唐線 | 水原駅➡仁川駅 | 5:31～22:59の間20～30分に1便 | 約1時間10分 | ₩2250 |
| 市外バス | 水原総合🚍➡仁川市庁 | 6:40～22:20の間30～40分に1便 | 約1時間30分 | ₩6400（一般） |

🚍…バスターミナル

### グルメ

**チャジャンミョン**
仁川名物といえばチャジャンミョン（ジャージャー麺のこと）。中華街では各店工夫を凝らしており、食べ比べも楽しい。

炒飯にもチャジャンミョンの餡が

**サワラ** 東仁川では酒のツマミとしてサワラの開きが愛されており、サワラ通りと呼ばれる通りまである。夜遅くまで楽しむ人が多い。

サワラにはやっぱりマッコリ！

### 旅のポイント

仁川はドラマ『トッケビ～君がくれた愛しい日々～』の撮影が行われた。地図も観光案内所にあり、旧租界周辺でロケ地巡りを楽しめる。

どのシーンで使われたかもわかる

仁川国際空港
**MAP** P.153-A
**URL** www.airport.kr
便利な荷物託送サービス
▶**T-Luggage**
仁川国際空港とソウルの地下鉄駅間で配送を行う。仁川国際空港では韓進HANJINの窓口で手荷物を受け付ける。
**URL** tluggage.co.kr
▶**TRIPEASY**
空港の窓口は搭乗階3階のチェックインカウンター（第1ターミナルはN、第2ターミナルはH）にある。
**URL** tripeasy.co.kr
仁川総合バスターミナル
**MAP** P.157-D2
仁川地下鉄1号線 **I126** 仁川ターミナル駅に隣接
**TEL** 1666-7114
**URL** www.ictr.or.kr

## ターミナルから町の中心部へ

### ▶ 仁川国際空港から仁川市内へ
仁川国際空港第1ターミナルからは306番座席バスが東仁川駅へ、第2ターミナルからは307番座席バスが東仁川駅経由で仁川駅へ行く。運賃は₩2400（交通カード₩2150）と格安だが、座席バスは飛行機の機内持ち込みサイズ以上の荷物は載せることができない。荷物が重いならタクシーの利用も検討を。仁川駅までの目安は₩3万～。

### 仁川総合バスターミナルから仁川市内へ
高速バス、市外バスともに仁川総合バスターミナルの発着。新世界百貨店が入っている。市庁などからは近いが、仁川中心部や松島国際都市からはやや距離がある。松島国際都市へは仁川地下鉄1号線で **I137** セントラルパーク駅まで11駅、仁川の中心部へは仁川地下鉄1号線で4駅目の **I130** 源仁斎駅で水仁・盆唐線に乗り換え、終点の **K272** 仁川駅で下車。

**info** ソウルと仁川を結ぶソウル地下鉄1号線は各駅停車のほか、龍山～東仁川間で運行される急行と特急がある ▶**P.105** 。特急は龍山～東仁川を40分で結ぶ。

## ▶ 仁川国際港から仁川市内へ

仁川港の国際旅客ターミナルからは、中国の大連、丹東、青島、秦皇島などの便が発着。市内中心部へは13、16-1番のバスが地下鉄水仁・盆唐線の崇義駅 K270 、82番のバスが仁川地下鉄1号線終点の松島月光祝祭公園駅 I139 とを結ぶ。

## ▶ 地下鉄と市内バス

仁川にはソウル地下鉄1号線と水仁・盆唐線が乗り入れるほか、仁川地下鉄の1・2号線もあり使い勝手がよい。市内バスの路線も充実しており、ソウル駅方面へ行く広域バスもある。

仁川港国際旅客ターミナル
**MAP** P.156-A3
URL www.icferry.or.kr
▶仁川→大連
火・木・土17:00
URL www.dainferry.co.kr
▶仁川→丹東
月・水・金17:30
URL www.dandongferry.co.kr
▶仁川→青島
火・木・土18:30
※2022年9月現在

info 仁川は人口でソウル、釜山に次ぐ3位。しかし、ソウルと同じ都市圏とみなされ、第3の都市は大邱と紹介されることが多い。日本で人口2位は横浜なのに大阪が第2の都市とされるのに似ている。

月尾海列車 月尾バダ列車
島内をゆっくり45分ほどかけて走る2両編成の電車。運行は火〜木曜10:00〜18:00、金〜日曜は10:00〜21:00、1周約42分、W8000。月曜は運休。

2019年開通の月尾海列車

# 仁川市街
インチョン / 仁川

C

D

カジェウル駅
가재울역
Gajaeul

朱安国家産団駅
주안국가산단역
Juan National
Industrial Complex

慶源大路
Gyeongwon-daero

ヨルムル駅

銅岩駅
동암역
Dongam

**1**

Yeomjeon-ro
염전로

Seokjeong-ro
석정로

道禾駅
도화역
Dohwa

Seokjeong-ro
석정로

石井路

京仁線

済物浦駅
제물포역
Jemulpo

朱安駅
주안역
Juan

間石駅
간석역
Ganseok

文化会館
문화회관

仁川自由会館
인천자유회관

弥鄒忽区
Michuhol-gu
미추홀구

市民公園駅
시민공원역
Citizens Park

ソクバウィ市場
석비위시장

ソクバウィ市場駅
석바위시장역
Seokbawi Market

仁川市庁駅
인천시청역
Incheon City Hall

南洞区
Namdong-gu
남동구

Inju-daero
인주대로

インジュ大路

インジュ大路

セントラルプラザ
Homeplus

**2**

統一総合市場
통일종합시장

南部総合市場
남부총합시장

新基市場
신기시장

弥鄒忽警察署
미추홀경찰서

鶴翼市場
학익시장

芸術会館駅
예술회관역
Arts Center

仁川文化芸術会館
인천문화예술회관

ロッテ百貨店
롯데백화점

新世界百貨店
신세계백화점

emart

仁川ターミナル駅
인천터미널역
Incheon Bus Terminal

仁川総合
バスターミナル

官校公園
관교공원

第2京仁高速道路
2nd Gyeongin expressway

仁川SSGランダースフィールド
인천 SSG 랜더스필드 P.49

文鶴競技場メインスタジアム
인천문학경기장 주경기장

松島駅
송도역
Songdo

延寿区
Yeonsu-g
연수구

文鶴競技場駅
문학경기장역
Munhak
Sports
Complex

**3**

仙鶴駅
선학역
Seonhak

Biryu-daero
비류대로

護仏寺
호불사

C

仁川市立博物館
인천시립박물관

仁川上陸作戦記念館 P.160
인천상륙작전기념관

大学公園
대학공원

新延寿駅
신연수역
Sinyeonsu

D

松島ブタリガニ通り
송도 꽃게리

アンコウ通り
물텀벙거리

延寿駅
연수역
Yeonsu

157

旧日本租界
🚇 仁川駅から徒歩約10分

▶旧第一銀行仁川支店
（仁川開港博物館）
🏠 89, Sinpo-ro 23beon-gil, Jung-gu
🏠 中区 新浦路 23번길 89
🏚 中区 中央洞1가 9-2
☎ (032) 764-0488
🕘 9:00～18:00
　※最終入場17:30
🈺 月（祝日の場合は翌日）、
　1/1、旧正月とチュソク連休
💴 ₩500、学生₩300
🚇 仁川駅から徒歩約10分
🌐 ijcf.or.kr/
load.asp?subPage=522.04

▶旧第十八銀行仁川支店
（仁川開港場近代建築展示館）
**MAP** P.158-A
🏠 77, Sinpo-ro 23beon-gil, Jung-gu
🏠 中区 新浦路 23번길 77
🏚 中区 中央洞2가 24-1
☎ (032) 764-0488
🕘🈺💴 仁川開港博物館と同じ
🚇 仁川駅から徒歩約10分
🌐 ijcf.or.kr/
load.asp?subPage=522.03

▶旧第五十八銀行仁川支店
**MAP** P.158-A

▶旧日本郵船仁川支店
**MAP** P.158-A

●当時の洋館や日本家屋が残る　★★★
## 旧日本租界 인천 일본 조계지 Old Japanese Quarter
インチョン イルボン チョゲジ　▶中心部 **MAP** P.158-A

1876年、日朝修好条規の締結により、多くの日本人が流入し居住した租界。1910年代、朝鮮国内の租界は撤廃されるが、旧日本租界は発展を続け太平洋戦争末期には1万人を超える日本人が居住した。当時の旧日本領事館（現中区庁）や旧日本第五十八銀行、旧日本郵船、日本家屋街などは歴史的建造物として保護され、一部は資料館にもなっている。また「仁川開港博物館」や「近代建築展示館」では、開港時の仁川の様子や現存または消失した近代建築の資料が見られる。

きれいに整備された日本家屋街

旧第五十八銀行仁川支店

ハーバーパークホテルから眺める日本家屋街

旧日本郵船の建物は仁川アートプラットホームの倉庫となっている

松月洞童話村 P.160
송월동동화마을

仁川駅 Incheon

自由公園 P.46 자유공원

萬多福 P.161

共和春 P.161

官洞五里珍 P.162

タムジェンイ P.161

アッティ P.162

チャジャンション博物館 P.159

中華街 P.159
三国志壁画通り
삼국지벽화거리

マッカーサー像

旧済物浦倶楽部
구제물포구락부

孔子像

イナエチブ P.161

地下商店街
東仁川地下商店街
동인천지하상가

東仁川駅 Dongincheon

租界の境界

韓中文化館
한중문화관

旧第一銀行
旧日本船

中区庁
日本家屋街

旧第十八銀行 P.158 旧日本租界

旧第五十八銀行

中央路
地下商店街
중앙로지하상가

東仁川
カルククス通り

龍洞

中部警察署
중부경찰서

ハーバーパーク P.162

旧川端倉庫

新浦地下商店街
신포지하상가

新浦市場
신포시장

# 仁川中心部
インチョン / 仁川
0　100　200m

旧仁川郵便局
구인천우체국

A　B

ℹ️ 東仁川駅周辺にはサワラ通り ▶P.154 のほかに、冷麺店が軒を連ねる花平洞冷麺通り（ファピョンドン ネンミョンコリ）もあり、洗面器大の盛りの多さで人気。

## ●仁川駅東側に広がる韓国最古の中華街　★★★
# 中華街 차이나 타운 China Town
### チャイナタウン

▶中心部 MAP P.158-A

朝鮮時代末、この地域は清の治外法権区域となり中国人街として発展した。1992年韓中の国交回復に伴い、中華街の文化的価値が見直され観光化が進んだ。チャジャンミョン（韓国式ジャージャー麺）の発祥地とされ、多くの中華料理店がある。韓中文化館や華僑文化館といった中国の歴史が学べる資料館、また三国志と楚漢志の解説（ハングル）付きの壁画が楽しめる三国志壁画通り・楚漢志壁画通りも有名だ。

仁川駅前の中華街正門

関羽像は人気のフォトスポット

### 中華街
- 交 仁川駅から徒歩約5分
- ▶韓中文化館 MAP P.158-A
- 住 238, Jemullyang-ro, Jung-gu
- 住 중구 제물량로 238
- 旧 중구 항동1가 1-2
- TEL (032) 764-9771
- 開 9:00～18:00
  ※最終入場17:30
- 休 月（祝日の場合は翌日）、1/1、旧正月とチュソク連休
- 料 ₩1000、学生₩700

---

## ●大人気の麺料理の秘密は？　★★
# チャジャンミョン博物館 짜장면 박물관 Jjajangmyeon Museum
### チャジャンミョン パンムルグァン

▶中心部 MAP P.158-A

中華街の一角にある登録文化財246号・共和春を補修し2012年オープンした博物館。韓国の人々が愛して止まない、チャジャンミョンの歴史と文化的価値にスポットライトが当てられた展示施設。韓国国内では1日に約7万食が消費されるという大人気のチャジャンミョン、その始まりから移り変わり、そして韓国近代の食文化まで紹介している。チャジャンミョンの奥深い世界に触れた後は、近くの「チャジャンミョン通り」で本場の味にチャレンジしてみよう。

旧共和春の建物を利用

20世紀の店内を再現

### チャジャンミョン博物館
- 住 56-14, Chinatown-ro, Jung-gu
- 住 중구 차이나타운로 56-14
- 旧 중구 선린동 38-1
- TEL (032) 773-9812
- 開 9:00～18:00
- 休 月、1/1、旧正月、チュソク
- 料 ₩1000、学生₩700
- 交 仁川駅から徒歩約5分

---

## ●全国から魚介が集まるソウルの胃袋　★★
# 仁川総合魚市場 인천 종합 어시장 Incheon Fish Market
### インチョン チョンハプ オシジャン

▶仁川港 MAP P.156-A2

韓国3大魚市場のひとつ。新鮮で安い魚介類を求めて訪れる、たくさんの業者や観光客でにぎわう。おもに飲食店や大型小売商店向けに提供されているが、一般の消費者も購入でき、その場でさばいてもらうこともできる。市場の奥にあるお店で料理もしてくれる。

チョッカル（塩辛）など加工品も安い

### 仁川総合魚市場
- 住 37, Yeonanbudu-ro 33beon-gil
- 住 중구 연안부두로33번길 37
- 旧 중구 항동7가 27-69
- TEL (032) 888-4241
- 開 5:00～21:00
- 交 市内バス12、16-1、23、24、27番仁川桟橋魚市場（인천종합어시장）下車徒歩2分
- URL www.asijang.com

---

info 「楚漢志」とは「史記」を原典に、項羽率いる楚と劉邦の漢に焦点を絞った話を指す。韓国での人気も高い。

## 左カラム

**松月洞童話村**
交 仁川駅から徒歩約10分

**月尾島**
交 仁川駅から市内バス45番
で「月尾島文化通り（월
미도문화의거리）」下車
URL wolmi-do.co.kr
▶月尾島遊覧船
MAP P.156-A1
住 36, Wolmimunhwa-ro, Jung-gu
住 중구 월미문화로 36
旧 중구 북성동1가 98-6
開 9:00～18:00　休 無休
料 ₩1万7000～
▶月尾文化館
MAP P.156-A1
住 131-22, Wolmi-ro, Jung-gu
住 중구 월미로 131-22
旧 중구 북성동1가 97-2
TEL (032) 440-5933
開 10:00～18:00　休 月、1/1
料 無料

**仁川上陸作戦記念館**
住 138, Cheongnyang-ro, Yeonsu-gu
住 연수구 청량로 138
旧 연수구 옥련동 525-1
TEL (032) 832-0915
開 9:00～18:00
休 月（祝日の場合は翌日）、
1/1、旧正月とチュソク当日
料 無料
交 市内バス8、16、65-1番
「丑峴小学校（축현 초
등학교）」または松島遊園
地（송도 유원지）」下車
徒歩10分
URL landing915.com

**松島国際都市**
交 仁川地下鉄1号線
I136 仁川大入口駅
I137 セントラルパーク駅

## 右カラム

### ●フォトジェニックな壁画がいっぱい ★★
# 松月洞童話村 송월동 동화마을 Songwol-dong Fairy Tale Village
ソンウォルドン トンファマウル　▶中心部 MAP P.158-A

中華街の近くの松月洞は、ごく普通の住宅地だったが、家の塀や庭に西洋の童話をモチーフにした壁画が描かれるようになり、数年前からフォトスポットとして人気となった。なつかしい物語の世界を散歩してみよう。

松月洞童話村の入口

### ●遊覧船でのんびり ★★
# 月尾島 월미도 Wolmido Island
ウォルミド　▶月尾島 MAP P.156-A1

仁川開港後、外国人や富裕層のリゾート地として発展。日本統治時代には遊園地が作られるなど観光開発され、この頃埋め立てが進み陸続きとなった。1980年代後半「月尾文化通り」が整備されると、多くの飲食店や屋台が軒を連ね、当時、若者の人気デートスポットとなった。カップルや家族連れでにぎわう遊園地の「月尾島テーマパーク」、仁川の黄海岸が楽しめる「月尾島遊覧船」、結婚式や祝事、料理など韓国の伝統文化が学べる「月尾文化館」もおすすめ。

### ●国連軍による反攻のきっかけとなった ★
# 仁川上陸作戦記念館 ▶松島 MAP P.157-C3
인천상륙작전 기념관 インチョン サンニュク チャクチョン キニョムグァン
The Memorial Hall For Inchon Landing Operation

朝鮮戦争から休戦までの朝鮮半島の歴史が勉強できる博物館。マッカーサーが指揮した作戦の詳細や朝鮮戦争で実際に使われた武器や装甲車などが展示されている。

朝鮮戦争のターニングポイント

### ●空港そばの開発地域 ★★
# 松島国際都市 송도국제도시
ソンド ククチェドシ　▶松島 MAP P.160
Songdo International City

60階を超える超高層ビルが林立し「韓国のドバイ」とも呼ばれる松島国際都市。世界で5番目に長い仁川大橋（総延長21.27km）を渡れば、わずか30分で仁川国際空港に着く立地のよさ。まだ開発途上の場所も多いが、高級ホテルも増えている。

松島セントラルパーク

info 松島セントラルパークは公園の中に韓屋村や大きな池があり、市民の憩いの場となっている。ボート遊びもできる。夜のライトアップもきれい。

# 仁川のレストラン

## タムジェンイ

담쟁이 넝쿨 ●タムジェンイノンクル

お昼どきになると店の外まででお客さんがあふれる人気ビビンバプ店。山菜石焼きビビンバプ定食₩1万5000がおすすめ。2階はカフェ、隣にはギャラリーが併設されている。

▶ 旧租界 161 K272 仁川駅
MAP P.158-A　山菜料理
住 12, Jayugongwonnam-ro, Jung-gu
住 中区 자유공원남로 12
旧 中区 송학동1가 9
TEL (032) 772-0153
開 11:30～21:30　休 日、1/1、旧正月とチュソク連休　日 不可
日メ なし　英メ なし　CC ADJMV

---

P.72-87
八田さんおすすめ

### チャジャンミョン（韓国式ジャージャー麺）
## 共和春 공화춘
●コンファチュン

100年を超える歴史がある韓国式ジャージャー麺の元祖で、中華街を代表する中華レストラン。チャジャンミョン₩7000～、酢豚（탕수육タンスユク）小サイズ₩2万5000。

▶ 中華街 161 K272 仁川駅
MAP P.158-A　中華料理
住 43, Chinatown-ro, Jung-gu
住 中区 차이나타운로 43
旧 中区 북성동 3가5-6
TEL (032) 765-0571　開 10:00～21:30
休 無休　日 少し通じる　日メ あり
CC ADJMV　URL www.gonghwachun.co.kr

---

## 萬多福

만다복 ●マンダボク

1982年に台湾人がオープンした店。珍しい白い100年チャジャンミョン₩7000が韓国3大チャジャンミョンといわるほど評判。汁と麺が白い100年チャンポン₩8000もある。酢豚₩2万2000。

▶ 中華街 161 K272 仁川駅
MAP P.158-A　中華料理
住 36, Chinatown-ro, Jung-gu
住 中区 차이나타운로 36
旧 中区 북성동 2가9-11
TEL (032) 773-3838
開 11:00～21:00　休 無休
日 可（スタッフひとり）　日メ あり
CC ADJMV　URL blog.naver.com/mandabok

---

## イナエチプ

인하의집 ●仁荷家

東仁川にあるサワラ通りの元祖的な食堂。40年前に普通の家族が始めた食堂が繁盛し、今の場所に移転した。代表的なメニューがサムチ（サワラ）だったのでこの通りがサワラ通りとなった。

▶ 東仁川 160 東仁川駅
MAP P.158-B　魚料理
住 57, Uhyeon-ro 67beon-gil, Jung-gu
住 中区 우현로 67번길 57
旧 中区 전동 19-2
TEL (032) 773-8384　開 16:00～24:00
（週末は変更あり）　休 月、旧正月とチュソク連休　日 不可
日メ なし　英メ なし　CC ADJMV

---

## ファンヘシクタン

황해식당 ●黄海食堂

仁川総合魚市場の中にある食堂。メウンタン（魚を使った辛い鍋料理）は₩3万5000、魚のアラ鍋（서더리탕ソドリタン）は₩2万。魚市場で買った水産物を持っていけば調理代金のみで作ってくれる。

▶ 仁川総合魚市場　海鮮料理
MAP P.156-A2
住 37, Yeonanbudu-ro 33beon-gil
住 中区 연안부두로 33번길 37
旧 中区 항동7가 27-69
TEL (032) 884-9459　開 6:00～24:00
休 旧正月とチュソク前日当日　日 不可
日メ あり　英メ なし　CC ADJMV

---

P.72-91
八田さんおすすめ

### バジラクカルグクス（アサリ麺）
## 黄海ヘムルカルグクス
황해해물칼국수
●ファンヘヘムルカルグクス

仁川国際空港の裏手にあって仁川リニアの終点近く。看板料理のヘムルカルグクス₩1万2000はボリューム満点の手打ちうどんで、大量の貝類を中心にエビ、干しダラなどが具として入っている。

▶ 仁川国際空港　海鮮料理
MAP P.153-A
住 37, Masiran-ro, Jung-gu
住 中区 마시란로 37
旧 中区 덕교동 128-56
TEL (032) 752-3017　開 9:00～19:00
休 無休　日 不可
日メ なし　英メ なし　CC ADJMV

---

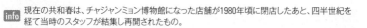

info 現在の共和春は、チャジャンミョン博物館になった店舗が1980年頃に閉店したあと、四半世紀を経て当時のスタッフが結集し再開されたもの。

仁川 인천

インチョン

●見どころ／レストラン

161

## 官洞五里珍

관동오리진 ●ファンドンオリジン

開港場通りにあるカフェ。日本家屋をリノベーションしたため、中華街とは違う雰囲気が楽しめる。2階にはギャラリーもある。おすすめはホームメイドのお茶。ナツメ茶は₩8000。

▶ 旧租界 161 K272 仁川駅
**MAP** P.158-A ［カフェ］
🏠 96, Sinpo-ro 27beon-gil, Jung-gu
🏠 중구 신포로27번길 96
🏚 중구 관동1가 14-3
TEL (032)777-5527 📅 11:00〜21:00
休 火 🈺 不可
💴 なし 📶 あり
CC ADJMV

---

# 仁川のホテル

## スカイパーク仁川松島

호텔 스카이파크 인천 송도
●ホテル スカイパク インチョン ソンド／Hotel Skypark Incheon Songdo

仁川地下鉄1号線「仁川大入口」駅の横。明るいインテリアで、快適な滞在ができる。右は公式価格で、実勢料金はこれよりかなり安くなる。

▶ 松島国際都市 **MAP** P.160
I136 仁川大入口駅

🏠 233, Convensia-daero, Yeonsu-gu
🏠 연수구 컨벤시아대로 233
🏚 연수구 송도동 10-2
TEL (032)717-0700
FAX (032)717-0709
💴 S W ₩22万〜 🈺 通じる
CC ADJMV 📶 あり
URL skyparkincheonsongdo.com

---

## 慶源齋アンバサダー仁川

경원재 앰배서더 인천
●キョンウォンジェ エンベソド インチョン
Gyeongwonjae Ambassador Incheon

伝統的な韓屋で風格十分のその威容は、現代の迎賓館といったたたずまい。併設のレストラン「SURA」は予約が取りにくいほどの人気。

▶ 松島国際都市 **MAP** P.160
I137 セントラルパーク駅

🏠 200, Techno park-ro, Yeonsu-gu
🏠 연수구 테크노파크로 200
🏚 연수구 송도동 24-11
TEL (032)729-1101
FAX (032)729-1102
💴 ₩29万5405〜
W ₩40万〜 🈺 通じる
CC ADJMV 📶 あり
URL www.ambatel.com

---

## ハーバーパーク

베스트웨스턴 하버파크호텔
●ベストウェスタン ハボパク ホテル／Harbor Park Hotel

旧日本租界や中華街の近くにある大型ホテル。2018年に改装を完了し、部屋も真新しく快適に滞在できる。最上階からの眺めもすばらしい。

▶ 旧租界 **MAP** P.158-A
161 K272 仁川駅

🏠 217, Jemullyang-ro, Jung-gu
🏠 인천시 중구 제물량로 217
🏚 중구 항동3가 5
TEL (032)770-9500
FAX (032)770-9503
💴 S W ₩25万3000〜
🈺 不可 CC ADJMV 📶 あり
URL www.harborparkhotel.com

---

## アッティ

호텔 아띠
●ホテル アッティ／Hotel Atti

中華街と日本租界の境、旧日本領事館の裏にある。設備としてはモーテルとそう差はないが、観光にはとてもいい立地。

▶ 旧租界 **MAP** P.158-A
161 K272 仁川駅

🏠 88, Sinpo-ro 35beon-gil, Jung-gu
🏠 중구 신포로35번길 88
🏚 중구 송학동1가 9-6
TEL 0507-1390-5234
💴 S ₩3万5000〜 W ₩7万
🈺 不可 CC ADJMV 📶 あり
URL hotelatti.modoo.at

---

# エンタメ

## パラダイスシティ

파라다이스 시티 ●PARADISE CITY

仁川国際空港に隣接する統合型リゾートで、韓国最大規模のカジノのほかショッピングモールや、スパ、クラブなど圧巻の設備。空港からはシャトルバスが第1ターミナルは30分、第2ターミナルからは60分間隔で運行している。

▶ 仁川国際空港 **MAP** P.153-A
🏠 186, Yeongjonghaeannam-ro 321beon-gil, Jung-gu, Incheon
🏠 인천광역시 중구 영종해안남로321번길 186
🏚 인천광역시 중구 운서동 2874
TEL 1833-8855 📅 随時
休 無休 🈺 通じる CC ADJMV
URL www.p-city.com

---

info 慶源齋アンバサダー仁川はドラマ『トッケビ〜君がくれた愛しい日々〜』で主人公のキム・シンとウンタクが旅する宿として登場する。聖地巡礼先としても人気。

京畿道 利川市

陶芸と温泉の町

www.icheon.go.kr
市外局番●031
人口●21万5077人

イチョン **利川**

Icheon 이천

焼き物が並ぶ陶芸村の軒先

観光案内所
**MAP** P.164-A
開 10:00～17:00
休 旧正月とチュソク当日
バスターミナルにはなく、雪
峯公園内にある

市内バス
一般バス₩1500
（交通カード₩1450）
座席バス₩2500
（交通カード₩2450）
タクシー
初乗り₩3800（2kmまで）
83mまたは20秒ごとに₩100

古くから陶芸の町として発展してきた利川。朝鮮王朝末期に
その伝統が途絶えたものの、その後復興し、韓国随一の陶芸
の里として知られるようになった。毎年4月（2023年は4/26～
5/7）に開催される「利川陶磁器祭り」のほか、2年に1度奇数
年の10月に開催される「世界陶磁器ビエンナーレ」は世界の
陶芸家が集まるイベントとして注目されている。

ソウルから1時間程度とアクセスもよく、温泉が湧き出ること
から気軽な保養地としても人気だ。

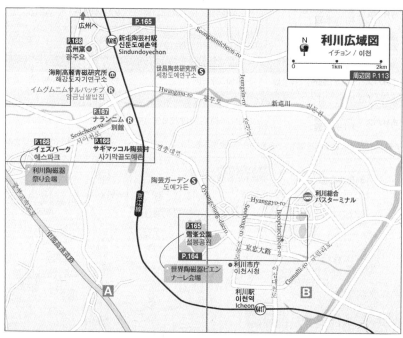

info 利川は米どころとして知られ、ソウルからご飯を食べに来る人も多い。毎年10月には「利川米文
化祭」という祭りが雪峯公園で行われる。

163

## 利川の名物は韓定食

朝鮮王朝時代に献上品として愛用されていた利川の米。現代でも米の評価は高く、釜飯を中心にした韓定食を出す店が多い。米を引き立たせるおかずの量や種類も多く、どの店も競って品数を増やしている。

## 官庫市場
### クァンゴシジャン
관고시장
**MAP** P.164-B

利川の中心地にある官庫市場は常設市と、2と7のつく日に開催される官庫五日市場관고5일시장(クァンゴオイルシジャン)がある。市場の規模はそれほど大きくないが、米どころとあって飲食店も多い。定番の鶏の揚げ物も米粉を使っているとか。利川の食事は量が多いので、簡単にすませたいときは市場が便利。アーケードもあるので天気が悪くても大丈夫だ。

# 歩 き 方

### ▶ バスターミナルは町の中心に

バスターミナルから官庫市場にいたる地域が利川の中心。中央サゴリの南側はおしゃれなお店が並ぶにぎやかなエリア。

### ▶ 鉄道駅から

京江線の利川駅は町の南2kmほどのところにある。駅前のバス停から12、12-1、12-2、12-3、8、24、24-1番などほとんどの市内バスが利川総合バスターミナルへ行く。所要5分程度。

### ▶ 陶芸村へは新屯陶芸村駅も

ソウルから陶芸村を訪れるなら、新屯陶芸村駅も利用できる。また東ソウル総合バスターミナル発のバスはすべて陶芸村で下車できる。ブザーや運転手にリクエストを忘れずに。

町の南にある利川駅

利川総合バスターミナル

新屯陶芸村駅

ACCESS

| ● ソウルから　서울 Seoul | | | 所要時間 | 料金 |
|---|---|---|---|---|
| **市外バス** | 東ソウル総合**T**➡利川総合**T** | 6:30～19:15の間30分～2時間に1便 | 約1時間20分 | ₩5900(一般) |
| **首都圏電鉄** | 江南駅➡利川駅 | 江南駅から新盆唐線で板橋(パンギョ判橋)駅まで行き京江線に乗り換え | 約1時間 | ₩3150 |

| ● 仁川から　인천 Incheon | | | 所要時間 | 料金 |
|---|---|---|---|---|
| **市外バス** | 仁川総合**T**➡利川総合**T** | 6:10～17:00の間に7便 | 約1時間30分 | ₩7700(一般) |

| ● 水原から　수원 Suwon | | | 所要時間 | 料金 |
|---|---|---|---|---|
| **市外バス** | 水原総合**T**➡利川総合**T** | 6:30～21:00の間30分～1時間40分に1便 | 約1時間 | ₩5600(一般) |

※仁川国際空港、金浦国際空港からも多数の直通便がある。

**T**…バスターミナル

**info** 利川総合バスターミナルは、現在の町の中心から利川駅周辺に移転する計画がある。

# 見どころ

## ●世界陶磁器ビエンナーレの会場 ★★
### 雪峯公園 설봉공원 Sulbong Park

ソルボンコンウォン

▶中心部 MAP P.164-A

陶磁器と米どころとして有名な利川の雪峯山と鎮山の麓に位置する広大な公園。多くの緑と花々があふれており市民の憩いの場となっている。世界陶磁器ビエンナーレなどのイベントもこの公園で開かれる。また、ソ・ジソブ主演の大ヒットドラマ『ごめん、愛してる』のロケ地となったことでも知られる。

雪峯公園入口

手入れが行き届いた美しい庭園

**雪峯公園**
住 128, Gyeongchung-daero 2709beon-gil
住 경충대로 2709번길 128
旧 관고동 356
TEL (031)644-2682
開 随時 料 無料
交 利川総合バスターミナルからタクシーで約10分

**陶芸の関連施設**
利川セラピア
이천세라피아
MAP P.164-A

雪峯公園のいちばん奥に陶芸のテーマパーク、セラピアがある。セラミックとユートピアを掛けて名付けられたように、陶芸を見て、触って、作って楽しむ施設。中心となるのは世界陶磁センター（セラミックス創造センター）で、ここでは陶磁器の展示のほか、制作体験もできる。

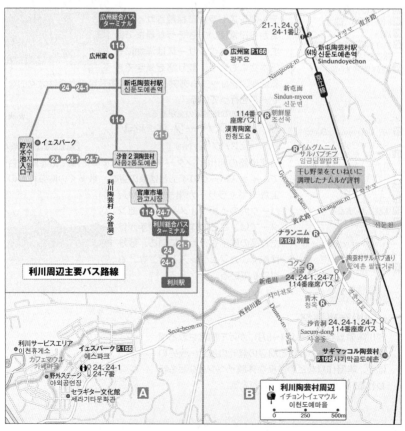

利川陶芸村周辺
イチョンイェマウル
이천도예마을
0 250 500m

## サイギマッコル陶芸村

**住** 2995, Gyeongchung-daero
**住** 경충대로 2995일대
**旧** 사음동 544-23일대
**TEL** (031) 633-6381
**開** 店舗により異なる
**休** 店舗により異なる
**交** 利川総合バスターミナルから114番広州行き「沙音2洞陶芸村（사음 2동 도예촌）」徒歩7分
**URL** blog.naver.com/sagimak2993

## 広州窯

**住** 3234 Gyeongchung-daero Sindun-myeon, Icheon-si
**住** 이천시 신둔면 경충대로 3234
**旧** 이천시 신둔면 수광리 443-1
**TEL** (031) 632-4864
**開** 9:00〜18:00　**休** 祝
**料** 無料
**交** 京江線 **K416** 新屯陶芸村駅徒歩14分
**URL** www.ekwangjuyo.com

## イェスパーク

**住** 109, Dojayesul-ro 5beon-gil Sindun-myeon
**住** 신둔면 도자예술로5번길 109
**旧** 신둔면 고척리 599-
**TEL** (031) 631-5677
**開** 店舗により異なる
**休** 店舗により異なる
**交** 利川総合バスターミナル、利川駅から24、24-1、24-7番「貯水池入口（저수지입구）」徒歩2分
**URL** 2000yespark.or.kr

---

●伝統製法を守る窯元が集まる　　　　　　　★★★

# サギマッコル陶芸村 사기막골도예촌
Sagimakgol Ceramics Village

サギマッコルトイェチョン　　　▶陶芸村 **MAP** P.165-B

韓国を代表する陶芸村。朝鮮時代、隣りの広州に窯元が集められ400年以上にわたって王室の官窯を務めた。やがて、良質な土と燃料を産出する利川へと窯元が移り陶磁器の村となった。現在も80ほどの窯元が往時の製法で陶磁器を生産している。製造過程を見学したり、各窯元でのショッピングが楽しい。専門家の指導の下、オリジナル陶磁器を作ることもできる。

ろくろ回し体験もできる

●モダンな器が人気　　　　　　　★★

# 広州窯 광주요

クァンジュヨ　Kwangjuyo　　　▶陶芸村 **MAP** P.165-B

シンプルなデザインで日本にもファンが多い大手の陶磁器ブランド。ホテルのレストランに採用される高級品から日常使いできそうな器まで幅広い。白い器のシリーズは洋食にも日本食にも合う。登り窯を見学できるほか、ショップも充実している。陶芸祭のときは大々的なセールを行っている。

登り窯

●世界的な陶芸家の窯がある　　　　　　　★★

# イェスパーク 예스파크

イェスパク　Ye's Parkl　　　▶陶芸村 **MAP** P.165-A

高速道路の利川インターチェンジのすぐそばにある陶芸村で、イェスパークのイェとは芸の意味。数多くの陶芸作家の工房やギャラリーが集まっており、パーク内のインフォメーションセンターでは、ここの作家さんが手がけた作品の展示も行われている。敷地は広く、カフェやレストランなども出店している。

イェスパークのインフォメーションセンター

---

## ◆ 利川陶磁器祭

利川陶磁器祭は、毎年4〜5月にかけて開催される国際的なイベント。利川と周辺の窯元の展示・販売のほか、陶器作りなどの多様な体験イベントなども行われる。なかでも絵付け体験が人気。

**利川陶磁器祭**
이천 도자기축제
イチョントジャギチュクチェ
メイン会場はイェスパークだが、さまざまなイベントが各地で行われる。3年振りの開催となった2022年は9/2〜10/3に行われた。2023年は4/26〜5/7の予定。

---

**info** 利川は古くから温泉保養地としても知られている。源泉があるのはバスターミナル近くのホテルミランダ。

# 利川のレストラン

## 利川屋

이천옥 ●イチョノク

利川米の韓定食₩1万4000（2人前から）は、石鍋釜で炊いたご飯に焼き魚やプルゴギ、十数種類のパンチャン（副菜）が並ぶ。カンジャンケジャン（カニの醤油漬け）定食₩2万9000（2人前から）も人気。

▶バスターミナル 韓定食
MAP P.164-B
住 18, Jungnicheon-ro 115beon-gil
旧 이천시 중리천로115번길 18
旧 이천시 중리동 468-6
TEL (031) 631-3363　開 11:00～21:00
休 火、旧正月とチュソク当日
日 不可
図 なし　英 あり　CC ADJMV

## ナランニム別館

나랏님 별관 ●ナランニム ビョルグァン

隣接した2軒の韓屋で営業、19種類の料理が並ぶ韓定食₩1万4000（2人前から）が食べられる店。トッカルビ（薄いハンバーグ）とチュクミ（イイダコ）の付いたナランニム定食₩2万4000（2人前から）が店のイチオシ。

▶利川陶芸村周辺 韓定食
MAP P.165-B
住 3054, Gyeongchung-daero
旧 이천시 경충대로 3054
旧 이천시 사음동 630
TEL (031) 631-1188
開 10:00～21:00 (L.O.20:00)
休 無休　日 不可
図 なし　英 なし　CC AJMV

## ヨクジョンクッパプ

역전국밥

ヨクジョンとは駅前という意味だが、利川総合バスターミナルの近くにある。内装は鉄道駅をテーマにしている。メニューはコギ（肉）クッパプ、ソモリ（牛頭）クッパプ、スンデクク、マンドゥククなど。

▶バスターミナル クッパプ
MAP P.164-B
住 14, Iseopdaecheon-ro 1217 beon-gil
旧 이천시 이섭대천로1217번길 14
旧 이천시 창전동 167-6
TEL (031) 638-1974
開 24時間　休 無休　日 不可
図 なし　英 なし　CC ADJMV

# 利川のホテル

## ミランダ

▶バスターミナル MAP P.164-B

호텔미란다
●ホテル ミランダ／Hotel Miranda

利川総合バスターミナルの近く。部屋は広々としており、温泉が引かれ、家族連れに人気。屋内外プールやチムジルバンのあるスパを併設。

住 45, Jungnicheon-ro 115beon-gil
旧 이천시 중리천로 115번길45
旧 이천시 안흥동 408-1
TEL (031) 639-5000
料 S W ₩19万5000～
日 通じる　CC ADJMV　WiFi あり
URL www.mirandahotel.com

## ベーネ

▶バスターミナル MAP P.164-B

호텔베네
●ホテル ベネ／Hotel BENE

2018年12月のオープン。かわいいバスタブのある部屋がおすすめ。パソコンやプリンタ、衣類除菌機がフロント近くに置いてあり、自由に使える。

住 48, Eojaeyeon-ro 10 beon-gil
旧 이천시 어재연로10번길 48
旧 이천시 중리동 215-4
TEL (031) 635-5501
料 W T ₩8万～
日 不可
CC ADJMV　WiFi あり

## 明洞ホテル

▶官庫市場周辺 MAP P.164-B

명동호텔
●ミョンドン ホテル／Myungdong Hotel

利川総合バスターミナルに近い便利な立地。ベッドの部屋とオンドル部屋がある。近くに系列のサウナがあり宿泊客は無料で利用できる。

住 64, Jungnicheon-ro
旧 이천시 중리천로 64
旧 이천시 중리동 201-3
TEL (031) 634-3800
料 W ₩5万～
（3人は₩1万追加）
日 不可　CC ADJMV
WiFi あり

info 韓定食の店は市内よりも陶芸村周辺のほうが多く、特に新屯川から沙音洞へ向かう途中の京忠大路沿いにはサルパプ通りと呼ばれる韓定食レストランが並ぶ地区がある。

# 水原 スウォン

## 수원 Suwon

www.suwon.go.kr
市外局番●031
人口●120万2475人

**水原総合観光案内所**
（水原駅前）
**MAP** P.170-A3
**住** 팔달구 작영대로924
**TEL** (031) 228-4672
**開** 9:00～18:00
**休** 1/1、旧正月とチュソク当日
総合バスターミナル、水原
華城など計12ヵ所に観光案
内所がある。

**市内バス**
一般バス₩1500
（交通カード₩1450）

ソウル発水原華城行き広域バス
直接水原華城に入る広域バ
スで、水原駅で市内バスに
乗り換える必要がなく便利。
▶3000番
地下鉄2号線·新盆唐線
`222` `D07` 江南7番駅出口
▶7770番
地下鉄2·4号線
`226` `433` 舍堂駅4番出口
▶1007番
地下鉄2·8号線
`216` `814` 蚕室駅6番出口
**料** ₩2500（交通カード₩2400）

南にそびえる八達門

水原は周囲5kmにもなる城郭と美しい4つの門が残る町。もともと、朝鮮王朝22代王、正祖 チョンジョ ▶P.495 が遷都を計画し城郭から建築を始めたが、城郭の完成後、正祖の死により遷都は頓挫、正式な宮殿が建つことはなかった。強固な城壁と伝統様式の4大門、眺めのよい西将台 ソジャンデ など見どころは多く、世界遺産にも登録されている。ソウルから地下鉄で約1時間。日帰り圏で、重要かつ最も人気のある観光スポットだ。

## 歩 き 方

### ▶ 水原駅は町の西端

`P155` `K245` 水原駅は町の西にあり、周囲は繁華街。水原華城 ファソン への市内バスは、11、13番で八達門 パルタルムン 下車。ほかにも城壁付近に行くバスは多いが、11、13番は本数も多いので事足りる。

**水原広域図**
スウォン / 수원
N
0    1    2km

**info** 水原周辺はいろいろな列車を効率的に撮れるスポットが多いことで知られている。ふたつ隣の成均館大駅も撮影スポットとして有名だ。

| ● ソウルから 서울 Seoul | | | 所要時間 | 料金 |
|---|---|---|---|---|
| **KTX** | ソウル駅➡水原駅 | 8:14 10:14 16:04 18:55 | 約30分 | ₩8400 |
| **ITX** | ソウル駅➡水原駅 | 6:19～20:23の間10便 | 約30分 | ₩4800 |
| **KORAIL** | 龍山駅➡水原駅 | 5:37～21:25の間1時間に1便程度 | 約30分 | ₩2600 |
| **地下鉄1号線普通** | ソウル駅➡水原駅 | 5:20～23:15の5～10分に1便（週末減便） | 約1時間 | ₩1950 |
| **地下鉄1号線急行** | 龍山駅➡水原駅 | 5:25～23:21の5～30分に1便（週末減便） | 約45分 | ₩1950 |
| **広域バス8800番** | ソウル駅➡水原総合🚌 | 5:10～22:30の10～25分に1便 | 約1時間 | ₩2800 |
| **広域バス3000番** | 江南駅➡水原駅 | 4:30～翌1:00の15分に1便、八達門経由 | 約1時間 | ₩2800 |

| ● 利川から 이천 Icheon | | | 所要時間 | 料金 |
|---|---|---|---|---|
| **市外バス** | 利川総合🚌➡水原総合🚌 | 6:40～21:00の間30分に1便程度 | 約1時間10分 | ₩5600（一般） |

🚌…バスターミナル

地下鉄光教駅 <sub>クァンギョ</sub> <sub>カンナム</sub> 江南などソウル南側からは、<sub>シンブンダン</sub> 新盆唐線で水原北部にある **D18** 光教中央駅下車。水原華城へはバス1番。

▶ **水原華城周辺**

水原の見どころは城壁や水原華城周辺に集中している。徒歩でも回れるが、城壁や城門への移動には華城御車（ミニトレイン）や自転車タクシーも便利。

華城御車

▶ **総合バスターミナルは町の南**

水原総合バスターミナル

水原にはバスターミナルがふたつあるが、多くのバスが発着するのが水原総合バスターミナル。ソウルからの高速バスのほか、各地からの市外バスも発着。
市内各地への市内バス駅 水原華城へ<sub>ファソン</sub>は64、112番、水原駅方面へは5、5-2、7-1、7-2、13-5、88、310、900で駅前市場下車。<sub>ヨクチョンシジャン</sub>

▶ **カルビ通りは東水原** <sub>トンスウォン</sub>

東水原サゴリ 水原名物ワンカルビの名店と呼ばれる店は東水原サゴリの周辺に集中している。水原総合バスターミナルからは市内バス300番、水原駅からは10、10-2、10-5、37番など。徒歩なら八達門から15分ほど。

**グルメ**
一般的にトンダクは鶏の丸焼きだが、水原のトンダクは唐揚げ。八達門周辺に店が多い。丸鶏を豪快に揚げたものもある。

揚げたてをぜひ

**グルメ**
水原名物といえば、何はなくとも「王（ワン）カルビ」。特筆すべきはその大きさで、ステーキほどもある。まさに王だ。

焼けたらハサミで切ってくれる

**宿泊**
ソウルから日帰り圏の水原。中心部で宿泊するなら駅周辺に安いモーテルがある。予約は不要、午後7時以降のチェックインとなる。

怪しげだがひとりでも利用可能

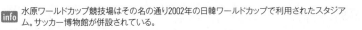
info 水原ワールドカップ競技場はその名の通り2002年の日韓ワールドカップで利用されたスタジアム。サッカー博物館が併設されている。

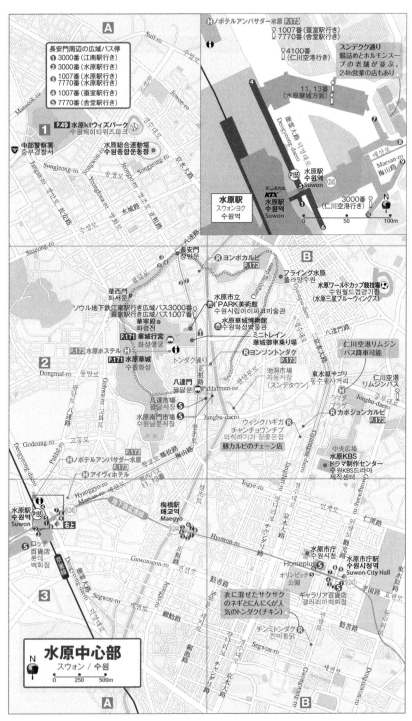

水原中心部
スウォン / 수원

長安門周辺の広域バス停
① 3000番（江南駅行き）
② 3000番（水原駅行き）
③ 1007番（水原駅行き）
　 7770番（水原駅行き）
④ 1007番（蚕室駅行き）
⑤ 7770番（舎堂駅行き）

ノボテルアンバサダー水原 P.173
○ 1007番（蚕室駅行き）
□ 7770番（舎堂駅行き）

○ 4100番（仁川空港行き）

スンデクク通り
腸詰めとホルモンスープの老舗が並ぶ。
24h営業の店もあり

11、13番
（水原華城方面）

P.49 水原ktウィズパーク
수원케이티위즈파크

水原総合運動場
수원종합운동장

中部警察署
중부경찰서

水原駅
スウォンヨク
수원역

KTX
水原駅
수원역
Suwon

3000番
（仁川空港行き）

B

ヨンポカルビ P.173

長安門
장안문

フライング水原
플라잉수원

水原ワールドカップ競技場
수원월드컵경기장
（水原三星ブルーウィングス）

華西門
화서문

水原市立
i'PARK美術館
수원시립아이파크미술관

ソウル地下鉄江南駅行き広域バス3000番
蚕室駅行き広域バス1007番

華寧殿
화령전

水原華城博物館
수원화성박물관

ミニトレイン
華城御乗り場
화성 어차 승차장

P.171 華城行宮
화성행궁

ヨンジントンダク P.173

P.173 水原ホステル

P.171 水原華城
수원화성

仁川空港リムジン
バス降車可能

トンダク通り

八達門
팔달문
Paldaltmun-ro

八達市場
팔달시장

池洞市場
자동시장
（スンデタウン）

東水原サゴリ
동수원사거리

仁川空港
リムジンバス

ラマダプラザ

水原南門市場
수원남문시장

ウィシクハギガ
チャンチョウンチプ
외식하기가 잠좋은집

カボジョンカルビ R
P.173

豚カルビのチェーン店

中央広場

水原KBS
ドラマ制作センター
수원KBS드라마
제작센터

ノボテルアンバサダー水原 P.173

アイヴィホテル

水原駅
スウォンヨク
수원역
Suwon

梅橋駅
매교역
Maegyo

Homeplus
水原市庁
수원시청

水原市庁駅
수원시청역
Suwon City Hall

ロッテ百貨店
롯데백화점

オリンピック公園

ギャラリア百貨店
갤러리아백화점

衣に混ぜたサクサク
のネギとにんにくが人
気のトンダク（チキン）

チンミトンダク R
진미통닭

A

B

水原中心部
スウォン / 수원

info 水原ktウィズは韓国テレコムがスポンサー。2015年からプロ野球に参戦した韓国で最も新しい野球チーム。水原ktウィズパークがホームグラウンド。

# 見どころ

## ●世界遺産に登録されている華麗な城　★★★ 世界遺産

### 水原華城 수원화성 Hwaseong Fortress

スウォンファソン　　▶華城 MAP P.170-A2

水原華城は、朝鮮王朝22代王正祖 ▶P.495 が、父、思悼世子（サドセジャ）を悼み、その墓を水原に移した際に築いた城壁や城門。正祖は完成後、遷都する意向であったと伝えられるが、城郭の完成直後に亡くなり、遷都は立ち消えとなり幻の都となった。朝鮮古来の築城法に、石とレンガの併用といった西洋の近代的な建築技法でできた水原華城は高い価値を有する城として世界遺産に登録されている。

アーチの上に立つ華虹門

華城行宮を眺める

城壁の西南角にある暗門

城壁の上を歩いてみよう

## ●『宮廷女官 チャングムの誓い』の撮影地　★★★

### 華城行宮 화성행궁 Hwaseong Haenggung Palace

ファソンヘングン　　▶華城 MAP P.170-A2

人気ドラマ『イ・サン』の主人公・正祖の時代に建てられた行宮。行宮とは王が地方へ訪問する際などに泊まる施設だが、正祖は水原への遷都を計画していたため、御所としての機能も備えており、朝鮮時代の行宮の中では最大規模を誇る。行宮の建物の多くは日本統治時代に病院建設のために撤去されたが、その後復元工事を経て2003年から一般公開されている。

当時の調度品を再現

ドラマや映画のロケ地としても有名で『イ・サン』はもちろん『宮廷女官チャングムの誓い』『雲が書いた月明かり』など多くの人気作品の撮影地となった。

人形で往時の様子を偲ぶ

---

### 水原華城

- 🏠 16, Jeongjo-ro 777beon-gil, Paldal-gu
- 🏠 팔달구 정조로777번길 16
- 🏚 팔달구 남창동 148-8
- 📞 (031) 290-3600
- 🕐 11〜2月9:00〜17:00
  3〜10月9:00〜18:00
- 休 無休　料 無料　※華城行宮、水原博物館は共通券₩3500
- 🚃 市内バス11、13番「八達門（팔달문）」下車
- URL www.swcf.or.kr/?p=65

### 水原南門市場

八達門周辺は市場となっているが、華城と一体となって整備されたことから「王の市場」とも呼ばれている。その北側はチキンの店が連なるトンダク通りになっている。

### トンダク通り

水原のトンダクは焼かずに大きな釜でパリッと揚げた香ばしい口あたりが人気。2019年に1600万人を動員した映画『エクストリーム・ジョブ』でカルビ味のトンダクが爆発的ブームになっている。

トンダク通り

### 華城行宮

- 🏠 825, Jeongjo-ro, Paldal-gu
- 🏠 수원 팔달구 정조로 825
- 🏚 팔달구 남창동 6-2
- 📞 (031) 290-3600
- 🕐 9:00〜18:00
  5〜10月の水〜日18:00〜21:30
  11〜2月9:00〜17:00
  ※最終入場30分前
- 休 無休　料 ₩1500
- 🚃 市内バス7-2、60、700-2番「華城行宮（화성행궁）」下車徒歩2分
- URL www.swcf.or.kr/?p=62

### 華城行宮の乗り物

▶華城御車
レトロな車が引くミニトレイン。9:50始発、所要30分でおもな見どころを回る。
料 ₩4000

▶自転車タクシー ヘンカー
ひとり〜ふたり乗りの風防付き自転車タクシー。冬期運休。所要1時間で各見どころを回る。
2023年1月現在休止中

---

info 華城御車や自転車タクシーは人気がある。定員が決まっているので、桜のシーズンや夏期は朝早くから行列覚悟で。予約はできない。

## 韓国民俗村
- 住 90, Minsokchon-ro, Giheung-gu, Yongin-si
- 住 용인시 기흥구 민속촌로 90
- 旧 용인시 기흥구 보라동 35
- TEL (031) 288-0000
- 開 10:00～21:30
（頻繁に変更されるのでウェブサイトを参照）
- 休 無休　料 ₩3万2000（フリーパスのみ）
- 交 水原市内から市内バス10-5、37番「韓国民俗村（한국 민속촌）」下車徒歩13分。ほか脚注参照
- URL www.koreanfolk.co.kr

## 鉄道博物館
- 住 142, Cheoldobangmulgwan-ro, Uiwang-si
- 住 의왕시 철도박물관로 142
- 旧 의왕시 월암동 374-1
- TEL (031) 461-3610
- 開 11～2月9:00～17:00
3～10月9:00～18:00
- 休 月（祝日の場合は翌日）、1/1、旧正月とチュソク当日
- 料 ₩2000
- 交 地下鉄1号線直通京釜線 P.152 義王駅 徒歩10分
- URL railroadmuseum.co.kr

## 義王レールバイク
- 住 221, Wangsongmotdong-ro, Uiwang-si
- 住 의왕시 왕송못동로 221
- 旧 의왕시 월암동 525-9
- 開 10:30～17:30（夏期の土・日～18:30）　休 月
- 料 ₩2万8000（土・日₩3万）
- URL www.uwrailpark.co.kr

## 龍仁大長今パーク
- 住 25, Yongcheon drama-gil Baegam-myeon, Yongin-si
- 住 용인시 처인구 백암면 드라마길 25
- 旧 용인시 처인구 백암면 용천리778-1
- TEL (031) 337-3241
- 開 11～2月9:00～17:00
3～10月9:00～18:00
入場は1時間前まで
- 休 無休
- 料 ₩9500　交 ソウル南部ターミナルから市外バスで約50分、「白岩（ペガム）」下車。市内バス105番に乗り換え「MBC드라마세트장（MBCドラマセット場）」下車すぐ
- URL djgpark.imbc.com

---

### ●伝統の文化が体験できる ★★
# 韓国民俗村 한국민속촌 Korean Folk Village
ハングクミンソクチョン　▶龍仁市 MAP P.168-B

飲食店、工芸品が並ぶ市場エリア

ソウルの南、龍仁市にある韓国民俗村は、韓国の伝統文化を体験できる野外施設。広大な敷地に各地方から集められた270棟の伝統家屋が展示されている。餅作りや伝統の染色などが体験できる。茶道や伝統遊びなど、朝鮮時代の文化に触れられる施設も多い。また、数々の歴史ドラマのロケ地としても知られる。

### ●ジオラマや展示車両で鉄道を楽しむ ★
# 鉄道博物館 철도박물관 Railroad Museum
チョルトパンムルグァン　▶義王市 MAP P.168-A

韓国最大の鉄道博物館

義王市は、鉄道車両の生産会社や貨物基地、通称鉄道大学と呼ばれる韓国交通大学校・研究院など、鉄道関連施設がいくつもある「鉄道都市」。鉄道博物館もそのひとつで、屋内の本館展示室では、鉄道の歴史・関連映像・鉄道模型のジオラマなどが展示され、野外展示場では、各種車両が見られる。

### ●日没後のライトアップも美しい ★
# 義王レールバイク 의왕레일바이크 Uiwang Rail Bike
ウィワンレイルバイク　▶義王市 MAP P.168-A

桜並木の横を進む

義王市の旺松湖の周囲4.3Kmを回るアトラクション。湖の周辺の風景を楽しみながら花のトンネル、噴水トンネルなどを潜って韓国有数の規模の湿地を体感できる。

### ●数々の歴史ドラマが撮影された ★★
# 龍仁大長今パーク 용인대장금파크 Dae Jang Geum Park
ヨンインテジャングムパク　▶龍仁市 MAP P.113-C3

新羅から朝鮮王朝時代の建物が並ぶ

『宮廷女官チャングムの誓い』、『イ・サン』など数々の歴史ドラマをヒットさせたMBCの撮影場。衣装を借りてドラマの一場面のように記念撮影をしたり、スターのパネルと写真に収まることもできる。

---

info 韓国民俗村へは水原駅4番出口の観光案内所前から10:30、12:30、14:30に無料シャトルバスが出ている。所要約30分。水原駅への戻りは13:50、16:00。

# 水原のレストラン

**P.62-①**
**八田さんおすすめ**

カルビグイ（牛バラ肉焼き）
## カボジョンカルビ 가보정갈비
●佳甫亭カルビ

1992年にできた水原で最も有名な高級カルビ専門店。隣接して3店舗ある。韓牛ヤンニョムカルビ₩6万7000のソースにはパイナップルやりんご、キウィ、梨などが入っている。韓牛生カルビ（한우생갈비）は₩9万2000。

▶ **チャンダリ路** MAP P.170-B2

住 282, Jangdari-ro, Paldal-gu 　カルビ
住 팔달구 장다리로 282
旧 팔달구 인계동 958-1
TEL 1600-3883
開 11:00〜21:30（土〜22:00）
休 旧正月、チュソク当日
日 少し通じる 英 あり
CC ADJMV URL kabojung.co.kr

## ヨンポカルビ

연포갈비 ●淵瀑カルビ

窓側に座ると華虹門が見える。カルビは炭火で焼くため脂が落ちてサッパリ食べられる。甘いタレのヤンニョムカルビがおすすめ。平日ランチのカルビタンも人気。

▶ **華城** MAP P.170-A2 　カルビ

住 56-1, Jeongjo-ro 906beon-gil, Paldal-gu
住 팔달구 정조로906번길 56-1
旧 팔달구 북수동 25-4
TEL 0507-1430-1337 開 11:20〜21:30
休 旧正月、チュソクの当日 日 不可
英 あり 韓 なし CC ADJMV
URL www.instagram.com/yeonpogalbi

## ヨンソントンダク

용성통닭 ●龍城トンダク

トンダク（鶏の丸焼き）通りの有名店。通常鶏の丸焼きはガラスの内側でぐるぐる回って焼かれるが、ここでは大きな釜で鶏肉を丸ごと揚げる。揚げ砂肝はサービス。

▶ **トンダク通り** MAP P.170-B2 　烏丸揚げ

住 7-15, Jeongjo-ro 800beon-gil, Paldal-gu
住 팔달구 정조로 800번길 15
旧 팔달구 팔달로1가 10-5
TEL (031) 242-8226 開 11:00〜23:00
休 火、旧正月とチュソク当日
日 不可 英 なし 韓 なし
CC ADJMV

# 水原のホテル

## 水原ホステル

수원 호스텔
●スウォン ホステル／SUWON HOSTEL

水原文化財団の運営で全31室。ドミトリーはないが、シャワーとトイレが別のユースルームがある。予約は韓国語のみ。週末は満室になることが多い。

▶ **水原華城内** MAP P.170-A2

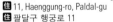

住 11, Haenggung-ro, Paldal-gu
住 팔달구 행궁로 11
旧 팔달구 남창동 14
TEL (031) 254-5555
料 T ₩3万
ユースルーム（4人部屋）₩4万
日 不可 CC ADJMV WiFi あり
URL www.swcf.or.kr/?p=82

## アイヴィホテル

아이비 호텔
●アイビ ホテル／Ivy Hotel

水原駅の近くにある全31室のホテル。部屋はシンプルなインテリアで若者向けだ。3室はバスタブ付き。簡単な朝食も無料で付いている。

▶ **水原駅周辺** MAP P.170-A3

住 17-5, Hyanggyo-ro, Paldal-gu
住 팔달구 향교로 17-5
旧 팔달구 매산로1가 37-19
TEL 0507-1372-2501
料 T ₩5万〜
日 不可 CC ADJMV WiFi あり
URL ivyhotel.modoo.at

## ノボテルアンバサダー水原

노보텔 앰배서더 수원
●ノボテル エンベソド スウォン／Novotel Ambassador Suwon

水原駅の隣にある全287室の大型ホテル。2階でショッピングモールと直結、雨でも楽々だ。部屋の窓が大きいため明るく、モダンなインテリア。

▶ **水原駅周辺** MAP P.170-A3

住 902, Dukyoung-daero, Paldal-gu
住 팔달구 덕영대로 902
旧 팔달구 매산로1가 18-7
TEL (031) 547-6600
料 S W ₩16万3636〜
日 通じる CC ADJMV
WiFi あり URL www.ambatel.com/novotel/suwon

info 水原華城の北東には、フライング水原 MAP P.170-B2 というアトラクションがある。ヘリウムガスを使った気球で、150mの上空から水原華城が眺められると人気。

# DMZ(非武装地帯)・板門店
パンムンジョム

京畿道 坡州市

www.dmz.ne.kr
市外局番●031
人口●44万6669人

ソウル
DMZ・板門店
釜山

DMZ(비무장지대)・판문점
DMZ (Demilitarized Zone), Panmunjeom

**DMZでの注意**
DMZ（非武装地帯）へは必ずDMZトレインやDMZツアーバスなどを予約する。当日はパスポートを持参する。

**坡州市**
臨津閣までは民間人のみでの立ち入りが可能。

임진각 臨津閣
←2㎞ 開城 서울 53㎞→
Gaeseong Seoul

臨津閣にある駅名票

板門店へは韓国軍のバスで移動

都羅山駅

**DMZトレイン(京義線)**
水〜日の運行。都羅山駅でDMZツアー（韓国語）の申し込みができる。DMZトレインで龍山〜都羅山往復+DMZツアーを利用した場合₩3万6000。
▶龍山→都羅山
龍山10:08→ソウル10:15→汶山11:15→雲泉11:21→臨津江11:39→都羅山11:43
▶都羅山→龍山
都羅山16:27→臨津江16:40→雲泉16:44→汶山16:49→ソウル17:49→龍山17:54
※2023年7月現在運休中

臨津閣の最上階は展望台になっている

1945年、第二次世界大戦での日本の敗戦にともない、朝鮮半島はアメリカとソビエト連邦に北緯38度線で分割占領されることとなった。1948年には北（朝鮮民主主義人民共和国）と南（大韓民国）で別の国家が誕生、分断が固定化されてしまう。1950年、北朝鮮が南進し、朝鮮戦争が勃発する。その後、1953年には休戦協定が結ばれ、軍事境界線（休戦ライン）が新たに設けられた。このラインの南北約2kmが共同警備区域として管理されている。2018年、南北の首脳が板門店で歴史的会談をし、休戦から終戦に向けてようやく協議が始まった。両者の今後の関係に注目が集まっている。
なお、この地域を訪れるためには許可や撮影制限がある。ツアーに参加するなど適切な方法で訪問しよう。

## 歩き方

▶ **直通電車は汶山駅まで**
ソウルからの鉄道は京義線と呼ばれ、大韓帝国時代の1906年にソウル（当時の京城）と中国との国境にある新義州とを結ぶ路線として開通した。韓国側に残された部分はソウル〜都羅山間の55kmあまりで、普通列車は都羅山の3つ手前にある汶山駅まで。6kmほど先にある臨津江手前の臨津閣までは58番バスおよびシャトルトレインが出ており、自由に動けるのはここまで。都羅山方面へのDMZツアーは休止中。臨津閣までは弘大入口駅発の7300番バスでもアクセスできる。

臨津閣のバス停

金村駅はDMZ観光の起点

info 京義線は都羅山駅まで電化工事が2021年に完了した。ただし、ソウルからの直通電車は汶山駅が終点。汶山駅〜臨津江駅間にシャトルトレインが運行されている。

ACCESS

| ●ソウルから 서울 Seoul | | | 所要時間 | 料金 |
|---|---|---|---|---|
| KORAIL | 龍山駅➡汶山駅 | 汶山駅 5:21〜23:48の10〜30分に1便 | 約1時間10分 | ₩2150 |
| DMZトレイン | 龍山駅➡都羅山駅 | 2022年12月現在運休中 | 1時間35分 | ₩1万6000(往復) |
| 広域バス 7300番 | 弘大入口駅➡臨津閣 | 土・祝10:00〜14:30の1時間〜2時間30分に1便 | 約1時間30分 | ₩3500 |

### グルメ

DMZエリアの坡州（パジュ）市は大豆の栽培がさかん。長湍（チャンダン）郡産の長湍豆が特に有名だ。味噌もおいしい。

庶民的な食堂でスナックをつまむ

### おみやげ

板門店の南側にある「自由の家」や一般の人が許可なしで訪問できる臨津閣国民観光地などにあるみやげ品店で記念品が買える。

DMZグッズを買って平和を祈念

### 注意

板門店は南北が共同で管理するJSA（共同警備区域）で、ツアーでの観光となるが、情勢の変化により当日でも中止されることがある。飲酒した状態での参加、ジーンズやミニスカートなどラフな格好は不可。必ずパスポートを持参のこと。望遠レンズの持ち込みには制限があるほか、撮影禁止エリアも多い。よく確認を。

**板門店のツアー催行会社**
服装の確認やパスポートのチェックが必要なので、出発30分前には集合場所にいるようにしよう。
※2022年12月現在板門店ツアーは行われていない

▶板門店トラベルセンター
TEL (02) 771-5593〜5
URL www.panmunjomtour.com
集合場所は光化門前のコリアナホテル8階。

以下の会社では板門店への日本語ツアーを取り扱う。
▶国際文化サービスクラブ
TEL (02) 755-0073
URL www.tourdmz.com
集合場所はプレジデントホテル3階。
▶大韓旅行社（KTB）
TEL (02) 778-0150
URL www.ktbtour.co.kr
市庁駅近くのプレジデントホテル10階集合。
▶中央高速観光
TEL (02) 2266-3350
URL www.jsatour.com
市庁駅近くのプレジデントホテル7階集合。

info 2022年12月現在DMZトレインの運行や板門店の見学は行われていないが、臨津閣やオドゥサン統一展望台はオープンしている。ソウルからのツアーも催行されている。

## 都羅展望台

🏠 310, Je3ttanggul-ro Jangdan-myeon
🏠 장단면 제3땅굴로 310
🏚 장단면 도라산리 산 14-2
☎ (031) 954-0303
🕐 ツアーでのみ見学可
※ ツアーは月曜は全社運休。いずれも予約必須。

都羅展望台からの眺め

## 板門店

🏠 Eoryong-ri, Jinseo-myeon, Paju-si
🏚 파주시 진서면 어룡리
🕐 ツアーでのみ見学可
※ 2022年12月現在、ツアーは中止されている。

南北首脳会談の舞台となった橋

## オドゥサン統一展望台

🏠 369, Pilseung-ro Tanhyeon-myeon
🏠 탄현면 필승로 369
🏚 탄현면 성동리 659
☎ (031) 956-9600
🕐 9:00～17:00　※最終入場16:00
🚫 月(祝日の場合は翌日)
💴 ₩3000
🚌 京義線中央線 K331 金村駅または地下鉄3号線 309 大化駅からバス900番「統一東山展望台入口（통일동산전망대）」下車
🌐 www.jmd.co.kr

# 見どころ

●北朝鮮が一望できる　★★

## 都羅展望台　도라전망대 Dora Observatory

トラチョンマンデ　▶長湍面 MAP P.175-1

都羅展望台は軍事境界線に近い韓国軍管理下の展望台。展望台真下に軍事境界線の南方限界線があり、開城工業団地や北朝鮮の宣伝村などが一望できる。北朝鮮が一望できるため、写真撮影には制限がある。展望台の中では、韓国軍の兵士から日本語の説明を聞くことができる。都羅展望台は許可が必要で、DMZツアーに参加する形で入ることができる。

望遠鏡が設置されている　迷彩色に塗られた展望台入口

●南北首脳の会談で注目　★★★

## 板門店　판문점 Panmunjom

パンムンジョム　▶郡内面 MAP P.175-1

ソウルから48kmの地点に位置する板門店は、1953年停戦協定後国連軍と北朝鮮軍の共同警備区域（JSA）▶P.493 と定められた場所。DMZ ▶P.495 とは、軍の駐屯や武器の配置、軍事施設の設置が禁止された非武装地帯で、軍事境界線を挟んで南北それぞれ2km、計4kmにわたる。板門店では2018年4月に、11年ぶり通算3回目の南北首脳会談が開かれ、世界の注目を集めた。

板門店の会議室の中では南北間を行き来できる

●許可なしに入れる展望スポット　★★

## オドゥサン統一展望台　오두산 통일 전망대

オドゥサン トンイル チョンマンデ　▶炭縣面 MAP P.175-2
Odusan Unification Tower

平和と統一への願いを込めて、漢江と臨津江の合流地点に1992年に設立された。この展望台から北朝鮮までの距離は約2km。展望台の前方には北朝鮮の宣伝村と呼ばれる町並みが広がっており、望遠鏡などで一望することができる。韓国軍管理下の都羅展望台と異なり、事前の許可なしに自由に立ち入ることができる。

小高い山の上に建つ

info このエリア特産の長湍豆とは、かつて南北をまたぐこの地域の名前だった長湍郡の名をとった大豆のこと。収穫時期となる11月後半には臨津閣で長湍豆祭が行われる。

●戦争で破壊された橋を観光資源に

# 臨津閣平和ヌリ 임진각 평화누리 ★★★

イムジンガク ピョンファヌリ　▶文山邑 **MAP** P.175-1

Imjingak Pyeonghoa-Nuri Park

平和を願って作られた広大な公園。一般の人が許可なく訪れることができ、さまざまな施設で戦争の悲惨さや平和の大切さを感じ取ることができる施設。おすすめは南北の間を流れる臨津江にかかる鉄橋の「トッケ橋」。朝鮮戦争当時、爆撃によって破壊され橋脚だけが残っていたが、鉄骨や強化ガラスなどで改良し、臨津閣スカイウオークとして生まれ変わった。先端まで行くと臨津江を一望することができる。2020年10月には臨津江の上を通って対岸に渡るロープウエイ、坡州臨津江平和ゴンドラ（DMZケーブルカー）が開通した。

ゴンドラに乗って臨津江を渡る

臨津閣の紅葉

このマークがあれば撮影可能

遊園地も併設されている

●2018年9月に50年ぶりに再公開された

# 坡州長陵 파주장릉 Paju Jangneung ★ 世界遺産

パジュ チャンヌン　▶炭縣面 **MAP** P.175-2

朝鮮王朝第16代の仁祖（1595〜1649）と仁烈王后の墓。仁祖は明朝寄りの外交政策をとったため、清朝のホンタイジ率いる大軍の侵略を受けた。南漢山城 ▶P.142 に籠城する

半世紀ぶりの公開

も屈服し、三跪九叩頭の礼を以って服従させられた。

●北朝鮮により掘られたトンネルを公開

# 第3トンネル 제3 땅굴 The 3rd Tunnel ★★

チェサム タンクル　▶都内面 **MAP** P.175-1

DMZ付近には、北朝鮮が韓国に攻め入るために掘ったトンネルが4つあるといわれている。脱北者の証言から1978年に韓国軍が発見したのが第3トンネル。

---

## 臨津閣平和ヌリ

- 住 148-40, Imjingak-ro Munsan-eup
- 住 문산읍 임진각로 148-40
- 旧 문산읍 마정리 1400-5
- TEL (070) 4405-3323
- 開 11〜2月9:00〜17:00
　3〜10月 9:00〜18:00
- ※最終入場30分前
- 休 月　料 無料（トッケ橋W2000、坡州臨津江平和ゴンドラW1万1000）
- 交 京義線中央線 **K335** 汶山駅からバス58番「臨津閣（임진각）」下車
- URL ggtour.or.kr/info/imjingak/fg_imjingakDb.php

朝鮮戦争中に砲撃された機関車

## 坡州長陵

- 住 90, Jangneung-ro Tanhyeon-myeon
- 住 탄현면 장릉로 90
- 旧 탄현면 갈현리 산25-16
- TEL (031) 945-9242
- 開 2〜5・9・10月9:00〜18:00
　6〜8月9:00〜18:30
　11〜1月9:00〜17:30
- ※最終入場1時間前
- 休 月（祝日の場合は翌日）
- 料 W1000
- 交 京義・中央線 **K331** 金村駅から市内バス33、36番「統一小学校（통일초등학교）」徒歩2分
- URL royaltombs.cha.go.kr

チケット売り場でパンフレットがもらえる

## 第3トンネル

- 住 210-358, Je3ttanggul-ro Gunnae-myeon
- 住 군내면 제3땅굴로 210-358
- 旧 군내면 점원리 1082-1
- TEL (031) 954-0303
- 開 ツアーでのみ見学可
- ※ツアーは月曜は全社運休。いずれも予約必須。

---

info 坡州で世界遺産となっている朝鮮王陵としては坡州三陵 **MAP** P.175-2 もよく知られている。金村駅から38、799、9709番などで行くことができる。

73mも掘り下げた地下深くに、全長1.3kmの長さのトンネルが造られた。観光客はエレベーターで地下に降り、トロッコで移動する。照明は整備されているが足下は濡れて滑ることがある。最奥までは徒歩で軍事境界線の約200m地点まで近づける。見学は指定されたツアーへの参加が必要。隣接のDMZ展示館やDMZ映像館でも南北分断の歴史を知ることができる。

トロッコに乗って見学に出発

##  DMZエリアのレストラン

### ミール パニアー

밀파니에 ●Meal Panier

臨津閣公園の観光案内所の2階にある洋風の食堂。食事はサンドイッチや、ピザやスパゲティー、サラダなどで、一品₩6500〜1万4000。観光途中の休憩にぴったり。

> ▶臨津閣
> **MAP** P.175-1  ピザ
> 住 148-57, Imjingak-ro Munsan-eup
> 住 문산읍 임진각로 148-57
> 旧 문산읍 마정리 1325
> TEL 010-8420-1418  開 7:00〜17:00
> 休 月  日 なし
> 日メ なし  英メ あり  CC ADJMV

### 臨津閣豆腐村

임진각 두부마을 ●イムジンガン トゥブマウル

臨津閣公園の観光案内所の2階にある。ビビンバブやトッカルビなどもあるが、ここのおすすめは豆腐料理。牛肉と豆腐の鍋が₩3万8000、ひとり分の豆腐のスープが₩1万4000。

> ▶臨津閣
> **MAP** P.175-1  郷土料理
> 住 148-57, Imjingak-ro Munsan-eup
> 住 문산읍 임진각로 148-57
> 旧 문산읍 마정리 1325
> TEL (031) 952-3378  開 9:00〜17:00
> 休 月  日 不可
> 日メ なし  英メ なし  CC ADJMV

##  DMZエリアのホテル

### ホテルグラッチェ金村店

호텔그라체 금촌점
●ホテルグラチェ クムチョンジョム

金村駅近くのモーテル。客室は43室あり、広くてきれい。チェックアウト時間が12:00と遅い。屋上にゴルフ練習場があり、宿泊客は無料で利用できる。

▶金村駅 **MAP** P.175-2

> 住 176, Saekkot-ro Paju-si
> 住 파주시 새꽃로 176
> 旧 파주시 금촌동 329-323
> TEL 0507-1336-7060
> 料 S W ₩5万〜
> 日 不可  CC ADJMV
> WiFi あり

### ラックス

호텔 럭스
●ホテル ロクス／Hotel Luxe

広々とした客室で落ち着いた内装。デラックスルームにはマッサージチェアーやパソコンが置かれている。週末は₩2万アップ。

▶炭縣面 **MAP** P.175-2

> 住 5, Seongdong-ro Tanhyeon-myeon
> 住 탄현면 성동로 5
> 旧 탄현면 성동리 666-5
> TEL (031) 949-6612
> 料 S W ₩5万〜  日 不可
> CC ADJMV  WiFi あり
> URL www.luxehotel.co.kr

### DMZステイゲストハウス

디엠지스테이 게스트하우스
●DMZ Stay Guest House

DMZから最も近いゲストハウス。BBQの設備があり、ほかの宿泊客と一緒に楽しむこともできる。ドミトリーは6人部屋と4人部屋がある。

▶臨津閣 **MAP** P.175-1

> 住 223, Samok-ro Paju-si
> 住 파주시 사목로 223
> 旧 파주시 문산읍 마정리 685-4
> TEL 010-3670-0670
> 料 S ₩3万〜
> 日 通じる  CC ADJMV
> WiFi あり
> URL blog.naver.com/malumul

info 漢江に沿ってソウルからまっすぐ北上する国道77号線は「自由路」と名付けられ、北朝鮮に最も近いところは1kmにも満たない場所を走る。DMZツアーバスや広域バス7300番もこの道を通る。

# Gangwon-do カンウォンド 江原道

円内:春川の名店でマッククスに舌鼓
『冬のソナタ』で観光名所になった南怡島 ▶P.188

# 江原道 旅のガイダンス
カンウォンド

## 江原道の基本

そば粉が名産。
チヂミも
おいしいよ！

江原道
강원도
カンウォンド
Gangwon-do

- KTXでソウルから2時間弱
- 2018年、冬季五輪が開催された
- 道庁所在地の春川は内陸で寒い
- 雪と並木道と『冬のソナタ』

## このエリアでしたいこと

**1** 海列車で沿岸を走る！
▶P.182 世界一海に近い駅、沿岸を走る列車で景観を楽しみ、名作ドラマの舞台へ！

**2** 春川で雪だるまと遊ぶ
チュンチョン
▶P.184 韓流ドラマブームの先駆けとなった『冬のソナタ』。主人公のオブジェが並ぶロケ地を巡ろう。

**3** 炭鉱の歴史を知る
▶P.204 太白の石炭博物館で、炭鉱の歴史や当時の生活をリアルに体験。

**4** 雪岳山で絶景を楽しむ
ソラクサン
▶P.193

**5** アリヒルズで遊ぶ
▶P.203

**6** 束草で名物グルメの食べ歩き
ソクチョ
▶P.191

## 地理と気候

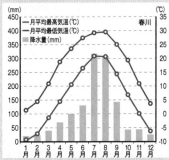

春川

(mm) / (℃)
- 月平均最高気温(℃)
- 月平均最低気温(℃)
- 降水量(mm)

1月 2月 3月 4月 5月 6月 7月 8月 9月 10月 11月 12月

韓国の北東に位置する江原道は、国内でも寒い地方として知られている。内陸は雪も多く、日本でいえば北海道のような気候。ジャガイモやそばの栽培が盛んなところも似ている。海岸地方では透き通る海の美しい景観と海の幸、山岳地方では秋の紅葉やスキーなど、四季折々の楽しみがある。

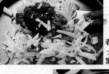

## 旅のグルメ

春川はタッカルビ（鶏炒めまたは網焼き）発祥の地。そば粉のまぜそばマッククスも名物。日本でもおなじみおぼろ豆腐のスンドゥブは江陵のおふくろの味。東草はカニをはじめ名物が多い。松茸や山菜も時期が合えばぜひ！

春川の明洞にタッカルビの店が集中している

松茸はぜいたくな秋の味。9〜10月にはイベントも

優しい味のスンドゥブをどうぞ

---

### おすすめ！

**ジップワイヤー**

アリヒルズは、さまざまなレジャーが楽しめる観光施設。なかでもアジア最長、最高時速が100kmにも及ぶジップワイヤーは迫力満点。スカイウオークも人気だ。

### デートに♪

**日の出とハート**

海列車の停車駅、正東津駅には、「愛の鍵」をかけるハートのオブジェがある。日の出ポイントとしても有名、海岸沿いの眺めのいいカフェなどデートスポットがいっぱい。

### 歴史探訪

**お札に描かれた儒学者の里**

江陵にある烏竹軒は、韓国のお札の絵柄に採用されている儒学者、李珥の故郷。400年前に建てられた生家などがきれいに残っており、建築資料としても貴重なものだ。

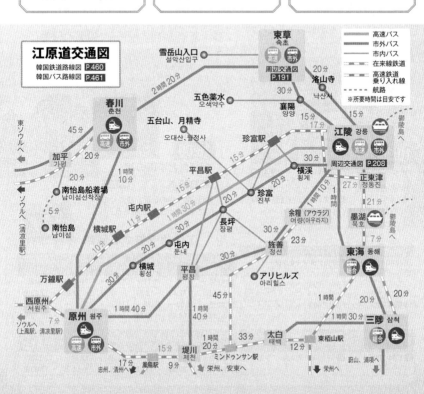

181

# ソウル発
# 3日間で巡る 夏の
# 江原道
## Gangwon-do

（地図ラベル）東草 속초 ／ 江陵 강릉 ／ アウラジ 아우라지 ／ 旌善 정선 ／ 三陟 삼척 ／ 太白 태백

## 1日目　束草（ソクチョ）▶江陵（カンヌン）

### 9:45
**観光水産市場で食べ歩き** ▶P.192

鶏の甘辛揚げタッカンジョンの名店、白身魚やカニのフライ、そば粉のチヂミなど、束草ならではのB級グルメがいっぱい！

軽食店が並ぶ束草の観光水産市場

カニのティギム（フライ）がおいしいよ！

チョダン110の豆腐アイス

### 14:00
**草堂スンドゥブ村で人気の豆腐アイスを** ▶P.214

江陵に移動して、おぼろ豆腐の店がひしめくエリアでランチを食べて、2019年にオープンした途端大人気になった豆腐アイスを。

渡し船ケッペ

### 10:30
**ケッペに乗ってアバイ村** ▶P.192

観光客もいっしょにワイヤーを引っ張る渡し船「ケッペ」に乗って、『秋の童話』の舞台にもなったアバイ村へ。

師任堂が暮らした烏竹軒

### 16:00
**師任堂と李珥の家、烏竹軒へ** ▶P.210

『師任堂、色の日記』ゆかりの場所で過去に思いを馳せる。

江原道MEMO

## 江原道を旅する列車

● 海列車 바다열차 Sea Train バダヨルチャ
TEL (033) 573-5474（海列車カスタマーセンター）
URL www.seatrain.co.kr
1・2号車（特室）……………₩1万6000
3号車（家族席）……₩5万4000（4人）
4号車（一般席）……………₩1万6000
プロポーズルーム……………₩5万（2人）

週末などは江陵7:54発→三陟海辺9:06着、三陟海辺9:28発→江陵10:39着の臨時便も運行

| 江陵駅 강릉역 | 正東津駅 정동진역 | 墨湖駅 묵호역 | 東海駅 동해역 | 湫岩駅 추암역 | 三陟海辺駅 삼척해변역 |
|---|---|---|---|---|---|
| 10:47発→ | 11:07→ | 11:31→ | 11:41→ | 11:49→ | 11:52着 |
| 13:11着 | ←12:49 | ←12:23 | ←12:15 | ←12:06 | ←12:03発 |
| 14:41発→ | 15:02→ | 15:30→ | 15:38→ | 15:47→ | 15:50着 |
| 17:18着 | ←16:45 | ←16:20 | ←16:12 | ←16:03 | ←15:59発 |

● Aトレイン 정선아리랑열차 A-Train
チョンソンアリランヨルチャ
TEL 1544-7788　料 ₩2万3400（清涼里〜アウラジ）

| 清凉里駅 청량리역 | 原州駅 원주역 | 堤川駅 제천역 | ミンドゥン山駅 민둥산역 | 旌善駅 정선역 | アウラジ駅 아우라지역 |
|---|---|---|---|---|---|
| 8:30発→ | 9:28→ | 9:57→ | 11:25→ | 12:00→ | 12:23着 |
| 21:34着 | ←20:39 | ←20:15 | ←18:59 | ←18:26 | ←18:03発 |

**5:30** 早起きして正東津で
日の出を見よう ▶P.212

水平線から
昇る太陽

「世界で最も海に近い駅」として
ギネスブックにも載った正
東津駅で昇る太陽を眺める。

**8:00** 正東津のカフェでひと息 ▶P.215

海を眺めながらの
一杯は格別

『モレシゲ』の舞台になっ
た正東津を散策したり朝食
をとったりしたあと、海の
見えるカフェでゆったり。

素晴らしい景色が
楽しめる海列車

**11:07** 海列車でGO! ▶P.182
海岸線に沿って走る海列
車に乗って三陟海辺へ。

**15:30** トンニタンタン
パーク ▶P.204

ドラマ『太陽の末裔』
の登場人物になりきっ
て、名場面を追体験！

江原道グルメの
ひとつが韓牛だ

ドラマに登場した建物が
再現されている

**18:00** 太白の夜は焼肉を ▶P.205
韓牛の町として知られる太白で焼
肉ざんまい。

---

珍しい食材が
いっぱいの
旌善五日市

**9:00** 旌善五日市で
名物オルチェンイグクスを ▶P.183
少し早い昼食に、旌善名物のトウモロコシ
麺を。フェドンチプはよく知られている。

絶景を
バックに
パチリ！

**12:00** アリヒルズで
空中散歩を楽しむ ▶P.203
標高583mの高さから
雄大な景色を眺める。

道中には
トンネルもある

**14:50** 旌善レールバイクでのどかな
田舎を走り抜ける ▶P.183
九切里駅からアウラジ駅までの7.2km
を、40〜50分ほどかけて走る。コース
は緩やかな下りなので、ペダルが重く
ないのもうれしい。

旌善駅に着いた
A-Train

**18:03** アウラジ駅で夕食後、
A-Trainでソウルへ ▶P.182

---

◎おすすめレストラン◎

**料理P.72-◎93**
オルチェンイグクス
（トウモロコシ麺）の名店
**フェドンチプ** 회동집

▶旌善　MAP P.203-B
住 37-10, 5iljang-gil, Jeongseon-
　 eup, Jeongseon-gun
住 정선군 정선읍 5일장길 37-10
旧 정선군 정선읍
　 봉양리 344-3
TEL (033) 562-2634
開 9:00〜18:00　休 水

**料理P.69-◎59**
トンテタン（タラの鍋）
**チェビホシクタン**
제비호식당

▶高城郡　MAP P.76-B1
住 29, Geojinhang-gil
　 Geojin-eup, Goseong-gun
住 고성군 거진읍 거진항길 29
旧 고성군 거진읍
　 거진리 287-251
TEL (033) 682-1970
開 9:00〜16:00　休 火、旧
正月とチュソク連休

---

ペダルを漕いで旌善を疾走
**旌善レールバイク**
정선레일바이크

MAP P.77-C3
TEL (033) 563-8787
**九切里駅出発時間**　8:40、10:30、13:00、14:50、
16:40（3〜10月のみ）
料 2人乗り₩3万、4人乗り₩4万
所要　40〜50分　出発駅となる九切里駅へは旌
善ターミナルから余糧（ヨリャン）へ行き、九切里
行きの農漁村バスに乗り換える。
URL www.railtrip.co.kr

江原道
MEMO

森と湖に囲まれたアクティブタウン　　　　　　江原道 春川市

# 春川 チュンチョン

tour.chuncheon.go.kr
市外局番●033
人口●27万8813人

춘천 Chuncheon

**観光案内所**
URL romantic.chuncheon.go.kr
▶春川駅前
MAP P.186-A1
TEL (033) 250-4312
開 9:00〜18:00
休 旧正月とチュソク当日
▶江原道郷土工芸館
MAP P.186-A3
TEL (033) 241-4419
▶春川市外バスターミナル
MAP P.186-A3
TEL (033) 241-0285
チケット窓口向かいの事務所で、バスの時刻表と簡単な市街図が入手できる。
**市内バス** ･････････････････
一般バス₩1400
（交通カード₩1250）
**タクシー** ･････････････････
初乗りは₩3800（2kmまで）
**観光タクシー** ･･･････････
TOURIST TAXI（脚注参照）が便利でお得。春川駅前の観光案内所隣のブースで申請書を作成する。4人まで乗れ、3時間₩2万、以降1時間ごとに₩1万5000。代表者のパスポートが必要。
▶ツーリストタクシー受付所
開 9:00〜17:30
休 旧正月とチュソク当日

ドラマゆかりの場所で記念写真

山に囲まれた春川は、近郊に韓国最大のダム湖をかかえ、森や湖など自然を楽しむ観光の基点となる町。周囲にはポムネキルといわれる遊歩道が整備され、カヌーやウインドサーフィンなど湖でのウォータースポーツもさかん。韓国ドラマブームの先駆けとなった『冬のソナタ』の舞台としても有名で、日本はもとより台湾や中国からの観光客もいまだに絶えない。

## 歩 き 方

町の中心は明洞（ミョンドン）。鉄道ITXは春川駅が終点で、繁華街の明洞までは徒歩で15分ほど。高速バスターミナル、市外バスターミナルは鉄道駅のひとつ手前の南春川（ナムチュンチョン）駅近くにあり、バスなら19、20番などが15〜20分間隔で

京春線の終着となる春川駅

運行している。徒歩でも20分ほど。春川駅から昭陽江の乙女像、昭陽ダム方面へのバスは、駅の1番出口から11番、12番のバスが行く。

**グルメ**

鶏肉を甘辛ソースに漬けて焼いたタッカルビはここ春川の名物。明洞にはタッカルビ通りがあり、人気店がずらりと並ぶ。

ソースに店の個性が現れる

**おみやげ**

春川とその周辺では、松の実やそば粉が特産。翡翠（軟玉）の産地としても有名で、成分を練り込んだ石鹸や海苔がある。

塩味も控えめでおいしいと評判の翡翠海苔（左）／肌にいい翡翠石鹸（右）

184

info 江原道では春川と江陵で外国人観光客専用の「TOURIST TAXI」を運営している。基本観光地を1ヵ所選べば、あとは範囲内の好きなところへ観光できる。春川の場合、市内と南怡島の船着き場まで行ける。

ACCESS

| ● ソウルから 서울 Seoul | | | 所要時間 | 料金 |
|---|---|---|---|---|
| ITX | 清涼里駅➡春川駅 | 6:17～21:38の間1時間に1便程度、23:05 | 約1時間 | ₩8600 |
| 高速バス | ソウル高速T➡春川高速T | 6:50～21:00の間50分～2時間10分に1便程度 | 約1時間30分 | ₩9600(一般) |
| 市外バス | 東ソウル総合T➡春川市外T | 6:15～23:30の間10～30分に1便程度 | 約1時間10分 | ₩8200(一般) |

| ● 束草から 속초 Sokcho | | | 所要時間 | 料金 |
|---|---|---|---|---|
| 市外バス | 束草市外T➡春川市外T | 6:30～19:30の間1時間30分に1便程度 | 約1時間40分 | ₩1万5000(優等) |

| ● 江陵から 강릉 Gangneung | | | 所要時間 | 料金 |
|---|---|---|---|---|
| 市外バス | 江陵市外T➡春川市外T | 7:10～19:00の間30分～1時間30分に1便程度 | 約2時間 | ₩1万2700(一般) |

T…バスターミナル

## 見どころ

●韓国最大のダム湖 ★

### 昭陽湖 소양호 Lake Soyang

ソヤンホ

▶春川近郊 MAP P.187上-B

1973年、昭陽江(ソヤンガン)ダムの完成によってできたダム湖。1608ヘクタールの総面積と貯水量は韓国最大。おすすめは約50分コースの観光遊覧船。湖畔の美しい景色が堪能できる。湖沿いの五峰山(オボンサン)に位置する高麗時代創建とされる清平寺(チョンピョンサ)や九声(クソン)の滝へは定期旅客船が運航しており、足を延ばすこともできる。

**昭陽湖**

交 春川駅から11、12番の市内バス（15分間隔）で終点下車。所要40分

50種類もの淡水魚が棲息し釣りも人気がある

●特殊強化ガラスの床を歩く ★★

### 昭陽江スカイウオーク 소양강 스카이워크

Soyanggang Skywalk

ソヤンガン スカイウォク

▶春川北部 MAP P.186-B1

川にせり出した透明の道を往復

昭陽第2橋の近くにある人気スポット。川面に突き出した強化ガラス板（全長約156m）の上を歩くのでスリル満点。川ではボート遊びなども楽しめる。

**昭陽江スカイウオーク**

住 2663, Yeongseo-ro, Chuncheon-si

住 춘천시 영서로 2663

旧 춘천시 근화동 8-1

TEL (033) 240-1695

開 10:00～18:00（金・土～21:00）

休 無休（旧正月、チュソクは短縮営業） 料 ₩2000

交 市内バス8、11、12番で「湖畔乗り換えセンター（호반 환승센터）」下車。

●郷土の麺料理を作ってみよう ★★

### 春川マックッス体験博物館 춘천막국수체험박물관

Chuncheon Makguksu Museum

チュンチョンマックックスチェホムパンムルグァン

▶市内北部 MAP P.187上-B

春川の郷土料理「マックッス」をテーマにした博物館。マックッスとは、そば粉から作られた麺にコチュジャンベースのタレと野菜などを加えて食べる料理。博物館の建物は、麺を茹でる釜の形でユニーク。内部では巨大な石臼でそば粉を挽いている様子や、マックッスの由来、歴史、文化、作り方、昔ながらの道具などを紹介している。体験コーナーもある。

**春川マックッス体験博物館**

住 2264, Sinbuk-ro Sinbuk-eup, Chuncheon-si

住 춘천시 신북읍 신북로 264

旧 춘천시 신북읍 산천리 342-1

TEL (033) 244-8869

開 10:00～17:00

休 月、旧正月とチュソク当日

料 ₩1000

交 春川農協から村バス신북(シンブク)2番「サンチョン1里（산천1리）」徒歩6分

info 昭陽江の乙女像は、1970年に発表され、たびたびカバーやリメイクされる国民的歌謡曲『昭陽江の乙女』にちなんで2005年に建設された高さ7mの像。

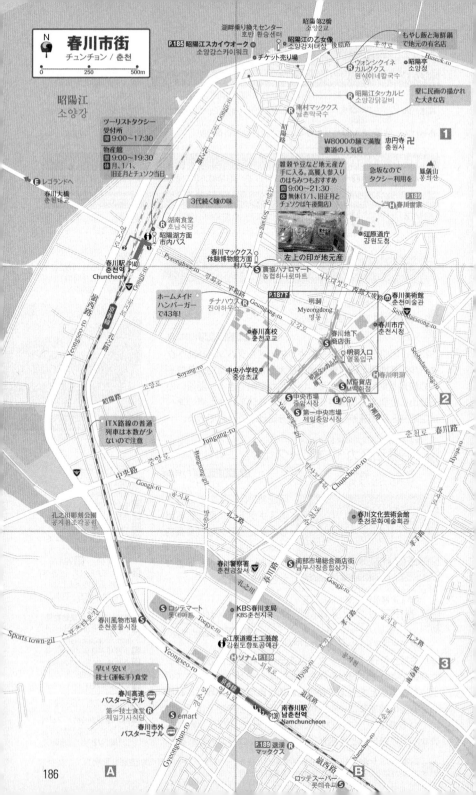

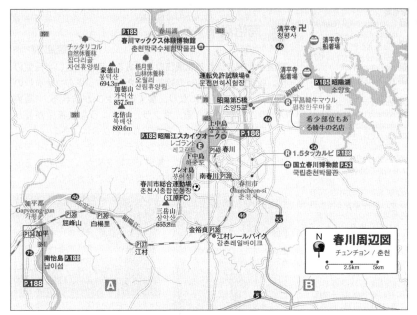

info 韓国に海外資本のテーマパークはほとんどないが、2022年5月には春川の下中島にレゴランド・コリア・リゾートがオープンした。

**南怡島**

🏠 1, Namiseom-gil Namsan-myeon, Chuncheon-si
🏠 춘천시 남산면 남이섬길 1
🏠 춘천시 남산면 방하리 197
☎ (031) 580-8114
💴 ₩1万6000(南怡島往復のボート代込み)
🔗 www.namisum.com
🔗 www.instagram.com/namiisland_naminara

**南怡島への行き方**
島の西側にある加平の船着場からボートで渡る

▶春川から加平へ
春川駅から京春線「加平가평」駅下車(25分間隔、所要27分)、加平駅から南怡島船着場までタクシー10分。または春川市外バスターミナルからソウル方面行き緩行バスで「加平가평」下車、船着場までタクシー10分

▶ソウルから加平へ
清凉里駅からITX-青春で「加平가평」駅下車(60分間隔、週末は30分間隔、所要55分)。南怡島行きバス10-4番で終点下車

▶加平の船着き場から南怡島へ
8:00~21:00(季節により延長あり)に運行

島を南北に結ぶ観光列車

メタセコイヤの並木道

● 『冬のソナタ』ゆかりの並木道 ★★★

# 南怡島 남이섬 Namiseom Island
ナミソム

▶春川近郊 **MAP** P.188

韓国中北部を流れる北漢江(ブカンガン)の中にある、南北に長い半月型の島。韓流ブームのきっかけとなったドラマ『冬のソナタ』のロケ地として有名になり、多くのファンが訪れる。1周約6kmのこの島では、栗、ポプラ、いちょうなど植生が豊かで、森林浴が楽しめる。なかでも有名なのは『冬のソナタ』の主人公、ユジンとチュンサンがデートしたメタセコイア並木。島の観光案内所では、無料で荷物を預かってもらえるほか、日本語や中国語が話せる係員がいることが多い。

『冬のソナタ』にちなんだ雪だるまは島のシンボル

フォトスペースもいっぱい、アジア各地からカップルが訪れる人気のスポット

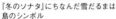

加平駅~南怡島
가평역~남이섬
N
0　500m　1km
46
加平市外バスターミナル
加平駅 가평역 Gapyeong
P.134
南怡島方面
北漢江자전거도로 Bukhangangbyeon-ro
南怡島スカイライン ジップワイヤー
남이섬스카이라인
南怡島 Namiseom 남이섬
右図

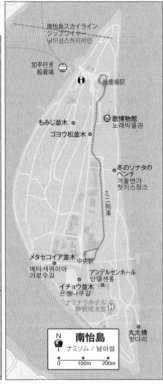
南怡島スカイライン ジップワイヤー
남이섬스카이라인
加平行き船着場
着場駅
もみじ並木
ゴヨウ松並木
歌博物館 노래박물관
冬のソナタのベンチ 겨울연가 첫키스장소
ミニ列車
メタセコイア並木 메타세쿼이아 가로수길
中央路
アンデルセンホール 안델센홀
イチョウ並木 은행나무길
ナミナラホテル 静観楼本館
丸太橋 헛다리
N
南怡島
ナミソム / 남이섬
0　100m　200m

**info** タッカルビは網焼きと鉄板焼き、石焼きなど店によりさまざま。近年人気のチーズタッカルビは鉄板以外の場合、チーズが入ったアルミのコップを置いてチーズを溶かすことが多い。

# 春川のレストランとホテル

## ウォンジョ チョヤクトル スップル タッカルビ ポンジョム

### 원조조약돌숯불닭갈비본점 ●元祖石焼き炭火タッカルビ本店

炭火の上に石板を乗せて鶏肉を焼くスタイルの有名店。味はソフト、普通、辛めを選べる。タッカルビの後はぜひマッククスを。

▶楽園キル　タッカルビ
MAP P.187下-A2
🏠 43-1, Nagwon-gil, Chuncheon-si
🏠 춘천시 낙원길 43-1
🏠 춘천시 낙원동 22
TEL (033) 264-0858　開 10:30〜15:30、16:30〜21:00 (L.O.20:00)
休 日、旧正月とチュソク当日
日 不可　日× あり　英× なし　CC ADJMV

## 春川サランタッカルビ マッククス

### 춘천사랑 닭갈비 막국수 ●チュンチョンサランタッカルビ マッククス

網焼きタッカルビ 料理P.62-⑩5 は、塩とタレ味があり、下焼きした肉を炭火で焼く。そば粉70%のマッククスは選手権で優勝した逸品で、注文を受けてから打つ。鉄板タッカルビにも自信がある。

▶楽園キル　タッカルビ
MAP P.187下-A2
🏠 47-1, Nagwon-gil, Chuncheon-si
🏠 춘천시 낙원길 47-1
🏠 춘천시 낙원동 16-1
TEL 010-4384-1987　開 11:00〜21:00、日12:30〜19:00 (L.O.1時間前)
休 木　日 不可　日× あり
英× なし　CC ADJMV

## 地元で愛されるタッカルビの名店
## 1.5タッカルビ 일점오 닭갈비
### ●イルチョンノタッカルビ

P.62-4
八田さんおすすめ

学生の多い地域だけにタッカルビは1人前₩1万4000が300gとボリュームがあり、甘辛いタレの味付けと鶏肉の柔らかさで満足度が高い。好みによってうどんや餅などのトッピングも注文可能。最後はご飯を入れてポックムバプ₩3000に。

▶春川郊外　タッカルビ
MAP P.187下-B
🏠 77, Human-ro, Chuncheon-si
🏠 춘천시 후만로 77
🏠 춘천시 후평동 801-13
TEL (033) 253-8635
開 11:00〜22:00 (L.O.20:30)
休 旧正月、チュソク当日　日 不可
日× あり　英× なし　CC ADJMV
URL www.1jum5.com

## マッククス (冷やしそば)
## 退渓マッククス 퇴계막국수
### ●テゲマッククス

八田さん
おすすめ

退渓막국수

江原道の郷土料理であるマッククス₩8000は甘辛い薬味ダレを絡めた冷やしそば。コシのある食感とさわやかな喉越しがたまらない。温かい料理が食べたいときは、ジャガイモのすいとんを太麺に加えたオンシミカルグクス₩8000もおすすめ。

▶南春川駅　麺料理
MAP P.186-B3
🏠 2231, Yeongseo-ro, Chuncheon-si
🏠 춘천시 영서로 2231
🏠 춘천시 퇴계동 593-17
TEL (033) 255-3332
開 10:30〜21:00　休 火、旧正月とチュソク連休　日 不可　日× なし
英× なし　CC ADJMV

## 春川世宗ホテル

### 춘천세종호텔 ●チュンチョン セジョンホテル／Chuncheon Sejong Hotel

韓国風の門をくぐると、よく手入れされた庭があり、白い階建てのモダンなホテルが現れる。このあたりでは老舗のホテル。高台にあるので市内が一望できる眺めも高ポイント。

▶市内中心部
MAP P.186-B1
🏠 31, Bonguisan-gil, Chuncheon-si
🏠 춘천시 봉의산길 31
🏠 춘천시 봉의동 15-3
TEL (033) 252-1191　料 S W ₩13万5000〜
日 不可　CC ADJMV　WiFi あり
URL www.chuncheonsejong.co.kr

## ソナムホテル

### 소나무호텔 ●ソナムホテル Pine Tree Hotel

南春川駅、高速バスターミナルの徒歩圏内にあるホテル。2020年にオープンしており、設備が新しい。チェックインは16:00〜22:00。

▶南春川駅
MAP P.186-A3
🏠 55, umuk-gil, Chuncheon-si
🏠 춘천시 우묵길 55
🏠 춘천시 퇴계동 1187-3
TEL (033) 242-8308　料 S W ₩6万〜
日 不可　CC ADJMV　WiFi あり

info 加平駅から南怡島への渡船場へは徒歩だと約30分。途中の道にはホテル、タッカルビ屋、売店などが並んでいる。

# 束草 ソクチョ

속초 Sokcho

www.sokcho.go.kr
市外局番●033
人口●8万1996人

**束草観光案内所**
- **TEL** (033) 635-2003
- **開** 9:00〜18:00
- **休** 5/1、旧正月とチュソク連休
雪岳山への入口にある雪岳
日出公園内にある。
▶**束草高速バスターミナル**
**MAP** P.195-C2
▶**束草市外バスターミナル**
**MAP** P.195-C1
ほかにボックスタイプの案
内所がある。

束草の高速バスターミナル

**市内バス**
一般バスW1400
（交通カードW1260）
上記は束草市内の場合。襄
陽まで行く場合はW2690。交
通カード利用の場合、降車時
にタッチしてから90分以内に
乗り継ぐと、1回限り、かつ最
終降車地が束草市内の場
合、追加料金は必要ない。
**タクシー**
初乗りはW3800（2kmまで）

襄陽空港からはいったん襄陽
共用バスターミナルに出てから
広域バスに乗り換える

**襄陽国際空港**
**MAP** P.76-B2
- **住** 201 Gonghang-ro,
Sonyang-myeon, Yangyang
- **住** 양군 손양면 공항로 201
- **旧** 양군 손양면 동호리 545
- **TEL** 1661-2626
- **URL** www.airport.co.kr/
yangyang

東明港にある霊琴亭は絶好のフォトスポット

江原道の北東にある海に面した町。38度線の北にあるため
1945年にソ連軍に占領され、後に北朝鮮の領土となった。
1951年朝鮮戦争により韓国領となるなど時代に翻弄されてき
たが、近年は融和ムードの高まりから観光地として注目され
ている。市の西側は韓国有数の景勝地、雪岳山国立公園。名
刹洛山寺のある襄陽、北朝鮮との境界にある高城郡などへの
基点となる町だ。

## 歩 き 方

束草の中心は青草湖の北にある中央市場のあたり。さらに北
には市外バスターミナルが、その東には国際フェリーターミ
ナルがある（2022年現在定期旅客便は運航されていない）。
高速ターミナルは青草湖の南にある。多数のバスが中心街を
通り市外バスターミナルとを結んでいる。

### ▶ 束草周辺の広域バス
束草エリアは広域バスが市内を走っており、うまく使うこと
でひと通りの見どころへは行ける。特に1、3、7、9番のバス
は市外バスターミナルからケッペ船入口、中央市場から束草
中心部、高速ターミナル、大浦港、雪岳日の出公園へと貫
く。1番は北の高城方面へ、3番は尺山温泉方面へ、7番は
新興寺方面、そして9番は洛山寺やビーチを経由して襄陽共
用バスターミナルへと行く。

### ▶ 襄陽国際空港からのアクセス
束草から最も近い空港である襄陽国際空港には成田空港から
週4便の定期便が運航されている。便の発着に合わせて襄陽
共用バスターミナルまでシャトルバスがある。タクシーを使
うなら襄陽市外バスターミナルまで所要約10分、運賃は
W9000ほど。

**info** 2019年11月に襄陽国際空港を拠点とする「フライ江原」が運行を開始し、日本便も運航していたが、コロナ禍もあり、2023年6月16日に事業再生手続きを開始。日本線は秋以降の再開を目指している。

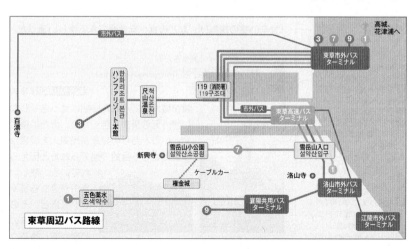

ACCESS

| ● ソウルから 서울 Seoul | | | 所要時間 | 料金 |
|---|---|---|---|---|
| 市外バス | 東ソウル総合🚏➡東草市外🚏 | 6:05～22:00の間10分～1時間に1便程度 | 約3時間 | ₩1万5900(一般) |
| 高速バス | ソウル高速🚏➡東草高速🚏 | 6:00～23:30の間15分～1時間に1便程度 | 約2時間 | ₩1万4600(一般) |

| ● 仁川から 인천 Incheon | | | 所要時間 | 料金 |
|---|---|---|---|---|
| 高速バス | 仁川総合🚏➡東草高速🚏 | 6:30～19:40の間2時間に1便程度 | 約3時間 | ₩2万4400(優等) |

| ● 春川から 춘천 Chuncheon | | | 所要時間 | 料金 |
|---|---|---|---|---|
| 市外バス | 春川市外🚏➡東草市外🚏 | 6:30～19:30の間1時間～2時間に1便程度 | 2時間20分 | ₩1万1500(一般) |

| ● 江陵から 강릉 Gangneung | | | 所要時間 | 料金 |
|---|---|---|---|---|
| 市外バス | 江陵市外🚏➡東草市外🚏 | 7:10～19:00の間35分～1時間30分に1便程度 | 1時間30分 | ₩7600(一般) |

🚏…バスターミナル

### グルメ

東草の名物といえばなんといっても新鮮な海産物。ズワイガニのテゲやベニズワイのホンゲなどが有名だ。また干したタラのファンテは東草が名産。秋のイカナゴのヤンミリが美味。

秋の風物詩、ヤンミリ(イカナゴ)

### グルメ

東草は大浦港、東明港といった各港の周囲に刺身通りがあって、店が味と新鮮さを競っている。洛山寺の南側も海岸沿いに刺身専門店が並ぶ。

東明港のうまいもの通り

### 宿泊

東草の高速バスターミナル周辺はモーテル街になっている。高級ホテルやコンドミニアムは大浦港から雪岳日の出公園にかけてのエリアに多い。

大浦港の南には大型ホテルが多い

束草周辺バス路線

info　束草の広域バスに乗る場合、行き先別に料金が違うので、運転手に行き先を告げてから運賃を支払うか、交通カードをタッチするようにしよう。

191

## アバイ村

**住** 122, Cheongho-ro, Sokcho-si
**住** 속초시 청호로 122
**旧** 속초시 청호동 1076
**開** 渡し船ケッペは4:30〜23:00
**交** 市内バス1、1-1、3、3-1、7、7-1、9、9-1、66、88、89番「ケッペ乗り場（겟배선착장）」徒歩4分
**URL** www.abai.co.kr/home

アバイ村を結ぶケッペ船

## 束草観光水産市場

**住** 16, Jungang-ro 147beon-gil
**住** 중앙로147번길16
**旧** 중앙동 471-4
**TEL** (033) 635-8433
**開休** 店舗により異なる
**交** 市内バス1、1-1、3、3-1、7、7-1、9、9-1、88、89番「観光水産市場（관광수산시장）」下車すぐ
**URL** sokcho-central.co.kr

魚の種類も南とはかなり違う

## 雪岳山ケーブルカー

**住** 1085, Seoraksan-ro
**住** 속초시 설악산로 1085
**旧** 속초시 설악동 146-1
**TEL** (033) 636-4300
**開** 7月末〜8月末9:00〜18:00（下り最終は上り最終の30分後）
※他の時期はウェブサイトで確認を
**休** 無休
**料** W1万3000（往復）
**交** 市内バス7、7-1番「雪岳山小公園（설악산소공원）」駅歩15分
**URL** www.sorakcablecar.co.kr

---

# 見どころ

### ●北の名物料理を食べに行こう ★★★
# アバイ村 아바이마을 Abai Village
アバイマウル　　▶ 市内中心部 MAP P.194-B3

アバイとは、父や年長者の男性を意味する北朝鮮の方言。アバイ村は朝鮮戦争時、北朝鮮の避難民が住み着いてできた集落。ドラマ『秋の童話』のロケ地として有名になり、多くの観光客が訪れるようになった。ドラマにも登場し、人気の運河に張られたワイヤーを引っ張って進む「ケッペ」という渡し船でも村に行くことができる。アバイスンデ（腸詰め）や冷麺など北朝鮮料理の食堂がたくさんある。

食べ歩きも楽しい

『秋の童話』の舞台となった

### ●束草らしいB級グルメの食べ歩きが楽しい ★★
# 束草観光水産市場 속초관광수산시장 Sokcho Tourist & Fishery Market
ソクチョクァングァンスサンシジャン　　▶ 市内中心部 MAP P.194-A3

旧称の「中央市場(チュンアンシジャン)」とも呼ばれる。雑貨や衣服などを扱う中央の建物をはさんで、東側の通りには生魚や乾物などの海産物を売る店が並んでおり、海苔や干しダラなどを探すならこちら。西側の通りは天ぷらやそば粉チヂミ、タッカンジョン（甘辛い鶏の唐揚げ）などの食べ歩きができる楽しい通りだ。

### ●ロープウエイで絶景さんぽ ★
# 権金城 권금성 Gwongeumseong Fortress
クォングムソン　　▶ 雪岳山 MAP P.76-B2

権金城が建てられた時期ははっきりしないが、元の襲来を防ぐため、または権と金というふたりの将軍が民間人を戦禍から避難させる目的で建てられたと伝えられている。険しい岩山が連なる荒々しい風景と、その先に見渡せる海の絶景が楽しめる。

ロープウエイで気軽に登山

荒々しい岩肌

**info** アバイ村へ行くケッペは4:30〜23:00に運航。運賃は片道W550。交通カードは使えない。

●雪岳山国立公園の入口にある仏教寺院

# 新興寺 신흥사 Sinheungsa Temple ★

シヌンサ

▶雪岳山 MAP P.76-B2

文化財に登録されている極楽宝殿

創建は新羅時代とされるが、現在の場所に建てられたのは1644年とされる。3人の僧が見た夢に導かれ、神興寺を建立したという。1995年に「新しい時代」の象徴として新興寺に改名された。1989年に完成した高さ14.6m、台座を合わせて18.9mの統一大仏像が有名だ。

山の麓の広い境内に伽藍がある

新興寺
住 1137, Seoraksan-ro
住 설악산로 1137
旧 설악동 170
TEL (033) 636-7044
開 随時 休 無休
料 無料
交 雪岳小公園から徒歩5分

統一大仏像

新興寺周辺には食堂も

●韓国第三の名峰を擁する国立公園

# 雪岳山国立公園 설악산국립공원 Seoraksan National Park ★★

ソラクサンクンニプコンウォン

▶東草近郊 MAP P.76-B2

国立公園内を流れる双川

国立公園入口にあるクマの像

雪岳山は標高1708m、韓国第三の高峰。春にはツツジやさつき、夏は緑、秋は紅葉、冬には雪国のパノラマと、千の顔を持つといわれるように、年中楽しめる韓国を代表する名山だ。紅葉の季節は花崗岩の切り立った白い岩肌と赤や黄に染まる木々のコントラストが美しい。渓谷ハイキングやロープウエイでの散策など初心者でも楽しむことができる。1970年には韓国5番目の国立公園に指定された。

雪岳山国立公園
住 833, Seoraksan-ro, Sokcho-si
住 속초시 설악산로 833
旧 속초시 설악동 43-1
TEL (033) 801-0900
開 随時 休 無休
料 ₩4000
交 市内バス7、7-1番「雪岳山小公園（설악산소공원）」駅徒歩15分
URL seorak.knps.or.kr

公園入口のインフォメーション（開9:30～12:30、13:30～17:00）にはロッカーがある

info 雪岳山のふもとにある尺山温泉 MAP P.194-A2 は、韓国では珍しい強アルカリ泉。フッ素やラジウムなどが豊富に含まれている。

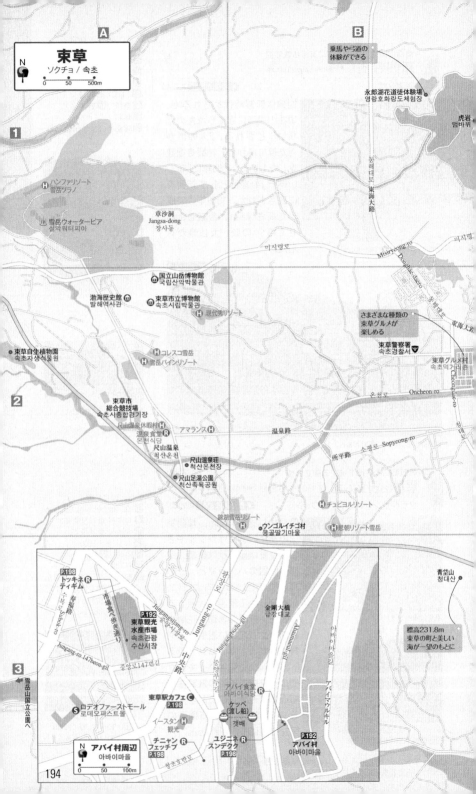

## 束草
ソクチョ / 속초

N

0 50 500m

**1**

乗馬や弓道の
体験ができる

永郎湖花道徒体験場
영랑호화랑도체험장

虎岩
범바위

ハンファリゾート
雪岳ソラノ

雪岳ウォーターピア
설악워터피아

章沙洞
Jangsa-dong
장사동

ミソ嶺路 미서령로

Misiryeong-ro

Dongha-daero

東海大路

ピチ嶺

国立山岳博物館
국립산악박물관

渤海歴史館
발해역사관

束草市立博物館
속초시립박물관

現代湊リゾート

さまざまな種類の
束草グルメが
楽しめる

束草警察署
속초경찰서

東海大路

**2**

束草自生植物園
속초자생식물원

コレスコ雪岳

雪岳パインリゾート

束草グルメ村
속초먹거리촌

束草市
総合競技場
속초시종합경기장

尺山温泉休暇村

温泉食堂
온천식당

尺山温泉
척산온천

アマランス H

温泉路 温泉路

所坪路 Sopyeong-ro

Oncheon-ro
온천로

청초호

Cheongcho-daero

尺山温泉荘
척산온천장

尺山足湯公園
척산족욕공원

錦湖雪岳リゾート

ウンゴルイチゴ村
응골딸기마을

チュビヨルリゾート H

恩朝リゾート雪岳 H

---

**3**

雪岳山国立公園へ

P.198
トッキネ
ティギム R

市場貴九排楽通り

P.192
束草観光
水産市場
속초관광
수산시장

Jungangsijang-ro 중앙시장로

Jungang-ro
중앙로

Jungang-hodu-gil

金剛大橋
금강대교

青垈山
청대산

標高231.8m
束草の町と美しい
海が一望のもとに

Sobok-ro 소복로

Jungang-ro 147beon-gil
중앙로147번길

束草駅カフェ C
P.198

ロデオファーストモール
로데오퍼스트몰

イースタン H
観光

アバイ食堂
아바이식당 R

ケッペ
(渡し船)
갯배

アバイヴルギル

N アバイ村周辺
아바이마을

0 50 100m

チニャン R
フェッチプ
P.198

ユジニネ R
スンデクク
P.198

アバイ村
아바이마을
P.192

194

## 高城統一タワー

🏠 457, Tongiljeonmangdae-ro, Hyeonnae-myeon, Goseong-gun
🏠 고성군 현내면 통일전망대로 457
🏚 고성군 현내면 명호리 2-23
☎ (033) 682-0088
🕐 9:00～17:40
※最終入場16:00
🚫 無休　💰 ₩3000
🚌 市内バス1、1-1番「大津（대진）」※北へ徒歩10分の地点にある「統一安保公園（통일 안보공원）」で手続きする
※統一安保公園から展望台までは約9kmあるが、公共交通機関がないので、タクシーを利用（往復₩6万程度）。大津にはタクシーがいないので呼んでもらおう。

## 花津浦

🏠 Hwajinpo-ri, Geojin-eup, Goseong-gun
🏚 고성군 거진읍 화진포
☎ (033) 680-3352
🕐 3～10月3:00～17:20
　11～2月4:00～16:50
🚫 無休
💰 ₩3000（花津浦歴史安保展示館）
🚌 市内バス1番「大津中高前（대진중고앞）」徒歩30分
🔗 hwajinpo-lake.co.kr

## 百潭寺

🏠 746, Baekdam-ro Buk-myeon, Inje-gun
🏚 인제군 북면 백담로746
🏚 인제군 북면 용대리 산62
☎ (033) 462-6969
🕐 7:00～18:00
🚫 無休　💰 無料
🚌 東草市外バスターミナルから「百潭寺入口（백담사입구）」行き、7:00～20:00の間1時間に1～3便 ※季節により変動あり。所要30分
🚌 東ソウル総合バスターミナルから「百潭寺入口（백담사입구）」6:49～21:10の間1日11便。所要2時間
　百潭寺入口と百潭寺の間はシャトルバスが運行されている
🔗 www.baekdamsa.or.kr

---

●年間100万人が訪れる韓国最北の展望台　★

# 高城統一タワー　고성통일타워
Goseong Unification Observatory
コソン トンイル タウォ
▶高城郡 **MAP** P.76-B1外

韓国と北朝鮮の軍事境界線近くには、いくつかの統一展望台があるが、ここは、韓国最北端の展望台であり、年間100万人が訪れるという観光名所。晴れた日には金剛山（クムガンサン）まで望める展望台だが、民間人統制区域のため、入るには「統一安保公園」への申告が必要。韓国が休戦協定中であることを、改めて感じられる場所。

●北と南の権力者が好んだ景勝地　★

# 花津浦　화진포 Hwajinpo
ファジンポ
▶高城郡 **MAP** P.76-B1

花津浦は砂州により作り出された潟湖。松林に囲まれた湖の海側は、海水浴場になっている。昔から美しい景観で知られており、皮肉にも、北朝鮮を作り上げた金日成（キムイルソン）と、韓国の初代大統領の李承晩（イスンマン）が建てた別荘が今でも残されている。その一部は史料館になっており当時の最高権力者の贅沢な生活ぶりをうかがい知ることができる。

●山深い地にひっそりと建つ寺　★★

# 百潭寺　백담사 Baekdamsa Temple
ペクタムサ
▶雪岳山 **MAP** P.76-B2

百潭渓谷（ペクタムケゴク）の上流にある内雪岳（ネソラク）を代表する寺。寺の名は大青峰（テチョンボン）から寺までの間に水たまりが100ヵ所あることに由来する。独立運動家だった萬海・韓龍雲（ハンヨンウン）（1879-1944）が僧侶となるためにここで修行を積んだ。

百潭寺に続く修心橋は、寺の空間と俗世をつなぐ橋でもある

全斗煥（チョンドゥファン）元大統領が政治の世界を追われた後、妻とともに白衣姿で軟禁された寺でもある。

---

COLUMN

◆ 新興寺と百潭寺のテンプルステイ

テンプルステイとは、寺で行われている修行をコンパクトに体験できるプログラム。拝礼も大切だが、自然を感じることや食事も修行とされる。寺によっては松かさの曼荼羅づくりなどの体験もある。
🔗 www.templestay.com

山深い地での修行を気軽にプチ体験！

---

info　全斗煥は第12代韓国大統領。1980年の光州事件で市民を弾圧した強硬派のイメージが強いが、一方で経済を発展させ、ソウルオリンピック成功の下地を作った。

山の幸が豊富な小都市

ヤンヤン **襄陽**

Yangyang 양양

山に入れば渓谷美が楽しめ、海は日の出の名勝地として知られる。キノコや山菜、サケの名産地。

市外局番●033

---

### ●海を望む高台にある
# 洛山寺 낙산사 Naksansa Temple ★★

ナクサンサ

▶襄陽近郊 **MAP** P.195-D1

新羅時代の高僧・義湘大師 ▶**P.491** によって創建された歴史ある名刹で、襄陽を代表する観光名所。海沿いの高台に位置しているため、境内からは美しい海を眺めることができる。一番の高台には、大海原を望むように、17mの海水観音像が立っている。寺院自体が韓国33観音聖地のひとつに指定されおり、境内には、圓通宝殿、七層の石塔、乾漆観音菩薩坐像など、数々の文化財をがある。

日の出の名所として
知られている義湘台

また崖の上にある義湘台と紅蓮庵は、初日の出の名所としても知られている。

### ●数種の水が湧き出す鉱泉
# 五色薬水 오색약수 Osaek Mineral Spring ★

オセクヤクス

▶襄陽近郊 **MAP** P.76-B2

薬水とは、山間などで湧き出る霊泉のこと。韓国では体に良いとされており、この薬水を目当てに山を登る人も多いという。雪岳山の山間に湧き出る五色薬水は、飲むと5つの味がすることから命名されたと伝えられている。3つの穴のうち、ひとつからは鉄分を多く含む薬水が、ふたつからは炭酸成分の薬水が湧き出る。胃腸や神経の痛み、肌荒れに良いとされ、天然記念物に指定されている。

襄陽松茸祭り会場
양양송이축제행사장

南大川 남대천

ソンイヨンヤントル
ソッパブ(松茸釜飯)の人気店

襄陽市場 양양시장

ソンイゴル 송이골

襄陽大橋 양양대교

襄陽共用バスターミナル

襄陽小学校 양양초교

洛山寺へ

襄陽橋 양양교

ソンイ・ボッサ マウル 송이버섯마을

松茸などのキノコと韓牛のしゃぶしゃぶが評判

襄陽国際空港へ

**N** **襄陽** ヤンヤン / 양양
0 150m 300m

---

**ソウルからのアクセス‥‥**

▶東ソウル
総合バスターミナルから
6:30〜19:50の間10〜40分に1便
所要:2時間10分
運賃:₩1万6800

▶高速ターミナル(嶺東線)から
6:30〜20:40の間1時間おき、22:40、23:30
所要:2時間26分
運賃:1万8100

**農漁村バス、一般バス‥‥**
₩1400(交通カード₩1300)
8kmまで

**タクシー‥‥‥‥‥‥**
初乗りは₩3800(2kmまで)

**洛山寺**

住 100 Naksansa-ro, Ganghyeon-myeon, Yangyang-gun
住 양양군 강현면 낙산사로 100
旧 양양군 강현면 전진리 57-1
TEL (033) 672-2447
開 6:00〜18:30
※最終入場17:30
休 無休 料 無料
交 市内バス9、9-1番「洛山(낙산)」徒歩15分

**五色薬水**

住 Yaksu-gil Seo-myeon, Yangyang-gun
住 양양군 서면 약수길
旧 양양군 서면 오색리
開 随時 休 無休 料 無料
交 東草市外バスターミナルから東ソウル、春川方面行きの一部便で「五色(오색)」。所要50分
襄陽からバス1番が1日11便、所要50分。

---

**グルメ**

襄陽はキノコや山菜で知られ、特に風味高い松茸は有名。9〜10月の松茸祭りは多くの人が訪れる。

松茸たっぷりの鍋

---

**info** 襄陽の町を流れる南大川は、サケやアユが遡上してくる川。7・8月はアユ、10・11月はサケを味わうことができる。

## 大浦テゲサラン

대포대게사랑 ●テポテゲサラン

おすすめはズワイガニを甘辛い醤油味でからめたカンジャンケジャン定食₩1万5000。おひとりさまメニューやモンゲヘチョトッパブ（ホヤと海藻丼）₩1万2000などがあり充実。カフェと宿も併設。

▶ **大浦港**
**MAP** P.195-D3　　　魚料理
住 11, Daepohang-gil, Sokcho-si
住 속초시 대포항길 11
旧 속초시 대포동 421-8
TEL (033) 633-0155
開 24時間
休 無休　日 不可
目メ なし　菜メ なし　CC ADJMV

---

## ノドテゲ ナドテゲ

너도대게나도대게

おすすめはズワイガニ蒸し。大きなカニを食べやすいよう さばき、ごはんを殻に入れてくれる。1杯と刺身2人前のセットで₩10〜20万。ムルフェ（水刺身）やフェトッパブ（刺身丼）は₩1万5000。

▶ **東明港**
**MAP** P.195-C1　　　魚料理
住 34, Yeonggeumjeong-ro, Sokcho-si
住 속초시 영금정로 34
旧 속초시 동명동 1-14
TEL (033) 631-9900
開 10:00〜24:00　休 無休　日 不可
目メ なし　菜メ なし　CC ADJMV
URL sokchosnowcrab.modoo.at

---

## ユジニネ スンデクク

유진이네순대국

名物アバイスンデ（腸詰め）とオジンオスンデ（イカめし）の盛り合わせ₩2万5000〜がおすすめ。アバイスンデは塩辛とエゴマと一緒に食べるのが定番。オジンオスンデは味がついている。

▶ **アバイ村**
**MAP** P.194-B3　　　郷土料理
住 27-11, Abaimaeul-gil, Sokcho-si
住 속초시 아바이마을길 27-11
旧 속초시 청호동 834
TEL (033) 632-2397
開 10:00〜18:00　休 無休
日 不可　英 あり
目メ なし　英メ なし　CC ADJMV

---

## トッキネティギム

똑이네튀김

市場にある天ぷら専門店。オジンオスンデや大きな海老天ぷら、ベニズワイガニのフライ（いずれも1人前₩1万）などが人気。盛り合わせセットもある。海老天ぷらは大きさが選べる。

▶ **束草観光水産市場**
**MAP** P.194-A3　　　天ぷら
住 16, Jungang-ro 147beon-gil, Sokcho-si
住 속초시 중앙로147번길 16
旧 속초시 중앙동 471-4
TEL (033) 667-0775
開 9:30〜21:00　休 無休　日 不可
CC ADJMV

---

## 束草駅カフェ

속초역 카페 ●ソクチョク カペ

かつて束草には鉄道が走っていた。朝鮮戦争で南北が分断されて廃駅になったが、ここは昔の駅舎をイメージして造られたカフェで、そのノスタルジックな雰囲気に記念写真を撮りに訪れる人が絶えない。ドリンクは₩3500〜。

▶ **ケッペ船乗り場**
**MAP** P.194-A3　　　カフェ
住 325-1, Cheongchohoban-ro, Sokcho-si
住 속초시 청초호반로 325-1
旧 속초시 중앙동 478-49
TEL 010-2318-2240
開 9:00〜21:00　休 水
日 不可
目メ なし　英メ なし　CC ADJMV

---

## チニャンフェッチプ

진양횟집

看板料理のオジンオスンデ₩1万は、スルメイカの腹に具を詰めて蒸した韓国版イカめし。むっちりとしたもち米の中に野菜や刻んだゲソが入る。もともと朝鮮戦争時に北部から避難した人たちが作り始めたもの。料理 P.66-●28　料理 P.66-●29

▶ **ケッペ船乗り場**
**MAP** P.194-A3　　　魚料理
住 318, Cheongchohoban-ro, Sokcho-si
住 속초시 청초호반로 318
旧 속초시 중앙동 478-35
TEL (033) 635-9999　開 9:00〜22:00
休 火　日 不可
目メ なし　英メ あり　CC ADJMV

---

info 襄陽はソンイと呼ばれる松茸の産地として有名。ソンイボッソッマウル **MAP P.197** やソンイイゴル **MAP P.197** といった専門店があり、松茸鍋や松茸焼肉などが楽しめる。

#  束草と周辺のホテル

## ラグォン モーテル

### 락원모텔
●ラグォンモテル／楽園モーテル

洛山総合バスターミナルから徒歩3分。海水浴場やその近くの刺身センターにも徒歩2〜3分。建物は古いが部屋は簡素ながらも必要なものは揃っており、きれい。

▶ 洛山寺 MAP P.195-D2

住 10, Ilchul-ro Ganghyeon-myeon, Yangyang-gun
住 양양군 강현면 일출로 10
旧 양양군 강현면 주청리 7-22
TEL (033) 672-1622
料 S W₩5万〜
日 不可
CC ADJMV
WiFi あり

## ザ ナクサン ホテル

### 더낙산호텔
●ドナッサンホテル／The Naksan Hotel

洛山海水浴場に近い62室のホテル。窓からは海が見える。部屋によってはミニキッチンがあるので、近くのコンビニを利用して簡単な自炊もできる。オンドル部屋もある。1階はカフェ。

▶ 洛山寺 MAP P.195-D1

住 18, Haemaji-gil Ganghyeon-myeon, Yangyang-gun
住 양양군 강현면 해맞이길18
旧 양양군 강현면 전진리 7-33
TEL (033) 673-0051
FAX (033) 673-0052
料 S W₩7万〜
日 不可 CC ADJMV WiFi あり
URL thenaksanhotel.co.kr

## ラマダ束草

### 라마다 속초 호텔
●ラマダ ソクチョ ホテル／Ramada Sokcho

海のすぐそばにある客室556室の大型ホテル。部屋のバルコニーから海や港をのんびり眺めることができる。レストランをはじめ、幼児用のプールやフィットネスもあり、設備は充実。

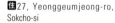

▶ 大浦港 MAP P.195-D3

住 106, Daepohanghuimang-gil, Sokcho-si
住 속초시 대포항희망길 106
旧 속초시 대포동 939
TEL 1577-0130
FAX (033) 630-6803
料 S W₩12万6446〜
日 不可 CC ADJMV WiFi あり
URL ramadasc.co.kr

## リッツ束草

### 호텔 리츠 속초
●ホテル リッチュ ソクチョ／Hotel Ritz Sokcho

東明港の魚料理店が並ぶ通りにあり、夜遅くまで開いている店も多く便利な立地。部屋も比較的新しく、海側の部屋からは束草の港が一望のもと。1階にはセブンイレブンが入っている。

▶ 東明港 MAP P.195-C1

住 27, Yeonggeumjeong-ro, Sokcho-si
住 속초시 영금정로 27
旧 속초시 동명동 2
TEL (033) 638-8233
FAX (033) 2638-8236
料 S W₩6万5482〜
日 不可 CC ADJMV WiFi あり
URL www.ritzmotel.co.kr

## パンパス リゾート

### 팜파스 리조트
●パンパス リジョトゥ／Pampas Resort Hotel

高速バスターミナルにも束草海水浴場にも近い。ウッディな室内は、リゾートホテルというだけあり広い。電子レンジなどキッチン設備もある。1階はミニマーケット。

▶ 高速ターミナル MAP P.195-C2

住 3964, Donghae-daero, Sokcho-si
住 속초시 동해대로 3964
旧 속초시 조양동 1401
TEL (033) 631-8711
料 S W ₩26万7000〜
日 不可
CC ADJMV WiFi あり
URL www.pampasresort.co.kr

## ウィズユー ゲストハウス

### 위드유 게스트하우스
●ウィドゥユ ゲストゥハウス／WithU Guest House

女性専用ドミトリー8人室から、メゾネットの広い6人室まで部屋タイプはいろいろある。庭や共用キッチン、コインランドリーがあり、家族連れに人気。無料朝食付き。全33室。

▶ 高速ターミナル MAP P.195-C2

住 3993, Donghae-daero, Sokcho-si
住 속초시 동해대로 3993
旧 속초시 조양동 1420-6
TEL 010-9631-3620
料 W ₩5万9500〜
日 不可
CC ADJMV WiFi あり
URL blog.naver.com/withugh

info 雪岳山や尺山温泉周辺にはホテルが多い。リゾートホテルからペンションまで選択肢も豊富。

# 平昌 ピョンチャン

평창 Pyeongchang

www.gn.go.kr/jap
市外局番●033
人口●215,977人

**観光案内所**
URL tour.pc.go.kr
開 9:00〜18:00
休 旧正月とチュソク当日
▶ 平昌郡総合観光案内
MAP P.201-A
TEL (033) 330-2771
▶ 月精寺観光案内所
TEL (033) 330-2772

**農漁村バス**‥‥‥‥‥‥‥
₩1400（交通カード₩1330）
8kmまでの基本料金。以降1kmごとに₩116.14ずつ追加。

**平昌郡の農漁村バス**
**おもな路線**
**横渓市外バスターミナル発**
▶ アルペンシアリゾート方面
9:35、10:40、13:30、14:40
▶ 大関嶺羊牧場方面
9:00、10:10、11:15、14:00

**珍富駅発**
（珍富市外バスターミナル経由）
▶ 旌善市外バスターミナル方面
9:00、11:00、13:00、15:10、17:10

**珍富市外バスターミナル発**
▶ 上院寺方面（月精寺経由）
7:50（月精寺終点）、9:05、
10:00、11:00、12:00、13:10、
15:10、15:50（月精寺終点）、
17:00、17:40

**長坪市外バスターミナル発**
▶ 綿温、フェニックスパーク方面
7:30、9:00、14:00、16:30、18:40

横渓の中心部にある平昌オリンピックのモニュメント

平昌は2018年に冬季オリンピックが開催されたことで世界的に注目された。平均標高が700mと高原地帯であるため、夏は涼しく冬の寒さは厳しい。比較的降雪量も多いことからオリンピックで使用されたアルペンシア・リゾートや、ドラゴンバレーと呼ばれるスキー場は人気がある。

オリンピックを機にソウルからKTXで1時間30分ほどとアクセスもよくなったことから、通年のリゾートとして今後が期待されている。

## 歩き方

平昌は平均標高が700mの山がちな地形のなかに転々と小さな集落がある。大きな町はなく、交通の起点となるバスターミナルも鉄道駅も分かれている。

### ▶ 横渓、珍富、長坪と停車する市外バス
江陵とソウルとを結ぶ市外バスは、東から横渓、珍富、長坪と、平昌郡にある3つのバスターミナルを経由する。便も多いので、このルートの移動に問題はないだろう。

**便数が少ない農漁村バス**　このエリアの農漁村バスは1日数便しかない場合も少なくない。公共交通機関のみで移動するなら、最新の時刻表を観光案内所などで入手しよう。

### グルメ

大関嶺韓牛（テグァルリョンハヌ）は平昌、寧越、旌善の合同ブランドとして人気。高麗アザミ（コンドゥレ）のナムルをまぜご飯にしたコンドゥレナムルパプや、マスの刺身なども平昌の名物だ。

評価の高い大関嶺牛

### 宿泊

リゾート滞在が基本なため、郊外のリゾートホテルやペンションを利用する人が多い。KTX駅の近くには宿泊施設はなく、各市外バスターミナル付近に少しモーテルがある。

info 郡庁がある平昌邑（ピョンチャンウブ）は平昌江に取り囲まれるようにある小さな町。川遊びが楽しめ、長坪から農漁村バスが出ている。

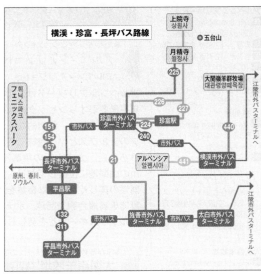

横渓　平昌五輪の開・閉会式
が行われた町。アルペンシア
リゾートや大関嶺の羊牧場へ
の農漁村バスが出ている。

珍富　五台山観光の起点で、
バスターミナルの東1.8㎞には
KTXが発着する珍富駅がある。
駅からは1日5便旌善行きの農
漁村バスが出ている。

長坪　KTXの平昌駅は長坪市
外バスターミナルから3.5㎞ほ
ど南にあり、両者間は農漁村
バスが1日11便運行されてい
る。郡庁がある平昌邑はさら
に車で30分ほど南に下ったと
ころにある。

**ACCESS**

| ● ソウルから　서울　Seoul | | 所要時間 | 料金 |
|---|---|---|---|
| KTX | ソウル駅➡平昌駅 | 5:11〜21:31の間25分〜3時間に1便 | 1時間35分 | ₩1万9700 |
| KTX | 清涼里駅➡平昌駅 | 5:32〜21:52の間25分〜3時間に1便 | 1時間15分 | ₩1万8000 |

| ● 江陵から　강릉　Gangneung | | 所要時間 | 料金 |
|---|---|---|---|
| KTX | 江陵駅➡平昌駅 | 6:30〜22:30の間1〜4時間に1便 | 30分 | ₩8400 |

※珍富駅のみ停車する列車もある。週末は増便される

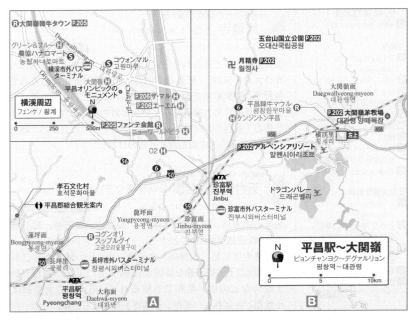

**info** 孝石文化村は『そばの花咲くころ』で知られる小説家、李孝石（1907〜42）の生家がある場所。長
坪市外バスターミナルから綿温（ミョンオン）方面の農漁村バスで行く。

## アルペンシアリゾート

**住** 325, Solbong-ro
Daegwallyeong-myeon

**住** 平昌郡 大関嶺面 ソルボン路 325

**旧** 平昌郡 大関嶺面 龍山里 425

**TEL** (033) 339-0000

**開** 随時 **休** 無休

**交** 横渓市外バスターミナル
から9:35、10:40、13:30、
14:40発

**URL** www.alpensia.com

▶ アルペンシア行き
シャトルバス

**URL** www.tourtokorea.com
仁川、金浦両空港から空
港バスが出ているほかソ
ウルからもシャトルバス
がある。空港バスは₩3万
2900、シャトルバスは₩1
万9000(東ソウル発)。要
予約。

## 大関嶺羊牧場

**住** 483-32, Daegwallyeongmaru-
gil Daegwallyeong-myeon

**住** 平昌郡 大関嶺面 大関嶺
マル路 483-32

**旧** 平昌郡 大関嶺面 横渓里
14-104

**TEL** (033) 335-1966

**開** 9:00～18:30
(12～2月～17:00、3･5月～
17:30、4･9月～18:00)

**休** 旧正月、チュソク当日

**料** ₩7000

**交** 横渓市外バスターミナル
から440番 ▶P.200

**URL** www.yangtte.co.kr

## 月精寺

**住** 374-8, Odaesan-ro
Jinbu-myeon

**住** 平昌郡 珍富面 五台山路 374-8

**旧** 平昌郡 珍富面 東山里 63-1

**TEL** (033) 339-6800

**開** 7:00～21:00

**休** 無休

**料** 無料

**交** 珍富市外バスターミナル
から225～227番 ▶P.200

**URL** www.woljeongsa.org

## 五台山国立公園

**住** 2, Odaesan-ro,
Jinbu-myeon

**住** 江原道 平昌郡 珍富面
五台山路 2

**旧** 江原道 平昌郡 珍富面
幹坪里

**TEL** (033) 332-6417

**交** 珍富市外バスターミナル
から225～227番 ▶P.200

---

# 見どころ

### ●カジノやコンベンションセンターもあるリゾート ★★
## アルペンシアリゾート 알펜시아 리조트 Alpensia Resort

アルペンシア リジョトゥ　▶ 横渓近郊 MAP P.201-B

アルペンシアリゾートは、2018年平昌冬季オリンピックのメイン会場のひとつ。幻想的なアジアのアルプスという意味で名付けられた。太白山脈の標高700mの山間地に位置しており、大関嶺の美しく清らかな自然を満喫できる複合観光団地。ホテルとコンドミニアムを中心に、ゴルフやスキーなどを楽しむことができる。

アルペンシアリゾートのジャンプ台

### ●羊が放牧されたグリーンの丘 ★
## 大関嶺羊牧場 대관령 양떼목장 Daegwallyeong Sheep Farm

テグァルリョン ヤンテモクチャン　▶ 横渓近郊 MAP P.201-B

降雪量の多いことで知られる大関嶺地域にある、韓国で唯一の羊牧場。標高975mの高地で、約300頭の羊を飼育している。2～3月は羊の出産時期で、かわいい子羊を見ることもできる。牧場は約1.2kmの遊歩道に囲まれており、ヨーロッパのアルプスのような雰囲気。フォトスポットとしても知られ、撮影を楽しみながらの散策が人気だ。

### ●モミの木の参道で深呼吸 ★★
## 月精寺 월정사 Woljeongsa Temple

ウォルチョンサ　▶ 五台山 MAP P.201-B

仏教聖地として知られる五台山東側の谷間にある、韓国仏教界の大寺。643年、新羅の善徳女王 ▶P.494 時代に建てられた名刹で、朝鮮戦争で焼失したが1964年以降に再建される。国宝第48号の八角九層石塔などの文化財も有名だが、寺に入るための1番目の門である一柱門から、約1kmにおよぶ、樹齢500年のモミの木の森も見どころのひとつ。

### ●夏のハイキングが人気 ★★
## 五台山国立公園 오대산 국립공원 Odaesan National Park

オデサン クンニブコンウォン　▶ 五台山 MAP P.201-B

名前の由来は、満月台、長嶺台、麒麟台、象三台、知工台の5つの台地があることから。一帯は高さ1563mの主峰・毘盧峰をはじめ、虎嶺峰、象王峰、東台山、頭老峰など高さ1000m以上の峰が連なる国立公園となっている。月精寺や上院寺などの古い名刹でも知られている。山の北東部は小金剛と呼ばれ、ハイキング客が多く訪れている。

**info** 平昌オリンピックの会場となったスキー場はアルペンシアリゾートのほかにフリースタイルやスノーボードクロスが行われたフェニックスパーク MAP P.76-B3 などがある。

韓国の伝統民謡、旌善アリランが名
高く、10月初旬にはアリラン祭とし
て、詩歌大会や民俗芸能大会が催
される。

市外局番●033

# チョンソン 旌善
Jeongseon 정선

## ●江原道の名物料理も食べられる ★

# 旌善五日市 정선오일장 Jeongseon 5-day Market

チョンソンオイルチャン

▶市内中心部 **MAP** P.203-B

旌善は韓国の民謡「アリラン」のひ
とつ「旌善アリラン」で有名な地
域。旌善五日市は、地方の観光振興
の波に乗り「旌善アリラン市場」と
いう名前となり、韓国各地から多く
の観光客が訪れる名所となった。毎

市が立つ日は多くの人でにぎわう

月2と7が付く日に開かれ、市の日には400を超える店舗や露
店がずらりと並ぶ。農産物が主に扱われるが、民謡やアリラ
ンの公演などイベントも盛りだくさん。

## ●ガラス板の上で空中散歩 ★★

# アリヒルズ 아리힐즈 Arii Hills

アリヒルジュ

▶旌善近郊 **MAP** P.80-B1

さまざまなレジャーが楽しめる平昌の人気複合リゾート。な
かでも人気なのは、海抜583mの地点に長さ11mの強化ガラス
を、崖から突き出たU字型に設置した「スカイウオーク」。
足元や側面が全てガラス張りで、まるで空中を歩いているか
のような感覚が味わえる。山頂からふもとまでワイヤー滑車
で一気に急降下する「ジップワイヤー」も人気。

URL www.jeongseon.go.kr/jp
**旌善への行き方**
▶長坪市外バスターミナルから
7:35 11:15 14:35 18:35
▶珍富市外バスターミナルから
21番バス ▶P.200
▶江陵市外バスターミナルから
7:20～18:30に6便程度

**旌善郡農漁村バス**
**一般バス**
₩1400（交通カード₩1300）
**座席バス**
₩1800（交通カード₩1700）
8kmまでの基本料金
**旌善五日市**
開2と7が付く日と土曜9:00～
18:00
**アリヒルズ**
住 235, Byeongbangchi-gil
Jeongseon-eup
住 정선군 정선읍 병방치길 235
旧 정선군 정선읍 북실리 579-7
TEL (033) 563-4100
開9:00～18:00（11～2月～
17:00） 休無休
料ジップワイヤー₩3万5000
スカイウオーク₩2000
URL www.ariihills.co.kr

info 清涼里駅から観光列車A-Train（旌善アリラン列車）が1日1往復運行している。所要約4時間と時
間はかかるが、景観が観光客を飽きさせない。車内販売はないのでお弁当や軽食を持参しよう。

# 太白 テベク

태백 Taebaek

市外局番●033

かつては炭鉱の町として栄えた標高約700〜900mに位置する高原都市。夏はゴルフや避暑、冬はスキーなどで賑わう。

## 太白への行き方

▶江陵から
8:48、10:21、14:00、16:06、18:25、19:35
所要：1時間40分
運賃：₩1万3100

太白市ホームページ
**URL** www.taebaek.go.kr

一般バス・・・・・・・・・・・・
₩1200（交通カード₩1100）
座席バス・・・・・・・・・・・・
₩1500（交通カード₩1400）
タクシー・・・・・・・・・・・・
初乗りは₩2800（2kmまで）

太白石炭博物館
**住** 195 Cheonjedan-gil, Taebaek-si
**住** 태백시 천제단길 195
**旧** 태백시 소도동166
**TEL** (033) 552-7720
**開** 9:00〜18:00
**休** 日曜 **料** ₩2000
**交** タクシーで約₩1万1000
**URL** www.taebaek.go.kr/coalmuseum

---

●石炭産業の歴史が体感できる ★★

### 太白石炭博物館 태백석탄박물관 Coal Museum

テベクソクタンパンムルグァン　▶ 太白近郊 **MAP** P.204-A

太白地域の鉱山は1989年に閉山したが、石炭産業の歴史や業績を伝えることを目的に1997年に開館した博物館。日本と同じ時期に石炭産業が発展したこともあり、採掘に使われた重機には

日本製が多く見られる。特殊効果を使った展示がユニークで、石炭の採掘から生成過程、利用に至るまでを体感できる。野外では、石炭運搬に利用された機関車なども展示している。

かつての坑道に入ることもできる

●高視聴率を叩き出したドラマのロケ地 ★★

### トンニタンタンパーク 통리탄탄파크

トンニタンタンパク
Tongni Tan-tan Park　▶ 太白近郊 **MAP** P.204-B

ソン・ジュンギとソン・ヘギョが主演、38%の視聴率を記録したドラマ『太陽の末裔』。太白市の旧韓宝炭鉱一帯がロケ地として使われ一躍有名になり、市がセットに25億ウォンを

---

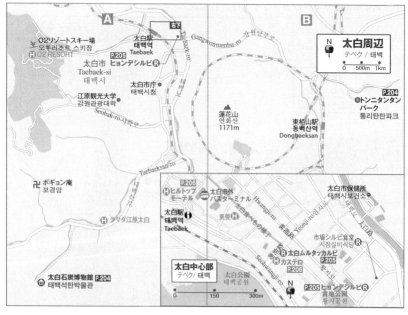

太白周辺
テベク／太白
0　500m　1km

○2リゾートスキー場
오투리조트 스키장 **H** O2 RESORT

太白駅 태백역 Taebaek

太白市 ヒョンデシルビ **R** Taebaek-si 태백시

江原観光大学 강원관광대학

太白市庁 태백시청

蓮花山 연화산 1171m

東栢山駅 동백산역 Dongbaeksan

○トンニタンタン パーク 통리탄탄파크 **P.204**

ボギョン庵 보경암

ラマダ江原太白 **H**

ヒルトップ モーテル **H** 힐탑모텔

太白市外 バスターミナル 태백시외버스터미널

太白駅 태백역 Taebaek

太白市保健所 태백시보건소

東部 **H** 동부

市場シルビ食堂 시장실비식당 **R**

太白ムルタッカルビ 태백물닭갈비 **R**

カステロ 카스테로 **P.205**

太白石炭博物館 **P.204** 태백석탄박물관 **M**

太白中心部 テベク／太白

太白公園 태백공원

0　150　300m

ヒョンデシルビ **R** **P.205** 황지공원

---

**info** トンニタンタンパークにある『太陽の末裔』のセットを再現したクリニック <sup></sup>では実際に身長や体重、体脂肪分析や血圧などの測定ができる。

投入し復元した。かつては『太陽の末裔』太白セット場という名称だったが、新たにトンネル内にデジタルアートなどの展示を加え、名称もトンニタンタンパークに変更された。

記念写真をぜひここで！

**トンニタンタンパーク**
住 67-39, Tong-dong, Taebaek-si
住 태백시 통골길 116-44
旧 태백시 통동 산67-39
開 9:00〜17:00
休 月 料 ₩9000
交 バスは近くを通らない。タクシーの利用が便利。

## 平昌エリアと周辺のレストラン

### 大関嶺韓牛タウン
대관령한우타운 ●テグァルリョン ハヌタウン

大関嶺韓牛 ▶P.200 は高級食材だが、その牛肉が安く食べられる店として韓国全土から客が訪れる。併設の精肉店で肉を購入し、隣のセルフ食堂で焼いて食べる。ユッケ₩2万5000、プルゴギ₩1万5000。

▶横渓 MAP P.201-A 韓牛
住 38, Olympic-ro Daegwallyeong-myeon, Pyeongchang-gun
住 평창군 대관령면 올림픽로 38
旧 평창군 대관령면 횡계리 376-46
TEL (033)336-2150 開 11:30〜21:30 (L.O.20:45) 休 無休
日 あり 日英 あり CC ADJMV
URL daegwallyeonghanwoo.modoo.at

### ファンテヘジャンクク（干しダラのスープ）
**ファンテ会館** 황태회관
●ファンテ フェグァン

P.68-52 八田さんおすすめ

厳寒期の山間部でスケトウダラを自然乾燥させたファンテは横渓一帯の特産品。スープに仕立てたファンテヘジャンクク₩9000はだしの効いた滋味深い味わいで、薬味ダレを塗って焼いたファンテグイ₩1万5000も香ばしくておいしい。

▶横渓 MAP P.201-A 魚料理
住 19, Nunmaeul-gil Daegwallyeong-myeon, Pyeongchang-gun
住 평창군 대관령면 눈마을길 19
旧 평창군 대관령면 횡계리 348-5
TEL (033)335-5795 開 6:00〜23:00
休 無休 日 不可
日英 なし 英 あり CC ADJMV

### 太白ムルタッカルビ
태백물닭갈비 ●テペク ムルタッカルビ

太白名物のスープたっぷりの甘辛鶏鍋、ムルタッカルビ（1人前₩8000）の店。ニラもたっぷり入り、麺を入れても◎。最後はご飯で焼き飯に。

▶太白 MAP P.204-B 郷土料理
住 8, Yeonji-ro, Taebaek-si
住 태백시 연지로 8
旧 태백시 황지동 253-116
TEL (033)552-7795
開 5:00〜23:00 休 無休
日 不可 CC ADJMV

### ヒョンデシルビ
현대실비

市場北キル沿いの精肉店が並ぶなかにある。店の一角に網が置いてあり、さばきたての韓牛が食べられる。全メニュー200g₩3万2000均一。

▶太白 MAP P.204-B 韓牛料理
住 11, Sijangbuk-gil, Taebaek-si
住 태백시 시장북길 11
旧 태백시 황지동 38-313
TEL (033)552-6324 開 11:00〜15:00、16:30〜22:00 休 月、旧正月とチュソク連休
日 不可 日英 なし 英 なし CC ADJMV

### テバクチプ
대박집

そば粉チヂミなどの盛り合わせやとうもろこし麺オルチェンイククス、コシの強いそばコッドンチギ（₩5000）などの郷土料理が味わえる。

▶旌善 MAP P.203-B 郷土料理
住 37-5, 5iljang-gil Jeongseon-eup
住 정선군 정선읍 5일장길 37-5
旧 정선군 정선읍 봉양리 344-4
TEL (033)563-8240 開 7:00〜19:00
休 月、旧正月とチュソク当日
日 不可 日英 あり CC ADJMV

### トンバッコル食堂
동박골식당 ●トンバッコルシクタン

旌善で人気を集めるコンドゥレ釜飯（₩9000）専門店。コンドゥレとは旌善特産の山菜で、アツアツの釜から立ち上る山菜の香りがたまらない。

▶旌善 MAP P.203-A 郷土料理
住 1314, Jeongseon-ro Jeongseon-eup, Jeongseon-gun
住 정선군 정선읍 정선로 1314
旧 정선군 정선읍 봉양리 190-1
TEL (033)563-2211 開 9:00〜20:00
休 無休 日 不可 CC ADJMV

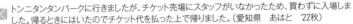
トンニタンタンパークに行きましたが、チケット売場にスタッフがいなかったため、買わずに入場しました。帰るときにはいたのでチケット代を払った上で帰りました。（愛知県　あはと　'22秋）

# 平昌エリアと周辺のホテル

## エーエム

AM 호텔 ●エイエムホテル／AM Hotel

▶横渓 MAP P.201-A

横渓にあるレジデンスホテル。洗濯機や電子レンジなどのキッチン設備が付いた部屋が多く、リゾート滞在に向く。設備の揃ったフィットネスセンター、emart24も館内にある。

住 30, Songcheon-gil Daegwallyeong-myeon, Pyeongchang-gun
住 평창군 대관령면 송천길 30
旧 평창군 대관령면 횡계리 278-4
TEL 1855-1866
料 S W ₩6万2200〜
日 不可　CC ADJMV　WiFi あり
URL www.hotelam.co.kr

## ザ・マル

더 마루 ●ド マル／Hotel The Maru

▶横渓 MAP P.201-A

オリンピック関連施設まで2kmほどのところにある全29室のホテル。平昌オリンピックを機に開業したため新しく、とてもきれい。レセプションは2階にあり、1階にカフェを併設している。

住 10, Songcheon 3-gil, Daegwallyeong-myeon, Pyeongchang-gun
住 평창군 대관령면 송천 3길 10
旧 평창군 대관령면 횡계리 313-4
TEL (033)335-8831
料 S W ₩9万5000〜
日 不可　CC ADJMV　WiFi あり
URL www.instagram.com/hotel.the.maru

## 桑帷齋

상유재 ●サンユジェ／sangyouje

▶旌善 MAP P.203-A

14世紀末から15世紀初頭にかけて建てられたという、旌善で最も古い邸宅を韓屋ホテルとして利用している。全3室で、シーズンにより料金が大きく変動するので、必ず料金の問い合わせを。

住 22-8, Bongyang 3-gil Jeongseon-eup, Jeongseon-gun
住 정선군 정선읍 봉양3길 22-8
旧 정선군 정선읍 봉양리 217-1
TEL 010-562-1162
料 S W ₩7万〜
日 不可　CC ADJMV　WiFi あり
URL sangyouje.modoo.at

## トンホホテル

동호호텔
●東湖ホテル／Dongho Hotel

▶旌善 MAP P.203-B

旌善五日市市場の目の前、ほぼ町の中心にあたり、便利な立地。建物は新しくないが、手頃な料金で部屋も古いが清潔。周囲に高い建物も少ないので、上階からの眺めはいい。

住 1360, Jeongseon-ro Jeongseon-eup, Jeongseon-gun
住 정선군 정선읍 정선로 1360
旧 정선군 정선읍 봉양리 353
TEL (033) 562-9000
料 S W ₩9万5000〜
日 不可
CC ADJMV
WiFi あり

## カステロ

호텔 카스텔로
●ホテル カステルロ／Hotel Castello

▶太白 MAP P.204-B

太白駅や太白市外バスターミナル近くの全72室のホテル。バスタブ付きの部屋はウッドフロアで広く快適。レストラン＆バーもある。周囲に食堂も多い。ホテルの前に小さなスーパーがある。

住 6, Yeonji-ro, Taebaek-si
住 태백시 연지로 6
旧 태백시 황지동 253-16
TEL (033) 553-2211
料 S W ₩14万〜
日 不可
CC ADJMV
WiFi あり

## ヒルトップモーテル

힐탑모텔
●ヒルタブ モテル／Hill Top Motel

▶太白 MAP P.204-A

太白駅前にある全27室のホテル。インテリアは少々古く部屋は広くないが清潔。1階はすべてオンドル部屋。太白市外バスターミナルからも近く他の町への移動にも便利。

住 86, Seohwangji-ro, Taebaek-si
住 태백시 서황지로 86
旧 태백시 황지동 368-40
TEL (033) 553-9889
料 S W ₩4万〜
日 不可
CC ADJMV
WiFi あり

info 横渓はオジンオ（イカ）とサムギョプサル（豚の三枚肉）を焼く「オサムブルゴキ」が名物。その知名度を上げようと、平昌五輪を機に、メイン・ストリートが「オサムブルゴギ通り」となった。

カンヌン
# 江陵

Gangneung 강릉

www.gn.go.kr/jap
市外局番●033
人口●21万4189人

「世界で最も海に近い駅」正東津駅のプラットホーム

韓国の北東部に位置する江陵は、平昌オリンピックのフィギュアスケートやカーリングの競技が行われたところとして、世界の注目を浴びた。オリンピックを契機にKTXが運行されるようになり、ソウルからの日帰りも可能となった。日の出の美しい海岸線には観光列車が走り、正東津駅は「世界で最も海に近い駅」として人気が高い。朝鮮王朝期の大儒学者、李珥 ▶P.491（李栗谷）を排出した歴史ある町として訪れる人も多い。旧暦5月に行われる江陵端午祭はユネスコの無形文化遺産。

## 歩き方

海岸の朝日を見るなら前泊しておこう。江陵の見どころは郊外に点在している。バスもあるが本数が少ないので1日で回るならタクシーを利用しよう。

### 観光案内所
開 9:00〜18:00
休 旧正月とチュソク当日
▶ 江陵駅前観光案内所
MAP P.209-B3
TEL (033) 642-8692
▶ 江陵市外バスターミナル
MAP P.209-A3
TEL (033) 643-6092
バスターミナルの裏側にある。ほかに鏡浦台にもある。

### 市内バス
一般バス₩1400
（交通カード₩1260）
座席バス₩2000
（交通カード₩1800）
烏竹軒、船橋荘、鏡浦台は202番。
バスターミナル、草堂スンドゥブマウル経由江門（カンムン）方面へは230番。
総合バスターミナルと市内を結ぶのは202、206番（市内まで10分）など

### タクシー
初乗り₩3800（2kmまで）
2〜6kmは133mにつき₩100、6km以上は133mにつき₩200

### 観光タクシー
TOURIST TAXIの利用が便利。江陵駅の観光案内所で申し込む。3時間₩2万で、4人まで乗れる。

### グルメ
江陵は韓国で初めてコーヒー豆の栽培に成功した町で、コーヒーの本場としてブランド力が高い。安木のカフェ通りではコーヒー豆やコーヒーパンなどがおみやげとして人気。

豆の形をしたコーヒーパン

### 宿泊
高級ホテルは市の北にある海岸、鏡浦周辺にある。市内中心部には中級ホテルがある。モーテルはバスターミナル周辺にも多い。正東津駅周辺にも日の出を見る人のための宿がある。

鏡浦海岸にはホテルが多い

### 旅のポイント
夏はビーチリゾートとしてにぎわう反面、冬季五輪が行われるだけあって、冬の冷え込みはかなりのもの。また日の出前は夏でもかなり寒くなるので、日の出を見るならきっちり対策を。

日が出る前はかなり寒い

info 国宝第51号の江陵客舎門 MAP P.209-A3 は、高麗時代に建てられた門。江原道にある唯一の国宝建築として知られる。

| ● ソウルから 서울 **Seoul** | | | 所要時間 | 料金 |
|---|---|---|---|---|
| **KTX** | ソウル駅➡江陵駅 | 5:11～22:11の間40分～2時間に1便 | 約2時間 | ₩2万7600 |
| **KTX** | 清凉里駅➡江陵駅 | 5:32～22:32の間40分～2時間に1便 | 約1時間40分 | ₩2万6000 |
| **高速バス** | ソウル高速🚏➡江陵高速🚏 | 6:00～21:00の間30分～1時間に1便<br>23:00（深夜） | 約2時間50分 | ₩1万5900（一般） |
| **高速バス** | 東ソウル総合🚏➡江陵高速🚏 | 6:30～20:50の間30～50分に1便<br>22:20（深夜） | 約2時間50分 | ₩1万6300（優等） |

| ● 春川から 춘천 **Chuncheon** | | | 所要時間 | 料金 |
|---|---|---|---|---|
| **市外バス** | 春川市外🚏➡江陵市外🚏 | 6:30 8:00～19:30の間30分～1時間40分<br>に1便 | 約2時間10分 | ₩1万6500（優等） |

| ● 束草から 속초 **Sokcho** | | | 所要時間 | 料金 |
|---|---|---|---|---|
| **市外バス** | 束草市外🚏➡江陵市外🚏 | 6:55～20:20の間1時間に1便程度 | 約1時間20分 | ₩7600（一般） |

| ● 安東から 안동 **Andong** | | | 所要時間 | 料金 |
|---|---|---|---|---|
| **KTX** | 安東駅➡江陵駅 | 直通はない。西原州などで乗り換える | 約2時間20分 | ₩3万3100 |

🚏…バスターミナル

**鬱陵島へのフェリー**
鬱陵島は、本土から約130km離れた絶海の孤島。飛行場などはなく、船で行くほかない。江原道からは江陵港と墨湖港からの便がある。スケジュールはウェブサイトを参照。
📞 1577-8665
🌐 www.sspvjd.co.kr

### ▶ ターミナルから市の中心部へ

**バスターミナル**　江陵の高速バスターミナルと市外バスターミナルは隣り合っている。市外バスターミナルからは、東海、三陟、束草、横渓などへの便がひっきりなしに出ている。江陵駅へはターミナルを出てすぐのバス停から202-1、314-1、314-2番など多くの便が出ている。

**江陵駅**　市の中心にあり、周囲には宿泊施設も多く市場もある。

### ▶ 主な市内バス路線

鬱陵島へのフェリーが出発する港や安木海岸コーヒー通りへは江陵女子高校から200番などのバス。鏡浦湖方面は202-1番バスを利用する。「世界で最も海に近い駅」正東津へは、鉄道でも行けるが、江陵駅から112、113番バスが市内を通って行く。

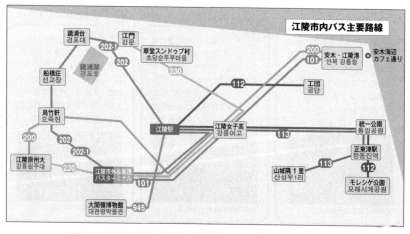

江陵市内バス主要路線

info KORAILでは三陟から南へ、浦項までの路線を建設している。完成すると、朝鮮半島東側の海岸線に沿って釜山まで直通するようになる。

## 江陵から東海、三陟へ
東海、三陟ともに市外バスターミナルから便がたくさん出ている
### ▶東海
東海のバスターミナルから港周辺の中心地区へはやや距離がある。江陵駅から行くなら、ダイレクトに東海の港近くの東海駅に行く在来線の利用も検討に値する。
### ▶三陟
市の中心部にバスターミナルがあるが、鉄道駅は町の中心から離れている。

## 東海駅から江陵駅へ
7:27 9:03 13:00 15:23 17:24 18:42 20:06 21:47発
所要約47分　運賃₩2900

## 舞鶴港から東海港へ
舞鶴港（日本）→東海港（韓国）→ウラジオストク港（ロシア）のルートで運航していたが、ウラジオストク～東海のみの運航となっている
**URL** www.dwship.co.kr

## 烏竹軒
**住** 24, Yulgok-ro 3139beon-gil
**住** 강릉시 율곡로3139번길 24
**旧** 강릉시 죽헌동 177-4
**TEL** (033) 660-3301
**開** 9:00～18:00
　※最終入場17:00
**休** 無休
**料** ₩3000（市立博物館と共通）
**交** 市内バス200、202、202-1、202-2、203、205番「烏竹軒（오죽헌）」
**URL** www.gn.go.kr/museum

李栗谷の名でも知られる李珥の像

---

### ▶ 東海港（東海市）

舞鶴港からのフェリーが発着　東海港は江陵の南、東海市にある主要港。京都・舞鶴港から週1便大型船が就航している（2022年12月現在運休中）。港から東海駅までは少し距離があるが、このエリアは繁華街になっており、宿もある。

**東海港から江陵市内へ**　東海港と東海共用バスターミナルは離れている。港近くのバス停から111、121番などの市内バスで行ける。東海共用バスターミナルから江陵へは市外バスが頻発しており、所要約40分。東海駅からの在来線でも江陵へ行ける。

## 見どころ

### ●朝鮮儒学者の生家
# 烏竹軒 오죽헌 Ojukheon House
オジュコン
★★
▶ 市内中心部 **MAP** P.209-A2

5万ウォン札に描かれる女流書画家の申師任堂 **P.493** と、息子で5千ウォン札に描かれる儒学者の李珥（号は栗谷）**P.491** の家。朝鮮王朝時代中期に建てられた木造家屋で、国の文化財に指定されている。

申師任堂は儒学の大家を育てた

家の周りに烏のように真っ黒な竹が多いことから、烏竹軒と称される。李珥が生まれた別堂の夢竜室や母屋、ゆかりの品などの展示があり、親子の歴史や足跡をたどることができる。また、ドラマ『師任堂、色の日記』では、イ・ヨンエが申師任堂を演じ、人気を集めた。

---

**info** 烏竹軒では8月下旬～10月下旬（2022年は8/26～10/22）の金・土曜（チュソクの祝日も含む）の19:00～20:30に烏竹軒 風流夜というイベントを開催。開催日は18:00から烏竹軒が無料開放される。

## ●烏竹軒の敷地内にある
# 江陵市立博物館 강릉시립박물관 Municipal Museum
### カンヌン シリプ パンムルグァン
★★
▶ 市内中心部 MAP P.209-A2

烏竹軒と合わせて見学したい

烏竹軒の敷地に併設された博物館。嶺東地域で出土した先史時代の土器、仏像、書物をはじめ、野外展示場では、古墳や石造美術品などが展示されている。また、郷土民俗館では、かつての江陵（カンヌン）の生活風景を模型などで紹介しているほか、ユネスコの無形文化遺産に記載される「江陵端午祭」を再現した模型も見られる。

## ●上流階級が暮らした伝統的大邸宅
# 江陵船橋荘 강릉선교장 Seongyojang House
### カンヌンソンギョジャン
★★
▶ 市内中心部 MAP P.209-A2

「仙山幽居」の額が掲げられた門

朝鮮王朝時代の貴族階級である両班の邸宅。名前の由来は、この地域を船橋里（ソンギョリ）と呼んでいたことから。朝鮮王朝第4代王の世宗大王（セジョンデワン）▶P.493 の兄、孝寧大君（ヒョリョンデグン）の子孫、李乃蕃により1760年頃に建てられた。現在も子孫が住んでおり、朝鮮王朝時代の貴族の生活様式を知ることができる。また、韓国歴史ドラマのロケ地としても有名で、『ファン・ジニ』『宮～Love in Peace』『師任堂、色の日記』の撮影もここで行われた。

## ●鏡のように月を映す
# 鏡浦台 경포대 Gyeongpodae Pavilion
### キョンポデ
★★★

高台にあるので眺めは抜群

朝鮮王朝時代の史跡であるこの楼閣は、江原道有形文化財第6号に指定されている。小高い丘の上に建てられており、鏡浦湖（キョンポ）はもちろん、その奥に広がる海まで一望でき、夜になると「夜空に浮かぶ月」「海に映る月」「鏡浦湖に映る月」など5つの月が楽しめるという。日本でも広く売られている焼酎「鏡月」の名はこの鏡浦台が由来。春の「鏡浦台桜祭り」も人気。

夕闇せまる鏡浦湖

---

### 江陵市立博物館
🏠 24, Yulgok-ro 3139beon-gil Gangneung-si
🏠 강릉시 율곡로3139번길 24
🏚 강릉시 죽현동 177-4
☎ (033) 660-3301
🕘 9:00～18:00
　※最終入場17:00
休 無休
料 ₩3000（烏竹軒と共通）
交 市内バス200、202、202-1、202-2、203、205番「烏竹軒（오죽헌）」

### 江陵船橋荘
🏠 63, Unjeong-gil, Gangneung-si
🏠 강릉시 운정길 63
🏚 강릉시 운정동 431
☎ (033) 648-5303
🕘 夏期9:00～18:00
　冬期9:00～17:00
休 無休　料 ₩5000
交 市内バス202、202-1、202-2番「船橋荘（선교장）」
URL www.knsgj.net

隣接する船橋荘博物館

### 鏡浦台
🏠 365, Gyeongpo-ro, Gangneung-si
🏠 강릉시 경포로 365
🏚 강릉시 저동 94
☎ (033) 640-4471
🕘 随時　休 無休
交 市内バス202番「鏡浦台（경포대）」
※最寄りのバス停は終点の鏡浦海辺（경포해변）ではないので注意。鏡浦海水浴場へ行く場合は終点の鏡浦海辺で下車

江門橋のたもとには風車がある

---

info 烏竹軒の隣には日・中・韓の刺繍文化を比較展示する東洋刺繍文化博物館があり、江陵刺繍の展示も見られる。周囲にはさまざまなアート工房がある。

# 正東津 チョンドンジン

## 정동진 Jeongdongjin

市外局番●033

正東津駅は世界いち海に近いことからギネスブックに載った駅。朝日の名所としても有名で、元旦は初日の出を見る人でいっぱいになる。

### 正東津への行き方

▶江陵駅から
6:25、7:38、8:36、10:40、14:10、16:25、18:29、20:34
所要:15分　運賃:₩2600
市内バス112、113番が合わせて1日14便

### 市内バス
一般バス₩1400
（交通カード₩1260）
座席バス₩2000
（交通カード₩1800）

### タクシー
初乗り₩3800（2kmまで）

### 正東津駅
🏠 17, Jeongdongyeok-gil Gangdong-myeon
🏠 강동면 정동역길 17
🏠 강동면 정동진리 303
料 ₩1000（駅構内入場券）

### 砂時計公園／時の博物館
MAP P.212
🏠 990-1, Heonhwa-ro Gangdong-myeon, Gangneung-si
🏠 강릉시 강동면현화로 990-1
🏠 강릉시 강동면 정동진리 569-1
TEL (033) 640-4533
料 ₩9000（時の博物館）
交 正東津駅から徒歩20分。江陵方面から112番バス「砂時計公園（모래시계공원）」
URL opentour.gtdc.or.kr

### 統一公園
🏠 1715-38, Yulgok-ro, Gangdong-myeon, Gangneung-si
🏠 강릉시 강동면 율곡로 1715-38
🏠 강릉시 강동면 안인진리 산45-49 통일안보전시관
TEL (033) 640-4469
開 9:00～18:00
※最終入場17:30
休 無休　料 無料
交 112、113番バス「統一公園安保展示館（통일공원 안보전시관）」

### ●ドラマゆかりのオブジェがある

## 正東津駅 정동진역 Jeongdongjin Station

チョンドンジンヨク

★★★

▶江陵南部 MAP P.212

海岸を走る嶺東線の小さな駅だが、「世界で最も海に近い駅」としてギネスブックに認定されている。日の出の名所で、全国各地から多くの観光客が訪れる。砂の重さ8tという世界最大の砂時計がある砂時計公園には、SL列車を模した「時の博物館」があり、世界各国の時計を展示している。なぜ砂時計？　なぜSL？　答えは1995年の大流行ドラマ『砂時計』 P.497 にあり。

上:お揃いのポーズで日の出を待つ
下:砂時計公園と時の博物館

### ●冷戦を象徴する潜水艦

## 統一公園 통일공원 Unification Park

トンイル コンウォン

★

▶江陵南部 MAP P.77-C3

1996年北朝鮮の潜水艦が、正東津近くの海に座礁した事件をきっかけに、安保意識を高めるために造成された公園。公園の海側では、韓国海軍の退役艦船である「全北艦」が目を引く。甲板に上がったり、船内に入って展示品を見ることも可能。

韓国海軍の「全北艦」

正東津
チョンドンジン／정동진
0 100 200m

日本海

Yulgok-ro
Heonhwa-ro

サンカフェ P.215
江陵市街方面
正東津駅 P.212
정동진역
Jeongdongjin

正東津海水浴場
정동진해수욕장

時の博物館 P.212
시간박물관
砂時計（モレシゲ）公園
모래시계공원

江陵市街方面

正東津港
정동진항

正東津彫刻公園
정동진조각공원

info　正東津の正東とは真東を意味している。朝鮮王朝時代の王宮、景福宮 P.132 の正門、光化門の真東の方向にあるため、この名が付けられた。

漁師町の風情が残るエリア。三陟は
ペ・ヨンジュンの主演第2作『4月の
雪』の舞台として知られている。

市外局番●033

## ●直立した奇岩が並ぶ ★★
# チョッテバウィ 촛대바위 Chuam Chotdaebawi Rock
チョッテバウィ

▶ 東海 MAP P.210

美しい海が望める湫岩海水浴場には、珍しい形をした奇岩が
多く見られるが、なかでも有名なのが、ろうそくの形をした
「チョッテバウィ」。妻と後妻を待つ男の伝説が宿るという、
このチョッテバウィのてっぺんに朝日が掛かると、その姿が
火を灯したろう
そくに見えると
のことで、日の
出の名所として
多くの観光客を
集めている。

有数の奇岩地帯

海列車の記念撮影ポイント

## ●川岸の絶壁の上に建つ ★★
# 竹西楼 죽서루 Jukseoru Pavilion
チュクソル

▶ 三陟 MAP P.213-A

関東八景のひとつで、国の文化財に登録されている楼閣。朝
鮮王朝時代初期から多くの詩人や画家が、その美しい眺望を
求めて訪れた。三陟市内を流れる五十川を見下ろす断崖に立
っており、楼閣からは抜群の眺望が楽しめるほか、ペ・ヨン
ジュン主演の
映画『4月の
雪』のロケ地
でも知られて
いる。

川を眼下に眺める

庭園の緑も美しい

### 東海～三陟のバス
21-1、21-2、21-3、21-4があ
り、墨湖～東海総合バスター
ミナル～三陟海水浴場入
口～三陟ターミナルと行く。
21-2以外は東海港も通る。
**市内バス**・・・・・・・・・・・・・・・・
一般バス₩1400
(交通カード₩1260)
東海～三陟間を結ぶバスは
距離により₩1450～2150(交通
カード₩1310～2010)、座席バス
は₩2000(交通カード₩1860)
**タクシー**・・・・・・・・・・・・・・・・・
初乗り₩3800(2kmまで)、
2km以降133mにつき₩100
### チョッテバウィ
🏠 Chotdaebawi-gil, Donghae-si
🏠 동해시 촛대바위길
🏚 동해시 추암동 1
🚍 タクシーが便利。東海市内
バス161、162番で「チュアム
海辺(추암해변)」または海
列車で「湫岩」下車。
### 竹西楼
🏠 37, Jukseoru-gil
🏠 삼척시 죽서루길 37
🏚 삼척시 성내동 8-2
☎ (033) 570-3670
🕐 夏期9:00～18:00
　 冬期9:00～17:00
🚫 無休　💴 無料
🚍 三陟総合バスターミナルか
らタクシー基本料金。徒歩
10分

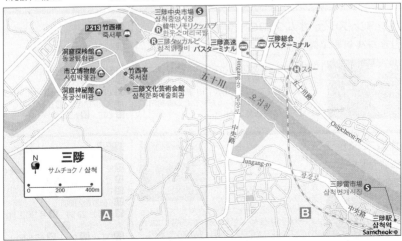

三陟中央市場 S
삼척중앙시장

P.213 竹西楼
죽서루

韓牛ソモリクッパプ R
한우소머리국밥

洞窟探検館
동굴탐험관

三陟タッカルビ R
삼척닭갈비

三陟高速
バスターミナル

三陟総合
バスターミナル

スター

市立博物館
시립박물관

竹西亭
죽서정

洞窟神秘館
동굴신비관

三陟文化芸術会館
삼척문화예술회관

五
十
川

Jungang-ro

光
岩
路

中
央
路

Osipcheon-ro

オ
十
川

五
十
川
橋

Jungang-ro

三陟
サムチョク／삼척

N

0　　200　　400m

三陟電市場
삼척번개시장 S

光
岩
路

中
央
路

三陟駅
삼척역
Samcheok

A

B

info 竹西楼以外の関東八景は襄陽の洛山寺 P.197、江陵の鏡浦台 P.211、杆城の清澗亭 MAP P.76-B1、
蔚珍の望洋亭 MAP P.81-D2、平海の越松亭 MAP P.81-D2。残りふたつは北朝鮮側にある。

213

# 江陵と周辺のレストラン

## ノンチョンスンドゥブ チョダン110

농촌 순두부●農村純豆腐　조당110 ●草堂110

松の木が目印

冬でも人が絶えない

ノンチョンスンドゥブ　草堂スンドゥブ村にある。豆腐鍋（1人₩1万2000、2人前から）が人気で、辛い鍋と辛くない白い鍋が選べる。
チョダン110　2019年に同じ敷地内にオープンした豆腐アイスクリームスタンド。早くも行列ができる人気店になっている。アイスクリームは甘さ控えめで豆腐が感じられる味。

辛い豆腐鍋

アイスは₩4000

▶江陵
**MAP** P.209-B1 〔郷土料理〕〔豆腐アイス〕

住 108,110, Chodangsundubu-gil, Gangneung-si
住 강릉시 초당순두부길 108, 110
旧 강릉시 강문동 126-1, 127-1
ノンチョンスンドゥブ
TEL (033)651-4009　開 7:30〜20:30(L.O.20:00)　休 月　日 不可
日本語 なし　英語 なし　CC ADJMV
チョダン110
TEL 010-8836-8624
開 10:00〜19:30(土・日・祝9:00〜20:00)　休 水　日 不可
日本語 なし　英語 なし　CC ADJMV

---

P.68-51
八田さんおすすめ

草堂豆腐（にがりを使わないおぼろ豆腐）
## 草堂ハルモニスンドゥブ

초당할머니순두부　●チョダンハルモニスンドゥブ

にがりのかわりに海水を汲み上げて作る草堂豆腐の専門店。看板料理のスンドゥブ定食₩9000は、できたてのおぼろ豆腐に少量の薬味醤油を好みでかけて味わう。四角く成型したモドゥブ（温やっこ）₩1万3000も大豆の甘味を感じる一品。

▶江陵
**MAP** P.209-B1 〔豆腐〕

住 77,Chodangsundubu-gil, Gangneung-si
住 강릉시 초당순두부길 77
旧 강릉시 초당동 307-4
TEL (033)652-2058　開 8:00〜16:00、17:00〜19:00(火8:00〜15:00)　休 水、旧正月とチュソク連休　日 不可
日本語 なし　英語 あり　CC ADJMV

---

## カムジャバウ

감자바우

江陵名物ジャガイモ団子、カムジャオンシム₩9000〜の人気店。とろみのある具だくさんのだしにきな粉がいいアクセント。じゃがいもチヂミのカムジャジョン₩6000も人気がある。

▶江陵
**MAP** P.209-B3 〔郷土料理〕

住 4, Geumseong-ro 35beon-gil, Gangneung-si
住 강릉시 금성로35번길 4
旧 강릉시 성남동 97-17
TEL (033)648-4982　開 9:00〜21:00(L.O.20:00)　休 無休　日 不可
日本語 なし　英語 なし　CC ADJMV

---

## カンヌン スジェ オムク コロッケ

강릉 수제 어묵 고로케

江陵中央市場にあるオムク（練りもの）コロッケの店で、いつも行列ができている。チーズ、キムチ、サツマイモ、あんこ、激辛など味のバリエーションもいろいろだ。ひとつ₩3000。コーヒーパンも販売している。

▶江陵
**MAP** P.209-B3 〔屋台〕

住 8, Geumseong-ro 13beon-gil, Gangneung-si
住 강릉시 금성로13번길 8
旧 강릉시 성남동 53-1
TEL (033)646-9799　開 10:30〜19:30(完売次第閉店)　休 無休
日 不可　CC ADJMV

---

## ナムエ マッククス

남애막국수

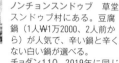
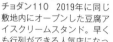
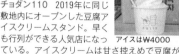

江陵総合ターミナルのすぐ近くのマッククス（そば）専門店。汁がない和え麺ビビンマッククスは、メミルジョン（そば粉のお焼き）に包んで食べる。海苔とゴマがかかったムルマッククス（写真、₩7000）も絶品。

▶江陵
**MAP** P.209-A3 〔麺料理〕

住 92, Gangneung-daero, Gangneung-si
住 강릉시 강릉대로 92
旧 강릉시 홍제동 998-3
TEL (033)642-0065
開 10:00〜20:30　休 月、旧正月とチュソク連休　日 不可
日本語 なし　英語 なし　CC ADJMV

---

info 三陟駅前にある雷市場（ポンゲシジャン）は刺身などが安く買える人気の市場。早朝からあっという間に売り切ってしまうので雷（ポンゲ）の名前が付いた。

## ポドゥナム ブリュワリー

버드나무 브루어리 ●Budnamu Brewry

江陵発のクラフトブリュワリーの工場にあるパブ。自家製のビールは400㎖で₩7000～8000。全種類が少しずつ楽しめる試飲セットは₩1万8000。ビールに合うおつまみも充実している。

▶江陵
**MAP** P.209-A3　ビアパブ
住 1961, Gyeonggang-ro, Gangneung-si
住 강릉시 경강로 1961
旧 강릉시 홍제동 93-8
TEL (033) 920-9380
開 12:00～16:00、17:00～24:00
休 無休　日 不可
🈳 なし　🈶 なし　CC ADJMV

## ボサノヴァ コーヒー ロースターズ

보사노바 커피로스터스 ●Bossa Nova Coffee Roasters

2015年の開店以来、江陵のコーヒーシーンを牽引し、2019年にはソウルの蚕室にも支店を出したコーヒー専門店。1階が焙煎室になっており、コーヒーのいい香りが店に漂っている。

▶江陵
**MAP** P.209左上　コーヒー
住 28, Changhae-ro 14beon-gil, Gangneung-si
住 강릉시 창해로14번길 28
旧 강릉시 견소동 168
TEL (033) 653-0038
開 8:00～22:00 (L.O.21:30)　休 無休
日 不可　🈶 なし　🈶 あり
CC ADJMV

## アルベロ

알베로 ●アルベロ／Albero

安木海辺カフェ通りの1軒。大きな窓は天気がよければ全面的に開放され、海風が入る心地よい空間になる。江陵はコーヒーの町としても知られているが、ここはハーブティーも充実している。

▶江陵
**MAP** P.209左上　カフェ
住 36, Changhae-ro 14beon-gil, Gangneung-si
住 강릉시 창해로 14번길 36
旧 강릉시 견소동 162
TEL (033) 651-7200　開 9:00～24:00
休 無休　日 不可　🈶 あり
🈳 なし　🈶 なし　CC ADJMV
URL cafealbero.modoo.at

## サンカフェ

썬카페 ●ソンカペ／Sun Cafe

正東津駅近くにあるカフェ。ペンションのような外観で中は広い。早朝から営業しているので日の出を待つ人々が訪れている。サンドイッチとコーヒーのセットト₩1万、トーストとコーヒーのセット₩7000。

▶正東津
**MAP** P.212　カフェ
住 6, Jeongdongyeok-gil
　 Gangdong-myeon, Gangneung-si
住 강릉시 강동면 정동역길 6
旧 강릉시 강동면 정동진리 328-3
TEL (033) 644-5466　開 5:00～20:00
休 無休　日 不可　🈶 あり
🈳 なし　🈶 なし　CC ADJMV

## 東海パダコムチクク

コムチクク（クサウオのスープ）
동해바다곰치국 ●トンヘパダコムチクク

P.68-49
八田さんおすすめ

墨湖港名物のコムチ（クサウオ）料理を自慢とする店。アンコウのようなゼラチン質の身で、上品な白身の味わいとぷるぷる食感が重なり合う。定番メニューのコムチクク₩2万は熟成キムチを一緒に煮込んだスープ。朝食にもぴったり。

▶東海
**MAP** P.77-C3　郷土料理
住 179, Ilchul-ro, Donghae-si
住 동해시 일출로 179
旧 동해시 묵호진동 2-30
TEL (033) 532-0265
開 6:00～18:30　休 第1・3水、旧正月とチュソク連休　日 不可
🈳 なし　🈶 なし　CC ADJMV

## パダフェッチプ

바다횟집

三陟の老舗刺身料理店で、コムチクク₩1万5000でも有名。ムルフェ₩2万はスープが別皿で出てくるが、まずはコチュジャンだけをかけてよくかき混ぜるのがこの店の流儀だそうだ。

▶三陟
**MAP** P.77-D3　魚料理
住 89-1, Saecheonnyeon-doro,
　 Samcheok-si
住 삼척시 새천년도로 89-1
旧 삼척시 정하동 41-81
TEL (033) 574-3543　開 7:00～21:00
休 第2月曜、旧正月とチュソク連休
日 不可　CC ADJMV

info ファブサン マッククス **MAP** P.209-B3 はコンドゥレ（朝鮮アザミ）のまぜご飯、コンドゥレパブの有名店。マッククス（麺）はない。

## スカイベイホテル キョンポ

스카이베이호텔 경포
●Skybay Hotel Gyeongpo

▶鏡浦 MAP P.209-B1

江陵の海を一望できるロケーション。最上階のインフィニティプールは、プールと海と空が一体となるような空間で人気が高い。

- 🏠 476, Haean-ro, Gangneung-si
- 🏠 강릉시 해안로 476
- 🏚 강릉시 강문동 258-4
- 📞 (033) 923-2000
- 📠 (033) 820-8000
- 💰 Ⓢ Ⓦ ₩19万～
- 🌐 通じる
- 💳 ADJMV
- 📶 あり
- 🔗 skybay.co.kr

## シーマーク

씨 마크 호텔
●シマク ホテル／Seamarq Hotel

▶鏡浦 MAP P.209-B1

江陵の鏡浦海水浴場が目の前でこの地域のランドマーク的存在。スパやフィットネス、プール（屋外、屋内）、ライブラリーなど施設も充実している。白を基調とした客室は広くて快適。

- 🏠 2, Haean-ro 406beon-gil, Gangneung-si
- 🏠 강릉시 해안로 406번길 2
- 🏚 강릉시 강문동 274-1
- 📞 (033) 650-7000
- 📠 (033) 650-7100
- 💰 Ⓢ Ⓦ ₩38万～
- 🌐 不可
- 💳 ADJMV
- 📶 あり
- 🔗 www.seamarqhotel.com

## ビューティ

더 뷰티 호텔
●ド ビュティ ホテル／The Beauty Hotel

▶江陵駅 MAP P.209-B3

江陵駅前のリーズナブルなホテル。部屋は昔ながらの感じがするが、水回りはリノベーションしてある。フロントは24時間対応、スタッフが親切だと評判がいい。

- 🏠 19, Okcheon-ro 62beon-gil, Gangneung-si
- 🏠 강릉시 옥천로62번길 19
- 🏚 강릉시 교동 137-4
- 📞 (033) 647-3385
- 💰 Ⓢ Ⓦ ₩10万～
- 🌐 不可
- 💳 ADJMV
- 📶 あり

## セントジョンズ

세인트존스 호텔
●セイントゥジョンス ホテル／St. John's Hotel

▶鏡浦 MAP P.209-B1外

2018年にオープンした全1091室の大型ホテルで、設備も新しい。鏡浦ビーチに面しており、部屋からの眺めがすばらしい。鏡浦湖や草堂スンドゥブ村にも歩いていける距離。

- 🏠 307, Changhae-ro, Gangneung-si
- 🏠 강릉시 창해로 307
- 🏚 강릉시 강문동 1-1
- 📞 (033) 660-9000
- 💰 Ⓢ Ⓦ ₩27万～
- 🌐 不可
- 💳 ADJMV
- 📶 あり
- 🔗 www.stjohns.co.kr
- 🔗 www.instagram.com/stjohnshotel

## ヘレン ハウス

헤렌하우스 호텔
●ヘレンハウス ホテル／Herren Haus Hotel

▶鏡浦 MAP P.209左上

安木海辺カフェ通りにあるデザイナーズホテル。安木ビーチが目の前なので部屋からの眺めもよく、プライベートビーチもある。週末やピークシーズンは値上がりする。

- 🏠 16, Changhae-ro 14beon-gil, Gangneung-si
- 🏠 강릉시 창해로14번길 16
- 🏚 강릉시 견소동 287-21
- 📞 (033) 651-4000
- 💰 Ⓢ Ⓦ ₩14万～
- 🌐 不可
- 💳 ADJMV
- 📶 あり
- 🔗 herren-haus.com

## ニュー東海観光

뉴동해관광호텔
●ニュートンヘクァングァンホテル／Hotel New Donghae

▶東海 MAP P.210

東海共用バスターミナルの目の前にあり、夜遅くや朝早くの発着でも安心で、スタッフもいろいろと相談に乗ってくれる。ホテル内にはイタリアンレストランやカフェがある。

- 🏠 1, Pyeongneung-gil, Donghae-si
- 🏠 동해시 평릉길 1
- 🏚 동해시 천곡동 484
- 📞 (033) 533-9215
- 💰 Ⓢ Ⓦ ₩9万～
- 🌐 不可
- 💳 ADJMV
- 📶 あり
- 🔗 www.hotelnd.com

# Gyeongsang-do 慶尚道
キョンサンド

円内:釜山で海女さんが取った貝を味わう
海雲台ブルーラインパークのスカイカプセル ▶P.302

# 慶尚道 旅のガイダンス
キョンサンド

## 釜山、大邱、蔚山と慶尚道の基本

● 慶尚北道と慶尚南道は別の自治体
● 釜山広域市、大邱広域市、蔚山広域市は別の独立した自治体
● 港町釜山は昔から日本との繋がりが深い
● 大邱と釜山には日本から直行便あり

映画の町釜山で
不思議な
映像体験
しませんか

慶尚北道
경상북도
キョンサンプクト
Gyeongsang
buk-do

○ 大邱広域市
○ 蔚山広域市
○ 釜山広域市

慶尚南道
경상남도
キョンサンナムド
Gyeongsang
nam-do

## このエリアでしたいこと

**1 釜山の甘川文化村さんぽ**
ブサン カムチョン ムヌァ マウル
山肌を埋め尽くすカラフルな家。アートの町として観光スポットになった。
▶P.301

**2 慶州の史跡探訪**
キョンジュ
新羅の都として栄えた地。町のいたるところに文化財がある。ユネスコの世界遺産。
▶P.255

**3 安東仮面劇を楽しむ**
アンドン
支配層を揶揄する意味のある仮面劇。毎週末に一般向けに上演される。
▶P.244

**4 九龍浦の旧日本家屋へ**
クリョンポ
▶P.266

**5 釜山で海上散歩**
ブサン
▶P.300

**6 大邱でカフェ巡り**
テグ
▶P.44 ▶P.222

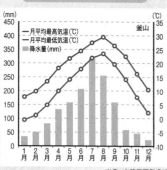

## 地理と気候

(mm) / (℃)
釜山
― 一月平均最高気温(℃)
― 一月平均最低気温(℃)
■ 降水量(mm)

1月 2月 3月 4月 5月 6月 7月 8月 9月 10月 11月 12月

出典：大韓民国気象庁

東京と同じような気候の地域。東部内陸の一部地域以外は雪もほとんど降らず温暖。釜山周辺は韓国有数の海水浴場があるが、夏の降水量は多い。大邱の夏は盆地の影響で暑い。南部は風光明媚なリアス式海岸として知られるが、同時に好漁場であり、漁獲高も多い。

晋州ビビンバプは三大ビビンバプのひとつ

## 旅のグルメ

釜山は、韓国有数の海産物がおいしい町。市場の活気をみても、期待を裏切らないだろう。大都市だけにB級グルメの流行も次々と生み出されている。大邱はフライドチキンを広めた町として有名なところ。晋州（チンジュ）は、食通の町として知られている。

豚骨スープに肉入りの釜山テジクッパプ。大邱のタロクッパプも有名

皮はパリパリの食感の小さめ餃子。大邱のナブチャクマンドゥ

---

### おすすめ！

**スカイウオーク** ▶P.300

釜山の松島海水浴場には、スカイウオークがある。床がガラスなので下が海！　その上をまたぐロープウエイにもガラスの床バージョンがある。運がよければ乗れるかも!?

スカイウオークを眼下に！

---

### イベント

**BIFF広場** ▶P.289

釜山国際映画祭の英訳頭文字を取ってBIFF広場（実際は道路）。当初のメイン会場ということでBIFF広場と名付けられ、訪れたスターや監督の手形が残されている。

B級グルメの露店も多い繁華街

---

### 伝統工芸

**薬令市** ▶P.231

大邱中心部にある漢方薬材市。韓国最大規模といわれ、ルーツは朝鮮王朝時代に遡る。高麗人参、甘草、ナツメをはじめ、干しムカデなど日本では入手しにくいものもある。

薬令西門にある薬師の像

---

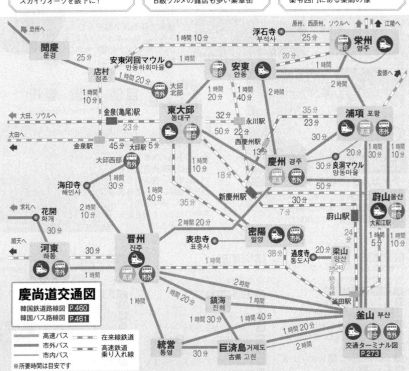

慶尚道交通図

韓国鉄道路線図 P.460
韓国バス路線図 P.461

高速バス　　在来線鉄道
市外バス　　高速鉄道
市内バス　　乗り入れ線

※所要時間は目安です

釜山から

# 3日間で巡る
# 慶尚道 紀行

Gyeongsang-do

高層ビルを背景に海水浴を楽しもう

ゴンドラに揺られて空中散歩

## 1日目　釜山 ブサン

### 9:00
### 釜山エアクルーズ ▶P.300
韓国で最も長い歴史をもつ海水浴場は、夏でなくても楽しめる施設が充実。ロープウエイに乗ればすばらしい景色が一望のもと。

高台の上にある龍頭山公園と釜山タワー

### 14:30
### 龍頭山公園 ▶P.298
龍頭山公園には釜山近代歴史館、釜山映画体験博物館などの見どころもあるが、まずはリニューアルされた釜山タワーへ。

谷に貼りつくようにかわいい家が並ぶ

### 甘川文化村 ▶P.301
### 11:00
斜面にびっしりとカラフルな建物が並ぶ甘川文化村。限られた時間で効率よく回るには、案内センターで回り方を相談してから歩き出そう。

いつもすごいにぎわい！

### 17:00
### 富平カントン市場
### の夜市へ ▶P.297
韓国で最も長い歴史をもつ夜市へ。サムギョプサルのキンバブやユッケの握り寿司など、屋台グルメのバリエーションも豊富。

扱う魚介の種類も多い！

## 2日目　巨済 コジェ　統営 トンヨン　晋州 チンジュ

### 9:00
### 外島ボタニア ▶P.315
沙上の西部バスターミナルから巨済島長承浦行きバスに乗り、長承浦の港から遊覧船に乗って外島へ行こう。途中、美しい景観で知られる海金剛を通る船もある。

美しい海面が広がる外島

### 13:30
### チャガルチ市場でランチ ▶P.297
港町釜山を代表する市場、チャガルチ市場で新鮮な海産物でランチ。鍋やチヂミ、刺身など、なにを食べても新鮮だ。

おすすめレストラン

---

料理 P.63-◉7
安東特産の黄牛を使ったブルゴギ
### 安東黄牛村 안동 황우촌
▶ 安東市　MAP P.242-A
住 1023-1, Pungsantaesa-ro
Pungsan-eup, Andong-si
住 안동시 풍산읍 풍산태사로 1023-1
旧 안동시 풍산읍 안교리 123
TEL (054) 855-3352
URL www.hwoo.kr　開 10:00〜21:00
休 無休　CC ADJMV

---

料理 P.64-◉14
ホッチェサバプの名店
### カチグモンチプ 까치구멍집
▶ 安東市　MAP P.242-A
住 203, Seokju-ro, Andong-si
住 안동시 석주로 203
旧 안동시 상아동 513-1
TEL (054) 821-1056　開 11:00〜
15:00、17:00〜20:00 (L.O.19:00)
休 第2月曜、旧正月とチュソク連休
CC ADJMV

---

料理 P.65-◉20
親子で受け継がれたチムタクの人気店
### チョンガチムタク 종가찜닭
▶ 安東市　MAP P.241-A
住 11, Beonyeong-gil, Andong-si
住 안동시 번영길 11
旧 안동시 서부동 178-15
TEL (054)856-1313
開 10:00〜21:30
休 第2、第4水　CC ADJMV

慶尚道
MEMO

## 13:00

### 統営名物チュンムキンパプでランチ ▶P.316

巨済島から橋を渡って統営へ。統営の名物、三大キンパプのひとつチュンムキンパプを食べてみよう。シンプルな海苔巻きに甘辛く仕上げたイカがピッタリ。

資料を基に
復元された亀甲船

## 13:30

### 統営で亀甲船を見る ▶P.311

統営は文禄・慶長の役の朝鮮側将軍、李舜臣が活躍したところ。亀甲船や洗兵館など李舜臣にちなむ見どころを見にいこう。

高麗青磁の
展示もあるよ

## 16:00

### 晋州城址と国立晋州博物館 ▶P.319

晋州城の城門

統営から市外バスで晋州へ。晋州城内の博物館は、伽耶時代の発掘物がたくさん展示されている。高台にある晋州城から南江を眺めていると、長い歴史が立ちのぼってくる。

## 18:00

### 三大冷麺のひとつ、晋州冷麺 ▶P.320

朝鮮半島三大冷麺のなかで唯一韓国側にあるのが晋州冷麺。魚介のだしは珍しい味わい。

さっぱりとしておいしい

---

### 3日目 晋州 高霊 釜山
チンジュ コリョン プサン

## 9:00

### 朝ごはんは名物晋州ピビンパプ ▶P.320

晋州は冷麺だけではない。三大ピビンパプのひとつもここ晋州のユッケピビンパプ。ていねいに仕込まれたユッケとごはんのシンプルだが深いハーモニーを楽しんで。

---

こんもりした丘はすべて古墳

### 大伽耶博物館を見学、大古墳群を歩く ▶P.221
## 11:00

晋州からバスで一路北の高霊へ。高霊は大伽耶時代の古墳がたくさん残るところ。池山洞古墳群には200以上の古墳が連なり、大伽耶博物館や王陵展示館など展示も充実。

## 12:30

### 農家レストランで自家製野菜を使った韓定食を ▶P.221

高霊でセリ三昧！

農家レストランとは、自分の畑で採れた野菜を使った料理を出すお店のこと。高霊はセリの栽培が盛んなところで、春や秋は旬のセリ料理が食べられる。

### 釜山に戻り、西面からカフェ巡り ▶P.305
## 16:00

地下鉄西面駅から田浦駅にはさまれたエリアは、個性的なカフェや小さなレストランが集まっている。気になった店を見つけたら、どんどん入ってみよう。

BLACKUPの
アインシュベナーコーヒー

## 17:00

### 広安里海水浴場 ▶P.302ハミダシ

釜山には魅力的なビーチが多い。広安里海水浴場は目の前に広安大橋が見える美しい景観。海岸通りにはゆっくりできるカフェやダイニングも多い。

愛称はダイヤモンドブリッジ

## 18:00

### クルーズ船から釜山の夜景を楽しむ ▶P.296

最後の夜は釜山の海をクルージング。ライトアップされた橋が美しい。

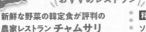
海から眺めるのもまたいいね

---

慶尚道
MEMO

大伽耶の歴史がひと目でわかる
### 大伽耶博物館・王陵展示館
대가야박물관 대가야왕릉전시관
▶高霊 **MAP P.84-B2**
住 1203, Daegaya-ro Daegaya-eup,
Goryeong-gun
旧 고령군 대가야읍 지산리 460
TEL (054) 950-7103
URL www.goryeong.go.kr/daegaya
開 3~10月9:00~18:00
11~2月9:00~17:00
※最終入場1時間前
休 月 料 ₩2000

↘おすすめレストラン↙

新鮮な野菜の韓定食が評判の
### 農家レストラン チャムサリ
참살이
▶高霊 **MAP P.84-B2**
住 208, Keungol-gil Daegaya-eup,
Goryeong-gun
旧 고령군 대가야읍 큰골길 208
旧 고령군 대가야읍 지산리 675
TEL (054) 954-1466
開 12:00~19:00
休 火、旧正月とチュソク連休
CC ADJMV

料理P.69・①64
ソンイタックク(マツタケと鶏肉の水炊き)
### テナムチプ
대나무집
▶昌寧郡 **MAP P.84-B2**
住 24, Hadong-gil Changnyeong-eup,
Changnyeong-gun
旧 창녕군 창녕읍 하동길 24
旧 창녕군 창녕읍 옥천리 934
TEL (055)521-3155
開 9:30~21:00(要予約) 休 無休
CC ADJMV

日本からの直行便もある商工業都市　　大邱広域市

# 大邱 テグ

대구 Daegu

tour.daegu.go.kr
市外局番●053
人口●247万5231人

八公山の紅葉

## 総合観光案内所
▶大邱国際空港内案内所
**MAP** P.226-B1
**TEL** (053)984-1994
▶東大邱駅案内所
**MAP** P.226-B3
**TEL** (053)939-0080
半月堂駅近く、薬令市桐華寺
などにもある。
**開** 9:00〜19:00　**休** 無休

東大邱駅の観光案内所

半月堂駅近くの観光案内所

薬令市の西にある薬令西門

大邱はソウルと釜山の中継点にある。韓国の大動脈である高
速道路や鉄道など、どちらからアクセスしても便利な立地
だ。朝鮮王朝時代に遡る韓方薬の市をはじめ、B級グルメが
集まる巨大な西門市場など、古くから商業の町として知られ
ている。繊維産業や近年ではIT企業の進出も著しく、日本企
業とのつながりも深い。町にはダイナミックな活気があり、
特徴のあるカフェが多い町としても知られている。

## 歩き方

### ▶町の中心は旧市街

ソウル、釜山に次ぐ第3の都市大邱。その中心部は都市鉄道1
号線の中央路駅から半月堂駅にかけて、城郭都市だった朝鮮
王朝時代の名残をその名に留める東城路、北城路などの旧市
街。このエリアには古い建物が今もたくさん残っているほ
か、小さな工場やカフェ、ショップなども多くあり、街ぶら
に適している。

### グルメ
大邱はコプチャン、
マクチャンなど豚ホルモン
（小腸、直腸）焼きが名物。
地下鉄1号線で大邱駅から南
へ7つ目のアンジラン駅の南
にコプチャン通りがある。

脂が落ちて意外にサッパリ

### カフェ
大邱のカフェ文化は
1990年代に発展した。ソウル
にも支店をもつコピミョンガ
**▶P.237** など全国的な人気店
も輩出している。

個性的なカフェ巡りが人気

### ナイトマーケット
なんでも揃う西門市
場で夜市が始まった
のが2016年。家族連れでも楽
しめる夜市としてすっかり人
気が定着。2019年には七星市
場でも夜市が始まり、こちら
は若者向けのお店が並ぶ。

食べ歩きが楽しい夜市

**info** 大邱ではホルモンを出すお店が多いが、アンジラン通りと並んでホルモン店が集まることで有名なのが伏賢五叉路（ノクヒョンオゴリ복현오거리）**MAP P.226-A1**。

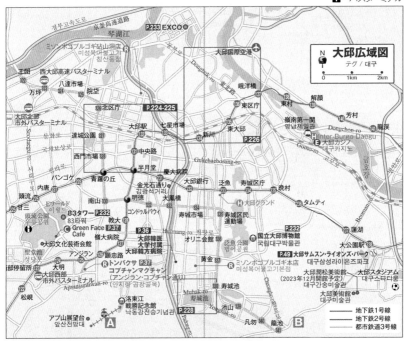

**ACCESS**

| ● ソウルから 서울 Seoul | | | 所要時間 | 料金 |
|---|---|---|---|---|
| KTX | ソウル駅➡東大邱駅 | 5:05～23:00の間10分～1時間に1便程度 | 約1時間45分 | ₩4万3100 |
| KORAIL | ソウル駅➡大邱駅 | 5:56～18:11の間40分～2時間30分に1便程度 | 約4時間 | ₩2万1100 |
| SRT | 水西駅➡東大邱駅 | 5:30～22:40の間5～55分に1便程度 | 約1時間45分 | ₩3万6900 |
| 高速バス | 東ソウル総合🚏➡東大邱🚏 | 6:00～21:00の間1時間20分に1便程度、23:00(深夜) | 約3時間30分 | ₩1万9500(一般) |

| ● 釜山から 부산 Busan | | | 所要時間 | 料金 |
|---|---|---|---|---|
| KTX | 釜山駅➡東大邱駅 | 5:10～22:25の間10分～1時間に1便程度 | 約50分 | ₩1万7100 |
| KORAIL | 釜山駅➡大邱駅 | 5:10～21:17の間15分～1時間50分に1便程度 | 約1時間30分 | ₩7700 |
| 高速バス | 釜山総合🚏➡東大邱🚏 | 6:30～22:30の間30分に1便程度 | 約1時間10分 | ₩7200(一般) |

| ● 安東から 안동 Andong | | | 所要時間 | 料金 |
|---|---|---|---|---|
| 市外バス | 安東🚏➡東大邱🚏 | 6:40～22:00の間15分～1時間に1便程度 | 約1時間30分 | ₩1万1600 |

| ● 慶州から 경주 Gyeongju | | | 所要時間 | 料金 |
|---|---|---|---|---|
| KTX | 新慶州駅➡東大邱駅 | 5:48～22:38の間30分～1時間45分に1便程度 | 約20分 | ₩8400 |
| 市外バス | 慶州市外🚏➡東大邱🚏 | 7:00～22:00の間30分に1便程度 | 約1時間 | ₩7500(一般) |

| ● 大田から 대전 Daejeon | | | 所要時間 | 料金 |
|---|---|---|---|---|
| KTX | 大田駅➡東大邱駅 | 6:04～0:09の間10分～1時間に1便程度 | 約45分 | ₩1万9700 |
| 市外バス | 大田複合🚏➡東大邱🚏 | 6:30～19:00の間1～2時間に1便程度 | 約2時間 | ₩1万500 |

🚏…バスターミナル

**info** 東大邱ターミナルで待ち時間の間にごはんを食べるなら、すぐ隣にある新世界百貨店がおすすめ。ユッケ専門店やひとりしゃぶしゃぶ、全州ビビンバブの名店からお好み焼きなど、選択肢も広い。

湖巖路

ロッテマート
롯데마트 **S**

**A** 北区庁駅
북구청역
Buk-gu Office
326

**B**

社会人野球場
사회인야구장

DGB大邱銀行パーク
DGB대구은행파크
（大邱FC）

七星路

**1**

Oksan-ro 玉山路

Gossenbuk-ro 古城北路

Goseong-ro 33-gil

古城路

Goseong-ro 고성로

Icheon-ro 李迁路

七星南路

Chilseongnam-ro 七星南路

Chilseongnam-ro 2-gil

Taepyeong-ro 太平路

太平路

ユニオン観光ホテル **H**

Dalseong-ro 25-gil

Dalseong-ro 26-gil

達城公園駅
달성공원역
Dalseong Park
327

西城路

Dalseong-ro 22-gil

**P.233**

達城公園
달성공원

**2**

郷土歴史館
향토역사관

達城公園路6キル
달성공원로6길

コラーゲンたっ
ぷりの豚の皮
煮込みの老舗

韓屋食堂
한옥식당 **R**

イェッチブ
シクタン **R**
**P.235**

達城公園路4キル
달성공원로4길

Bukseong-ro 北城路

テソン寺
대성사

旧三星商会跡
검전사

北城路 복성로

サムスングループ
発祥の地

北城路工具博物館
북성로공구박물관
**P.237**

ミックスカフェ北城路

三徳商会
삼덕상회

Seoseong-ro 15-gil

Seoseong-ro 14-gil

Bukseong-ro

Seoseong-ro 西城路

**P.232** 大邱近代歴史館
대구근대역사관

中部警察署
중부경찰서

ロッテシネマ
롯데시네마 **E**

サムミ **R**
カルビチム **P.235**

大新地下商店街
대신지하상가 **S**

Gukchaebosang-ro 국채보상로

Gukchaebosang-ro 国債報償路

大邱空港、桐華寺方面急行1番
대구공항、동화사 1 급행1

Keunjang-ro 28-gil

西門市場駅
서문시장역
Seomun Market
328

西門市場
서문시장

東山商店街
동산상점가

西門市場夜市
서문시장야시

**P.231**

**P.37**

名無しのカルビグクス屋
「참쌀 수제비 칼국수 전문
（チャプサル スジェビ カル
ググス専門）」と大きく書か
れた店、店名の看板はな
いが、いつも人でいっぱい

毎日新聞社
매일신문

Camp by
コビミョンガ **C**

セラヴィ **C**
**P.237**

桂山聖堂
계산성당

医療宣教博物館
의료선교박물관

第一教会
제일교회

宣教師チャムネス邸
선교사 챔니스주택

近代化の町のアンパン本店
근대골목단팥빵본점 **S**
**P.231**

Jungang-daero 81-gil

大邱薬令市
한의약박물관 **C**

Modern **C**
Dabang **P.237**

旧第一教会
구제일교회

クンムチプ **R**
**P.235**

Jungang-daero 79-gil

**P.231** 大邱薬令市
대구약령시

現代百貨店
현대백화점 **S**

Dalgubeol-daero 達句伐大路

**H** エルディス・リージェント

Dalgubeol-daero

連句伐大路
달구벌대로

東亜百貨店
동아백화점

**P.36**

**P.238**

**3**

Keunjang-ro 큰장로

Keunjang-ro 26-gil

Keunjang-ro 22-gil

青蘿の丘駅
청라언덕
Cheongna Hill
229
329

Jaemaru-gil

Myeongnyun-ro 명륜로

**A**

地下鉄2号線
지하철2호선

**B**

224

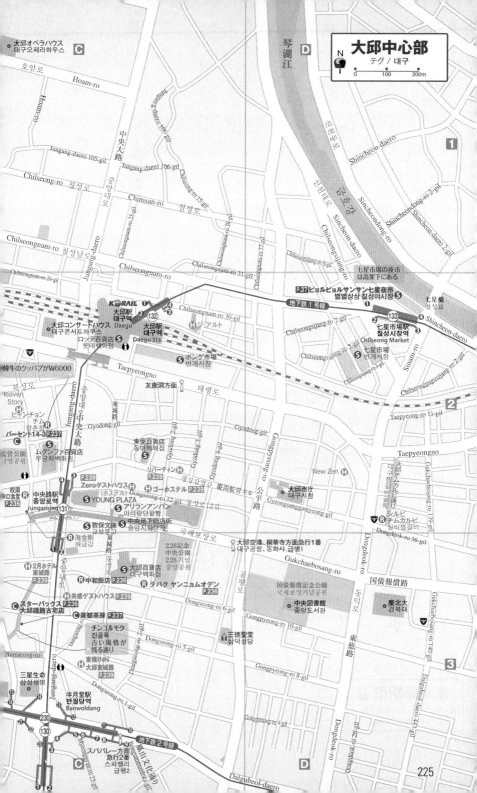

# ターミナルから市内へ

## 大邱国際空港

日本からの新たなゲートウェイ　大邱国際空港には済州島路線以外は国内線がほとんどない。そのため決して大きな空港ではないが、日本からの新規LCC路線が次々と就航し、その存在価値を高めている。到着口を出ると、両替ができる銀行や観光案内所、レンタルWi-Fiやレンタカーのブースなどが揃っている。

コンパクトな大邱空港

空港から市の中心部　空港から大邱の中心部へは近く、タクシーを使っても東大邱までW5000程度。市外バスも出ているが便数は多くなく、市内バスの利用が便利。101番が旅客ターミナル前から東大邱駅を経由して大邱駅横の大邱コンサートハウスまで行くほか、駐車場を抜けて敷地を出たところから401番バスが東大邱駅を経由して半月堂駅へ、急行1番バスが東大邱駅経由で中央路へ向かう。

町への市内バス停

## 鉄道で大邱入り

東大邱駅と大邱駅　鉄道で大邱に入る場合、ターミナルになるのは東大邱駅。旧市街から徒歩圏内に大邱駅があるが、在来線のみ停車。KTXやSRTは全便が大邱駅は通過し東大邱駅のみに停車する。

大邱駅　大邱駅は1905年開業の歴史ある駅で、町の中心から近い。ムグンファやITXセマウルを使った場合、東城路へ歩き出すには東大邱駅より、こちらの駅の利用が便利。

### 大邱国際空港

小さな空港なので免税店も少ないが、たくさん歩く必要もなくコンパクトに必要なものが揃っていて使いやすい。
**TEL** 1661-2626
**URL** www.airport.co.kr/daegu
▶出国～搭乗の手順
空港の1階にチェックインカウンターがあり、チェックインを済ませて2階の持ち込み荷物のセキュリティチェックと出国審査へと向かう。出国審査が終わったらすぐ搭乗ゲート。
▶深夜は閉鎖される
空港は最終便の到着後に閉鎖され、再び開くのは4:00。早朝の便に乗る人が早めに行ったり、空港で夜を明かすことはできない。

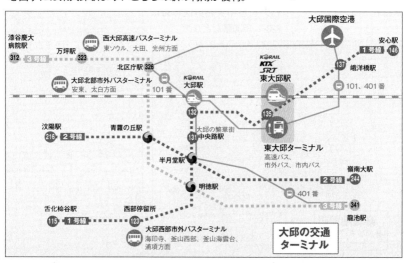
大邱の交通ターミナル

**info** 大邱国際空港は軍との共用空港なので、離発着前後の機内からはもちろん、搭乗ゲート付近でも写真撮影が禁止されている。

日本便も発着。大邱国際空港

東大邱駅コンコース。バスターミナルにも直結している

東大邱ターミナル

3階が出発プラットホーム

## ▶ 東大邱駅＆東大邱ターミナル

KTXと在来線、高速バスと市外バスが発着する東大邱は、まさに大邱の玄関口。鉄道駅とバスターミナルが向かい合って建っており、バスターミナル横には新世界百貨店もある。

**東大邱駅** 高速列車だけではなく、大邱を通るすべての列車は東大邱駅に停車。夜行列車が発車するので、24時間オープン。

**東大邱ターミナル** 東大邱駅の2番出口を出ると東大邱ターミナルがある。東大邱の周辺に点在していたターミナルや停留所を2016年に統合したもので、「新世界東大邱複合乗り換えセンター」が正式名称。ターミナルは新世界百貨店を含む乗り換えセンターの施設のひとつという位置づけだ。

**市の中心部へ** 旧市街へは都市鉄道1号線の利用が便利。東大邱駅の3番出口から都市鉄道の案内が大きく見える。

## ▶ そのほかのバスターミナル

**大邱西部市外バスターミナル** 海印寺(ヘインサ)のほか、忠清北道の清州(チョンジュ)や全羅道、慶尚南道方面とを結ぶバスも多く発着する。地下鉄1号線 123 西部停留所(ソブチョンニュジャン)駅から市内へ向かう。

**西大邱高速バスターミナル**
大邱西部市外ターミナルと名前は似ているがまったく別の場所にあるのでタクシーを利用する場合は注意。都市鉄道3号線 323 万坪(マンピョン)駅と接続している。

**大邱北部市外バスターミナル** 江原道(カンウォンド)や安東(アンドン)方面の便が多い。都市鉄道3号線 323 万坪(マンピョン)駅から徒歩10分ほど。市内バスなら中央路方面へ309、323-1、730番など。

寿城池周辺
スソンモッ 수성못
N
0 100 200m

info 駅の構内では交通カードのチャージはOnepassのみだが、コンビニエンスストアではT-Moneyやcashbeeのチャージが可能。

# 大邱の市内交通

**都市鉄道**　地下鉄1号線と2号線、モノレールとして3号線があり、改札を出なくても相互に乗り換えが可能。

**市内バス**　八公山(パルゴンサン)、鹿洞書院(ノクトンソウォン)など近郊や空港へのアクセスは市内バスが便利。

地下鉄1号線東大邱駅

**交通カード**　大邱ではOnepassという交通カードがおもに使われている。地下鉄駅ではT-moneyやcashbeeカードの発行、チャージはできないが、交通機関での利用は可能。タクシーの支払いは端末が対応していないことが多い。

地下鉄3号線はモノレール

**Onepassカード**　地下鉄・モノレールの駅、コンビニなどで購入可能（料₩2500）。首都圏や釜山、光州など他の大都市でも利用できるが、全羅道の多くの地域では利用不可。慶尚道でも統営や巨済などの市内バスでは利用できない。

**地下鉄・モノレール**……
₩1400（交通カード₩1250）
URL www.dtro.or.kr

**市内バス**…………
▶一般バス
₩1400（交通カード₩1250）
▶急行バス
₩1800（交通カード₩1650）
大邱広域市バス路線案内
URL businfo.daegu.go.kr

**タクシー**…………
▶一般タクシー
初乗り₩3300（2kmまで）
以降134mごとに₩100
▶模範＆大型タクシー
初乗り₩4500（3kmまで）
以降114mごとに₩200

## 大邱地下鉄路線図

**大邱都市鉄道1号線**

| | | | | | | | | | | | | | | |
|---|---|---|---|---|---|---|---|---|---|---|---|---|---|---|
| 422 | 323 | 324 | 325 | 326 | 131 | 132 | 133 | 134 | 135 | 136 | 137 | 138 | 139 | 140 | 141 | 142 | 143 | 144 | 145 | 146 |

Gongdan 공단
Manpyeong 만평
Paldal Market 팔달시장
Wondae 원대
Buk-gu Office 북구청
中央路 KORAIL
Jungangno 中中央路
Daegu Station 大邱駅 KORAIL
Chilseong Market 七星市場
Sincheon 新川
Dongdaegu Station 東大邱 KTX SRT タミナル
Dong-gu Office 東区庁
Ayanggyo 峨洋橋 大邱国際空港へ
Dongchon 東村
Haean 解顔
Bangchon 芳村
Yonggye 龍溪
Yulha 栗巣下
Singi 新基
Banyawol 半月
Gaksan 角山
Ansim 安心

万坪
八達市場
院垈
北区庁
西大邱高速バスターミナル
Duryu Naedang

Dalseong Park 達城公園 327
Seomun Market 西門市場 328

**大邱都市鉄道2号線**

| | | | | | | | | | | | | | | |
|---|---|---|---|---|---|---|---|---|---|---|---|---|---|---|
| 226 | 227 | 228 | 229 | 130/230 | 231 | 232 | 233 | 234 | 235 | 236 | 237 | 238 | 239 | 240 | 241 | 242 | 243 | 244 |

Duryu 두류
Naedang 내당
Bangogae 반고개
Cheongna Hill 青蘿の丘 청라언덕
Banwoldang 半月堂 반월당
Kyungpook Nat'l Univ. Hospital 慶大病院
Daegu Bank 大邱銀行
Beomeo 泛魚
Suseong-gu Office 寿城区庁
Manchon 晩村
Damti タムティ
Yeonho 蓮湖
Daegu Grand Park 大公園
Gosan 孤山
Sinmae 新梅
Sawol 沙月
Jeongpyeong 正坪
Imdang 林堂
Yeungnam Univ. 嶺南大

Namsan 南山 남산

Myeongdeok 明徳 명덕 129/331

330

**大邱都市鉄道3号線**

| | | | | | | | | | | | |
|---|---|---|---|---|---|---|---|---|---|---|---|
| 24 | 125 | 126 | 127 | 128 | 332 | 333 | 334 | 335 | 336 | 337 | 338 | 339 | 340 | 341 |

Daemyeong 대명
Anjirang 안지랑
Hyeonchungno 顯忠路
Yeungnam Univ. Hospital 嶺南大病院
Nat'l Univ. of Education 教大
Geondeulbawi コンドゥルバウィ 건들바위
Daebonggyo 大鳳橋
Suseong Market 寿城市場
Suseong District 寿城区民運動場
Suseong Stadium 子供会館
Children's Hall 어린이회관
Hwanggeum 黄金
Suseongmot 寿城池못
Jisan 池山
Beommul 凡勿
Yongji 龍池

info Onepassは以前に比べて使用できる町が増えている。2018年5月には大田、11月末からは安東でも利用できるようになった。

## 大邱のシティツアー

### ▶大邱シティツアーバス

大邱シティツアー
当日の鉄道切符または高速バス乗車券、ホテル宿泊券を提示すれば20％割引

☎ (053) 627-8900
URL daegucitytour.com

▶都心循環コース
下路線図参照。

▶テーマコース（八公山）
不老洞古墳群もしくはDTC繊維博物館、桐華寺、真鍮器博物館を巡る。月、旧正月、チュソクを除く毎日運行。₩1万。

▶テーマコース（寿城嘉昌）
金光石通り、寿城池、鹿洞書院、大邱美術館、慕明齋を巡る。旧正月、チュソクを除く水・土運行。₩1万。

大邱を短い時間でひと通り楽しみたいなら、シティツアーバスを利用するのもひとつの手。コースは2種類ある。

都心循環コース　東大邱駅からオペラハウス、東城路、西門市場、イーワールド、アプ山展望台、寿城池などを回る。乗り降り自由。

テーマコース　1日ツアーで、八公山（パルゴンサン）へ行くコースや鹿洞書院（ノクトンソウォン）と寿城池などを巡るコースなどがあり、いずれも10:00に地下鉄青蘿の丘駅2番出口、11:00に東大邱駅前広場シティツアーバス乗り場を出る。

大邱近代歴史館に隣接している慶尚監営公園

市の南にある寿城池

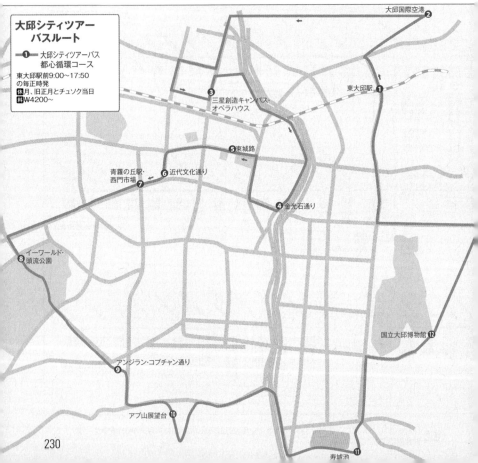

**大邱シティツアーバスルート**

─❶─ 大邱シティツアーバス
都心循環コース

東大邱駅前9:00〜17:50の毎正時発
休月、旧正月とチュソク当日
料₩4200〜

大邱国際空港 ❷

東大邱駅 ❶

❸ 三星創造キャンパス・オペラハウス

❺東城路

青蘿の丘駅・西門市場 ❼　❻近代文化通り

❹金光石通り

イーワールド・頭流公園 ❽

国立大邱博物館 ⑫

❾ アンジラン・コプチャン通り

アプ山展望台 ⑩

寿城池 ⑪

# 見どころ

## ●ないものはない！
### 西門市場 서문시장 Seomun Market ★★★
ソムンシジャン

▶中心部 MAP P.224-A3

韓国第3の都市、大邱250万市民の台所、西門市場。その歴史は古く朝鮮王朝時代中期まで遡ると言われる。元々は反物市として全国に知られていたが、規模が大きくなるにつれ、生活雑貨から生鮮食品、屋台フードまでなんでも揃う市場へと発展した。2016年に夜市が始まってからは、さらに人気が高まり、観光名所のひとつとなっている。

商品も多いが人も多い

名物チムカルビをどうぞ

観光客に人気のナイトマーケット

## ●韓方の伝統市
### 大邱薬令市 대구약령시 Daegu Yangnyeongsi ★★★
テグヤンニョンシ

▶中心部 MAP P.224-B3

360年の歴史を持つ、韓国最古の薬令市である大邱薬令市。韓国3大薬令市のひとつで、国内のみならず、世界各国にまで薬材を供給してきた。そんな大邱薬令市の歴史などをわかりやすく紹介しているのが、大邱薬令市韓医薬博物館。100年前の薬令市の模型や、希少価値のある薬材はもちろん、韓方薬材を使った足湯やリップクリーム作りなど、体験コーナーも充実している。

観光案内所の裏にある薬令門

薬令市韓医薬博物館

屋内なので悪天候でもOK

屋台フードも充実

夜も安心して歩ける

**西門市場**
住 50, Dalseong-ro, Jung-gu
住 中区 達城路 50
旧 中区 大新洞 115-1
TEL (053) 256-6341
開 店によって異なる
休 第1・3日曜
交 都市鉄道3号線 328
西門市場駅徒歩1分

**西門市場夜市**
開 19:00〜23:30(日〜22:30)
休 月〜木

**大邱薬令市**
住 27-1,Namseong-ro, Jung-gu
住 中区 南城路 27-1
旧 中区 南城路 52-1
交 地下鉄1・2号線 130 230
半月堂駅
地下鉄1号線 131 中央路駅
徒歩5分

**大邱薬令市韓医薬博物館**
MAP P.224-B3
住 49, Dalgubeol-daero
415-gil, Jung-gu
住 中区 達九伐大路415キル 49
旧 中区 南城路 51-1
TEL (053) 253-4729
開 9:00〜18:00 ※最終入場17:30 休 月(祝日の場合は翌日)、1/1、旧正月とチュソク当日 料 無料
URL www.daegu.go.kr/dgom

## 桂山聖堂

- **住** 10, Seoseong-ro, Jung-gu
- **住** 중구 서성로 10
- **旧** 중구 계산동2가 71-1
- **TEL** (053) 254-2300
- **開** 9:00〜18:00 **休** 無休
- **料** 無料
- **交** 地下鉄2号線 **229**
  都市鉄道3号線 **329** 青蘿
  の丘駅5番出口徒歩8分
  地下鉄1、2号線 **130** **230**
  **半月堂駅**18番出口徒歩8分
- **URL** www.gyesancathedral.kr

## 83タワー

- **住** 200, Duryugongwon-ro, Dalseo-gu
- **住** 달서구 두류공원로 200
- **旧** 달서구 두류동 산302-11
- **TEL** (053) 620-0001（Eワール
  ド総合案内所）
- **開** 11:00〜21:00
  ※最終入場20:30
- **休** 無休 **料** W1万
- **交** 地下鉄2号線 **226** 頭流駅
  15番出口徒歩10分
- **URL** eworld.kr/tower

## 国立大邱博物館

- **住** 321, Cheongho-ro, Suseong-gu
- **住** 수성구 청호로 321
- **旧** 수성구 황금동 70
- **TEL** (053) 768-6051
- **開** 9:00〜18:00
- **休** 月（祝日の場合は翌日）、
  1/1、旧正月とチュソク当
  日 **料** 無料
- **交** 地下鉄2号線 **235** 晩村
  駅から市内バス234、
  349、449、循環3番「国立
  大邱博物館前（국립대구
  박물관앞）」
- **URL** daegu.museum.go.kr

## 大邱近代歴史館

- **住** 67, Gyeongsanggamyeong-gil
- **住** 중구 경상감영길 67
- **旧** 중구 포정동 33
- **TEL** (053) 606-6430
- **開** 4〜10月10:00〜19:00
  11〜3月10:00〜18:00
  ※最終入場30分前
- **休** 月（祝日の場合は翌日）、
  1/1、旧正月とチュソク当日
- **料** 無料
- **交** 地下鉄1号線 **131** 中央路駅
  4番出口徒歩5分
- **URL** artcenter.daegu.go.kr/
  dmhm

---

● 建立から100年の重み　　　　　　　　　　　★

# 桂山聖堂 계산성당 Daegu Gyesan Catholic Church

ケサンソンダン　　　　　　　▶ 中心部 **MAP** P.224-B3

大邱で活動していた、フランス人宣教師のロベール神父により、韓国式の木造建物として1889年に建てられたが、1年あまりで焼失。1902年に大邱初の西洋式の聖堂として再建された。ゴシックとロマネスク様式が絶妙にマッチしたこの美しい建物は、韓国3大聖堂のひとつ。朴正煕元大統領が結婚式を挙げた場所としても知られる。

赤レンガの丹精な表情

● 回転レストランもある大邱のランドマーク　　★★

# 83タワー 83타워 83 Tower

パルサムタウォ　　　　　　　▶ 頭流公園 **MAP** P.223-A

大邱市の頭流山頂にある電波塔。タワーの高さは202mで、83階の高さに相当することから83タワーと名付けられた。大邱を代表するランドマークで、展望台からは大邱市の風景や夜景が楽しめ、レストランなども充実。様々なアトラクションを備えるテーマパークの「E-World」が併設されており、家族連れやカップルに大人気の観光スポット。

夜景がおすすめ

● ファッションの歴史もわかる　　　　　　★★

# 国立大邱博物館 국립대구박물관 Daegu National Museum

クンニプテグパンムルグァン　　▶ 泛魚公園 **MAP** P.223-B

大邱と慶尚北道の文化遺産を展示する施設。旧石器時代から朝鮮時代にいたるまでの韓国の歴史と文化を遺物とともに展示。新羅の仏教文化遺産が多い地域性を活かした展示から、仏教と儒教によって形作られた朝鮮時代の精神文化史がのぞける。服飾文化室では、反物業が盛んな大邱ならではの、古代から近代におよぶ服の歴史などを紹介している。

● 日本統治時代にタイムスリップ　　　　　★★

# 大邱近代歴史館 대구근대역사관 Daegu Modern History Museum

テグクンデヨクサグァン　　　　▶ 中心部 **MAP** P.224-B2

日本統治時代の1932年、朝鮮殖産銀行大邱支店として建設された近代建築。造形美に優れたルネサンス様式の建物は、大邱の文化財に指定されている。2011年大邱近代歴史館としてオープンし、19世紀後半〜20世紀初めの大邱の暮らしぶりや町の様子が、模型や展示物、映像で紹介されている。日本統治時代の繁華街をバーチャルで体験できるバスツアーが人気。

映像でバーチャル体験

---

**info** 『ジキルとハイドに恋した私』のロケ地になった83タワーのふもとにあるE-Worldは夜のイルミネーションでも有名。

### ●大邱中心部の市民公園
# 達城公園 달성공원 Dalseong Park
★

**タルソンゴンウォン** ▶中心部 MAP P.224-A2

大邱市で最も長い歴史をもつ市民公園で、大邱がまだタルクボル（達句伐）と呼ばれていた新羅以前の時代から残る古い城跡に作られた。日清戦争時に日本軍が駐留し、1905年になって公園として整備された。公園の入口前には1909年にここを訪れた大韓帝国最後の皇帝、純宗（スンジョン）の像がある。公園内にある観風楼（クァンプンヌ）は、朝鮮王朝時代に慶尚監営（キョンサンガミョン）の正門として建てられたものだ。園内には総合文化館や動物園などもある。

緑多い市民の憩いの場

### ●変化に富んだ四季の景観
近郊
# 八公山 팔공산 Palgongsan
★★

**パルゴンサン** ▶龍水洞 MAP P.233

美しい紅葉で知られる八公山は、標高820mまで一気に登れるロープウエイが人気で、山頂駅の展望台からは大邱市内が一望にできる。また、切り立った岩壁に作られた仏像の冠峰石造如来座像（通称カッパウィ）も有名。

紅葉シーズンは格別の美しさ

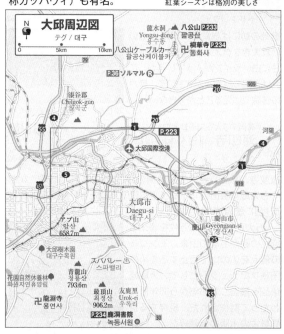

---

**達城公園**

住 35, Dalseonggongwon-ro, Jung-gu
住 中区 달성공원로35
旧 中区 달성동 294-1
TEL (053) 803-7350
開 5:00～21:00
休 無休　料 無料
交 都市鉄道3号線 327 達城公園駅3番出口徒歩10分

**八公山**

住 681-55 Gatbawi-ro Wachon-myeon, Gyeongsan-si
住 경산시 와촌면 갓바위로 681-55
旧 경산시 와촌면 대한리 587-2
TEL (053) 982-0005
開 随時　休 無休
交 地下鉄1号線 133 七星市場駅、135 東大邱駅地下道、137 峨洋橋駅から急行1番バス「桐華寺（동화사）」下車

**EXCO**

2001年に開館した国際規模の先端展示・コンベンションセンター。総面積2万3000㎡の展示ホールのほか、34室の会議場、大型講堂のオーディトリアムなどを完備しており、大規模のコンベンションを同時開催できる。2003夏季ユニバーシアード大会、2011年大邱世界陸上など、国際スポーツ大会のメインプレスセンターとして世界に熱戦の様子を配信した。
MAP P.223-A
住 10, Exco-ro, Buk-gu
住 북구 엑스코로 10
旧 북구 산격2동 1676
TEL (053) 601-5000
開 イベントにより異なる
休 無休
交 東大邱駅から市内バス413、937番「EXCOコンノ（엑스코건너）」所要20～24分。大邱国際空港からタクシーで10分
URL exco.co.kr

info チキンとビールの組み合わせを「チメク」というが、大邱では毎年7月に「チメクフェスティバル」が開催される。大邱でフライドチキンの有名フランチャイズがいくつも誕生していることが由来。

## 桐華寺

- 住 1, Donghwasa 1-gil, Dong-gu
- 住 동구 동화사1길1
- 旧 동구 도학동 35
- TEL (053) 980-7900
- 開 日の出～日没
- 休 無休　料 無料
- 交 地下鉄1号線
  **133** 七星市場駅、
  **135** 東大邱駅 地下道、
  **137** 峨洋橋駅から急行1
  番バス「桐華寺（동화
  사）」で「桐華寺入口前（동
  화사입구앞）」下車
- URL www.donghwasa.net

## 鹿洞書院

- 住 206, Urok-gil Gachang-
  myeon, Dalseong-gun
- 住 달성군 가창면 우록길 206
- 旧 달성군 가창면 우록리
  175-1
- TEL (053) 659-4490
- 開 3～10月 9:00～18:00
  11～2月 9:00～17:00
- 休 月、1/1、旧正月とチュソク
  当日
- 料 無料
- 交 大邱駅から市内バスカ
  チャン（가창）2番で「鹿洞
  書院コンノ（녹동서원건
  너）」下車
- URL www.dskjfriend.kr/main

## 道東書院

- 住 726, Gujiseo-ro Guji-myeon,
  Dalseong-gun
- 住 달성군 구지면 구지서로 726
- 旧 달성군 구지면 도동리 35
- TEL (053) 616-6407
- 開 8:00～20:00
- 休 旧正月とチュソク当日
- 料 無料
- 交 大邱西部バスターミナル
  からヒョンプン（현풍）市
  外バスターミナルまで行
  き、達城（タルソン）3番
  のバス（1日2便）またはタ
  クシーで約12分

## 海印寺

- 住 122, Haeinsa-gil Gaya-
  myeon, Hapcheon-gun
- 住 합천군 가야면 해인사길 122
- 旧 합천군 가야면 치인리 10
- TEL (055) 934-3000
- 開 8:30～18:00(冬期～17:00)
- 休 不定休　料 無料
- 交 地下鉄1号線 **123**
  西部停留所駅下車、西部
  市外バスターミナルから市
  外バス「海印寺（해인사）」
  行きに乗る
- URL www.haeinsa.or.kr

---

近郊

### ●南北統一の願いを込めた薬師大仏が立つ ★
# 桐華寺 동화사 Donghwasa Temple
## トンファサ
▶ 龍水洞 MAP P.233

新羅時代の493年に創建された「瑜伽寺（ユガサ）」が前身。832年の再建の際に、冬にもかかわらず桐の花が咲いていたため「桐華寺」と名付けられたという。「磨崖如来坐像」「毘盧庵三層石塔」など、多くの文化財を収蔵している。

紅葉の名所としても知られている

近郊

### ●火縄銃を伝えた武将の遺品を展示 ★
# 鹿洞書院 녹동서원 Nokdongseowon Confucian Academy
## ノクトンソウォン
▶ 友鹿里 MAP P.233

「文禄・慶長の役」 ▶P.491 の際に、朝鮮に投降・帰化したとされる日本の武将「沙也可（サヤカ）」がまつられている。火縄銃の技術を伝授して日本軍と戦うなどして、その功績を認められ金忠善（キムチュンソン） ▶P.492 という名を与えられた。1868年の書院撤廃令により失われたがその後再建され、1971年に現在の場所に移された。

小さな書院が静かにたたずむ

近郊

### ●洛東江のほとりにある ★★ 世界遺産
# 道東書院 도동서원 Dodongseowon Confucian Academy
## トドンソウォン
▶ 道東里 MAP P.84-B2

敷地の前には樹齢400年以上ともいわれ大きなクスノキがある。書院の柱に白いラインが入っているが、これは書院の格式を示すもので、ほかの書院では見ることができない。

2019年に世界遺産に登録された

近郊

### ●韓国の3大寺刹のひとつ ★★★ 世界遺産
# 海印寺 해인사 Haeinsa Temple
## ヘインサ
▶ 陜川郡 MAP P.84-A2

通度寺（トンドサ）、松広寺（ソングァンサ）とともに韓国の3大寺刹とされている。なかでも大蔵経板殿は15世紀後半に建てられた古い建築で、世界遺産に登録されている。また、ここに納められている「八万大蔵経板（パルマンデジャンギョンパン）」は8万枚を超える経板の数が名前の由来。モンゴルの侵入を仏の力で阻止するための国家プロジェクトとして、大蔵経都監を設置し1236年から38年間にわたって制作された、現存する世界最古の木版の大蔵経だ。

大蔵経が保管されている

info 海印寺にある『八万大蔵経板』から印刷された大蔵経は日本にも多くが残されており、なかでも東京の増上寺と京都の大谷大学にほぼ完全な形で現在まで伝わっている。

#  大邱のレストラン

---

P.67-41
八田さんおすすめ

**路地裏のユッケジャン**
## イェッチプシクタン
옛집식당 ●イェッチプ食堂

1948年創業のユッケジャン専門店。営業時間が短く、メニューもユッケジャン₩1万のみだが味は絶品。ごろんと大きく切った牛肉の味と、とろとろに煮込んだ長ネギの甘味が大邱式の真骨頂。

▶西門市場 328 西門市場駅
MAP P.224-A2 郷土料理
住 48-5, Dalseonggongwon-ro 6-gil, Jung-gu
住 中区 達城公園路6길 48-5
旧 中区 市場北路 120-2
TEL (053) 554-4498 開 11:00～18:00
休 日、旧正月とチュソク連休 日 不可
日✕ なし 英✕ あり CC ADJMV

---

## ミソンポゴプルゴギ シンチョンチギョンジョム
미성복어불고기 신천직영점 ●美松ふぐ焼肉新川直営店

大邱十味のひとつに数えられる、ポゴプルゴギこと、ふぐのプルゴギの専門店。ふぐのプルゴギとふぐちりなどのセットが1人₩1万5500～。もやし入りふぐのプルゴギが1人₩1万3000。基本的に2人前以上の注文。

▶東大邱 135 東大邱駅
MAP P.226-A3 郷土料理
住 88, Jangdeung-ro, Dong-gu
住 東区 長登路 88
旧 東区 新川洞 81-1
TEL (053) 745-3677
開 11:00～21:00
休 旧正月、チュソク当日 日 不可
CC ADJMV

---

## サムミカルビチム 西門市場店
삼미갈비찜 서문시장점 ●サムミカルビ蒸し

牛カルビチム₩1万5500と豚カルビチム₩8000があるが豚カルビチムが人気。ニンニクカルビもある。辛さは辛い、普通、マイルドから選べる。ご飯茶碗が大きいので、カルビを混ぜて食べるとおいしい。

▶西門市場 328 西門市場駅
MAP P.224-A3 カルビ
住 25, Keunjang-ro 28-gill, Jung-gu
住 中区 큰장로28길 25
旧 中区 大新洞 115-67
TEL 0507-1449-3123
開 10:00～20:00
休 旧正月、チュソク 日 不可
日✕ なし 英✕ なし CC ADJMV

---

## トゥサンイルボンジ 本店
두산일번지 본점 ●斗山一番地

肉の刺身ムンティギの人気店。下味付きのユッケとは違い、厚切りの肉の味をそのまま楽しむのが大邱のムンティギ。肉はムンティギ、焼肉、蒸しの3種類から選べ、₩3万8000～。新鮮な肉が入らない日はムンティギはないので問い合わせを。

▶寿城池 338 寿城池駅
MAP P.228 ムンティギ
住 13, Suseongmot 2-gil, Suseong-gu
住 수성구 수성못2길 13
旧 수성구 두산동 686
TEL (053) 763-5900
開 16:00～翌2:00 休 日 日 不可
日✕ なし 英✕ なし CC ADJMV

---

## シングルボングル マクチャン
싱글벙글 막창

豚のマクチャン（胃）₩2万5500は軽く焼いてから出てくる。炭火で炙るときは焦げやすいので焼き過ぎは禁物。牛マクチャン₩3万5500。

▶伏賢五叉路
MAP P.226-A1 ホルモン焼き
住 13, Gyeongjin-ro 1-gil, Buk-gu
住 북구 경진로1길 13
旧 북구 복현동 401-5
TEL (053) 959-3006
開 12:00～翌2:00 休 火、旧正月とチュソク当日 日 不可
日✕ なし 英✕ なし CC ADJMV

---

## クンナムチプ 薬令市店
큰나무집 약령시점 ●クンナムチプ ヤンニョンサジョム／大木屋

行列ができるペクスク（鶏の水炊き）専門店。韓方サムゲタン（1人前₩1万4000）が人気。注文時には鶏の大きさが選べる。鶏の中にもち米を入れて炊くので、肉を食べた後はお雑煮のように餅を食べる。

▶中心部 130 230 半月堂駅
MAP P.226-B3 鶏鍋
住 25, Namseong-ro, Jung-gu
住 中区 南城路 25 徳信빌딩
旧 中区 南城路 51-6
TEL (053) 256-0709
開 10:00～21:00 休 旧正月とチュソク当日 日 不可
日✕ なし 英✕ なし CC ADJMV

---

info 西門市場には数多くの屋台が出店しているので、食事にもぴったり。大邱風のカルグクスであるヌルングクス、平べったい餃子のナプチャクマンドゥなどが大邱名物として有名。

## 中和飯店

중화반점 ●チュンファバンジョム

大邱一番の繁華街、東城路にある創業30年を超える老舗中華料理店。おすすめはここが発祥という大邱名物、焼きうどんW1万1000。中華麺と野菜や海鮮を炒め、ピリ辛ソースで味を付けたチャンポン風料理。蒸したてのアツアツ小籠包もおすすめ。

▶中心部 131 中央路駅 中華料理
MAP P.225-C3
住 406-12, Jungang-daero, Jung-gu
旧 中区 中央大路 406-12
旧 中区 南一洞 92
TEL (053) 425-6839 開 11:30～16:00、17:30～21:00 休 第1・3月曜（月曜が5回ある月は第2・4）、旧正月、チュソク 日不可 日X あり
英X あり CC ADJMV

---

## ミヒャンテジクッパプ

미향돼지국밥

豚骨スープごはん専門店。グツグツと炊いたスープの香りが店に漂う。テジクッパプW8000は、中に浮かぶ肉が薄切りながら味はしっかり。ホルモンの入ったネジャンクッパプW9000も人気。

▶東大邱 135 東大邱駅 テジクッパプ
MAP P.226-B3
住 31 Dongbu-ro 32-gil, Dong-gu
旧 大邱 東区 東部路32길 31
旧 東区 新川洞 429-4
TEL (053) 744-5383
開 11:30～23:00
休 無休 日不可
日X なし 英X なし CC ADJMV

---

## 校洞タロ食堂

교동따로식당 ●キョドンタロシクタン／Gyodong ttarosikdang

ご飯とスープが別々（タロ）に出る大邱風スープご飯タロクッパプW9000～の専門店。50年の歴史がある。韓国産の牛骨だけを10時間煮込んだスープが自慢。一緒に出るニンニクやネギのキムチと一緒に食べるのがおすすめ。

▶中心部 131 中央路駅 クッパプ
MAP P.225-C2
住 11, Gyeongsanggamyeong 1-gil, Jung-gu
旧 中区 慶尚監営1길 11
旧 中区 布政洞 52-6
TEL (053) 254-8923
開 24時間 休 無休 日不可
日X なし 英X なし CC ADJMV

---

## 八公山スンドゥブ

팔공산 순두부 ●パルゴンサンスンドゥブ

東大邱駅ビルの中にある食堂。スンドゥブチゲW7400。別添えの生卵を熱いスンドゥブ（豆腐鍋）の中に入れて混ぜて食べる。ソンファボソッ（松花椎茸）スンドゥブチゲW8500も人気。キノコの香りが食欲をそそる。 料理 P.68-❶48

▶東大邱 135 東大邱駅 鍋料理
MAP P.226-B2
住 550, Dongdaegu-ro, Dong-gu
旧 東区 東大邱路 550 東大邱駅舎 4층
旧 東区 新岩洞 294
TEL (053) 793-0008
開 7:00～21:30 休 無休
日不可
日X なし 英X あり
CC ADJMV

---

## テバク ヤンニョムオデン

대박 양념오뎅 ●大ヒット 薬念おでん

大邱は辛いおだしで食べるヤンニョムおでんで有名だが、ここはいつも多くの人でにぎわう。おでんは1人前W4000、キンパブW2500、トッポッキW4000。店頭ではおでん1本単位で注文可。

▶中心部 131 中央路駅 郷土料理
MAP P.225-C3
住 15, Dongseong-ro 6-gil, Jung-gu
住 中区 東城路6길 15
旧 中区 公平洞 31-1
TEL (053) 422-3592
開 8:30～24:00
休 旧正月とチュソク連休 日不可
日X なし 英X なし CC ADJMV

---

## スターバックス 大邱鍾路古宅店

스타벅스 대구종로고택점 ●スタボクス テグチョンノゴテクチョム／Starbacks

2022年10月にオープンした、韓屋を利用したスターバックスの店舗。建物はふたつあり、入口の建物は、テーブルとイスだが、中庭の奥にある屋敷は、靴を脱いで入る座敷の席になっている。細部までこだわり抜いた内装は必見。

▶中心部 130 230 半月堂駅 カフェ
MAP P.225-C3
住 22, Jungangdaero 77-gil, Jung-gu
住 中区 中央大路77길 22
旧 中区 鍾路2가 58
TEL 1522-3232
開 8:00～22:00(土・日7:00～22:00)
休 無休 日不可
日X なし 英X なし CC ADJMV

---

✉ オープンしたばかりの韓屋のスターバックスに行ってきました。オープン1時間後にはすでに奥の座敷席はいっぱいでしたが、中庭のイスに座りながらゆっくりできました。（東京都　フミ　'22秋）

## パーセント14-3

퍼센트14-3 ●ポセントゥ14-3／％14-3

北城路にある韓屋スタイルのカフェ。内部も障子などで区切られた小部屋がたくさんある。タラクバン（屋根裏部屋）は天井が低くて狭いが、隠れ家的雰囲気があって人気。コーヒー各種₩4500〜6500。

▷中心部 131 中央路駅 カフェ
MAP P.225-C2
住 92, Seoseong-ro 14-gil, Jung-gu
住 중구 서성로14길 92
旧 중구 대안동 14-3
TEL (053) 255-0711
開 11:30〜21:00 休 火、旧正月とチュソク当日 日不可
日メ なし 英メ なし CC ADJMV

---

## ミックスカフェ北城路

믹스카페 북성로 ●ミックスカペ プクソンノ／mixcafe BOOKSUNGRO

1910年代に作られた木造部分と1950年代のコンクリートの建物が中庭で繋がっている。畳の部屋は日本の統治時代の名残だ。ギャラリーも併設しており、夜には映画鑑賞会が行われることもある。ビールやワインも置いている。

▷中心部 131 中央路駅 カフェ
MAP P.224-B2
住 86-2, Bukseong-ro, Jung-gu
住 중구 북성로 86-2
旧 중구 북성로1가 40-6
TEL なし
開 13:00〜21:00 休 不定休
日 月、旧正月とチュソク連休
日メ あり 英メ あり CC ADJMV

---

## Camp byコピミョンガ ●ケンプバイコピミョンガ

캠프바이커피명가 ●Camp by Coffee Myungga

ハンドリップコーヒー₩6500〜やフォトジェニックないちごショートケーキやカプチーノで有名な店。ミルククリームといちごシロップたっぷりのスイーツは冬〜春限定。

▷中心部 229 329 青蘿の丘駅 カフェ
MAP P.224-B3
住 20, Seoseong-ro, Jung-gu
住 중구 서성로 20
旧 중구 계산동2가 71
TEL (053) 422-0892
開 8:00〜21:00
休 旧正月、チュソク 日不可
日メ なし 英メ なし CC ADJMV

---

## 美都茶房

미도다방 ●ミドタバン

昔ながらの建物が残る、チンコルモクにある。内装は懐かしい雰囲気で落ち着いている。飲物も韓国茶（₩5000〜）、コーヒー、ジュースなど、昔ながらの韓国純喫茶らしい潔さ。

▷中心部 130 230 半月堂駅 カフェ
MAP P.225-C3
住 14, Jingolmok-gil, Jung-gu
住 중구 진골목길 14
旧 중구 종로2가 85-1
TEL (053) 252-9999
開 9:30〜22:00 休 旧正月とチュソク当日 日不可
日メ なし 英メ なし CC ADJMV

---

## Modern Dabang

모던다방 ●モドンタバン／モダン茶房

薬令市にある明るい雰囲気のカフェ。看板メニューはかわいいイラストがあしらわれたプチトースト各種₩4300。夏はかき氷のピンスもある。チーズケーキ₩5000も人気。

▷中心部 130 230 半月堂駅 カフェ
MAP P.224-B3
住 21, Namseong-ro, Jung-gu
住 중구 남성로 21
旧 중구 남성로 50-1
TEL (053) 252-6238
開 9:30〜20:00（木〜土〜21:30）
休 無休 日不可
日メ なし 英メ なし CC ADJMV

---

## セラヴィ

음악다방 쎄라비 ●ウマクタバン セラビ

人気ドラマ『ラブレイン』の撮影のために造られた喫茶店で、ビルの2階にある。1970年代、若者たちのアジトとしての音楽喫茶の雰囲気を再現。コーヒーは各種₩3000〜4000、ベーグル₩3000。

▷中心部 229 329 青蘿の丘駅 カフェ
MAP P.224-B3
住 2F 60, Gukchaebosang-ro 102-gil, Jung-gu
住 중구 국채보상로102길 60, 2층
旧 중구 동산동 237 근린생활시설
TEL なし
開 9:00〜17:00
休 土・日 日不可 日メ なし
英メ なし CC ADJMV

---

✉ Modern Dabangは薬令市の旧第一教会の横にあり、インスタ映えするトーストがすごくかわいいです。（奈良県　かちこ　'19春）

237

## 大邱マリオット

대구메리어트
●テグメリオトゥ／Daegu Marriott

 ▶中心部 MAP P.226-B3
135 東大邱駅

2021年1月にオープンしたばかりの全190室の大型ホテル。東大邱駅のすぐ南とロケーションもすばらしい。レセプションは入った1階上のロビーフロアにある。

住 6, Dongbu-ro 26-gil, Dong-gu
住 동구 동부로 26길 6
旧 동구 신천동 326-1
TEL (053) 327-7000
料 Ⓢ Ⓦ ₩22万〜
日 通じる
CC ADJMV WiFi あり
URL www.marriott.com

## エルディス・リージェント

엘디스 리젠트
●エルディス リジェントゥ／Eldis Regent Hotel

▶中心部 MAP P.224-B3
229 329 青蘿の丘駅

110室の大型ホテル。窓からは桂山聖堂や大邱第一教会などが見える。ルーフトップテラスからの夜景も自慢。西門市場からも徒歩圏。

住 2033, Dalgubeol-daero, Jung-gu
住 중구 달구벌대로 2033
旧 중구 동산동 360
TEL (053) 253-7711
料 Ⓢ Ⓦ ₩18万〜
日 少し通じる CC ADJMV
WiFi あり
URL www.eldishotel.com

## ホテル寿城

호텔수성
●ホテル スソン／Hotel Susung

寿城池 MAP P.228
338 寿城池駅

1960年にオープンした全67室の老舗ホテル。部屋にはバスタブはないが、リニューアルされているのできれい。高台にあるので眺めがいい。寿城池が見える部屋を指定しよう。

住 106-7 Yonghak-ro, Dusan-dong, Suseong-gu
住 수성구 용학로 106-7
旧 수성구 두산동 888-2
TEL 1899-1001
FAX (053) 764-0620
料 Ⓢ Ⓦ ₩18万〜
日 不可 CC ADJMV WiFi あり
URL www.hotelsusung.co.kr

COLUMN

### ◆ 東大邱駅で話題のパンを食べ比べ

大邱はパンの町といっていいほど街角にパン屋さんをよく見かける。大邱に来たらぜひパンの食べ歩きをしたい。東大邱駅構内には有名チェーン店があるので、時間がない人はここで買っておこう。
**サムソンパンチプ** 1957年創業の老舗。ここの名物は「麻薬パン」ことトンオクススパン。中にコーンマヨがたっぷり入って麻薬のように断ち切れないことから命名された。油で揚げない野菜コロッケや、あんこ入りのソボルパッパンもおいしい。
**近代町のアンパン** 創業は1985年。クリームアンパンで全国区の人気を誇っている。

東大邱駅 MAP P.226-B2
住 550, Dongdaegu-ro, Dong-gu
住 동구 동대구로 550
旧 동구 신암동 294 동대구역

**サムソンパンチプ**삼송빵집
開 8:00〜22:00 休 無休
URL www.ssbnc.kr

**近代町のアンパン**
근대골목단팥빵
●クンデコルモクタンパッパン
開 7:00〜22:00 休 無休
URL www.lioncoffee.co.kr

1 ずらりと並ぶサムソンパンチプの麻薬パン。売り切れていることも多い。店の人に聞くと焼き上がる時間を教えてくれる 2 近代町のアンパン。アンパンは韓国語ではタンパッパンという

info 寿城池 MAP P.228 は1927年に水崎林太郎が中心となり造られた灌漑用の貯水池で、干ばつが多かったこの地の農業に役立ったという。池のほとりには彼の墓があり、毎年4月には追慕祭が開かれる。

## 東横INN 大邱 東城路

토요코인 대구 동성로
●トヨコイン テグ トンソンノ／Toyoko Inn Daegu Dongseongno

▶中心部 **MAP** P.225-C3
130 230 半月堂駅

**住** 15, Dongseong-ro 1-gil, Jung-gu
**住** 중구 동성로 1길 15
**住** 중구 동성로3가 91-9
**TEL** (053) 428-1045
**料** Ⓢ ₩7万～
　　Ⓦ ₩8万5000～
**日** 通じる　**CC** ADJMV　**WiFi** あり
**URL** www.toyoko-inn.com

日本語が通じ、レセプションが24時間オープンしている中級ホテル。ビルの7～10階を利用しており、エレベーターで上に行く。チェックイン前やチェックアウト後に荷物を無料で預けられる。

## リバーティン

리버틴
●リバティン／Rivertain Hotel

▶中心部 **MAP** P.225-C2
131 中央路駅

**住** 193, Gyeongsanggamyeong-gil, Jung-gu
**住** 중구 경상감영길193
**旧** 중구 동문동1-19
**TEL** (053) 269-4000
**料** Ⓢ Ⓦ ₩11万9000～
**日** 通じる　**CC** ADJMV　**WiFi** あり
**URL** www.rivertain.com

繁華街からも徒歩圏内ながら静かなビジネスホテル。インテリアはモダンでシンプル。部屋は床暖房になっている。

## 2月ホテル東城路

2월 호텔 동성로
●イウォル ホテル トンソンノ
Hotel February Dong Seong Ro

▶中心部 **MAP** P.225-C3
131 中央路駅

**住** 16, Jungang-daero 81-gil, Jung-gu
**住** 중구 중앙대로81길 16
**旧** 중구 동일동 11-1
**TEL** (053) 257-9898
**FAX** (053) 257-5353
**料** Ⓢ Ⓦ ₩10万～
**日** 不可　**CC** ADJMV
**WiFi** あり

全ての部屋のインテリアが違うデザイナーズホテル。若い客層がメインで、化粧品の試供品がいろいろ置いてあったり、アメニティも工夫されている。無料の朝食は簡素。

## ゴーホステル

고 호스텔
●ゴ ホステル／Go Hostel

▶中心部 **MAP** P.225-C2
131 中央路駅

**住** 21, Dongseong-ro 12-gil, Jung-gu 3F
**住** 중구 동성로12길 21
**旧** 중구 문화동 7-9
**TEL** 010-2729-1970
**料** Ⓦ ₩1万3000～
**日** 不可　**CC** ADJMV
**WiFi** あり

コスパが良くて無料で朝食もつくので、バックパッカーに人気のホステル。8人用のドミトリーは男性専用、女性専用、男女混合部屋があり、全40室。部屋は広くて綺麗。

## 共感ゲストハウス

공감 게스트하우스
●コンガムゲストゥハウス

▶中心部 **MAP** P.225-C3
131 中央路駅

**住** 32, Jungang-daero 79-gil, Jung-gu
**住** 중구 중앙대로79길 32
**旧** 중구 종로2가 15
**TEL** 070-8915-8991
**料** Ⓝ Ⓢ ₩2万2000～
　　Ⓢ Ⓦ ₩5万5000～
**日** 可
**CC** ADJMV　**WiFi** あり
**URL** blog.naver.com/empathy215

町のほぼ中心にあるゲストハウス。個室（2段ベッドなど）やドミトリーなどふたり～10人部屋があり、全8室。無料朝食付き。チェックインは15:00～23:00なので、それ以外の時間に着く場合は事前に連絡を。

## ゼロゲストハウス

Zero 게스트하우스
●ゼロゲストゥハウス

▶中心部 **MAP** P.225-C2
131 中央路駅

**住** 9, Dongseong-ro 12-gil, Jung-gu
**住** 중구 동성로12길 9
**旧** 중구 동문동 38-9
**TEL** 010-4522-1066
**料** Ⓝ Ⓢ ₩1万8000～
　　Ⓢ Ⓦ ₩5万3000～
**日** 不可
**CC** ADJMV　**WiFi** あり

ごみを出さないゼロ・ウェイスト運動を進めている。ドミトリーはふたり～10人部屋がある。キッチンはないが、電子レンジや食堂を完備。

**info** 国宝を含む貴重なコレクションを誇る澗松（ガンソン）美術館は、ソウルにあったが大邱に移転し、2023年12月にオープンを予定している。

朝鮮王朝の両班文化が色濃く残る　　　　　　**慶尚北道 安東市**

# 安東 アンドン

www.andong.go.kr
市外局番●054
人口●16万1615人

안동 Andong

**総合観光案内所**
▶安東駅観光案内所
**MAP** P.242-A
**TEL** (054)852-6800
**開** 9:00～18:00
▶河回村観光案内所
**MAP** P.244左
**TEL** (054)852-3588
**開** 3～10月9:00～18:00
　　11～2月9:00～17:00
**市内バス**
₩1500（交通カード₩1400）
安東民俗村など近くの見ど
ころへは3、3-1番が便利。
**タクシー**
基本料金₩3300（2kmまで）
以降134mごとに₩100

安東駅前のタクシー乗場

雄府公園は憩いの場

河回村の仮面劇

安東は朝鮮王朝時代の支配階級である両班文化が色濃く残る町。とくに儒学の基礎を築いた李退渓、儒学者柳成龍を排出した儒学の里でもある。近郊の安東河回村は、そんな儒学者の村として継承されてきたところ。今でも子孫が暮らしているという。そのほか、安東は高麗時代から続く仮面劇でも有名。安東焼酎、安東韓紙、安東布など伝統の特産物も多い。

## 歩き方

### ▶町の中心は旧安東駅周辺

町の中心は旧安東駅。主要市内バスもここに発着する。北にある雄府公園までのエリアはモーテル街になっており、西に向かって商店街が広がる。安東旧市場の先は、名物チムタク通りだ。

旧安東駅は文化施設になっている

### グルメ

安東といえばなんといっても鶏の甘辛煮込み料理チムタクが有名。市内の市場にはチムタク通りがあり、小さなお店がひしめきあうように軒を連ねている。

大人数で食べたい安東チムタク

### おみやげ

安東の仮面は河回村のいろいろなところで売られている。それぞれ表情や精巧さが違うので、おみやげにするならよく吟味を。

大きさも表情もさまざまな仮面

### 旅のポイント

安東は見どころが広範囲に散らばる。バスがあるが、本数は多くない。最新のスケジュールを駅やバスターミナルで必ず確認しよう。

観光案内所は安東駅内にある

 伝統文化コンテンツ博物館がある文化公園の東側は新世洞で、壁画村となっている。文化公園から東に進み、坂を上っていくと壁画村の全景が眺められる。

| ● ソウルから 서울 Seoul | | | 所要時間 | 料金 |
|---|---|---|---|---|
| KTX | 清凉里駅➡安東駅 | 6:00～22:00の間2～3時間に1便 | 約2時間 | ₩2万5100 |
| ITX | 清凉里駅➡安東駅 | 11:34 20:30 | 約3時間 | ₩2万1100 |
| KORAIL | 清凉里駅➡安東駅 | 6:50 14:50 | 約2時間40分 | ₩1万5400 |
| 市外バス | 東ソウル総合🅣➡安東🅣 | 7:00～18:30の間30分～1時間30分に1便 | 約2時間50分 | ₩2万3200(優等) |
| 高速バス | セントラルシティ🅣➡安東🅣 | 6:10～20:10の間30～50分に1便 | 約2時間40分 | ₩1万8100(一般) |

| ● 釜山から 부산 Busan | | | 所要時間 | 料金 |
|---|---|---|---|---|
| 市外バス | 釜山総合🅣➡安東🅣 | 7:05～19:35の間1時間に1便程度 | 約2時間40分 | ₩1万4700(一般) |

| ● 大邱から 대구 Daegu | | | 所要時間 | 料金 |
|---|---|---|---|---|
| 市外バス | 東大邱🅣➡安東🅣 | 6:40～22:00の間25分～1時間に1便 | 約1時間10分 | ₩1万1000(一般) |

| ● 慶州から 경주 Gyeongju | | | 所要時間 | 料金 |
|---|---|---|---|---|
| KORAIL | 新慶州駅➡安東駅 | 9:01 10:45 16:28 | 約1時間50分 | ₩8300 |
| 市外バス | 慶州市外🅣➡安東🅣 | 10:00 13:00 15:00 19:30 | 約1時間30分 | ₩1万4800(一般) |

| ● 大田から 대전 Daejeon | | | 所要時間 | 料金 |
|---|---|---|---|---|
| 市外バス | 大田複合🅣➡安東🅣 | 8:00～19:00の間1時間に1便程度 | 約2時間20分 | ₩1万7100(優等) |

| ● 清州から 청주 Cheongju | | | 所要時間 | 料金 |
|---|---|---|---|---|
| 市外バス | 清州市外🅣➡安東🅣 | 8:30 13:30 17:40 | 約2時間20分 | ₩1万8300(一般) |

| ● 太白から 태백 Taebaek | | | 所要時間 | 料金 |
|---|---|---|---|---|
| 市外バス | 太白市外🅣➡安東🅣 | 19:10 | 約2時間40分 | ₩1万7300(一般) |

| ● 江陵から 강릉 Gangneung | | | 所要時間 | 料金 |
|---|---|---|---|---|
| KTX | 江陵駅➡安東駅 | 直通なし。西原州などで乗り換える | 約3時間 | ₩3万3100 |

🅣…バスターミナル

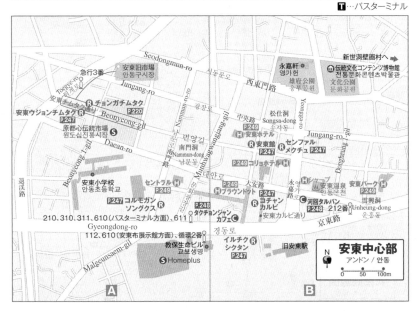

安東中心部
アンドン／안동
0　50　100m

## おもな市内バス路線
最新の時刻表は必ず観光案内所などで確認しよう。
▶112番（民俗村、月映橋方面）
8:25 10:30 12:50 16:40
▶210番（屏山書院、河回村方面）
6:45 7:45 8:35（屏山書院終点）9:35 10:35 11:15（屏山書院終点）12:45 13:25 14:15（屏山書院終点）15：25 16:15 17:35 18:35
▶310番（鳳停寺方面）
6:25 8:30 10:45 12:55 14:55 17:25 19:05
▶急行3番（陶山書院方面）
8:15 9:35 12:15 13:15 16:15

安東駅、バスターミナルから町の中心へ向かうバスが出発する停留所

# 市　内　交　通

## ▶ バスターミナル・鉄道駅から市の中心部へ

町の玄関となる安東駅と総合バスターミナルは、中心部の西約5kmの松峴洞にあり、隣接している。観光案内所は安東駅構内と総合バスターミナルの向かいの2ヵ所にあるので、ここで最新のバスの時刻表をもらっておくとよい。町の中心（旧安東駅）へは110、112、210、212、611番など多数のバスが行く。河回村へは市内を経由せずに210番バスで直接行くことができる。

市内、市外、高速バスのすべてが発着する安東ターミナル

KTXが停車する安東駅

## ▶ 市内各地へのバスは旧安東駅が起点

安東の鉄道駅は、2020年12月に現在の場所に移動したもので、それ以前は町の中心部にあった。旧安東駅の周辺は各地への市内バスが発着するが、乗り場が分かれている。観光案内所でもらった最新の時刻表を参考にしよう。

ホームプラスと旧鉄道駅の間に各方面へのバス停がある

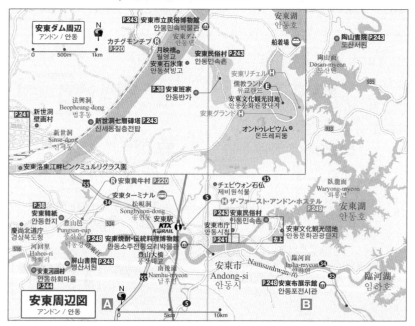

info 韓国では秋になるとミューレンベルギアがピンクに色づき、フォトスポットとして人気がある。旧安東駅裏の河川敷のピンクミュルリグラス園、安東ダム周辺のオントゥレピウムが特に有名。

# 見どころ

●水没から免れた伝統家屋が移築された屋外博物館　★★★
## 安東民俗村 안동민속촌 Andong Folk Village
### アンドンミンソクチョン
▶安東ダム周辺 MAP P.242-B

安東ダムの建設によって水没された地域の伝統家屋などの民俗文化財を保存するために1976年に造成された。安東出身の詩人・李陸史の詩碑や、茅葺きの家、土蔵の家、水車など、昔の人々の生活ぶりがうかがえる建造物が多く見られる。また近くの安東市立民俗博物館では、地域の歴史や冠婚葬祭の風習などに関する資料を展示している。

●土レンガ造りの巨大な仏塔　★
## 新世洞七層磚塔 신세동칠층전탑 Sinsedong 7 stories Brick Pagoda
### シンセドンチルチュンチョンタプ
▶法興洞 MAP P.242-A

韓国最大で最古の磚塔で、国宝に指定されている。この塔がある場所は、新羅時代に創建された寺院の法興寺があったものと推定されているが、周辺には民家や鉄道があるため調査が難しい状態。塔の基壇部には仏教の守護神である八部神衆像と四天王像、十二支神などが刻まれているが、かつて近くを通っていた鉄道の振動による損傷が激しい。

●儒学者柳成龍の功績をたたえる　★★
## 屏山書院 병산서원 Byeongsan Seowon Confucian Academy 世界遺産
### ピョンサンソウォン
▶陶山面 MAP P.242-A

この書院は元の名を豊岳書堂といい、李滉 ▶P.491 の弟子で、16世紀後期に朝鮮王朝の宰相も務めた儒学者、柳成龍（1542〜1607）によって現在の場所に移された。書院はその美しさから韓国建

屏山の対岸にある

築の白眉とも名高く、洛東江を見下ろす位置に建つ晩対楼は自然景観とも調和している。

●朝鮮王朝時代を代表する儒学者が建てた　★★
## 陶山書院 도산서원 Dosan Seowon 世界遺産
### トサンソウォン
▶陶山面 MAP P.242-B

1561年に李滉 ▶P.491（李退渓とも）によって開かれた書院。李滉は朱子学の大家として朝鮮王朝時代の儒学を代表する存在。朝鮮王朝に仕えたのち、生まれ育った場所であるこの地で隠遁生活を始めた。門人の育成に注力して朱子学の発展の中心地となる。

彼の没後この書院は儒学研究の一大拠点となった。ソンビ（儒学者）の生活を追体験できるイベントなども行われている。

気品のあるたたずまい

---

**安東民俗村**
住 Minsokchon-gil Andong-si
住 안동시 민속촌길
旧 안동시 성곡동
開 随時　休 無休　料 無料
交 市内バス112番で「安東市立民俗博物館（안동시립민속박물관）」下車。

**安東市立民俗博物館**
MAP P.242-A
住 13, Minsokchon-gil Andong-si
住 안동시 민속촌길13
旧 안동시 성곡동784-1
TEL (054) 821-0649
開 9:00〜18:00
※最終入場17:30
休 1/1、旧正月とチュソク当日　料 無料
交 市内バス112番で「安東市立民俗博物館（안동시립민속박물관）」下車。

**新世洞七層磚塔**
住 103, Imcheonggak-gil, Andong-si
住 안동시 임청각길 103
旧 안동시 법흥동 9-2
開 随時　休 無休　料 無料
交 旧安東駅から徒歩10分。

**屏山書院**
住 386, Byeongsan-gil Pungcheon-myeon, Andong-si
住 안동시 풍천면 병산길 386
旧 안동시 풍천면 병산리 310
TEL (054) 858-5929
開 9:00〜18:00（冬期〜17:00）
休 無休　料 無料
交 市内バス210番で「屏山書院（병산서원）」下車。
URL www.byeongsan.net

**陶山書院**
住 154, Dosanseowon-gil Dosan-myeon, Andong-si
住 안동시 도산면 도산서원길 154
旧 안동시 도산면 토계리 680
TEL (054) 856-1073
開 3〜10月9:00〜18:00
11〜2月9:00〜17:00
※最終入場30分前
休 無休　料 ₩1500
交 急行（급행、クッペン）3番で「陶山書院（도산서원）」下車。

---

info 柳成龍は文禄の役の際に宰相を務め、退官後に『懲毖録』を記した。文禄・慶長の役の朝鮮側資料として第一級のものとして知られている。

# 河回 ハフェ

하회 | Hahoe

市外局番●054

500年前の伝統家屋が残り、今なお人々の暮らしが続く世界遺産に登録された集落。

## 安東河回村

**住** 186 Jeonseo-ro, Pungcheon-myeon, Andong-si
**住** 안동시 풍천면 전서로 186
**旧** 안동시 풍천면 하회리 256
**TEL** (054) 853-0109
**開** 4〜9月9:00〜17:30
10〜3月9:00〜16:30
**休** 無休　**料** ₩5000
**交** 市内バス210番で「河回村（하회마을）」下車
**URL** www.hahoe.or.kr

## 世界仮面博物館

**MAP** P.244左
**住** 206, Jeonseo-ro Pungcheon-myeon, Andong-si
**住** 안동시 풍천면 전서로 206
**旧** 안동시 풍천면 하회리 287
**TEL** (054) 853-2288
**開** 9:30〜18:00
**休** 1/1、チュソクと旧正月当日
**料** ₩5000
**URL** www.mask.kr
**URL** www.instagram.com/hhmaskmuseum

世界仮面博物館の展示

●仮面劇でも有名な伝統家屋の集落 　　　★ ★ ★ 世界遺産

# 安東河回村 안동 하회마을 Hahoe Village

## アンドン ハフェマウル

▶ 河回里 MAP P.242-A

2010年にユネスコ世界遺産に登録された安東河回村。豊山・柳氏が600年あまり代々暮らしている村で、築何百年という藁葺き屋根の家もあり、古家を使った民宿で宿泊も可能。また、800年の歴史を持つという仮面劇の「河回別神グッ」も2022年にユネスコ無形文化遺産に指定された。村内にある世界仮面博物館では、高麗時代や世界各国のユニークな仮面を展示している。

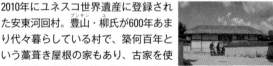

伝統の土塀

藁葺き屋根の家が並ぶ

---

COLUMN

◆ ハフェビョルシン
### 河回別神グッ公演

韓国の重要無形文化財第069号である安東の仮面劇は河回村で伝統を絶やすことなく続けられてきた。現在でも毎週末に行われているほか、毎年安東国際仮面舞フェスティバルが開かれている。

河回別神グッタルノリ
하회별신굿탈놀이
**MAP** P.244左
**住** 3-15, Hahoejongga-gil Pungcheon-myeon, Andong-si
**住** 안동시 풍천면 하회종가길 3-15
**旧** 안동시 풍천면 하회리
**TEL** (054) 854-3664
**開** 1・2月の土日14:00
3〜12月の水・金・土・日14:00
**料** 無料

---

河回村周辺

河回村
ハフェマウル
하회마을

---

info 安東市の中心部から北へ5kmほどのところに高麗時代に造られたと思われる巨大な磨崖仏があり、チェビウォン石仏 **MAP P.242-B** と呼ばれている。311番のバスで行くことができる。

風光明媚な道立公園

ムンギョン **聞慶**

Mungyeong 문경

交通の要衝として軍事的に重要な峠道。現代では人気ドラマが撮影された地としても名高い。

市外局番●054

---

●慶尚道と京畿道を結ぶ要地にある ★

## 聞慶セジェ道立公園 문경새재 도립공원 Mungyeongsaejae

ムンギョンセジェ トリプコンウォン ▶聞慶市 MAP P.245-A

「鳥も越えるのが難しい峠」と言われるほど険しい山にある公園。かつては都と釜山を結ぶ位置に当たる軍事的に重要な地で、朝鮮王朝時代に外敵の侵入を防ぐため関門と城壁が築かれた。第1関門である主屹関から第3関門の鳥嶺関まで、往復で徒歩4時間ほどかかり、トレッキングコースとしても人気がある。公園内にオープンセット場があり、時代劇の撮影が数多く行われている。セット内の宮殿では貸衣装での記念撮影も可能。

●日本との交流にも尽力した陶人、千漢鳳の窯元 ★★

## 陶泉陶磁美術館 도천 도자 미술관 Dochon Ceramics Gallery

トチョン トジャ ミスルグァン ▶聞慶市 MAP P.245-B

韓国の人間文化財である陶芸の名匠・千漢鳳氏の、窯元と作品が展示されている陶磁器の美術館。聞慶地域の、陶磁器の歴史や特徴なども紹介している。千漢鳳氏は、日本の皇室に花瓶を献上したことがあり、日韓の芸術文化交流に寄与したとして旭日双光章を、韓国では大統領表彰を受賞した現代の名匠だ。俳優のペ・ヨンジュン氏は自分の著書に、千氏の茶碗を見てひと目惚れし、この地で1週間滞在しながら陶芸を習ったと記している。

---

**聞慶セジェ道立公園**

住 932, Saejae-ro, Mungyeong-eup, Mungyeong-si

住 문경시 문경읍 새재로 932
旧 문경시 문경읍 상초리 288-1
TEL (054)571-0709
開 随時 休 無休 料 無料
交 聞慶バスターミナル（문경버스터미널）から21番バスで「聞慶セジェ道立公園（문경새재도립공원）」下車

**オープンセット場**

MAP P.245-A
TEL (054)571-4337
開 3～10月9:00～18:00
　 11～2月9:00～17:00
休 正月、旧正月、チュソク
料 ₩2000
交 聞慶セジェ道立公園停留所から徒歩25分

**陶泉陶磁美術館**

住 137-1, Dangpo-gil Mungyeong-eup
住 문경읍 당포길 137-1
旧 문경읍 당포리 156-1
TEL (054)572-3090
開 10:00～17:00（要予約）
休 不定 料 無料
交 聞慶バスターミナルから24番バスで「唐浦1里（당포1리）」下車、徒歩5分

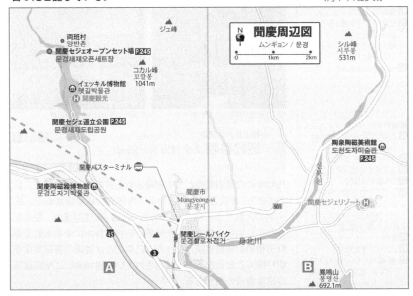

両班村
양반촌

聞慶セジェオープンセット場 P.245
문경새재오픈세트장

イェッキル博物館
옛길박물관

H 聞慶観光

コカル峰
꼬깔봉
1041m

ジュ峰

N 聞慶周辺図
ムンギョン / 문경
0　1km　2km

シル峰
시루봉
531m

聞慶セジェ道立公園 P.245
문경새재도립공원

聞慶バスターミナル

聞慶陶磁器博物館
문경도자기박물관

聞慶市
Mungyeong-si
문경시

聞慶セジェリゾート H

陶泉陶磁美術館
도천도자미술관 P.245

聞慶レールバイク
문경철로자전거

身北川

鳳鳴山
봉명산
692.1m

A 　 B

---

info 五味子(オミジャ)はお茶やジュースなどに使われ、韓方の素材にもなる韓国ならではの味だが、聞慶はその生産で有名。毎年9月には聞慶五味子祭りが開かれ、各地から大勢の人が訪れる。

## 鳳停寺

**住** 222, Bongjeongsa-gil, Seohu-myeon, Andong-si
**住** 안동시 서후면 봉정사길 222
**旧** 서후면 태장리 901
**TEL** (054) 853-4181
**開** 3～10月7:00～19:00
11～2月8:00～18:00
**休** 無休　**料** 無料
**交** 市内バス310番「鳳停寺（봉정사）」下車。
**URL** www.bongjeongsa.org

## 豊基の人参市場

浮石寺、紹修書院への起点となる豊基（プンギ풍기）駅の目の前にあるのが人参市場。豊基は品質の高い高麗人参の産地として知られている。生の高麗人参だけではなく関連商品の種類も多いので、バス待ちの時間に立ち寄るのにもちょうどいい。

**住** 8, Insam-ro Punggi-eup, Yeongju-si
**住** 영주시 풍기읍 인삼로 8
**旧** 영주시 풍기읍 서부리 145-3
**開** 9:00～19:00　**休** 火

## 浮石寺

**住** 345, Buseoksa-ro Buseok-myeon, Yeongju-si
**住** 영주시 부석면 부석사로 345
**旧** 영주시 부석면 북지리 148
**TEL** (054) 633-3464
**開** 随時　**休** 無休
**料** 無料
**交** KORAILで「豊基（풍기）」駅まで行き、そこから27番バスで終点「浮石寺（부석사）」下車。
**URL** www.pusoksa.org

## 紹修書院

**住** 2740, Sobaek-ro Sunheung-myeon, Yeongju-si
**住** 영주시 순흥면 소백로 2740
**旧** 영주시 순흥면 내죽리 151-2
**開** 3～5・9・10月9:00～18:00
6～8月9:00～19:00
11～2月9:00～17:00
※最終入場1時間前
**休** 無休
**料** ₩3000（博物館含む）
**交** 豊基駅から27番バスで「紹修書院（소수서원）」下車。

---

● 韓国最古の木造建築のひとつ　★★ 世界遺産

# 鳳停寺 봉정사 Bongjeongsa Temple
ポンジョンサ　▶西後面 MAP P.81-C2

新羅時代に創建された、1000年の歴史を持つ寺院。韓国最古の木造建築のひとつで、国宝に指定されている「極楽殿」で知られている。経典などは朝鮮戦争のときにすべて焼失し、その歴史は不明とされてきたが、極楽殿を解体修復する過程で12世紀に修復された建物であることが判明した。他にも大雄殿や華厳講堂など、その史跡価値は高い。

釈迦本尊

釈迦本尊を祀る大雄殿

● 龍が建立を助けた伝説が残る　★★ 世界遺産

# 浮石寺 부석사 Buseoksa Temple
プソクサ　▶栄州市 MAP P.81-C2

新羅時代676年、文武王（ムンムワン）の時に義湘大師（ウィサン）▶P.491 が王命を受けて建立したとされる。境内にある国宝の「無量寿殿」は、韓国最古の木造建築のひとつ。その裏手には、寺院の建立を助けた龍が姿を変えたという巨大な石があり、まるで浮いているように見え、この古刹の名前の由来とされる。数々の国宝や文化財を有しており、多くの参拝客や観光客が訪れる。

柱にも歴史が感じられる安養門

安養門の手前にある三層石塔

● 韓国最古の書院　★★ 世界遺産

# 紹修書院 소수서원 Sosu Seowon
ソスソウォン　▶栄州市 MAP P.80-B2

1543年に白雲洞書院（ペグンドンソウォン）として創建された韓国最古の書院で、ほかの8つの書院とともに2019年に世界遺産に登録された。朱子学の大家として知られる李滉（イファン）（李退溪）（イ・テェゲ）▶P.491 が、豊基郡守となり明宗（ミョンジョン）に働きかけた結果、紹修と新たに命名されて朝鮮王朝初の賜額書院となった。このことは韓国の書院文化を切り開くこととなった。併設されている博物館には明宗直筆の紹修書院の額がある。

---

**info** 豊基のある栄州はソンビ（儒者）のふるさととも言われ、自らを磨くために山あいで隠遁生活を送った人が多かったという。ソンビ村といわれる村もいくつかあある。

# 安東のレストラン

## イルチクシクタン

일직식당 ●イルチク食堂

旧安東駅近くにある50年の歴史を持つカンコドゥンオ（塩サバ）専門店で、販売もしている。食堂の1人前はサバの開き半尾分。塩がきいているので他のおかずはシンプルな味付け。

▶旧安東駅　サバ
MAP P.241-B
住 676, Gyeongdong-ro, Andong-si
住 안동시 경동로 676
旧 안동시 운흥동 176-20
TEL (054)859-6012　開 8:00～21:00
休 第2・4月曜、旧正月とチュソク当日
日 不可　日✕ なし　英✕ なし
CC ADJMV

## コルモガン ソングクス

골목안손국수

平麺の安東ククス₩7000～が食べられる店。ククスは白菜の甘みがきいたシンプルなスープ。カルグクス（手切り麺）を冷やした夏限定の安東コンジンククス₩8000もおすすめ。

▶南門路　麺料理
MAP P.241-A
住 2, Nammun-ro, Andong-si
住 안동시 남문로 2
旧 안동시 남문동 207-1
TEL (054)857-8887
開 10:00～21:00　休 日、旧正月とチュソク当日　日 不可　日✕ なし
英✕ なし　CC ADJMV

## 安東ウジョンチムタク

안동우정찜닭 ●アンドン ウジョンチムタク

安東チムタク通りにある、鶏の甘辛煮込みチムタクの店。名物はキムチをじっくり熟成させたムグンジ入り₩3万3000～。野菜、コシの強いチョル麺、チーズ入りの餅などが一緒に煮込まれる。いろいろな素材が味に深みを出し、甘辛でおいしい。

▶安東チムタク通り　チムタク
MAP P.241-A
住 12, Beonyeong-gil, Andong-si
住 안동시 번영길 12
旧 안동시 남문동 181-4
TEL (054)854-0507　開 9:00～22:00
休 第1・3火　日 不可
日✕ なし　英✕ なし　CC ADJMV
URL instagram.com/rossignol2000

## 安東館

안동관 ●アンドングァン

野菜と春雨が入っていてさっぱりした味付けの安東チムタク。鶏肉が柔らかくておいしい。牛刺のユッケ、ズッキーニ、ニンジンなどの野菜、ご飯を特製ソースで混ぜて食べるビビンバ₩1万2000も人気。

▶松仕洞　郷土料理
MAP P.241-B
住 40-17, Munhwagwangjang-gil, Andong-si
住 안동시 문화광장길 40-17
旧 안동시 삼산동 102-1
TEL (054)854-9933
開 10:00～21:00　休 旧正月とチュソク連休　日 不可
日✕ あり　CC ADJMV

## コチャンカルビ

거창갈비

タレがかかってないセンカルビ（生カルビ）がおすすめ。厚い肉でも柔らかくて食べやすい。センカルビについていた骨で作ったカルビタン（スープ）も一緒に出る。

▶安東カルビ通り　韓牛
MAP P.241-B
住 10, Eumsigui-gil, Andong-si
住 안동시 음식의길 10 대림상가
旧 안동시 운흥동 171-8
TEL (054)857-8122
開 11:30～22:00　休 無休
日 不可　日✕ あり
CC ADJMV

## センファルメクチュ

생활맥주 ●Daily Beer

「No Beer No Work！」を合言葉に店舗網を広げるクラフトビアチェーン。安東ブリューイングの「クンメクチュ（ゴールデンエール）」と「ミルメクチュ（ヴァイツェン）」が楽しめる。₩6500。

▶安東文化通り　ビール
MAP P.241-B
住 32-13, Eumsigui-gil, Andong-si
住 안동시 음식의길 32-13
旧 안동시 동부동 116-4
TEL (054)856-1400
開 17:00～翌2:00(L.O.1:30)
休 無休　日 不可
日✕ なし　英✕ あり　CC ADJMV

info 対馬の観音寺で盗難された仏像を巡って、所有権を主張している浮石寺は、忠清南道瑞山市にある浮石寺で、世界遺産に登録されている慶尚北道栄州市の浮石寺とは別の寺。

## タクチョンジャンカフェ

카페탁촌장 ●CAFE Takchonjang

▶京東路    カフェ（特産品）
MAP P.241-B
住 671, Gyeongdong-ro, Andong-si
住 안동시 경동로 671
旧 안동시 남부동 237-3
TEL (054) 857-4466 開 9:00～19:00
休 旧正月とチュソク当日
日 不可
図 なし 英 あり
CC ADJMV

カフェで焼いている安東麦パンと山芋ジュースが評判のカフェ。河回の仮面を模したチョコレートもおすすめ。麦パンとチョコレートのセット₩2万2000。隣は特産品ショッピングセンターで、こちらでも麦パンや特産の山芋加工品を販売している。

## 河回タルパン

하회탈빵 ●ハフェタルパン

▶永嘉路    カフェ（特産品）
MAP P.241-B
住 8, Yeongga-ro, Andong-si
住 안동시 영가로 8
旧 안동시 운흥동 183-13
TEL (054) 859-3203
開 9:00～21:00
休 無休 日 不可
図 なし 英 あり
CC ADJMV

タルパンとは安東のシンボルである仮面の形をしている小さな饅頭のような菓子。顔の表情が違うので比べながら食べてみよう。20個セットで₩1万2000。イートインではドリンクとタルパンのセットが₩4000。チムタクコロッケもある。

---

COLUMN

### ◆ 安東焼酎・伝統料理博物館

安東焼酎は、地域の名門とされる家で代々接客用として使われたお酒。1962年に生産が禁止されたが、1987年にその製造法が無形文化財に指定され、1990年から生産が再開された。この博物館は、アルコール度数45度の蒸留酒である安東焼酎の製造法や、伝統酒の種類、酒杯をはじめ、伝統料理などを展示、紹介している。おみやげも買える。

安東焼酎・伝統料理博物館
（安東焼酎醸造所）
안동소주 전통요리박물관
MAP P.242-B
住 71-1, Gangnam-ro, Andong-si
住 안동시 강남로 71-1
旧 안동시 수상동 280
TEL (054) 858-4541
開 9:00～17:00 休 無休 料 無料
URL www.andongsoju.com
交 611、循環（순환）2番で『テハンチュムル대한주물』下車

❶安東焼酎の工場内にある ❷かつての食卓に関する展示 ❸焼酎の蒸留釜の模型

### ◆ 安東布展示館 安동포전시관

この地は排水が良い砂質土であることと気候条件から、麻の栽培が盛んだった。麻を使った安東布は、朝鮮王朝時代に宮廷でも愛用されていたという。展示館では、安東布の歴史や機織り機、韓服、洋服などを展示、販売をしている。また安東布を使った匂い袋作りなどの体験コーナーも人気だ。

安東布展示館 안동포 전시관
MAP P.242-B
住 341-12, Geumso-gil
Imha-myeon, Andong-si
住 안동시 임하면 금소길 341-12
旧 안동시 임하면 금소리 1028-14
TEL (054) 823-4585
開 9:00～18:00 ※最終入場17:30
休 月 料 無料 URL andongpo.or.kr
交 610番バスで琴韶（クムソ금소）下車。琴韶里会館前の高架をくぐった反対側

❶展示館の建物 ❷安東市内ではこのような形で売られている ❸安東布を使ったファッションの展示

info 安東は山芋の産地でもあり、タクチョンジャンカフェでは安東産の山芋を使ったカップ麺の製造販売も行っている。

## 安東のホテル

### 安東ホテル

**안동호텔**

●アンドンホテル／Andong Hotel

▶南門洞 MAP P.241-B

安東チムタク通りにある37室のホテル。繁華街にあるため市内観光に便利で、周辺は食堂も多い。インテリアは多少古いがきれい。バスタブ付きの部屋もある。

住 40-10, Munhwagwangjang-gil, Andong-si
住 안동시 문화광장길 40-10
旧 안동시 남문동 100-6
TEL (054)858-1166
FAX (054)854-3477
料 Ⓢ Ⓦ ₩4万5000～
日 不可　CC ADJMV
WiFi あり

### セントラル

**센트럴호텔**

●セントゥロルホテル／Central Hotel

▶南門洞 MAP P.241-A

安東文化通りの近くにあり、チムタク通りや安東駅の徒歩圏内。ラウンジカフェはモダンなインテリアで、フリードリンクバーがある。部屋はシンプル。オンドル部屋もある。全30室。

住 10-3, Nammun-ro, Andong-si
住 안동시 남문로 10-3
旧 안동시 남문동 198-1
TEL (054)864-2151
FAX 070-7352-2159
料 Ⓢ Ⓦ ₩4万～
日 不可
CC ADJMV
WiFi あり

### 安東パーク

**안동파크호텔**

●アンドンパクホテル／Andong Park Hotel

▶雲興洞 MAP P.241-B

安東駅から徒歩5分のところにある全35室のホテル。駅に近いわりに静かなのがいい。部屋は床暖房で、オンドル部屋も多く設定されている。バスタブ付きの部屋も多い。

住 707, Gyeongdong-ro, Andong-si
住 안동시 경동로 707
旧 안동시 운흥동 324
TEL (054)853-1501
FAX (054)855-1502
料 Ⓢ Ⓦ ₩5万～
日 不可　CC ADJMV
WiFi あり
URL www.andongparkhotel.com

### ブラウンドット 安東文化通り店

**브라운도트 안동문화의거리점**

●ブラウンドット アンドンムヌァコリジョム／
Brown Dot Andong

▶南門洞 MAP P.241-B

安東文化通りの近くにあるホテル。2022年6月にオープンしたばかり。部屋はデザイン性が高く、スタイリッシュにまとまっている。屋上テラスも開放している。

住 16-13, Munhwagwangjang-gil, Andong-si
住 안동시 문화광장길 16-13
旧 안동시 남부동 239
TEL (054)857-7600
FAX (054)857-7601
料 Ⓢ Ⓦ ₩6万～
日 不可
CC ADJMV　WiFi あり

### コリョホテル

**고려호텔**

●高麗ホテル／Goryeo Hotel

▶永嘉路 MAP P.241-B

ホテルの裏がチムタク通りという立地。繁華街に近いので夜も出歩きやすい。部屋も浴室も比較的広くて快適。バスタブ付きの部屋も多い。全51室。

住 13, Yeongga-ro, Andong-si
住 안동시 영가로 13
旧 안동시 동부동 116-1
TEL (054)843-2000
FAX (054)853-77771
料 Ⓢ Ⓦ ₩4万～
日 不可　CC ADJMV　WiFi あり
URL www.grhotel.kr

### ザ・ファースト・アンドン・ホステル

**안동 호스텔 1호점**

●アンドンホステル1ホジョム／The 1st Andong Hostel

▶安東ターミナル
MAP P.242-A

2022年11月現在、バスターミナル周辺にある唯一の宿泊施設で、深夜早朝の発着でも便利。洗濯機やキッチンもある。ドミトリーはないがシングルルームの料金設定があり経済的に滞在できる。

住 13, Hoam-gil, Andong-si
住 안동시 호암길 13
旧 안동시 송현동 666-11
TEL 010-4250-9600
料 Ⓢ Ⓦ ₩4万～
日 不可
CC ADJMV　WiFi あり
URL adhostel.cafe24.com

info 安東観光団地にはゴルフリゾートや大型ホテルもある。安東でのんびり過ごすならこちらで滞在するのもいい。

日本との関係も深い新羅の古都　　　　　慶尚北道 慶州市

# 慶州 キョンジュ

경주 Gyeongju

www.gyeongju.go.kr
市外局番●054
人口●25万6983人

**総合観光案内所**
営業時間はいずれも
3〜10月 9:00〜18:00
11〜2月 9:00〜17:00
▶旧慶州駅前広場
**MAP** P.252-B1
**TEL** (054) 772-3843
▶高速バスターミナル横
**MAP** P.252-A2
**TEL** (054) 772-9289
▶仏国寺駐車場
**MAP** P.258-A
**TEL** (054) 746-4747
▶慶尚北道観光弘報館
**MAP** P.251左下
**TEL** (054) 745-0753
▶新慶州駅
**MAP** P.251-A
**TEL** (054) 771-1336

旧慶州駅前の観光案内所

**市内バス**
一般バス₩1300
(交通カード₩1250)
座席バス₩1700
(交通カード₩1650)
**タクシー**
基本料金₩3300 (2kmまで)
以降134mごとに₩100

世界遺産にもなっている仏国寺は韓国きっての名刹

韓国南東部にある慶州に首都を定めていた新羅は、百済、高句麗の三国時代を経て、初めて朝鮮半島を統一した国家。935年に高麗に滅ぼされるまで、慶州は首都として政治文化の中心として栄えてきた。新羅は仏教を重んじていたために、周辺地域には多くの仏教遺跡があり、仏国寺や石窟庵は世界遺産に登録されている。また、市内にも数多くの遺跡が点在し「慶州歴史地域」としてこちらも世界遺産に登録されている。

## 歩 き 方

### ▶町の中心は旧慶州駅周辺

町の中心は東は旧慶州駅、西は兄山江に挟まれた東西1.5kmほどのエリア。なかでも城東市場から路東洞、中部洞にかけてはショッピングエリアになっている。バスターミナルからは徒歩でもアクセス可。

旧慶州駅は文化施設になっている

🍴 **グルメ**
城東市場 ▶P.261 には、おかずもご飯も₩8000ほどで食べ放題のお店が並び、観光客にも人気がある。

いろいろなおかずが食べられる

💼 **韓屋村**
町の南、校洞の慶州校村村 **MAP** P.252左下 には昔ながらの暮らしぶりを追体験できる施設が揃っている。

大人も子供も楽しめる

💼 **旅のポイント**
見どころが散らばっている慶州の町を効率よく巡りたいなら、シティツアーを利用するのもひとつの手。

バスターミナル横のオフィス

**info** 慶州校村村 **MAP** P.252左下 にある校洞法酒は生産量が少ない銘酒として知られ、醸造所でのみ購入できる。おみやげとして人気。

ACCESS

| ● ソウルから 서울 Seoul | | | 所要時間 | 料金 |
|---|---|---|---|---|
| KTX | ソウル駅➡新慶州駅 | 5:15～21:30の間15分～1時間30分に1便 | 約2時間10分 | ₩4万9300 |
| 高速バス | ソウル高速🚏➡慶州高速🚏 | 6:50～17:10の間に9便 22:00(深夜) | 約3時間30分 | ₩2万1600(一般) |

| ● 釜山から 부산 Busan | | | 所要時間 | 料金 |
|---|---|---|---|---|
| KTX | 釜山駅➡新慶州駅 | 5:20～22:10の間10分～1時間50分に1便程度 | 約35分 | ₩1万1000 |
| 市外バス | 釜山総合🚏➡慶州市外🚏 | 6:20～21:30の間20分に1便程度。 22:00(深夜) | 約50分 | ₩5400(一般) |

| ● 大邱から 대구 Daegu | | | 所要時間 | 料金 |
|---|---|---|---|---|
| KTX | 東大邱駅➡新慶州駅 | 6:57～23:18の間1時間に1～2便程度 | 約17分 | ₩8400 |
| KORAIL | 東大邱駅➡新慶州駅 | 7:44～21:57の間1～2時間に1便程度 | 約50分 | ₩5000 |
| 市外バス | 東大邱🚏➡慶州市外🚏 | 4:30～23:05の間15分に1便程度 | 約50分 | ₩5600(一般) |

| ● 安東から 안동 Andong | | | 所要時間 | 料金 |
|---|---|---|---|---|
| KORAIL | 安東駅➡新慶州駅 | 9:36 17:31 19:18 | 約1時間40分 | ₩8300 |
| 市外バス | 安東🚏➡慶州市外🚏 | 9:50 13:55 16:50 19:50 | 約1時間40分 | ₩1万4800(一般) |

| ● 浦項から 포항 Pohang | | | 所要時間 | 料金 |
|---|---|---|---|---|
| KORAIL | 浦項駅➡新慶州駅 | 5:55 13:05 | 約35分 | ₩2600 |
| 市外バス | 浦項市外🚏➡慶州市外🚏 | 7:00～20:30の間1時間に2～3便程度 | 約40分 | ₩4000(一般) |

🚏…バスターミナル

### ▶ 皇理団ギルを歩こう

大陵苑南の皇南洞には韓屋を改装した小さな店やゲストハウスなどが多く、特に鮑石路は皇理団ギルと呼ばれており、個性的なカフェが並ぶ。韓服レンタルの店も多いので、あでやかな衣装に着替えて町を歩いてみるのもいい。

カフェが並ぶ鮑石路

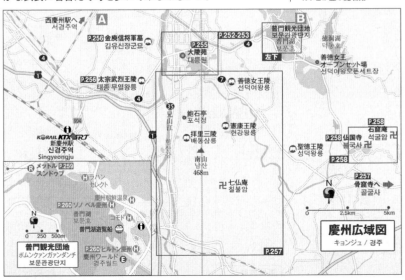

慶州広域図
キョンジュ / 경주

info 韓国では人気のカフェ通りのことを○理団ギルということが多く、皇理団ギルもそのひとつ。ソウルの経理団ギルにちなんでいる。

251

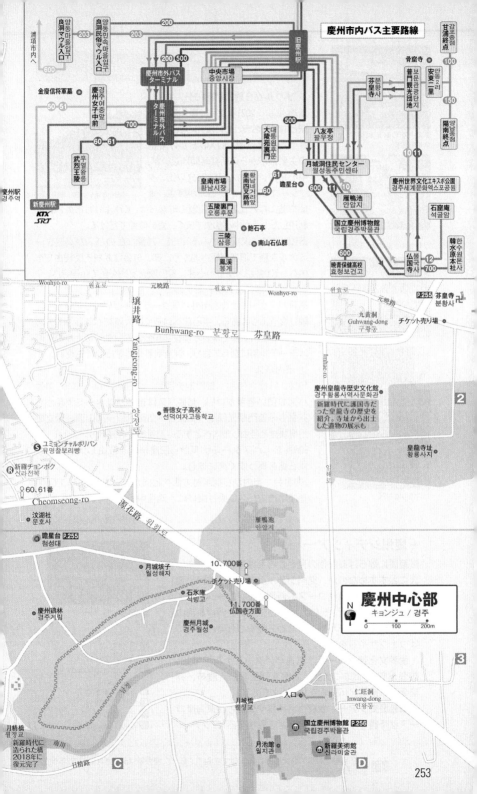

新慶州駅の観光案内所でまず
は情報収集

ソウルと釜山からの高速バス
が発着する高速ターミナル

市外バスターミナル

バス停の案内板

## 市 内 交 通

### ▶ ソウルから約2時間10分

**新慶州駅** 2021年12月に慶州駅が廃
駅となり、名実ともに慶州の表玄関と
なった新慶州駅。KTXのおかげで他
の主要都市からの所要時間は短いが、
中心までは市内バスで30分以上、タ
クシーで約20分かかるのが難点。大
邱や釜山など比較的近距離の町からは、KTXよりも市外バスを
利用したほうが中心部まで安く、短い時間で行ける。

慶州の新しい顔、新慶州駅

**新慶州駅から中心部へ** 50、51、70番などのバスが高速ター
ミナルを経て旧慶州駅へ向かう。60、61番は武烈王陵経由で市
内へ。700番バスが市中心部、普門観光団地を経て仏国寺へ。

### ▶ 高速＆市外バスターミナル

高速バスターミナルと市外バスターミナルは兄山江のほとりに
隣り合うようにある。中心部へは近く、大陵苑へは徒歩10分あ
まり、旧慶州駅まではさらに徒歩10分ほど。ターミナルの東側
はモーテル街になっており、深夜到着や早朝出発でも便利。

### ▶ 市内バス

**10番、11番が便利** 普門観光団地、仏国寺方面へは10、11番
バスの使い勝手がいい。10番バスは市外バスターミナルから
芬皇寺→普門観光団地→仏国寺→仏国寺駅→南山洞→国立慶
州博物館と経由し市内へと戻る。11番はその逆周り。

**500番台** バスターミナルから旧慶州駅を経由し大陵苑脇の
鮑石路を真っすぐ南に進む。

**200番台** 市内から良洞村方面へと向かう。良洞村入口で600
番浦項市内バスに乗り継げば、浦項中心部まで行ける。

INFORMATION

### ◆ 慶州シティツアー

広範囲に散らばる慶州の見どころを効率よく回りたい
人におすすめなのが、慶州シティツアー。予約が必要
だが、世界文化遺産コース、新羅歴史ツアー、東海岸
コースは毎日催行（5人以上）。週末には良洞村＆南山
コースや皇理団ギルツアーなども催行される。詳しく
はウェブサイトを参照。

**▶ 世界文化遺産コース** 高速バスターミナルを10:10、
新慶州駅を10:30に出発、太宗武烈王陵、大陵苑、芬
皇寺、石窟庵、仏国寺を1日かけて巡る。

**▶ 新羅歴史ツアー** 金庾信将軍墓や仏国寺、東海岸コ
ースは骨窟寺や文武大王陵などを見学する1日ツアー。

慶州シティツアー
경주 시티투어
Gyeongju City Tour
**MAP** P.252-A2
（高速バスターミナル）
🏠 6, Taejong-ro 685beon-gil,
Gyeongju-si
🏠 태종로685번길 6
🏠 노서동 243번길 15
TEL (054) 743-6001
URL www.cmtour.co.kr

**info** 歴史遺産の保護のためというユネスコからの助言もあって、慶州駅は廃止された。2022年現在、
全便が新慶州駅発着となっている。

## 見どころ

### ●真の用途は未だ謎 ★★★ 世界遺産
# 瞻星台 첨성대 Cheomseongdae Observatory

チョムソンデ ▶皇南洞 MAP P.253-C3

高さ9mの石積み

韓国では「東洋最古の天文台遺跡」として国宝に指定されている。いつ誰がなぜ作ったのかは不明だが、韓国では古くから天文台を意味する「瞻星台」と呼ばれている。王城のあった半月城の北西に位置し、高さ9mあまりの徳利のような形をしている。新羅27代の善徳女王 ▶P.494 の時に、瞻星台を築いたという三国遺事の記録から、この石造物がそれにあたると考えられている。

### ●古代彫刻を知る手がかり ★★★ 世界遺産
# 芬皇寺 분황사 Bunhwangsa Temple

プヌァンサ ▶九黄洞 MAP P.253-D2

新羅の善徳女王 ▶P.494 の時に建立された寺院で、高僧元暁大師が滞在した寺として有名。長い歴史の中、度重なる侵略などで多くの遺物や建物が消失し、現在は、石井、石槽、石灯などが残っている。その中、芬皇寺石塔の別名を持つ「模塼石塔」は、新羅の古代彫刻を考えるうえで基準となる作品として国宝にも指定されている。

新羅時代で最古の石塔

### ●大規模な新羅時代の古墳群 ★★★ 世界遺産
# 大陵苑 대릉원 Daereungwon Tomb Complex

テルンウォン ▶皇南洞 MAP P.252-B2

新羅王朝王族の大規模な古墳群で、現在は古墳公園になっている。公園内には7基の王陵をはじめ、23基の古墳が集まる。なかでも最も有名なのは天馬塚という古墳。名前の由来は、1970年代の発掘時に「天に昇る馬の姿が描かれた絵」が見つかったから。大陵苑の中で唯一内部を公開しており、王の亡骸が安置されていた場所などが見られる。

20基以上の古墳が点在する大陵苑

南側の入口

---

**瞻星台**
- 🏠 140-25, Cheomseong-ro, Gyeongju-si
- 🏠 경주시 첨성로 140-25
- 旧 경주시 인왕동 839-1
- TEL (054) 772-5134
- 開 随時 料 無料
- 交 市内バス60、61番「瞻星台（첨성대）」徒歩5分

隣にある汶湖社

**芬皇寺**
- 🏠 94-11, Bunhwang-ro, Gyeongju-si
- 🏠 경주시 분황로 94-11
- 旧 경주시 구황동 303
- TEL (054) 742-9922
- 開 3～10月8:00～18:00 11～2月8:00～17:00
- 休 無休 料 無料
- 交 市内バス10、100、150番「芬皇寺（분황사）」徒歩1分
- URL www.bunhwangsa.org

**大陵苑**
- 🏠 9, Gyerim-ro, Gyeongju-si
- 🏠 경주시 계림로 9
- 旧 경주시 황남동 268-10
- TEL (054) 750-8650
- 開 9:00～22:00 天馬塚9:00～21:30
- 休 無休
- 料 ₩3000
- 交 慶州高速バスターミナルから徒歩15分

大陵苑は公園として憩いの場にもなっている

info 皇南小学校から瞻星路を挟んで向かい側の小さな建物は皇南大塚や天馬塚など大陵苑の出土品を紹介する展示室になっている。

## 国立慶州博物館

住 186, Iljeong-ro, Gyeongju-si
住 경주시 일정로 186
旧 경주시 인왕동 76
TEL (054)740-7500
開 10:00～18:00
　(日・祝～19:00)
　3～12月の土と毎月最終水曜
　10:00～21:00
休 1/1、旧正月、チュソク、4・11月の第1月曜
料 無料
交 慶州バスターミナルから市内バス11、600番「国立慶州博物館（국립 경주 박물관）」徒歩2分
URL gyeongju.museum.go.kr

## 太宗武烈王陵

住 4859, Daegyeong-ro, Gyeongju-si
住 경주시 대경로 4859
旧 경주시 서악동 842
TEL (054)750-8614
開 3～10月9:00～18:00
　11～2月9:00～17:00
休 無休　料 ₩2000
交 市内バス60、61、300-1、330番「武烈王陵（무열왕릉）」またはバス慶州高速バスターミナルから西川橋を渡り、西岳洞方面に1.5km行った仙桃山の麓

## 金庾信将軍墓

住 44-7, Chunghyo 2-gil, Gyeongju-si
住 경주시 충효2길 44-7
旧 경주시 충효동 산7-10
TEL (054)750-8614
開 3～10月9:00～18:00
　11～2月9:00～17:00
※最終入場30分前
休 無休　料 ₩2000
交 市内バス70、50、51番「慶州女中（경주 여중）」徒歩15分

## 慶州チョクセム遺跡発掘館

住 788, Taejong-ro, Gyeongju-si
住 경주시 태종로 788
旧 경주시 황오동 356
TEL (054)775-7979
開 10:30～11:30 13:00～17:00
休 無休　料 無料
交 旧慶州駅から徒歩12分

内部では作業が続く

---

● 国宝など新羅の貴著な展示物は必見　★★★

# 国立慶州博物館 국립 경주 박물관 Gyeongju National Museum

クンニプ キョンジュ パンムルグァン　▶仁旺洞 MAP P.253-D3

慶州歴史遺跡地区の中にある博物館で、ソウルの国立中央博物館に続いて韓国で2番目の規模を誇る国立博物館。古都新羅の文化遺産を現代に保存する目的で1945年に設立され、遺物や仏教美術の工芸品をはじめ、墓から発掘された金冠、装飾物などを展示している。国宝に指定されている「聖徳大王神鐘（ソンドクテワン）」「天馬塚金冠」などが見どころ。

本館は出土品を中心に展示している

隣に新美術館が併設されている

● 百済を併合した王の墓　★★

# 太宗武烈王陵 태종 무열왕릉 Royal Tomb of King Muyeol

テジョン ムヨルワンヌン　▶兄山江西岸 MAP P.251-A

新羅第29代の王・武烈王（ムヨルワン）▶P.497の陵墓。661年に没し埋葬された。新羅時代の王陵のなかで、確実に被葬者がわかる唯一の古墳。武烈王は新羅の半ばに即位した王で、唐との連合により百済を併合し、統一の基盤を整えた人物。発掘当時、武烈王の次男である金仁問（キムインムン）が書いた「太宗武烈王陵碑」が見つかったことで、武烈王陵ということが明らかにされた。

● 三国統一に貢献した将軍　★★

# 金庾信将軍墓 김유신 장군묘 Tomb of General Kim Yusin

キムユシン チャングンミョ　▶兄山江西岸 MAP P.251-A

金庾信（キムユシン）▶P.492は、新羅の武烈王、文武王（ムンムワン）とともに百済と高句麗を破り、新羅の三国統一に大いに貢献した人物。墓は円墳で、12支神像のレリーフで取り囲まれている。この像は頭が動物、体は人間の形をしており、平服に帯刀という珍しい姿で、あらゆる方角の邪気から墓を守っているとされる。ドラマ『善徳女王』で金庾信が登場、観光客が増えているという。

● 現在進む発掘作業を博物館として公開している　★★

# チョクセム遺跡発掘館 쪽샘유적발굴관 Jjoksaem Trench

チョクセムユジョクパルグルグァン　▶皇吾洞 MAP P.252-B2

国立慶州文化財研究所では、2007年からこの地で新羅時代の墳墓の発掘調査をしているが、その現場ごと公開した珍しい博物館。一帯には積石木槨墳というこの時代特有の墳

ドームの中で発掘作業が行われている

---

info 慶州校村村の南にある月精橋 MAP P.253-C3 は、新羅時代に建てられた遺構の上に再建されたもの。2018年11月に復元作業が完了し、一般客に全面開放された。

墓がたくさんあるが、直径30mほどの墳墓をドーム状の建物で覆い、公開している。2階の通路から作業の様子や全景を眺めることができてリアルな発掘風景を知ることができる。出土品や発掘過程のパネル展示もある。

### ●自然と石仏が調和した信仰の山
近郊 **南山石仏群** 남산 석불군 ★★ 世界遺産
Namsan Buddhist Statues

ナムサン ソップルグン ▶南山洞 MAP P.257

慶州の南側にそびえる南山。新羅の初代王の誕生神話があるこの地は、信仰の対象であり100ヵ所の寺院、80体の石仏が点在する。そのため南山は「屋根のない博物館」とも称される。遺跡だけでなく自然の景観もすばらしく、多くの渓谷や奇岩怪石がある。

山道にある如来坐像

「南山に登らずして慶州を語るなかれ」とも言われ、多くの観光客が訪れている。

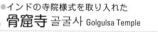
慶州南山磨崖仏近くから見渡す慶州

### ●インドの寺院様式を取り入れた
近郊 **骨窟寺** 골굴사 Golgulsa Temple ★

コルグルサ ▶慶州近郊 MAP P.85-D2

座禅や禅武道などさまざまなプログラムが体験できる寺でもある

石炭岩盤に造られた石窟寺院。寺までの道のりは険しく、ところどころ設置されている手すりやロープに掴まって辿り着くことができる。
6世紀ごろインドから来た僧侶の一行により、インドの寺院様式を取り入れて創建したとされる。岸壁に12体の仏像を彫ったとされるが、現在は7体だけが残っている。なかでも高さ4mの「磨崖如来坐像」が有名。

**南山石仏群**
🚌 市内バス500、505、506、507、508番「三陵（삼릉）」が登山道の入口。コースは各種あり、2～4時間。

P.256 国立慶州博物館
국립경주박물관
善徳女王陵
선덕여왕릉
憲徳王陵
헌강왕릉
慶州五陵
경주오릉
逸聖王陵
일성왕릉
磨崖仏像群
마애불상군
神武王陵
신무왕릉
鮑石亭
포석정
500番
三陵
憲康王陵
헌강왕릉
哀哀王陵
경애왕릉
統一殿
통일전
上禅庵 卍
상선암
南山洞
Namsan-dong
남산동
南山
남산
468m
七仏庵
칠불암
卍
慶州南山磨崖仏
경주남산마애불
龍山書院
용산서원
ウンソン斎
은성재
**南山周辺**
ナムサン／남산
0 1km 2km

**骨窟寺**
🏠 101-5, Girim-ro Yangbuk-myeon
🏠 양북면 기림로 101-5
旧 양북면 안동리 산304
☎ (054) 744-1689
開 随時 休 無休
料 無料
🚌 市内バス100、150番「安洞、祇林寺、骨窟寺入口（안동.기림사.골굴사입구）」徒歩15分
URL www.golgulsa.com

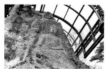

磨崖如来坐像

info 南山石仏群を歩くにはハイキングコースを行ってもかなり急な崖や坂が多いので、装備をきちんと整えよう。南北を縦断するのにまる1日かけてちょうどいい感じだ。

## 仏国寺

住 385, Bulguk-ro, Gyeongju-si
住 경주시 불국로 385
旧 경주시 진현동 15-1
TEL (054) 746-9913
開 9:00〜19:00
　　土・日・祝8:00〜19:00
※最終入場18:00
休 無休　料 無料
交 市内バス10、11、700番で「仏国寺（불국사）」下車。
URL www.bulguksa.or.kr
※建物内撮影不可

## 石窟庵

住 238, Seokgul-ro, Gyeongju-si
住 경주시 석굴로 238
旧 경주시 진현동 999
TEL (054) 746-9933
開 9:00〜19:00
　　土・日・祝8:00〜19:00
※最終入場18:00
休 無休　料 無料
URL seokguram.org
※石窟庵内撮影不可

**仏国寺〜石窟庵12番バス**
▶仏国寺発
8:40、9:40、10:40、11:40、
12:50、13:40、14:40、15:40、
16:40*、17:20**
*11〜1月は16:20
**10/6〜2/28運休
▶石窟庵発
9:00、10:00、11:00、12:00、
13:05、14:00、15:00、16:00、
17:00*、18:20***
*11〜1月は17:20、2・10月は
17:40　　**10/6〜2/28運休

---

● 新羅の仏教の礎

近郊 **仏国寺** 불국사 Bulguksa Temple

プルグクサ

★★★ 世界遺産

▶慶州近郊 MAP P.258-A

吐含山の中腹に位置する寺院で、新羅の仏教文化の中心とも言われる。その創建にはいくつかの説があるが、751年に新羅時代の宰相、金大城（キムデソン）が建立したというのが有力説とされる。文禄・慶長の役で建物や宝物のほとんどが焼失したが、原形復旧作業により現在の大寺院の姿となった。三層石塔の「釈迦塔」や10ウォン硬貨に描かれている「多宝塔」があるのもこの仏国寺。1995年にユネスコ世界文化遺産に登録された。

三層の釈迦塔が美しい

● 韓国仏教芸術の最高峰

近郊 **石窟庵** 석굴암 Seokguram Grotto

ソックラム

★★★ 世界遺産

▶慶州近郊 MAP P.258-B

751年に仏国寺と一緒に建てられた石窟寺院で、創建者の金大城（キムデソン）はその完成を見ることなく、死後の774年に完成した。花崗岩を切り出してドーム型に組んで建てられた洞窟寺院で、本尊の「釈迦如来坐像」は韓国の仏教美術史に残る最高傑作と言われている。石窟庵の入口である長方形の前室と円形の主室が通路で繋がっているが、360個の平らな石で天井を巧みに組み込んで造られており、世界でも類を見ない優れた技術として、1995年にユネスコ世界文化遺産に登録された。

参道を進むと見える門

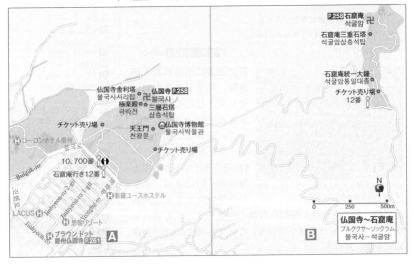

info 慶州は韓国でも有数の桜の名所として知られている。毎年4月には慶州桜祭、慶州さくらマラソン大会などが開催される。

# 🍴 慶州のレストラン

## ピョルチェバン校洞サンパプ

별채반교동쌈밥집 ●ピョルチェバンキョドンサンパプチプ

サンパプは鍋で炒め煮にした肉をサンチュなどの葉野菜に包んで食べるもの。この店は地産農産物を使っている。肉の種類は韓牛₩2万、アヒル₩1万6000、豚₩1万5000の3種類。

▶ 皇南洞
MAP P.252-B3　郷土料理
住 77, Cheomseong-ro, Gyeongju-si
住 경주시 첨성로 77
旧 경주시 황남동 328-1
TEL (054) 773-3322　開 11:00～16:00、17:00～21:00 (L.O.20:00)
日 旧正月とチュソク連休
日 不可　日✗ あり　CC ADJMV

## メットルスンドゥブ

맷돌순두부 ●メットル純豆腐

いつも行列が絶えることのない豆腐専門店。多くの人がオーダーするのが辛いメットルスンドゥブチゲ₩1万2000だが、おぼろ豆腐のメットルスンドゥブ定食のほうが味がわかるという声も。

▶ 普門観光団地
MAP P.251左下　豆腐料理
住 7, Bukgun-gil, Gyeongju-si
住 경주시 북군길 7
旧 경주시 북군동 229-1
TEL (054) 745-2791　開 8:00～16:00、17:00～21:00　休 旧正月、チュソク
日 不可　日✗ あり　英✗ あり
CC ADJMV

## チンスソンチャン

진수성찬 ●珍羞盛饌

ご飯をさまざまな穀物といっしょに蓮の葉で包んで炊いたヨニッパプで人気の店。ヨニッパプ定食はチヂミや小皿もたくさんついて₩2万8000～3万2000。カンジャンケジャン定食は₩2万9000。

▶ 慶州校村村
MAP P.252左下　韓定食
住 39-9, Gyochon-gil, Gyeongju-si,
住 경주시 교촌길 39-9
旧 경주시 교동 65
TEL (054) 777-7938
開 10:30～21:00 (L.O.19:50)　休 火
日 不可　日✗ あり　英✗ あり
CC ADJMV

## オリュクドン

오륙돈 ●五陸豚

豚肉を使ったコムタン、トンコムタン（돈곰탕）₩8000の専門店。スープは透明であっさりしており、やさしい味。昼時には行列になるほど混みあい、夕方過ぎには売り切れて閉まってしまうこともある。

▶ 旧慶州駅周辺
MAP P.252-B1　トンコムタン
住 129, Dongseong-ro, Gyeongju-si
住 경주시 동성로 129
旧 경주시 황오동 215-1
TEL 070-8861-8086
開 11:30～21:00　休 無休
日 不可　日✗ なし　英✗ なし
CC ADJMV

## ウルタリ オムヌン マンドゥチプ

울타리 없는 만두집

慶州駅近くにある手作り餃子の店。蒸したての肉餃子コギマンドゥとキムチマンドゥ各₩5000がおいしい。もちもちした麺と野菜、揚げ餃子を甘辛いソースで混ぜて食べるビビンマンドゥ₩5000も評判がいい。

▶ 旧慶州駅周辺
MAP P.252-B1　餃子
住 135, Dongseong-ro, Gyeongju-si
住 경주시 동성로 135
旧 경주시 황오동 253-7
TEL (054) 772-8077
開 12:00～24:00 (L.O.23:00)
休 月　日 不可　日✗ なし　英✗ あり
CC ADJMV

## ヤンボク ソモリコムタン

ソモリコムタン（牛頭肉のスープ）

P.67-46 八田さんおすすめ

양복 소머리곰탕

慶州中央市場内の飲食エリア（10棟）に位置するソモリコムタン専門店。ソモリコムタンは₩1万。テジクッパプ（豚クッパ）、ソスユク（牛茹で肉）などの料理も提供する。

▶ バスターミナル周辺
MAP P.252-A1
住 295, Geumseong-ro, Gyeongju-si
住 경주시 금성로 295 (10동 27호)
旧 경주시 성건동 339-2 (10동 27호)
TEL (054) 749-1448　開 11:00～21:00
休 祝　日 不可　日✗ あり　英✗ あり
CC ADJMV

info ピョルチェバン校洞サンパプの韓牛プルコギサンパプと並ぶ人気メニューの山菜ビビンバプには慶州の山菜として古くから知られるコンダルビ（和名メタカラコウ）が入っている。

## コウンニムオシヌンギル チャッチプ

고운님오시는길 찻집

▶ 慶州校村村
MAP P.252左下　　　　　喫茶店

住 19-17, Gyochonan-gil, Gyeongju-si
住 경주시 교촌안길 19-17
旧 경주시 교동 68
TEL (054) 773-4385　開 10:00～22:00
休 水　日 不可　EV なし　英V あり
CC ADJMV

日本統治時代、独立を目指して上海臨時政府にも参加した崔浣の生家。現在は伝統茶が中心の茶店として営業している。茶菓子が付いて₩8000。ピンス（かき氷）もある。

## Café neung

카페능 ●カペ ヌン

▶ 皇南洞
MAP P.252-B2　　　　カフェ

住 3, Poseok-ro 1068 beon-gil, Gyeongju-si,
住 경주시 포석로1068번길 3
旧 경주시 황남동 297-1
TEL 0507-1320-3898　開 10:00～22:00
休 旧正月、チュソク
日 不可　EV なし　英V あり
CC ADJMV

皇南洞カフェ通りにある韓屋を利用したカフェ。ルーフトップからは、町を見下ろしながらのんびりとすることができる。ケーキ類、ドリンクともに見た目がよく、SNSの写真スポットとしても人気がある。

 # 慶州のショップ

## 皇南パン

황남빵 ●ファンナムパン

▶ 皇吾洞 MAP P.252-B2

慶州のおみやげ人気NO.1。皇南パンとはあんこ入りの薄皮饅頭のようなパン。1939年創業で類似店も多い。30個セット₩3万が人気。

住 783, Taejong-ro, Gyeongju-si
住 경주시 태종로 783
旧 경주시 황오동 347-1
TEL (054) 749-7000
開 8:00～20:00
休 旧正月、チュソク
日 不可　CC ADJMV

 # 慶州のホテル

## ヒルトン慶州

경주 힐튼
●キョンジュ ヒルトン／Gyeongju Hilton Hotel

▶ 普門観光団地 MAP P.251左下

客室数350室の5つ星ホテル。徒歩15分のところに慶州世界文化エキスポ公園がある。部屋によってはテラスから普門湖が見える。

住 484-7, Bomun-ro, Gyeongju-si
住 경주시 보문로484-7
旧 경주시 신평동 370
TEL (054) 745-7788
FAX (054) 745-7799
料 S W ₩20万～　日 通じる
CC ADJMV　WiFi あり
URL www.hilton.com

## ソノ ベル慶州

소노벨 경주
●Sono Belle Gyeongju

▶ 普門観光団地
MAP P.251左下

旧大明リゾートホテルで、普門湖を目の前に望む眺めのよい立地。部屋はコンドミニアムタイプで家族やグループでの滞在にピッタリ。スパやサウナ、プールなどもある。

住 402-12, Bomun-ro, Gyeongju-si
住 경주시 보문로 402-12
旧 경주시 신평동 400-1
TEL 1588-4888
料 S W ₩10万5000～
日 不可　CC ADJMV
WiFi あり
URL www.sonohotelsresorts.com/gj

## 皇南館韓屋ホテル

황남관 한옥호텔
●ファンナムグァンハノッホテル／
　Hwangnamgwan Hanok Hotel

▶ 皇南洞 MAP P.252-B3

皇理団ギルにある韓屋村の中にある韓屋ホテル。客室数は全27室で、ベッドの部屋とオンドル部屋がある。

住 1038, Poseok-ro, Gyeongju-si
住 경주시 포석로1038
旧 경주시 황남동 325-6
TEL (054) 620-5000
FAX (054) 620-5002
料 S W ₩13万～　日 不可
CC ADJMV　WiFi あり
URL hwangnamguan.co.kr

info 皇南パンのような形状のパンは慶州パンとも呼ばれ、太宗路沿いに専門店が並ぶ。パンというより饅頭に近い味わいだ。

## ヘンボク韓屋マウルショブル

**皇南洞** MAP P.252-B2

행복한옥마을 셔블
●ヘンボクハノンマウル ショブル

全16室と規模は小さいが雰囲気のあるかわいい韓屋ホテル。韓服レンタルも運営しており、韓服体験（宿泊者は30%割引）ができる。

- 🏠 26-1, Poseok-ro 1092beon-gil, Gyeongju-si
- 🏠 경주시 포석로1092번길26-1
- 旧 경주시 황남동 76-10
- TEL 010-7305-8609
- 料 S W ₩7万〜
- 日 不可　CC ADJMV　WiFi あり

## ブラウン ドット慶州仏国寺

**仏国寺** MAP P.258-A

브라운도트 경주불국사
●Brown Dot Hotel Gyeongju Bulguksa

仏国寺そばの、ユースホステルが立ち並ぶエリアにある。2019年春にオープンしたばかりで、何もかもま新しい。浴室にはバスタブもある。

- 🏠 4, Jinhyeon-ro 1-gil, Gyeongju-si
- 🏠 경주시 진현로1길 4
- 旧 경주시 진현동 850-8
- TEL (054) 773-9100
- 料 S W ₩7万2000〜
- 日 不可
- CC ADJMV　WiFi あり

## GG

**バスターミナル** MAP P.252-A2

GG호텔
●GG Hotel

高速・市内バスターミナルからすぐの場所にある。内装は全面改装されておりきれい。シャワーとバスルームが分かれており使いやすい。

- 🏠 3, Taejong-ro 699beon-gil, Gyeongju-si
- 🏠 경주시 태종로699번길 3
- 旧 경주시 노서동 170-1
- TEL (054) 701-0090
- 料 S W ₩7万5000〜　日 不可
- CC ADJMV　WiFi あり
- URL www.gghotel.co.kr

## 慶州ゲストハウス ヨヘンキル

**路東洞** MAP P.252-B1〜B2

경주게스트하우스 여행길
●Gyeongju Guesthouse Travel Road

4階建て、客室12室のゲストハウス。部屋はひとり用、ふたり用、ドミトリーがある。夜は客同士の交流会を開催することもある。

- 🏠 91, Wonhyo-ro, Gyeongju-si
- 🏠 경주시 원효로 91
- 旧 경주시 노동동 229
- TEL 010-3475-0115
- 料 Ⓚ ₩2万〜　S W ₩5万〜
- 日 不可　CC ADJMV
- WiFi あり

## 慶州ジャンペンション

**慶州駅周辺** MAP P.252-B2

경주장펜션　●Jang Pension

ドラマ『砂時計』 ▶P.497 の撮影が行われた有名ゲストハウス。館内の置物などがノスタルジックな雰囲気。客室数は20室。

- 🏠 801, Taejong-ro, Gyeongju-si
- 🏠 경주시 태종로801
- 旧 경주시 황오동 308-1
- TEL (054) 742-8100
- 料 S W ₩3万9000〜　日 不可
- CC ADJMV　WiFi あり
- URL xn--289a732cn3a.com

---

COLUMN

### ◆ 城東市場で韓食食べ放題

慶州には中央市場と城東市場があるが、食べ歩きなら駅前の城東市場がおすすめ。名産のドジョウ、タコやカニ、サンチュやエゴマの葉などの包み野菜（慶州は包み野菜料理が名物のひとつ）などを見ながら奥へすすみ、常設屋台から立ち上る鍋の湯気をかいくぐり、突き進んでいくと、市場の奥に、韓国料理が十数品も並ぶ「釜山韓式ビュッフェ」がある。₩8000前後で家庭料理がいろいろ試せる。おなかをすかせて行こう！

色とりどりの料理が並ぶ

**城東市場フードコート**
성동시장 푸드코트

**慶州駅周辺** 韓食ビュッフェ 🍴
MAP P.252-B1

- 🏠 12, Dongmun-ro 24beon-gil, Gyeongju-si
- 🏠 경주시 동문로24번길 12
- 旧 경주시 성동동 421-1
- TEL (054) 772-4226
- 休 旧正月、チュソク、第1・3日曜　日 不可　CC ADJMV

---

info 日本、韓国、中国は、毎年東アジア文化都市を制定し、一年を通じてさまざまな文化イベントを開催している。慶州は2022年韓国における東アジア文化都市だった。2023年は全州、2024年金海。

# 浦項 ポハン

慶尚北道 浦項市

포항 Pohang

www.pohang.go.kr
市外局番●054
人口●51万401人

**観光案内所**
**開** 9:00～17:00
▶浦項市外バスターミナル前
**MAP** P.264-A
**TEL** (054) 270-5836
▶浦項駅観光案内所
**TEL** (054) 270-5837
▶浦項港旅客ターミナル
**TEL** (054) 270-5977

POSCO本社

**市内バス**
一般バス₩1300
（交通カード₩1200）
座席バス₩1300
（交通カード₩1200）
九龍浦へのバス路線はすべ
て座席バス

**タクシー**
初乗り₩3300（2kmまで）
以降134mごとに₩100

**浦項運河クルーズ**
浦項運河は、竹島市場そば
から兄山江まで、埋め立てら
れた運河を浚渫しなおして
再生した観光スポット。小さ
な船に乗って40分の運河ク
ルーズが楽しめる。
▶浦項クルーズ乗船場
**MAP** P.264-B
**住** 1040, Huimang-daero,
Nam-gu
**住** 南区 희망대로 1040
**旧** 南区 송도동 222
**TEL** (054) 253-4001
**開** 10:00～17:50 **休** 無休
**料** ₩1万5000
**交** 市内バス110番「浦項運
河路（포항운하관）」徒歩
2分
**URL** www.pohangcruise.com

クァメギ文化館から眺めた九龍浦の家並み

韓国最東部に位置する浦項は、もともと小さな漁村だった
町。1970年代に浦項製鉄所が開設されると経済成長の後押し
もあり、急速に発展した。今ではアジアを代表する製鉄会社
となり、この町も「鉄の町」として知られるようになった。
浦項製鉄所はPOSCOと社名変更、Pは浦項PohangのPだ。ま
た、韓国で最も早く太陽が昇るところとしても有名で、正月
の初日の出には虎尾串日の出公園に数万の人が訪れる。

## 歩き方

### ▶浦項駅は町の北側

ソウル、大邱方面からのKTX
が発着する浦項駅は、2018年
には北に延びる路線も開業。
現在は海列車のみが走ってい
る三陟～江陵への路線も順次
開業する予定で、工事が完了
すれば東海岸を代表する大タ
ーミナル駅に変貌することに

KTXが発着する浦項駅

なる。市内へは305、5000番バスが市内へ行く。このほか
9000番バスが市内を経由して九龍浦、虎尾串日の出公園方面
へ向かう。

### ▶町の中心は竹島市場周辺

町の中心は兄山江からバスターミナル、竹島市場にいたるエ
リア。兄山江の河口から浦項運河と呼
ばれるおしゃれなエリアが北に延びて
いる。さらに北へ進むと鬱陵島へのフ
ェリーターミナルや、さまざまなイベ
ントが行われる迎日台海水浴場がある。

にぎわう竹島市場

**info** 浦項では毎年7月末に迎日台海水浴場で花火大会が盛大に行われ、多くの観光客が訪れる。

| ● ソウルから 서울 Seoul | | 所要時間 | 料金 |
|---|---|---|---|
| KTX | ソウル駅➡浦項駅 | 5:05〜17:35の間1時間〜2時間に1便程度、20:40 22:20 | 約2時間30分 | ₩5万3600 |
| 市外バス | 東ソウル総合🚌➡浦項市外🚌 | 7:00〜17:20の間に7便 | 約4時間30分 | ₩3万7100(優等) |

| ● 釜山から 부산 Busan | | 所要時間 | 料金 |
|---|---|---|---|
| 市外バス | 釜山総合🚌➡浦項市外🚌 | 6:20〜21:30の間20〜30分に1便程度 22:00(深夜) | 約1時間30分 | ₩9200(一般) |

| ● 大邱から 대구 Daegu | | 所要時間 | 料金 |
|---|---|---|---|
| KTX | 東大邱駅➡浦項駅 | 6:47〜翌0:08の間1時間30分に1便程度 | 約35分 | ₩1万900 |
| 市外バス | 東大邱🚌➡浦項市外🚌 | 6:40〜22:00の間20〜30分に1便程度 | 約1時間40分 | ₩7900 |

| ● 安東から 안동 Andong | | 所要時間 | 料金 |
|---|---|---|---|
| 市外バス | 安東🚌➡浦項市外🚌 | 7:05 10:55 11:35 14:35 16:05 | 約3時間 | ₩1万7100(一般) |

| ● 慶州から 경주 Gyeongju | | 所要時間 | 料金 |
|---|---|---|---|
| 市外バス | 慶州市外🚌➡浦項市外🚌 | 7:05〜22:30の間30〜40分に1便程度 22:50(深夜) | 約40分 | ₩4000(一般) |

🚌…バスターミナル

### グルメ

浦項の名物はなんといっても豊富な海の幸。なかでもズワイガニは名物で、竹島市場や九龍浦にはカニ料理のお店が並ぶ。

九龍浦のカニ料理店通り

### 町歩き

九龍浦の日本家屋街では韓服レンタルならぬ和服レンタルの店もある。あまりになじみすぎて違和感を感じられないほど。

一瞬韓国であることを忘れる

### おみやげ

クァメギ（干物）をはじめとして、さまざまな海の幸をおみやげにできる浦項。特に魚をかたどったクァメギパンが人気。

クァメギ文化館でも食べられる

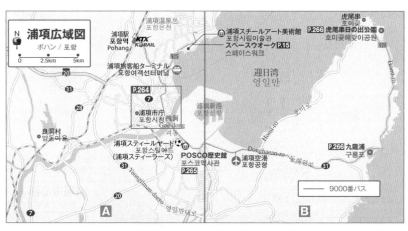

浦項広域図
ポハン / 포항
0 2.5km 5km

浦項温泉
浦項駅
포항역 Pohang KTX KORAIL
浦項スチールアート美術館 포항시립미술관 P.266 虎尾串日の出公園 호미곶해맞이공원
スペースウォーク P.15 스페이스워크
浦項旅客船ターミナル 포항여객선터미널
迎日湾 영일만
P.264
浦項市庁 포항시청 槐洞 Goe-dong 괴동
浦項新港 포항신항
良洞村 양동마을
浦項スティールヤード（浦項スティーラーズ）포항스틸야드 포항스틸러스
POSCO歴史館 포스코역사관
浦項空港 포항공항 P.266 九龍浦 구룡포
P.265

9000番バス

A B

浦項スチールアート美術館 MAP P.263-A は鉄を題材にした展覧会を定期的に開催しています。広い敷地内では鉄を使ったオブジェがたくさんあって散策も楽しめました。(栃木県 HIROKI-H '19秋)

263

**浦項シティツアーバス**
**TEL** (054) 278-8500
**URL** www.hdair.kr
いろいろなコースがあるが、本書に掲載されている見どころを回るのは1日ツアーのAコース。原則要予約

▶1日Aコース
浦項駅→市外バスターミナル→浦項空港→九龍浦→虎尾串→延烏郎細烏女テーマ公園→浦項空港→竹島市場→市外バスターミナル→浦項駅
出発時間:浦項駅9:20、市外バスターミナル9:50、浦項空港10:10～10:20
**料** ₩6000

**9000番バス**
主要観光地とターミナルを通る便利なルート。30分に1便程度の間隔で運行。浦項駅→ポハンスチールアート美術館／スペースウオーク→浦項港旅客ターミナル→竹島市場→浦項高速バスターミナル→兄山ロータリー→POSCO歴史館→浦項空港→九龍浦市場→虎尾串日の出公園(以降逆順)

### ▶ ターミナルから町の中心へ

**高速バスターミナル** 高速ターミナルは市外バスターミナルとはかなり離れた位置にある。ソウルのほか、大田や光州からの便が発着する。

高速バスターミナル

**市外バスターミナル** 韓国各地への便が発着し、周囲にはモーテル街もあり、夜遅くまでにぎわうレストランも多い。

交通の要、市外バスターミナル

**浦項駅** 浦項駅方面からの9000番バスは竹島市場、高速ターミナルと経由して兄山江を渡る。
5000番バスは市外ターミナルを経由して町の南に向かう。

### ▶ そのほかのターミナルから市内へ

**浦項空港** ソウルや済州島からの航空便が発着する浦項空港は浦項市街と九龍浦の中間あたりにあり、浦項と九龍浦を結ぶ9000番バスが浦項空港を通る。

**フェリーターミナル** 鬱陵島へのフェリーが発着する浦項港旅客フェリーターミナルも空港と同じく9000番バスが便利。

### ▶ 9000番バスを活用しよう

9000番バスは、左に挙げた通り浦項の主要な見どころと交通手段を通る非常に使い勝手がよいルート。ただし、浦項市外バスターミナルへは行かないので注意。

浦項中心部
ポハン／포항

**info** 浦項には温泉がいくつかあるが、浦項温泉は24時間営業で便利に使える。

# 見どころ

## ●刺身やクァメギも味わえる魚市場 ★★
# 竹島市場 죽도시장 Pohang Jukdo Market
チュクトシジャン ▶竹島洞 **MAP** P.264-B

港町、浦項の台所。約1500とも言われる店舗が軒を連ねる昔ながらの市場。1950年ごろから露店などが集まってきたといわれ、浦項で水揚げされる新鮮な海鮮物の競りも行われている。海鮮物の委託販売場内では、200あまりの刺身店が並び、ムルフェ（刺身）やアワビ粥、ズワイガニ、浦項名物のクァメギ（干物）などが味わえる。

まさに浦項の台所

水産市場は浦項運河側にある

## ●韓国の鉄鋼産業と浦項の発展をたどる ★
# POSCO 歴史館 포스코역사관 The POSCO Museum
ポスコヨクサグァン ▶桃洞 **MAP** P.263-A

国営の浦項製鉄所が前身である、韓国最大の鉄鋼メーカー、POSCO（ポスコ）の企業理念やビジョンなどを紹介する展示施設。かつて小さな港町だった浦項を有数の工業港湾都市へと発展させ、韓国の経済発展に大きく貢献してきたPOSCOに関する展示のみならず、浦項の発展、そして韓国の産業の発展までも垣間見ることができる。

再現された初期の浦項製鉄本社

浦項製鉄所浦項1号炉の模型

### 竹島市場
🏠 13, Jukdosijang 13-gil, Buk-gu
🏠 북구 죽도시장 13길 13
🏚 북구 죽도동 1-22
**TEL** (054) 247-3776
**開** 店舗による
**休** 第1、3日曜
**交** 市内バス206、207、209、5000番「竹島市場（죽도시장）」下車、9000番は「竹島魚市場（죽도어시장）」下車。

### POSCO歴史館
🏠 14, Donghaean-ro 6213beon-gil, Nam-gu
🏠 남구 동해안로 6213번길 14
🏚 남구 괴동동 1-7
**TEL** (054) 220-7720、7721
**開** 10:00〜18:00
土10:00〜17:00
**休** 日、旧正月とチュソク連休
**料** 無料
**交** 市内バス209、210、305、306、308、900、9000番「POSCO本社（포스코 본사）」下車、徒歩8分。
**URL** museum.posco.co.kr
※基本的に予約制。案内が付く（5人以下の場合、混んでいなければ当日訪問による自由観覧可）

### 浦項スティールヤード
POSCOの敷地内、POSCO記念館近くにある、Kリーグ浦項スティーラーズのホームスタジアム。
**MAP** P.263-A
🏠 20, Donghaean-ro 6213beon-gil, Nam-gu
🏠 남구 동해안로 6213번길 20
🏚 남구 괴동동 1-6
**URL** www.steelers.co.kr

浦項スティールヤード

**サンライズ号**
浦項発9:20　鬱陵島発14:20
**URL** www.daezer.com
**ウルルンクルーズ**
浦項発23:50　鬱陵島発13:30
**URL** www.ulcruise.co.kr
（2022年12月スケジュール）

## ◆ 鬱陵島へのフェリー
ウルルンド

浦項旅客フェリーターミナルからはテジョ海運のサンライズ号が1日1便あり、所要3時間10分。運賃は片道W6万8500〜7万800。ウルルンクルーズも1日1便あり、所要6時間30分、運賃は6人部屋でひとりW7万6500〜。運航スケジュールは変更も多いので必ず確認を。

**info** 浦項スティールヤードは韓国初のサッカー専用スタジアムとして1990年に作られた。試合が見やすいと評判。

# 九龍浦 クリョンポ

## 구룡포 Guryongpo

市外局番●054

浦項から日の出公園に行く途中にある地区。100年前の日本家屋が並ぶ町並みが再現されている。

## 九龍浦への行き方

浦項市内から900、9000番バスで「九龍浦近代文化通り（구룡포근대문화거리）」などで下車

### クァメギ文化館

**住** 28-8, Guryongpo-gil 117beon-gil Guryongpo-eup, Nam-gu

**住** 남구 구룡포읍 구룡포길 117번길 28-8

**旧** 남구 구룡포읍 구룡포리 353

**TEL** (054) 277-2860

**開** 9:00〜18:00 ※最終入場17:30

**休** 月、1/1、旧正月とチュソク当日 **料** 無料

### 九龍浦近代文化歴史通り

**▶九龍浦近代歴史館**

**MAP** P.266

**住** 153-1, Guryongpo-gil Guryongpo-eup, Nam-gu

**住** 남구 구룡포읍 구룡포길 153-1

**旧** 남구 구룡포읍 구룡포리 243

**TEL** (054) 276-9605

**開** 10:00〜17:30 ※最終入場17:00

**休** 月、1/1、旧正月とチュソク当日 **料** 無料

### 虎尾串日の出公園

**MAP** P.263-B

朝鮮半島最東端にある虎尾串日の出公園は日の出の名所。毎年元旦には数万人もの人が訪れる。21世紀を記念するオブジェ「相生の手」がフォトスポット。

**住** 136, Haemaji-ro Homigot-myeon, Nam-gu

**住** 남구 호미곶 해맞이로 136

**旧** 남구 호미곶 대보리 286-6

**TEL** (054) 270-5806

**開** 随時 **料** 無料

**交** 九龍浦近代文化通りから9000番、「ホミゴッ面民会館（호미곶 면민회관）」徒歩5分

**▶新千年記念館**

**開** 9:00〜18:00 **休** 月

**料** ₩3000

---

●浦項名物の冬の風物詩、クァメギをテーマにした ★

### クァメギ文化館 과메기 문화관 Pohang Guryongpo Gwamegi Culture Museum

クァメギ ムヌァグァン ▶九龍浦 **MAP** P.266

浦項は昔から漁業が盛んで、特に九龍浦のニシンやサンマは、冬場に凍ったり解けたりを繰り返しながら乾燥させる独特な加工を経て「クァメギ」となる。そんなクァメギの語源から歴史、加工法、種類などを紹介しているのが「クァメギ文化館」。海洋体験館では魚と触れ合えるタッチプールが子どもに大人気。また野外展望台からは、九浦項と美しい海が一望できる。

クァメギ作りがわかる

●まるで昭和のひなびた港町 ★★

### 九龍浦近代文化歴史通り 구룡포 근대문화역사 거리

クリョンポ クンデムヌァヨクサ コリ
Guryongpo Modern Culture and History Street ▶九龍浦 **MAP** P.266

戦前の旧日本人街を、九龍浦日本人家屋通りから改称して観光スポットとして整備した区域。40軒ほど残っていた日本家屋が整備され、日本の駄菓子屋、カフェ、食堂などが見られる。浴衣のレンタルも行っており、観光客に人気。町の有力者だった橋本善吉の邸宅は九龍浦近代歴史館となっており、当時の生活や資料などを展示している。

旧橋本善吉の邸宅

九龍浦
クリョンポ / 구룡포

📨 九龍浦近代歴史館では日本語の話せるスタッフが詳しく説明してくれました。観光客が少なかったこともあり、神社跡やクァメギ文化館のガイドまでしてくれました。(栃木県　HIROKI-H '19秋)

両班の村として世界遺産に

ヤンドン
# 良洞

Yangdong 양동

浦項からバスで30分、慶州から40分、儒教を重んじた朝鮮王朝の氏族の家屋が残る。

市外局番●054

藁葺きの家が並ぶ

韓国の民俗村の中でも、600年以上の歴史を誇る由緒正しい名門の集落。この村を支えてきた両班は月城孫氏と驪江李氏のふたつの氏族で、儒教を軸に長い間伝統的な暮らしを続けてきた。村にある54棟の瓦屋敷と110棟の藁葺き家屋は、その保存状態がよく、規模や伝統性、自然と調和する美しさから、村全体が重要民俗資料として指定されており、2010年にはユネスコ世界遺産にも登録された。
観稼亭や香壇、書百堂など数々の文化財もある。
良洞村は慶州市に属しているが、町の中心への距離は慶州よりも浦項のほうが短い。双方から良洞村への市内バスがあり、ここで乗り換えれば浦項から慶州へ向かう途中に立ち寄ることもできる。

**良洞民俗村**
MAP P.267
住 93, Yangdongmaeul-gil Gangdong-myeon
住 강동면 양동마을길 93
旧 강동면 양동리 52-1
TEL (054) 762-2630
開 4〜9月9:00〜19:00
10〜3月9:00〜18:00
※最終入場1時間前
休 月 料 W4000
交 600番で「良洞マウル入口 양동마을입구」下車
徒歩20分。慶州から200、201、203番など
URL yangdong.invil.org

香壇は良洞村を代表する建造物（内部は原則非公開）

良洞村入口の石碑

民泊もできる草原食堂

良洞文化館入口

info 村の入口には良洞村文化館があり、韓服を着たり書道体験、伝統工芸体験などのプログラムが行われている。

# 浦項と九龍浦のレストラン

## 11番刺身店

11번 횟집 ●シビルボン フェッチプ

ムルフェ（水刺身）₩1万2000は野菜、ご飯を混ぜ、甘辛の冷たいスープを入れて食べる。ウニご飯のソンゲアルバプ₩1万5000もおすすめ。

▶ 竹島市場
刺身
**MAP** P.264上
住 193 Haedong-ro, Buk-gu
住 북구 해동로 193
旧 북구 죽도동 557-7
TEL (054) 244-6458
開 8:00〜翌2:00　休 無休
日 不可　CC ADJMV

---

P.65-25
八田さんおすすめ

テゲチム（蒸しズワイガニ）

## 海洋フェテゲセンター

해양회대게센타 ●ヘヤンフェテゲセンタ

竹島市場内に位置する24時間営業の海鮮専門店。名産であるズワイガニ（テゲ）のほか、ロブスターや旬の刺身も揃える。過去には李明博大統領が訪れた店としても有名。

▶ 竹島市場
海鮮料理
**MAP** P.264上
住 32, Jukdosijang-gil, Buk-gu, Pohang-si
住 포항시 북구 죽도시장길 32
旧 포항시 북구 죽도동 574-4
TEL (054) 255-0055　開 24時間
休 無休　日 不可　日× なし
英× なし　CC ADJMV

---

## クンムルチョン

궁물촌

ソコギクク（牛肉スープ）₩1万1000は、じっくり煮込んだ韓牛の骨から出たエキスがベース。牛肉たっぷりだが、大根の風味がきいてあっさり味。

▶ 市外バスターミナル周辺
韓牛スープ
**MAP** P.264-A
住 22, Jungseom-ro, Nam-gu
住 남구 중섬로 22
旧 남구 대잠동 938-1
TEL (054) 273-9777　開 24時間
休 無休　日 不可
日× なし　英× なし　CC ADJMV

---

## ヨドゥンヨドルバン

여든여덟밤 ●八十八夜

九龍浦近代文化通り沿いにある日本式家屋を利用したカフェ。玄関で靴を脱ぐ必要はない。小さなお菓子を盛り合わせた一皿、デザート・サンブラー₩2000は季節によって内容が異なる。

▶ 九龍浦近代文化通り
カフェ
**MAP** P.266
住 143-1, Guryongpo-gil Guryongpo-eup
住 남구 구룡포읍 구룡포길 143-1
旧 남구 구룡포읍 구룡포리 249-38
TEL 070-7856-8728
開 9:30〜21:00　休 火
日 可　日× なし　英× なし
CC ADJMV

---

# 浦項のホテル

## ベニキア浦項

베니키아호텔 포항 ●ベニキアホテル ポハン

▶ 高速バスターミナル　**MAP** P.264-B

浦項高速バスターミナルの南徒歩5分にある全80室の中級ホテル。ジムやランドリーなどが完備されており、観光客が利用しやすい。朝食は別途ひとり₩1万。

住 128, Jungang-ro ,Nam-gu
住 남구 중앙로 128
旧 남구 해도동 416-6
TEL (054) 282-2700
料 S ₩6万4000〜　W ₩7万〜
日 不可　CC ADJMV　WiFi あり
URL www.pohanghotel.com

---

## アップルツリー

애플트리호텔
●エプルトゥリホテル／Appletree Hotel

▶ 市外バスターミナル　**MAP** P.264-A

市外バスターミナルのすぐ近くにあり、便利な場所にある。飲食店も多いエリアで、周囲にはコインランドリーもある。朝食は料金に含まれており、7時から9時まで。

住 7-5, Jungheung-ro 100beon-gil, Nam-gu
住 남구 중흥로100번길 7-5
旧 남구 상도동 603-7
TEL (054) 241-1234
料 S W ₩4万7000〜
日 不可
CC ADJMV
WiFi あり

---

info 竹島市場は餅菓子、ホットックでも有名。多くの店があるが、伝統的スタイルで黒砂糖を使ったハルメホットックやクリームチーズを使ったチョンガクホットックが人気。

# 釜山 プサン

부산 Busan

japanese.busan.go.kr
市外局番●051
人口●344万6856人

**チャガルチ観光案内所**
**MAP** P.277-C3
**TEL** (051) 253-8253
**開** 10:00〜20:00　**休** 無休

チャガルチ観光案内所

**釜山駅観光案内所**
**MAP** P.280-B3
**TEL** (051) 441-6565
**開** 9:00〜18:00　**休** 無休

**釜山外国人**
**サービスセンター**
**MAP** P.280-A3
**TEL** (051) 441-3121
**開** 9:00〜18:00　**休** 無休
※ほかに地下鉄西面駅構内
や海雲台ビーチなどに観
光案内所がある

海岸沿いに住宅が並ぶ影島

釜山は韓国の海の玄関口。下関や博多からは約200kmほどと日本からも近く、15世紀初頭には日本人居留地ができ、領事館のような倭館が設置された。日本が鎖国しているときも交流できる数少ない海外だったという。人口340万人を擁する大都市だけに、見どころは多い。不夜城の都市の顔、白砂のビーチリゾートの顔、海産物がおいしい市場の顔、国際映画祭の町としての顔、釜山はいくつもの魅力であふれている。

## 歩き方

### ▶ 日本からのフェリーが発着
**釜山港**　古くは関釜連絡船が発着していた釜山港は現在、博多、下関、対馬と大阪からの便が発着する。

### ▶ 釜山駅の北と南
釜山駅は港のほぼ正面に位置しており、釜山の中心部はここから北側と南側に大きく分かれる。
**釜山駅北側**　佐川、凡一といったビジネス街や市場などが西面あたりまで続き、釜田駅あたりまでが繁華街。
**釜山駅南側**　釜山駅の南側はチャガルチ市場がある南浦洞あたりまで繁華街が続いている。

### ▶ 南浦洞とチャガルチ市場
**南浦洞**　南浦洞の中心は釜山タワーがある龍頭山公園。エスカレーターを下ると屋台や市場のあるエリア。地下鉄1号線の南浦駅にはロッテ百貨店が直結しており、ここの最上階からの眺めもすばらしい。影島方面への市内バスは南浦駅から出る。
**チャガルチ市場**　釜山の台所であるだけではなく釜山きっての観光地でもある。韓国でナイトマーケットが初めて開かれた富平市場や屋台グルメが集まるBIFF広場があるのもここ。ホテル街でもあり、ここを起点にする観光客も多い。

釜山タワー

にぎわう南浦洞の光復路

 **info** 釜山駅近くの中華街は上海街とも呼ばれ、規模は大きくないが中華料理店や雑貨店が並ぶ。中央アジア系の人も多く、ウズベク料理の店も少なくない。

### ▶ 西面と田浦

**西面** 地下鉄1号線と2号線が交差する西面はビジネスの中心。ロッテホテルの高いビルはシンボル的な存在。深夜まで店が開いていてビジネスマンや観光客が行き交う。

**田浦カフェ通り** 地下鉄2号線田浦駅近くは田浦カフェ通りが広がっている。かつての町工場をカフェやレストランとして活用するケースが多く、若者の町として変貌を遂げている。

田浦のカフェ通り

### ▶ 海雲台と広安里

**海雲台** 温泉保養地とビーチリゾートの魅力を備えた海雲台は、海岸沿いにリゾートホテルがずらりと並ぶ。それでいて庶民的な市場も健在で、天ぷらやおでんなどの食べ歩きも楽しい。

**広安里** BEXCOやセンタムシティなど新しく開発されたエリアを挟んで、広安里のビーチがある。目の前に広安大橋が見える海沿いのカフェはフォトジェニックなスポットとして人気上昇中だ。

広安里のビーチ

### ▶ 東莱温泉と釜山大

**東莱温泉** 古くは新羅時代にまでさかのぼるという由緒ある温泉地。今は釜山の奥座敷といった風情。老舗の釜山総合バスターミナルから近く、こちらをベースにして慶尚道の見どころをめぐるというのもいい。

**釜山大学** 若者向けのリーズナブルなカフェやファッション、雑貨の店が並び、ショッピングを楽しむのにもピッタリ。

釜山大学駅前にはハンドメイド雑貨を売る露店も出る

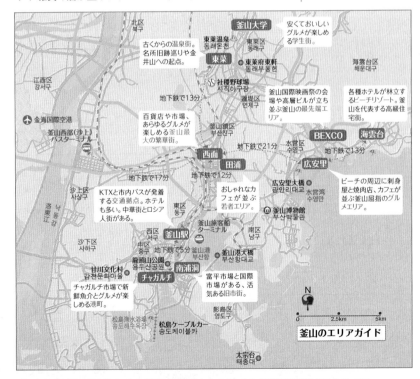

釜山大学 安くておいしいグルメが楽しめる学生街。

東莱温泉 古くからの温泉街。名所旧跡巡りや金井山への起点。

釜山国際映画祭の会場や高層ビルが立ち並ぶ釜山の最先端エリア。

各種ホテルが林立するビーチリゾート。釜山を代表する高級住宅街。

百貨店や市場、あらゆるグルメが楽しめる釜山最大の繁華街。

おしゃれなカフェが並ぶ若者エリア。

ビーチの周辺に刺身屋と焼肉店、カフェが並ぶ釜山屈指のグルメエリア。

KTXと市内バスが発着する交通拠点。ホテルも多い。中華街とロシア人街がある。

富平市場と国際市場がある、活気ある旧市街。

チャガルチ市場で新鮮魚介とグルメが楽しめる港町。

釜山のエリアガイド

**info** 福岡(博多)〜釜山間で2022年11月に就航したクイーンビートル。2020年に完成していたが、コロナ禍のため釜山への運航ができず、それまで日本国内で遊覧運航されていた。

A

B

釜山車両基地
부산차량사업소

釜岩駅
釜岩역
Buam

釜山駅車両基地
부산차량사업소

221

伽倻駅
가야역
Gaya

伽倻大路

222
東義大駅
동의대역
Dong-eui Univ.

冷井路

Naengjeong-ro

伽倻大路
Gaya-daero

223

開琴駅
개금역
Gaegeum

地下鉄2号線

1

伽倻大路

224

冷井駅
냉정역
Naengjeong

冷井路

冷井路

225

周礼駅
주례역
Jurye

周礼共同墓地
주례공동묘지

東義大学
동의대역

Jurye-ro 주례로

水晶山
家族体育公園
수정산가족체육공원

2

Hakgam-daero 학감대로

龍谷大路

西区
Seo-gu
서구

九徳山
구덕산
565m

九徳公設運動場
구덕공설운동장

Bosu-daero

Daecyong-ro

西大新駅
서대신역
Seodaesin

107

東大新駅
동대신역
Dongdaesin

108

民主公園
민주공원

臨時首都記念館
임시수도기념관

106

大崎駅
대티역
Daeti

Nakdong-daero

Heungcyo-ro

Gudeok-ro

Mungyang-ro

中央公園
중앙공원 망양로

168階段
168계단

忠魂塔
충혼탑

民主抗争記念館
민주항쟁기념관

P.280

草梁駅
초량역
Choryang

Choryangsang-ro

114

釜山発地
부산역산

P.308 東横INN 釜山駅 H

東区
Dong-gu
동구

釜山駅
부산역
Busan Station R

釜山駅
부산역
Busan

113

KORAIL
KTX
SRT

釜山北港
再開発地域
부산북항
재개발지역

イサックトースト
이삭토스트

釜山駅中央駅

釜山コモド H

P.308 クラウン ハーバーホテル H

Daecyong-ro

Heungcyo-ro

109

土城駅
토성역
Toseong

P.276-277

中区庁 中区
중구청 Jung-gu
중구

バンダル

釜山本部税関
부산본부세관

中部警察署
중부경찰서

Daecyo-ro

P.301

甘川文化村
감천문화마을

P.298

龍頭山公園
용두산공원

中央駅
중앙역
Jungang

112

釜山沿岸旅客
ターミナル
부산연안여객
터미널（済州島）

中区路

チャガルチ駅
자갈치역
Jagalchi

南浦駅
남포역
Nampo

111

110

ロッテ百貨店 光復店
롯데백화점

P.307

274

A

B

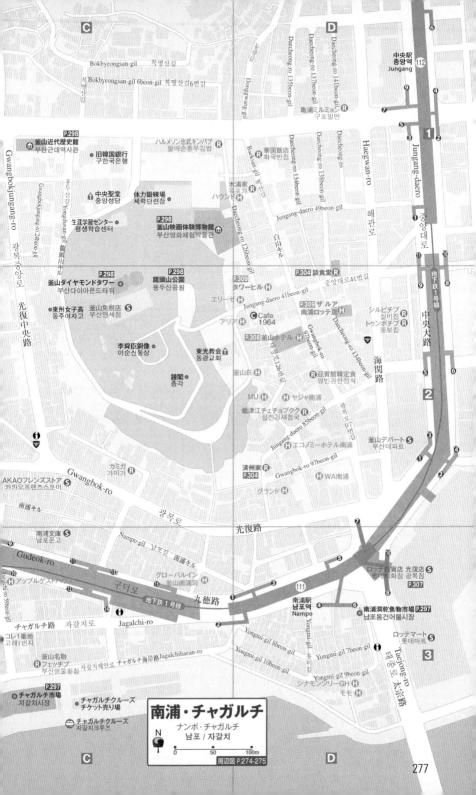

釜田市場
부전시장

C

동천로132번길 Dongcheon-ro 132beon-gil

D

Dongseong-ro 동성로

東城路

田浦小学校
전포초교

전포대로
Jeonpo-daero

田浦大路

서천로47번길 Seojeon-ro 47beon-gil

서천로57번길

1

ブジャッチブ
ミルミョン
부잣집밀면

東
川
路

Dongcheon-ro

서천로9번길 Seojeon-ro 9beon-gil

전포대로255번길 Jeonpo-daero 255beon-gil

서전로37번길 Seojeon-ro 37beon-gil

서천로57번길 Seojeon-ro 57beon-gil

田浦大路

Jungang-daero 256beon-gil 중앙대로256번길

レジデンス
モムン

田理団キル 전리단길
トンベクアガシ1961
동백이가씨1961

彦陽炭火カルビ
언양숯불갈비

서천로107번길

동천로107번길 Dongcheon-ro 107beon-gil

동천로108번길

ソインスプン헤
소인수분해

Dongcheon-ro 108beon-gil

東横INN釜山西面 H

8

서전로 西田路 Seojeon-ro

地下鉄2号線

オンヘヤ P.304

동천로95번길 Dongcheon-ro 95beon-gil

서천로46번길

전포대로
Jeonpo-daero

서천로58번길

6

釜山羊屋
부산양옥

동천로10번길

Dongcheon-ro 85beon-gil

NC百貨店
엔씨백화점

서천로38번길 Seojeon-ro 38beon-gil

서천로58번길 Seojeon-ro 58beon-gil

Dongcheon-ro

東
川
路

ホーム

전포대로223번길 Jeonpo-daero 223beon-gil

서천로38번길 Seojeon-ro 38beon-gil

田浦大路

Jeonpo-daero

2

BLACKUP
COFFEE
C P.305

アリア西面

釜田図書館
부전도서관

서천로46번길 Seojeon-ro 46beon-gil

중앙대로680번길

중앙대로680번길

中央治安センター
중앙치안센터

서천로38번길

전포대로209번길

Jeonpo-daero 209beon-gil

Coffeesmith

Seojeon-ro 10beon-gil

Judies TAEHWA
百貨店新館
쥬디스태화백화점 신관

Jungang-daero 692beon-gil

서전로46번길 Seojeon-ro 46beon-gil
서천로46번길

P.306 歡菓堂 C

stereotype
of busan

전포대로199번길

P.306
ビンテージ38

田浦洞カフェ通り
전포동가페거리

7

8

Sincheon-daero 50beon-gil

중앙대로692번길 Jungang-daero 692beon-gil

서면三井タワー
서면삼정타워
CGV

エンジェル

Jeonpo-daero 199beon-gil

서천로46번길

3

Jungang-daero 580beon-gil

전포대로189번길

密陽スンテジクッパブ
밀양순대돼지국밥

オメジョ
오메족

79 Founyard

전포대로189번길

서천로38번길 Seojeon-ro 38beon-gil

5

6

중앙대로680번길 Jungang-daero 680beon-gil

Jeonpo-daero 189beon-gil

西面
N
ソミョン / 서면

0   50   100m

田浦駅
전포역
Jeonpo

218

C

韓国電力(KEPCO)
한국전력

D

周辺図 P.274-275

3

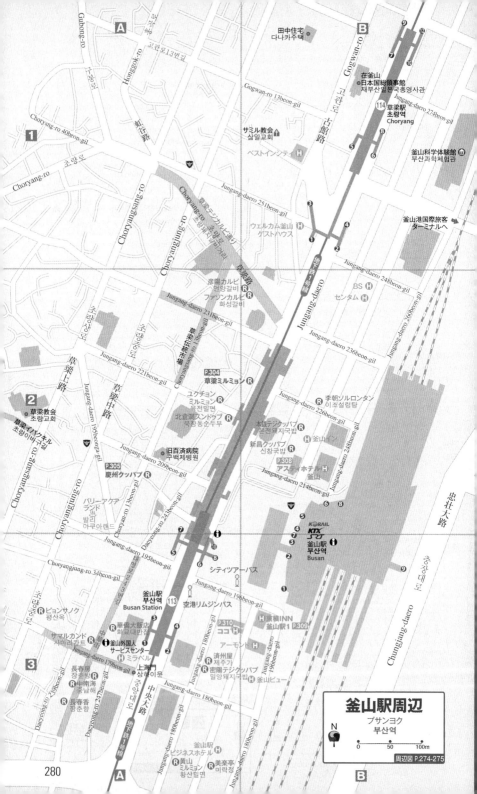

釜山駅周辺

ブサンヨク
부산역

周辺図 P.274-275

凡一・佐川
ボミル・チャチョン
범일/좌천

281

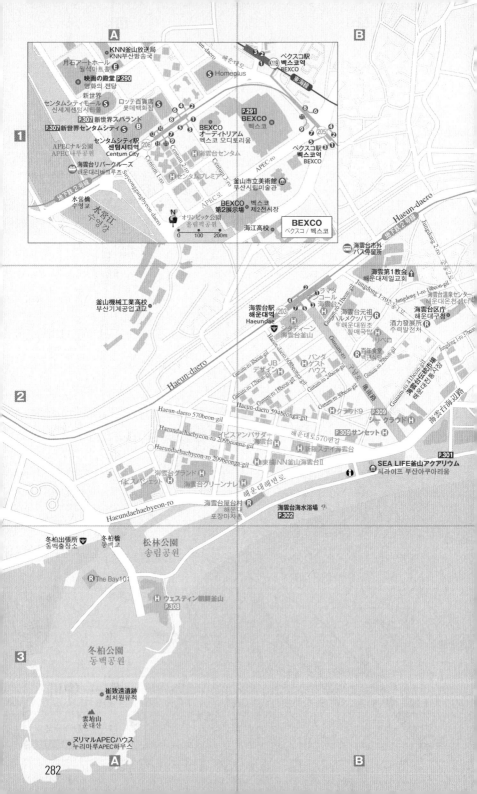

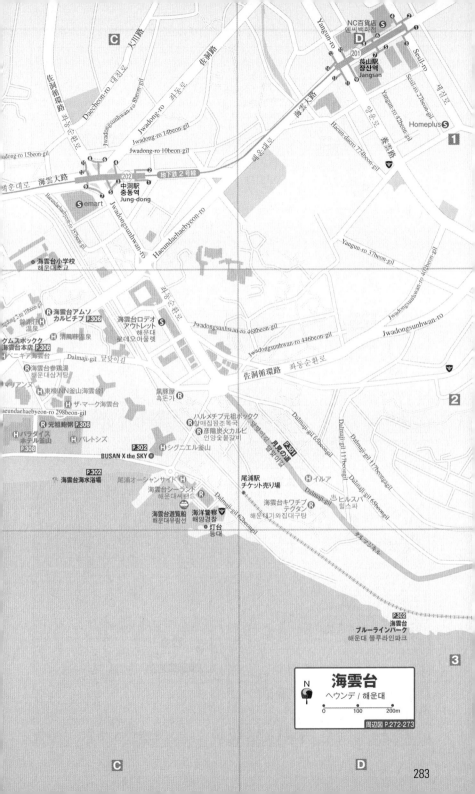

## 広安里
クァンアルリ / 광안리
周辺図 P.272-273

N
0　100　200m

## 太宗台
テジョンデ / 태종대
周辺図 P.272-273

N
0　250　500m

## 松島
ソンド / 송도
周辺図 P.272-273

N
0　250　500m

Suyeong-ro 594beon-gil
Suyeong-ro 588beon-gil
Gwangan-ro 21beonga-gil
Gwangan-ro 29beonga-gil
209 広安駅 광안역 Gwangan
地下鉄2号線
Gwangan-ro 6beon-gil
Suyeong-ro 554beon-gil
Suyeong-ro 540beon-gil
Suyeong-ro 536beon-gil
Suyeong-ro 522beon-gil
Suyeong-ro 510beon-gil
210 金蓮山駅 금련산역 Geumnyeonsan
広安路
Gwangan-ro 61beon-gil
民楽路
Millak-ro 민락로
Gwangan-ro 29beonga-gil
● 釜山日本人学校 부산일본인학교
R 民楽フェタウン 민락회타운
民楽刺身通り
Gwanganhaebyeon-ro 294beon-gil
H ケントホテル広安里
H アクアパレス
H ホメルス
広安里海水浴場 광안리해수욕장
広安里ブルゴギ通り 광안리 불고기거리
彦陽ブルゴギ釜山チブ 언양불고기부산집
C GALMEGI BREWING

南浦駅方面 市内バス
タクシー乗り場
卍 法隆寺 법륭사
タヌビ
チケット売り場
チャガルマダン 자갈마당
遊覧船
卍 太宗寺 태종사
卍 救命寺 구명사
タヌビ(観光列車)
太宗台公園 태종대공원
膝島灯台 영도등대
影島海洋文化空間 영도해양문화공간
南港展望台 남항전망대
P.300 太宗台 태종대

S ソンナム市場 송남시장
地下鉄チャガルチ駅へ (約2.5km)
H UN松島
ザ メイ
チャガルチ駅方面
海辺フェッチブ 해변횟집
R チョンギワフェッチブ 청기와횟집
P.300 松島スカイウオーク 송도스카이워크
松島海水浴場 송도해수욕장
H 松島ビーチ観光
H トンミョンフェッチブ 동명횟집
R クムネチギン 굼네치킨
海洋警察 해양경찰
岩南公園路 Amnamgongwon-ro
松島海辺路 Songdohaebyeon-ro
P.300 釜山エアクルーズ 송도해상케이블카
岩南公園 암남공원
Amnamgongwon-ro

ACCESS

### ● ソウルから 서울 Seoul

| | | | 所要時間 | 料金 |
|---|---|---|---|---|
| **KTX** | ソウル駅➡釜山駅 | 5:15〜22:51の間10分〜1時間に1便程度 | 約2時間40分 | ₩5万9400 |
| **KORAIL** | ソウル駅➡釜山駅 | 5:56〜18:11の間1〜2時間に1便程度 | 約5時間30分 | ₩2万8600 |
| **SRT** | 水西駅➡釜山駅 | 5:30〜22:40の間1時間に2便程度 | 約2時間30分 | ₩5万1300〜 |
| **高速バス** | 東ソウル総合🚌➡海雲台市外バス停留所 | 6:30〜19:30の間1時間に1便、23:59(深夜) | 約5時間 | ₩3万9300 (優等) |
| **高速バス** | ソウル高速🚌➡釜山総合🚌 | 6:00〜翌2:00の間30分〜1時間に1便程度 | 約4時間15分 | ₩2万5400 (一般) |
| **飛行機** | 金浦空港➡金海空港 | 7:10〜20:40間30分〜1時間に1便程度 | 約1時間 | ₩4万3000(LCC) |

### ● 仁川空港から 인천공항 Incheon Airport

| | | | 所要時間 | 料金 |
|---|---|---|---|---|
| **高速バス** | 仁川空港第1ターミナル➡釜山総合🚌 | 9:10 16:30 20:40 23:30発 | 約5時間20分 | ₩4万1800(優等) ₩4万7100(深夜) |

### ● 大邱から 대구 Daegu

| | | | 所要時間 | 料金 |
|---|---|---|---|---|
| **KTX** | 東大邱駅➡釜山駅 | 6:57〜23:55の間1時間に3〜4便程度 | 約50分 | ₩1万7100 |
| **SRT** | 東大邱駅➡釜山駅 | 7:13〜翌00:27の間1時間に1〜2便程度 | 約50分 | ₩1万5300 |
| **高速バス** | 東大邱🚌➡釜山総合🚌 | 6:10〜22:10の間1時間に1〜2便程度 | 約1時間10分 | ₩6700(優等) |
| **市外バス** | 大邱西南部市外🚌➡釜山西部市外🚌 | 7:00〜19:00の間1時間に1便程度 | 約2時間10分 | ₩1万6000 (優等) |
| **市外バス** | 東大邱🚌➡海雲台市外バス停留所 | 8:20〜20:50の間1時間に1便程度 | 約1時間50分 | ₩1万2700(一般) |

### ● 慶州から 경주 Gyeongju

| | | | 所要時間 | 料金 |
|---|---|---|---|---|
| **KTX** | 新慶州駅➡釜山駅 | 7:15〜23:36の間1時間に1〜2便程度 | 約35分 | ₩1万1000 |
| **SRT** | 新慶州駅➡釜山駅 | 7:31〜22:46の間1時間に1〜2便程度 | 約30分 | ₩1万 |
| **市外バス** | 慶州市外🚌➡釜山総合🚌 | 7:00〜22:40の間20〜30分に1便程度 | 約1時間 | ₩5700 (一般) |
| **市外バス** | 慶州市外🚌➡釜山西部市外🚌 | 7:40〜20:40の間40分〜1時間に1便程度 | 約1時間 | ₩9000 (一般) |
| **市外バス** | 慶州市外🚌➡海雲台市外バス停留所 | 8:10〜20:10の間1時間30分に1便 | 約1時間30分 | ₩1万 (一般) |

### ● 浦項から 포항 Pohang

| | | | 所要時間 | 料金 |
|---|---|---|---|---|
| **市外バス** | 浦項市外🚌➡釜山総合🚌 | 6:20〜21:30の間10〜50分に1便程度 | 約1時間40分 | ₩9700 (一般) |
| **市外バス** | 浦項市外🚌➡釜山西部市外🚌 | 7:00〜20:00の間40分に1便程度 | 約1時間40分 | ₩1万4200(優等) |
| **市外バス** | 浦項市外🚌➡海雲台市外バス停留所 | 7:10〜21:10の間毎時10分発 | 約1時間30分 | ₩1万3300(優等) |

### ● 大田から 대전 Daejeon

| | | | 所要時間 | 料金 |
|---|---|---|---|---|
| **KTX** | 大田駅➡釜山駅 | 6:14〜23:48の1時間に3便程度 | 約1時間30分 | ₩3万6200 |
| **SRT** | 大田駅➡釜山駅 | 6:30〜23:44の間1時間に2〜3便程度 | 約1時間30分 | ₩3万2200 |
| **KORAIL** | 大田駅➡釜山駅 | 5:25〜21:07の1時間に1〜2便程度 | 約3時間40分 | ₩1万7800 |

### ● 光州から 광주 Gwangju

| | | | 所要時間 | 料金 |
|---|---|---|---|---|
| **市外バス** | 光州🚌➡釜山西部市外🚌 | 6:40〜21:00の1時間に1便程度。 | 約3時間 | ₩2万4700 (優等) |

🚌…バスターミナル

info 2019年7月より金海国際空港では外国人も出国時の自動化ゲートが利用できるようになった。

# 空港から市内へ

### ▶ 金海国際空港

釜山の空港は金海国際空港。東京から2時間あまり、大阪から1時間30分、福岡からなら1時間以内に着いてしまうこともあり、日本各地からの便もひっきりなしに発着する。「金海」の名がついているが、釜山市内にあり、アクセスもいい。

### ▶ 軽電鉄と地下鉄を乗り継ぐ

ターミナルを出たら正面に見える高架が軽電鉄線だ。交通カードはcashbeeなど交通カードの利用が可能。ただ、駅の自販機では1回券のトークンの購入と交通カードのチャージはできるが、交通カードの販売してはいない。交通カードは空港や駅のコンビニエンスストアで購入する。沙上駅に出て、地下鉄2号線に乗り換えて釜山市内へと向かう。

### ▶ リムジンバスで西面、南浦、海雲台へ

空港リムジンバスは2番バス乗り場から西面経由釜山駅、南浦洞方面へ行く1番（2023年5月現在運休中）と、広安駅、センタムシティ、海雲台方面へ行く2番がある。バスに交通カードの端末は設置されているが、cashbeeやT-moneyなどプリペイド型交通カードの利用はできない。

### ▶ 市内バス307番で海雲台へ

BEXCO、海雲台方面へはターミナルを出て3番乗り場から市内バス307番で行くこともできる。5:15〜23:20の20分に1便程度、運賃はW1300（交通カードW1200）。地下鉄亀浦駅、徳川駅、東莱駅、センタムシティ、BEXCOなどを経由する。停留所が非常に多く、乗り降りや道路の状況によって所要時間が大きく変わる。

### ▶ タクシーで市内へ

金海国際空港は市内に近いので、タクシーの運賃もソウルに比べて安め。道路状況によるが西面までW2万5000〜3万程度で行くことができる。

**金海国際空港**
MAP P.272-A2
TEL 1661-2626
URL www.airport.co.kr/gimhaejpn/main.do

日本からの便が多い金海国際空港

**金海国際空港発の市外バス**
金海国際空港からは巨済島、統営、晋州、東大邱、慶州、浦項、大田などへの市外バス（一部リムジンバス）が出ている。軽電鉄で沙上駅まで出て市外バスに乗り換えるより楽に行くことができる。

軽電鉄線の空港駅

空港で客を待つタクシー

---

### 🍲 グルメ

豚骨スープのテジクッパブ、東莱のチヂミのパジョン、フグちりのポックク、黒山羊の焼肉、小麦麺のミルミョンなど名物料理が多い。

釜山名物テジクッパブ

### 🏨 宿泊

リゾートホテルからホステルまで選択肢は広い。東莱温泉や海雲台温泉をはじめ、古くからの温泉地も多く、温泉を引いたホテルに泊まるのもいい。

ホテルの選択肢は豊富

### 🧳 旅のポイント

**地下鉄の1日券**
地下鉄での移動をメインに考えているなら乗り放題になる1日券 ▶P.291 がおすすめ。ただし、軽電鉄や広域電鉄、市内バスなどは対象外で、乗り継ぎの場合でも別料金。
1日4回以上乗るなら1回券よりもお得になる。買い取り型の交通カードをわざわざ買うのも……という人にもいい選択肢といえる。

---

info 釜山は2030年の万国博覧会に立候補している。誘致にともない、金海国際空港に替わる新空港の建設も計画されており、2035年に完成予定。

釜山総合バスターミナルの切符売場

## 釜山総合バスターミナル
부산종합버스터미널
プサンチョンハブストミノル
**MAP** P.273-C1
**TEL** 1577-9956
**交** 地下鉄1号線 **134** 老圃駅とターミナルは連絡通路で結ばれている

**金海や馬山経由も便利**
京畿道、忠清道、江原道方面から釜山へ移動する場合、地下鉄老圃駅からの乗り換えや所要時間を考えると、釜山総合バスターミナルではなく、釜山の近隣都市の金海や馬山を経由するほうが便利なほうが多い。
▶**金海旅客ターミナル**
釜山金海軽電鉄の鳳凰駅に隣接している。
▶**馬山市外バスターミナル**
釜山西部市外バスターミナルへの便が頻発している。

## 釜山西部（沙上）バスターミナル
부산서부시외버스터미널
プサンソブシウェボストミノル
**MAP** P.272左下
**TEL** (051) 322-8301
**交** 地下鉄2号線 **227** 沙上駅
釜山・金海軽電鉄 **1** 沙上駅
**URL** m.busantr.com

釜山西部市外バスターミナル

## 海雲台市外バス停留所
해운대시외버스정류소
ヘウンデシウェボスチョンニュソ
**MAP** P.282-B1
**TEL** 1688-0081
**交** 地下鉄2号線 **203** 海雲台駅徒歩5分

# バスターミナルから市の中心部へ

釜山にはバスターミナルがいくつかあるが、南浦洞や西面などの中心部からはかなり離れており、行き先によっても使うターミナルが変わってくる。チケットを買う際にどのターミナルに着くのか、必ず確認しよう。逆に釜山から出るときも同様。ターミナルに着くまでに釜山市内の移動で1時間以上かかることもあるので、時間に余裕をもって移動しよう。

### ▶ 高速バスターミナルは老圃駅直結

**釜山総合バスターミナル** 町の北の老圃にある釜山最大のターミナル。高速バスの大半と、多くの市外バスが発着する。釜山東部（부산동부）と書かれていればこちらを指す。ソウルからの高速バスをはじめ、京畿道や江原道、全羅道からの便もこちらに発着するものが多い。慶尚北道の慶州や浦項といったところもこちらからの便が多い。

**市内へは地下鉄が便利** 西面（15駅、所要約30分）、釜山駅（21駅、所要約40分）、チャガルチ（24駅、所要約45分）方面へは地下鉄1号線で1本。海雲台、BEXCO方面へは西面駅で2号線に乗り換える。
市内バスも出ているが、南へ向かうバスは地下鉄1号線のルートを行くものが多いので、地下鉄で行ったほうが便利。タクシーは渋滞に巻き込まれてさらに時間がかかることが多い。

### ▶ 利用価値の高い西部バスターミナル

**別名沙上ターミナル** 巨済島、統営、晋州など慶尚南道や、麗水、順天など全羅南道方面からの市外バスが多く発着する。便はそれほど多くはないが、ソウルなどからの高速バスの一部もこちらに着く。隣接する沙上駅はアウトレットモールが併設されており、軽電鉄、地下鉄、KORAILの乗換駅でもある。

**市内各地への移動も便利** 空港へは沙上駅から軽電鉄で3駅、市内へは地下鉄2号線を利用する。西面まで8駅、所要約15分、海雲台駅まで24駅、所要約45分。チャガルチ方面へは沙上路を渡って地下鉄駅の4番出口の先から8、161番などの市内バスを使えば1本で行ける。所要約30分。

### ▶ より便利になった海雲台発着バス

**乗場は海雲台駅の東** 海雲台市外バス停留所は、発着する便も多く、停留所というよりはバスターミナルに近い雰囲気。以前は方面によって停留所が異なっていたが、東寄りの停留所に統合された。慶州や浦項のほか、東大邱、

海雲台市外バス停留所

蔚山、金海、昌原、馬山など慶尚道の各都市への便が発着する。便数は少ないもののソウルや清州といった長距離路線も運行している。

**info** 釜山には上記3つのターミナルのほか、地下鉄1・4号線 **125** **402** 東萊駅のすぐ近くにある東萊市外バス停留所 **MAP** P.285-A3 があり、金海、晋州、統営などへの便が出ている。

# 釜山の鉄道駅

釜山は伝統的にバスよりも鉄道がよく使われる町。それは釜山駅や釜田駅といったターミナル駅が町の中心にあるのと無関係ではない。バスターミナルが町の周囲に散らばっているのと対照的だ。

## ▶ KTX、SRTは全便が釜山駅の発着

**おもに高速列車・急行が発着**　釜山港のすぐ前にある釜山駅にはソウル方面の高速列車が10分おきに出発。ソウル方面の列車はITX-セマウル号やムグンファ号も発着する。

**釜山駅西口**　釜山駅は駅前に広場がある西口と港に面した東口があり、正面は西口。西口を出るとすぐ左側に釜山のシティバスツアー乗り場がある。空港リムジンが出るのは駅前広場の左脇、地下鉄の4番出口を出てすぐのところ。

**中央大路周辺**　駅前を左右に延びる中央大路には市内バスもたくさん走っており、地下鉄駅もここにある。中央大路を越えるとTEXAS STREETと呼ばれる歓楽街。昔はかなりあやしい雰囲気が漂っていたが、いまは健全化が進んでおり、少なくとも昼間はまったく問題ない。その北側には草梁伝統市場があり、こちらは夜にはナイトマーケットが開かれ食べ歩きが楽しい。

## ▶ 在来線は釜田駅がメインターミナル

東大邱、慶州方面からの在来線、慶全線の列車は釜田駅に着く。今後は高速列車も停車する計画がある。

**西面が近い**　駅の1番出口を出ると、正面が西面方面に続く繁華街となっており、市場を通じて西面の商店街とつながっている。大通りをまっすぐ進めば地下鉄1号線の釜田駅、右に折れれば西面へ。ゆっくり歩いても10分ほどで西面に着く。

リニューアルされた釜山駅西口

釜山駅
**MAP** P.280-B2～B3
交 地下鉄1号線 113 釜山駅

釜山駅の切符売場

シティバスツアーのバス乗り場は釜山駅西口を出てすぐ

釜田駅
**MAP** P.273-C2
交 地下鉄1号線 120 釜田駅

---

## ◈ 釜山国際映画祭

BIFF広場
**MAP** P.276-B2
住 36, BIFF gwangjang-ro
住 중구 비프광장로 36
旧 중구 남포동5가 18-1
交 地下鉄1号線 110 チャガルチ駅7番出口徒歩3分

BEXCOと「映画の殿堂」を中心に行われているアジア最大規模の映画祭。最大作品数355作品、参加国85ヵ国、観客数22万7377人という数字を記録しており、その規模は年々大きくなっている。映画会における新たな人材の発掘・支援を通じて、アジア映画のビジョンを模索するという目標で1996年から毎年開催している。映画上映はもちろん、アジアプロジェクトマーケットというプログラムを通じてアジア各国の映画と出資者、スポンサーをつなぐという役割も果たしている。

映画祭会場に敷かれたレッドカーペット

---

info 「VISIT BUSAN PASS」は、おもな見どころに無料で入場でき、交通カードの機能つきのバス。24時間券と48時間券があり、弾丸で釜山を訪れる人に便利。観光案内所などで買える。

国際旅客ターミナル
**TEL** (051) 400-1200
**URL** www.busanpa.com

シャトルバス
**TEL** (051) 465-9782
30分に1便程度の運行
**料** ₩1200（交通カード₩1130）
▶乗場
2階のGATE3を出てすぐの場所から発着。GATE3前に案内所がある。
▶運行ルート
国際線旅客ターミナル→釜山駅東口→沿岸旅客ターミナル→地下鉄中央駅→地下鉄釜山駅→地下鉄草梁駅→国際旅客ターミナル

市内バス乗り場
1階のGATE1を出ると北方面へ行くバスの停留所がある。南方面行きのバスは道路を越えた所にある停留所を利用する。

タクシー乗り場
2階GATE3を出たところが乗り場

済州島へのフェリー
月・水・金19:00発
**URL** msferry.haewoon.co.kr

## 港から市の中心部へ

釜山は釜山港を中心に発展を遂げた町。北港と呼ばれるこちらの港には、いまも日本や済州島からの定期船が到着する。

### ▶日本からの船が発着する国際フェリーターミナル

釜山港は日本から船で着く人にとっては韓国の玄関口。入国を済ませると、両替ができる銀行やWi-Fiレンタルのオフィス、観光案内所（日本語可のことが多い）などがある。

国際フェリーターミナル

**ターミナルから市の中心へ**　フェリーターミナルから右へ道なりにまっすぐ進めば10分あまりで釜山駅の東口に着く。草梁駅へも大通り（忠荘大路）をわたって鉄道線をくぐれば徒歩10分ほど。シャトルバスを利用するのもいい。

このほか市内バス5-1が南浦洞（ナンポドン）、チャガルチ市場方面のほか、西面、センタムシティ方面へ、急行バス1004番が西面（ソミョン）、金海（キメ）方面へと行く。

### ▶済州島へは沿岸ターミナルから

済州島からの便は沿岸旅客ターミナルに到着する。市内へは先のシャトルバス、5-1で行くことができる。地下鉄中央駅へも徒歩10分ほどだ。

## ◆ センタムシティと映画の殿堂

センタムシティ

映画の殿堂

**センタムシティ**　地下鉄2号線センタムシティ駅を中心に約14万6600m²を超える規模の新都心で、釜山最大のショッピング、文化、居住、産業施設の集合地域。世界最大といわれる新世界百貨店センタムシティ店をはじめ、ロッテ百貨店や大型スーパーのホームプラスなどが集まっている。また釜山有数の高級タワーマンションが林立している。

**映画の殿堂（ヨンファエチョンダン）**　アジア最大規模の映画祭、「釜山国際映画祭」の開幕式と閉幕式が行われる場所。市民が通う映画館として普段でも多様な映画を上映している。映画の殿堂の屋根はサッカーコートの約1.5倍という巨大なプレートで造られており、その大きさはギネスブックにも載っているほど。

センタムシティ
**MAP** P.282-A1
**住** 76, Centum nam-daero, Haeundae-gu
**住** 해운대구 센텀남대로 76
**旧** 해운대구 우동 1524
**交** 地下鉄2号線 206
　　センタムシティ駅

映画の殿堂
**MAP** P.282-A1
**住** 120, Suyeonggangbyeon-daero
**住** 해운대구 수영강변대로 120
**旧** 해운대구 우동 1467
**TEL** (051) 780-6000
**開** 9:00～20:00
　　（案内センター）
**休** 無休
**交** 地下鉄2号線 205 ベクスコ 4番出口、徒歩20分
**URL** www.dureraum.org/bcc/main/main.do?rbsIdx=1
**URL** www.instagram.com/dureraum

**info** 映画の殿堂は世界最大のカンチレバー式（片持ち梁）屋根として、センタムシティは世界最大のショッピングセンターとしてギネスブックに掲載されている。

# 釜山の市内交通

釜山広域市は770㎢と東京23区よりも広く、また海岸沿いに広がっているためにその海岸線は神戸から堺までの大阪湾をしのぐほど長い。この広大なエリアを、地下鉄や市内バスなどをうまく活用しながら効率よく歩こう。

## ▶ 地下鉄

釜山の地下鉄は4路線が運行中。

**1号線** 総合バスターミナルのある老圃(ノポ)からまっすぐ南へと向かう地下鉄1号線は、釜山大学、東莱温泉、釜田(プジョン)、西面、釜山駅、南浦洞と繁華街をつなぎ、終点は多大浦(タデポ)海水浴場。

**2号線** 西北の梁山(ヤンサン)市から西部バスターミナルのある沙上、西面、広安里(クァンアルリ)、センタムシティ、海雲台(ヘウンデ)へと東西に横断するのが2号線で、この両路線を使うことが多いだろう。

**切符と交通カード** 地下鉄駅では自動販売機で切符または交通カードが購入できる。自販機の案内は日本語も用意されているので、購入やチャージも容易にできる。

## ▶ 広域電鉄東海線

国鉄の旧東海南部線を一部利用して地下鉄と同じように利用できる鉄道。現在釜田駅から田和江(テファガン)駅までが開通しており、海雲台以北の海水浴場や機張市場に行くのに便利だ。

**切符と交通カード** 切符は丸いトークン型で、入場時にはセンサーにタッチ、改札を出る際は回収口に入れる。購入できる交通カードはコレイルのRail Plus Cardだが、T-money、cashbeeとも互換性がある。

## ▶ 釜山-金海軽電鉄

西部市外バスターミナルがある沙上駅から金海空港、金海へと延びる無人運転の新交通システム。金海の博物館や王陵へ行くときにも便利。鳳凰(トンヘ)駅からは金海ターミナルに直結。東海線と同じように切符は丸いトークン型。cashbee、T-money、Rail Plus Cardとも使用可能だが、自販機では交通カードの購入はできない。

**釜山交通公社**
URL www2.humetro.busan.kr/japanese/main.do

▶料金体系
出発駅から10km以内を「1区間」、それ以上を「2区間」という。交通カード使用時は₩100割引。地下鉄、広域電鉄、軽電鉄とも同料金。
料 1区間₩1400 2区間₩1600
※交通カード使用時は₩100割引

▶1日券
24時間ではなく、発券当日の終電まで利用可。
料 ₩5000

**cashbeeが便利**
釜山の主要交通機関で使え、地下鉄駅で買える。数回乗るだけなら切符でOKだが、乗り継ぎ割引もなく、そのたびに切符を買いなおすわずらわしさがある。なお、cashbeeは以前は使えない地域もあったが、現在はほぼ韓国全土で通用する。

地下鉄1号線の乗場

**広域電鉄東海線**
料 1区間₩1300 2区間₩1500
※交通カード使用時は₩100割引

**釜山-金海軽電鉄**
料 1区間₩1300 2区間₩1500
※交通カード使用時は₩100割引

釜山-金海軽電鉄

---

**COLUMN**

**BEXCO**
住 55, APEC-ro, Haeundae-gu
住 해운대구 APEC로 55
旧 해운대구 우동 1500
TEL (051) 740-7300
開 イベントによる
休 無休
交 地下鉄2号線 205 ペクスコ駅9番出口、徒歩5分
URL www.bexco.co.kr

## ◆ ペクスコ BEXCO
MAP P.282-B1

展示場は数ヵ所ある

日韓ワールドカップ本戦の抽選会、APEC首脳会議、OECD世界フォーラムといった国際イベントのほか、国際モーターショー、G-starゲームショーなどが催される巨大なイベント施設。そのほかにコンサートホール、結婚式場などもある。

info 韓国版のコミケこと、釜山コミックワールドが開催されると、ペクスコ駅から会場までコスプレイヤーであふれることも。

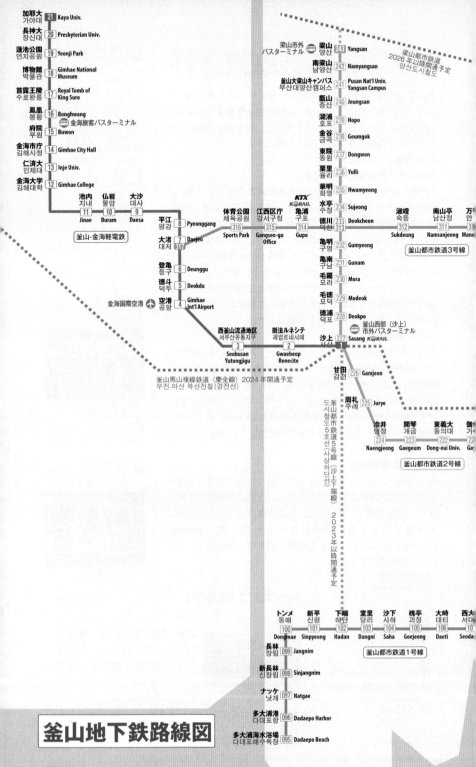

釜山地下鉄路線図

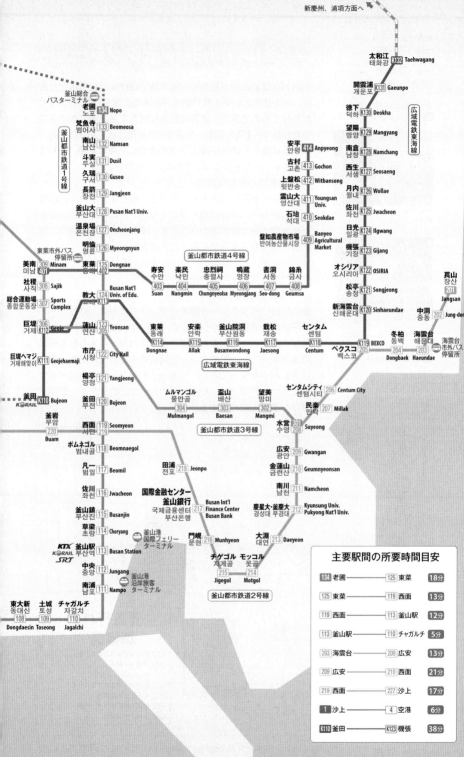

## 市内バス

一般バス₩1300
（交通カード₩1200）
座席バス₩1800
（交通カード₩1700）
マウルバス₩1100〜1300
※深夜帯は₩400加算
**URL** bus.busan.go.kr

南浦駅から影島へ向かう市内
バス

釜山を走る一般タクシー

## 灯台コール

**TEL** (051) 600-1000
**URL** www.ddcall.co.kr

# 釜山の市内バスとタクシー

市内バスは網の目が細かく、地下鉄で行けない場所に行ったり、地下鉄だと何度も乗り継ぎが必要な区間も1本で行ってくれたりするので便利。鉄道の最寄り駅まで遠い場合もバスならあったりもする。また、交通カードを使えば、30分以内にバスを乗り換える場合2回まで追加料金なしで乗車可能。降りる際にもタッチが必要なのでこの点だけ注意しよう。

## ▶ 旅行者にも便利な路線

急行バス　通常のバスよりやや料金は高くなるが、長い路線を走る急行バスは停留所も少なく便利。特に1001、1003番など南浦洞や釜山駅方面から広安里、海雲台方面への便は、地下鉄を乗り継ぐより早く着くことが多い。

甘川文化村へ　土城駅やチャガルチ駅のそばから出ているマウルバスは甘川文化村へ行くときに便利。

## ▶ タクシー移動もおすすめ

釜山には一般タクシーと模範タクシーのほかに、灯台コールと呼ばれる等級のタクシーが走っている。灯台コールは釜山市から認められた優秀な一部の運転手のみが与えられる等級のタクシーで、一般タクシーと同じ料金で利用が可能。市内は流しのタクシーも多く、交通カードやクレジットカードでの支払いも問題ない。Kakao TやUberなどのタクシー配車アプリも不自由なく使える。

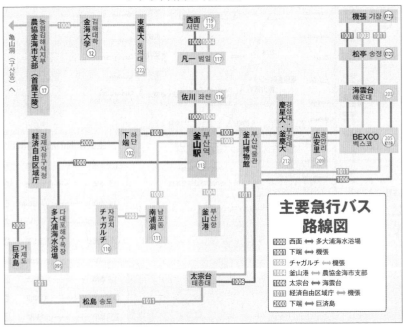

**主要急行バス路線図**

| 1000 | 西面 ⟷ 多大浦海水浴場 |
| 1001 | 下端 ⟷ 機張 |
| 1003 | チャガルチ ⟷ 機張 |
| 1004 | 釜山港 ⟷ 農協金海市支部 |
| 1006 | 太宗台 ⟷ 海雲台 |
| 1011 | 経済自由区域庁 ⟷ 機張 |
| 2000 | 下端 ⟷ 巨済島 |

**info** 灯台コールは車体にオレンジの線と灯台のイラストが描かれていて、天井についているライトも一般タクシーと異なりオレンジ色。

# 釜山シティツアー

## ▶基幹のレッドラインはじめ4つのコース

広い釜山を車窓からざっと見て回るのに便利なのが観光バス。色ごとに分かれた4つの路線がある。釜山駅横のバス停とダイヤモンドベイ ▶P.296 クルーズが出る龍湖湾遊覧船ターミナルを起点に、月・火曜を除く毎日運行しており、便も多くて便利。バスや鉄道で行きづらいところもあり、ひと通り釜山の観光地を見て回るのにぴったり。

**レッドライン** 釜山駅と海雲台海水浴場を巡る。釜山港大橋、広安大橋といった橋の上から釜山を眺められる。

**ブルーライン** タルマジキル、龍宮寺（ヨングンサ）といった公共交通機関で行きづらいところを巡る。

**グリーンライン** 松島海水浴場がある影島や五六島などを巡るコース。

**オレンジライン** 甘川文化村（カムチョン）や多大浦海水浴場（タ デ ポ）を巡り、洛東江河口（ナクトン ガン）（ウルスクト）の乙淑島まで行くコース。

シティツアーのレッドライン

**釜山シティツアー**

**MAP** P.280-A3
**休** 月・火（祝日の場合は運行）
**料** ₩1万5000
レッド・グリーン・オレンジの3路線は乗り降り自由。ブルーラインにも乗る場合は₩5000追加
**URL** www.citytourbusan.com
▶夜景コース
4～10月19:30、11～3月19:00に釜山駅発
**料** ₩1万5000

**釜山シティツアー バスルート**

| レッドライン | ブルーライン | グリーンライン | オレンジライン |
|---|---|---|---|
| 水～金9:45～16:35の50分毎 土・日9:30～16:30の40分毎 所要：1時間10分 | 水～金9:40～16:30の50分毎 所要：1時間50分 | 水～金9:30～16:20の50分毎 土・日9:15～16:35の40分毎 所要：1時間10分 | 水～日9:30～16:20の1時間毎 所要：2時間20分 |
| ❶釜山駅 | ❶龍湖湾遊覧船ターミナル | ❶釜山駅 | ❶釜山駅 |
| ❷UN記念公園 | ❷海雲台海水浴場 | ❷影島大橋 | ❷松島海水浴場 |
| ❸釜山博物館 | ❸ムーンタンロード | ❸ヒンヨウル文化村 | ❸岩南公園 |
| ❹龍湖湾遊覧船ターミナル | ❹ASEAN文化院 | ❹ハヌル展望台 | ❹甘川文化村 |
| ❺広安里海水浴場 | ❺松亭海水浴場 | ❺影島海女村 | ❺多大浦海水浴場 |
| ❻マリンシティ | ❻オシリア駅 | ❻太宗台 | ❻峨嵋山展望台 |
| ❼冬柏島 | ❼海東竜宮寺 | ❼国立海洋博物館 | ❼プネチア長林港 |
| ❽海雲台海水浴場 | ❽アナンティコープ | ❽五六島スカイウォーク | ❽釜山現代美術館 |
| ❾センタムシティ | ❾竹島（蓬莱里） | ❾龍湖湾遊覧船ターミナル | ❾洛東江河口 エコセンター |
| ❿市立美術館・BEXCO | ❿オシリアテーマパーク | ❿平和公園 | ❿石堂博物館 |
| ⓫平和公園 | ⓫東釜山アウトレット | ⓫松島海水浴場 | ⓫国際市場 |
| ⓬光復路 | ⓬国立釜山科学館 | ⓬チャガルチ・BIFF広場 | ⓬龍頭山公園 |
| | ⓭松亭駅 | | |

**info** コリアツアーカード ▶P.104 は釜山でも多くの場所で割引を受けることができ、交通カードも兼ねてお得。金海国際空港の新韓銀行やコンビニなどで購入可能。**URL** koreatourcard.kr

チャガルチクルーズ
MAP P.277-C3
TEL (051) 241-0909
11:00、14:00、16:00、18:00発
所要90分
料 ₩2万

海雲台遊覧船
MAP P.283-C2
TEL (051) 742-2525
URL www.mipocruise.co.kr
▶デイクルーズ
11:00～17:30に随時出発
所要70分 料 ₩2万8000
▶ナイトクルーズ
日没～20:30に随時出発
所要50分
料 ₩2万8000
21:30発 所要60分

ダイヤモンドベイ
(龍湖湾埠頭発)
MAP P.273-C2
TEL (051) 200-0002
▶デイクルーズ
13:00、14:00、16:00発
所要60分 料 ₩3万
▶ナイトクルーズ
18:30、20:00、21:10(土±21:20)発
所要60分 料 ₩3万

海雲台リバークルーズ
MAP P.282-A1
TEL (051) 711-1789
料 ₩1万2000～
URL www.haeundaerivercruise.
com

## 釜山のボートクルーズ

港町釜山は、海からの眺めもまた格別。いくつもかかった橋越しに、釜山の町並みを眺められる。

### ▶ チャガルチ市場発のクルーズ

チャガルチクルーズは2018年7月に就航を開始し人気を集めている。14:00発の便は、出向直後に影島大橋(ヨンド)が開くところを海側から見ることができ

チャガルチ発のクルーズ

る。クルーズでは松島と影島の間を進み、松島エアクルーズや太宗台も近くに見える。天気が良い日には対馬も見える。船内ではショーも楽しめる。

### ▶ 海雲台発のクルーズ

海雲台(ヘウンデ)ビーチの東側の尾浦埠頭(ミポ)から出ている遊覧船。冬柏島、広安大橋(クァンアン)を海側から眺め、五六島周辺を周遊する。ナイトクルーズはライトアップされた広安大橋をくぐる。

ナイトクルーズ

### ▶ ダイヤモンドベイのヨットクルーズ

動力付きの大型のヨットで広安大橋を眺めながら行く。デイクルーズは五六島方面へ、ナイトクルーズは海雲台海水浴場方面へと向かう。

### ▶ 太宗台の遊覧船

太宗台からも周辺を巡る遊覧船がある。こちらは決まった時間はなく、9:00～日没ごろまで。時間は40分、料金は₩1万。

### ▶ 海雲台リバークルーズ

広安里に注ぐ川の水営江(スヨンガン)をボートで遡るリバークルーズ。左水営橋から広安大橋付近までを往復する。乗り場はAPECナル公園にある。

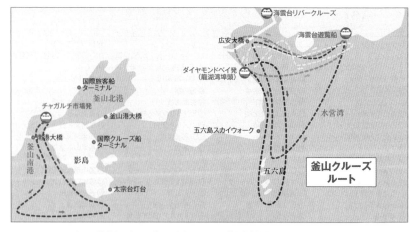

info かつて漁港だったチャガルチ市場にクルーズ船が就航することにはさまざまな意見があったというが、たちまち大人気になり、いつも行列ができている。

# 見どころ

●食べ歩きも楽しい魚市場　★★★
## チャガルチ市場 자갈치시장 Jagalchi Market

チャガルチシジャン　▶チャガルチ MAP P.277-C3

韓国一の規模を誇る海産物専門市場。市場内の店舗はもちろん周辺にも露店が多く集まり、人気観光スポットとなっている。市場のビルが2006年にリニューアルオープンし、1階の魚介類市場で購入した魚を2階のお店で調理してもらうことができる。チャガルチという名前の由来は、砂利や小石を意味する言葉からという説と、多く水揚げされた魚からという説がある。

●日本式の商家建築が多く残る　★
## 南浦洞乾魚物市場 남포동 건어물 시장

ナムポドン コノムルシジャン
Nampo-dong Dried Seafood Market　▶南浦 MAP P.277-D3

乾物の専門卸売では韓国一の規模。おもにスルメや煮干し、海苔などを扱う。1968年、近くに釜山漁業協同組合の共同販売場ができてから、大型卸市場として成長。またこの一帯は、日本統治時代の建物が多く残り、「カンカンイ村」と呼ばれている。塩工場や魚の加工場、日本家屋を改造した店舗などが所狭しと並んでいる光景は、まるで日本の商店街にいるかのようだ。

●なんでも揃う釜山のアメ横　★
## 国際市場 국제시장 Gukje Market

ククチェシジャン　▶南浦 MAP P.276-B2

朝鮮戦争以後、米軍の放出品や釜山港からの密輸品などが取引されたのがそのルーツと言われている。日本やアメリカ、香港、マカオなどからの輸入品を多く扱ったことから、国際市場という名がついたという。全6エリアの市場の中には約700店舗が並び、工具、衣類、食品など多くの品物を扱い、買い物はもちろんグルメも楽しめる人気スポットだ。

●夜市と屋台で観光客に人気　★★★
## 富平カントン市場 부평 깡통시장 Bupyeong (Kkangtong) Market

プピョン カントンシジャン　▶チャガルチ MAP P.276-A1

国際市場に通りを挟んで位置する、通称カントン市場。朝鮮戦争以後、米軍が持ち込んだ缶詰が多く流通するようになり、缶詰を意味する「カントン」市場と呼ばれるようになった。富平市場は食べ物や輸入品の店が多い在来市場で、2013年から韓国初の夜市場をオープンさせた。多国籍な屋台グルメが人気を集め、海外からの観光客も増えている。

にぎわう富平市場の夜市

**チャガルチ市場**
住 52, Jagalchihaean-ro, Jung-gu
住 중구 자갈치해안로 52
旧 중구 남포동4가 37-1
TEL (051) 245-2594
開 5:00～22:00
休 第1・3火、旧正月、チュソク
交 地下鉄1号線 110 チャガルチ駅10番出口徒歩5分
地下鉄1号線 111 南浦駅2番出口徒歩5分

活気あふれる市場

**南浦洞乾魚物市場**
住 1, Gudeok-ro, Jung-gu
住 중구 구덕로 1
旧 중구 남포동1가
TEL (051) 246-5223
開 8:00～19:00
休 無休
交 地下鉄1号線 111 南浦駅
2、4、6番出口徒歩1分

**国際市場**
住 9, Gukjesijang 2-gil, Jung-gu
住 중구 국제시장2길 9
旧 중구 신창동4가 20-3
TEL (051) 245-7389
開 9:00～20:00（店舗による）
休 第1、3日曜
交 地下鉄1号線 111 南浦駅
2、4、6番出口徒歩1分
URL gukjemarket.co.kr

**富平カントン市場**
住 48, Bupyeong 1-gil, Jung-gu
住 중구 부평1길 48
旧 중구 부평동2가 16
TEL (051) 243-1128
開 8:00～20:00
休 店舗により異なる
交 地下鉄1号線 110 チャガルチ駅3番出口、徒歩10分
URL bupyeong-market.com
▶夜市場
開 19:30～23:30
休 無休

info 釜田市場 MAP P.279-C1 は観光市場というよりも釜山市民の台所といった巨大市場。おみやげ探しには向いていないが、ディープな雰囲気を味わえる。

**龍頭山公園**

🏠 37-55, Yongdusan-gil, Jung-gu
🏠 중구 용두산길 37-55
🏢 중구 광복동2가 1-2
☎ (051) 860-7820
🕐 随時 🈳 無休
🚇 地下鉄1号線 `111` 南浦駅
　1番出口徒歩10分

**釜山ダイヤモンドタワー**

MAP P.277-C2
🏠 37-55, Yongdusan-gil, Jung-gu
🏠 중구 용두산길 37-55
🏢 중구 광복동2가 1-2
☎ (051) 601-1800
🕐 10:00〜22:00
※最終入場21:30
🈳 無休 🎫 ₩1万2000
🚇 地下鉄1号線 `111` 南浦駅
　1番出口徒歩5分

**釜山映画体験博物館**

MAP P.277-C1
🏠 12, Daecheong-ro
　126beon-gil, Jung-gu
🏠 중구 대청로126번길 12
🏢 중구 동광동3가 41-4
☎ (051) 715-4200
🕐 10:00〜18:00 🈳 月(祝日の場合は翌日)、1/1、旧正月とチュソク当日
🎫 ₩1万
🚇 地下鉄1号線 `112` 中央駅
　1番出口徒歩3分
🔗 busanbom.modoo.at

**釜山近代歴史館**

MAP P.277-C1
2023年1月現在改修のため閉館中
🏠 104, Daecheong-ro, Jung-gu
🏠 중구 대청로 104
🏢 중구 대청동2가 24-2
　부산근대역사관
☎ (051) 253-3320
🚇 地下鉄1号線 `111` 南浦駅3番出口徒歩7分、または81、40番バス「国際市場（국제시장）」徒歩1分

**釜山博物館**

🏠 152, UN-ro, Nam-gu
🏠 남구 유엔로 152
🏢 남구 대연동 948-1
　남구「시립박물관（시립박물관）」
☎ (051) 610-7111
🕐 9:00〜18:00
最終入場17:00
🈳 月(祝日の場合は翌日)、1/1 🎫 無料
🚇 地下鉄2号線 `213` 大淵駅徒歩10分、または138-1番バス「市立博物館（시립박물관）」徒歩2分
🔗 museum.busan.go.kr

●釜山タワーや博物館など見どころが点在する公園　★★★

# 龍頭山公園 용두산공원 Yongdusan Park

ヨンドゥサンコンウォン　　　▶南浦 MAP P.277-C2

釜山の中心部にある市民の憩いの場。園内にある釜山ダイヤモンドタワーからは、釜山港や影島など釜山の見どころが一望できる。また毎年3月1日と大晦日には、釜山市民の寄付によって作られた鐘が町中に響きわたる。近くにある体験型複合施設の釜山映画体験博物館、日本統治時代の東洋拓殖 `P.496` 釜山支店だった建物を利用した釜山近代歴史館も人気スポット。

釜山映画体験博物館

釜山ダイヤモンドタワーと龍頭山公園

釜山タワーはフォトスポットの宝庫

日本統治時代の町を再現

●日韓交易史や伝統文化が学べる　★★★

# 釜山博物館 부산박물관 Busan Museum

プサンパンムルグァン　　　▶UN公園 MAP P.275-D2

釜山や慶尚南道地域で発掘、収集された、伽耶、新羅時代から近現代までの遺物を展示・紹介している博物館。古くから朝鮮半島と日本列島をつなぐ交易の要と

金銅菩薩立像　　永泰二年銘蠟石製壺

して栄えてきた地域の特性を活かした、日韓関係に関する詳しい展示は歴史好きには必見。金銅菩薩立像と永泰二年銘蠟石製壺の2点の国宝を収蔵しているほか、野外展示では仏像や塔、碑石など石造物も多く展示している。

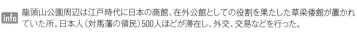

info　龍頭山公園周辺は江戸時代に日本の商館、在外公館としての役割を果たした草梁倭館が置かれていた所。日本人（対馬藩の領民）500人ほどが滞在し、外交、交易などを行った。

●朝鮮王朝時代の政治の中心

# 東萊府東軒 동래부동헌 Dongnae-bu Dongheon ★

トンネブドンホン　▶東萊 MAP P.285-B3

朝鮮王朝時代の典型的な役所で、守令の府使が公務をしていた場所。釜山一帯は昔から国防や外交、貿易において重要な地域だったので、この東萊府東軒は他地域よりも規模が大きかったが、日本統治時代に多くの建物が撤去、移転された。朝鮮王朝時代の単一の建物としては釜山と周辺で最も規模が大きく、釜山広域市の有形文化財に指定されている。

●外湯も楽しめる温泉ホテルが並ぶ

# 東萊温泉 동래온천 Dongnae Hot Spring ★★

トンネオンチョン　▶東萊 MAP P.285-B1～2

東萊温泉は新羅時代にさかのぼる湯治場として知られている。一羽の鶴がここで休憩し、元気に飛び立つ姿を見た老女が自らの足を浸して治療したという。その温泉の源泉があるのが虚心庁（ノシム）（現農心ホテル付属温泉）で、美肌効果もあるアルカリ性のマグネシウム泉で、韓国でも最大の規模なのだとか。

●長い城壁と寺院が点在するハイキングコース

# 金井山城 금정산성 Geumjeongsanseong Fortress ★★

クムジョンサンソン　▶金井山 MAP P.273-C1

韓国の万里の長城とも呼ばれる韓国最大の山城。城の建築年代は不明だが、城郭や門の模様から新羅時代に作られたと推定されている。丙子の乱や文禄・慶長の役 ▶P.491 の後、外敵の侵入を防ぐために再築

紅葉の季節を迎えた金井山城

造された。現在は約17kmが残っており、1971年から今なお復元作業が続いている。ロープウエイで山の中腹まで行き、ハイキングを楽しむ観光客が多い。

●新羅時代の石塔も残る由緒ある名刹

# 梵魚寺 범어사 Beomeosa Temple ★

ポモサ　▶金井山 MAP P.273-C1

新羅時代の高僧、義湘大師（ウィサン）▶P.491 によって建立された金井山の古刹。天から降りてきた金色の魚が井戸で遊んでいたという伝説から、天の魚を意味する梵魚がその名の由来。現在の建物は朝鮮王朝時代の1713年に再建されたため、繊細で華麗な朝鮮時代様式の建築美がうかがえる。国宝に指定された本堂の大雄殿をはじめ、3層石塔や一柱門、石燈など多くの文化財を有する。

不二門をくぐると境内に入る

✉ 梵魚寺→金井山 城門→東萊温泉と歩き、温泉で汗を流しました。梵魚寺から金井山城 北門間は、岩塊流という見慣れない景観です。（大阪府　まやさんぽ　'19秋）

東萊府東軒
🏠 61, Myeongnyun-ro 112beon-gil, Dongnae-gu
🏠 금정구 명륜로112번길 61
旧 금정구 수안동 421-56
TEL (051) 550-4082
開 4～10月9:00～18:00
　 11～3月9:00～17:00
休 月　料 無料
交 地下鉄4号線 403 寿安駅
　 7番出口徒歩5分

東萊温泉
交 地下鉄1号線 127 温泉場駅
虚心庁
MAP P.285-B1
🏠 32, Oncheonjang-ro 107beon-gil, Dongnae-gu
🏠 동래구 온천장로107번길 32
旧 동래구 온천동 137 허심청
TEL (051) 550-2200
開 5:30～22:00（サウナ6:30～21:00）　休 無休
料 ₩1万2000
　 （土・日・祝₩1万5000）
URL www.hotelnongshim.com

金井山城
🏠 8-5, Bungmun-ro, Geumjeong-gu
🏠 금정구 북문로 78-5
旧 금정구 금성동 산5-5 멧돼지농장
TEL (051) 514-5501
開 随時　休 無休　料 無料
交 地下鉄1号線 127 温泉場駅から市内バス203番「東門（동문）」下車
URL kumjungsansung.com

梵魚寺
🏠 250, Beomeosa-ro, Geumjeong-gu
🏠 금정구 범어사로 250
旧 금정구 청룡동 546
TEL (051) 508-3122
開 9:00～18:00
休 無休　料 無料
交 地下鉄1号線 133 梵魚寺駅7番出口を出て山側に徒歩3分のバス乗り場から90番バス で約15分「ポモサ切符売り場（범어사 매표소）」下車
URL www.beomeo.kr

## 太宗台

- **住** 24, Jeonmang-ro, Yeongdo-gu
- **住** 영도구 전망로 24
- **旧** 영도구 동삼동 산19-2
- **TEL** (051) 405-8745~6
- **開** 3～10月4:00～24:00、11～2月5:00～24:00(遊園地)
- **休** 無休　**料** 無料
- **交** 市内バス8、30番終点「太宗台(태종대)」
  ※公園内は広く、アップダウンも多いので園内の移動は列車型乗り物「タヌビ列車」で。
  乗車券は完売することも多いので早めの購入を
  運行時間9:20～18:00
- **URL** www.bisco.or.kr/taejongdae

## 松島

- **住** 50, Songdohaebyeon-ro
- **住** 서구 송도해변로 50
- **旧** 서구 암남동 135-5
- **開** 9:00～18:00(海水浴場)
- **休** 9～5月(海水浴場)
- **料** 無料
- **交** 市内バス110、111、130、131番「松島海水浴場(송도해수욕장)」

## 釜山エアクルーズ（松島海上ケーブルカー）

**MAP** P.284右下
- **住** 171, Songdohaebyeon-ro, Seo-gu
- **住** 서구 송도해변로 171
- **旧** 서구 암남동 124-1
- **TEL** (051) 247-9900
- **開** 9:00～21:00
- **休** 無休
- **料** 一般キャビン₩1万5000
  透明キャビン₩2万
- **交** 市内バス6、17、26、30、71番「シニクアパート(신익아파트)」か「岩南洞住民センター(암남동주민센터)」徒歩10分
- **URL** www.busanaircruise.co.kr

## 松島スカイウオーク

**MAP** P.284右下
- **住** 171, Songdohaebyeon-ro, Seo-gu
- **住** 서구 송도해변로 171
- **旧** 서구 암남동 124-1
- **TEL** (051) 240-4086
- **開** 6:00～23:00(天候により変動あり)
- **休** 無休　**料** 無料

---

●豊かな自然と絶景の展望台で知られる ★

# 太宗台 태종대 Taejongdae

テジョンデ

▶影島 **MAP** P.284左下

影島の突端に位置する景勝地。その名は、三国を統一した新羅の太宗がこの地を訪れ、絶景に感嘆したという言い伝えに由来する。現在は、断崖絶壁が見渡せる展望台や影島灯台、遊園地などが太宗台公園として整備されており、周辺にあるクロマツなど120種あまりの植物とともに釜山の海が堪能できる。特に展望台からは、晴れていれば56km先の対馬まで望めるという。

公園の先端にある灯台

公園内の移動に便利なタヌビ列車

●韓国に数ある松島の中で最も有名 ★★★

# 松島 송도 Songdo

ソンド

▶松島 **MAP** P.284右下

日本統治時代の1913年、釜山に居住する日本人によって開発された、韓国ではじめての海水浴場。松島とはいっても島ではなく、近くに松の木が多い島があったためなど、その名の由来にはいくつか説がある。近くの亀島には、全長365mの松島スカイウオークが設置され、まるで海の上を散歩しているかのよう。また釜山エアクルーズ（松島海上ケーブルカー）は、海水浴場の東西1.6kmを海上で結ぶロープウエイのこと。最高86mの高さから見下ろせる海の景色が大人気。

足下がガラスのゴンドラもある

スカイウオークとエアクルーズは釜山っ子の定番デートコース

**info** 太宗台の灯台の下はシンソンバウィと呼ばれる岩礁になっており、海女さんたちがさばいた貝をその場で食べることができる。

● 迫力ある水槽や海底トンネルで見応えがある ★★
# SEA LIFE 釜山アクアリウム 씨라이프 부산 아쿠아리움
Sea Life Aquarium シライフ プサンアクアリウム ▶海雲台 MAP P.282-B2

釜山の2大海水浴場のひとつである海雲台に位置する韓国最大の水族館。総面積4000坪の館内では、250種1万以上の海洋生物の生態が観察できる。なかでも全長80mにもおよぶ海底トンネルでは、サメやウミガメの泳ぐ姿を見ながら海中散策ができると観光客などに人気。スナメリやウミガメを保護して海に帰す活動にも力を入れている。

大きな水槽にはサメの姿も

● 海雲台の砂浜を見下ろす長くゆるやかな坂道 ★★
# 月見の道（タルマジギル）달맞이길
Dalmaji-gil Road タルマジギル ▶海雲台 MAP P.283-D2

海雲台のビーチから続く約8kmの坂道で、小高い丘にあることから名付けられた散策路。丘の上からは、海雲台の海や白浜、西から見ると5つの峰に、東から見ると6つの峰に見えるという五六島が見渡せ、朝鮮八景にも指定されている。カフェやレストランが多く集まっており、海の景色を眺めながら食事ができるデートコースとしても人気。

● カラフルな家が立ち並ぶ「韓国のマチュピチュ」 ★★★
# 甘川文化村 감천 문화마을 Gamcheon Culture Village
カムチョン ムヌァマウル ▶甘川洞 MAP P.301

釜山市沙下区の集落。カラフルな家々が山の斜面にびっしりと連なっている様子が、まるで絵葉書のようだと注目を集めるように。元々は1950年代に朝鮮戦争の避難民などの家が密集してできた地域。現在は市の公共美術プロジェクトにより、いたるところにアート作品が点在しており、撮影スポットとしても人気を集めている。なかでも人気なのが、星の王子さまとキツネのオブジェ。甘川村を背景にかわいい写真が撮れるとして、撮影待ちの行列ができることもあるそう。

---

## SEA LIFE 釜山アクアリウム
🏠 266, Haeundaehaebyeon-ro, Haeundae-gu
🏠 해운대구 해운대해변로 266
🏠 해운대구 중동 1411-4
☎ (051)740-1700
🕐 10:00〜20:00（土・日・祝〜19:00）　※最終入場1時間前 休 無休
料 ₩3万
🚇 地下鉄2号線 203 海雲台駅5番出口徒歩10分。市内バス139、307、1001、1003番「海雲台海水浴場（해운대해수욕장）」
URL www.visitsealife.com/busan

## 月見の道（タルマジギル）
🏠 190, Dalmaji-gil, Haeundae-gu
🏠 해운대구 달맞이길 190
🏠 해운대구 중동 산42-20
☎ (051)253-8253
🕐 見学自由　料 無料
🚇 市内バス39、100、141、200番「尾浦ムーンタンロード入口（미포 문탠로드 입구）」徒歩3分

## 甘川文化村
🏠 203, Gamnae 2-ro, Saha-gu
🏠 사하구 감내2로 203
🏠 사하구 감천동 1-14
☎ (051)204-1444
🕐 施設による
休 施設による
🚇 地下鉄1号線 109 土城駅または 110 チャガルチ駅からマウルバス沙下区1-1、西区2、西区2-2「甘川文化村（감천문화마을）」下車
URL www.gamcheon.or.kr

色とりどりの建物が斜面に建つ

カラフルな軽食屋さん

---

info 甘川文化村は映画やドラマのロケ地として知られ、日本では木村拓哉主演の映画版『HERO』で登場したことで有名。

**BUSAN X the SKY**
- 住 30, Dalmaji-gil, Haeundae-gu
- 住 해운대구 달맞이길 30
- 旧 해운대구 중동 1829
- TEL (051) 731-0098
- 開 10:00～21:00
- 休 無休　料 ₩2万7000
- 交 地下鉄2号線 **202** 中洞駅7番出口徒歩7分。
- URL www.busanxthesky.com

**海雲台ブルーラインパーク尾浦停留所**
- 住 11 Dalmaji-gil 62beon-gil, Haeundae-gu
- 住 해운대구 달맞이길62번길 11
- 旧 해운대구 중동 947-1
- TEL (051) 701-5548
- 開 5·6·9·10月9:00～20:00
  7·8月9:00～22:00
  11～4月9:00～18:00
- 休 無休
- 料 ビーチトレイン片道₩7000
  スカイカプセル片道₩3万
  （2名）
- 交 地下鉄2号線 **202** 中洞駅7番出口徒歩9分。
- URL www.bluelinepark.com

**海雲台海水浴場**
- 住 264, Haeundaehaebyeon-ro, Haeundae-gu
- 住 해운대구 해운대해변로 264
- 旧 해운대구 우동 620-3
- 料 無料
- 交 地下鉄2号線 **203** 海雲台駅5番出口徒歩10分。または市内バス139、1001、1003番「海雲台海水浴場（해운대해수욕장）」
- 

**海東龍宮寺**
- 住 86 Yonggung-gil, Gijang-eup
- 住 기장군 기장읍 용궁길 86
- 旧 기장군 기장읍 시랑리 416-3
- 開 4:30～20:00（季節によって変動）　休 無休
- 料 無料
- 交 東海線 **K122** オシリア駅から市内バス1001番などで「龍宮寺入口（용궁사입구）」下車徒歩15分
- URL yongkungsa.or.kr

---

● ソウルスカイに次ぐ韓国で2番目に高い展望台　★★
# BUSAN X the SKY 부산 엑스 더 스카이
ブサン エッス ド スカイ　▶海雲台 **MAP** P.283-C2

釜山一体を見渡せるパノラマ

2020年に開業した展望台。海雲台にそびえる超高層アパート群「LCTランドマークタワー」のC棟98階から100階に位置し、釜山の町並みや海水浴場を一望できる。晴れた日には遥か遠くの対馬まで見えるとか。フロアにはカフェやレストランもある。

● 海雲台の新名所　★★★
# 海雲台ブルーラインパーク 해운대 블루라인파크
Haeundae Blueline Park ヘウンデブルラインパク　▶海雲台 **MAP** P.283-D3

7m上空を運行するスカイカプセル

尾浦-松亭間の4.8kmの海沿いを結ぶ観光列車。廃線となった東海南部線を利用した「ビーチトレイン」と、4人乗りの小型モノレール「スカイカプセル」が運行している。途中の青沙浦停留所から600m先にあるタリットル展望台からの眺めもすばらしい。線路沿いにはウオーキングコースも整備されており、海風を感じながら散歩やランニングする人が多い。

● 全長1.5kmにわたる弓なりのビーチ　★★
# 海雲台海水浴場 해운대 해수욕장 Haeundae Beach
ヘウンデ ヘスヨクチャン　▶海雲台 **MAP** P.282-283

白砂が続くビーチ

韓国で最も訪れる人が多いビーチ。海水浴シーズンにはパラソルがずらりと並ぶ。外資系の高級リゾートホテルからゲストハウスまで予算に合わせた滞在ができる。

● 波打ち際にたたずむ名刹　★★★
# 海東龍宮寺 해동용궁사 Haedong Yonggungsa Temple
ヘドンヨングンサ　▶海雲台 **MAP** P.273-D2

韓国屈指の絶景寺

1376年創建と伝わる寺院。16世紀後半に起きた慶長・文禄の役で焼失したが、1930年代に再建されてからは国内外より数多くの観光客が訪れる。誰でも心から祈れば、必ず願いごとがひとつ叶うという伝承があり、その噂は遠く離れた日本まで広まった。

---

info 釜山は1913年に韓国で初めて海水浴場ができた町。この100年あまりの間にさまざまな海水浴場ができたが、リゾートの海雲台、夜にドローンショーが行われる広安里、大規模な噴水ショーが↗

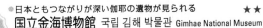

# 金海

キメ

空の玄関金海国際空港のある町だが、古代国家「金官伽耶」ゆかりの地でもある。意外にも歴史的な見どころも多い。

市外局番●055

Gimhae 김해

---

●日本ともつながりが深い伽耶の遺物が見られる　★★

## 国立金海博物館 국립 김해 박물관 Gimhae National Museum

クンニプ キメ パンムルグァン　　▶亀山洞 MAP P.303-1

金海市は古代の小国家群「伽耶」の盟主的存在だった金官伽耶があった地。この博物館では、釜山と慶尚南道の先史時代から伽耶時代の遺物を展示している。他の古代国家に比べると、その歴史の記録が少ない伽耶。そのため、発掘作業などで見つかった遺跡や遺物の復元が多く行われている。

●伝説上の金官伽耶建国者が祀られた　★

## 首露王陵 수로왕릉 Tomb of King Suro

スロワンヌン　　▶西上洞 MAP P.303-1

金官伽耶を建国したと伝えられる首露王 P.493 が眠る王陵。境内には、首露王と王妃の神位を祀っている崇善殿や安香閣、典祀官など様々な建物と神道碑などの石造物がある。近くには首露王妃の許黄玉の陵もある。

---

## 金海への行き方

▶釜山から
沙上駅から釜山-金海軽電鉄で博物館駅まで約33分。海雲台や東莱から市内バスでも行ける。

▶主要都市からのバス
ソウル高速ターミナルや光州、大田などからのバスは鳳凰駅1番出口すぐの金海旅客ターミナルに着く。

### 国立金海博物館
住 190, Gayaui-gil, Gimhae-si
住 김해시 가야의길 190
旧 김해시 구산동 232
TEL (055) 320-6800
開 9:00〜18:00　※最終入場17:00
休 月（祝日の場合は翌日）、1/1、旧正月とチュソク当日　料無料
交 釜山-金海軽電鉄 18 博物館駅2番出口徒歩5分
URL gimhae.museum.go.kr

### 首露王陵
住 26, Garak-ro 93beon-gil, Gimhae-si
住 김해시 가락로93번길 26
旧 김해시 서상동 312
TEL (055) 332-1094
開 4〜9月8:00〜20:00
10・3月8:00〜19:00
11〜2月8:00〜18:00
休 無休　料無料
交 釜山-金海軽電鉄 18 博物館駅2番出口徒歩20分

### 首露王妃陵
MAP P.303-1
住 1, Garak-ro 190beon-gil, Gimhae-si
住 김해시 가락로190번길 1
旧 김해시 구산동 120-1
TEL (055) 330-3948
開 夏期8:00〜19:00
冬期9:00〜18:00
休 無休　料無料
交 釜山-金海軽電鉄 18 博物館駅2番出口徒歩18分

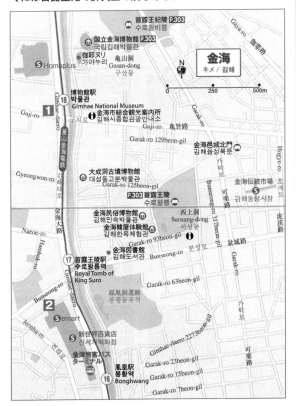

---

info 行われる多大浦、エアクルーズ（ロープウエイ）がある松島など、それぞれに別の魅力がある。時間があったら気になったところを訪れてみて、のんびりしたときを過ごしてほしい。

# 釜山のレストラン

---

## 談食堂
담식당 ●タムシクタン

炭の産地にまでこだわりを見せる焼肉店。韓牛カルビ100g₩3万。ワンカルビタン₩1万などひとり用メニューも充実している。地下鉄中央駅1番出口から徒歩3分。

▶ 南浦洞 **112** 中央駅　　焼肉
**MAP** P.277-D2
住 12, Jungang-daero 41beon-gil, Jung-gu
住 中区 中央大路41番길 12
旧 中区 中央洞2가 20
TEL (051) 241-6999
開 10:00～20:00　休 土・日、旧正月とチュソク連休
日 少し通じる　英 あり　CC ADJMV

---

## 済州家
제주가 ●チェジュガ

アワビ粥₩1万～で知られたお店だが、アマダイ焼き₩1万～やホヤのビビンバプ₩1万、生アワビのビビンバプ₩1万2000、アワビチゲ₩1万2000などもおいしい。西面や海雲台に支店もある。

▶ 南浦洞 **111** 南浦駅　　海鮮
**MAP** P.277-D2
住 8, Gwangbok-ro 85beon-gil, Jung-gu
住 中区 광복로85번길 8
旧 中区 광복동1가 5-22
TEL (051) 246-6341
開 10:00～14:00　休 土・日、旧正月とチュソク連休　日 不可
英 あり　CC ADJMV

---

## ミリャンチプ
밀양집 ●密陽屋

富平市場にある。看板には小さく「ミルリャンたく(宅)」と日本語で書かれている。密陽式のゴロゴロしたテジクッパプで、テジクッパプ₩8000のほか内臓入りネジャンクッパプ₩9000などがある。

▶ 富平市場 **110** チャガルチ駅　テジクッパプ
**MAP** P.276-A1
住 35, Junggu-ro 47beon-gil, Jung-gu
住 中区 중구로47번길 35
旧 中区 부평동2가 12-7
TEL (051) 245-5137
開 8:30～20:00　休 旧正月とチュソク当日　日 少し通じる
英 なし　英 なし　CC ADJMV

---

## カルメギ ブリューイング
갈매기브루잉 ●カルメギブルイン／Galmegi Brewing

広安里発のクラフトブリュワー、カルメギが運営するビアパブ。10種類ほどの自家製ビールのほか、韓国のものを中心にLighthouse Blonde₩6000などさまざまなクラフトビールが生で楽しめる。

▶ 南浦洞 **110** チャガルチ駅　ビアパブ
**MAP** P.276-B2
住 21-3, Gwangbok-ro, Jung-gu
住 中区 광복로 21-3
旧 中区 부평동1가 36-11
TEL (051) 246-1871
開 17:00～翌2:00(土・日14:00～翌2:00)
休 無休　日 不可　CC ADJMV
URL www.galmegibrewing.com

---

## オンヘヤ
옹헤야불백 ●オンヘヤプルペク／Onghyeya

釜山に店舗を広げるプルペク（プルゴギ丼）専門店。看板メニューのプルペクは中サイズ₩6000と手頃で肉たっぷり。トッピングはチーズ、チャプチェ、ネギなど多彩。ソースもいろいろ楽しめる。

▶ 西面 **119** **219** 西面駅　どんぶり
**MAP** P.279-C2
住 14, Seojeon-ro, Busanjin-gu,
住 부산진구 서전로 14
旧 부산진구 부전동 152-1
TEL (051)939-1009　開 11:00～21:00
休 旧正月とチュソク当日
日 通じる　英 あり　CC ADJMV
URL blog.naver.com/ongheyabob

---

## 草梁ミルミョン
초량밀면 ●チョリャンミルミョン

北朝鮮の冷麺はそば粉を使っているが、南の釜山では小麦粉100%のミルミョンが庶民の味として定着している。なかでも有名なのがこのお店。小₩5500でもボリュームたっぷり。

▶ 釜山駅周辺 **113** 釜山駅　冷麺
**MAP** P.280-B2
住 225, Chungang-daero, Dong-gu
住 동구 중앙대로 225
旧 동구 초량동363-2
TEL (051) 462-1575　開 10:00～22:00
休 旧正月とチュソク連休　日 不可
英 あり　CC ADJMV

---

✉ プルペクの専門店は自動券売機で食券を買うタイプの店が多かったです。やり方がわからなかったけど、お店の人が教えてくれました。(愛知県　あはと　'19秋)

## 慶州クッパプ

경주국밥 (박가) ●キョンジュクッパプ (パッカ)

店頭の豚骨を煮だす大釜から豚骨特有の匂いがするが、テジクッパプ₩7000を目の前にするとほとんど匂いはなく、さっぱり食べられる。アミの塩辛など小皿を使って自分好みの味にアレンジできる。

▶ 釜山駅周辺 113 釜山駅
MAP P.280-A2 テジクッパプ
住 69, Choryang-ro 13beon-gil, Dong-gu
住 동구 초량로13번길 69
旧 동구 초량동 465-14
TEL (051) 465-0468
開 24時間
休 無休 日 不可
日✗ なし
CC ADJMV

---

## BLACKUP COFFEE

블랙업커피 ●ブラックアブ コピ/ブラックアップ・コーヒー

飲食店が立ち並ぶエリアにある人気のカフェ。海塩がアクセントのコーヒーはアインシュペナースタイルで提供される。BUSAN X the SKYにも出店している。

▶ 西面駅 119 219 西面駅
MAP P.279-C2 カフェ
住 41, Seojeon-ro, 10 beon-gil, Busanjin-gu
住 부산진구 서전로10번길 41
旧 부산진구 부전동168-52
TEL (051) 465-7210
開 10:00〜22:00 休 無休
日 不可 英✗ あり CC ADJMV
URL blackupcoffee.com

---

P.70-71
八田さんおすすめ

テジクッパプ (豚骨スープご飯)
## ソンジョン三代クッパプ

송정삼대국밥 ●ソンジョン サムデクッパプ

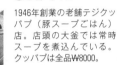

1946年創業の老舗テジクッパプ (豚スープごはん) 店。店頭の大釜では常時スープを煮込んでいる。クッパプは全品₩8000。

▶ 西面 119 219 西面駅
MAP P.278-B2 テジクッパプ
住 29, Seomyeon-ro 68beon-gil, Busanjin-gu
住 부산진구 서면로68번길 29
旧 부산진구 부전동 255-15
TEL (051) 806-5722 開 24時間
休 旧正月とチュソク連休 日 少し通じる 日✗ なし 英✗ なし CC ADJMV

---

## 梁山ココ

양산꼬꼬 ●ヤンサンココ

西面市場のトンダク (鶏丸焼き) 通りのなかでも1970年から営業する老舗。フライドチキン₩1万8000〜のほかタッチュク (鶏粥) ₩7000やチムタク₩2万〜など鶏料理がひと通り食べられる。

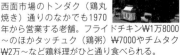

▶ 西面 119 219 西面駅
MAP P.278-B3 鶏丸焼き
住 52, Seomyeon-ro, Busanjin-gu
住 부산진구 서면로 52
旧 부산진구 부전동 242-20
TEL (051) 806-3805
開 24時間 休 無休
日 不可 日✗ なし
CC ADJMV

---

## 晋州ピボン食堂

진주비봉식당 ●チンジュ ピボンシクタン

釜山大のテジクッパプ店が並ぶエリアにあり、学生からの人気も高い。テジクッパプ、モツ入りのネジャンクッパプ、別盛りのタロクッパプが₩6500。スクッペッパン (ゆで豚定食) が₩8000と料金も手頃。

▶ 釜山大学 128 釜山大駅
MAP P.285左上 テジクッパプ
住 13, Busandaehak-ro 49beon-gil, Geumjeong-gu
住 금정구 부산대학로49번길 13
旧 금정구 장전3동 421-7
TEL (051) 518-1146 開 8:00〜23:00
休 第3金、旧正月とチュソク連休
日 不可 日✗ なし 英✗ なし CC ADJMV

---

## イン デザート

인디저트 ●インディジョトゥ/IN DESSERT

釜山大学エリアにあるおしゃれなカフェ。明るく清潔感があり、コーヒーよりもお茶やスイーツの種類が豊富。茶葉やコーヒー、お茶用の道具やカップなども販売している。

▶ 釜山大学 128 釜山大駅
MAP P.285左上 カフェ
住 59-9, Geumjeong-ro Geumjeong-gu
住 금정구 금정로 59-9
旧 금정구 장전동 422-40
TEL (051) 515-6800 開 10:00 (土・日 11:00)〜22:00 休 月 日 不可
日✗ なし 英✗ あり
CC ADJMV

---

 釜山炭焼カルビ MAP P.276-B1 では牛と豚の味付けカルビの食べ比べができます。どれもおいしくてお肉は柔らかく、タレも甘辛でよかったです。(東京都　ちゃこ　'19春)

## 軟雲堂

연운당 ●ヨヌンダン／軟雲堂

いまやソウルにもお店をもつ釜山発祥のピンス（かき氷）専門店で、雲のようなふわふわしたピンス₩9500～を1年中楽しめるほか、寒いシーズンはスープやお粥もある。

▶西面 218 田浦駅 ┃ピンス┃
MAP P.279-D3
住 62-8, Seojeon-ro 46beon-gil, Busanjin-gu
住 부산진구 서전로46번길 62-8
旧 부산진구 전포동 687-12
TEL (051) 804-2026　開 12:00～21:00
休 旧正月とチュソク当日
日 不可　EM なし　CC ADJMV
URL www.facebook.com/yeonwoondang

## ビンテージ38

빈티지 38 ●Vintage 38

高い天井をもつ工場倉庫風の広いカフェ。入口にはきらびやかなタルトやケーキが置かれており、目移りしてしまいそう。またカフェには珍しく深夜まで営業しているのもうれしい。

▶西面 218 田浦駅 ┃カフェ┃
MAP P.279-D3
住 38, Jeonpo-daero 199beon-gil, Busanjin-gu
住 부산진구 전포대로199번길 38
旧 부산진구 전포동 685-7
TEL なし　開 9:00～翌2:00
休 無休　日 不可　EM あり
CC ADJMV

---

P.72-95 八田さんおすすめ

### ミルミョン（小麦冷麺）
### ネホ冷麺 내호냉면
●ネホネンミョン

1919年に創業の老舗冷麺店。朝鮮戦争によって北部から釜山に移住し、冷麺を小麦麺でアレンジしたミルミョンを生み出した。汁ありのミルミョン₩8000～、混ぜ麺のビビンネンミョン₩1万。釜山駅から26番のバスで15分。

▶南区 ┃冷麺┃
MAP P.275-C2
住 75, Sari-ro 27beon-gil, Saha-gu
住 사하구 사리로27번길 75
旧 사하구 괴정동 432-38
TEL (051) 291-5193
開 11:30～20:00　休 無休
日 不可　EM なし　EM なし
CC ADJMV

## 海雲台アムソ カルビチプ

해운대암소 갈비집
●ヘウンデアムソ カルビチプ

海雲台カルビの名店といわれる焼肉店。生カルビ（180g₩5万2000）は売り切れてしまうことも多いので、目当てにするなら早めの来店を。ヤンニョムカルビ（180g₩4万6000）も人気。

▶海雲台 203 海雲台駅 ┃カルビ┃
MAP P.283-C2
住 17, Uambeonyeong-ro 26beon-gil, Nam-gu
住 남구 우암번영로26번길 17
旧 남구 우암동 189-671
TEL (051) 746-3333
開 11:30～15:10、16:30～22:00
休 旧正月とチュソク連休　日 不可
EM あり　CC ADJMV

## クムスポックク海雲台本店

금수복국해운대본점
●グムスポッククヘウンデポンジョム

釜山で知らない人はいない有名店。1階はポックク（ふぐちり）のみで、上階ではさまざまなフグ料理がある。フグの種類、調理法を選べるので、庶民の味から高級料理までいろいろ楽しめる。

▶海雲台 203 海雲台駅 ┃ふぐ┃
MAP P.283-C2
住 23, Jungdong 1-ro 43beon-gil, Haeundae-gu
住 해운대구 중동1로43번길 23
旧 해운대구 중동 1394-65
TEL 0507-1334-3600　開 24時間
休 無休　日 少し通じる
EM あり　CC ADJMV

## 元祖鮑粥

원조전복죽 ●ウォンジョジョンボクジュク

半世紀以上にわたってアワビ一筋でやってきた老舗料理店。看板メニューのアワビ粥は₩1万4000～で朝ごはんにピッタリ。アワビの刺身や鉄板焼きは₩3万7000～。

▶海雲台 203 海雲台駅 ┃アワビ┃
MAP P.283-C2
住 24, Haeundaehaebyeon-ro 298beon-gil, Haeundae-gu
住 해운대구 해운대해변로298번길 24
旧 해운대구 중동 1124-2
TEL (051) 742-4690　開 6:30～23:00
休 無休　日 不可　EM あり
CC ADJMV

---

✉ イサックトースト MAP P.274-B3 でハムチーズトーストとマンゴージュース頂きました。なかにキャベツとピクルスがたくさん入っていて注文を受けてから焼いてくれます。（東京都　ちゃこ　'19春）

## カムネプンシク

감내분식

●カムネ粉食

甘川洞のメインストリートにある食堂。1階は「コレサオムク」という釜山発の練り物専門店が入っており、イートインもある。2階は「カムネプンシク」で、軽食からビビンバブまで出す郷土料理店。

▶甘川文化村　練り物
MAP P.301
住 159, Gamnae 2-ro, Saha-gu
住 사하구 감내2로 159
旧 사하구 감천동 2-367
TEL 070-8111-5539
開 10:00～20:00
休 旧正月とチュソク連休
日 不可　日✗ なし　英✗ なし
CC ADJMV

## ザ ブルーハウス

계단위푸른집　●ケダンウィプルンチプ

カップの上に綿菓子が乗ったバルーンカフェが話題の店。コーヒーだけではなく好きなドリンクに₩1000追加でバルーンドリンクを作ってもらえる。デザートはティラミスやクロックムッシュなどがある。

▶甘川文化村　カフェ
MAP P.301
住 3, Gamnae 1-ro 243beon-gil, Saha-gu
住 사하구 감내1로 243번길 3
旧 사하구 감천동 2-89
TEL 010-9323-1516　開 10:00～20:00
休 無休　日 不可　日✗ なし
英✗ あり　CC ADJMV　URL www.
instagram.com/bluehouse_243

## アヴァンギャルド カフェ

아방가르드 카페　●アバンガルドゥカペ／AVANTGARDE CAFE

甘川洞の入口にある。2階にあるカウンターで注文を済ませてテラスに出ると、谷に沿ってカラフルな建物が連なっているのを見ることができる。コーヒーやスムージーなどのほか、ビールもある。

▶甘川文化村　カフェ
MAP P.301
住 2F121, Okcheon-ro, Saha-gu
住 사하구 옥천로 121 2층
旧 사하구 감천동 10-3
TEL 0507-1335-0935
開 10:30～20:00
休 無休　日 通じる
日✗ なし　英✗ あり　CC ADJMV

# 釜山のショップ

## ロッテ百貨店 光復店

롯데백화점 광복점

●ロッテペッカジョム クァンボッチョム

市内に4つあるロッテ百貨店のうちのひとつで、釜山タワーと並んで南浦洞エリアのランドマーク的存在。屋上が開放されており、船がひっきりなしに往来する釜山港を一望できる。

▶南浦洞 MAP P.277-D3　百貨店
111 南浦駅
住 2, Jungang-daero, Jung-gu
住 종로구 관훈동 2
旧 중구 중앙동7가 20-1
TEL 1577-0001　開 10:30～20:00
休 1月1日、旧正月・チュソクの前日と当日
CC 日 店舗による

## 新世界センタムシティ

신세계 센텀시티

●シンセゲ セントムシティ

発展著しいセンタムシティにある世界最大級のデパート。地上14階建て、総面積およそ29万平方メートルの館内にはあらゆるジャンルの店舗が軒を連ね、地下1階は免税店となっている。

▶センタムシティ MAP P.282-A1　百貨店
206 センタムシティ駅
住 35 Centumnam-daero, Haeundae-gu
住 해운대구 센텀남로 35
旧 해운대구 우동 1495
TEL (051) 745-1137　開 10:30～20:00
金～日、祝10:30～20:30
休 1月1日、旧正月、チュソク当日
CC 日 店舗による

### ◆ 新世界スパランド

新世界センタムシティ内にある20種類を超える温泉とサウナが人気の大型チムジルバン。日本語表記もあるので初めてでも安心して利用できる。入り口は1階にあるディオールの隣。

TEL (051) 745-2900　MAP P.282-A1
開 9:00～22:00
休 新世界センタムシティに準ずる
料 ₩2万　日 通じない　日✗ あり
CC ADJMV
URL www.shinsegae.com

アヴァンギャルドカフェは窓から見る甘川洞の町並みがとてもきれいでした。コーヒーを飲みながらゆっくり景色を楽しむことをおすすめします。(千葉県　おるん　'19秋)

# 釜山のホテル

## ウェスティン朝鮮釜山

웨스틴 조선 부산
●ウェスティン チョソン プサン／The Westin Chosun Busan

▶ 海雲台 **MAP** P.282-A3
204 冬柏駅

冬柏島の入口にあり、2008年にはAPEC（アジア太平洋経済協力会議）のメイン会場ともなった、釜山を代表するホテル。ビーチが目の前にあり、海雲台温泉をひいた温泉プールもある。ゆったり滞在したい。

住 67 Dongbaek-ro, Haeundae-gu
住 해운대구 동백로 67
旧 해운대구 우동 737
TEL (051) 749-7000
FAX (051) 742-1313
料 S W ₩22万～
日 可
CC ADJMV WiFi あり
URL www.marriott.com

## パラダイスホテル釜山

파라다이스호텔 부산
●パラダイスホテルプサン／Paradise Hotel Busan

▶ 海雲台 **MAP** P.283-C2
203 海雲台駅

海雲台のビーチが目の前に広がる絶好のロケーション。カジノも備え、別料金にはなるが大浴場もあり、バカンスとしてゆったりと過ごすのにピッタリ。

住 296, Haeundaehaebyeon-ro, Haeundae-gu
住 해운대구 해운대해변로 296
旧 해운대구 중동 1408-5
TEL (051) 741-2121
料 S W ₩21万～
日 可
CC ADJMV WiFi あり
URL www.busanparadisehotel.co.kr

## ロッテホテル釜山

롯데호텔 부산
●ロッテホテルプサン／Lotte Hotel Busan

▶ 西面 **MAP** P.278-A2
119 219 西面駅

西面駅にあるランドマーク的存在のホテル。市内バスやリムジンバスも目の前に止まり便利。ロッテ百貨店や免税店とも直結しており、たくさん買物をするならおすすめだ。

住 772, Gaya-daero, Busanjin-gu
住 부산진구 가야대로 772
旧 부산진구 부전동 503-15
TEL (051) 810-1000
FAX (051) 810-5110
料 S W ₩25万～
日 可
CC ADJMV WiFi あり
URL www.lottehotel.com

## アスティホテル釜山

아스티 호텔 부산
●アスティホテルプサン／Asti Hotel Busan

▶ 釜山駅周辺 **MAP** P.280-B2
113 釜山駅

2018年7月にオープンしたホテル。釜山駅のすぐ近くにあり便利。シティビューよりシービューのほうが若干料金は高いが、上層階からの景色は抜群だ。レセプションは3階にある。

住 7-8, Jungang-daero 214beon-gil, Dong-gu
住 동구 중앙대로214번길 7-8
旧 동구 초량동 1200-17
TEL (051) 409-8888
料 S W ₩23万～
日 可 CC ADJMV
WiFi あり
URL astihotel.co.kr

## クラウン ハーバーホテル釜山

크라운 하버 호텔부산
●クラウン ハボ ホテル プサン／Crown Harbor Hotel Busan

▶ 釜山駅周辺 **MAP** P.274-B3
112 中央駅

中央駅の14番出口を出て少し北に歩いたところにある大型ホテル。海側の部屋からは釜山港が望める。1階にはコンビニ、3階にはジムもある。

住 114, Jungang-daero, Jung-gu
住 중구 중앙대로 114
旧 중구 중앙동4가 83-1
TEL 0507-1431-1045
料 S W ₩23万～
日 可 CC ADJMV
WiFi あり
URL www.crownharborhotel.com

## 釜山ホテル

부산호텔
●プサンホテル／Busan Hotel

▶ 南浦洞 **MAP** P.277-D2
112 中央駅

釜山タワーの東側にあるホテル。歴史あるホテルだが2017年に改装されて部屋はきれい。右の料金は取材時の実勢価格。客室はスタンダード、スーペリア、スイートの3タイプ。

住 23, Gwangbok-ro 97beon-gil, Jung-gu
住 중구 광복로97번길 23
旧 중구 동광동2가 12-1
TEL (051) 241-4301
FAX (051) 244-1153
料 S W ₩13万～
日 可 CC ADJMV WiFi あり
URL www.busanhotel.kr

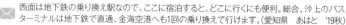

西面は地下鉄の乗り換え駅なので、ここに宿泊すると、どこに行くにも便利。総合、沙上のバスターミナルは地下鉄で直通、金海空港へも1回の乗り換えで行けます。（愛知県 あはと '19秋）

## パラゴン

**파라곤 호텔**

●パラゴン ホテル／Palagon Hotel

▶沙上西部ターミナル MAP P.272左下
227 1 沙上駅

沙上バスターミナル近くにある大型ホテルで空港からのアクセスもいい。建物は新しくはないが、部屋は改装されており、清掃も行き届いている。バスルームはバスタブ付き。ジムもあるなど、設備も充実。

住 46 Gwangjang-ro, Sasang-gu
住 사상구 광장로 46
旧 사상구 괘법동 564-25
TEL (051) 328-2001
料 ⑤ Ⓦ ₩21万～
日 可 CC ADJMV
WiFi あり
URL www.hotelparagon.com

## サンセット

**선셋 비즈니스 호텔**

●ソンセッビジビスホテル／Sunset Business Hotel

▶海雲台 MAP P.282-B2
203 海雲台駅

海雲台にある老舗ホテル。部屋の設備はやや古いが、海や水族館がすぐそばにあり、ロケーションは抜群。海雲台きってのにぎやかな場所にあるので、通りに面した部屋は音が気になるかも。レセプションはビルの8階にある。

住 46, Gunam-ro, Haeundae-gu
住 해운대구 구남로 46
旧 해운대구 중동 1391-66
TEL (051) 730-9900
FAX (051) 746-9694
料 ⑤ Ⓦ ₩16万5000～
日 少し通じる
CC ADJMV
WiFi あり
URL sunsethotel.co.kr

## シー クラウド

**씨 클라우드 호텔**

●シ クルラウドゥホテル／Seacloud Hotel

▶海雲台 MAP P.282-B2
203 海雲台駅

オーシャンビューの部屋はやや高いが、眺めはさすがに抜群。スーペリア以上の部屋にはキッチンや小さなプールも付いている。ビルの4階にあり、6階にも別系列のホテルがある。

住 287, Haeundaehaebyeon-ro, Haeundae-gu
住 해운대구 해운대해변로 287
旧 해운대구 중동 1392-100
TEL (051) 933-1000
FAX (051) 933-1001
料 ⑤ Ⓦ ₩22万～ 日 少し通じる
CC ADJMV WiFi あり
URL www.seacloudhotel.com

## タワーヒル

**타워힐 호텔**

●タウォヒルホテル／Tower Hill Hotel

▶南浦洞 MAP P.277-D2
112 中央駅

地下鉄1号線「中央」駅1番出口からも近く、龍頭山公園の足元でもある。館内には和食料理店もあり、日本人の対応にも慣れている。

住 20, Baeksan-gil, Jung-gu
住 중구 백산길 20
旧 중구 동광동3가 20
TEL (051) 250-6100
料 ⑤ Ⓦ ₩8万6000～
日 通じる
CC ADJMV WiFi あり
URL www.towerhill.co.kr

## ザ ルア南浦ロッテ店

**호텔더루아남포롯데점**

●ホテル ド ルアナムポ ロッテジョム／The Lua Nampo

▶南浦洞 MAP P.277-D2
112 中央駅

釜山タワーの麓、ホテルが密集するエリアにある。モーテルのようなスタイルだが、内装は比較的新しくてきれい。バスルームにはバスタブもある。喫煙可能な部屋はないので愛煙家は注意。

住 23, Daecheong-ro 134beon-gil, Jung-gu
旧 중구 대청로134번길 23
旧 중구 중앙동1가 23-24
TEL (051) 257-8516
料 ⑤ Ⓦ ₩6万～
日 不可 CC ADJMV
WiFi あり
URL nampolua.modoo.at

## 東横INN釜山駅 1

**토요코인 부산역 1**

●トヨコイン・プサンヨク1／Toyoko Inn Busan Station No.1

▶釜山駅周辺 MAP P.280-B3
113 釜山駅

釜山駅の隣にあるので夜遅くの到着や朝早くの出発もラク。シティツアーバスの発着所も目の前にある。朝食は無料でサービス。部屋には日本と同じコンセントがあるのでプラグがそのまま使えて便利。日本語が通じる。

住 12, Jungang-daero 196beon-gil
住 동구 중앙대로 196번길 12
旧 동구 초량동 1203-15
TEL (051) 466-1045
FAX (051) 466-1047
料 ⑤ ₩5万8000～
Ⓣ ₩6万8200～
日 可 CC ADJMV
WiFi あり
URL www.toyoko-inn.com

 西面の東横INN MAP P.279-D2 に宿泊しました。日本語が通じ、バイキング式の朝食もよかった。夕方に帰国だったので、チェックアウト時間が1000と早めだったのが少し残念。(愛知県 あはと '19秋)

## エムジーエム
### MGM호텔
●エムジエムホテル／MGM Hotel

▶南浦洞 **MAP** P.276-A3
110 チャガルチ駅

地下鉄チャガルチ駅のすぐそばにあり、甘川洞へのバス停も近い。モーテルのたたずまいだが部屋は広めで、設備もひととおり揃っている。スタッフも親切に接してくれる。

住 8-7, Bosu-daero, Jung-gu
住 중구 보수대로 8-7
旧 중구 남동6가 101-4
TEL (051) 231-8661
料 S W ₩6万～
日 不可
CC ADJMV WiFi あり
URL mgmhotel.modoo.at

---

## ココ
### 코코호텔
●ココホテル／Coco Hotel

▶釜山駅周辺 **MAP** P.280-A3
113 釜山駅

釜山駅のほど近く、モーテルが並ぶエリアにある。込み入った地区にあり、眺めは期待できないが、設備はひと通り揃い、小さいながらバスタブもある。周囲に飲食店が多く、食事には困らない。

住 12-4, Jungang-daero 196beon-gil, Dong-gu
住 동구 중앙대로196번길 12-4
旧 동구 초량동 1204-14
TEL 010-2548-0188
料 S W ₩3万5000～
日 不可
CC ADJMV
WiFi あり

---

## サム
### 썸 호텔
●ソムホテル／Some Hotel

▶沙上西部ターミナル **MAP** P.272左下
227 1 沙上駅

沙上市外バスターミナルに隣接している。スタンダードルームでも十分な広さ。空港からのアクセスもよく、慶尚南道西部を旅行するならここをベースに日帰り旅行をするのもいい。

住 22-4 Sasang-ro 211beon-gil, Sasang-gu
住 사상구 사상로211번길 22-4
旧 사상구 괘법동 526-25
TEL (051) 316-7770
料 S W ₩5万～
日 不可
CC ADJMV
WiFi あり

---

## K79ゲストハウス
### K79 게스트 하우스
●ケイチルシプク ゲストゥハウス／K79 Guest House

▶南浦洞 **MAP** P.276-B1
112 中央駅

南浦洞の繁華街にあるゲストハウスで、ショッピングや観光にとても便利。個室はなくドミトリーのみだが、とても清潔で設備も真新しい。女性でも泊まりやすい雰囲気だ。

住 38, Gwangbok-ro 49beon-gil, Jung-gu
住 광복로49번길 38
旧 중구 대청동2가 23-3
TEL 010-9707-8822
料 ℕ S ₩2万2900～
日 不可
CC ADJMV WiFi あり
URL k79guest.com

---

## カリホステル
### 캘리 호스텔
●カリ・ホステル／Calli Hostel

▶西面 **MAP** P.278-B1
119 219 西面駅

西面駅15番出口からすぐのホステル。多くの買い物客でにぎわう釜田市場に隣接しており、ローカルな雰囲気を味わい人におすすめ。コインランドリーあり。

住 30,Saessak-ro,14beon-gil, Busanjin-gu
住 부산진구 새싹로14번길30
旧 부산진구 부전동265-23
TEL (051) 803-5001
料 W ₩2万～
S ₩3万5000～
日 不可 CC ADJMV
WiFi あり

---

## パンガパンガ ゲストハウス
### 방가방가 게스트하우스
●放家芳家／Bangabanga Guesthouse

▶甘川文化村 **MAP** P.301

甘川文化村にあるゲストハウス。村の雰囲気に浸りながらのんびり過ごしたい人にピッタリ。2018年にはドミトリーもオープンし、さらに便利になった。

住 218, Gamnae 1-ro, Saha-gu
住 사하구 감내1로 218
旧 사하구 감천동 1-14
TEL (051) 207-1212
料 ℕ ₩2万4000～
S W ₩4万8000～
日 不可 CC ADJMV
WiFi あり
URL www.gamcheon.or.kr

---

info 釜山市中心部でモーテルが多いエリアはロッテホテル釜山の南。シーズンにもよるが、日系ホテルや観光ホテルに比べ安く宿泊できることが多い。

ソウル●
統営●　●釜山

慶尚南道 統営市

海上国立公園の景観を楽しむ

トンヨン 統営

Tongyeong 통영

www.tongyeong.go.kr
市外局番●055
人口●13万4242

弥勒島側の港に停泊している亀甲船の模型。内部の見学もできる

統営は、文禄・慶長の役 ▶P.491 で活躍した李舜臣 ▶P.491 ゆかりの地として知られている。市内には戦勝を記念した洗兵館や位牌を祀った忠烈祠がある。また、統営から巨済島の一帯は、リアス式海岸と宝石のように散らばる小島が織りなす美しい風景で知られている。両者は橋で繋がっており、巨済島から釜山へも橋がかかっている。

## 歩き方

統営の観光エリアは大きく統営運河の北と南で分かれる。
**運河の北側**　運河の北は中央市場を中心に東は南望山、西は統営港といったところ。
**運河の南側**　南側の弥勒島は観光特区になっており、ロープウエイ（韓国ではケーブルカーと呼ぶ）で眺望のいい弥勒山まで上がることもできる。

### ▶ バスターミナル

総合バスターミナルは、市内から北に離れた竹林里地区にある。中央市場へ行く市内バスは行政の中心がある北新洞を通る。弥勒島方面まで行くバスも便利。

統営総合ターミナル

観光案内所
TEL（055）650-2570
▶統営遊覧船ターミナル
MAP P.312-B3
▶統営市外バスターミナル
MAP P.312-A1
▶統営旅客船ターミナル
MAP P.312-A3
▶統営市都市再生観光局
TEL（055）650-0500
市内バス ・・・・・・・・・・・・・・・・・
₩1500（交通カード₩1450）。
タクシー
初乗り₩3000

バスターミナルから市内へ
▶中央市場方面
101、141、200、231、321、
335、400、501、660など多数
▶弥勒島方面
300番台

統営旅客船ターミナル
MAP P.311
TEL 1666-0960
統営の南に浮かぶ多島海へは中央市場から徒歩15分ほどの旅客船ターミナルから出航する船で行ける。

統営港周辺
トンヨンハン / 통영항
N
0　100　200m

忠烈祠 P.314　충렬사
여황로
Seomun-ro 서문로
동피랑 벽화마을
トンピラン壁画村
中央市場　S
중앙시장
ナポリ P.316　H
統営港　統営海郎路
통영항
Tongjung-ro 통영교차로
西ピラン公園
서피랑공원
Chungyeol-ro
トンボ P.316
ハルメ キンパプ
R センセンクルマウル
テブングァン P.316
東湖洞
Dongho-dong
동호동
統営市民文化会館
통영시민문화회관
中央路　광성로
Hangnam-ro
Saeteo-gil
嶺南洞
Hangnam-dong
Dongho-ro P.316
ブラウン・ドット P.316
H
李舜臣像
西湖市場
서호시장
Dongchung 3-gil
Dongchung 2-gil
南望山国際彫刻公園 P.313
남망산국제조각공원
統営市立博物館　S
통영시립박물관
Tongyeonghaean-ro
Dongchung 1-gil
関山大捷広場
한산대첩광장
龍南海安路
グレイ・ブティック P.316
統営旅客船ターミナル

info トンピラン壁画村（ピョクファマウル）MAP P.311 はぐねぐねとうねる路地にさまざまな絵が描かれている。アニメキャラやトリックアートもあり、記念写真を撮りに来る人も多い。

統営広域図
トンヨン / 통영

N

0 500m 1km

**A** **B**

**1**

統営大田高速道路
통영대전고속도로

竹林里
Jukrim-ri
죽림리

統営市外
バスターミナル

Jungnim 3-ro 죽림3로
Jungnim 2-ro 죽림2로
Jungnim 1-ro 죽림1로

통영대전고속도로

Jangmun-ro

南海岸大路 Namhaean-daero

Tongyeong-Daejeon Expressway

**2**

Namhaean-daero

Pyeonginilju-ro 평인일주로

P.316 ヒャントチプ Ⓡ

Mujeon-daero 무전대로
霧田洞
Mujeon-dong
무전동
Angae-ro

ロッテマート
롯데마트

中央路

ミンゲストハウス
南海岸大路
ビジネス Ⓗ

Yong-namhaean-ro

明井洞
Myeongjeong-dong
명정동

北新市場
북신시장 Ⓢ

Buksin-ro 북신로

文化洞
Munhwa-dong
문화동

Joongang-ro

P.313 洗兵館
세병관

統営市庁
통영시청

統営海岸路

Tongyeomghaean-ro

Ⓗ デンパハウス
パステル

P.314
◉忠烈祠
충렬사

中央洞 P.311
Jungang-dong
중앙동

中央路

통영해안로

統営市民文化会館
통영시민문화회관
李舜臣像

南望山国際彫刻公園 P.313
남망산국제조각공원

Mendehaean-gil

東港
동항

Yeohwang-ro

港南洞
Hangnam-dong
항남동

Tongyeomghaean-ro

統営旅客船ターミナル
통영여객선터미널

**3**

◉海底トンネル
해저터널

統営運河

美修洞
Misu-dong
미수동

Balgae-ro
발개로

Donam-ro 도남로

鳳坪洞
Bongpyeong-dong
봉평동

弥勒島
미륵도

道南路

P.314
統営ケーブルカー
통영 케이블카
발개로

統営港
통영항

道南食堂 Ⓡ
도남식당

道南路

P.314 統営伝統工芸館
통영전통공예관

統営遊覧船
ターミナル

タムホ統営
マリーナ リゾート Ⓗ

◉亀甲船
거북선
도남로

**A** **B**

ACCESS

| ● 釜山から 부산 Busan | | | 所要時間 | 料金 |
|---|---|---|---|---|
| 市外バス | 釜山西部市外🚏➡️統営市外🚏 | 6:10〜22:30の間10分〜1時間に1便程度 | 約1時間30分 | ₩1万4300 (一般) |

| ● 大邱から 대구 Daegu | | | 所要時間 | 料金 |
|---|---|---|---|---|
| 市外バス | 大邱西部市外🚏➡️統営市外🚏 | 7:00〜20:00の間2時間に1便程度 | 約2時間20分 | ₩2万600 (優等) |

| ● 晋州から 진주 Jinju | | | 所要時間 | 料金 |
|---|---|---|---|---|
| 市外バス | 晋州市外🚏➡️統営市外🚏 | 6:40〜20:10の間30分〜1時間に1便程度 | 約1時間 | ₩5600 (一般) |

🚏…バスターミナル

# 見どころ

## 南望山国際彫刻公園

●世界各国の彫刻家の作品が見られる　★★

남망산국제조각공원 ナンマンサン ククチェ チョガッコンウォン
Nammangsan International Sculpture Park

▶統営港　MAP P.311

統営市が一望できる小高い丘の上にある公園。統営は李舜臣(イ・スンシン)将軍ゆかりの地でもあり、公園内には銅像が立っている。この公園は1997年に開かれた統営国際野外彫刻シンポジウムに参加した、日本・中国・フランスなど世界10ヵ国の有名彫刻家の作品を展示するために作られた。個性的な彫刻作品と美しい自然景観で、デートコースとしても人気のスポット。

港や町並みが一望できる

### 南望山国際彫刻公園
🏠 29, Nammanggongwon-gil Tongyeong-si
🏠 통영시 남망공원길 29
🏚 통영시 동호동 230-1
☎ (055) 650-1410
🕐 随時
休 無休　料 無料
🚌 市内バス113、121、321、412番「南望山公園入口（남망산 공원입구）」徒歩7分

## 洗兵館 세병관 Sebyeonggwan Hall

●李舜臣の水軍基地だった　★★

セビョングァン

▶文化洞　MAP P.312-A2

1603年に李舜臣将軍の功績を称えるために建てられた後、三道水軍統制営の客舎として使われた。建物の名は、天の川の水を汲んできて兵器についた血を洗い流すという意味で、唐の詩人杜甫の「洗兵行」の一節からとられている。洗兵館は、景福宮(キョンボックン)の慶会楼や麗水(ヨス)の鎮南館とともに、現存する最も広い面積をもつ朝鮮王朝時代の建物として知られる。

### 洗兵館
🏠 27, Sebyeong-ro, Tongyeong-si
🏠 통영시 세병로 27
🏚 통영시 문화동 62
☎ (055) 645-3805
🕐 3〜10月9:00〜18:00　11〜2月9:00〜17:30
※最終入場30分前
休 無休　料 ₩3000
🚌 市内バス101、231、301番「中央市場（중앙시장）」徒歩3分

50本の柱がある壮麗な建築

亀甲船の模型が展示されている工内軒

統営の名物、はちみつパン

info 統営の名物のはちみつパンは、はちみつ入りの小豆あんを包んだ揚げパンをシロップで仕上げたもの。中央市場から港にかけてたくさんのお店で出している。

## 忠烈祠

- 🏠 251, Yeohwang-ro, Tongyeong-si
- 🏠 통영시 여황로 251
- 🏠 통영시 명정동 179
- ☎ (055)645-3229
- 🕐 夏期9:00～18:00
  冬期9:00～17:00
- 休 無休　料 ₩1000
- 🚌 市内バス51～54など番「忠烈祠（충렬사）」徒歩2分
- 🔗 www.tycr.kr

---

●朝鮮王の命で建てられた李舜臣の祠　★★

# 忠烈祠 충렬사 Chungnyeolsa Temple

チュンニョルサ　　　　　▶明井洞 MAP P.311

陰陽を表す赤と青の太極がある門

忠武公・李舜臣将軍 ▶P.491 の位牌が祀られている。1606年に宣祖王の指示で、統制使の李雲龍が建て、歴代の水軍統制使が毎年春と秋に李舜臣将軍の法事を営んでいた。朝鮮22代王の正祖が「忠武公全書」を発行し、忠烈祠へ下賜するときに書いた追悼文の「祭文」と、明朝から李舜臣に贈られた8種類の下賜品である「明朝八賜品」が保管・展示されている。

---

## 統営伝統工芸館

- 🏠 281, Donam-ro, Tongyeong-si
- 🏠 통영시 도남로 281
- 🏠 통영시 도남동 642
- ☎ (055)645-3266
- 🕐 4～9月9:30～17:30
  10～3月9:00～17:00
- 休 旧正月とチュソク当日
- 料 無料
- 🚌 市内バス101、104、121、141番など「統営伝統工芸館（통영전통공예관）」徒歩2分
- 🔗 www.craft12.co.kr

---

●螺や椿を使った統営の伝統工芸が学べる　★

# 統営伝統工芸館 통영 전통 공예관 Tongyeong Traditional Craft Hall

トンヨン チョントン コンイェグァン　▶弥勒島 MAP P.312-B3

統営の伝統工芸である螺鈿漆器を展示・販売している施設。統営は昔から、アワビやサザエなどの貝殻で作られる螺鈿漆器が有名。螺鈿の「螺」は装飾に使われる貝のことで、貝殻の内側の光沢部分を使う。虹色に輝く貝殻は割れやすく、とても繊細な工程を経て最後に漆加工を施している。

---

## 統営ケーブルカー

- 🏠 205, Balgae-ro, Tongyeong-si
- 🏠 통영시 발개로 205
- 🏠 통영시 도남동 349-1
- ☎ 1544-3303
- 🕐 10:00～17:00
  土10:00～17:30
  日・祝9:30～17:00
- 休 毎月第2・4月曜（祝日の場合は翌日）
- 料 片道₩1万7500
  往復₩1万4000
- 🚌 市内バス52、141、181「ケーブルカー下部駅舎（케이블카하부역사）」徒歩5分
- 🔗 cablecar.ttdc.kr

---

●ゴンドラと展望台から島々を見下ろせる　★★

# 統営ケーブルカー 통영 케이블카 Tongyeong Cable Car

トンヨンケイブルカ　　　▶弥勒島 MAP P.312-A3

いくつもの小島が浮かぶ絶景

2007年12月に運行開始したロープウエイで、閑麗水道の絶景を眼下に一望できる。全長約2kmの長さは韓国で2番目。8人乗りのゴンドラ48台で運行している。降りたところから徒歩3分ほどの距離に展望台が6ヵ所もあり、色々な角度から統営の景色を楽しめる。弥勒山の頂上も近い。

---

## 閑山島

- 🏠 Hansan-myeon
- 🏠 한산면
- 🏠 한산면
- 🕐 夏期9:00～18:00
  冬期9:00～17:00
- 休 無休
- 🚌 統営旅客船ターミナルから制勝堂（제승당）行きフェリーで所要約30分
- 🔗 www.hansando-ferry.co.kr

---

●李舜臣ゆかりの建物と美しい自然が残る　★★

# 閑山島 한산도 Hansando Island

ハンサンド　　　　　　　▶閑山面 MAP P.315-A

文禄・慶長の役 ▶P.491 の際に、李舜臣将軍 ▶P.491 率いる水軍が勝利を収めた「閑山島の戦い」 ▶P.496 で有名な島。李忠武公遺跡や制勝堂など李舜臣将軍ゆかりの施設が多いが、美しい景観でも知られる。16万坪の広大な森の中には、赤松や椿が多く森林浴が楽しめるほか、綺麗な海でとれる牡蠣やホヤ、ワカメなどの海産物、真珠貝の養殖、釣り場としても有名で観光客に人気を集めている。

---

ⓘ 統営と巨済島は市外バスで結ばれているが、市内バス100番で巨済大橋まで行き、巨済の市内バスに乗り継いでも行ける。

コジェ
# 巨済
Geoje 거제

巨済島は車で橋を渡って来られる
手軽なリゾートアイランド。遊覧船
で外島へ行くのもおすすめ。

市外局番●055

●巨済島の自然と絶景を体感できる新名所　★★
## 巨済観光モノレール 거제관광모노레일 Geoje Tourist Monorail
コジェクァングァンモノレイル　　　▶古県洞 MAP P.315-B

新羅の5岳にも数えられる名山の鶏龍山に2018年開通したモ
ノレール。朝鮮戦争の際に囚われた17万人の捕虜が収容され
ていた「巨済島捕虜収容所遺跡公園」から山頂近くまで往復
3.5kmの区間をゆっくり進みながら
自然景観が楽しめる。上部乗降場
の近くには散策路と展望台が設け
られており、巨済市や多島海の絶
景はもちろん、晴れた日には、釜
山や対馬が見えるという。

ユニークな観光モノレール

●南国情緒豊かな美しい景色が広がる　★★★
## 外島ボタニア（外島海上観光農園）
외도 보타니아（외도해상관광농원）
Oedo-Botania ウェド ボタニア
▶外島
MAP P.315-B

青い海に浮かぶ緑いっぱいの島の庭園。1969年に、ある夫妻
が島を買い取り豚の飼育やみかんなどの栽培を試みるが、潮
の影響でことごとく失敗。その後夫妻は島全体を公園として
造成し、1995年「外島海上農園」として開園。現在は「外島
ボタニア」とその名を変え、大人気観光スポットとなってい
る。また恐竜の足跡の化石が発見されたことでも知られる。

### 巨済島への行き方
釜山西部市外バスターミナ
ルから6:00〜22:00の30分お
き。古県（コヒョン）まで所要
約1時間20分。

### 巨済観光モノレール
住61, Gyeryong-ro, Geoje-si
住거제시 계룡로 61
旧거제시 고현동 362
TEL (055) 638-0638
開9:30〜17:00（天候による）
休無休　料往復W1万5000
交市内バス100、110番など
「巨済図書館（거제도서
관）」徒歩3分

### 外島ボタニア
住17, Oedo-gil Irun-myeon
住일운면 외도길 17
旧일운면 와현리 674-1
TEL (055) 681 -4541
開9:00〜17:00（オフシーズ
ン〜15:00）
※滞在は2時間まで
休無休　料W1万1000
交長承浦市外バスターミナ
ルから市内バス12、13番な
どで長承浦遊覧船乗り場
に行き、観光遊覧船に乗船
（必ず往復チケットを購入
し、乗ってきた船で戻る）
URL www.oedobotania.com

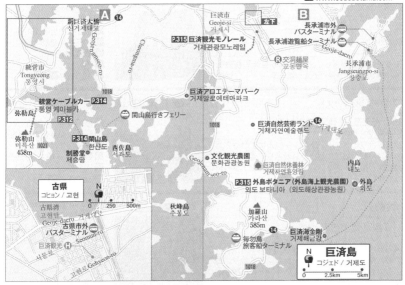

# 統営のレストラン

## ヒャントチプ
향토집 ●郷土家

牡蠣料理専門店。生牡蠣もおいしいが、牡蠣のチヂミは特許まで取った自慢の料理。オムレツのような半月型に牡蠣がたっぷり入っている。コースでいろいろな牡蠣料理を楽しむのもおすすめ。

▶霧田洞
MAP P.312-A2　牡蠣料理
住 37-41, Mujeon 5-gil, Tongyeong-si
住 통영시 무전5길 37-41
旧 통영시 무전동 1061-10
TEL (055) 645-4808
開 10:00～22:00、金9:00～21:00
休 無休　日 不可
EX なし　英メ あり　CC ADJMV

## トゥンボハルメ キンパプ
뚱보할매김밥

統営の名物チュンムキンパブは、本来海苔巻きの中に入れる具材を別にして食べるもの。ご飯だけを巻いた海苔巻きの上に、カクテキやイカの塩辛をつま楊枝で刺して食べる。

▶中央洞
MAP P.311　郷土料理
住 325, Tongyeonghaean-ro, Tongyeong-si
住 통영시 통영해안로 325
旧 통영시 중앙동 129-3
TEL (055) 645-2619
開 6:00～22:00　休 無休
日 不可
EX なし　英メ なし　CC ADJMV

## センセンクルマウル テプングァン

グルチム（牡蠣の蒸し焼き）
생생굴마을 대풍관　●新鮮牡蠣村大風館

P.66-27 八田さんおすすめ

統営港近くの海鮮料理店。冬場は名産である牡蠣尽くしのコースを味わえる。A、B、Cの3種類があり、₩1万5000～2万5000。

▶東湖洞
MAP P.311　郷土料理
住 29, Haesongjeong 2-gil, Tongyeong-si
住 통영시 해송정 2길29
旧 통영시 동호동 175
開 9:30～21:00　休 無休
日 不可
EX なし　英メ あり　CC ADJMV

# 統営のホテル

## グレイ・ブティック
그레이 부띠끄 ●Gray Boutique Hotel

統営港に面した比較的新しいホテル。統営旅客ターミナルや市場もすぐそこ。白やグレーを基調としたモダンな部屋が多い。窓から海が見える部屋もある。簡単な朝食が無料で食べられる。

▶港南洞 MAP P.311
住 12-2, Dongchung 1-gil, Tongyeong-si
住 통영시 동충1길 12-2
旧 통영시 항남동 151-30
TEL (055) 641-8558
料 S W ₩4万～
日 不可
CC ADJMV　WiFi あり

## ブラウン・ドット
브라운도트 호텔 통영항남점
●Brown Dot Hotel Tongyeong Hangnam

部屋はホワイトのトーンでシンプルにまとめられている。一部の部屋にはテラスがあり、港が見えて夜景も楽しめる。オンドル部屋やミニキッチンの付いた部屋もある。無料朝食付き。

▶港南洞 MAP P.311
住 53, Dongchung 4-gil, Tongyeong-si
住 통영시 동충4길 53
旧 통영시 항남동 110번지
TEL (055) 645-8533
料 S ₩7万～ W ₩10万～
日 不可
CC ADJMV　WiFi あり

## ナポリ
나포리호텔 ●Napoli Hotel

港の前に建つ客室30室の老舗ホテル。中央市場にも近い。外壁も部屋もリノベーションしており、古さはない。バスタブ付きの部屋、オンドル部屋などバリエーション豊富。

▶東湖洞 MAP P.311
住 355, Tongyeonghaean-ro, Tongyeong-si
住 통영시 통영해안로 355
旧 통영시 동호동 160-3
TEL (055)646-0202
料 S W ₩5万～
日 不可
CC ADJMV　WiFi あり

info 統営、巨済ともに市内バスではT-money、cashbeeの交通カードが利用できる。そのほかの交通カードは使えない。

ソウル●

慶尚南道 晋州市

チンジュ **晋州**

晋州
釜山

www.jinju.go.kr
市外局番●033
人口●21万5977人

Jinju 진주

晋州南江祭は毎年10月に行われる

**観光案内所**
▶晋州市観光案内所
📞 (055) 749-7449
(観光文化管理所)
🕐 4～9月9:00～18:00
　　10～3月9:00～17:00
▶晋州城址入口
(矗石楼、拱水門)
MAP P.318
🕐 9:00～18:00

激戦の舞台となった晋州城

チンジュ
晋州は宇喜多秀家率いる日本軍と文禄・慶長の役 ▶P.491 で激
しい戦いが繰り広げられた地。犠牲になった人々を慰霊する
ために始まった流灯祭りは晋州を代表する秋祭りとなってい
　　　　　　　　　　　　　　ナムガン
る。町の中心を馬蹄形に流れる南河が、このときは提灯の揺
れる光に彩られ、旅情を誘う。

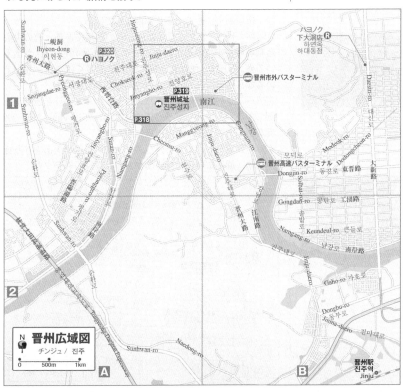

P.320
P.319
P.318

ℹ️ 晋州、ピョンヤン、咸陽の三大冷麺、晋州、全州、海南の三大ビビンバブの一角をなす晋州は名
物料理が多い町として知られる。

## 釜山から 부산 Busan

| | | | 所要時間 | 料金 |
|---|---|---|---|---|
| KORAIL | 三浪津駅➡晋州駅 | 7:08 11:07 14:26 19:39 | 1時間30分 | ₩5400 |
| 市外バス | 釜山西部市外 🅣➡晋州市外 🅣 | 5:50〜21:30の間15〜25分に1便 | 約2時間 | ₩8400（一般） |

## 大邱から 대구 Daegu

| | | | 所要時間 | 料金 |
|---|---|---|---|---|
| KTX | 東大邱駅➡晋州駅 | 6:50 7:35 8:05 10:20 11:58 15:30 17:06 22:35 | 1時間33分 | ₩1万6300 |
| 市外バス | 大邱西部市外 🅣➡晋州市外 🅣 | 7:00〜20:00の間1〜2時間に1便程度 | 約1時間50分 | ₩1万4200（優等） |

## 統営から 통영 Tongyeong

| | | 所要時間 | 料金 |
|---|---|---|---|
| 市外バス | 統営市外 🅣➡晋州市外 🅣 | 6:40〜20:00の間40分に1便程度 | 約1時間 | ₩5600（一般） |

## 河東から 하동 Hadong

| | | | 所要時間 | 料金 |
|---|---|---|---|---|
| KORAIL | 河東駅➡晋州駅 | 6:47 9:42 13:18 18:04 | 約30分 | ₩2600 |
| 市外バス | 河東市外 🅣➡晋州市外 🅣 | 7:05〜19:50の間1〜2時間に1便程度 | 約1時間 | ₩5900（一般） |

🅣…バスターミナル

**市内バス**
₩1500
（交通カード₩1450）
**タクシー**
初乗り₩3300（2kmまで）

町のほぼ中心にある市外バスターミナル

中央市場の屋台

# 歩 き 方

**南江の北岸が中心** 中央市場から市外バスターミナル、晋州城にかけてのあたりが繁華街。バスターミナルの周辺のほか、市場周辺にもモーテルが点在している。

**鉄道駅** KTXが止まる晋州駅は、町の南東にある。町の中心となる中央市場や市外バスターミナルへは151番バスが出ているが、30分に1便程度と便はそれほど多くはない。急いでいるならタクシーの利用（₩8000程度）も検討を。

**高速バスターミナル** 高速バスターミナルは南江を越えて南側にあるが、中心へはそう遠くはない。251、253、280、290番などの市内バスが中央市場方面へ行く。

**市外バスターミナル** 市外バスターミナルは中央市場から徒歩圏内。周囲にはモーテル街があり、宿探しもラクだ。

晋州中心部
チンジュ / 진주

**info** 晋州はうなぎ料理も名物で、晋州城址からも近いウナギ通りはじめ専門店が多い。

# 見どころ

## ● 激戦地、晋州城の戦いの地にある ★★★
# 晋州城址 진주성지 Jinjuseong Fortress
## チンジュソンジ
▶中心部 **MAP** P.318

東端にある轟石門

軍の司令所だった轟石楼

文禄・慶長の役 ▶P.491 の際、日朝の激戦が繰り広げられた晋州城の戦い ▶P.495 の場所として知られている。晋州城は1.7kmの石垣に囲まれており、その高さは5～8mもある。また韓国3大楼閣のひとつであり、戦時中には軍の指揮所として機能していた轟石楼(チョクソンヌ)があるのもこの城の中。ほかにも観察使が公務をしていた嶺南布政司(ヨンナムポジョンサ)や大砲が置かれていた砲楼、城内にある護国寺(ホグクサ)などが見どころ。

## ● 朝鮮出兵で使われた武具や兵器が展示された ★★
# 国立晋州博物館 국립진주박물관 Jinju National Museum
## クンニプ チンジュ パンムルグァン
▶中心部 **MAP** P.318

晋州城の中にある博物館で、1984年の開館時は、伽耶時代の遺物を主に展示する博物館だったが、晋州城が文禄・慶長の役 ▶P.491 の激戦地だったことから、現在は文禄・慶長の役に関する展示がメインテーマになっており、戦役に使われた大砲や武器のほか、全国から出土した関連遺物などが展示されている。また、2001年に開館した斗庵館では、寄贈された絵画や陶磁器、工芸品などを展示している。

伽耶時代の車輪型装飾土器

李舜臣の肖像画

### 晋州城址
🏠 626, Namgang-ro, Jinju-si
🏠 진주시 남강로 626
🏛 진주시 본성동 415
☎ (055) 749-5171
🕐 9:00～18:00
🚫 月、正月、旧正月、チュソク
💰 ₩2000
🚌 晋州市外バスターミナルから徒歩15分

### 晋州パン
統営と同様にクルパン(꿀빵)、いわゆるはちみつパンが中央市場のあたりでよく販売されている。1個単位で購入できるので軽食にぴったり。

コーヒーが欲しくなるほど甘いが癖になるおいしさ

### 国立晋州博物館
🏠 626-35, Namgang-ro, Jinju-si
🏠 진주시 남강로 626-35
🏛 진주시 남성동169-17
☎ (055) 740-0698
🕐 9:00～18:00
※最終入場17:30
🚫 月、正月、旧正月、チュソク
💰 無料(晋州城址の入場料₩2000が必要)
🚌 晋州市外バスターミナルから徒歩15分
🔗 jinju.museum.go.kr

館内に併設のカフェ [民]

---

**info** 国立晋州博物館は収容する遺物が限界に近づいており、晋州城址にあるため建て増しも難しいことから、移転が検討されている。

# 晋州のレストラン

---

**P.71~79**
晋州さんおすすめ

ユッケビビンバブ（牛刺し身のせビビンバブ）
## チェイルシクタン
제일식당　●第一食堂

晋州中央市場にあるユッケビビンバブW9000で有名な食堂。ご飯の上には、シンプルにゴマ油であえたユッケのほか、5種類のナムルと岩海苔、煮込んだひき肉がのる。

▶ **中央市場**
**MAP** P.318　ビビンバブ 🍴

🏠 37-8, Jungangsijang-gil, Jinju-si
🏠 진주시 중앙시장길 37-8
🏠 진주시 대안동 8-97
☎ (055)741-5591　🕙 10:30～20:00　休 第2・4月曜、旧正月とチュソク当日　日 不可　日× なし
英× なし　CC ADJMV

---

## チョヌァンシクタン
천황식당　●天凰食堂

晋州中央市場近くにある晋州ビビンバブの名店。牛肉をじっくり煮込んだだしで炊いたご飯の上に旬の野菜やモヤシ、細切りの牛赤身肉がたっぷりのっている。

▶ **中央市場周辺**
**MAP** P.318　ビビンバブ 🍴

🏠 3, Chokseok-ro 207beon-gil, Jinju-si
🏠 진주시 촉석로 207번길 3
🏠 진주시 대안동 4-1
☎ (055)741-2646
🕙 6:00～21:00(L.O.20:00)
休 第1～3火曜　日 不可
日× なし　英× なし　CC ADJMV

---

## ハヨノク
하연옥　●河蓮玉

三大冷麺で知られる晋州冷麺専門店。晋州冷麺はイワシやムール貝など魚貝でだしをとる。キュウリや梨などが入っており、味も濃くはないので日本人にも親しみやすい味。

▶ **二峴洞**
**MAP** P.317-A1　郷土料理 🍴

🏠 1317-20, Jinju-daero, Jinju-si
🏠 진주시 진주대로 1317-20
🏠 진주시 이현동1191 번지
☎ (055)741-0525
🕙 10:00～20:30
休 旧正月、チュソク　日 不可
日× なし　英× なし　CC ADJMV

---

# 晋州のホテル

---

## ポップ
호텔 팝　●ホテル パブ／Hotel POP

▶ **バスターミナル周辺** **MAP** P.318

晋州市外バスターミナルの近くにある全27室のホテル。中央市場にも晋州城址にも徒歩でOK。川沿いにあり、窓から川の夜景もきれいに見える。カラフルなインテリアでバスタブ付きの部屋もある。

🏠 63, Nongae-gil, Jinju-si
🏠 진주시 논개길 63
🏠 진주시 장대동 98-3
☎ (055)741-1467
料 Ⓢ ⓦW3万5000～
日 不可　CC ADJMV
WiFi あり　URL www.055-741-1467.ezbuilder.co.kr

---

## シカゴ
호텔 시카고　● Hotel Chicago

▶ **中央市場周辺** **MAP** P.318

中央市場の近くにある全37室のホテル。市外バスターミナルからも近い。モダンでシンプルなインテリアで、部屋は広く清潔感がある。バスタブのある部屋が多い。無料の朝食付き。

🏠 3, Jinyangho-ro 564beon-gil, Jinju-si
🏠 진주시 진양호로564번길 3
🏠 진주시 장대동 130-9
☎ (055)744-8887
料 Ⓢ ⓦW4万～
日 不可　CC ADJMV
WiFi あり

---

## 東邦
동방관광호텔　●トンバン クァンガン ホテル／Hotel Dongbang

▶ **バスターミナル周辺** **MAP** P.318

川沿いにある町いちばんのホテル。リノベーションしたばかりできれい。地下にはサウナもある。1階にはカフェやコンビニもあり、眺めのいいテラスでお茶をするのも気持ちがいい。

🏠 103, Nongae-gil, Jinju-si
🏠 진주시 논개길 103
🏠 진주시 옥봉동 803-4
☎ (055)760-1700
FAX (055)760-1717
料 Ⓢ ⓦW11万5000～
日 可　CC ADJMV　WiFi あり
URL www.hoteldongbang.com

---

**info** チェイルシクタンは常に行列ができている人気店だが、回転の速い店なので、見た目ほど待たずに入店できる。

慶尚南道 河東郡　　　　　　茶の産地として名高い河畔の町

www.hadong.go.kr
市外局番●055
人口●4万7345人

ハドン **河東**

Hadong 하동

河口近くは干潟を形成する蟾津江

河東は蟾津江のほとりにある町。慶尚南道の西の端にあたり、河を挟んだ西側は全羅南道となる。緑茶や柿などの農産物のほか、シジミ、モクズガニなど河口の干潟で獲れる魚貝も特産だ。世界的なスローフード運動の「スローシティー」に加盟している。桜の名所としても知られ、茶畑のグリーンをバックにピンクの花が咲き揃う頃は、とてもにぎわう。近郊には双磎寺などの古刹がある。

**観光案内所**
▶河東郡観光案内所（花開チャント内）
TEL (055) 883-5722
開 10:00〜17:00
▶崔参判宅内
TEL (055) 883-5379

**市内バス**・・・・・・・・・・・・・・・・・
一般バス₩1250
（交通カード₩1200）
光陽市35-1番市内バス（1日6便、所要40分）が花開へ行く。これ以外に花開へ行くバスは農漁村バスとなり料金が高くなる。
郡内バス₩2200〜4500
乗車券はすべてあらかじめターミナルで購入するか、乗車してから現金またはT-moneyで支払う。バス停はなく、手を挙げて停める。
**タクシー**・・・・・・・・・・・・・・・・・・
初乗り₩4700（2kmまで）

**河東のシジミ＆カニ**
河東の名物は蟾津江のシジミ（チェジョブ재첩）やモクズガニといった川の幸。モクズガニ（チャムゲ참게）は上海ガニと同じ種で、蒸しても煮てもおいしい。しかしここに来たら食べたいのがなんといってもシジミのスープ、チェジョブクク だ。これでもかというほどシジミがたくさん入った贅沢なスープをぜひ味わってほしい。

P.323 七仏寺
칠불사

**河東周辺図**
N　ハドン／하동
0　2.5km　5km

岳陽面
Agyang-myeon
악양면　1047

1023

P.324 茶文化センター
차문화센터
P.324　花開面
865　Hwagae-myeon
화개면

青鶴洞 P.324
청학동
P.324

双磎寺 P.323
쌍계사
左下

1014

1

19　P.323左

Seomjingang-daero

865

青岩面
Cheongam-myeon
청암면　1003

1003

崔参判宅
최참판댁
P.324

861

七仏寺へ

双磎寺 P.323
쌍계사

双磎寺
双磎橋
쌍계교
チケット売り場
R 双磎寺石圃食堂
쌍계수석원식당

花開へ

茶文化センター
차문化센터
P.324
ケンジントン
リゾート河東 H

双磎寺周辺
N サンゲサ／쌍계사
0　100　200m

861

섬진강대로

河東郡
Hadong-gun
하동군

17　P.323右

2

河東郡庁
하동군청
2
河東駅
하동역
861

| ● 釜山から 부산 Busan | | | 所要時間 | 料金 |
|---|---|---|---|---|
| 市外バス | 釜山西部市外**T**➡河東市外**T** | 8:30〜19:00の間1〜2時間に1便程度 | 約2時間30分 | ₩1万2300（一般） |

| ● 晋州から 진주 Jinju | | | 所要時間 | 料金 |
|---|---|---|---|---|
| KORAIL | 晋州駅➡河東駅 | 8:38 12:32 15:52 21:08 | 約30分 | ₩2600 |
| 市外バス | 晋州市外**T**➡<br>河東市外**T** | 7:00〜19:50の間1時間に1便程度 | 約1時間 | ₩5900（一般） |

| ● 順天から 순천 Suncheon | | | 所要時間 | 料金 |
|---|---|---|---|---|
| KORAIL | 順天駅➡河東駅 | 6:20 9:15 12:51 17:37 | 約30分 | ₩2600 |

**T**…バスターミナル

## 河東のホテル

河東や花開の町の中心には
いわゆる観光ホテルはない
が、モーテルはかなりあり、
部屋がないということにはな
らないだろう。また、双磎寺
近くにはケンジントンリゾー
トホテルがある。ゲストハウ
スや民泊を利用して、田舎
の空気を思いっきり吸ってみ
るのもいいだろう。

河東の市外バスターミナルは
2019年に鉄道駅の近くに移
設された

# 歩 き 方

**河東と花開が基点**　河東の見どころの多くは郊外にあり、公
共交通機関を使うならバスということになる。いずれにして
も便数は決して多くはない。河東はタクシーの数も少なく、
足の確保が難しい。最新の時刻表をバスターミナルなどで必
ず確認のこと。

**河東駅**　河東の鉄道駅は町の中心部から1.5kmほど離れてお
り、市外バスターミナルに隣接している。

**河東のバス路線**　河東の市外バスターミナルから河東の中心
部を経由し、崔参判宅を経由して双磎寺、青鶴洞行きの農漁
村バスが出ている。隣の全羅南道光陽市の市内バスも乗り入
れており、35-1番バスは河東と花開の両市外バスターミナル
を1日6往復している。

**花開のバス路線**　全羅道の求礼、さらには華厳寺 ▶P.336 へ
の便もある。求礼からは光州や南原方面への便もあり、全羅
道と一緒に回ることもできる。

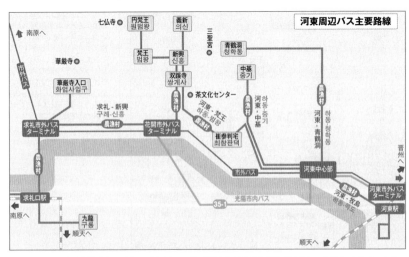

河東周辺バス主要路線

✉ 河東駅から町の中心へはタクシーで初乗り料金の₩4000。駅にはタクシーは停まってなかったが、
すぐ近くの市外バスターミナルに停車していた。（愛知県　あはと　'19年12月）

# 見どころ

## ●桜並木と茶畑で知られる、新羅時代創建の寺 ★★

### 双磎寺 쌍계사 Ssanggyesa Temple

サンゲサ

▶花開面 MAP P.321左下

周囲の景色とも調和した寺

722年に義湘大師 ▶P.491 の弟子である三法和尚によって建立された。お茶とゆかりのあるお寺で、828年金大廉が唐の使臣を終え帰国する際にお茶の種を持ち込み、双渓寺一帯で栽培したとされている。

また双磎寺から花開市場までの約5km区間は「十里桜道」と言われ、毎年春には桜と桃の花が満開に。ロマンティックな花のトンネルがカップルに大人気。

## ●伽耶建国伝説ゆかりの山寺 ★★

### 七仏寺 칠불사 Chilbulsa Temple

チルブルサ

▶花開面 MAP P.321-1

伽耶建国神話のふるさと

金官伽耶を建国した首露王 ▶P.493 の10人の王子のうち、7人がこの地に僧庵を建て修行をした後全員が成仏。父の首露王が「七仏寺」として建立したとされる。度重なる火災や戦乱などで全焼したり

**双磎寺**

🏠 26, Ssanggyesa-gil Hwagae-myeon, Hadong-gun
🏠 하동군 화개면 쌍계사길 26
🏚 하동군 화개면 운수리 산97-2
☎ (055) 883-1901
🕐 8:30〜17:30
休 無休 料 無料
🚌 河東市外バスターミナル「河東ー双磎寺(하동-쌍계사)」、「河東ーウィシン(하동-의신)」バス乗車、「双磎寺(쌍계사)」徒歩3分
URL www.ssanggyesa.net

**七仏寺**

🏠 528, Beomwang-gil Hwagae-myeon, Hadong-gun
🏠 하동군 화개면 범왕길 528
🏚 하동군 화개면 범왕리1605
☎ (055) 883-1869
🕐 3:00〜20:00
休 無休 料 無料
🚌 河東市外バスターミナル「河東ーポムワン(범왕)」、「河東ーウィシン(하동-의신)」バス乗車、「ウォンポムワン(원범왕)」徒歩14分

**茶文化センター**

🏠 571-25, Ssanggye-ro Hwagae-myeon, Hadong-gun
🏠 화개면 쌍계로 571-25
🏢 하동군 화개면 운수리 664
📞 (055) 880-2956
🕐 3～10月9:00～18:00
　 11～2月9:00～17:00
🚫 月、正月、旧正月、チュソク
💰 無料（茶礼体験₩5000）
🚌 河東市外バスターミナル「河東-双磎寺（하동-쌍계사）」、「河東-ウィシン（하동-의신）」バス乗車、「双磎寺（쌍계사）」徒歩5分
🔗 www.hadongteamuseum.org

**崔参判宅**

🏠 66-7, Pyeongsari-gil Agyang-myeon, Hadong-gun
🏠 하동군 악양면 평사리길 66-7
🏢 하동군 악양면 평사리 483
📞 (055) 880-2960
🕐 9:00～18:00
🚫 無休　💰 ₩2000（旧正月、チュソク当日は無料）
🚌 河東市外バスターミナル「河東ー双磎寺（하동-쌍계사）」、「河東ーイシン（하동-의신）」バス乗車、「崔参判宅（최참판댁）」徒歩6分

**青鶴洞**

🚌 河東市外バスターミナル「河東ー青鶴洞（하동-청학동）」バス乗車、「黙溪（묵계）」徒歩11分

**三聖宮（サムソングン）**
삼성궁Samsunggung

**MAP** P.324
🏠 2, Samseonggung-gil Cheongam-myeon, Hadong-gun
🏠 하동군 청암면 삼성궁길 2
🏢 하동군 청암면 묵계리 1738-3
📞 (055) 884-1279
🕐 8:30～16:30
🚫 無休　💰 ₩7000

壊れたりし、現在の建物は1978年に復元したもの。境内の禅室「亞字房」は韓国伝統の床暖房「オンドル」で有名で、一度薪を燃やすと49日間暖かいと言われる。

### ●茶の産地、河東の伝統を伝える ★
# 茶文化センター 차문화센터 Hadong Tea Culture Center
チャムヌァセント　　　　　▶ 花開面 MAP P.321左下

唐から持ち込まれたお茶の種がその始まりだとされる河東茶は、朝鮮時代に王室へ献上されるほど貴重なものだったという。ここではそんな河東茶の歴史や、中国・インド・日本のお茶との比較、茶器などが紹介・展示されている。体験館では河東茶の伝統的な「茶礼」が体験でき、販売コーナーでは様々な河東茶を試飲・購入する事ができる。

### ●知異山に溶け込む韓屋のドラマセット ★★
# 崔参判宅 최참판댁 House of Choi Champan
チェチャムパンテク　　　　▶ 青岩面 MAP P.321-1

ドラマの舞台となった韓屋

韓国の人気小説家、朴景利が1969～1994年にかけて執筆した大河小説『土地』。その広大な世界をドラマ化するにあたり、テレビ局が建てた14棟からなる伝統家屋。撮影終了後には一般公開されて多くの観光客が訪れる人気スポットになり、また新たなドラマや映画の撮影地としても使われている。近くには河東関連の文学作品を紹介する平沙里文学館がある。

### ●伝統生活を守る秘境の村 ★
# 青鶴洞 청학동 Cheonghak-dong Town
チョンハクトン　　　　　　▶ 岳陽面 MAP P.324

伝統的な服装や生活様式で知られる村だが、その歴史は浅く、朝鮮戦争以後「儒仏仙ー更定儒道」の信者たちが集まってきた集落。伝統的な生活にこだわってきたが、マスコミに紹介されるなどして観光化が進んでいった。村内には修行場の「三聖宮」があり、一般の人も見学することができる。

info 青鶴洞は山菜でも知られており、ナムルをビビンバブで食べるとおいしい。ソンナム食堂などで食べられる。

# Jeolla-do 全羅道
チョルラド

円内:彩り美しい全州ビビンバブ
順天の湿地帯に群生するススキ ▶P.342

# 全羅道 旅のガイダンス
チョルラド

**全羅道の基本**

特産の豆モヤシでクッパプ！

- 全羅北道と全羅南道は別の自治体
- 全羅北道の中心都市は全州市（チョンジュ）
- 全羅南道に囲まれた光州（クァンジュ）は「光州広域市」で別の自治体
- 比較的温暖な気候で韓国有数の穀倉地帯

**全羅北道**
전라북도
チョルラブクト
Jeollabuk-do

光州広域市

**全羅南道**
전라남도
チョルラナムド
Jeollanam-do

## このエリアでしたいこと

**1 全州の韓屋村**
チョンジュ
古い町並みが残る一角をそぞろ歩き。
▶P.359 伝統工芸の体験や宿泊もおすすめ

**2 高敞のドルメン**
コチャン
韓国には巨大な石の墓、支石墓
▶P.337 （コインドル）がたくさんある
が、高敞のものは世界遺産！

**3 楽安邑城民俗村**
ナガンウプソンミンソンソン
400年前の姿をとどめ、現在も人々が暮
▶P.344 らす藁葺き屋根の集落へタイムスリップ

**4 木浦のそぞろ歩き**
モクポ
▶P.351

**5 世界遺産、王宮里遺跡へ**
ワングンニユジョク
▶P.376

**6 光州で文化芸術にふれる**
クァンジュ
▶P.334

## 地理と気候

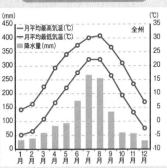

（mm） 全州 （℃）
- 一月平均最高気温（℃）
- 一月平均最低気温（℃）
- 降水量（mm）

450 / 400 / 350 / 300 / 250 / 200 / 150 / 100 / 50
35 / 30 / 25 / 20 / 15 / 10 / 5 / 0 / -5 / -10
1月 2月 3月 4月 5月 6月 7月 8月 9月 10月 11月 12月

出典：大韓民国気象庁

韓国のなかでは比較的温暖な地域で雨も多い。夏の最高気温は30度を超え、冬でも日中は零下になることは少ない。平野が多く米、麦、芋、綿花が栽培されている。韓紙に加工されるカジノキは特産。東部は山がちであるものの、標高は高くなく気軽なトレッキングや紅葉ハイキングなどでにぎわう。

## 旅のグルメ

全州は、韓国随一のグルメ都市として知られている。全国に広まったピビンパプ（まぜごはん）は、全州が本場。そのほか霊光（ヨングァン）産のクルビ（塩漬けにしたイシモチの干物）、木浦のタコ、莞島（ワンド）の養殖アワビなど海産物の宝庫。

たくさんの具が入り健康によい全州ビビンパプ

小ぶりだが味わい深いタコを野菜いっぱいの鍋で

ゴマ油と塩で食べるアワビの刺身

### おすすめ！

**韓服のレンタル**

かわいい韓服で町歩きを楽しむスタイルはソウルなどでもおなじみだが、全州でも大流行中。慶基殿（キョンギジョン）などの入場料が無料になる特典も！

慶基殿には韓服で

### イベント

**夜景＆ライトアップ**

2年に1度（次回は2023年4月～7月）の光州ビエンナーレは芸術文化の世界的なイベント。アートファンならぜひ訪れたい。より手軽なアートならプロジェクションマッピングやライトアップはいかが。

麗水の噴水ショーは必見

### 伝統工芸

**伝統工芸**

手漉きの韓紙は、この地方の名産品。伝統を継承すべく全州韓紙博物館では伝統的な工法を学び、手漉き体験やちぎり絵体験などを行っている。

左右に揺らすのがコツなんだ

韓紙漉きを体験

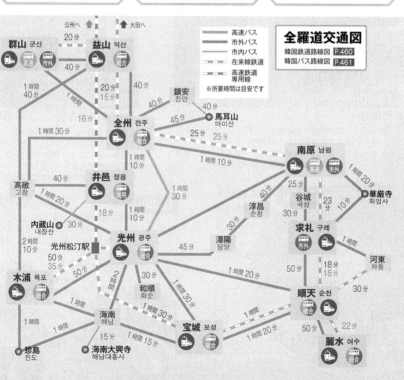

# 2日間で巡る 全羅道
Jeolla-do

## 1日目 全州 チョンジュ

朝鮮王朝の歴史を感じてみよう

慶基殿は韓服をレンタルして無料で入場

### 13:00 韓屋村 ▶P.359

昼食を挟み韓屋村の見学を続行。韓屋村内には、全州伝統酒博物館があり、マッコリや焼酎などに関する展示が行われている。また、慶基殿の向かいにある殿洞聖堂は100年以上の歴史を誇るキリスト教会だ。

### 10:00 韓屋村 ▶P.359

全州は朝鮮王朝の開祖李成桂ゆかりの町として知られる町。古い家屋が密集する韓屋村には韓服のレンタルショップがたくさんある。着れば慶基殿が無料で入れる特典も。慶基殿では11:00と14:00に日本語の解説ツアーもある。

### 16:00 全州韓紙博物館 ▶P.360

町の北へ移動し、全州韓紙博物館へ。ここでは展示ばかりでなく、コウゾを煮溶かしたところに漉きげたを入れ、紙漉きも体験できる。うちわやハガキにちぎり絵をするのもおもしろい。

### 12:00 昼食 ▶P.362

全州の名物といえば、何といっても「全州ビビンバブ」。韓屋村周辺には名店が多い。

見た目がきれいすぎて混ぜるのがもったいないほど

### 18:00 夕食 ▶P.362

豪華な韓定食に舌鼓

夕食は韓屋村内にある「ヤンバンガ」で。テーブルいっぱいの料理はグルメの町全州のおもてなし。アワビやイシモチなど全羅道の食材が並ぶ。

**15:30**
## 木浦近代歴史文化空間 ▶P.353

バスで木浦に移動。早くから港が開けた木浦は、かつて日本人が暮らしていた町並みが残っている。旧日本領事館や旧東洋拓殖などの洋館のほか、日本式の住宅がカフェにリニューアルされていたり散策が楽しい。

**9:30** 高敞支石墓群 ▶P.337

バスで高敞へ向かう。博物館で先史時代の生活の様子などを見学後、ミニトレインで園内へ。広大な敷地に支石墓（ドルメン）が散在している。

木浦周辺の豊かな干潟で育ったテナガダコ。低カロリーで栄養たっぷり

**12:00** 昼食 ▶P.340

高敞はウナギの名産地。風川の汽水域に棲むため風川ウナギというブランドになっている。蒸さずに焼くが意外にサッパリ味。

ブランドウナギ、プンチョンチャンオを使ったチャンオグイ（焼きウナギ）

**18:00** 夕食 ▶P.355

木浦の名物のひとつナクチ（テナガダコ）は刺身も焼きもおいしい。発酵させたホンオ（エイの仲間カスベ）は通の味。

---

**全羅道 MEMO**

料理 P.69-●62
セミタン（オニオコゼ鍋）
### チョンダウン食堂
정다운식당

- 🏛 麗水市 MAP P.347-A
- 🏠 7, Bongsannam 8-gil, Yeosu-si
- 🏠 여수시 봉산남8길 7
- 🏚 여수시 봉산동 275-18
- 📞 (061) 641-0744
- 🕐 8:30〜15:30、17:00〜20:30 (L.O.19:30、要予約)
- 休 第1水曜、旧正月とチュソク当日 🗓 不可 💳 ADJMV

---

ちょっと遠いけど
**おすすめレストラン**

料理 P.71-●81
パジラクチュク（アサリ粥）
### キムインギョン 元祖パジラクチュク
김인경원조바지락죽
キムインギョンウォンジョパジュラクチュク

- 🏛 扶安郡 MAP P.82-B2
- 🏠 18, Mukjeong-gil Byeonsan-myeon, Buan-gun
- 🏠 부안군 변산면 묵정길 18
- 🏚 부안군 변산면 대항리 90-12
- 📞 (063) 583-9763
- 🕐 夏期8:00〜20:00、冬期8:00〜19:00
- 休 旧正月とチュソク連休
- 🗓 不可 💳 ADJMV
- URL kimingyeong.com

---

ウノグイ（アユの焼き魚）
### トンナムチプ
통나무집

- 🏛 谷城郡 MAP P.83-D3
- 🏠 1598-19, Daehwanggang-ro Jukgok-myeon, Gokseong-gun
- 🏠 곡성군 죽곡면 대황강로 1598-19
- 🏚 곡성군 죽곡면 하한리 946-4
- 📞 (061) -362-3090
- 🕐 10:00〜20:00
- 休 旧正月とチュソク当日
- 🗓 不可 💳 ADJMV

# 南西部を代表する中心都市

光州広域市

## 光州 クァンジュ

광주 Gwangju

www.gwangju.go.kr
市外局番●062
人口●146万1904人

伝統様式で建てられた光州国立博物館

**観光案内所**
▶光州空港
🆃🅴🅻 (062) 942-6160
▶光州駅
**MAP** P.332中-B
🆃🅴🅻 (062) 233-9370
開 9:00~18:00 休 無休
▶光州総合バスターミナル観
光案内所
**MAP** P.332中-A
🆃🅴🅻 (062) 365-8733
開 9:00~18:00 休 無休
このほか光州松汀駅など8ヵ
所に観光案内所がある。

**地下鉄** ⋯⋯⋯⋯⋯⋯⋯
₩1400（交通カード₩1250）
**市内バス** ⋯⋯⋯⋯⋯⋯⋯
₩1400（交通カード₩1250）
**タクシー** ⋯⋯⋯⋯⋯⋯⋯
初乗り₩3300

**光州の交通カードHanpay**
光州ではHanpayと呼ばれる
交通カードが使われており、
地下鉄駅で発行、チャージ
が可能。ソウルや釜山など大
都市ではおおむね使えるが、
T-moneyやcashbeeに比べると
使えないエリアも多い。
▶T-money、cashbee
地下鉄駅での発行、チャージ
はできないが、利用、コンビニ
でのチャージは可能。

**務安空港と光州空港**
国際線は務安（ムアン）国際
空港、国内線は光州空港。
▶務安国際空港
金浦、蔚山、済州行きが金曜
日と土曜日のみ、1便ずつ運
行している。空港へはユース
クエアから市外バスが利用
できるが現在休止中。
▶光州空港
地下鉄駅と直結しており市
内へ移動可能。主要な場所
をつなぐ座席バス02番も空
港駅を通る。

光州は人口約150万を擁する南西部の中心都市。アートやパフォーマンスの世界的イベント「光州ビエンナーレ」を開催する「芸術の都」、光州学生運動、光州事件など権力に抗う「義の都」、多彩な食文化を誇る「味の都」として知られている。現在は周辺地域と統合し広域市となっているが、かつては全羅南道の道庁所在地。旧道庁周辺が町の中心だ。

## 歩 き 方

### ▶錦南路4街駅周辺が光州で一番の繁華街

150万都市光州の中心は、錦南路4街駅から文化殿堂駅にいたるエリア。

**錦南路と忠荘路**　錦南路4街駅の南側はコスメショップやカジュアルファッションのお店が並び、ソウルでいえば弘大や明洞といった風情。錦南路に並行する忠壮路は若い層を中心にいつも大勢の人が歩いている。

**弓洞と芸術通り**　錦南路の北側は一転して落ち着いた雰囲気。弓洞にはギャラリーや美術館が並び、通りの名前も芸術通りと呼ばれている。4~10月の土曜午後には芸術祭が催され、さまざまなパフォーマンスがみられる。

**国立アジア文化殿堂周辺**　芸術通りの突きあたりには国立アジア文化殿堂がある。さらにその東側は東明洞のカフェエリア。個性的なカフェやレストランが並び、歩き疲れたら一服するのにちょうどいい。

### ▶光州の大きな市場は良洞、大仁、南光州に

**良洞市場**　良洞市場は開場100年超、小さな町にすぎなかった光州と発展を共にしてきた伝統市場で有名店も多い。特にサクサクした鶏の揚げもの良洞チキンや、盧武鉉元大統領が愛したという市場クッパプは有名だ。

info Hanpayは、以前に比べると使えるエリアが増えてきており、本書掲載の町では、安東、巨済、統営、河東以外の町で使うことができる。

## ACCESS

### ● ソウルから 서울 Seoul

| | | | 所要時間 | 料金 |
|---|---|---|---|---|
| **KTX** | 龍山駅➡光州松汀駅 | 5:10~22:25の間1時間に1~2便程度 | 約1時間50分 | ₩4万6800 |
| **SRT** | 西水駅➡光州松汀駅 | 5:08~23:00の間1時間に1~2便程度 | 約1時間50分 | ₩4万3000 |
| **KORAIL** | 龍山駅➡光州松汀駅 | 7:36 11:09 16:57 | 約4時間20分 | ₩2万2300 |
| **高速バス** | 東ソウル🚏➡光州🚏 | 7:20~18:20の間に8便 | 約3時間40分 | ₩2万1400(一般) |
| **高速バス** | セントラルシティ🚏➡光州🚏 | 5:30~翌2:00の間10~60分に1便 | 約3時間40分 | ₩1万9800(一般) |

### ● 釜山から 부산 Busan

| | | | 所要時間 | 料金 |
|---|---|---|---|---|
| **市外バス** | 釜山西部市外🚏➡光州🚏 | 6:00~22:00の間1時間に1便程度 | 約2時間50分 | ₩2万4200(一般) |

### ● 木浦から 목포 Mokpo

| | | | 所要時間 | 料金 |
|---|---|---|---|---|
| **KTX** | 木浦駅➡光州松汀駅 | 5:23~21:52の間10分~1時間に1便程度 | 約40分 | ₩8400 |
| **KORAIL** | 木浦駅➡光州松汀駅 | 7:12~21:15の間1時間30分に1便程度 | 約55分 | ₩4300 |
| **高速バス** | 木浦市外市外🚏➡光州🚏 | 6:30~22:35の間10分~30分に1便程度 | 約1時間10分 | ₩6800(一般) |

### ● 全州から 전주 Jeonju

| | | | 所要時間 | 料金 |
|---|---|---|---|---|
| **市外バス** | 全州高速🚏➡光州🚏 | 6:10~22:30の間30分~1時間に1便程度 | 約1時間50分 | ₩7500(一般) |

🚏…バスターミナル

### グルメ

牛肉に衣を付けてさっと焼いた肉煎（ユクジョン）や鴨鍋のオリタン、韓国風ハンバーグのトッカルビなど、「味の都」と呼ばれるほど光州は名物料理が多い。

### 宿泊

観光ホテルやビジネスホテルは光州松汀駅や金大中コンベンションセンター周辺、モーテルは光州駅やバスターミナル付近に多い。

**光州広域図**
クァンジュ / 광주
0　1km　2km

info 光州駅は清州と木浦を結ぶ湖南高速線が2015年に開業して以降、運行本数が激減。起点となる駅はKTXも停車する光州松汀駅に移行した。

光州松汀駅周辺
クァンジュソンジョンニョク
光州松汀駅

大仁市場　錦南路4街駅から近く、特に新鮮な魚で有名な市場だが、最近は芸術夜市でも知られている。毎週土曜夜に屋台が並ぶ。

南光州市場　南光州駅脇にあり、夜市で有名で、土曜のほか金曜にも開かれる。こちらはカジュアルなストリートフードが中心で、いつも多くの人でにぎわっている。

### ▶KTXが停車する光州松汀駅

KTXが停車する光州の表玄関、光州松汀駅。地下鉄に乗り換えて市内各地への移動もスムーズ。駅前からは座席バス02番が空港、ユースクエア、光州駅、大仁市場などを経由して無等山国立公園まで行く。

1913松汀駅市場　日本統治時代の1913年から続く由緒ある市場。光州の名物をいろいろ売っているのでおみやげ探しにもいい。名物グルメのトッカルビ通りも近い。

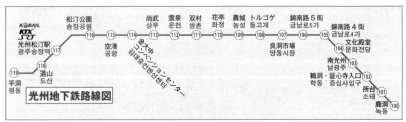

info　国内線が発着する光州空港と国際線の務安国際空港は統合計画がある。また、KTX湖南線も務安国際空港を経て、木浦へいたる新線を建設中だ。

### ▶「ユースクエア」はバスターミナルの愛称

高速バスターミナル、市外バスターミナルともに同じ建物を使用しており、「ユースクエアU-Square」と呼ばれている。ほぼすべてのバスがここ発着。潭陽行き農漁村バスのように、近郊への市内バスでもここ発着となる便がある。

建物の中にはフードコートもあり、手軽に光州料理を味わうことができるほか、ショッピングモールもある。

市内バス乗り場は建物を出て正面にある。反対側の方向へは地下道を通って行くことができる。

バスターミナルが入っているユークスエア

# 見どころ

●イベントの中心会場　★★★
## 国立アジア文化殿堂 국립 아시아 문화전당

Asia Culture Center クンニブ アシア ムヌァチョンダン　▶中心部 MAP P.333-B

光州市がアジア文化中心都市へ発展を目指して建てた総合文化芸術施設。書籍・写真・映像など様々な形態の資料からアジア文化の知識や情報を発信するライブラリーパーク、各分野のアーティストが集い作品やコンテンツを創作・展示している文化創造院などからなっている。2年ごとに開かれる国際美術祭「光州ビエンナーレ」の会場でもある。

公演場のハヌルマダン

国立アジア文化殿堂
🏠 38, Munhwajeondang-ro, Dong-gu
🏠 동구 문화전당로 38
🏚 동구 광산동 13
☎ 1899-5566
🕙 10:00～18:00
休 月、1/1　料 無料
交 地下鉄1号線
104 文化殿堂駅
URL www.acc.go.kr/jp
URL www.instagram.com/asiaculturecenter

光州中心部
クァンジュ／光州
0　100　200m

## 光州芸術通り

- 住 Yesul-gil, Dong-gu
- 住 동구 예술길 주변
- 旧 동구 궁동 주변
- 開 随時 休 無休 料 無料
- 交 地下鉄1号線 105
  錦南路4街駅6番出口徒
  歩4分

ギャラリーも点在する

## 国立光州博物館

- 住 110, Haseo-ro, Buk-gu
- 住 북구 하서로 110
- 旧 북구 매곡동 산83-3
- TEL (062) 570-7000
- 開 10:00〜18:00
  4・11月の土10:00〜20:00
- 休 4・11月の第1月曜、1/1、
  旧正月とチュソク当日
- 料 無料
- 交 市内バス29番「光州博物
  館（광주박물관）」また
  は、84、85番「博物館入口
  （박물관입구）」
- URL gwangju.museum.go.kr
- URL www.instagram.com/
  gwangju_museum

## 光州歴史民俗博物館

- 住 48-25, Seoha-ro, Buk-gu
- 住 북구 서하로 48-25
- 旧 북구 용봉동1004-4
- TEL (062) 613-5378
- 開 9:00〜18:00 ※最終入
  場17:30 休 月、1/1、祝
  日の翌日 料 無料
- 交 市内バス29、63番「市立
  歴史民俗博物館（시립시
  립역사민속박물관）」徒
  歩5分

---

●アーティストが集まる ★

# 光州芸術通り 광주 문화예술 거리 Gwangju Culture & Art Street

クァンジュムヌァイェスルコリ　▶ 中心部 MAP P.333-A・B

芸術の町としての顔を持つ光州の芸術に触れられる場所が光州芸術通り。民芸品店やハンドメイドの小物店、ギャラリー、小劇場など90ヵ所あまりが連なり、人気観光スポットとして注目を集めている。古い書芸品、昔の通貨、器、木彫品、古書、香炉などの民俗芸術品を扱うお店も多く、光州の仁寺洞とも言われる。おしゃれで個性的なカフェも多く若者にも人気。

オブジェがずらり

---

●収蔵品数は国宝も含む7万点以上 ★★

# 国立光州博物館 국립 광주 박물관 Gwangju National Museum

クンニプ クァンジュ パンムルグァン　▶ 梅谷洞 MAP P.331-B

韓国の伝統様式で建てられた、美しい瓦屋根の博物館。湖南地方の先史時代遺物、百済〜朝鮮王朝時代にかけての仏教美術品や各種陶磁器など、地域の出土品を中心に展示。野外展示では、新年の豊作を願い米の種もみを長い棒につけて立てる「ソッテ」や、復元した支石墓を展示している。また毎週土曜日に開かれる「土曜芸術劇場」では、芸術性の高い映画作品を上映。

国宝103号双獅子石燈

---

●全羅南道の生活・文化を幅広い側面から紹介する ★

# 光州歴史民俗博物館 광주 역사민속 박물관

クァンジュ ヨクサミンソク パンムルグァン　▶ 梅谷洞 MAP P.331-B
Gwangju History&Folk Museum

光州および全羅南道地域の芸術や風習、衣食住などの歴史を紹介する博物館。全羅南道は暖かい気候に恵まれ、古くから農業や漁業が盛んだったため独自の文化が発展した。伝統全国トップレベルの芸術性を誇る芸能のパンソリや農楽に関する展示や光州事件などの歴史を学ぶことができる。

---

COLUMN

## ◆ ペンギン村で小物探し　MAP P.331左下

1970〜80年代の町並みがそのまま残ったような一角で、火事の後に焼け残ったものを飾り付けてアートの村となった。アンティークやハンドメイド雑貨なども売られている。

ペンギン村の路地

---

info ペンギン村を含む楊林洞（ヤンニムドン）一帯は光州で最初に西洋風近代建築が建てられた地域。
伝統建築と近代建築が隣り合う独特の景観が広がり、楊林歴史文化村と名付けられている。

●近年に発掘されたため保存状態が良い

近郊

## 和順支石墓群 화순 지석묘군

★★★ 世界遺産 Hwasun Dolmen Site

ファスン チソンミョグン

ドゴンミョンヒョサンニ チュニャンミョンテ シンニ

▶和順郡 MAP P.335上

道谷面孝山里と春陽面大薪里を結ぶ峠の一帯に分布している支石墓群。980あまりの石材を調査した結果、135基が支石墓と推定されており、紀元前3000年に作られたとされている。また採石場も発見され、支石墓の製造過程や巨大石の運搬方法などを知る重要な資料として、2000年に世界遺産に登録された。現在は石墓群公園として整備され、散策路としても人気がある。

**和順支石墓群**
- 住 140-2 Hyosan-ri, Dogok-myeon, Hwasun-gun
- 住 화순군 도곡면 효산리 140-2
- 旧 화순군 도곡면 고인돌1로 186
- TEL (061)379-3515
- 開 随時
- 休 無休 料 無料
- 交 和順郡内バス218、318番「ドルメン遺跡（고인돌유적지）」下車（1日5便）
- URL www.idolmen.or.kr

周囲は公園として整備されている

多くの支石墓が点在する

和順支石墓周辺
N ファスン／和順
0 500m 1km

●動物園や迷路庭園もある鉄道テーマパーク ★

近郊

## 蟾津江汽車村 섬진강기차마을 Seomjingang Train Village

ソムジンガンキチャマウル

▶谷城郡 MAP P.335下

1960年代まで使われていた全羅線の17.9kmの区間を復元してできた、列車をテーマにした観光施設。約1時間10kmコースの機関車以外にも、線路の上を自転車で走りながら景色が楽しめるレールバイクも人気。また始発駅の旧谷城駅一帯は鉄道公園として整備されており、季節ごとに色とりどりの花々が観光客を楽しませる。

ディーゼル車だが雰囲気はある

**蟾津江汽車村**
- 住 232, Gichamaeul-ro Ogok-myeon, Gokseong-gun
- 住 곡성군 오곡면 기차마을로 232
- 旧 곡성군 오곡면 오지리 770-5
- TEL (061)363-9900
- 開 9:30～17:30
- 休 無休 料 ₩5000
- 交 谷城駅から徒歩5分
- URL www.railtrip.co.kr/homepage/gokseong

谷城
コクソン／곡성
0 250m 500m

info 光州各地に支店をもつパン専門店ベビエルは文化宮殿近くの店 MAP P.333-A が本店。無等山をかたどった無等山パンが特に有名。クッキーなど日持ちがするお菓子をおみやげにするのもいい。

華厳寺周辺
ファオムサ
華厳寺
化厳寺

●紅葉が美しい智異山の古刹　　★★★

# 華厳寺 화엄사 Hwaeomsa Temple

ファオムサ

▶ 求礼郡 MAP P.336

544年にインドから来た僧侶の縁起祖師が創建したという説が有力。国宝に指定されている本堂の大雄殿が有名だが、四獅子三層石塔や東西護送石塔などユニークな形の石造物も見どころ。またこの古刹があるのは全羅南道の象徴的な山の智異山の麓。韓国の5大名山と言われ、天王峰や老姑壇などが有名。国立公園にもなっており、そのエリアは全羅北道の南原や慶尚南道の河東にまで広がっている。

覚皇殿は現存する最古の木造建築のひとつ

**華厳寺**
🏠 539, Hwaeomsa-ro Masan-myeon, Gurye-gun
🏠 구례군 마산면 화엄사로 539
🏠 구례군 마산면 황전리 12
☎ (061) 783-7600
🕐 日の出〜日没
🚫 無休　💴 無料
🚌 市外バス「華厳寺（화엄사)」行き、「華厳寺入口（화엄사입구)」徒歩25分

●かつては千仏千塔と称された　　★★★

# 雲住寺 운주사 Unjusa Temple

ウンジュサ

▶ 和順郡 MAP P.87-C1

創建については正確な記録が残っておらず、新羅時代末期という説が有力。千体の仏像と千基の石塔があったことから、千仏千塔として知られていたが、現在残っているのは70体の仏像と12基の石塔のみ。素朴で親しみやすい形の仏像が多く、独特な雰囲気があるとして観光客などにも人気。なかでも長さ12m幅10mのふたつの石仏が並んでいる巨大な寝仏が有名。

**雲住寺**
🏠 91-44, Cheontae-ro Doam-myeon, Hwasun-gun
🏠 화순군 도암면 천태로 91-44
🏠 화순군 도암면 대초리 19-2
☎ (061) 374-0660
🕐 8:30〜17:00
🚫 無休　💴 無料
🚌 郡内バス218,318,318-1番「雲住寺（운주사)」徒歩8分
※バス停には周辺郡部のバスも乗り入れている。218、318、318-1番とも雲住寺を経由しない便があるので、よく確かめて乗る。本数は218番が多いが1時間に1本程度。帰路の時刻は寺の切符売り場で教えてくれる。
🔗 www.unjusa.kr

## COLUMN

### ◆ 高敞でヒーリング体験

韓国ではここにしかないという100%ゲルマニウム温浴施設を中心に、ヨガセンターや森林浴などを備えたリゾートパーク。ソウルのがんセンターと研究した治療食や健康食にも力を入れている。高敞の黄土やヒノキを使った宿泊棟もある。

日本風の大浴場もある

**高敞ウェルパークシティ**
고창웰파크시티/GochangWell Park City
MAP P.337右上 🏠 173, Seokjeong 2-ro Gochang-eup, Gochang-gun
🏠 고창군 고창읍 석정2로 173
🏠 고창군 고창읍 석정리733
☎ (063) 560-7500　💴 温泉₩1万1000
🚌 高敞ターミナルから循環バスで10分
🔗 www.wellparkcity.com

客室は自然建材を使用

食事からも体調を整える

 info 世界遺産に新たに登録された高敞干潟へは高敞共用バスターミナルから農漁村バスで行けるが1日3便。タクシーを利用すれば30分で行くことができる。

先史時代の遺跡が残る

高敞には、世界遺産に登録されたコインドル（支石墓）や城郭跡がある。

市外局番●063

●韓国で最も支石墓が密集する
**高敞支石墓群** 고창지석묘군
コチャン チソンミョグン

★★★ **世界遺産**
Gochang Dolmen Site

▶高敞郡 MAP P.337-A

韓国ではコインドルと呼ばれる支石墓は、足の長い石柱に蓋石を載せたテーブル状の「北方式」と、短い石柱に蓋石を載せた基盤状の「南方式」の2種類がある。高敞支石墓群は、北方式と南方式が混在しており、支石墓の研究において重要な資料として史跡に指定されている。その数は未だはっきりしないが、大学などの調査によると約2000墓にもおよぶと推定されている。

テーブル状の支石墓

●朝鮮王朝時代の城壁がよく保存されている
**高敞邑城** 고창읍성 Gochangeupseong Fortress
コチャンウプソン

★★★

▶高敞郡 MAP P.337-B

高敞の方丈山を囲むように造られた城壁。築造年代は不明だが、城壁に「癸酉年（1453年）に百姓によって造られた」と刻まれている。役所など22の建物があったとされるが戦乱などで焼失し、一部が復元されている。4月下旬から5月にかけては、ツツジの花が満開を迎えるので、1.6kmの城壁を一周しながら美しい景観が楽しめる。

**高敞への行き方**
光州総合バスターミナルから6:35〜20:20の1時間に2便。所要約1時間。運賃W4700。

**高敞支石墓群**
▶高敞コインドル博物館
住 74, Goindolgongwon-gil Gochang-eup, Gochang-gun
住 고창군 고창읍 고인돌공원길 74
旧 고창군 고창읍 도산리 676
TEL (063) 560-8666
開 3〜10月9:00〜18:00 11〜2月9:00〜17:00
休 月、1/1、旧正月とチュソク当日
料 W3000
交 市内バス高敞ー竹林(고창-죽림)行き「高敞郡ドルメン博物館(고창군고인돌박물관)」徒歩3分

**高敞邑城**
住 1Moyangseong-ro Gochang-eup, Gochang-gun
住 고창군 고창읍 모양성로 1
旧 고창군 고창읍 읍내리 125-9
TEL (063) 560-8067
開 4:00〜22:00 休 無休
料 W3000 交 高敞共用バスターミナル徒歩15分

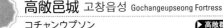

和順支石墓群に行ってきました。高敞、江華と比べると分かりやすい形の支石墓は少なく、少しがっかりしました。(栃木県 HIROKI-H '19秋)

337

# 潭陽 タミャン

담양 Damyang

竹林で名高い潭陽。名物の竹筒飯テトンバブを食べてみよう。

市外局番●061

## 潭陽への行き方

光州総合バスターミナルから
6:50〜22:45の20〜30分おき。
所要30分。運賃₩2800。

**竹緑苑**
- 住 119, Jungnogwon-ro Damyang-eup, Damyang-gun
- 住 담양군 담양읍 죽녹원로 119
- 旧 담양군 담양읍 향교리 282
- TEL (061) 380-2680
- 開 夏期9:00〜19:00 冬期9:00〜18:00
- 休 第1・4月曜　料 ₩3000
- 交 潭陽バスターミナルからバス311,60-1番「竹緑苑(죽녹원)」

**メタセコイア並木道**
- 住 12, Metasequoia-ro Damyang-eup, Damyang-gun
- 住 담양군 담양읍 메타세쿼이아로 12
- 旧 담양군 담양읍 학동리 633
- TEL (061) 380-3149
- 開 3〜10月9:00〜19:00 11〜2月9:00〜18:00
- 休 無休　料 ₩2000
- 交 潭陽バスターミナルからバス10-1,13-1番など「メタプロヴァンス(메타프로방스)」

---

●森林浴ならぬ竹林浴が楽しめる広大な竹林　★★

## 竹緑苑 죽녹원 Juknokwon (Bamboo Garden)

チュンノグォン

▶郷校里 MAP P.338-A

韓国国内で竹の産地として有名な潭陽郡が、散策路や展望台を整備・造成し、庭園として2003年にオープンした竹林。数々のドラマや映画、CMなどの撮影地としても知られ竹林浴を楽しめる。周辺には潭陽の郷土料理として名高い竹筒飯テトンバブの店が多い。

とにかく緑が美しい

公園前の観光案内所

●竹と並ぶ潭陽のシンボル　★★

## メタセコイア並木道 메타세쿼이어 길 Metasequoia-lined Road

メタセクォイオ キル

▶鶴洞里 MAP P.338-B

「韓国の美しい道100選」にも選ばれている、潭陽を代表する観光スポットのひとつ。1970年代に植えられ40年の時を経て美しく成長した。総8.5kmに渡って続く並木道には、高木のメタセコイアが両側に続いており、まるで自然が作り出したトンネルのよう。

美しい並木道

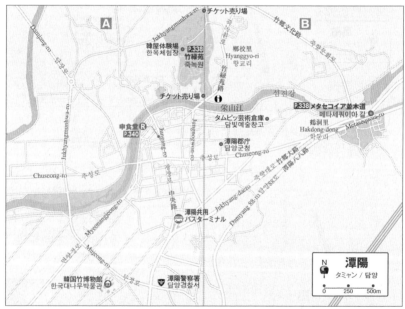

info タムビッ芸術倉庫は、穀物倉庫をアート空間にリノベーションした施設。「南松倉庫」というレトロな看板がその名残だ。併設のカフェには韓国唯一、高さ5mの竹のパイプオルガンがある。

# 光州と周辺のレストラン

## 大光食堂

대광식당 ●テグァンシクタン／大光食堂

光州名物の牛肉チヂミ、肉煎（ユクジョン）が食べられる店。生でも食べられそうな牛肉を薄切りにし、それにさっと衣をつけて目の前で焼いてくれる（₩2万8000）。牡蠣やイカのチヂミもある。

▶馬勒洞 | チヂミ
MAP P.331-A
住 15, Sangmu-daero 695beon-gil, Seo-gu
住 서구 상무대로695번길 15
旧 서구 마륵동 172-4
TEL (062) 226-3939　開 11:30〜14:30、16:30〜21:30　休 日、旧正月とチュソク連休　日 少し通じる
日メ あり　CC ADJMV

---

P.70-70
八田さんおすすめ

オリタン（アヒル鍋）
## ヨンミオリタン 영미오리탕

●英美鴨スープ

光州駅近くのオリタン（アヒル鍋）専門店。スープにはエゴマの粉がたっぷり入ってこうばしい。卓上には用意されたセリは一緒に煮込みながら味わう。オリタン半羽₩5万5000。

▶柳洞 | 鴨料理
MAP P.332中-B
住 126, Gyeongyang-ro, Buk-gu
住 북구 경양로 126
旧 북구 유동 102-31
TEL (062) 527-0248　開 11:00〜15:30、16:30〜21:00（L.O.1時間前）
休 旧正月、チュソク　日 不可
日メ なし　英メ なし　CC ADJMV

---

## 松汀トッカルビ1号店

송정떡갈비 1호점 ●ソンジョントッカルビイロジョム

いまや全国で食べられるようになり、韓国ハンバーグとも呼ばれるトッカルビは、光州松汀駅前に専門店が並ぶ。その中心にあるのがこの店。韓牛トッカルビ₩2万4000。

▶光州松汀駅 | 郷土料理
MAP P.332上
住 1, Gwangsan-ro 29beon-gil, Gwangsan-gu
住 광산구 광산로29번길 1
旧 광산구 송정2동 826-3
TEL (062) 944-1439　開 9:00〜21:30
休 日　日 不可
日メ あり　英メ あり　CC ADJMV

---

## ワンピョサラン

왕뼈사랑 ●ワンピョサラン

直訳すると「王が愛した骨」という名前の店。肉付きの豚の背骨が入ったピョヘジャンクク₩1万1000が看板料理で、石焼ご飯と一緒に提供される。長時間かけて煮込まれた豚肉が絶品。

▶バスターミナル | ヘジャンクク
MAP P.332中-A
住 937 Mujin-daero, Seo-gu
住 서구 무진대로 937
旧 광천동 41-7
TEL 0507-1378-0106
開 24時間（16:00〜17:00は中休み）
休 無休　日 不可
日メ なし　英メ なし　CC ADJMV

---

## チンストン

진스통 ●チンストン／Jinseutong

光州のB級グルメとして市民に愛されてきたのが天ぷらをサンチュに巻いて食べるサンチュティギム。ここはサンチュティギム₩5900を中心に、焼きそばやトンカツ、焼き飯、うどんなども人気の名物店。

▶黄金洞 | 天ぷら
MAP P.333-A
住 26, Chungjangnoan-gil, Dong-gu
住 동구 충장로안길 26
旧 동구 황금동 41-3
TEL (062) 233-3788
開 11:00〜22:00　休 第1・3火曜
日 不可　日メ なし　英メ なし
CC ADJMV

---

## 民俗村

민속촌 ●ミンソクチョン

国立アジア文化殿堂近くの人気店。評判の味付きテジカルビは₩3万3000。ひとり用メニューとしては、冷麺、ビビンバブ、カルビタンなどがある。近くのマハンジロ한지も系列店。

▶光山洞 | 焼肉
MAP P.333-B
住 37-2 Munhwajeondang-ro, Dong-gu
住 동구 문화전당로 37-2
旧 동구 광산동 69
TEL (062) 224-4577
開 11:30〜22:00
休 旧正月、チュソク　日 不可
日メ あり　英メ あり　CC ADJMV

---

info 光州から潭陽へは市内バスのほか、農漁村バス311番でも行ける。ユースクエアから15分間隔の運行で、光州駅、竹緑苑を経由する。

## 目下食堂

목하식당 ●モカシクタン

東明洞のカフェエリアにある若者に人気の店。オムレツ₩9000やリゾット₩1万4000、パスタ₩1万5000〜、たまごサンド₩7000など、洋食の軽食が揃っている。

▶ 東明洞
**MAP** P.333-B ［カフェ］
住 6, Dongmyeong-ro 25beon-gil, Dong-gu
住 東区 東明路25番길 6
旧 東区 東明洞 200-155
TEL 010-4711-8904 開 11:50〜15:00
(L.O.14:30)、17:00〜21:00(L.O.20:00)
休 月、旧正月とチュソク連休
日 不可 CC ADJMV

---

## サンベーカリー

썬베이커리 ●ソンベイカリ／Sun Bakery

おもしろい店が並ぶ松汀駅前の商店街「1913 松汀駅市場」の入口にある小さなベーカリー。そぼろパン₩2300やあんバターサンド₩3500などあんこ系のパンが店員さんのおすすめ。

▶ 光州松汀駅
**MAP** P.332上 ［パン］
住 2, Songjeong-ro 8beon-gil,
Gwangsan-gu
住 광산구 송정로8번길 2
旧 송정동996-7 TEL 0507-1443-8050
開 9:00〜22:00 休 第2月、旧正月と
チュソク連休 日 なし
英メ なし CC ADJMV

---

## ティーアットカフェ

티앗카페 ●ティーアッカペ／Tea at Cafe

個性的な店が点在する東明洞のカフェのなかでもひときわ若い人に人気。古い家屋をそのまま活かしており、中二階の屋根裏部屋は靴を脱いで上がる。各種茶₩6000〜。

▶ 東明洞
**MAP** P.333-B ［カフェ］
住 2, Dongmyeong-ro 14beon-gil
住 東区 東明路14번길 12
旧 東区 東明洞 154-4
TEL (062) 225-2684
開 12:00〜22:00 休 旧正月とチュソ
ク当日 日 不可 英メ あり
CC ADJMV

---

## 宮殿製菓

궁전제과 ●クンジョンジェグァ／Gungjeon Patisserie

光州を代表するパン屋さんのひとつ。蝶の形をしたナビパイ₩3500とたまごサラダが入った恐竜のたまごパンが有名。麻薬パン₩4000。ちゃんと個別包装されているので持ち帰りにもいい。

▶ 忠壮路
**MAP** P.333-A ［パン］
住 93-6, Chungjang-ro, Dong-gu
住 東区 忠壮路 95
旧 東区 忠壮路1가 1-9
TEL (062) 222-3477
開 10:00〜21:30 休 旧正月とチュ
ソク当日 日 不可 CC ADJMV
URL www.gungjeon.co.kr

---

## トッカルビ (叩きカルビ)
## 申食堂 신식당

●シンシクタン

P.63-8 八田さんおすすめ

全羅南道産の韓牛を網焼きにして仕上げるトッカルビ（牛カルビの叩き焼き）専門店。トッカルビ1人前250g₩3万2000。特選「花」トッカルビ1人前180g₩2万3000。いずれも2人前から注文可。限定販売のカルピタン₩1万5000も人気。

▶ 潭陽
**MAP** P.338-A ［郷土料理］
住 95, Jungang-ro, Damyang-gun
住 담양군 담양읍 중앙로 95
旧 담양군 담양읍 담주리 75-1
TEL (061)382-9901
開 11:30〜20:00
休 旧正月とチュソク当日 日 不可
日メ なし 英メ なし CC ADJMV

---

## ソクチョン プンチョンチャンオ

석정풍천장어 ●石井楓川うなぎ

高敞のウェルネスパーク近くにあるウナギ専門店。高敞を流れる川の汽水域一帯の名がついたブランドウナギ、プンチョンチャンオ 料理P.64-1●13 が名物。値段は時期により₩2万8000〜。

▶ 高敞近郊
**MAP** P.337右上 ［うなぎ］
住 105-2, Seokjeong 1-ro Gochang-gun
住 고창군 석정1로 105-2
旧 고창군 고창읍 석정리 792-6
TEL (063) 564-0592
開 11:00〜24:00、日12:00〜21:00
休 旧正月とチュソク当日
日 不可 CC ADJMV

---

info 光州の名物として知られるサンチュティギム（상추튀김）はエビや豚の入った練り物の天ぷらをサンチュで巻いて食べる料理。

# 光州のホテル

## A.C.C.デザインホテル

### A.C.C 디자인 호텔
●A.C.C. ディジャイン ホテル／A.C.C. Design Hotel

▶忠壮路 MAP P.333-A

錦南路エリア、駅からも繁華街からも近いエリア
に2016年にオープンした。部屋は白を基調とし、
スタイリッシュにまとめられている。刺身を出す
日本食レストランが入っている。

住 226-11, Geumnam-ro, Dong-gu
住 동구 금남로 226-11
旧 동구 충장로2가 6-1
TEL (062) 234-8000
料 S W ₩9万9000〜
日 不可
CC ADJMV
WiFi あり
URL en.acchotel.kr

## アウラ

### 아우라호텔
●アウラホテル／Aura Hotel

▶光州松汀駅 MAP P.332上

光州松汀駅近く、トッカルビ通りとの間あたりに
ある。旧市街へは地下鉄でアクセスでき、KTXと
の接続もいい。部屋も明るく広々としており、バ
スタブ付きの部屋もある。

住 28, Songjeong-ro 1beon-gil,
　Gwangsan-gu
住 광산구 송정로1번길 28
旧 광산구 송정동 840-31
TEL 0507-1482-0185
料 S W ₩7万7000〜
日 不可　CC ADJMV
WiFi あり
URL aurahotel.kr

## マドリッド

### 마드리드 비즈니스호텔
●マドゥリドゥビジュニスホテル／Madrid Business Hotel

▶光州松汀駅 MAP P.332上

光州松汀駅そばにある。ビジネスホテルだがビジ
ネスのみならず観光にも便利。部屋は明るくすっ
きりとしたデザイン。デラックスルームはクロー
ゼット型のクリーニング機付き。

住 11, Gwangsan-ro 19beon-gil,
　Gwangsan-gu
住 광산구 광산로19번길 11
旧 광산구 송정동 840-2
TEL (062) 941-0500
料 S W ₩7万5000〜
日 少し通じる
CC ADJMV　WiFi あり
URL www.madridhotel.kr

## パレス

### 파레스관광호텔
●パレス観光ホテル／Palace Tourist Hotel

▶黄金洞 MAP P.333-A

錦南路エリア、繁華街のほぼ中心にあり、夜遊び
にも便利な場所。同じビルにはレストランが入っ
ており、4〜6階がホテルになっている。部屋は
広々としており、朝食も豪華。

住 9-13, Jungang-ro 160beon-gil,
　Dong-gu
住 동구 중앙로 160번길 13
旧 동구 황금동 11-4
TEL (062) 222-2525
料 S W ₩9万6000〜
日 不可
CC ADJMV
WiFi あり

## シャルマン

### 샤르망모텔
●シャルマン モテル／Charmant Motel Gwangju

▶不老洞 MAP P.333-A

繁華街にあり、周囲には似た感じのモーテルが多
いが、ここは改装済みできれい。部屋は黒と白の
ツートーンを基調にした落ち着いた内装で、バス
タブ付きの部屋もある。

住 16-17, Jungang-ro 160beon-gil,
　Dong-gu
住 동구 중앙로 160번길 16-17
旧 동구 불로동 27-1
TEL (063) 223-4104
料 S W ₩3万5000〜
日 不可
CC ADJMV
WiFi

## オアシタ

### 오아시타 호스텔
●オアシタ ホステル／Oasita Hostel

▶東明洞 MAP P.333-B

東明洞にある旧来の家屋をまるまる1棟使ったホ
ステル。周囲はカフェが多いが閑静な住宅街でも
ある。ドミトリーは男女別になっており、共同
キッチンも使える。

住 20, Dongmyeong-ro 20beon-gil,
　Dong-gu
住 동구 동명로20번길 20
旧 동구 동명동 75-20
TEL 010-4145-9965
料 N S ₩2万3000〜
S ₩4万〜 W ₩6万〜
日 不可　CC ADJMV　WiFi あり
URL www.oasita.com

info 東明洞とならび有名な光州のカフェ通りが無等山エリアにある。都心から離れ空気もよい場所で
ゆったりとコーヒーを楽しめ、麦飯街もある。光州駅や錦南路5街などから81番バスで。

# 順天 スンチョン

順천 Suncheon

**観光案内所**
▶順天駅前
**MAP** P.343右下
**市内バス**･･････････････････
₩1500
（交通カード₩1400）
**タクシー**･･････････････････
初乗り₩3300（2kmまで）

**順天シティツアーバス**
出発は順天駅前の観光案内所
**TEL** 1522-8139（ヘソンヨヘン）
**URL** www.suncheon.go.kr/yeyak/0001/0002/list
▶都心循環コース
順天駅→ドラマ撮影地→国家公園→順天湿地帯→国家庭園→ウッチャン市場→バスターミナル→順天駅
火～日曜の10:10～18:10に運行。乗り降り自由（予約不要、先着順）
**料** ₩5000
▶テーマコース
松広寺、仙岩寺、映画撮影地などを訪れるコースは5人以上から催行。予約はウェブサイトか観光案内所で。
**料** ₩5000～1万6600

世界遺産に新しく登録された干潟を歩く

順天は、2006年にラムサール条約に登録された韓国最大の干潟のある町。郊外には藁葺き屋根の伝統家屋の集落や、慶長の役の際に小西行長が築いた城跡など特色のある見どころが点在する。全羅線と慶全線が乗り入れる交通の要衝。ここを基点に郊外を回るとよいだろう。

## 歩 き 方

**順天駅周辺**　ソウル龍山駅からKTXで2時間半、全州から1時間。順天駅周辺は繁華街となっており、線路沿いに右に進むと、日本統治時代に穀物倉庫として建てられた施設を活用した「青春倉庫」と呼ばれる商業施設があり、若者の手による小さな店や屋台がひしめく。

**順天東川西岸**　順天東川を渡ると、高速バス、市外バスともに発着する総合バスターミナルや、アレッチャン市場のあるエリアだ。川に沿って北へ進むと、アーティストたちが露店を並べる郷洞文化通りやウッチャン市場がある。

**グルメ**
順天はムツゴロウや灰貝といった干潟で採れる海の幸が名物。韓国でもなかなか食べられない食材なので、ぜひ試してみよう。

灰貝（コマク）

**グルメ**
順天はテジクッパプでも知られた町。特に店が多いのは順天駅近くのアレッチャン市場아랫장市場周辺と、文化通りがあるウッチャン市場웃장市場だ。アレッチャンは内臓も一緒に煮込んだネジャンクッパプ、ウッチャンでは内臓は入れずに澄んだだしを使ったテジクッパプが特徴。

**旅のポイント**
見どころが広範囲に散らばる順天はシティツアーバスの利用が便利。ソウルの龍山駅7:05のKTXに乗れば、順天駅前10:10発のバスに間に合う。

シティツアーバス

**info** 麗水空港から順天へは麗水市内バス96、330、960番が運行。逆に順天からのバスは順天市内バス330、960番が麗水空港を経由し、麗水市内へ行く。

## ACCESS

| ● ソウルから 서울 Seoul | | 所要時間 | 料金 |
|---|---|---|---|
| KTX | ソウル駅➡順天駅 7:05 9:48 12:40 16:38 17:39 | 約2時間40分 | ₩4万4300 |
| KORAIL | 龍山駅➡順天駅 5:46 11:57 14:05 15:18 19:17 | 約4時間40分 | ₩2万5400 |
| 市外バス | セントラルシティ🅣<br>➡順天総合🅣 | 7:20~18:10の間40分~2時間に1便程度 | 約3時間40分 | ₩2万1700<br>(一般) |

| ● 釜山から 부산 Busan | | 所要時間 | 料金 |
|---|---|---|---|
| 市外バス | 釜山西部市外🅣➡順天総合🅣 7:05~16:35の間1~2時間に1便程度 | 約2時間40分 | ₩1万2100(一般) |

| ● 光州から 광주 Gwangju | | 所要時間 | 料金 |
|---|---|---|---|
| 市外バス | 光州🅣➡順天総合🅣 5:55~22:40の間20~30分に1便程度 | 約1時間20分 | ₩8000(一般) |

| ● 麗水から 여수 Yeosu | | 所要時間 | 料金 |
|---|---|---|---|
| 市外バス | 麗水市外🅣➡<br>順天総合🅣 | 5:00~23:00の間10~35分に1便程度 | 約50分 | ₩4700(一般) |

🅣…バスターミナル

**近郊への市内バス**　見どころは町の周囲に点在しているので、見どころを回るには市内バスを利用しよう。市内バス66番は順天大学方面からウッチャン市場、バスターミナル、順天駅を通り、順天湾国家庭園や順天湾湿地帯へと行く。町の東にある順天ドラマ撮影場へは市内バス77番がバスターミナルや順天駅から出ている。

**大韓茶園** 대한다원
テハンダウォン　**MAP** P.87-C2
宝城郡は全国40%の茶が栽培されている韓国一の茶の産地。なかでも規模が大きいのがこの「大韓茶園」。『おバカちゃん注意報 ～ありったけの愛～』『夏の香り』など数々のドラマや映画の撮影も行われた。

🏠 763-67, Nokcha-ro Boseong-eup, Boseong-gun
🏠 보성군 보성읍 녹차로 763-67
🏚 보성군 보성읍 봉산리 1288-1
☎ (061) 852-4540
🕙 3~10月 9:00~18:00
　11~2月 9:00~17:00
休 無休　料 ₩4000
交 総合バスターミナルから木浦方面のバスに乗り、宝城まで所要約1時間20分、運賃は₩7100。市内バス「宝城-群鶴(보성-군학)」、「宝城-泉浦(보성-천포)」行きに乗り替える。運賃は₩1000(交通カード₩900)。「大韓茶園(대한다원)」徒歩10分
URL dhdawon.com

info 順天駅と順天ドラマ撮影場を中継する市内バス77番の終点は光陽バスターミナル。釜山や光州、大田など南部主要都市を結ぶバスが発着する。

# 見どころ

## 順天湾湿地帯

🏠 513-25, Suncheonman-gil, Suncheon-si
🏠 순천시 순천만길 513-25
🏚 순천시 대대동 162-2
☎ (061) 749-6052
🕐 10～1月8:00～17:00
　2月8:00～17:30
　3·9月8:00～18:00
　4月8:00～18:00
　5～8月8:00～19:00
🚫 無休　料 ₩8000
🚌 市内バス66番「順天湾湿地帯（순천만습지）」徒歩3分
🔗 www.suncheon.go.kr/tour/tourist/0002

## 順天湾国家庭園

🏠 47, Gukgajeongwon1ho-gil Suncheon-si
🏠 순천시 국가정원1호길 47
🏚 순천시 오천동 600
☎ (061) 749-3114
🕐 11～2月8:30～18:00
　3～4·10月8:30～19:00
　5～9月8:30～20:00
※最終入場1時間前
🚫 無休（一部施設は月）
料 ₩8000（順天湾湿原地帯と共通）
🚌 市内バス66番「国家庭園（국가정원）」徒歩8分
🔗 scbay.suncheon.go.kr

## 順天ドラマ撮影所

🏠 24, Biryegol-gil, Suncheon-si
🏠 순천시 전라남도 비례골길 24
🏚 순천시 조례동 22
☎ (061) 749-4003
🕐 9:00～18:00
※最終入場17:00
🚫 無休　料 ₩3000
🚌 市内バス77番「ドラマセット場（드라마세트장）」徒歩5分

## 楽安邑城民俗村

🏠 30, Chungmin-gil Nagan-myeon
🏠 낙안면 충민길 30
🏚 낙안면 동내리 438-1
☎ (061) 749-8831
🕐 5～9月 8:30～18:30
　2～4·10月 9:00～18:00
　11～1月 9:00～17:30
🚫 無休　料 ₩4000
🚌 市内バス63.68.61番「楽安邑城（낙안읍성）」徒歩2分
🔗 www.suncheon.go.kr/nagan

● 2021年に世界遺産に登録された　★★★ 世界遺産

## 順天湾湿地帯 순천만습지 Suncheonman Bay Wetland Reserve

スンチョンマンスプチ　▶ 大垈洞 MAP P.343

人の背丈より高い葦が生い茂る韓国最大の葦湿地。世界5大沿岸湿地である順天湾は、韓国で自然景観が最も美しい場所のひとつとされている。葦の湿地全体が一斉に風になびく様子はまるで海のよう。タンチョウやコウノトリ、都鳥など、多くの貴重な渡り鳥の生息地になっている。またここから東に10kmほどの所には、慶長の役の際に日本軍によって築かれ、順天城の戦いで知られる「順天倭城」がある。

最奥にある龍山展望台

● ピクニックも楽しめる広大な庭園　★★

## 順天湾国家庭園 순천만 국가 정원 Suncheonman Bay National Garden

スンチョンマン クッカ チョンウォン　▶ 五泉洞 MAP P.343

2013年に開かれた「順天湾国際庭園博覧会」の後、博覧会の施設を整備し、2014年にオープンした庭園。505種79万本の木、113種315万株の花が植えられている広大な敷地では、四季折々の緑や花々が楽しめる。また世界各国の庭園を再現した「世界庭園」のほか、野生動物園や盆栽芸術テーマパークなど1日では回りきれないほどたくさんの施設が詰め込まれている。

植物や庭園のテーマパーク

● レトロな町並みが再現された　★★

## 順天ドラマ撮影場 순천 드라마 촬영장 Suncheon Open Film Location

スンチョン トゥラマ チャリョンジャン　▶ 照礼洞 MAP P.343

軍の敷地を整備してできた撮影場で、1950～1980年代のソウルや、順天の町並みなどを忠実に再現している。韓国でも順天地域は四季がはっきりしているとされており、綺麗な映像が撮れるそうだ。700本ともいわれる数々の人気ドラマや、映画などがここで撮影された。レンタルの昔風の衣装を着てレトロな町並みを歩けば、そこはもう映画の中！

● 藁葺き屋根の家が並ぶ城塞村　★★★

## 楽安邑城民俗村 낙안읍성민속마을 Naganeupseong Folk Village

ナガンウプソンミンソンマウル　▶ 楽安面 MAP P.345

町全体が城壁に囲まれているこの村に入ると、一気にタイムスリップしたかのような雰囲気。400年前の朝鮮王朝時代の姿をしており、およそ100軒の藁葺き屋根の家が並び、そこには人々が暮らしている。藁の工芸品づくりなど体験コーナーも楽しめる。また人気ドラマ『宮廷女官チャングムの誓い』のロケ地としても知られている。

info ラムサール条約は、水鳥が生息する湿地の保護を目的に制定された国際条約。1975年に発効し、順天湾湿地帯は2006年に登録された。

### ●太古宗の総本山

## 仙岩寺 선암사 Seonamsa Temple

近郊

★★★ 世界遺産

ソナムサ

▶昇州邑 MAP P.345

新羅時代の875年、道詵国師が創建したとされている。アーチ型の昇仙橋や三層石塔などの文化財を有する古刹。周りには、樫の木や椿、イチョウの木、栗の木など、樹齢数百年の古木がうっそうとしており、紅葉の美しさでも有名。また境内に併設されている仙岩寺聖宝博物館では、仙岩寺所蔵の仏教美術品を展示、紹介している。テンプルステイ体験も年間通して可能。

仙岩寺の大雄殿

### ●曹渓宗発祥の地、かつての吉祥寺

## 松広寺 송광사 Songgwangsa Temple

近郊

★★

ソングァンサ

▶松光面 MAP P.345

仏教の三宝(仏、法、僧)のうち「僧」を擁する寺院として、韓国の3大寺刹のひとつに数えられる。その建立については、記録がないためはっきりしないが、新羅時代の末期と考えられている。高麗時代に大きく発展し、松広寺の象徴である16名の国師(国が認定する最高の僧職)の肖像画がある国師殿が有名。また、仏像の入れ物である国宝の「木彫三尊仏龕」でも知られる。

入口にある四天王像

羽化閣と三清橋

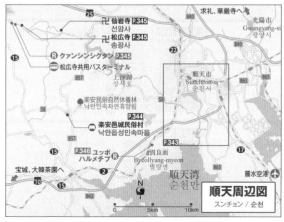
順天周辺図
スンチョン / 順天

**仙岩寺**
住 450, Seonamsa-gil Seungju-eup
住 승주읍 선암사길 450
旧 승주읍 죽학리 802
TEL (061)725-5108
開 3~5・10・11月7:00~19:00
　6~9月6:00~19:30
　12~2月7:00~18:00
休 無休　料 無料
交 市内バス16番「仙岩寺(선암사)」徒歩30分
URL xn--vf4b9hj5i.org

ドラマの撮影でもよく使われる昇仙橋

**松広寺**
住 100, Songgwangsaan-gil Songgwang-myeon
住 송광면 송광사안길 100
旧 송광면 신평리 12
TEL (061)755-0107
開 夏期6:00~19:00
　冬期7:00~18:00
休 無休　料 無料
交 市内バス63、111番「松広寺(송광사)」徒歩10分
URL www.songgwangsa.org

**クァンシンシクタン**
광신식당

▶松広寺 MAP P.345　山菜料理

松広寺の参道にある山菜料理が中心の食堂。灰貝(꼬막コマク)を使った料理も人気。
住 127, Songgwangsaan-gil Songgwang-myeon
住 송광면 송광사안길 127
旧 송광면 신평리 132-6
TEL (061)755-2555
開 7:30~21:00
休 旧正月とチュソク当日
日 不可　CC ADJMV

山菜定食(4人前から)

info 順天湾国家庭園から湿地帯へ向かうスカイキューブはPRT(プライベート・ラピッド・トランジット)というアジア初の新交通システム。運賃は往復₩8000。

345

**順天のレストラン**

## コンボンクッパプ 건봉국밥

アレッチャン市場近くにある、創業30年のクッパプ専門店。店頭の大鍋でグツグツ煮ており、店の奥にどんどん運ばれている。キムチなどのおかずはセルフでおかわりできる。スンデ（腸詰め）も人気。

▶ **中心部**
MAP P.343右下　クッパプ
🏠 65, Jangpyeong-ro, Suncheon-si
🏠 순천시 장평로 65
🏚 순천시 인제동 371-1
TEL (061) 752-0900　開 6:00〜21:00
休 旧正月とチュソク連休　日 不可
日✉ あり　英✉ あり　CC ADJMV

## ナムドパプサン 남도밥상

順天湾湿地の近くにある食堂。灰貝（コマク）が名物。塩ゆでをはじめ、大根と灰貝の佃煮を混ぜたビビンバプ、串焼き、チヂミ、醤油漬けなどがある。

料理 P.65-❶19　料理 P.66-❶26　料理 P.67-❶38

▶ **大龍洞**
MAP P.343　クッパプ
🏠 8, Dongneori-gil, Suncheon-si
🏠 순천시 동너리길 8
🏚 순천시 대룡동 132-2
TEL (061) 742-1145　開 10:00〜20:00
休 第1・3火曜、旧正月とチュソク当日
日 不可　日✉ なし　CC ADJMV

## チャントゥンオタン（ムツゴロウ鍋）
## ユッポハルメチプ
욕보할매집

順天名産のムツゴロウ料理専門店。下煮をした身をすりつぶして大根の葉と煮たチャントゥンオタンW8000が名物。旬の夏場には丸ごと煮込んだ鍋のチャントゥンオジョンゴルも提供。

P.69-61 八田さんおすすめ

▶ **別良面**
MAP P.345　郷土料理
🏠 36, Byeollyangjang-gil Byeollyang-myeon, Suncheon-si
🏠 순천시 별량면 별량장길 36
🏚 순천시 별량면 봉림리 208-1
TEL (061) 742-8304　開 12:00〜20:00
休 旧正月とチュソク当日　日 不可
日✉ なし　英✉ なし　CC ADJMV

## ブリュー・ワークス

브루웍스 ●ブルウォクス／BREWWORKS

もとは1945年に建てられた穀物倉庫。地元の青年たちが地域興しのため、文化の発信場所としてリニューアルした。1階はカフェと食材や加工品売り場、2階は工芸品売り場になっている。

▶ **中心部**
MAP P.343右下　カフェ
🏠 61, Yeokjeon-gil, Suncheon-si
🏠 순천시 역전길 61
🏚 순천시 조곡동 151-31
TEL (061) 745-2545
開 10:00〜22:00　休 無休　日 不可
日✉ なし　英✉ あり　CC ADJMV
URL brewworks.kr

 **順天のホテル**

## アート＆ステイ

아트 앤 스테이
●アトゥ エン ステイ／Art & Stay Hostel

駅前にありたいへん便利。館内にはオーナーの夫が撮った順天の写真が飾られている。ツインの部屋はベッドと2段ベッドの部屋がある。全15室。

🏠 126, Palma-ro, Suncheon-si
🏠 순천시 팔마로 126
🏚 순천시 조곡동 159-1
TEL 0507-1303-1829
料 Ⓢ Ⓦ W6万〜
日 不可
CC ADJMV　WiFi あり
URL artnstay.modoo.at

## アイアム

호텔아이엠
●ホテルアイエム／Hotel IAM

駅前のすぐ近くにある中級ホテル。立地のよさに加え、客室は新しく清潔。クローゼット型のクリーニング機スタイラーを完備。オンドル部屋もある。

🏠 6 Yeokjeongwangjang 1-gil, Suncheon-si
🏠 순천시 역전광장1길 6
🏚 순천시 조곡동 157-22
TEL (061) 744-1570
料 Ⓢ Ⓦ W4万5000〜
日 不可　CC ADJMV
WiFi あり

 info　順天湾国家庭園の近くにある順天湾エコビレッジユースホステル MAP P.343 は広い敷地のなかに韓屋スタイルで建てられた宿泊棟に滞在できる。個室はW5万〜。

**全羅南道 麗水市**　　　　　　　　海洋エキスポを機に大きく発展

www.yeosu.go.kr
市外局番●061
人口●28万4166人

ヨス 麗水

Yeosu 여수

麗水海上ケーブル
カーからの眺め

ヨス
麗水はリアス式海岸の港町として、周辺の島への観光拠点と
なっていたが、2012年の海洋エキスポを機にKTXが伸延し、
さらに訪れやすくなった。

町の中心は旅客船ターミナルのあるエリアで、港には魚市場
が立つ。内陸の山を越えたあたりにバスターミナル、さらに
北に行くと市庁のある麗水駅となる。北の港はエキスポが開
催された新ターミナルだ。

**ターミナルから中心部へ**　KTXの終着駅、麗水エキスポ駅の
すぐ近くには麗水エキスポフェリーターミナルがあり、済州
島からの便が着く。市内中心部へは市内バス2番などで。バ
スターミナルへは6、7、333番など。バスターミナルから中
心部へは5、6、7番など。

**観光案内所**
TEL (061) 664-8978 (麗水観
　光通訳案内所)
▶李舜臣広場
MAP P.348-A
▶麗水エキスポ駅
MAP P.347-B
TEL (061) 659-5696
開 9:00～21:00　休 無休
ほか市内数カ所にある
**市内バス**・・・・・・・・・・・・・・・・・・
₩1500 (交通カード₩1400)
**タクシー**・・・・・・・・・・・・・・・・・・・・
初乗り₩3300 (2kmまで)
**麗水シティツアーバス**
2階建てバスで市内と近郊
の観光スポットを巡るバスツ
アー。エキスポ駅10:30発→
鎮南館→昼食 (各自) →全
羅南道海洋水産科学館→向
日庵→麗水水産市場→エキ
スポ駅17:30着
要予約。入場料、昼食費は
別途。第1・3月曜運休。
TEL (061) 692-0900 (トンソ観光)
料 ₩5000

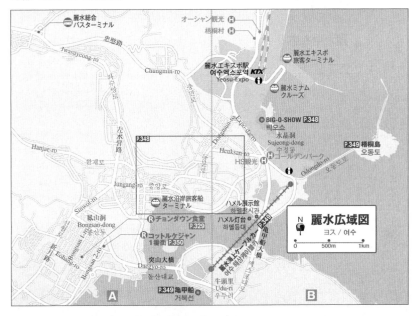

**N 麗水広域図**
ヨス / 여수
0　　500m　　1km

## ● ソウルから 서울 Seoul

|  |  |  | 所要時間 | 料金 |
|---|---|---|---|---|
| KTX | 龍山駅➡麗水エキスポ駅 | 5:10～21:50の間30分～2時間に1便程度 | 約3時間 | ₩4万7200 |
| 高速バス | セントラルシティ🚏➡麗水総合🚏 | 6:20～23:00の間1～2時間に1便程度 | 約4時間15分 | ₩3万7400(一般) |

## ● 釜山から 부산 Busan

|  |  |  | 所要時間 | 料金 |
|---|---|---|---|---|
| 市外バス | 釜山総合🚏➡麗水総合🚏 | 8:00～18:40の間2時間に1便程度、22:30（深夜） | 2時間50分 | ₩1万4600(一般) |

## ● 順天から 순천 Suncheon

|  |  |  | 所要時間 | 料金 |
|---|---|---|---|---|
| KTX | 順天駅➡麗水エキスポ駅 | 7:42～翌00:35の間1～2時間に2便程度 | 約20分 | ₩8400 |
| 市外バス | 順天総合🚏➡麗水総合🚏 | 5:00～22:05の間10～15分に1便程度 | 約50分 | ₩3700(一般) |

🚏…バスターミナル

### グルメ

麗水のグルメはワタリガニやイシガニなどのカニ料理。アナゴやハモも名物。カラシナのキムチ、カッキムチも土地の味だ。

さまざまなカニが楽しめる

### 宿泊

韓国でも1、2を争う観光地なだけに宿泊施設は多い。麗水エキスポ駅から市内までの東門路に中級～安いモーテルがある。

壁画村周辺では続々とペンションがオープン

### 旅のポイント

BIG-O-SHOWは0の形をしたオブジェを中心にした噴水ショー。映像との見事なコラボレーションが楽しめる。3～11月頃の公開。

**BIG-O-SHOW** 빅오쇼
🗺 **MAP** P.347-B
🏠 1, Bangnamhoe-gil, Yeosu-si
🏠 여수시 박람회길 1
🏚 여수시 덕충동2005
☎ (061) 659-2046
🕐 開演時間は日によって異なる
🌐 bigo.expo2012.kr

麗水中心部
ヨス / 여수

A / B

P.350 ベクチョン ソノマウル
P.350 マシュー
シャンボル 公和洞 Gonghwa-dong 공화동

鎮南館 P.350 진남관
チケット売り場

麗水警察署 여수경찰서

浪漫カフェ P.350
天使壁画村 P.349 천사벽화마을

李舜臣広場 이순신광장

沿岸旅客船ターミナル

麗水水産市場 여수수산시장

西市場 서시장

アンジュ 食堂 칠공주식당

麗水海洋公園 여수해양공원

ℹ️ 済州島への船は麗水エキスポ駅近くのターミナル発着。運賃は₩3万6700～。麗水発は月～土1:20（深夜なので曜日に注意）、済州島発は月～金16:50、日16:00。🌐 www.hanilexpress.co.kr

# 見どころ

● 桐と椿が生い茂る沖合いの島　★★
## 梧桐島 오동도 Odongdo Island
オドンド
▶水晶洞 **MAP** P.347-B

遠くから見ると、その形が桐の葉の形をしていることと、桐の木が多いことから梧桐島と呼ばれるように。また椿の木も多く、花が満開を迎える3月中旬には、島全体が赤く染まることで、椿島という別名を持つ。島の南側にある梧桐島灯台や、2.5kmにおよぶ森のトンネル散策路にはカップル客も多い。

島全体が公園となっている

● 青い空と白い壁に映える壁画　★★
## 天使壁画村 천사벽화마을 Gosodong Wall Painting Village
チョンサビョクァマウル
▶姑蘇洞 **MAP** P.348-B

李舜臣広場から東へ進んだところにある姑蘇洞には、海や空の青に映える白い壁の建物が目立つ。これをキャンバスとして壁画が描かれたのが、この天使壁画村だ。1004mにわたって描かれたことから「1004（チョンサ）」と同音の「天使」の名で呼ばれ、天使の壁画が描かれていたこともあった。作品のなかには人気漫画家が描いたものもある。

坂道が続く壁画村

● 朝鮮王朝救国の軍船　★★
## 亀甲船 거북선 Geobukseon Ship
コブクソン
▶牛頭里 **MAP** P.347-A

朝鮮王朝時代に活躍したとされる水軍の軍艦。その全容が亀のようだったことから亀甲船と呼ばれた。現存する当時の船体がないことや、史書の記述があいまいなことから不明な点が多いが、亀甲船を改造して巧みに使ったとされる、朝鮮水軍の名将・李舜臣 ▶P.491 とともに人気が高く、毎年5月には「麗水・亀甲船祭り」が開かれている。

● 絶景を見下ろす韓国初の海上ロープウエイ　★★★
## 麗水海上ケーブルカー 여수 해상 케이블카
Yeosu Maritime Cable Car ヨス ヘサン ケイブルカ
▶牛頭里 **MAP** P.347-B

2012年に国際博覧会（Expo2012）が行われてから、麗水には様々なレジャー施設ができた。なかでも人気なのが、麗水側の陸地である紫山公園と、カラシナキムチが名物の島・突山の間1.5kmを、片道13分で結ぶロープウエイ。韓国初の海上ロープウエイで、足元が透明なクリスタルキャビンに乗ると、眼下には美しい麗水の海が広がる。

---

**梧桐島**
住 222, Odongdo-ro, Yeosu-si
住 여수시 오동도로 222
旧 여수시 수정동 1-2
TEL (061) 664-8978
開 随時 休 無休 料 無料
交 市内バス2、68、76、333番「梧桐島入口（오동도입구）」徒歩4分

梧桐島の園内移動に便利な冬柏列車。1回₩1000

**天使壁画村**
住 Isunsingwangjang-ro, Yeosu-si
住 여수시 이순신광장로
旧 여수시 종화동
TEL (061) 664-8978
開 見学自由

**亀甲船**
住 3617-38, Dolsan-ro Dolsan-eup
住 돌산읍 돌산로 3617-38
旧 돌산읍 우두리 810-3
TEL (061) 644-3690
開 9:00～17:00
休 無休 料 ₩2000
交 市内バス100,103、105、106、109、111～116番「突山公園入口（돌산공원입구）」徒歩1分

**麗水海上ケーブルカー**
住 3600-1, Dolsan-ro Dolsan-eup
住 돌산읍 돌산로 3600-1
旧 돌산읍 우두리 794-89
TEL (061) 664-7301
開 9:30～21:30 休 無休
料 往復₩1万5000
交 市内バス100,103、105、106、109、111～116番「突山公園入口（돌산공원입구）」徒歩1分
URL yeosucablecar.com

---

info 亀甲船大橋のたもとにある風車と灯台は17世紀に全羅左水営に3年半滞在したヘンドリック・ハメルにちなんで建てられたもの。

## 麗水のレストラン

### 浪漫カフェ

낭만카페 ●ナンマンカフェ

▶姑蘇洞 [カフェ]
MAP P.348-B
住 11, Goso 5-gil, Yeosu-si
住 여수시 고소5길 11
旧 여수시 고소동 291-1
TEL (061) 661-1188
開 10:00~22:00(L.O.21:00)
休 無休 日 不可 日メ なし
英メ あり CC ADJMV

天使壁画村の坂を上ったところにある。麗水の海が一望できるフォトスポットとして、観光客の人気を集めている。ルーフトップからの眺めもすばらしい。ナンマン柚子コーヒー₩6500。

### コットルケジャン1番街

꽃돌게장1번가 ●コットルケジャン イルボンガ

▶鳳山洞 [カニ料理]
MAP P.347-A
住 36, Bongsan 2-ro, Yeosu-si
住 여수시 봉산2로 36
旧 여수시 봉산동 210-2
TEL (061) 644-0003 開 10:00~
15:00、17:00~21:30 休 旧正月と
チュソク連休 日 不可
CC ADJMV URL www.hanil-food.co.kr

カニ料理専門店。おすすめはコッケ（ワタリガニの鍋）定食。カニの天ぷらやカンジャンケジャン（カニの醤油漬け）などカニづくしの内容だ。ビニール手袋をつけて豪快に食べよう！ 料理 P.68-①/55

### ペクチョンソノ マウル

백천선어마을 ●百泉鮮魚村

▶公和洞 [焼き魚]
MAP P.348-B
住 2, Gonghwanam 2-gil, Yeosu-si
住 여수시 공화남2길 2
旧 여수시 공화동 740
TEL (061) 662-3717 開 11:00~
15:00、17:00~21:00 休 旧正
月、チュソク 日 不可 日メ あり
英メ あり CC ADJMV

旬の魚を提供する食堂。夏ならばミノ（ニベ）を試したい。ニベは高級魚だが漢字で民魚と書くように韓国の国民魚とされ、麗水や木浦では夏のスタミナ食として愛されている。 料理 P.63-①/11

 ## 麗水のホテル

### マシュー

마띠유
●マティユ／Matthieu Yeosu

▶公和洞 MAP P.348-B
住 20, Odongdo-ro, Yeosu-si
住 여수시 오동도로 20
旧 여수시 공화동 766
TEL (061) 662-3131
FAX (061) 662-3223
料 Ｓ Ｗ ₩7万~
日 不可
CC ADJMV
WiFi あり
URL www.matthieuyeosu.com

静かな環境にある3つ星ホテル。モダンなインテリアで全室にキングサイズのベッドが置かれている。海鮮コース料理を出すレストランのほか、1階にはカフェ、4階にガーデンキッチンがある。2019年には地下にアートギャラリーがオープンした。全43室。

鎮南館 MAP P.348-A
住 11, Dongmun-ro, Yeosu-si
住 여수시 동문로 11
旧 여수시 군자동 472
TEL (061) 659-5711
開 4~10月10:00~18:00
11~3月10:00~17:00
休 無休
交 市内バス2、61、80、82、
88番など「鎮南館（진남
관）」徒歩2分
URL www.yeosu.go.kr/tour

---

**COLUMN**

### ◆かつての水軍基地、鎮南館 チンナムグァン 진남관

鎮南館は豊臣秀吉による2度の朝鮮出兵の際、日本軍と戦った将軍・李舜臣イ・スンシン率いる水軍の本営だった場所。度重なる火災にみまわれてきたが、その度再建されて、約300年間変わらない姿をしており、国宝第304号に指定されている。2022年12月現在、発掘・復元事業のため休館中だが、2023年末頃には、敷地内に展示館がオープンする予定。

---

info 麗水はホテルの数が豊富。手頃なゲストハウスやペンションは天使壁画村周辺に多く、麗水港周辺には眺望良好な大型ホテルが立ち並ぶ。

全羅南道 木浦市　　　　　日本と関係の深い港町

www.mokpo.go.kr
市外局番●061
人口●23万2580人

モクポ **木浦**

Mokpo 목포

木浦海上ケーブルカーから眺める木浦市街

木浦は韓国の南西に開けた港。日本と大陸を結ぶ貿易港として古くから重要視された。旧市街に残る日本家屋は近年リニューアルされておしゃれなカフェやショップになって話題となった。旧東洋拓殖 ▶P.496 などの洋館は、町の移り変わりを展示する博物館として見学できる。

ソウルからの湖南線は木浦駅が終点。周囲は日本統治時代の日本人居住区で、当時の家並みが今も残る。木浦駅からさらに南の島へ船で渡る人は、1kmほど南にある木浦港へと移動する。木浦港には済州島行きの便が出る国際旅客ターミナルと、そのほかの島へ行く沿岸旅客ターミナルが隣り合うように建っている。木浦港と駅を結ぶ市内バス1番は、さらに総合バスターミナルへも行く、旅行者にとって便利な路線だ。

**観光案内所**
▶木浦駅構内
**MAP** P.353-B
**TEL** (061) 270-8599
**開** 9:00～18:00 **休** 無休

**市内バス** ････････････････
一般バス₩1500
（交通カード₩140）
座席バス₩2100
（交通カード₩2000）
**タクシー** ･･････････････････
初乗り₩3300（2kmまで）

**済州島へのフェリー**
済州島へのフェリーが出ている。所要5時間30分。
▶木浦発
木浦港国際旅客ターミナル発着。火～土9:00、翌1:00発、日・月9:00発。
▶済州島発
火～金・日13:40、17:00発、土・月17:00発。
**URL** www.seaferry.co.kr

**ACCESS**

| ● ソウルから 서울 Seoul | | | 所要時間 | 料金 |
|---|---|---|---|---|
| KTX | 龍山駅➡木浦駅 | 5:10～21:21の間1～2時間に1便程度 | 約2時間30分 | ₩5万2800 |
| KORAIL | 龍山駅➡木浦駅 | 7:36 11:09 16:57 | 約5時間10分 | ₩2万6600 |
| 高速バス | セントラルシティ🅣➡木浦総合🅣 | 6:00～23:55の間1時間30分～2時間に1便程度 | 約3時間50分 | ₩2万3100（一般） |

| ● 光州から 광주 Gwangju | | | 所要時間 | 料金 |
|---|---|---|---|---|
| KTX | 光州松汀駅➡木浦駅 | 7:02～23:09の間30分～2時間に1便程度 | 約35分 | ₩8400 |
| KORAIL | 光州松汀駅➡木浦駅 | 7:05 11:57 12:01 15:31 17:43 19:46 21:16 | 約50分 | ₩4300 |
| 市外バス | 光州🅣➡木浦総合🅣 | 6:00～22:40の間10～30分に1便程度 | 約50分 | ₩6800（一般） |

| ● 順天から 순천 Suncheon | | | 所要時間 | 料金 |
|---|---|---|---|---|
| 市外バス | 順天総合🅣➡木浦総合🅣 | 6:50～20:20の間30分～1時間に1便程度 | 約1時間50分 | ₩1万800（一般） |

| ● 全州から 전주 Jeonju | | | 所要時間 | 料金 |
|---|---|---|---|---|
| 市外バス | 全州市外🅣➡木浦総合🅣 | 6:10～18:21の間20分～1時間に1便程度 | 約3時間30分 | ₩1万5200（一般） |

🅣…バスターミナル

**info** 木浦総合バスターミナルは中心部からやや北に離れた場所にある。木浦駅へは市内バス1番の他に200番や300番などが頻発している。

# 見どころ

国立海洋文化財研究所

🏠 136, Namnong-ro, Mokpo-si
🏠 목포시 남농로 136
🏚 목포시 용해동 8
☎ (061) 270-2000
🕐 9:00～18:00
🚫 月　料 無料
🚌 市内バス7、15番「木浦自然史博物館（목포자연사박물관）」徒歩1分
🔗 www.seamuse.go.kr

●海中の文化遺産を発掘・保存する

## 国立海洋文化財研究所 국립해양문화재연구소 ★

National Maritime Museum クンニプヘヤンムヌァジェヨングソ ▶ 龍海洞 MAP P.352-B

昔の海路や難破船など、海洋文化に関する約2000点の遺物などが展示されている国立海洋博物館。なかでも1976年から9年間にわたって発掘が行われた新安船からは、高麗青磁をはじめ、中国や日本の様々な工芸品などの遺物が出てきて、貴重な研究資料となっている。常設展示2室では、補修、復元された新安船が見られる。

### グルメ

海の町として名物は多いが、ホンオ（ガンギエイ）が独特。アンモニア臭と発酵臭がするので好き嫌いは分かれるが試してほしい味。

ホンオフェ造り

### 宿泊

木浦駅周辺の旧市街にモーテルがある。新しいホテルは市の東の平和公園周辺にある。旧日本家屋街には若者向けの宿がある。

日本家屋街にもゲストハウスが増えている

### 旅のポイント

木浦海上ケーブルカー（ロープウエイ）は総延長3.23kmと韓国最長。儒達山を経由し、海を越え、高下島とを結ぶ。9:00～18:00の営業。

荒天の際は休業する

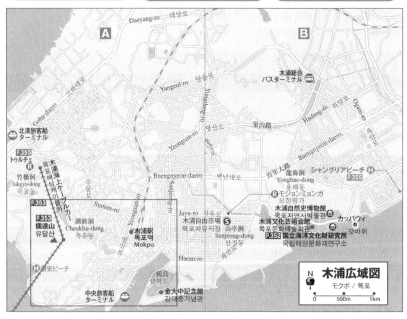

木浦広域図
モクポ／목포
0　500m　1km

info　木浦近郊の韓国インターナショナルサーキットでは2010～2013年にかけてF1の韓国グランプリが開催された。

## ●市街と黄海を見渡せる木浦のシンボル ★★

# 儒達山 유달산 Yudalsan Mountain

ユダルサン

▶測候洞 MAP P.353-A

市街と多島海を見下ろす、高さ228mの木浦の象徴的な山。入口にある露積峰は巨石のことで、上部が空を見上げる人の顔の形をしている。山頂までの道は整備されており、登山道に沿って登って行くと、所々にあるあずま屋で休憩もできる。山頂からは、木浦の町と多島海、その間を行き来するいくつもの船が一望でき、東洋画を連想させる景色が楽しめる。

露積峰と呼ばれる岩

古くからの港町

## ●重厚な石造り建築や昭和の商店建築が点在する ★★★

# 木浦近代歴史文化空間 목포근대역사 문화공간

モクポ クンデヨクサ ムヌァコンガン Old Japanese District ▶大義洞 MAP P.353-B

日本統治時代に、日本の資本と技術が導入され、綿栽培の事業が盛んになり、日本の各地から多くの日本人が移住していた木浦市。なかでも栄山路や儒達洞一帯には、多くの日本家屋や旧日本領事館、旧和信百貨店、旧東洋拓殖 ▶P.496 などの近代建築が残っている。2018年8月に、木浦市はこの一帯を木浦近代歴史文化空間と名付け、登録文化財に指定した。

旧日本領事館

---

**儒達山**

- 住 45, Nojeokbong-gil, Mokpo-si
- 住 목포시 노적봉길 45
- 旧 목포시 죽교동 산27-3
- TEL (061) 270-8599（木浦駅観光案内所）
- 開 随時 休 無休 料 無料
- 交 市内バス2、7、60、112番「儒達山郵便局（유달산 우체국）」徒歩15分

**木浦近代歴史館**

- 開 9:00〜18:00
- 休 月

1館（旧在木浦日本領事館）

- MAP P.353-B
- 住 6 Yeongsan-ro 29beon-gil Mokpo-si
- 住 목포시 영산로29번길 6
- 旧 목포시 대의동 2가 1-5
- TEL (061) 242-0340
- 料 ₩2000

2館（旧東洋拓殖木浦支店）

- MAP P.353-B
- 住 18 Beonhwa-ro Mokpo-si
- 住 목포시 번화로 18
- 旧 목포시 중앙동2가6
- TEL (061) 270-8728
- 料 無料

※2022年11月現在、改修工事のため内部見学不可

---

木浦中心部
モクポ / 목포

0 250 500m

info 日本家屋をリノベーションしたおしゃれカフェの有名店ヘンボギ カドゥカンチブ（幸せいっぱいの家）행복이가득한집 MAP P.353-B は木浦近代歴史館2館の斜め前にある。

## 海南大興寺

**住** 400, Daeheungsa-gil Samsan-myeon, Haenam
**住** 해남군 삼산면 대흥사길 400
**旧** 해남군 삼산면 구림리 799
**TEL** (061) 534-5502
**開** 8:30〜16:00
**休** (聖宝博物館は月)
**料** 無料
**交** 木浦総合バスターミナルから海南まで7:00〜20:00の2時間に1便程度。所要約1時間、運賃W8100。海南バスターミナルから「海南-大興寺(해남-대흥사)」バス「頭輪乗降場(두륜승강장)」徒歩25分
**URL** www.daeheungsa.co.kr

## 王仁博士遺蹟址

**住** 440, Wangin-ro, Gunseo-myeon, Yeongam-gun,
**住** 영암군 왕인로 440
**旧** 영암군 군서면 동구림리 18
**TEL** (061) 470-6643
**開** 9:00〜18:00
**休** 無休　**料** W1000
**交** 木浦総合バスターミナルから101番霊岩ターミナル(영암터미널)行きで「王仁博士遺蹟址(왕인박사유적지)」下車すぐ。
**URL** www.yeongam.go.kr(霊岩郡のウェブサイト)

●大屯寺の別名もある

**近郊**
# 海南大興寺 해남 대흥사 Daeheungsa Temple
ヘナム テフンサ

★★ 世界遺産

▶ 海南郡 **MAP** P.354-B

2018年に世界遺産に登録された、百済時代からの古刹。敷地内にある聖宝博物館には宝物88号「塔山寺銘銅鐘」や国宝第308号「大興寺北弥勒庵磨崖如来座像」の複製品など、多くの遺物を展示している。また、海南地域は茶所でも有名で、境内には、韓国初の茶に関する書籍である「東茶頌」を書いた、草衣禅師の銅像がある。

北院に建つ大雄宝殿

●千字文と論語を伝えた伝説の賢者ゆかりの地

**近郊**
# 王仁博士遺蹟址 왕인박사유적지 The Historic Site of Dr. Wangin
ワンインパクサ ユジョクチ

★

▶ 霊岩郡 **MAP** P.354-B

王仁(生没年不詳)は、古墳時代に百済から日本に渡り、漢字(千字文)と儒教(論語)を日本に伝えたという学者。古今和歌集の序歌「難波津に咲くやこの花冬ごもり今を春べと咲くやこの花」の作者としても知られている。資料に乏しく実在を疑う声もあるが、霊岩郡では王仁博士が生まれ、水を飲んだという伝承があるこの地でその功績を讃えている。日・中・韓の名士1000人がひと文字ずつ刻んだという「千人千字文」や展示館など、広い敷地に王仁ゆかりのさまざまな施設がある。近くには100里桜通りという桜の名所がある。

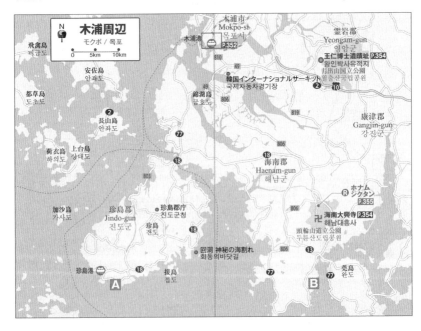

**info** 王仁博士は「古事記」では「和爾吉師」と書かれる。大阪府枚方市にゆかりとされる場所が多い。

# 木浦と周辺のレストラン

## トゥルチェ
뜰채 ●玉網

ナクチ（テナガダコ）の専門店。おすすめはヨンポタン 料理P.68-①●58 とナクチポックン。ナクチポックンはテナガダコと野菜を甘辛く炒めた料理。そのほかユッケタンタンイ 料理P.66-①●33 も人気。

▶ 竹橋洞
MAP P.352-A ｜タコ料理｜
住 229, Haeyangdaehak-ro, Mokpo-si
住 목포시 해양대학로 229
旧 목포시 죽교동 538-31
TEL (061) 244-9955
開 10:30〜21:00 休 月、旧正月とチュソク連休 日 不可
日メ なし 英メ なし CC ADJMV

---

P.66●30 八田さんおすすめ

## ミノフェ（ニベの刺し身）
## ヨンナンフェッチプ
영란횟집

1969年創業と木浦でも歴史あるニベ料理の専門店。真夏が旬の高級魚で地元ではスタミナ食材としても親しまれる。刺身は2人₩5万〜。刺身、チヂミ、鍋などのコースは2人前からで₩10万〜。

▶ 萬戸洞
MAP P.353-B ｜魚料理｜
住 42-1 Beonhwa-ro Mokpo-si
住 목포시 번화로 42-1
旧 목포시 만호동 1-5
TEL (061) 243-7311
開 10:00〜22:00 休 旧正月、チュソク
日 不可 日メ あり 英メ あり
CC ADJMV

---

P.69●65 八田さんおすすめ

## チャヨンサンポソッタン（天然キノコ鍋）
## ホナムシクタン
호남식당 ●湖南食堂

大興寺の参道に位置。店主自らが近隣の山で採る10数種類の天然キノコを煮込んだチャヨンサンポソッタン2人前₩3万〜が名物。味付けは塩のみで素材を活かして。

▶ 海南郡
MAP P.354-B ｜キノコ料理｜
住 143 Daeheungsa-gil
　 Samsan-myeon, Haenam-gun
住 해남군 삼산면 대흥사길 143
旧 해남군 삼산면 구림리 146-5
TEL (061) 534-5400
開 6:00〜20:00 休 無休 日 不可
日メ なし 英メ なし CC ADJMV

---

# 木浦のホテル

## 韓屋民泊 鶴隠齋
한옥민박 학은재 ●ハノンミンバク ハグンジェ

鶴隠齋は日本家屋の一軒家をそのまま貸し出しており、複数の客室とキッチンを完備。3人目以降の宿泊はひとりにつき₩1万プラス。オーナーは領事館に勤務していたので日本語が堪能。

▶ 日本家屋街 MAP P.353-B

住 51, Yudong-ro, Mokpo-si
住 목포시 유동로 51
旧 목포시 중앙동3가 9-3
TEL 010-8587-4398
料 Ⓢ ₩6万〜 Ⓦ ₩8万〜
日 通じる CC ADJMV
WiFi あり

---

## モンダヴィ
호텔몬다비 ●Hotel Mondavi

旧市街にある全87室の大型ホテル。モダンなインテリアで部屋は広く、バスタブも付く。化粧品の試供品のようなアメニティがたくさんあるのがユニーク。パソコンも部屋にある。

▶ 木浦駅周辺 MAP P.353-B

住 33, Sugang-ro 4beon-gil,
　 Mokpo-si
住 목포시 수강로 4번길 33
旧 목포시 축복동2가 4-2
TEL (061) 242-2200
料 Ⓢ Ⓦ ₩5万5000〜
日 不可 CC ADJMV WiFi あり
URL www.mondavihotel.com

---

## シャングリアビーチ
샹그리아비치호텔
●シャングリア ビチ ホテル／Shangria Beach Hotel

噴水ショーが行われる平和広場の近くにある全71室の大型ホテル。部屋は白と茶のシックな高級感あふれるインテリア。バスタブあり。

▶ 新都心 MAP P.352-B

住 79, Pyeonghwa-ro, Mokpo-si
住 목포시 평화로 79
旧 목포시 상동 1144-7
TEL (061) 285-0100
料 Ⓢ Ⓦ ₩12万9000〜
日 不可 CC ADJMV
WiFi あり
URL www.shangriahotel.co.kr

---

info 木浦総合水産市場 MAP P.353-B の近くにはホンオフェ（ガンギエイの刺身）を提供する食堂が多い。4〜5種類のパンチャン付きで₩3万程度、店にもよるが1人前の注文も可能。

# 全州 チョンジュ

전주 Jeonju

www.jeonju.go.kr
市外局番●063
人口●65万2696人

## 観光案内所
▶全州高速バスターミナル前
MAP P.357
TEL (063) 255-6949
開 9:00〜18:00
▶全州駅前
MAP P.358-B1
TEL (063) 241-6949
開 9:00〜18:00
▶全州韓屋村内
MAP P.360-B
TEL (063) 282-1330
開 9:00〜18:00
ほか市内3ヵ所に観光案内所がある。

バスターミナル前観光案内所

## 市内バス
運賃₩1500
（交通カード₩1450）
バス路線は全州市公式サイト内で検索できる（韓国語のみ）

## タクシー
初乗り₩3300

イチョウが色づく太祖路

朝鮮王朝の初代国王、李成桂 ▶P.491 は全州李氏という氏族で、もともとは全州の出とされる。慶基殿は、彼の肖像を祀るために造られたものだ。また慶基殿の周囲は古い韓屋が密集する韓屋村。カフェやショップが並ぶそぞろ歩きが楽しい観光エリアだ。韓服をレンタルして伝統工芸にチャレンジするのもおすすめ。

## 歩き方

**旧市街が町の中心**　韓屋村などおもな見どころのある旧市街は町の中心でもある。繁華街もこのエリアを中心に広がっており、観光はもちろん、おみやげ探しから名物料理までひと通りここですべてのことができる。

**ターミナルから旧市街へ**　鉄道駅やバスターミナルは旧市街から少し離れているので、市内バスやタクシーを使って入る。市内バスの便は多く、アクセスはそう難しくはない。

### グルメ

全州はさまざまな食材が彩りよく盛りつけられたビビンバブで有名な町。名店といわれる店がたくさんあるので、食べ比べも楽しい。

全州ビビンバブ

### ショッピング
豊南門の南にある南部市場では、週末になると夜市が開かれる。屋台グルメのほか、手作りの小物を売るお店もたくさん。

南部市場の夜市

### 旅のポイント

韓服レンタルショップでは、必要な小物を入れるかばんも借りられるが、韓服に合わせたデザインのものを持って行くのもいい。

韓服姿でポーズ！

info 全州では毎年10月に全州ビビンバブ祭りが行われている。会場は韓国伝統文化殿堂 MAP P.358-A・B2 とその周辺。

ACCESS

| ● ソウルから 서울 Seoul | | | 所要時間 | 料金 |
|---|---|---|---|---|
| KTX | 龍山駅➡全州駅 | 5:10～21:50の30分～1時間に1便程度 | 約1時間45分 | ₩3万4400 |
| 高速バス | セントラルシティ🅣➡全州高速🅣 | 5:30～24:00の間10～40分に1便程度 | 約2時間40分 | ₩1万4300（一般） |
| 高速バス | 東ソウル総合🅣➡全州高速🅣 | 6:00～20:30の間1時間に1便程度 | 約2時間50分 | ₩1万5900（一般） |

| ● 仁川国際空港から 인천국제공항 Incheon International Airport | | | 所要時間 | 料金 |
|---|---|---|---|---|
| リムジンバス | 仁川空港第1ターミナル➡リムジン🅣 | 7:15～19:25の間、1時間～2時間30分に1便程度 | 約4時間 | ₩2万9300 |

| ● 大邱から 대구 Daegu | | | 所要時間 | 料金 |
|---|---|---|---|---|
| 市外バス | 東大邱🅣➡全州市外🅣 | 6:30～19:40の間1時間30分に1便程度 | 約2時間50分 | ₩1万9500（一般） |

| ● 釜山から 부산 Busan | | | 所要時間 | 料金 |
|---|---|---|---|---|
| 市外バス | 釜山西部市外🅣➡全州市外🅣 | 7:10～19:00の間1～2時間に1便程度 22:30（深夜） | 約3時間10分 | ₩1万8800（一般） |

| ● 光州から 광주 Gwangju | | | 所要時間 | 料金 |
|---|---|---|---|---|
| 市外バス | 光州🅣➡全州市外🅣 | 6:10～22:30の間15～40分に1便程度 | 約1時間30分 | ₩7500（一般） |

🅣…バスターミナル

### ▶ 鉄道駅

ソウルからの鉄道線は益山で分岐する。全州を通るのは南原、順天、麗水へと延びる全羅線。旧市街へは、60、79、109、119、142、513、515、522、535、536、541、546、806、871、872、999などの市内バスが頻発している。

### ▶ 長距離バスターミナル

全州の長距離バスターミナルは、高速バス、市外バス、仁川国際空港へのリムジンバスがそれぞれ別のターミナルとなっているが、すべて金岩洞にあり隣り合っているので使いやすい。市外バスターミナルを中心に、大通りを挟んで向かい側がリムジンバス、市外バスターミナルの建物をひとつ挟んだ並びに建っているのが高速バスのターミナルだ。

市外バスターミナル前から旧市街へと直通する市内バスは、79、999、1994番のみだが、市外バスターミナルを出て左へ進み、金岩広場まで5分ほど歩けば、旧市街方面への市内バスが頻発している。使いやすいのは7-1番バス。韓紙博物館→金岩広場→旧市街→全州博物館→韓紙博物館と循環する。

バスターミナル周辺

---

市外バスターミナル

**ソウル発**
**外国人専用シャトルバス**

ソウルから週末に全州に行くなら、全羅北道シャトルバスが便利。ウェブサイトで会員登録して予約する。

金・土・日・祝8:00、ソウル駅15番出口から出発（11:30全州韓屋村着。戻りは17:00発、20:30着）。

📞 (02) 2063-3543
💴 10US$ 休 1・2月
🔗 www.jbshuttle.com

**レトロ車両の999番バス**

全州では観光バスの運行はないが、似た役割を果たすのが999番バス。ルートは全州動物園→全州駅→市外バスターミナル→八達路→全州韓屋村、豊南門→全州教育大方面 運賃は市内バスと同じ。

かわいい外観の999番バス

---

ℹ️ 光州～全州間は高速バスだけではなく市外バスも頻発。時間が合わなければこちらの利用も。

全州広域図
チョンジュ / 全州

全州旧市街
チョンジュ / 全州

# 見どころ

●現代に蘇った美しい旧市街　　　　　★★★

## 全州韓屋村 전주 한옥마을 Jeonju Hanok Village

チョンジュ ハノンマウル　　　▶旧市街 MAP P.360

韓国伝統家屋である韓屋600軒あまりが集落をなす地域で、朝鮮王朝時代の景観を今でも見ることができる。伝統工芸や酒の博物館、生活体験館などがあり、宿泊して全州名物のビビンバプが味わえる施設も。レンタルの伝統衣装を着て町を散策することもできる。

瓦屋根が並ぶ韓屋村

**慶基殿**　朝鮮王朝を建国した李成桂 ▶P.491 の御真(公式の肖像画)を奉るため1410年に建てられ「慶ばしい場所に建てられた」という意味をもつ慶基殿と名付けられた。御真があった正殿は1597年に慶長の役で焼け落ちたが、1614年

韓服姿の旅行者が目立つ慶基殿

に再建された。『宮〜Love in Palace』『明成皇后』『雲が描いた月明かり』など、時代劇ドラマの舞台ともなっている。

**御真博物館**　朝鮮王朝の太祖李成桂の肖像画を展示するため、2010年に建てられた。館内には太祖のほか、世宗、英祖、正祖などの肖像画が納められている。同じ慶基殿の敷地には、朝鮮王朝公式の歴史書『朝鮮王朝実録』を文禄の役まで保管していた全州史庫(1991年再建)もある。

**梧木台**　戦いに勝った李成桂が宴を催して『大風歌』(中国の楚漢戦争で、項羽に勝って漢の高祖となった劉邦が詠んだという漢詩)を歌ったという場所。丘の頂上には趣きのある社が建てられており、ここでのんびり過ごしている人も多い。

**客舎**　朝鮮王朝時代、外国からの客をもてなすための施設として建てられたのでこのように呼ばれる。客人たちはここで国王などと謁見した。現在はここから北に商店街が広がっており、「歩きたい道(걷고싶은거리)」と呼ばれている。

豊沛之館(プンペジグァン)と書かれた客舎

紅葉の季節を迎えた梧木台

---

### 全州韓屋村
住 99, Girin-daero, Wansan-gu
住 완산구 기린대로 99
旧 완산구 남노송동 100-1
TEL (063) 282-1330
交 市内バス79、87、89、119番など「殿洞聖堂、韓屋村(전동성당.한옥마을)」
URL hanok.jeonju.go.kr

### 慶基殿
MAP P.360-A
住 44, Taejo-ro, Wansan-gu
住 완산구 태조로 44
旧 완산구 풍남동3가 91-5
TEL (063) 281-2788
開 9:00〜18:00
休 無休 料 ₩3000
※11:00と14:00に日本語のガイドツアーがある。

### 御真博物館
MAP P.360-A
住 44, Taejo-ro, Wansan-gu
住 완산구 태조로 44
旧 완산구 풍남동3가 91-5
TEL (063) 231-0090
開 11〜2月9:00〜18:00
　3〜5・9・10月9:00〜19:00
　6〜8月9:00〜20:00
休 1/1
料 慶基殿と共通
URL www.eojinmuseum.org

### 梧木台
MAP P.358-B3
住 55, Girin-daero, Wansan-gu
住 완산구 기린대로 55
旧 완산구 교동 산1-3
TEL (063) 281-2144
開 随時 休 無休 料 無料

### 客舎
MAP P.358-A3
住 59, Chunggyeong-ro, Wansan-gu
住 완산구 충경로 59
旧 완산구 중앙동3가 1-1
TEL (063) 281-2787
開 9:00〜18:00
休 無休 料 無料
交 市内バス381、383、385、354、355、62番「客舎(객사)」徒歩2分

---

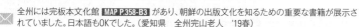
全州には完板本文化館 MAP P.358-B3 があり、朝鮮の出版文化を知るための重要な書籍が展示されていました。日本語もOKでした。(愛知県　全州完山老人　'19春)

**住** 1, Pungnammun 3-gil,
Wansan-gu
**住** 完山区 풍남문3길 1
**旧** 完山区 전동 83-4
**TEL** (063) 287-6008
**開** 随時 **休** 無休 **料** 無料
**交** 市内バス87、89、121番
「豊南門（풍남문）」

全州韓紙博物館
**住** 59, Palbok-ro, Deokjin-gu
**住** 徳津区 팔복로 59
**旧** 徳津区 팔복동2가 180
**TEL** (063) 210-8103
**開** 9:00〜17:00
**休** 日・月、1/1、旧正月とチュ
ソク連休
**料** 無料
**交** 市内バス381、383、385番
「八福ガソリンスタンド
（팔복주유소）」徒歩13分
**URL** www.hanjimuseum.co.kr
※2023年1月現在休館中

● 現在まで残る唯一の城門 　　　　　　　　★★

# 豊南門 풍남문 Pungnammun Gate

プンナムン　　　　　　　　　▶旧市街 **MAP** P.358-A3

高麗時代の末期に築造された、全州市街の中心部にある城
門。1767年に焼失したが、すぐに再建され名前が「豊南門」
となった。4つある城門のうち唯
一残っている豊南門は、1963年に
は重要文化財に指定され、1978年
に修復したのが現在の姿。夜はラ
イトアップされ、デートコースの
ひとつとしても人気。

全州のシンボルでもある豊南門

● 紙漉き体験ができる 　　　　　　　　　★★

# 全州韓紙博物館 전주한지박물관 Jeonju Hanji Museum

チョンジュハンジパンムルグァン　　▶八福洞 **MAP** P.358-A1

全州の大手製紙会社「全州ペーパー」が運営する韓紙の博
物館。韓紙歴史館では、紙がなかった時代の記録媒体や紙
の発明と伝来、韓紙の製作過程
と道具などを展示。韓紙生活館で
は、環境に優しいインテリア
素材としての韓紙も紹介してい
る。また韓紙作り体験や木版印
刷体験が楽しめる。

昔ながらの方法で紙漉き体験

**info** 廣基殿の南にあるキリスト教会、殿洞聖堂（チョンドンソンダン）**MAP** P.358-B3 は1914年に建てら
れた由緒ある教会。朝鮮王朝時代の殉教地に建てられている。

●全羅北道の文化財を集めた ★★

# 国立全州博物館 국립전주박물관 Jeonju National Museum

クンニプチョンジュパンムルグァン ▶孝子洞 MAP P.358-A2

全羅北道地域の文化遺産を研究、展示するために、1990年に開館した博物館。全州で発掘された、先史時代や馬韓、百済時代の文化財を中心に、各種仏教美術品、陶磁器、金属工芸、書画、書籍、民俗資料など約3万点を展示している。国宝第123号の益山王宮里五層石塔の中から発見した遺物や、法華経折本寫本、全州李氏高林君派宗中文書など、数々の文化財が見られる。

●心ゆくまで飲み明かそう ★★

# 全州マッコリタウン 전주 막걸리 타운 Jeonju Korean Rice Wine Town

チョンジュ マッコルリ タウン ▶三川洞他 MAP P.358-A2など

全州市には計7ヵ所のマッコリタウンがあるが、なかでも店舗数が多く、評判の良い店が集まる「三川洞」が人気。全州のマッコリタウンは独特なシステムで有名だが、約2リットル入りのやかんマッコリを頼めば、何を注文するか悩む必要もなく、次々と料理が出てきて、あっという間にテーブルがいっぱいになる。

まずはやかんマッコリと取り皿から

●奇妙な形のふたつの山 ★★★

近郊
# 馬耳山と塔寺 마이산/탑사 Maisan & Tapsa Temple

マイサン タプサ ▶鎮安郡 MAP P.361

馬の耳に似たアム馬耳峰とスッ馬耳峰のふたつの峰がその名の由来。山全体の表面にはタフォニと呼ばれる穴があるのが特徴的。この馬耳山には、大小の石を積み上げてできた巨大な石塔がいくつもあるが、馬耳山で修行をしていた李甲龍という人が、人々の罪滅ぼしのためにと、神のお告げを受けて、ひとりで積み上げたとされている。

●全羅北道と南道の境にそびえる ★★★

近郊
# 内蔵山 내장산 Naejangsan

ネジャンサン ▶井邑市 MAP P.83-C2

標高763mの神仙峰を中心に、蓮池峰や将軍峰、燕子峰など9つの峰が、蹄の形で連なっており、内蔵山国立公園になっている。紅葉といえば内蔵山というほど人気を集めており、紅葉の季節には韓国各地から観光客が訪れる景勝地。10月下旬が紅葉のピークで、色とりどりの紅葉を楽しむ登山客も多いが、ロープウエイで展望台を目指すのもよい。

---

## 国立全州博物館
🏠 249, Ssukgogae-ro, Wansan-gu
🏠 완산구 쑥고개로 249
旧 완산구 효자동2가 900
TEL (063) 223-5651
開 10:00〜18:00
休 正月、旧正月、チュソク 料 無料
交 市内バス684.62.554.559番「全州博物館全州歴史博物館(전주박물관전주역사박물관)」徒歩2分
URL jeonju.museum.go.kr

## 全州マッコリタウン(三川洞)
交 市内バス5-1、74、119、381、383、423、424、428番「三川洞マッコリ路地(삼천동막걸리골목)」

## 馬耳山(塔寺)
🏠 367, Maisannam-ro Maryeong-myeon, Jinan-gun
🏠 진안군 마령면 마이산남로 367
旧 진안군 마령면 동촌리 8
TEL (063) 433-0012
開 随時 休 無休
料 ₩3000
交 全州駅から「塔寺(탑사)行きバスが9:30 12:10 15:30 18:00発、所要45分

## 内蔵山
🏠 1207, Naejangsan-ro, Jeongeup-si
🏠 정읍시 내장산로 1207
旧 정읍시 내장동 673-1
TEL (063) 538-7875
開 日の出〜日没 休 無休
交 全州市外バスターミナルから市外バス「井邑(정읍)」。市内バス171番「内蔵寺(내장사)」

馬耳山周辺 マイサン／마이산
0 1km 2km

# 全州のレストラン

## シンベンイ

신뱅이

キムチ作りの名人アン・ミョンジさんが経営するお店。全州ビビンバブ、キムチクッパブ、キムチチヂミなどいずれもキムチを前面に出した料理で、白いキムチクッパブは特許も取得している。

▶ 旧市街
MAP P.358-B3　郷土料理
住 153-9, Gyonggicheon-gil, Wansan-gu
住 전주시 완산구 경기전길 153-9
旧 전주시 완산구 교동 98-1
TEL (063) 282-3030
開 8:00～20:00
休 無休　日 可
日メ あり　英メ なし　CC ADJMV

## ハングクチプ

한국집 ●韓国家

韓屋村の入口にあり、いつも多くの人でにぎわうビビンバブ専門店。彩りよく盛りつけられたビビンバブ₩1万2000は上品な味わい。ユッケビビンバブ₩1万4000もある。料理 P.71-◉78

▶ 旧市街
MAP P.358-A3　郷土料理
住 119, Eojin-gil, Wansan-gu
住 완산구 어진길 119
旧 완산구 전동 2-1
TEL (063) 284-2224　開 9:30～
16:00、17:00～21:00　休 旧正月とチュソク当日　日 不可　日メ あり
英メ なし　CC ADJMV

## ソンミダン

성미당 ●盛味堂

創業50年を超える全州ビビンバブの店だが、きれいにリノベーションされている。店のメインメニューは全州伝統ユッケビビンバブ₩1万6000などビビンバブが中心だが、参鶏湯₩1万6000や鍋料理もある。

▶ 旧市街
MAP P.358-A3　郷土料理
住 9-9, Jeollagamyeong 5-gil, Wansan-gu
住 완산구 전라감영5길 19-9
旧 완산구 중앙동3가 31-2
TEL (063) 287-8800　開 11:00～
16:00、17:30～20:00(土・日11:00～
20:00)　休 月　日 不可　日メ あり
英メ なし　CC ADJMV

## ヤンバンガ

양반가 ●両班家

韓屋村の中にある韓定食の店。韓定食（注文は4人前以上）は₩10万～28万。韓定食ではない通常の定食もあり、こちらは2人前₩11万。料理 P.64-◉16
料理 P.65-◉23　料理 P.66-◉32　料理 P.73-◉99

▶ 旧市街
MAP P.360-A　韓定食
住 30-2, Choemyeonghui-gil, Wansan-gu
住 완산구 최명희길 30-2
旧 완산구 풍남동3가 79-2
TEL (063) 282-0054　開 11:00～
15:00、17:00～21:00　休 火、旧正月とチュソク連休　日 不可　日メ あり
英メ なし　CC ADJMV

## ハンビョクチプ

한벽집 ●寒碧家

全州名物の魚と大根を使った鍋料理、オモガリタンの専門店。魚はソガリ（高麗桂魚）、パガ（ギギ）、メギ（ナマズ）、ピラミ（オイカワ）、セウ（エビ）などから選ぶことができ、魚によって料金が異なる。

▶ 旧市街
MAP P.358-B3　オモガリタン
住 4 Cheonjucheondong-ro Wansan-gu
住 완산구 전주천동로 4
旧 완산구 교동 2-9
TEL (063) 284-2736
開 10:00～21:00
休 旧正月、チュソク当日　日 不可
日メ なし　英メ なし　CC ADJMV

## サミルグァン

삼일관 ●三一館

隣のサムベクチプと並ぶ全州名物の豆もやしを使ったコンナムルクッパブのお店。土鍋に入ったコンナムルクッパブ₩7000～は卵が落としてあり、雑炊のような味わい。牛のソンジクッパブも人気で₩7000。

▶ 旧市街
MAP P.358-A3　クッパブ
住 20, Jeonjugaeksa 2-gil, Wansan-gu
住 완산구 전주객사2길 20
旧 완산구 고사동 451
TEL (063) 284-8964
開 24時間
休 旧正月、チュソク当日　日 不可
日メ なし　英メ なし　CC ADJMV

info シンベンイのオーナー、アン・ミョンジさんは、親日家で日本語も堪能。埼玉県で10年にわたり、キムジャン作りを行った経験もある。

## チョンジュウェンイ

전주행이 콩나물국밥전문점
●全州ウェンイ コンナムルクッパプ専門店

コンナムルクッパプと薬草入りのマッコリ、モジュのみという潔いお店。みんなが頼むクッパプはW8000。一緒についてくる卵を入れて食べるのもいい。

▶旧市街　コンナムルクッパプ
MAP P.360-A
住 88, Dongmun-gil, Wansan-gu
住 완산구 동문길 88
旧 완산구 경원동2가 12-1
TEL (063) 287-6980　開 7:00～21:00
(L.O.20:00)　休 無休
日 不可　日文 あり
日文 なし　英文 なし　CC ADJMV

料理 P.70-1●72

## サムベクチプ全州本店

삼백집 전주본점 ●サムベクチプ チョンジュボンジョム／三百家

全国に店舗があるコンナムルクッパプのサムベクチプの本店がここ。コンナムルクッパプはW7000のほか、焼き餃子クンマンドゥW5000や韓牛のソンジオンバンW8000などもある。

▶旧市街　クッパプ
MAP P.358-A3
住 22, Jeonjugaeksa 2-gil, Wansan-gu
住 완산구 전주객사2길 22
旧 완산구 고사동 454-1
TEL (063) 284-2227　開 6:00～22:00
(L.O.21:30)　休 無休　日 不可
日文 なし　英文 なし　CC ADJMV

## イェッチョンマッコリ

옛촌막걸리 ●古村マッコリ

バスターミナルからも旧市街からもそれほど遠くないエリアにあるマッコリタウンの有名店。マッコリは料理がついてランチセットがW2万5000、カップルセットW4万3000。

▶西新洞　居酒屋
MAP P.358-A1
住 11, Seosincheonbyeon-ro, Wansan-gu
住 완산구 서신천변로 11
旧 완산구 서신동 843-16
TEL (063) 272-9992
開 15:00～22:00 (日～23:00)
休 無休　日 不可
日文 なし　英文 なし　CC ADJMV

## キルコリヤ

길거리야 ●Gilgeoriya

鶏肉と野菜がたっぷり入ったバゲットサンドの専門店で、新しい全州名物として人気が出ている。カリカリとしたバゲットにスパイスの効いた具がマッチしている。テイクアウトのみW5000。

▶旧市街　パン
MAP P.358-B3
住 124, Gyeonggijeon-gil, Wansan-gu
住 완산구 경기전길 124
旧 완산구 교동 267-2
TEL (063) 286-5533
開 9:00～20:30
休 無休　日 不可
日文 なし　英文 なし　CC ADJMV

## PNB本店

PNB풍년제과 본점
●PNBプンニョン チェグァ ポンジョム／豊年製菓本店

全州のスイーツといえばいちばんに名前が挙がるチョコパイ。全州にいるとPNBの紙袋をよく見る。本店では2階はカフェになっている。韓屋村内にもお店がある。

▶旧市街　パン
MAP P.358-A3
住 180, Paldal-ro, Wansan-gu
住 완산구 팔달로 180
旧 완산구 경원동 1가 40-5
TEL (063) 285-6666
開 8:00～22:30　休 無休
日 不可
日文 なし　英文 なし　CC ADJMV

## 全州のショップ

## テジョロ39

태조로39
●太祖路39

慶基殿のチケット売り場の正面にあり、韓服に着替えてすぐ観光ができるのがいい。韓服のレンタルははW2～3万。2階はカフェになっている。

▶旧市街　MAP P.358-B3　韓服レンタル
住 39, Taejo-ro, Wansan-gu
住 완산구 태조로39
旧 완산구 교동 274-2
TEL (063) 283-1200
開 9:30～19:30　休 無休
日 不可
CC ADJMV

info ドラマ『孤独のグルメ』でも話題になったチョングッチャンチゲの店トバン (토방) へ MAP P.358-B2 は旧市街から403、970、1001番などのバスで所要10分。

## ラマダ全州

### 라마다 전주 호텔
●ラマダ チョンジュ ホテル／Ramada Hotel Jeonju

▶高士洞 MAP P.358-A2

2017年にオープンした大型チェーンホテル。中央市場に近く、旧市街も徒歩圏内。ビジネスセンターやフィットネスを備えており、ビジネスから旅行まで幅広く対応している。

- 住 227, Paldal-ro, Wansan-gu,
- 住 완산구 팔달로 227
- 旧 완산구 고사동 1-2
- TEL (063) 711-9000
- 料 S W ₩26万～
- 日 不可
- CC ADJMV
- WiFi あり

## 全州韓屋マウル宿泊 展望

### 전주한옥마을숙박 전망
●チョンジュハノンマウルスッパク チョンマン
Jeonmang Cafe & Guest House

▶旧市街 MAP P.360-B

韓屋村にあるゲストハウス。客室があるのは2階と3階で、4階と5階部分はカフェになっている。上階のカフェからは瓦屋根が並ぶ旧市街を望むことができる。

- 住 89, Hanji-gil, Wansan-gu,
- 住 완산구 한지길 89
- 旧 완산구 풍남동3가 24-1
- TEL (063) 232-6106
- 料 S W ₩10万～
- 日 不可
- CC ADJMV  WiFi あり
- URL jeonmangcom.modoo.at

## 宮ホテル

### 공 호텔
●クン ホテル／Gung Hotel

▶金岩洞 MAP P.357

市外バスターミナル裏のモーテル街にある。フロントは24時間制で、地下にある食室に置いてある飲み物やラーメンは無料。客室もきれいでバスタブ付きの部屋もある。

- 住 17-4, Yongsan 1-gil, Deokjin-g
- 住 덕진구 용산1길 17-4
- 旧 덕진구 금암동 700-3
- TEL (063) 255-3311
- 料 S W ₩3万5000～
- 日 不可
- CC ADJMV
- WiFi あり

## バラハン

### 호텔 바라한
●ホテル バラハン／Hotel Barahan

▶金岩洞 MAP P.357

2018年に営業を開始したホテルで、もちろん設備も真新しくきれい。市外バスターミナルや高速バスターミナルから近く、夜遅くの到着や朝早くの出発にも便利。

- 住 17-5, Yongsan 2-gil, Deokjin-gu
- 住 덕진구 용산2길 17-5
- 旧 덕진구 금암동 698-6
- TEL (063) 279-0100
- 料 S W ₩7万～
- 日 不可
- CC ADJMV
- WiFi あり
- URL jjhotelbarahan.modoo.at

## 同楽園

### 동락원
●トンラグォン／Dongnakwon

▶旧市街 MAP P.360-B

伝統家屋を利用したゲストハウスで、韓屋村の雰囲気にひたりながら過ごすには最適。朝食も韓国の家庭料理のよう。チムジルバンは20:00～22:00に無料で利用できる。

- 住 33-6, Eunhaeng-ro, Wansan-gu
- 住 완산구 은행로 33-6
- 旧 완산구 풍남동3가 44
- TEL (063) 287-9300
- 料 S W ₩6万～
- 日 可  CC ADJMV
- WiFi あり
- URL dongnakwon.com

## アライブ全州

### 호텔 어라이브 전주
●ホテルオライブチョンジュ／Hotel Arrive Jeonju

▶旧市街 MAP P.358-A3

韓屋村や豊南門、南部市場などから近く、便利な立地にあるゲストハウス。部屋は伝統的な韓国スタイル。簡単な朝食もついている。週末は少し高くなる。

- 住 9-5, Pungnammun 3-gil, Wansan-gu
- 住 완산구 풍남문3길 9-5
- 旧 완산구 전동 166-3
- TEL (063) 286-2022
- 料 S W ₩9万～  日 不可
- CC ADJMV  WiFi あり
- URL www.instagram.com/arrive_jeonju

全羅北道 南原市

ロマンスの里

ナムオン　**南原**

Namwon　남원

www.namwon.go.kr
市外局番●063
人口●29万4924人

春香伝にちなんだパレード

南原のいちばんの見どころは、広寒楼苑。『春香伝』▶P.494 というラブストーリーの舞台として有名なところだ。旧市街から蓼川に出て、春香橋を渡れば春香テーマパーク。観光の中心は春香伝となるだろう。

## 歩 き 方

南原の中心は広寒楼周辺。すぐそばを蓼川が流れ、ここより北が旧市街になっている。南側には春香テーマパークや観光ホテルがある。

広寒楼

### ▶ KTXも停車する南原駅

ソウルの龍山駅から約2時間。KTX開通に伴い移転した新しい駅舎だ。112、113、141番など数多くのバスが町の中心を横切して市外バスターミナル方面へ行く。広寒楼へは南門路4街で下車。

KTXも停車する

### ▶ 市外バスターミナルから町の中心へ

市外バスターミナル　かつて北東にあった高速バスターミナルと最近統合され、全ての中長距離バスがここから発着するようになった。町の中心へは徒歩圏内。春香橋を通って蓼川を渡れば、春香テーマパークがある。

### ▶ 南原から華厳寺、花開方面へ

南原は智異山を挟んで慶尚南道の河東郡▶P.321 の反対側。河東方面へは華厳寺▶P.336 近くにある求礼公営バスターミナルを経由して行くことができる。求礼行きのバスは7:40、10:15、13:15の3便。13:15発は求礼公営バスターミナルを経由して華厳寺まで行く。

---

**観光案内所**
▶南原市総合観光案内センター（春香テーマパーク前）
**MAP** P.367-B
**TEL** (063) 632-1330
▶南原駅前
**MAP** P.366
▶広寒楼苑館内
**MAP** P.367-A

**市内バス** ・・・・・・・・
₩1000
（交通カード₩950）
南原駅〜市外バスターミナル間は1時間に2、3便運行
**タクシー** ・・・・・・・・
初乗り₩3300

『春香伝』▶P.494
両班家の息子の李夢龍と南原一の美女成春香との恋物語。パンソリと呼ばれる口承芸能により伝えられてきた。これまでに何度も映画化、ドラマ化されてきている。特に2000年にイム・グォンテク監督によって映画化された『春香伝』は全編パンソリの調べに乗せて描かれており、パンソリの世界を知るのにちょうどいい作品。また、日本の女性漫画家集団CLAMPが漫画でリメイクしたこともある。

物語をテーマにした人形などが置かれる昇月橋

春香橋を渡ればテーマパーク

---

**info** 南原はパンソリでも知られる町。パンソリとは長い物語を独特の節回しによって歌うもので、よく日本の浪曲と比較される。南原のパンソリは東便制という男性的で朗々と歌うスタイル。

| ● ソウルから 서울 Seoul | | | 所要時間 | 料金 |
|---|---|---|---|---|
| KTX | 龍山駅➡南原駅 | 5:10～21:50の間30分～2時間に1便程度 | 約2時間10分 | ₩3万9200 |
| KORAIL | 龍山駅➡南原駅 | 5:46 11:57 14:05 15:18 19:17 | 約4時間 | ₩2万1100 |
| 高速バス | セントラルシティ🇹➡南原市外🇹 | 7:30～20:40の間に7便 | 約3時間10分 | ₩2万6200<br>（優等） |

| ● 光州から 광주 Gwangju | | | 所要時間 | 料金 |
|---|---|---|---|---|
| 市外バス | 光州🇹➡南原市外🇹 | 7:05～21:40の間40分～2時間に1便程度 | 約1時間 | ₩6000（一般） |

| ● 全州から 전주 Jeonju | | | 所要時間 | 料金 |
|---|---|---|---|---|
| 市外バス | 全州市外🇹➡南原市外🇹 | 6:05～22:00の間5～15分に1便程度 | 約1時間10分 | ₩6600（一般） |

🇹…バスターミナル

### グルメ

南原の名物はチュオタン（ドジョウ）料理。丸ごとすり潰して煮込んだスープは夏のスタミナ料理として人気がある。

ドジョウのオブジェがお出迎え

### 宿泊

春香テーマパーク側の蓼川沿いに比較的規模の大きなホテルが並んでいる。旧市街側では、市外ターミナル周辺に数軒ある。

眺めがいいロケーション

### 旅のポイント

南原には観光案内所が駅前と広寒楼苑、春香テーマパーク前などにある。地図などをもらっておくとよい。おみやげもここで手に入る。

広寒楼苑の観光案内所

南原市外バスターミナル

蓼川に架かる昇月橋

南原広域図
ナムオン / 남원

info 町の北西にある蛟竜山城は百済が新羅の侵入に備えるために築かれたという古城。

# 見どころ

## ●韓国を代表する楼閣と庭園 ★★
### 広寒楼苑 광한루원 Gwanghalluwon Garden

クァンハルルウォン

▶川渠洞 MAP P.367-A

朝鮮王朝時代の庭園様式が見られる公園。なかでも有名なのが、古典『春香伝』▶P.494 の舞台として知られる広寒楼。『春香伝』は妓生の娘と両班が身分を越えて結ばれるラブストーリーだが、主人公のふたりが初めて出会った場所がこの楼閣だ。慶長の役で焼失し、1683年に再建されて現在に至る。

恋物語の舞台として有名

## ●春香伝の世界観を再現した ★★
### 春香テーマパーク 춘향테마파크 Chunhyang Theme Park

チュニャンテマパク

▶漁峴洞 MAP P.367-B

古典ラブストーリーの名作『春香伝』の世界観がたっぷり味わえるテーマパーク。物語の重要なポイントを忠実に再現した模型が随所にある。作中では、若い両班の夢龍がブランコに乗る妓生の娘、春香にひと目惚れするのだが、テーマパーク内にはそのブランコが自由に体験できるコーナーも設けられている。

チケット売り場

「春香村」の入口門

**広寒楼苑**
- 住 1447, Yocheon-ro, Namwon-si
- 住 남원시 요천로 1447
- 旧 남원시 천거동 187-1
- TEL (063) 625-4861
- 開 4〜10月 8:00〜21:00 11〜3月 8:00〜20:00
- 休 無休 料 ₩3000
- 交 市外バスターミナルから徒歩20分

**春香テーマパーク**
- 住 14-9, Yangnim-gil, Namwon-si
- 住 남원시 양림길 14-9
- 旧 남원시 어현동 37-158
- TEL (063) 620-5799
- 開 4〜10月 9:00〜22:00 11〜3月 9:00〜21:00
- 休 無休 料 ₩3000
- 交 市外バスターミナルから徒歩20分、広寒楼苑から昇月橋を渡り徒歩10分
- URL www.namwontheme.or.kr

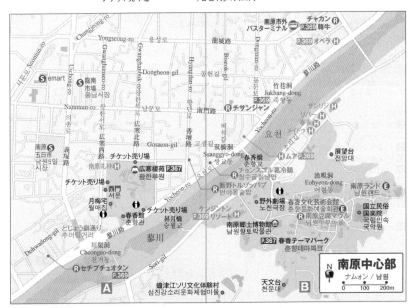
南原中心部 ナムォン／남원

info 毎年5月に行われる「春香祭り」は日本統治時代から続く伝統的な祭り。ミス春香コンテストなどさまざまな催しが行われる。

南原市外バスターミナルか
ら7:10～20:35の1～2時間に
1便程度。所要約40分。運賃
₩4000。

**淳昌コチュジャン村**
🏠 5-13, Minsongmaeul-gil
Sunchang-eup, Sunchang-gun
🏠 순창군 순창읍 민속마을
길 5-13
🏛 순창군 순창읍 백산리
265-66
☎ (063) 653-0703
🕐 9:30～19:00 (体験は18:00
まで)
🚫 正月　💴 無料
🚌 淳昌市外バスターミナル
から郡内バス「淳昌-クン
グァ-プンサン (순창-금
과-풍산)」、乗車「民族村
(민속마을)」徒歩10分
🔗 sunchang.invil.org/index.html

**淳昌醬類博物館**
순창장류박물관
**MAP** P.368上
🏠 43, Jangnyu-ro Sunchang-
eup, Sunchang-gun
🏠 순창군 순창읍 장류로 43
🏛 순창군 순창읍 백산리 263
☎ (063) 650-1627
🕐 3～10月9:00～18:00
11～2月9:00～17:00
🚫 月、正月　💴 無料

ぎっしりと並ぶ壺

**実相寺**
🏠 94-129, Ipseok-gil
Sannae-myeon
🏠 산내면 입석길 94-129
🏛 산내면 입석리 50-1
☎ (063) 636-3031
🕐 9:00～18:00
🚫 無休　💴 無料
🚌 市外バス141、142番「百日
(백일)」徒歩16分
🔗 www.silsangsa.or.kr

●コチュジャンの壺がずらりと並ぶ　★★

# 近郊 淳昌コチュジャン村 순창고추장마을 Sunchang Gochujang Village

スンチャンコチュジャンマウル　▶淳昌郡 **MAP** P.368上

韓国料理には欠かせない、甘辛でうま味たっぷりのコチュジャン。淳昌地域はコチュジャンの名産地として有名だ。伝統家屋が並ぶ圏内のあちらこちらの軒先には、大豆を発酵させるための「メジュ」がぶら下がっており風情たっぷり。コチュジャンやトッポッキ作りの体験もできるこの村には、「淳昌醬類博物館」もあり、コチュジャンをはじめ、味噌、醤油など韓国の調味料の歴史や製法を詳しく紹介している。

●知異山の麓、のどかな風景の中にたたずむ禅寺　★

# 近郊 実相寺 실상사 Silsangsa Temple

シルサンサ　▶山内面 **MAP** P.368下

唐への留学から帰国した証覚大師、洪陟が2年間全国を回り、新羅時代の828年、南原の地に禅宗の寺として創建した。境内には国宝第10号の百丈庵三層石塔をはじめ11点の宝物指定の文化財があり、鉄造如来坐像もそのひとつ。寺で静かな時間を楽しむテンプルステイでも人気の寺で、国内外から多くの観光客が訪れる。

**info** 淳昌は光州～南原間を結ぶバスが通る。また、潭陽 ▶P.338 から近く、市外バスの便が比較的多い。

# 南原のレストラン

## チャカン韓牛

착한한우 ●チャカンハヌ

市外バスターミナルの近くにある韓牛専門店。部位とグラムを告げれば欲しいサイズに切ってくれる。部位ではなくコットゥンシム（霜降りの肉）で注文もできる。煮込み鍋もおすすめ。

▶ 竹巷洞
MAP P.367-B　　韓牛
住 9, Dongnim-ro, Namwon-si
住 남원시 동림로 9
旧 남원시 죽항동 11-13
TEL (063) 626-0322
開 11:00～21:30　休 日、旧正月とチュソク連休　日 不可　日M なし
英M なし　CC ADJMV

## チサンジャン

지산장 ●Jisanjang

春香橋近くにある食堂。網の中に牛肉をのせて火鉢で焼くスタイルはこの店のオリジナル。肉は薄く切って甘いソースにつけてあるが、ポックンコチュジャン（肉と炒めたコチュジャン）と一緒に食べるとさらにおいしい。

▶ 竹巷洞
MAP P.367-B　　焼肉
住 46, Biseok-gil, Namwon-si
住 남원시 비석길 46
旧 남원시 죽항동 80
TEL (063) 625-2294
開 10:00～18:30　休 旧正月とチュソク連休　日 不可　日M あり
英M なし　CC ADJMV

## チュオタン（ドジョウ鍋）
## セチプチュオタン

새집추어탕

P.69-60
八田さんおすすめ

1959年創業のドジョウ料理専門店。看板料理のチュオタン（ドジョウ汁）₩9000はドジョウをすりつぶして入れてある。エゴマの葉でドジョウを巻いて揚げたミクリティギム₩1万～もおいしい。

▶ 川渠洞
MAP P.367-A　　ドジョウ鍋
住 1397, Yocheon-ro, Namwon-si
住 남원시 요천로 1397
旧 남원시 천거동 160-206
TEL (063) 625-2443　開 9:30～20:30
（L.O.20:00）　休 無休
日M あり　英M なし　CC ADJMV
URL www.xn--og4b23gi1dcweb1e.kr

# 南原のホテル

## ケンジントンリゾート

켄싱턴리조트 지리산 남원
●ケンシントンリジョトゥ チリサン ナムォン
Kensington Resort Jirisan Namwon

春香テーマパーク近くの全140室のリゾートホテル。ミニキッチンが付いており部屋も広い。

▶ 漁峴洞 MAP P.367-B
住 66, Sori-gil, Namwon-si
住 남원시 소리길 66
旧 남원시 어현동 37-122
TEL (063) 636-7007
料 S W ₩11万～
日 少し通じる　CC ADJMV
WiFi あり

## オペラ

오페라 모텔 ●オペラ モテル／Opera Motel

市外バスターミナルの近くだが、リバービューの部屋からの眺めはいい。部屋はそれほど広くないが明るいインテリアで清潔。多くの部屋にバスタブがある。全28室。

▶ 竹巷洞 MAP P.367-B
住 1563, Yocheon-ro, Namwon-si
住 남원시 요천로 1563
旧 남원시 죽항동 7-7
TEL (063) 636-8665
料 S W ₩6万～
日 不可　CC ADJMV
WiFi あり

## ムア

무아 게스트하우스 ●Mua Guest House

春香橋のそば、テーマパークにも旧市街にも近くて便利なゲストハウス。若い夫婦が運営しており、かわいらしいインテリア。庭付きの1軒屋でドミトリーも個室もある。全8室。

▶ 双橋洞 MAP P.367-B
住 1501-10, Yocheon-ro, Namwon-si
住 남원시 요천로 1501-10
旧 남원시 쌍교동 10-3
TEL 010-7701-4822
料 D S W ₩2万3000
S W ₩5万5000～
日 不可　CC ADJMV　WiFi あり
URL blog.naver.com/mua_house_1970

info 智異山の葛は全国的に有名で、葛で作った冷麺はこの一帯の名物料理。山歩きで疲れた体にも優しいひと品だ。

日本建築が多く残る港町

**全羅北道 群山市**

ソウル●
群山●
●釜山

# 群山 クンサン

## 군산 Gunsan

www.gunsan.go.kr
市外局番●063
人口●27万2896人

**観光案内所**
▶群山時間旅行村観光案内所
MAP P.372-1
TEL (063) 446-5114
開 9:00～18:00
休 旧正月とチュソク当日
群山駅、東国寺前、群山近代歴史博物館近くにもある。

**市内バス**
₩1600
(交通カード₩1550)

**タクシー**
初乗り₩3300

群山の観光案内所

**群山空港**
済州島からの便が発着する群山空港からは便の発着に合わせて益山、全州への市外バスが出ているほか、市内バス1、13番などで行くことができる。ただし、市内バスはかなり迂回するので、時間を有効に使いたいならタクシー利用が望ましい。

旧群山税関本館 (湖南関税展示館)。隣接する旧倉庫はカフェになっている

錦江河口にある群山は、米の積み出し港として、日本統治時代に発展した港町。多くの日本人が移住したことから、日本式の建築物が数多く建てられた。米穀商が建てた日本式の豪邸や、韓国唯一の日本式寺院など、当時の建物の多くが保存され、「群山市時間旅行村」として整備されている。

## 歩き方

群山は錦江河口の港町として繁栄した。観光の中心もこの港から南へと延びる時間旅行村がある旧市街だ。
**バスターミナル、鉄道駅から市の中心部へ** 群山駅は町の東のはずれにあるが、市内バスの10番台が群山駅始発で市外バスターミナル、高速ターミナルを経てネハンサゴリから大学路をまっすぐ進み旧市街へと向かう。10～19番までのバス(合わせて15分に1便程度)がある駅から所要約25分、ターミナルから所要約10分。高速ターミナルと市外バスターミナルは隣り合っており、周囲はモーテル街になっている。

### ショッピング
時間旅行村には、カフェやレストランのほか、小物を売る露店や雑貨のセレクトショップも多く、かわいい小物を探して歩くのも楽しい。

すてきな雑貨屋さんが多い

### 宿泊
バスターミナル周辺のモーテルに泊まるのも便利だが、旧市街には古い建物をモダンに改装したゲストハウスやカフェが増加中。

ドラマをテーマにしたカフェとゲストハウス

### 旅のポイント
群山近代歴史博物館、旧長崎十八銀行、旧朝鮮博物館、鎮浦海洋テーマ公園は、共通券があり、すべて合わせて₩3000で入ることができる。

群山近代歴史博物館内の展示

info 世界遺産に登録された舒川干潟は長項の西に広がっている。群山バスターミナルからタクシーで所要20分程度もしくは長項市場から徒歩で40分。

## ACCESS

| ● ソウルから 서울 Seoul | | | 所要時間 | 料金 |
|---|---|---|---|---|
| **KORAIL** | 龍山駅➡群山駅 | 5:37～20:45の間1～2時間に1便程度 | 約3時間30分 | ₩1万4500 |
| **高速バス** | セントラルシティ🇹➡<br>群山高速🇹 | 6:00～21:00の間15～40分に1便程度<br>22:00、22:50、23:50(深夜) | 約2時間30分 | ₩1万4300(一般) |

| ● 全州から 전주 Jeonju | | | 所要時間 | 料金 |
|---|---|---|---|---|
| **市外バス** | 全州市外🇹➡<br>群山市外🇹 | 6:50～22:00の間15～20分に1便程度<br>22:10 23:10(深夜) | 約1時間 | ₩6300(一般) |

| ● 益山から 익산 Iksan | | | 所要時間 | 料金 |
|---|---|---|---|---|
| **KORAIL** | 益山駅➡群山駅 | 5:27～20:08の間1～2時間に1便程度 | 約20分 | ₩2600 |
| **市外バス** | 益山市外🇹➡<br>群山市外🇹 | 6:30～22:10の間10～30分に1便程度<br>22:40 23:35(深夜) | 約40分 | ₩3200 |

🇹…バスターミナル

**近隣の町への移動**　対岸の町、忠清南道長項とは群山市内バス71番（群山大学→旧市街→バスターミナル→群山駅経由）が1時間おきに出ている。また、群山から扶余への直通の市外バスは運休中だが、市内バス72番で舒川の市外バスターミナルへ行けば、扶余への市外バスがある。
また、益山の市外バスターミナルへ行く便が頻発しているほか、KTXが停まる益山駅行きの市外バスも10～60分に1便程度ある。

群山の市外バスターミナル

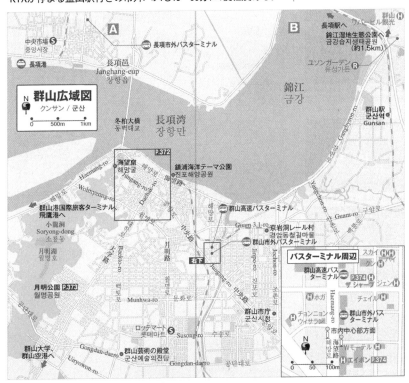

**info** 日本人が多く住んでいた群山の名物は奈良漬け。韓国語でもそのまま奈良漬け나라쓰케といい、家庭料理の店で出されたり、販売されたりしている。

## 群山新興洞日本式家屋
（旧広津家邸宅）

- 🏠 17, Guyeong 1-gil, Gunsan-si
- 🏠 군산시 구영1길 17
- 🏛 군산시 신흥동 58-2
- ☎ (063)454-3315（群山市庁）
- 🕙 10:00～17:00
- 🚫 月（施設による）
- 💴 無料
- 🚌 市内バス3、7、10、11、12、13、27、33、61、81番「月明住民センター（월명 주민센터）」徒歩6分

## 群山時間旅行村
**MAP** P.372-2

新興洞、月明洞の一帯は「時間旅行村」として古い日本式住居や韓屋を活用した町作りが行われている。

復元された日本式家屋群

1930年代の貿易会社ミズ商事を利用したミズカフェ。2階はブックカフェになっている

旧長崎十八銀行（近代美術館）

旧朝鮮銀行群山支店（近代建築館）

群山近代歴史博物館

---

## 見どころ

●米の積出港として栄えた群山を象徴する

# 群山新興洞日本式家屋（旧広津家邸宅） ★★

군산 신흥동 일본식가옥（히로쓰 가옥）　▶新興洞 **MAP** P.372-2
Gunsan Japanese-style House of Sinheung-dong
クンサン シヌンドン イルボンシクカオク

日本統治時代、群山の富裕層居住地域で米問屋を経営していた、広津吉三郎が建てた住宅。『将軍の息子』『風のファイター』など、多くの映画やドラマがここで撮影された。木造2階建で、外見や柱、内部、日本庭園など当時の姿を維持しており、建築史において大きな意義を持つ建物とされ、韓国の文化財として登録されている。

広間や長い廊下から豪勢さがわかる

2階の建築も必見

---

ℹ **info** 群山の名は、町の南西約30kmにある古群山群島 **MAP** P.82-B2 に由来する。町の西約20kmの飛鷹港（ビウンハン）**MAP** P.82-B1 のバス停からは、古群山群島に行くバス99番が1時間に1便の運行。

●唯一残る日本式寺院 ★★
# 東国寺 동국사 Dongguksa Temple

トングクサ

▶錦光洞 MAP P.372-2

韓国における唯一の日本建築様式が見られる寺院。日本統治時代の1913年に錦江寺という名で創建されたが、戦後の1947年に東国寺とし、現在にいたる。建物間をつなぐ廊下や屋根の装飾など、日本的な寺社建築の特徴が色濃く表れており、本堂の大雄殿は登録文化財に指定されている。

旧市街の南側にある

大雄殿

●日本統治時代から続く市民の憩いの場 ★
# 月明公園 월명공원 Wolmyeong Park

ウォルミョンコンウォン

▶小龍洞 MAP P.372-1

群山市の象徴である月明山をはじめ、長渓山、占方山、隠寂山などが連なっている公園。月明山頂の展望台からは、錦江や黄海、群山市街、飛行場の群山空港などが眺望できる。散策コースも整備されており、市民の憩いの場となっている。毎年4月には、桜の撮影大会が開かれ、多くの人々がカメラ片手に訪れる観光名所。

緑多い憩いの場

## 東国寺
- 住 16, Dongguksa-gil, Gunsan-si
- 住 군산시 동국사길 16
- 旧 군산시 금광동 135-1
- TEL (063) 462-5366
- 開 随時 休 無休 料 無料
- 交 市内バス13、27、33、54、71番など「ウォルミョン交差点、東国寺（월명사거리.동국사）」徒歩2分

東国寺の鐘楼

## 月明公園
- 住 84, Cheongsonyeonhoegwan-ro
- 住 군산시 청소년회관로 84
- 旧 군산시 소룡동 산120
- TEL (063) 454-3337
- 開 随時 休 無休 料 無料
- 交 市内バス81、82番「クンジュン交差点（군중사거리）」徒歩13分

---

## ◆ 8月のクリスマスゆかりの旧市街

1998年に公開された韓国映画『8月のクリスマス（パルォレ クリスマス）』。当時、撮影のために写真館に改造されたのは、個人所有の車庫。撮影後、このチョウォン写真館は撤去されたが、現在は復元されて多くの観光客が訪れている。映画に登場するカメラや家具などもそのまま展示されていて興味深い。徒歩10分の場所にある旧日本家屋の広津邸宅とともに、群山の2大デートスポットになっている。

中には撮影当時の写真がある

草原写真館 초원 사진관
Chowon Photo Studio
チョウォン サジングァン
MAP P.372-2
- 住 12-1, Guyeong 2-gil
- 住 군산시 구영2길 12-1
- 旧 군산시 신창동 1-5
- TEL (063) 446-5114（観光案内所）
- 開 9:00～18:00 休 月
- 交 市内バス12、13、27、33、81番など「中央交差点（중앙사거리）」徒歩5分

ファンが絶えないスポット

---

info 京岩洞レール村 MAP P.371-B は廃線と線路脇の古い住宅がノスタルジックだということで、ドラマやCMの撮影に使われ、フォトスポットになっている。

# 群山のレストラン

## アリラン

아리랑 ●アリラン／Arirang

群山近代歴史博物館の近くにある食堂。ボリビビンバブ（麦ご飯ビビンバブ）₩1万が名物。特産のパクテ（シタビラメの一種）の定食もぜひ。

▶ 蔵米洞　**MAP** P.372-1　郷土料理
- 住 224, Haemang-ro, Gunsan-si
- 住 군산시 해망로 224
- 旧 군산시 장미동 15-1
- TEL (063) 442-1207
- 開 11:50〜15:00、17:00〜21:00
- 休 第1・3月曜　日 不可　CC ADJMV

## 韓一屋

한일옥 ●ハニルオク

1937年に建てられた日本家屋を食堂に改装した。牛のスープに牛肉と大根、ネギが入ったソコギムッククはあっさりして食べやすい。ご飯とパンチャン（小皿のおかず）は食べ放題。2階には骨董品などが置いてある。

▶ 新昌洞　**MAP** P.372-2　郷土食堂
- 住 63, Guyeong 3-gil, Gunsan-si
- 住 군산시 구영3길 63
- 旧 군산시 신창동 2-1
- TEL (063) 446-5502
- 開 6:00〜21:30　休 旧正月とチュソク連休　日 不可
- 日メ あり　英メ なし　CC ADJMV

## 永華園

영화원 ●ヨンファウォン

チャジャンミョン（韓国風ジャージャー麺）は黒いものが多いが、この店のムルチャジャンミョンは野菜と海鮮が入っていて赤い。まろやかな味で辛くはない。

▶ 迎華洞　**MAP** P.372-1　中華料理
- 住 112, Guyeong 5-gil, Gunsan-si
- 住 군산시 구영5길 112
- 旧 군산시 영화동 18-9
- TEL (063) 445-4938
- 開 11:00〜15:00、16:00〜18:00
- 休 月　日 不可
- 日メ なし　英メ なし　CC ADJMV

# 群山のホテル

## エイボン

▶ バスターミナル周辺　**MAP** P.371-B

에이본 호텔
●エイボン ホテル／Avon Hotel

市外バスターミナルの隣にある全135室の大型ホテル。室内はモダンで広く、バスタブが付いている部屋も多い。日本料理店も併設している。

- 住 10, Haemang-ro, Gunsan-si
- 住 군산시 해망로 10
- 旧 군산시 경장동 462-2
- TEL (063) 730-8000
- FAX (063) 730-8009
- 料 S W ₩8万5000〜
- 日 不可　CC ADJMV　WiFi あり
- URL www.avonhotel.co.kr

## ヨミラン

▶ 月明洞　**MAP** P.372-2

여미랑
●Yeomirang

日本式の木造建物で宿泊体験ができるので韓国はじめアジアからの旅行者に人気。池のある日本式の中庭を囲うように5棟の建物がある。全28室。

- 住 13, Guyeong 6-gil, Gunsan-si
- 住 군산시 구영6길 13
- 旧 군산시 월명동 16-8
- TEL (063) 442-1027
- FAX (063) 446-1023
- 料 S W ₩3万〜　日 不可
- CC ADJMV　WiFi あり
- URL yeomirang.com

## ザ シャープ

▶ バスターミナル周辺　**MAP** P.371-B

더샵모텔
●ドシャプモテル／The Sharp Motel

高速バスターミナルの隣にある。近くにスーパーや市場もあって便利。部屋はシンプルだがきれいで、居心地は悪くない。全28室。

- 住 39, Seoraenae-gil, Gunsan-si
- 住 군산시 서래내길 39
- 旧 군산시 경암동 613-5
- TEL (063) 445-7970
- 料 S W ₩5万〜
- 日 不可
- CC ADJMV
- WiFi あり

info 1945年開業のイソンダン **MAP P.372-2** というパン屋は、1910年に日本人が創業した出雲屋という製菓店が起源。名物はあんぱんと野菜パンで焼き上がり時間には長い行列ができる。

ソウル● 益山 ● 釜山

全羅北道 益山市 百済の遺跡が点在

イクサン
## 益山

Iksan 익산

www.iksan.go.kr
市外局番●063
人口●29万4924人

弥勒寺址の西塔（左）と東塔（右）

益山は、全羅線と湖南線が分岐する交通の要所であり、百済の武王 ▶P.497 ゆかりの町。王宮里遺跡や弥勒寺址は世界遺産に登録されている。広大な遺跡に残るものは少ないが、隣接する博物館には復原模型や出土品などが数多く展示されている。合わせて見学し百済後期の栄華を感じ取ってほしい。

### 旅のポイント

弥勒寺址など見どころの多くは市内バスを利用するが便は多くないので時間に余裕を持って観光しよう。益山から忠清道方面への市外バスの便は少なく、使い勝手がよくない。鉄道のほうが便利。

### グルメ

益山にはさまざまな名物料理があるが、特にトンダクは人気。下味をきっちりつけて、黒ごまをふってからっと丸揚げした鶏肉料理で、南部市場の中や周辺にはトンダクの看板を掲げたお店がずらりと並ぶ。

### 観光案内所
▶益山駅
TEL (063) 859-3825
開 9:00～18:00　休 無休
▶王宮里遺跡
TEL (063) 859-4799
開 9:00～18:00　休 月、1/1

市内バス ‥‥‥‥‥‥‥‥
₩1600（交通カード₩1550）
タクシー ‥‥‥‥‥‥‥‥
初乗り₩3300

益山シティツアーバス
益山駅を出発し、コスラク（有機農業から作られた調味料工場）、刑務所ドラマセット場、宝石博物館と回って益山駅に戻る。4～12月の10:00に益山駅出発、17:30帰着
料 ₩4000
URL iksan.go.kr/tour

鶏肉料理トンダクの看板が並ぶ南部市場

## ACCESS

### ● ソウルから 서울 Seoul

| | | | 所要時間 | 料金 |
|---|---|---|---|---|
| KTX | 龍山駅➡益山駅 | 5:10～22:25の間5～50分に1便程度 | 約1時間20分 | ₩3万2000 |
| KORAIL | 龍山駅➡益山駅 | 5:37～21:25の間10分～1時間に1便程度 | 約3時間30分 | ₩1万6000 |
| 高速バス | セントラルシティ🚏➡益山高速🚏 | 7:10～20:10の間1時間～1時間30分に1便程度 22:10（深夜） | 約2時間40分 | ₩1万4000（一般） |

### ● 全州から 전주 Jeonju

| | | | 所要時間 | 料金 |
|---|---|---|---|---|
| KTX | 全州駅➡益山駅 | 6:26～23:12の間20分～2時間に1便程度 | 約15分 | ₩8400 |
| KORAIL | 全州駅➡益山駅 | 8:13～翌0:21の間1～2時間に1便程度 | 約20分 | ₩2600 |
| 高速バス | 全州市外🚏➡益山市外🚏 | 6:00～22:50の間20分～1時間30分に1便程度 | 約40分 | ₩3500（一般） |

### ● 群山から 군산 Gunsan

| | | | 所要時間 | 料金 |
|---|---|---|---|---|
| 市外バス | 群山市外🚏➡益山市外🚏 | 6:05～21:55の間15分に1便程度 | 約40分 | ₩3200（一般） |

🚏…バスターミナル

info 益山から忠清道方面へバスで移動するなら座席バス333系統のバスで江景 ▶P.392 へ行き、そこからほかの町を目指すのがスムーズ。

益山駅は湖南線のターミナル

益山の市外バスターミナル

益山の歩き方　KTXも在来線も停車する益山駅から東に延びる中央路を中心に、南北に繁華街が広がっている。益山駅のほぼ正面、中央路の北側は毎日中央市場（メイルチュンアンシジャン）と、それに続く薯童市場（ソドンシジャン）がある。益山駅から益山大路（イクサンデ）を南に下ると、10分弱で坪洞路（ピョンドンノ）にぶつかる。その南側にモーテル街が広がっており、高速バスターミナルと市外バスターミナルもある。市外バスは市外バスターミナルではなく、益山駅で降ろす便もあるので、切符を買うときに行先の確認を。

## 見どころ

●百済時代を代表する遺跡
★★★ 世界遺産

### 王宮里遺跡 왕궁리유적 Wanggungni Historic Site

ワングンニユジョク

▶王宮面 MAP P.377-B

**王宮里遺跡**
🏠 666, Gungseong-ro
　Wanggung-myeon
🏠 왕궁면 궁성로 666
🏚 왕궁면 왕궁리 562
☎ (063) 859-4631
　（百済王宮博物館）
🕐 9:00～18:00
　（百済王宮博物館）
🈺 月、正月　料 無料
🚌 市内バス65、65-1番「塔里
　（탑리）」徒歩4分
🌐 www.iksan.go.kr/wg

韓国の史跡第408号と指定されている、百済時代の遺跡。1989年から韓国の文化財管理局により発掘・調査が続けられている。近くの弥勒寺址とともに最大規模の百済遺跡とされる。百済の武王 ▶P.497 時代に建てられたとされる城や寺の跡が残っており、この場所が王都、または王都と深い関係がある地と見られ、研究が続けられている。

五重石塔

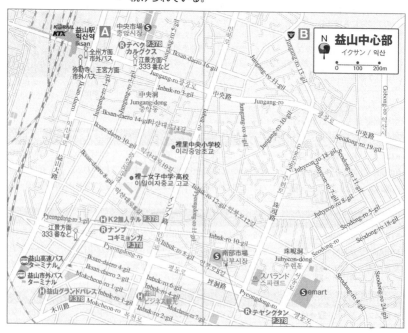

益山中心部

info 益山は宝石の町としても知られている。宝石加工工場は1970年代から作られ、その数は今も韓国随一。郊外にある宝石博物館 MAP P.377-B では世界中のさまざまな原石を展示している。

●百済の建築技術の粋を集めた大伽藍　★★★ 世界遺産

## 弥勒寺址 미륵사지 Mireuksa Temple Site

### ミルクサジ

▶ 金馬面 MAP P.377-B

百済時代最大規模の寺院跡。高句麗、百済、新羅の歴史を記録した『三国遺事』に、その創建時の説話が残っているという有名な寺で、当時の最高レベルの建築技法が使われ、百済歴史遺跡地区としてユネスコ世界文化遺産に登録されている。人気の見どころは、9層石塔の弥勒寺址石塔で国宝11号に指定されている。すぐ隣りにある国立益山博物館では、ここで発掘された遺物などが見られる。

国立益山博物館に収蔵されている金剛般若波羅蜜経板

修復が終わった石塔

●武王と妻、善花公主の墓とも伝えられる　★★ 世界遺産

## 双陵 쌍릉 Iksan Ssanneung

### サンヌン

▶ 石旺洞 MAP P.377-B

百済末期の横穴式石室墳。2基の墓が南北に位置してあることから、双陵と呼ばれている。規模が大きく、北側にある陵は「末通大王陵」または「大王墓」、南側にある少し小さめの陵は「小王墓」。何度も盗掘に遭い遺物は少ないが、それも朝鮮戦争の時に破損され、現在は復元された木製の棺が、国立益山博物館に展示されている。

### 弥勒寺址
- 住 362, Mireuksaji-ro Geumma-myeon
- 住 금마면 미륵사지로 362
- 旧 금마면 기양리 104
- TEL (063)859-3873 （観光案内所）
- 開 随時　休 無休　料 無料
- 交 市内バス41、60、60-1番「弥勒寺址（미륵사지）」徒歩2分

### 国立益山博物館
MAP P.377-B
- 住 362, Mireuksaji-ro Geumma-myeon
- 住 금마면 미륵사지로 362
- 旧 금마면 기양리 104-1
- TEL (063)830-0900
- 開 9:00〜18:00
- 休 月(祝日の場合は翌日)、1/1、旧正月とチュソク当日
- 料 無料
- URL iksan.museum.go.kr

### 双陵
- 住 65, Ssangneung-gil, Iksan-si
- 住 익산시 쌍릉길 65
- 旧 익산시 석왕동 6-13
- TEL (063)859-5875
- 開 随時　休 無休　料 無料
- 交 市内バス60、61、65番など「双陵入口（쌍릉입구）」徒歩9分

益山周辺
イクサン / 익산

0 1km 2km

## 益山のレストラン

### ナンブコギミョンガ
남부고기명가 ●南部肉名家

精肉屋が母体の焼き肉店なので鮮度には自信をもっている。おすすめは韓牛のモドゥムグイ（盛り合わせ）₩6万5000。ランチなら冷麺とカルビタン（スープ）のセットもおすすめ。

**バスターミナル周辺** 牛肉料理
**MAP** P.376-A
住 22, Iksan-daero 2-gil, Iksan-si
住 익산시 익산대로2길 22
旧 익산시 인화동1가 169
TEL (063)834-5523
開 19:00～翌2:00 休 旧正月とチュソク連休 日 不可
日메 なし 英メ なし CC ADJMV

---

### テヤシクタン
대야식당 ●太爺食堂

南部市場のすぐ隣りにある名店。ソモリクッパブの名店。ソモリとは牛頭のことで、牛の頭の骨を煮込んだスープは栄養満点。

**南部市場周辺** クッパブ
**MAP** P.376-B
住 16, Juhyeon-ro 1-gil, Iksan-si
住 익산시 주현로1길 16
旧 익산시 인화동2가 19-14
TEL (063)852-6669 開 7:00～20:00
休 旧正月とチュソク連休 日 不可
日メ なし 英メ なし CC ADJMV

---

### テペク カルグクス
태백칼국수 ●太白カルグクス

カルグクス（切り麺）の有名店。卵入りのスープがモチモチした麺とよく絡まっておいしい。キムチと一緒に味を変えながら食べよう。

**中央市場周辺** 麺料理
**MAP** P.376-A
住 15-5, Jungang-ro, Iksan-si
住 익산시 중앙로 15-5
旧 익산시 중앙동1가 52
TEL (063)855-1529 開 11:00～16:00、17:00～19:30 休 月、旧正月とチュソク連休 日 不可
日メ なし CC ADJMV

---

### ファンドゥンビビンバブ（黄登ビビンバブ）
### チンミシクタン
진미식당 ●眞味食堂

P.71～80 八田さんおすすめ

益山名物である黄登ビビンバブの専門店。黄登市場の近隣に店を構え、韓牛のユッケをのせたユッケビビンバブ₩1万～を自慢とする。スンデ（腸詰め）₩1万や、スンデ入りのスープなども用意。

**黄登面** ビビンバブ
**MAP** P.377-A
住 158, Hwangdeung-ro Hwangdeungmyon Iksan-si
住 익산시 황등면 황등로 158
旧 익산시 황등리 902-11
TEL (063)856-4422 開 11:00～19:00 (L.O.18:30) 休 日、旧正月とチュソク当日 日 不可 日メ なし CC ADJMV

---

 ## 益山のホテル

### 益山グランドパレス
**バスターミナル周辺** **MAP** P.376-A
익산그랜드팰리스호텔
●イクサンクレンドゥパレスホテル／Iksan Grand Palace Hotel

高速バスターミナルの近くにある全54室のホテル。アロマセラピールームも備えている。部屋はモダンなインテリア。オンドルもある。

住 9, Mokcheon-ro 1-gil, Iksan-si
住 익산시 목천로1길 9
旧 익산시 평화동329-9
TEL (063)843-2200
FAX (063)837-0070
料 S W ₩17万～
日 不可
CC ADJMV WiFi あり

---

### K2無人テル（無人モーテル）
**バスターミナル周辺** **MAP** P.376-A
K2무인텔
●ケイトゥムインテル

高速バスターミナルの近くにある88室の大型モーテル。ロビーにカップラーメンやパン、飲み物が無料で置いてある。朝食も無料。

住 23, Mokcheon-ro 1-gil, Iksan-si
住 익산시 목천로1길 23
旧 익산시 평화동 327-2
TEL (063)857-7556
料 S W ₩3万5000～
日 不可
CC ADJMV
WiFi あり

info K2無人テルの近くには系列のK1モーテルやK3モーテルもあり、どこも設備は共通。

# Chungcheong-do 忠清道
<ruby>忠清道<rt>チュンチョンド</rt></ruby>

円内:忠清道では淡水魚を試したい
公山城の石垣にならぶ守門兵 ▶P.391

# 忠清道 旅のガイダンス
チュンチョンド

## 忠清道の基本

忠清北道と忠清南道は別の自治体

北道、南道というが、境界は東西

大田広域市、世宗特別自治市という別の自治体がある
テジョン　　　　　　セジョン

キーワードは百済の歴史ロマン

秋には
菊祭りも
開催されるよ

忠清北道
충청북도
チュンチョンブク
Chungcheon
buk-do

忠清南道
충청남도
チュンチョンナムド
Chungcheon
nam-do

世宗特別自治市
大田広域市

## このエリアでしたいこと

### 1 百済の足跡をたどる
▶P.388 定林寺址は扶余にある百済時代の代表的な仏教の遺跡。博物館も必見。

### 2 清州のロケ地巡り
チョンジュ
▶P.403 清州はさまざまな人気ドラマのロケ地になった。スターの足跡を追って町を歩こう。

### 3 鶏龍山の紅葉ハイク
ケリョンサン
▶P.388 標高こそ845mと高くないが、四季折々、山らしいハイキングが楽しめる。

### 4 白馬江クルーズ
ペンマガン
▶P.389

### 5 江景でチョッカルを買う
カンギョン
▶P.392

### 6 公山城で守門兵の交代式を見る
コンサンソン
▶P.399

## 地理と気候

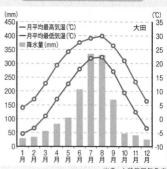

(mm)
450
400
350
300
250
200
150
100
50

(℃)
35
30
25
20
15
10
5
0
-5
-10

― 月平均最高気温(℃)
― 月平均最低気温(℃)
■ 降水量(mm)

大田

1月 2月 3月 4月 5月 6月 7月 8月 9月 10月 11月 12月

出典: 大韓民国気象庁

忠清北道 は韓国でただひとつの「海なし道」。北を江原道に接し、東には小白山脈、蘆嶺山脈と地形からも内陸性の気候だといえる。冬の寒さは厳しく、夏は盆地では暑い。忠清南道は海に面しているため、比較的温暖。平地では農業も盛んで、米、高麗人参、いちごなどが特産品だ。

そば粉が名産の地域。
冷麺もおいしい

醤油漬けの
豚バラ焼肉
は日本人に
もなじみの
ある味

## 旅のグルメ

韓国では、淡白で素朴な庶民的な料理が多いといわれている地域。麺や、すいとんなどが有名だ。リアス式海岸を擁する南道では、干潟の貝類をはじめ魚介類が取れる。内陸部では、キノコや山菜料理がおすすめ。扶余のウナギも名産のひとつ。

うなぎも試してみたい！

### おすすめ！

**儒城温泉**
ユソンオンチョン

大田から地下鉄で気軽に行ける温泉。三国時代から親しまれてきた歴史があり、湧出量も韓国随一の名湯だ。スパやホテル併設の温泉施設が充実している。

気持ち
いいわね～
疲れが
取れるわ～

足湯を囲んで井戸
端会議も楽しい

### イベント

**多彩な祭**
百済の伝統を現代に伝える百済文化祭 ▶P.26 のほか忠清道では、7～8月に扶余の宮南池 ▶P.388 で行われる薯童蓮祭りなどがある。名産の栗、ナツメ、高麗人参、唐辛子などの収穫期にはフェスティバルが行われる。

闘いを再現

### 農産物

**公州名物の栗**
韓国では秋になると焼栗屋台が出るなど、風物詩になっているが、その栗の主要産地が公州。現地では饅頭菓子、釜飯、マッコリといろいろな味で楽しんでいる。

栗の直売は秋の風物詩

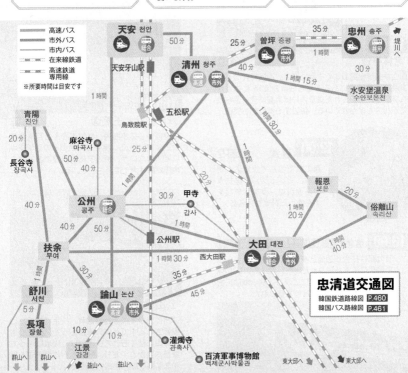

凡例
━━ 高速バス
━━ 市外バス
━━ 市内バス
╌╌ 在来線鉄道
▬▬ 高速鉄道
　　専用線
※所要時間は目安です

天安 천안
天安牙山駅
鳥致院駅
五松駅
清州 청주
曽坪 증평　25分
忠州 충주　35分
提川へ
水安堡温泉 수안보온천　30分
1時間
1時間15分
40分
50分

青陽 진안
20分
長谷寺 장곡사
麻谷寺 마곡사　50分
40分
1時間

公州 공주
30分　甲寺 갑사
1時間
公州駅
報恩 보은　20分　俗離山 속리산
1時間20分
1時間40分
25分
20分

扶余 부여
40分　50分
西大田駅
大田 대전
1時間30分
35分
45分

舒川 서천
1時間
長項 장항
5分

論山 논산
30分
10分　10分
江景 강경
灌燭寺 관촉사
百済軍事博物館 백제군사박물관
群山へ　群山へ　益山へ　益山へ
東大邱へ　東大邱へ

**忠清道交通図**
韓国鉄道路線図 P.460
韓国バス路線図 P.461

# 公州を基点に
# 2日間で巡る
# 忠清道
Chungcheong-do

武寧王陵を守る
鎮墓獣

## 1日目　扶余＆公州
（ブヨ）（コンジュ）

**9:00　国立扶余博物館　▶P.388**

公州から扶余まではバスで約1時間。扶余に着いたらまず百済時代の発掘品を多数収蔵する国立扶余博物館へ。国宝287号、百済金銅大香炉は博物館の至宝ともいうべき存在。

**15:00　国立公州博物館　▶P.399**

バスで公州へ戻ったらタクシーで移動。6世紀初頭の百済の王、武寧王陵から発掘された品を多数収蔵していることで知られており、王や王妃の金製冠飾や装身具は国宝にも指定されている。

**10:00　定林寺址　▶P.388**

国立扶余博物館のすぐそばにある。百済時代の寺の遺跡で、敷地内にある五重石塔は国宝9号に指定されている。復元された講堂内には高麗時代に造られた石仏像も置かれている。併設する博物館も秀逸。

**16:00　武寧王陵と王陵園　▶P.399**

博物館から徒歩圏内。武寧王を含む百済時代の王墓7基がある。実物は外観のみの見学で中には入れないが、併設する展示館に各王墓の内部が原寸大で復元されている。

**12:00　昼食　▶P.394**

蓮の葉で包んで炊き込んだご飯、ヨンニパブは扶余の名物料理。うなぎやなまずを使った料理も有名だ。

**13:00　官北里遺跡 ▶P.389 と扶蘇山城 ▶P.388**

官北里は扶余が泗沘と呼ばれ、百済の首都だった時代に王宮が置かれた場所。敷地内にはVR体験館もある。遺跡の北に広がる扶蘇山城は王宮の後苑および防衛拠点として使われた。

**17:00　公山城　▶P.399**

公州はかつて熊津と呼ばれ、扶余（泗沘）に遷都されるまで百済の首都だった。錦江の南岸の山に建てられた公山城は、稜線に沿って城壁が築かれており、外敵から首都を守る役割を果たした。宿泊は公州で。

## 10:15 法住寺 ▶P.407

公州を早朝出発し、清州経由で俗離山へ。法住寺の捌相殿は韓国唯一の木造の五重塔で、1624年に建てられたもの。黄金の大仏像や、国宝の石燈、石蓮池など、見どころが多い。

## 12:00 昼食 ▶P.409

法住寺から俗離山のバスターミナルの途中にある食堂で昼食。ナツメ釜飯とこの地で採れた山菜や薬草を使った定食を楽しもう。

## 14:20 古印刷博物館 ▶P.406

バスで清州へ移動し、古印刷博物館へ。清州はユネスコの「世界の記憶」にも記載されている世界最古の金属活字本『直指』が1377年に印刷された土地。そのことにちなみこの博物館では韓国の印刷の歴史を紹介している。

## 16:00 寿岩谷カフェ通り ▶P.406

数々の韓流ドラマのロケ地になった芸術村へ。壁画アートやドラマにちなんだ銅像が立っているなど、写真スポットが多い。高台にあるので、町を見下ろす景色も抜群。

## 18:00 公州百味街で夕食 ▶P.401

公州に戻ったら、公州百味街へ行こう。公州は栗の名産地として知られており、栗が入ったユッケビビンバプを食べることができる。栗は公州のマスコットキャラクターの胸にも描かれている。

公州の
ゆるキャラ
で〜す

栗の入った
ユッケビビンバプ

---

**忠清道 MEMO**

ちょっと遠いけど
**おすすめレストラン**

牡蠣（クル）料理の専門店で、牡蠣づくしを味わうことができる。メニューは牡蠣定食（クルジョンシク）₩3万、牡蠣ご飯（クルバプ）₩1万3000、牡蠣の水刺身（クルムルフェ）の大が₩3万、中が₩2万など。

料理P.70-❶75
**クルバプ**（牡蠣ご飯）
**トガーデン** 터가든　牡蠣

▶保寧市 MAP P.78-B3
住 666, Hongbo-ro Cheonbuk-myeon, Boryeong-si
住 보령시 천북면 홍보로 666
旧 보령시 천북면 장은리 115
TEL (041) 641-4232
開 11:00〜19:00　休 月
日 不可　CC ADJMV

百済最後の都　　　　　　　　忠清南道 扶余郡 扶余邑

# 扶余 プヨ

부여 Buyeo

www.buyeo.go.kr
市外局番●041
人口●6万8271人

**扶余総合観光案内所**
扶蘇山城の入口にある
**MAP** P.387-B2
**TEL** (041) 830-2880
**開** 9:00〜18:00
**休** 旧正月とチュソク当日

日本語ができるスタッフもいる

**郡内バス**
₩1500 (交通カード₩1400)
**タクシー**
初乗り₩3300 (1.4kmまで)

生きたドジョウが売られている
中央市場

扶蘇山城のふもとにそびえる
扶蘇山門

国宝第9号の定林寺址五重石塔

歴史好きなら外せない町、それが扶余だ。唐と新羅により滅ぼされるまで、この地は百済 ▶P.497 の首都であり仏教文化が栄えた。日本も関わった白村江の戦い ▶P.497 は歴史の転換となった。扶余周辺の遺跡は広い地域に散在している。出土品は国立扶余博物館に展示されているので、こちらも必見だ。

## 歩　き　方

### ▶ 市外バスターミナルが町の中心
扶余には高速バスの便はなく、すべて市外バスなので、すべての長距離バスは市外バスターミナルに着く。扶余の町の中心もこのあたり。

扶余の市外バスターミナル

中央市場〜白馬江　ターミナルを出ると目の前に商店街が延びており、すぐに中央市場と交差する。さらに進むと世界遺産の定林寺址。中央市場を左へ曲がると、こちらも世界遺産となっている官北里遺跡や扶蘇山城へと向かう。扶蘇山城を越えたところには白馬江の遊覧船乗り場がある。

### ▶ 市内は徒歩でも散策できる
世界遺産となっている百済時代の古都、泗沘に関連する見どころは、定林寺址を中心にしてほぼ半径1km圏内にある。

中央路の商店街

町と周辺を走るバスは農漁村バスのため決して便が多いとはいえず、徒歩で見て回るのが便利だ。タクシーを使ってもほぼそれほど高い料金にはならないだろう。

扶余中央市場

384

info　江景から扶余へは301、302、709番などのバスが1時間に1〜2便ほど出ている。江景駅を出てまっすぐ、最初の交差点を過ぎた左側に301、302番バス停、論山警察署付近に709番バス停がある。

**ACCESS**

| ● ソウルから | 서울 Seoul | | 所要時間 | 料金 |
|---|---|---|---|---|
| **市外バス** | ソウル南部🚌➡<br>扶余市外🚌 | 6:30〜19:10の間30〜50分に1便程度、21:00 | 約2時間 | ₩1万8000(優等) |

| ● 公州から | 공주 Gongju | | 所要時間 | 料金 |
|---|---|---|---|---|
| **市外バス** | 公州市外🚌➡扶余市外🚌 | 7:20 10:50 13:38 15:40 16:35 | 約40分 | ₩5100(一般) |

| ● 大田から | 대전 Daejeon | | 所要時間 | 料金 |
|---|---|---|---|---|
| **市外バス** | 大田西部🚌➡扶余市外🚌 | 7:00〜20:00の間1時間に1〜2便程度 | 約1時間30分 | ₩8400(一般) |

| ● 清州から | 청주 Cheongju | | 所要時間 | 料金 |
|---|---|---|---|---|
| **市外バス** | 清州市外🚌➡扶余市外🚌 | 14:00 | 2時間10分 | ₩1万1900(一般) |

🚌…バスターミナル

### ▶ KTXは公州駅、在来線は論山駅が最寄り

扶余の近くを通るのはソウル龍山と全羅南道の木浦を結ぶ湖南線。KTXが公州駅に、在来線は論山駅 **MAP P.391上** 、江景駅に停車し、いずれの駅ともバスで接続されている。

**公州駅から扶余へ** KTXが発着する公州駅は隣の公州市にあるが、公州市街と扶余邑とのちょうど間ぐらいの場所。扶余中心部へは駅からタクシーで行くほかなく、アクセスがとても悪い。KTX停車駅を利用する場合は、西大田駅から大田西部ターミナル発着の市外バスを利用しよう。

**論山駅から市内バスで扶余へ** 扶余の中心部へは、論山市内バス701番が便利。駅舎を出て大通りを出て右へ進むとすぐにトクソン旅客というバス会社がある。ここから701番バスがおおむね30分〜1時間おきに出ている。

**論山駅から市外バスで扶余へ** 論山駅から市外バスターミナルへは駅の正面口から出ず、線路を渡った反対側の歩道橋から大通り、階白路へと出る。右へ3分ほど通りに沿って歩けば、市外バスターミナルに着く。ここからは20分〜1時間に1便扶余行きのバスがある。

**扶余から全羅道方面へ**
扶余からのバスの便は市内、市外バスとも削減されてきており、公州行きの市内バスや群山行きの市外バスもなくなった。群山へは対岸の長項(장항チャンハン)まで1日2便の市外バスで行き、群山市内バス71番(1時間に1便)に乗り換えて錦江を渡る形となる。時間が合わなければ301番で江景または701番で論山まで行き、KORAIL湖南線に乗って益山へ、長項線に乗り換えて群山へと乗り継ぐ。ほかの全羅道の町へも益山経由の鉄道が使いやすい。

論山駅の正面入口

#### グルメ
扶余の名物はなんといってもウナギやナマズなどの川魚。ウナギは焼きで、ナマズはチュオタン(スープ)で供されるのが一般的。

ウナギはぜひ食べてみたい

#### 宿泊
扶余は観光ホテルの数が少なく、モーテルに泊まるのが一般的。周辺には韓屋ペンションがあるほか、ユースホステルも規模が大きい。

扶余郡ユースホステル

#### 旅のポイント
扶余や江景、論山ものどかな雰囲気が流れる田舎町。あくせく急がず歩きながらゆったりとした空気を感じたい。

タイムスリップしたような江景

**info** 泗沘都城仮想体験館 **MAP P.387-B2** は百済時代の扶余を仮想現実(VR)で体験できる。ほとんどが韓国語の展示だが、空からの見どころ巡りと、建設当初の定林寺を歩くVRツアーは日本語の解説あり。

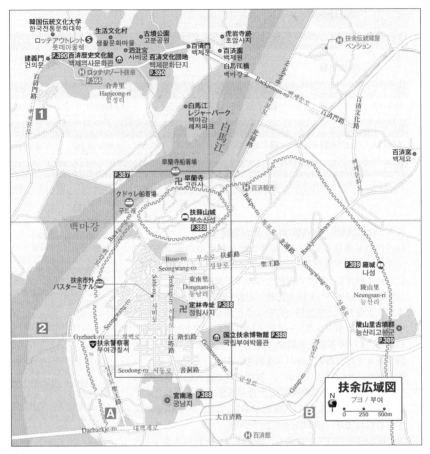

韓国伝統文化大学
한국전통문화대학
ロッテアウトレット **S**
롯데아울렛
生活文化村
생활문화마을
古墳公園
고분공원
虎岩寺跡
호암사지
扶余伝統韓屋 **H**
ペンション
建義門
건의문
**P.390** 百済歴史文化館
백제역사문화관
百済門
백제문
百済文化団地
백제문화단지
泗沘宮
사비궁
百済園
백제원
白馬江橋
백마강교
**H** ロッテリゾート扶余 **P.395**
合井里
Hapjeong-ri
함정리
**P.390**
百済門路
Baekjemun-ro
百済文化路
Baekjemunhwa-ro
百済窯
백제요

**1**

白馬江
レジャーパーク
백마강
레저파크
白馬江
北浦路
Bukpo-ro
百済観光 **H**

白馬江
皐蘭寺船着場 **P.387**
皐蘭寺
고란사
クドゥレ船着場
구드래
扶蘇山城
부소산성 **P.388**
Buso-ro
Seongwang-ro
부소로 扶蘇路
성왕로
聖王路
羅城
나성 **P.389**
陵山里
Neungsan-ri
능산리

扶余市外
バスターミナル
東南里
동남리
Dongnam-ri
定林寺址
정림사지 **P.388**
陵山里古墳群
능산리고분군 **P.389**

**2**

Sabi-ro
Seongwang-ro
Seoktap-ro
사비로
石塔路
階伯路
Seongwang-ro
성왕로
国立扶余博物館 **P.388**
국립부여박물관
Gyeback-ro
扶余警察署
부여경찰서
Gyeback-ro
계백로
Seodong-ro 서동로
曹洞路
Geumseong-ro

**A**
宮南池 **P.388**
궁남지
Daebaekje-ro 대백제로
大百済路

**B**

扶余広域図
ブヨ / 부여
**N**
0  250  500m

**H** 百済館

---

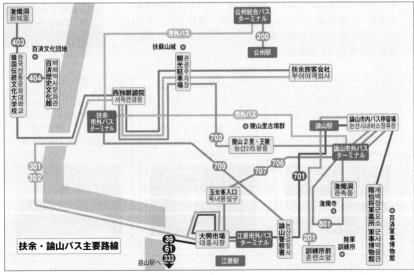

潅燭洞
新城里
**403**
百済文化団地
韓国伝統文化大学校
한국전통문화대학교
**404**
百済歴史文化館
백제역사문화관
西独眼鏡院
서독안경원
扶余
市外バス
ターミナル
公州総合バス
ターミナル
**200**
市外バス
扶蘇山城
観光駐車場
관광주차장
公州駅
扶余旅客会社
부여여객회사
陵山里古墳群
市外バス
論山駅
論山市内バス停留場
논산시내버스정류장
**702**
陵山2里・王陵
능산2리.왕릉
論山市外バス
ターミナル
**301**
**302**
**709**
**707**
**706**
**701**
潅燭洞
관촉동
玉女峯入口
옥녀봉입구
論山警察署
논산경찰서
**801**
隋百済将軍墓所
軍事博物館
**39**
**61**
**333**
大興市場
대흥시장
江景市外バス
ターミナル
潅燭寺
**201**
訓練所前
훈련소앞
陸軍
訓練所
百済軍事博物館
益山駅へ
江景駅

扶余・論山バス主要路線

386

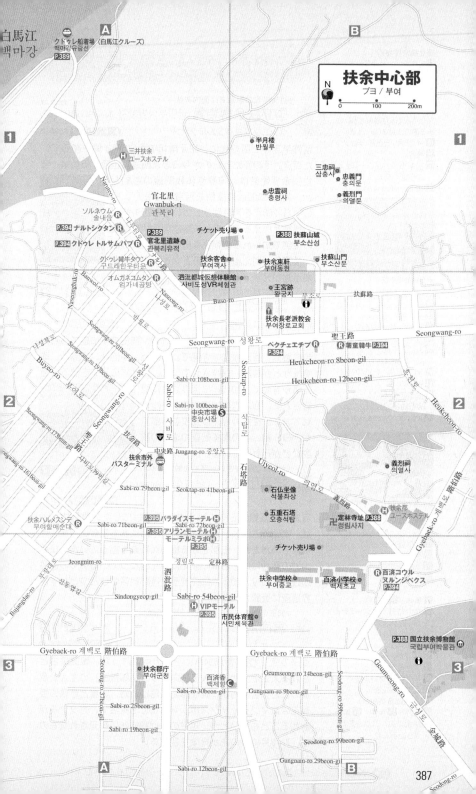

## 国立扶余博物館
- 🏠 5, Geumseong-ro Buyeo-eup
- 🏠 부여읍 금성로 5
- 🏠 부여읍 동남리 산16-1
- 📞 (041) 833-8562
- 🕐 9:00～18:00
  文化の日（毎月最終水曜）の
  ある週の土曜9:00～21:00
- 🚫 月、正月、旧正月、チュソク
- 💴 無料
- 🚌 扶余市外バスターミナル
  から徒歩22分
- 🌐 buyeo.museum.go.kr

国立扶余博物館

## 定林寺址博物館
- 🏠 83, Jeongnim-ro Buyeo-eup
- 🏠 부여읍 정림로 83
- 🏠 부여읍 동남리 364
- 📞 (041) 832-2721
- 🕐 3～10月9:00～18:00
  11～2月9:00～17:00
- 🚫 1/1、旧正月とチュソク当日
- 💴 ₩1500
- 🚌 扶余市外バスターミナル
  から徒歩12分
- 🌐 www.jeongnimsaji.or.kr

博物館に展示されている復元模型

## 扶蘇山城
- 🏠 15, Buso-ro Buyeo-eup
- 🏠 부여읍 부소로 15
- 🏠 부여읍 관북리 28-4
- 📞 (041) 830-2884
- 🕐 3～10月 8:00～18:00
  11～2月 9:00～17:00
- 🚫 無休　💴 ₩2000
- 🚌 扶余市外バスターミナル
  から徒歩24分

## 宮南池
- 🏠 52, Gungnam-ro Buyeo-eup
- 🏠 부여읍 궁남로 52
- 🏠 부여읍 동남리 142-4
- 📞 (041) 830-2880
  （観光総合案内所）
- 🕐 随時　🚫 無休　💴 無料
- 🚌 扶余市外バスターミナル
  から徒歩20分

# 見どころ

### ●百済時代の展示では国内有数　★★★
## 国立扶余博物館 국립부여박물관 Buyeo National Museum
クンニプブヨパンムルグァン　▶中心部 MAP P.387-B3

朝鮮半島の三国時代に、紀元前18年から678年間存続していた百済。その都だったのが今の忠清南道に位置する扶余。国立扶余博物館は、陶器や仏教関連の彫刻など、約2万5000点の遺物を所蔵しており、そのうち1200点を常時展示している。百済時代の代表といえる遺物の百済金銅大香炉や百済の微笑で知られる金銅弥勒菩薩立像、職人の高い技術生が伺える蓮華文軒瓦など、数々の有名遺物が見学できる。

国宝第287号、
百済金銅大香炉

### ●五重石塔が長い歴史を物語る　★★★ 世界遺産
## 定林寺址 정림사지 Jeongnimsaji Temple Site
チョンニムサジ　▶中心部 MAP P.387-B2

百済の仏教文化が最も花開いた時代、聖王の時に建てられた寺の跡地。百済様式の寺院で、金堂址、中門址、回廊址、講堂址などが確認、保存されている。1400年の歴史を誇る五重石塔が有名で、2015年に世界遺産に登録された。敷地内には博物館も併設されており、往時の寺の復元模型の展示や、日、韓、中の伽藍配置の違いの解説などが行われている。

五重石塔は国宝に指定されている

### ●かつての王宮を取り囲む山城　★★ 世界遺産
## 扶蘇山城 부소산성 Busosanseong Fortress
プソサンソン　▶中心部 MAP P.387-B1

百済の全盛期からその滅亡までをともにした、象徴的な山城。本城の泗沘城とともに都の中心部にある扶蘇山の麓に作られていたため、王都を守る重要な役割を担っていた。扶蘇山城の敷地には、百済の歴史に深く関わっている多くの遺跡が残っており、2015年に百済歴史遺跡地区のひとつとして世界遺産に登録された。

### ●武王の離宮に作られた最古の人工池
## 宮南池 궁남지 Gungnamji Pond　★★ 世界遺産
クンナムジ　▶中心部 MAP P.386-A2

百済の武王 ▶P.497 が634年に王宮の中に作った、韓国最古とされる人工池。武王は人気韓国ドラマ『薯童謡』の主人公薯童のこと。宮南池は、国を越えて結ばれた、薯童と新羅の姫善花のロマンティックスポットとしても有名で、カップルが訪れることも多いとか。現在の池は1967年に復元されたもので、7～8月に蓮の花が見頃を迎える。

info 扶蘇山城はざっと見て回るだけでも1時間。じっくり回るなら2～3時間はみておきたい。

## ●かつての白村江を船で下る

# 白馬江クルーズ(クドゥレ) 백마강 크루즈 ★★

Baegmagang Ferry ペンマガンクルジュ ▶白馬江 MAP P.387-A1

白馬江は扶蘇山城の周りを流れる川で、別名を錦江ともいう。このクルーズは約15分ほどの短いコースだが、百済が滅びる時に3000人の宮女が身を投げたという落花岩や百済末期の創建と伝わる皐蘭寺などが見られる。遊覧船は7人以上で乗れ、瓦屋根付きの客室がある立派な帆船は30人以上から乗れるとのこと。

## ●城壁の外側に造られた王族の古墳 ★★★ 世界遺産

# 陵山里古墳群 능산리고분군 Neungsan-ri Ancient Tombs

ヌンサンニコブングン ▶陵山里 MAP P.386-B2

扶余の中心部から約2kmの場所にある百済の王室墓地。泗沘が都だった時代に扶余羅城の外側に作られ、百済が王族の陵墓の空間を一定の場所に指定したという、泗沘時代の古墳文化をうかがうことができる遺跡。運気が良いとされる明堂の地勢と一致しており、百済時代にすでに風水地理の思想が存在した可能性を示している。

陵山里1号墳

展示館では石室も見られる

## ●百済末期の王宮の遺構 ★ 世界遺産

# 官北里遺跡 관북리유적 Gwanbuk-ri Relics

クァンブンニユジョク ▶官北里 MAP P.387-A1

1980年から30年以上にわたる計画的な調査により、百済の王城の構造を解明に導いた遺跡で、その敷地は約650㎡におよぶ。最も位の高い役所に使用される瓦や、唐の武将の功績を記した碑が見つかっている。また、百済滅亡の後、新羅が建てた重要官庁の建物の基礎部が、百済時代のものだったことなどを根拠に、この一帯が王城だったと推定されている。

王宮があったと推定される遺構が点在する

## ●扶余の町を取り囲む長い城壁跡 ★ 世界遺産

# 羅城 나성 Naseong Fortress

ナソン ▶陵山里他 MAP P.386-B2

羅城とは、町全体を囲む城壁のこと。今の扶余羅城は、痕跡だけが残っているが、2011年からの発掘、調査により、外側が急斜面になっていたことや、馬が走れるほどの道幅と山頂に烽火台があったことなどが明らかになった。現在は一部の区間が復元されており、他の区間も発掘や整備作業が行われている。復元されている区間は見学も可能。

復元が進む羅城

### 白馬江クルーズ(クドゥレ)

住 72, Naruteo-ro Buyeo-eup
住 부여읍 나루터로 72
旧 부여읍 구교리 420
TEL (041)835-4689
開 3〜10月9:00〜18:00
　 11〜2月9:00〜17:00
　 人数が集まり次第随時出航
休 無休
料 往復₩7000、白馬江1周
　 ₩1万3000(10人以上から
　 出発)
交 扶余市外バスターミナル
　 から徒歩30分

### 陵山里古墳群

住 61, Wangneung-ro Buyeo-eup
住 부여읍 왕릉로 61
旧 부여읍 능산리 산16-2
TEL (041)830-2890
開 3〜10月9:00〜18:00
　 11〜2月9:00〜17:00
休 無休
料 ₩1000
交 郡内バス701、709番など
　 「陵山2里・王陵(능산2
　 리、왕릉)」

### 官北里遺跡

住 13, Buso-ro Buyeo-eup
住 부여읍 부소로 13
旧 부여읍 관북리 72-5
TEL (041)830-2880
　 (観光総合案内所)
開 随時 休 無休 料 無料
交 扶余市外バスターミナル
　 から徒歩14分

### 羅城

開 随時 休 無休 料 無料
交 郡内バス701、709番など
　 「陵山2里・王陵(능산2
　 리、왕릉)」徒歩7分

ガラスに刻まれた復元図と遺構を照らし合わせて見られる

---

info 百済窯 MAP P.386-B1 は百済の文化を現代に甦らせ継承するために造られた。松の木の煙で着色した土器を作っている。宿も運営している。

## 百済文化団地

**住** 455, Baekjemun-ro Gyuam-myeon
**住** 규암면 백제문로 455
**旧** 규암면 합정리 575
**TEL** (041) 408-7290
**開** 3~10月9:00~18:00
　11~2月9:00~17:00
**休** 月
**料** ₩6000(百済歴史文化館も入場可)
**交** 郡内バス404~406番「百済歴史博物館(백제역사문화관)」。便数が少ないのでタクシーが便利。
**URL** www.bhm.or.kr

## 百済歴史文化館

**住** 455, Baekjemun-ro Gyuam-myeon
**住** 규암면 백제문로 455
**旧** 규암면 합정리 575
**TEL** (041) 830-3466
**開** 3~10月9:00~18:00
　11~2月9:00~17:00
**休** 月 **料** ₩2000
**交** 郡内バス404~406番「百済歴史博物館(백제역사문화관)」。便数が少ないのでタクシーが便利。
**URL** www.bhm.or.kr

## ソドンヨテーマパーク

**住** 616, Chungsin-ro Chunghwa-myeon
**住** 충화면 충신로 616
**旧** 충화면 가화리 270
**TEL** (041) 832-9913
**開** 3~10月9:00~18:00
　11~2月9:00~17:00
**休** 月 **料** ₩2000
**交** 郡内バス105番「クンマ(금마)」徒歩4分
**URL** www.buyeofmc.or.kr/?MenuID=17

## 長谷寺

**住** 241, Janggok-gil Daechi-myeon, Cheongyang-gun
**住** 청양군 대치면 장곡길 241
**旧** 청양군 대치면 장곡리 15
**TEL** (041) 942-6769
**開** 日の出~日没
**休** 無休 **料** 無料
**交** 扶余から青陽(청양チョンヤン)市外バスターミナルへ7:00、10:50、13:55、19:10発。所要約40分、運賃₩4200、郡内バスに乗り換えて「長谷寺(장곡사)」徒歩20分

---

● 白馬江東岸にある一大文化施設　★★

# 百済文化団地 백제문화단지 Baekje Cultural Land

ペクチェムヌァダンジ　▶合井里 **MAP** P.386-A1

百済の歴史を感じられるテーマパークで、17年間の計画、工事を経て2010年にオープン。100万坪という広大な園内には、百済時代の宮殿を再現した泗沘宮、陵寺五重の塔、古墳公園、展望台の済香楼、生活文化村、慰礼城の計6エリアに分かれており、テーマごとに百済の歴史が感じられるようになっている。

文化団地の門でもある正陽門

● 百済時代の文化や生活がよくわかる　★

# 百済歴史文化館 백제역사문화관 Baekje History & Culture Museum

ペクチェヨクサムヌァグァン　▶合井里 **MAP** P.386-A1

百済文化団地の中にある施設で、模型や映像を通して百済の歴史を分かりやすく伝えてくれる。百済の誕生から滅びるまでを、漢城時代、熊津時代、泗沘時代、百済復興運動の4つに分けて展示しているほか、百済の衣食住や経済活動、優れたものづくりの技術について、詳しく説明している。また、百済時代の仏教文化や遺跡などを再現した展示も興味深い。

文化団地を訪れる前の予習に最適

● ドラマで使われた王宮や家屋に入れる　★★

**近郊** # ソドンヨテーマパーク 서동요 테마파크

On Set – Seodongyo ソドンヨテマパク　▶忠化面 **MAP** P.391-A3

百済の武王 **P.497** を主人公にした人気韓国ドラマ『薯童謡(ソドンヨ)』や、数々の歴史ドラマの撮影地で、現在はテーマパークとなっている。建物の中に入って自由に見学が可能。なんと王座に座っての記念撮影もOK! ちなみに薯童謡とは武王の薯童(ソドン)が子どもの頃に作った歌のことで、詩は新羅の王女、善花姫(ソナ)が作ったというロマンティックな説もある。

● 新羅時代創建の千年古寺　★

**近郊** # 長谷寺 장곡사 Janggoksa Temple

チャンゴクサ　▶青陽郡 **MAP** P.391-A1

七甲山(チルガプサン)の麓に鎮座し、新羅時代に創建されたと伝わる小さな伽藍。国宝第58号の長谷寺鉄造薬師如来坐像附石造台座をはじめ、長谷寺彌勒仏掛仏幀、長谷寺上大雄殿、長谷寺鉄造毘盧舍那仏坐像附石造臺座、長谷寺金銅薬師如来坐像、長谷寺説禅堂など数多くの文化財を保管している。ちなみに所在地の青陽郡の特産品は青陽唐辛子。唐辛子モチーフのオブジェが町のあちこちに点在している。

**info** ソドンヨテーマパークのある場所は、階伯将軍の故地、忠北面にある。階伯は5000の兵で5万の唐、新羅連合軍を迎え撃ったという伝説の将軍。

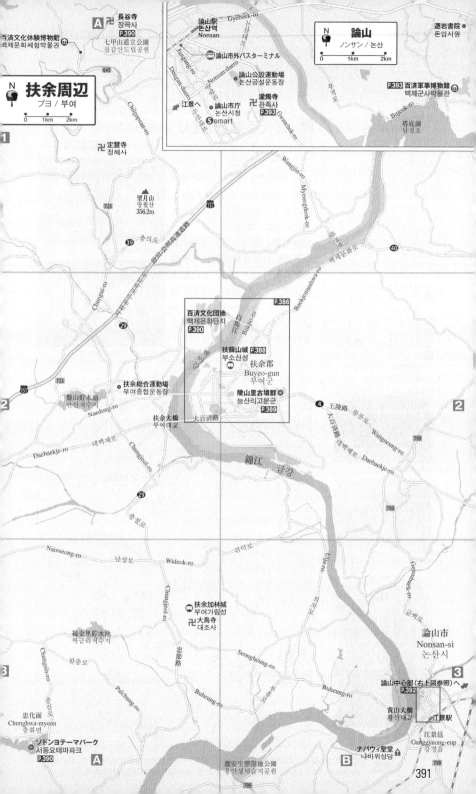

塩辛の里

# 江景 カンギョン

강경 Ganggyeong

市外局番●041

錦江(クムガン)の河港都市として栄えた町。チョッカル(塩辛)祭りが行われることでも知られている。

## 江景への行き方
バス主要路線図(→P.386)参照
▶扶余から
301、302、701番などのバスで約50分
▶益山から
5:27〜22:38までムグンファ、ITXセマウルが1時間1〜2便。所要約20分

**市内バス**
₩1600(交通カード₩1500)
**タクシー**
初乗り₩3300(1.6kmまで)

## 近代歴史文化通り
🏠 30-5, Ongnyeobong-ro 27beon-gil
🏠 옥녀봉로27번길 30-5
🏚 염천리 20
🕐 随時 休無休 料無料
🚌 論山市内バス101番「論山警察署(논산경찰서)」徒歩13分

延寿堂乾材薬房

韓国式の建物もある。旧教会跡

大同電気商会はきれいに復元された

---

●日本家屋が多く残る

## 近代歴史文化通り 근대역사문화거리 ★★★

クンデヨクサムヌァコリ Chungang Street in Ganggyeong ▶論山市 MAP P.392-1

江景はかつて元山(ウォンサン)(現北朝鮮)とともに2大港町といわれ、平壌(ピョンヤン)、大邱(テグ)とともに3大市場と呼ばれる巨大な市場を擁して大変なにぎわいだった。
当時中町と呼ばれていた中央洞(チュンアンドン)の周辺には日本統治時代の家屋が多く残されており、近代歴史文化通りとして保存・修復が進められている。一部はカラー歩道になったり、標識などが整備され歩きやすい。

旧中央小学校講堂

中央通り。平屋の建物も多い

**江景** カンギョン / 강경
N 0 100 200m

玉女峯公園 옥녀봉공원
玉女峯 P.393 옥녀봉
西倉橋 서창교
P.393 江景チョッカル市場 강경젓갈시장 Ongnyeobong-ro 27beon-gil
シングァン塩辛百貨店 선광젓갈백화점
展望台 전망대
扶余方面301番、益山方面333番など

ソンガネ塩辛百貨店 순가네젓갈백화점
旧韓一銀行(江景歴史館) 구한일은행
中央市場 중앙시장
南一堂韓薬房 남일당한약방
テピョンシクタン 태평식당
江景中央小学校 강경중앙초교
江景女子中学 강경여자중교
江景高校 강경고교
論山警察署 논산경찰서
江景ヘムルカルグクス 강경해물칼국수
江景第一長老教会 강경제일장로교회
江景近代歴史展示館 강경근대역사전시관
江景市外バスターミナル
スター無人ホテル P.395
マンナシクタン&チョッカル P.394
江景駅 강경역 Ganggyeong

---

**info** 江景チョッカル祭りは200年以上続いてきた江景のチョッカル文化を紹介する祭りで、質の良いチョッカルがいつもより安く買えるとあって大人気。毎年10月中旬の4日間行われる。

### ●錦江の絶景が見られる丘
# 玉女峯 옥녀봉 Oknyeobong Park
オンニョボン

▶論山市 MAP P.392-1 ★

玉女峯は論山八景のひとつ。山頂の東屋で周辺を見渡せば、論山平野が一望のもと。扶余と益山がパノラマのように広がっており、緑豊かな平野と川、遠くに広がる山が調和した風景は、まるで絵葉書のような美しさだ。

玉女峯から眺める錦江

### ●いろいろなチョッカルを味見してみよう
# 江景チョッカル市場 강경젓갈시장 Ganggyeong Traditional Salted Fish Market
カンギョンチョッカルシジャン

▶論山市 MAP P.392-1 ★★

朝鮮王朝時代に、平壌、大邱と並んで3大市場のひとつといわれた江景。現在では水産加工品で名高く、とくにチョッカル（塩辛）市場の規模は韓国最大、韓国の6割がここで流通するという。

### 近郊 ●巨大な弥勒菩薩立像で知られる
# 灌燭寺 관촉사 Gwanchoksa Temple
クァンチョクサ

▶論山市 MAP P.391右上 ★★

韓国の寺はその多くが奥山にあるが、灌燭寺は論山のバスターミナルや駅からほど近く、タクシーでも訪れやすい場所にある。境内に入ると、宝物第218号に指定されている高さ約18mの国内最大の石仏、石

ユニークな大仏像

造弥勒菩薩立像が迎えてくれる。宝物第232号の石灯や、一回転させると経典を読誦したのと同じご利益があるという輪蔵など見どころ満載。

### 近郊 ●湖のほとり、将軍墓の横にある博物館
# 百済軍事博物館 백제군사박물관 Baekje Military Museum
ペクチェクンサパンムルグァン

▶論山市 MAP P.391右上 ★

百済時代の遺物と軍事文化を紹介している博物館。百済の防御施設として重要な役割を担っていた風納土城、熊津城、扶蘇山城などのジオラマ、当時の服飾や武器の模型などが見られる。また論山は新羅、唐の連合軍との戦いで戦死した階伯ゆかりの地でもあることから、この将軍に関する展示も多い。

百済と新羅の戦いに関する展示が多い

---

**玉女峯**
住 Ongnyeobong-ro 73beon-gil
住 옥녀봉로73번길
旧 북옥리 74-1
TEL (041) 730-4601
開 随時 休 無休 料 無料
交 論山市内バス706、707番「玉女峯入口（옥녀봉입구）」徒歩8分

「チョッカル」の看板があちらこちらに

**江景チョッカル市場**
住 30-3, Ongnyeobong-ro 27beon-gil
住 옥녀봉로27번길 30-3
旧 태평리 40
TEL (041) 745-1985
開 店舗による 休 店舗による
交 論山市内バス101番「論山警察署（논산경찰서）」徒歩6分

**灌燭寺**
住 25, Gwanchok-ro 1beon-gil, Nonsan-si
住 논산시 관촉로1번길 25
旧 논산시 관촉동 254
TEL (041) 736-5700
開 8:00～20:00
休 無休 料 無料
交 論山市内バス801番「灌燭洞（관촉동）」徒歩1分

**百済軍事博物館**
住 311-54, Chunggok-ro Bujeok-myeon, Nonsan-si
住 논산시 부적면 충곡로 311-54
旧 논산시 부적면 신풍리 6
TEL (041) 746-8431
開 9:00～18:00
休 月、正月、旧正月、チュソク
料 無料
交 論山市内バス307番「階伯将軍墓・百済軍事博物館（계백장군묘소-백제군사박물관）」徒歩5分
URL www.nonsan.go.kr/museum
※2022年6月より改修のため休館中。屋外展示は見学可能

---

info おかずにも、キムチの材料にも使われるチョッカルの材料はイカや小エビだけでなくさまざま。チョッカルは消化吸収がよく、栄養価も優れているといわれている。

# 扶余と周辺のレストラン

---

**熟成韓牛**
## 薯童韓牛 서동한우
●ソドンハヌ

韓国におけるドライエイジングビーフの草分け店。熟成させた韓牛の焼肉はチーズのような香りをまとい、うま味も格段にアップ。肉は熟成期間によって値段が異なり、30日以上が150gで₩3万9000、100〜150日では150gで₩9万9000。

▶**扶余中心部** ┃韓牛┃
MAP P.387-B2
住 256, Seongwang-ro Buyeo-eup, Buyeo-gun
住 부여군 부여읍 성왕로 256
旧 부여군 부여읍 관북리 118-2
TEL (041) 835-7585
開 11:00〜14:30、16:30〜21:30
休 無休　日 不可　日✕ あり
英✕ あり　CC ADJMV

---

## ナルトシクタン
나루터식당 ●ナルト食堂

扶蘇山城近くにある3代、40年を超える老舗のウナギ専門店。注文後、卓上コンロの上にお店特製のソースにつけて厨房で焼いたウナギを持ってくる。甘いタレのウナギを葉菜に包んで食べる。

▶**扶余中心部** ┃うなぎ┃
MAP P.387-A1
住 37, Naruteo-ro Buyeo-eup, Buyeo-gun
住 부여군 부여읍 나루터로 37
旧 부여군 부여읍 구아리 99
TEL (041) 835-3155　開 12:00〜15:00、17:00〜21:00 (L.O.20:00)
休 月、旧正月とチュソク当日
日 不可　日✕ あり　CC ADJMV

---

## クドゥレ トルサムパプ
구드래돌쌈밥 ●クドレ トルサムパプ

扶蘇山城近くにあるトルサムパプ専門店。釜飯と魚、おかずを葉野菜に包んで食べるのがトルサムパプ。葉野菜は無農薬にこだわり、薬草も含め20種類ぐらい付く。肉炒めのプルゴギトルサムパプ定食も人気。

▶**扶余中心部** ┃サムパプ┃
MAP P.387-A1
住 31, Naruteo-ro Buyeo-eup, Buyeo-gun
住 부여군 부여읍 나루터로 31
旧 부여군 부여읍 구아리 96-2
TEL 0507-1357-9259
開 11:00〜21:00
休 旧正月とチュソク連休　日 不可
日✕ なし　CC ADJMV

---

## 百済コウル ヌルンジペクス
백제 고을 누룽지 백숙 ●ペクチェコウル ヌルンジペクス
百済村おこげ

ペクスは鶏などの水炊き。この店では11種類の韓方を入れてじっくり煮込むので、肉が柔らかく健康にもいい。ヌルンジ（おこげ）を入れて粥にして締めれば体力を補う一品に。

▶**扶余中心部** ┃地鶏鍋┃
MAP P.387-B3
住 96-11, Jeongnim-ro Buyeo-eup, Buyeo-gun
住 부여군 부여읍 정림로 96-11
旧 부여군 부여읍 동남리 420-5
TEL (041) 835-8353
開 12:00〜21:00
休 旧正月とチュソク連休　日 不可
日✕ なし　英✕ なし　CC ADJMV

---

**ヨンニプバブ（蓮の葉蒸しご飯）**
## ペクチェエチプ 백제의집
●百済の家

扶蘇山城前にあってアクセス至便。扶余名物ヨンニプバブ（蓮の葉蒸しご飯）は₩1万3000でひとりから注文可。焼肉料理とのセットも。

▶**扶余中心部** ┃郷土料理┃
MAP P.387-B2
住 248, Seongwang-ro Buyeo-eup, Buyeo-gun
住 부여군 부여읍 성왕로 248
旧 부여군 부여읍 관북리 119-3
TEL (041) 834-1212
開 11:00〜21:00
休 旧正月とチュソク連休　日 不可
日✕ あり　英✕ なし　CC ADJMV

P.71-83
八田さんおすすめ

---

## マンナシクタン＆チョッカル
만나식당・젓갈 ●マンナ食堂＆チョッカル

塩辛専門店の食堂スペース。人気のチョッカル定食はタラコや牡蠣など10種類以上の塩辛と20種以上の小皿が付いて1人前₩1万（2人前から）。ひとり客には塩辛ビビンバプ₩8000もある。

▶**江景**
MAP P.392-2
住 89, Gyebaek-ro Ganggyeong-eup, Nonsan-si
住 논산시 강경읍 계백로 89
旧 논산시 강경읍 황산리 138-2
TEL (041) 745-7002　開 10:30〜20:30
休 無休　日 不可
日✕ なし　英✕ なし　CC ADJMV

---

info 宮南池近くにある百済香 MAP P.387-B3 は、扶余の無農薬栽培された蓮を入れた蓮花パン、夜が明ける前に摘み取った蓮の蕾で淹れたお茶など蓮づくしの店。

394

# 🏨 扶余と周辺のホテル

## ロッテリゾート扶余

### 롯데리조트 부여
●ロッテリジョトゥブヨ／Lotte Resort Buyeo

▶百済文化団地 **MAP** P.386-A1

韓国の伝統模様を生かした外観が独特な雰囲気だが、客室はモダンなインテリアで広い。キッチン付きの部屋もある。すぐ隣がアウトレットなのでショッピングなどにも便利。全322室。

住 400, Baekjemun-ro Gyuam-myeon, Buyeo-gun
住 부여군 규암면 백제문로 400
旧 부여군 규암면 합정리 578
TEL (041) 939-1000
FAX (041) 939-1034
料 S W ₩19万～
日 通じる CC ADJMV WiFi あり
URL www.lotteresort.com

## VIPモーテル

### VIP모텔
●VIPモテル／VIP Motel

▶扶余中心部 **MAP** P.387-A3

市外バスターミナルから徒歩5分ほどのところにある全29室のホテル。インテリアは韓国風で、少々古いが広くて清潔。バスタブ付き、パソコン付きの部屋もある。オンドル部屋もある。

住 8, Sabi-ro 54beon-gil Buyeo-eup, Buyeo-gun
住 부여군 부여읍 사비로54번길 8
旧 부여읍 동남리 701-1
TEL (041) 832-3700
料 S W ₩3万5000～
日 不可
CC ADJMV WiFi あり
URL www.vip-motel.com

## パラダイスモーテル

### 파라다이스 모텔
●パラダイスモテル／Paradise Motel

▶扶余中心部 **MAP** P.387-A2

市外バスターミナルの近くにある。部屋は広い。寝具は韓国伝統の薄い上掛けでカラフルな柄。シャワールームはきれい。オンドル部屋もある。全19室。

住 13-3, Sabi-ro 72beon-gil Buyeo-eup, Buyeo-gun
住 부여군 부여읍 사비로72번길 13-3
旧 부여군 부여읍 구아리 278-1
TEL (041) 837-3535
料 S W ₩4万～
日 不可 CC ADJMV
WiFi あり

## モーテルミラボ

### 모텔 미라보
●モテルミラボ／Motel Mirabo

▶扶余中心部 **MAP** P.387-A3

市外バスターミナルから徒歩3分。中央市場にも近い。部屋は広く綺麗。韓国の伝統柄のカラフルな寝具。シャワールームはきれい。オンドル部屋もある。全19室。

住 47-28, Jeongnim-ro Buyeo-eup, Buyeo-gun
住 부여군 부여읍 정림로 47-28
旧 부여군 부여읍 구아리 294-1
TEL (041) 853-9988
料 S W ₩4万～
日 不可 CC ADJMV
WiFi あり
URL mirabo.co.kr

## アリランモーテル

### 아리랑모텔
●アリランモテル／Arirang Motel

▶扶余中心部 **MAP** P.387-A2

市外バスターミナルから近く、コンビニや食堂なども見つけやすい。部屋は広くバスタブ付きが多い。壁紙や寝具は韓国風のテイスト。温冷水給湯器が部屋に備えられている。全33室。

住 55-13, Jeongnim-ro Buyeo-eup, Buyeo-gun
住 부여군 부여읍 정림로 55-13
旧 부여군 부여읍 구아리 295
TEL (041) 853-5656
料 S W ₩4万～
日 不可
CC ADJMV WiFi あり
URL www.arirangmotel.com

## スター無人テル(無人モーテル)

### 스타무인텔
●スタムインテル／Star Motel

▶江景駅 **MAP** P.392-2

江景駅近くにある無人モーテル。部屋にはポップなイラストが描かれ若者向けの雰囲気。白い寝具は清潔感がある。バスルームもきれいでバスタブ付き。全18室。

住 10, Daeheung-ro Ganggyeong-eup, Nonsan-si
住 논산시 강경읍 대흥로 10
旧 논산시 강경읍 대흥리 32-6
TEL (041) 745-7732
料 S W ₩3万～
日 不可
CC ADJMV
WiFi あり

info 江景は錦江でとれるメフグでも有名。辛くて濃厚なポクタン(ふぐの煮込み)にして食べるのが一般的。テビョンシクタン **MAP P.392-1** などで食べられる。

# 公州 コンジュ

공주 Gongju

www.gongju.go.kr
市外局番●041
人口●10万7463人

## 観光案内所
▶公州観光案内センター
公山城の入口にある
**MAP** P.398-A1
**TEL** (041) 856-7700
**開** 9:00～18:00
**休** 旧正月、チュソク
▶武寧王陵観光案内所
**TEL** (041) 856-3151 (日本語可)

## 市内バス・・・・・・・・・・・・
₩1600 (交通カード₩1500)
総合バスターミナルから市
内中心へは101、500、610、
700、770、900番など。

## タクシー・・・・・・・・・・・・
初乗り₩3300、1日 (9:00
～17:00) 貸し切りだと₩10万
くらい

## 公山城の守門兵交代式
公山城では4～10月の土・日
曜11:00、14:00、16:00に守門
兵の交代式を再現したセレ
モニーが行われる。城門の
上に守門兵がずらりと並ぶ
風景は圧巻だ。写真撮影に
も気軽に応じてくれる。セレ
モニーは約30分間。

公山城の守門兵の交代式

## コマ列車
公州市はコマ列車という観
光列車を週末に運行してい
る (12～2月は運休)。乗り降
り自由、公山城前を10:00～
17:00の毎正時に出発 (12:00
は除く)、宋山里古墳群、公
州韓屋村、国立公州博物館
を巡る。
**料** ₩3000

おもな見どころを巡るコマ列車

熊津城の名もある公山城

公州は、三国時代の475年から63年間にわたり百済 ▶P.497 の
首都となったところ。世界遺産の武寧王陵と王陵園には武寧
王陵をはじめいくつもの墳墓があり、発掘されたきらびやか
な副葬品は国立公州博物館に展示されている。毎年10月には
扶余とともに百済祭りが行われる。

## 歩き方

### ▶ ターミナルから市の中心へ
**公州駅**　KTXが停車する公州駅は町の南約20kmにある。市内
バス200番が南から熊津路をまっすぐ北上し、公山城を経由
して総合バスターミナルへ行く。1時間に1～2便程度の運行、
所要約30分。

**総合バスターミナル**　総合バスターミ
ナルから市内を巡回するバス路線は、
市内バス101番と125番。108番バスは1
時間に1便程度の運行で国立公州博物
館まで行く。所要10～15分。

市外バスが並ぶ

**公山城～武寧王陵**　おもな見どころは錦江南岸にあり、徒歩
でも回れる。公山城から武寧王陵のある宋山里古墳群へは歩
いても15～20分ぐらいの距離。王陵路をひたすらまっすぐ進
むと右側にある。公州はバスの便数がそれほど多くはないの
で、歩いたほうが早い場合もある。武寧王陵から山の裏側に
入れば国立公州博物館がある。

**錦江北側**　公山城から錦江大橋を渡っ
た北側は、モーテルが立ち並んでいる
エリア。これを抜けるとバスターミナ
ルへいたる。こちらも徒歩で20分ぐら
いの距離。

ゆったりと流れる錦江

**info** 公州は百済時代、熊津と呼ばれ、万葉仮名では「久麻那利」と表記されコマナルと発音されたと
考えられている。コマ列車もこれにちなんでいる。

ACCESS

| ● ソウル 서울 Seoul | | | 所要時間 | 料金 |
|---|---|---|---|---|
| KTX | 龍山駅➡公州駅 | 6:31～21:21の間30分～2時間に1便程度 | 約1時間 | ₩2万5100 |
| 高速バス | ソウル高速🅣➡<br>公州総合🅣 | 6:46～21:05の間30～60分に1便程度<br>22:15、23:35（深夜） | 約1時間30分 | ₩8900（一般） |

| ● 大田 대전 Daejeon | | | 所要時間 | 料金 |
|---|---|---|---|---|
| 市外バス | 大田複合🅣➡<br>公州総合🅣 | 7:30～21:00の間10分～1時間に1便程度 | 約1時間 | ₩5300（一般） |

| ● 扶余 부여 Buyeo | | | 所要時間 | 料金 |
|---|---|---|---|---|
| 市外バス | 扶余市外🅣➡公州総合🅣 | 12:39～20:20の間1～2時間に1便程度 | 約1時間 | ₩5100（一般） |

| ● 清州 청주 Cheongju | | | 所要時間 | 料金 |
|---|---|---|---|---|
| 市外バス | 清州市外🅣➡公州総合🅣 | 6:40～20:00の間1時間に1便程度 | 約1時間20分 | ₩6800（一般） |

| ● 益山 익산 Iksan | | | 所要時間 | 料金 |
|---|---|---|---|---|
| KTX | 益山駅➡公州駅 | 6:45～19:46の1時間に1便程度、21:08 21:28 | 約16分 | ₩8400 |

🅣…バスターミナル

### グルメ

公山城の向かいの熊津洞は公州百味街（コンジュ ベクミ ゴウル）と呼ばれるレストラン街。公州の名店が集められており、店先には共通の看板が掲げられている。

### 宿泊

手頃な宿なら、錦江北側のモーテル街がいい。周囲の町とのアクセスは悪くないので、儒城温泉や扶余に泊まっての日帰りも十分可能だ。

info 江景から公州へは市外バスが便利。直通バスがなくても論山で公州へのバスを探せる。

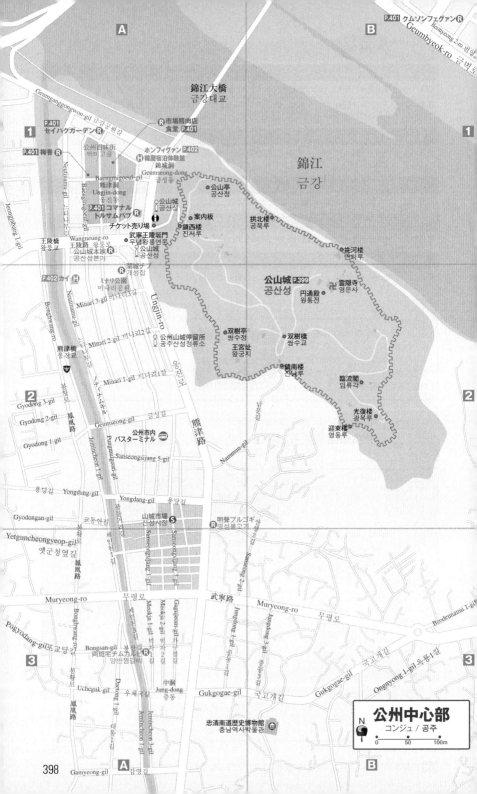

P.401 クムソンフェグァン Ⓡ
Geumbyeok-ro 금벽로
Geumbyeong 2-ro 금병2로

A
B

錦江大橋
금강대교

1

P.401
Geumganggongwon-gil 금강공원로

Ⓡ市場羊肉店
食堂 P.401

P.401
セイハクガーデン

P.401梅香 Ⓡ

ホンフィグァン P.402

公州百味街
백미 고을

Ⓗ韓屋宿泊体験館
錦城洞
Geumseong-dong

錦江
금강

Baengmigeoul-gil
熊津洞
Ungin-dong
웅진동

公山亭
공산정

案内板

拱北楼
공북루

挽河楼
만하루

1

P.401コマナル
トルサムパブ Ⓡ

公山城
공산성

チケット売り場

鎮西楼
진서루

王陵橋
왕릉교

Wangneung-ro 왕릉로

武寧王陵延門
무녕왕릉연문

公山城
공산성

靈隱寺
영은사

公山城 P.399
공산성

P.402カイ Ⓗ

ミナリ公園
미나리공원

公山城本陵街
공산성본능가

開城チプ
개성집

円通殿
원통전

権

Jeongdajihang 1-gil

Neumanjeup-gil

Neumanjeup-gil

Minari 3-gil 미나리3길

公州山城停留所
공주산성정류소

双樹亭
쌍수정
王宮址
왕궁지

双樹橋
쌍수교

Minari 2-gil 미나리2길

Ungin-ro

鎮南楼
진남루

臨流閣
임류각

熊津橋
웅진교

Minari 1-gil 미나리1길

ノティナムキル

2

Gyodong 3-gil

公州市内
バスターミナル

熊
津
路

光復楼
광복루

迎東楼
영동루

2

Gyodong 2-gil

Punpmigeul-gil 금성길

Geumseong-gil 금성길

Namum-gil

남문길

Gyodong 1-gil

Sanseongsijang 5-gil

용당길 Yongdang-gil

Yongdang-gil
용당길

Gyodongan-gil

山城市場 Ⓢ
산성시장

明聲ブルゴギ
Ⓡ명성불고기

Yetguncheongyeop-gil
옛군청옆길

Sanseongsijang 1-gil

Muryeong-ro
무령로

武
寧
路

Muryeong-ro 무령로

Jemincheon 1-gil

Jemincheon 3-gil

Beodeunamu 1-gil

3

Pogyodang-gil포교당길

Bongsan-gil 봉산길
兩班宅チムカルビ Ⓡ
양반찜갈비

Daejeon 1-gil

Mokdut 1-gil 목두1길

Gagyejeom-gil 가계점길

Gukgogae-gil 국고개길

Gukgogae-gil

Ongryeong 1-gil 옥룡1길

Ongryeong 1-gil

3

Ucheguk-gil

中洞
Jung-dong
중동

忠清南道歴史博物館
충남역사박물관

Gamyeong-gil 감영길

398

A

# 公州中心部
コンジュ / 공주

N

0    50    100m

B

# 見どころ

### ●武寧王など百済の王族が葬られた ★★★ 世界遺産
## 武寧王陵と王陵園 Tomb of King Muryeong and royal tombs
무령왕릉/왕릉원
ムリョンワンヌン/ワンヌンウォン
▶ 熊津洞 MAP P.397-A

百済時代の王と王族の古墳が7基復元された遺跡。宋山里古墳群とも呼ばれる。武寧王陵（ムリョンワンヌン）は盗掘されずに発掘された唯一の墓で、王と王妃の金製王冠の装飾を含め、108種4600点もの遺物が出土した。繊細で豪華な百済文化を実感できる場所だ。

石室に描かれていた壁画

### ●武寧王陵の出土品は必見 ★★★
## 国立公州博物館 국립공주박물관 Gongju National Museum
クンニプコンジュパンムルグァン
▶ 熊津洞 MAP P.397-A

忠南の北部地域から発掘された文化財を管理している博物館。1971年に発見された百済時代の武寧王と王妃の墓である武寧王陵から出土した文化財などは1階の熊津百済室に展示されている。その他、大田、忠南地域で出土された国宝19点、宝物3点を含め1万点に至る遺物を収蔵している。

武寧王陵の入口にあった石獣のレプリカ

### ●百済の王都を守ってきた城塞 ★★★ 世界遺産
## 公山城 공산성 Gongsanseong Fortress
コンサンソン
▶ 錦城洞 MAP P.398-B2

百済時代に造られた城郭。475年、百済の文周王（ムンジュ）は現在のソウルからこの地に遷都したが、以降64年間、都を守る役割を果たした。見どころは公山の頂上から西側の峰にかけた稜線と城壁。もとは土城だったが、朝鮮王朝時代に石積みに改築された。すぐそばには錦江（クムガン）が流れている。2015年に百済歴史遺跡地区としてユネスコ世界文化遺産に登録された。

1993年に復元された錦西楼

### ●春の桜、秋の紅葉で知られる ★★ 世界遺産
## 麻谷寺 마곡사 Magoksa Temple
マゴクサ
▶ 寺谷面 MAP P.400-1

640年に新羅の善徳女王 ▶P.494 から土地の寄進を受け創建された寺。当時は30棟以上の大寺院であったが、文禄・慶長の役の際、寺の建造物のほとんどが焼失し、現在は大雄殿、霊山殿、大寂光殿などが残るのみとなった。春の桜と秋紅葉は絶景といわれている。

---

**武寧王陵と王陵園**
🏠 37, Wangneung-ro, Gongju-si
🏠 공주시 왕릉로 37
🏠 공주시 웅진동 57-1
☎ (041)856-3151
🕐 3～10月9:00～18:00
　11～2月9:00～17:00
休 1/1、旧正月、チュソク
料 ₩3000
🚍 市内バス109、125、150番「武寧王陵（무령왕릉）」徒歩5分

**国立公州博物館**
🏠 34, Gwangwangdanji-gil, Gongju-si
🏠 공주시 관광단지길 34
🏠 공주시 웅진동 360
☎ (041)850-6300
🕐 9:00～18:00
休 月（祝日の場合は翌日）、1/1、旧正月とチュソク当日
料 無料
🚍 市内バス108番「国立公州博物館（국립공주박물관）」
URL gongju.museum.go.kr

コウヤマキで作られた棺

**公山城**
🏠 280, Ungjin-ro Gongju-si
🏠 공주시 웅진로280
🏠 공주시 금성동 65-3
☎ (041)840-2265
🕐 3～10月9:00～18:00
　11～2月9:00～17:00
休 旧正月、チュソク
料 ₩3000
🚍 市内バス100、102番など「公山城（공산성）」徒歩2分

**麻谷寺**
🏠 966, Magoksa-ro Sagok-myeon
🏠 사곡면 마곡사로 966
🏠 사곡면 운암리 567
☎ (041)841-6221
🕐 随時
休 無休　料 無料
🚍 市内バス610、770番など「麻谷寺（마곡사）」徒歩9分
URL www.magoksa.or.kr

---

info 王陵園の古墳はいずれも内部見学はできないが、敷地内には王墓展示館があり、各古墳内部の複製を見学することができる。

秋の紅葉もきれい

紅葉の河川敷が会場に

●豊かな自然が残る鶏龍山にある名刹

# 甲寺 갑사 Gapsa Temple
カプサ

▶鶏龍面 MAP P.400-2 ★

百済の都、公州の名所のなかでも自然豊かなことで知られる寺。公州の南東部に広がる鶏龍山国立公園内にあり、春や秋は特におすすめ。百済時代の420年に阿道和尚によって創建されたと伝えられている。テンプルステイ体験もできる。

宝物第257号の僧塔

緑濃い地にある山門

公州周辺図
コンジュ／公州
0　2.5km　5km

info 武寧王陵から出土された棺はコウヤマキで作られているが、これは現在日本にしか生えていない木。大量の勾玉と合わせて当時の倭との深いつながりを感じさせる。

# 公州と近郊のレストラン

## コマナル トルサムパプ

고마나루돌쌈밥

サムパプは葉野菜でご飯を包んで食べる料理。おすすめのトルサムパプを頼むと釜飯とチュムロック（豚肉のコチュジャン炒め）、葉野菜が出る。葉野菜の上に肉とご飯をのせて食べよう。野菜は地場産、無農薬が中心。

▶熊津洞
MAP P.398-A1　郷土料理
住 5-9, Baengmigoeul-gil, Gongju-si
住 공주시 백미고을길 5-9
旧 공주시 금성동 184-4
TEL (041)857-9999　開 11:00～14:30 (L.O.)、17:00～19:30(L.O.)
休 火、旧正月とチュソク連休
日 不可　EX あり　CC ADJMV

## 梅香

매향 ●メヒャン

店内で挽いているそば粉を使ったマッククス₩1万2000の名店。そば100％の麺は香りが高く、日本人でも馴染みのある味わい。牛肉のサラダ（편육무침）₩1万8000をあわせて注文する人が多い。

▶熊津洞
MAP P.398-A1　マッククス
住 18,Baengmigoeul-gil, Gongju-si
住 공주시 백미고을길 18
旧 공주시 금성동 178-6
TEL (041)881-3161
開 11:00～19:00　休 12～1月
日 不可　EX なし　英M なし
CC ADJMV

## クムソンフェグァン

금성회관 ●金星会館

サムゲタン（参鶏湯）の有名店でいつも満席になるほど人気がある。鍋に鶏が1羽丸ごと入ったサムゲタンの身はほろりと崩れるくらい柔らかい。緑豆入りお粥もおいしい。

▶バスターミナル周辺
MAP P.398-B1　郷土料理
住 9, Beonyeong 2-ro, Gongju-si
住 공주시 번영2로 9
旧 공주시 신관동 598-7
TEL (041)855-4856
開 10:30～21:00　休 旧正月とチュソク連休　日 不可　EX なし
英M なし　CC ADJMV

## 市場精肉店食堂

시장정육점식당 ●シジャンチョンユクチョムシクタン

公州百味街にある人気の食堂。韓牛を使った焼き肉は部位によって170g が₩2万5000～4万。ひとりご飯もでき、公州名産の栗を使ったユッケビビンバ₩1万3000の人気がとりわけ高い。

▶熊津洞
MAP P.398-A1　韓牛
住 10-5, Baengmigoeul-gil, Gongju-si
住 공주시 백미고을길 10-5
旧 공주시 금성동 177-3
TEL (041)881-3161　開 11:00～15:00、17:00～20:00　休 日、旧正月とチュソク連休　日 不可　EX なし
英M なし　CC ADJMV

## ソッカルビ（豚カルビの石板焼き）
## セイハクガーデン　새이학가든

●セイハッカドゥン／Seihak Garden

P.63-⑨ 八田さんおすすめ

65年以上、2代にわたって営業している老舗の食堂。1日以上かけて煮出すというこの店の公州クッパプには甘いネギと牛肉がたっぷり入っている。深みのある辛さ。ソッカルビは2人前からの注文。

▶熊津洞
MAP P.398-A1　郷土料理
住 15-2, Geumganggongwon-gil, Gongju-si
住 공주시 금강공원길 15-2
旧 공주시 금성동 173-5
TEL (041)855-7080　開 10:00～21:30　休 月、旧正月とチュソク連休
日 不可　EX なし　CC ADJMV

## バムパプ（栗ご飯）
## ミマジ　미마지

P.71-⑧ 八田さんおすすめ

公州の特産品である栗を使ったコース料理を提供する農家レストラン。栗と豚肉の煮物、栗チヂミ、栗寒天のサラダなど調理法は多彩。コースは1人前₩2万5000～。店主は栗を使った染色を行っており、併設のショップで購入できる。

▶儀堂面
MAP P.400-1　韓定食　要予約
住 40, Dolmoru 1-gil Uidang-myeon, Gongju-si
住 공주시 의당면 돌모루1길 40
旧 공주시 의당면 청룡리 357-2
TEL (041)856-5945　開 11:00～21:00（要予約）　休 旧正月とチュソク当日
日 不可　EX なし　CC ADJMV

info 鶏龍山のふもとにある新元寺 MAP P.400-2 では毎年4月に山神祭が催される。シャーマニズムと儒教、仏教が共存する興味深い祭りだ。

# 公州のホテル

## ブラックパール

블랙 펄 호텔
●ブルレックポルホテル／Black Pearl Hotel

▶バスターミナル周辺 MAP P.397-B

その名のとおり黒と白をテーマカラーにした内観はモダンな印象。キッチンやランドリーを備えた広い部屋も多い。全35室。

- 住 13, Jeonmak 2-gil, Gongju-si
- 住 공주시 전막2길 13
- 旧 공주시 신관동 592-4
- TEL (041) 854-1222
- 料 S W ₩5万～
- 日 不可
- CC ADJMV
- WiFi あり

## ホテル公州

호텔 공주
●ホテル コンジュ／Hotel Gongju

▶バスターミナル周辺 MAP P.397-B

2019年9月に改装を行ったばかりで設備が新しい。最上階はワインバーになっており、錦江越しに公山城を眺めることができる。

- 住 10-6, Jeonmak 2-gil, Gongju-si
- 住 공주시 전막2길 10-6
- 旧 공주시 신관동 593-2
- TEL (041) 852-8841
- FAX (041) 852-8842
- 料 S W ₩5万～ 日 不可
- CC ADJMV
- WiFi あり

## カイ

호텔 카이
●ホテル カイ／Boutique & Business Hotel Khai

▶錦城洞 MAP P.398-A2

公山城近くにあるホテル。市内ではきれいなほう。市内バスターミナルや山城市場へも徒歩圏と便利。全14室。

- 住 36, Neutinamu-gil, Gongju-si
- 住 공주시 느티나무길 36
- 旧 공주시 금성동 194-11
- TEL (041) 853-8323
- 料 S W ₩5万～
- 日 不可
- CC ADJMV
- WiFi あり

## ホンフィグァン韓屋宿泊体験館

홍휘관 한옥숙박 체험관
●ホンフィグァン ハノッスッパク チェホムグァン

▶錦城洞 MAP P.398-A1

全5室の韓屋ゲストハウス。2階にある共有スペースで朝食やお茶が提供される。古い建物ではないが、天井や窓に韓屋らしい風情がある。

- 住 6-6, Baengmigoeul-gil, Gongju-si
- 住 공주시 백미고을길 6-6
- 旧 공주시 금성동 174-7
- TEL (041) 858-8890
- 料 S W ₩8万～
- 日 不可
- CC ADJMV WiFi あり
- URL www.hongwhikwan.kr

## 公州韓屋村

공주한옥마을
●コンジュ ハノンマウル／Gongju Traditional Korean Village

▶熊津洞 MAP P.397-A

百済文化の伝統文化体験を目的に市が運営する韓屋施設。個人旅行者用に16棟、20室が用意されており、施設内にレストランやショップもある。

- 住 12, Gwangwangdanji-gil, Gongju-si
- 住 공주시 관광단지길 12
- 旧 공주시 웅진동 325-11
- TEL (041) 881-2828
- 料 S W ₩10万～
- 日 不可
- CC ADJMV WiFi あり
- URL www.gongju.go.kr/hanok

# 公州のショップ

## 公州ユルチャン

공주율찬
●コンジュユルチャン

▶バスターミナル MAP P.397-B　　名産品

総合バスターミナルの中にある特産品の売店。公州名物の栗で作ったパン、栗饅頭や調味料などがある。栗のマッコリのアルバム酒は、国内でも人気上昇中のおみやげだ。

- 住 74, Singwan-ro, Gongju-si
- 住 공주시 신관로74
- 旧 공주시 신관동 609
- TEL (041) 853-1001
- 開 7:00～19:00
- 休 火、旧正月とチュソク当日
- 日 不可
- CC ADJMV

info 公州韓屋マウル内には公州アルバム（栗）広報販売所（공주알밤 홍보판매장）があり、菓子やハチミツなど栗の加工品が買える。

ソウル

清州

金山

忠清北道 清州市

www.cheongju.go.kr
市外局番●043
人口●83万7195人

チョンジュ 清州

Cheongju 청주

清州郊外の法住寺は3つの国宝をもち、世界遺産にも登録されている

忠清北道の道庁所在地、清州は自然の豊かな山間の町。少し山あいに入れば美しい風景がそこここにある。清州市はドラマの誘致に積極的で、時代劇『太王四神記』、『カインとアベル』などのロケ地となっている。

## 歩き方

### ▶ 清州国際空港から市の中心部へ

関西国際空港からの便も発着する清州国際空港（関西国際空港発着便は現在運休中）。2番出口を出ると左側に市外バスの乗り場があり、横断歩道を渡って右に市内バス乗り場、左がタクシー乗り場。市内バス乗り場から市内へは407番と747番バスが行く。407番は上堂路を北から南へ縦断し、大田市方面へと向かう。747番は上堂路から社稷大路に入り、ターミナルを経て五松駅へ行く。

国際線も発着する清州国際空港

### ▶ KTXが発着する五松駅

清州には清州空港、五根場、清州、五松と鉄道駅があるが、いずれも清州の町の中心から離れている。そのなかで、五松駅はKTX京釜線とKTX湖南線に分かれる主要駅で、バスの便も多く便利。市内へは747番のほか、500、502、511、747、751番がバスターミナルを経由して清州市内へ向かう。

### ▶ バスターミナルから市の中心部へ

清州には高速バスターミナルと市外バスターミナルのふたつがあるが、社稷大路を挟んで向かい合うようにある。50-1、101、105、311、500、513、516、717などのバスが市の中心部へと向かう。

市外バスターミナル

観光案内所
MAP P.405-A1
TEL (043) 233-8431
開 9:00〜18:00
▶清州国際空港
TEL (043) 210-6616
開 7:00〜22:00
▶清州市外バスターミナル
MAP P.404左
TEL (043) 233-8430
開 9:00〜18:00

市内バス・・・・・・・・・・・・・・
一般バス₩1500
（交通カード₩1400）
タクシー・・・・・・・・・・・・・・・
初乗り₩3300（2kmまで）

747番のバス

**町の中心は佳景川（カギョンチョン）の東側**
繁華街は清州大橋近くのホームプラスあたりから広がっている。
特に清州本町通りは夜になるといつも若者が中心にたくさんの人が歩いている。社稷大路と上堂路の交差点あたりが町の中心で、官公庁もこの周辺に集中している。

高速バスターミナル

info KORAIL忠北線では高速化のため線形改良が進められており、完成時には現在の清州駅よりも町の中心部に近い北清州駅が新設される予定。

### ● ソウルから 서울 Seoul

| | | | 所要時間 | 料金 |
|---|---|---|---|---|
| KTX | ソウル駅➡五松駅 | 5:40〜23:30の間10〜40分に1便程度 | 約50分 | ₩1万8500 |
| KORAIL | ソウル駅➡清州駅 | 8:20(土・日のみ)、17:56の1日1〜2便 | 約1時間50分 | ₩8900 |
| 高速バス | ソウル高速🚻➡清州市外🚻 | 6:50〜21:00の間の20〜40分に1便程度 | 約1時間30分 | ₩9000(一般) |

### ● 大田から 대전 Daejeon

| | | | 所要時間 | 料金 |
|---|---|---|---|---|
| KORAIL | 大田駅➡清州駅 | 6:05〜21:30の間1〜3時間に1便程度 | 約45分 | ₩3100 |
| 市外バス | 大田複合🚻➡清州市外🚻 | 6:58〜22:00の間15分に1便程度 | 約1時間 | ₩4600(一般) |

### ● 公州から 공주 Gongju

| | | | 所要時間 | 料金 |
|---|---|---|---|---|
| 市外バス | 公州総合🚻➡清州市外🚻 | 6:20〜20:30の間20〜40分に1便程度 | 約1時間 | ₩6800(一般) |

### ● 利川から 이천 Icheon

| | | | 所要時間 | 料金 |
|---|---|---|---|---|
| 市外バス | 利川総合🚻➡清州市外🚻 | 9:10 10:10 11:00 13:00 17:00 19:50 | 約1時間10分 | ₩6800(一般) |

### ● 安東から 안동 Andong

| | | | 所要時間 | 料金 |
|---|---|---|---|---|
| 市外バス | 安東🚻➡清州市外🚻 | 11:30 16:30 20:30 | 約2時間40分 | ₩1万8300(一般) |

🚻…バスターミナル

---

#### グルメ

　清州といえばサムギョプサル（豚バラ焼肉）などの豚肉料理が有名で、ホームプラスの南側にある西門市場には豚の焼肉料理店ばかりが集まる通りもある。

良質な脂身は甘くてくどくない

#### 宿泊

　宿が多いのはバスターミナルの周辺で、モーテルのほか観光ホテルもある。本町通り周辺にもモーテルが何軒かある。

手頃なモーテルも多い

#### 旅のポイント

**清州（チョンジュ）と全州（チョンジュ）**

　清州 청주と全州 전주、どちらもカタカナにすると「チョンジュ」になってしまう。全州の場合真ん中の「ン」の音を「N」で、清州の場合は「NG」を意識して出すと通じやすい。最初の「チョ」の音を強めに発音すれば清州、弱めに発音するのが全州。

---

清州バスターミナル周辺

清州広域図
チョンジュ / 청주

**info** バスターミナルで清州行きのチケットを買うときはハングルで「청주」と書いたものを渡すと間違いがなくていい。

# 見どころ

●かつての城下町は韓国有数の繁華街　★★

## 清州本町通り 청주 성안길 Cheongju Seongan-gil

チョンジュ ソンアンキル

▶中心部 MAP P.405-B2

かつて市内にあった城壁の南門と北門を結ぶ道。各種商店がぎっしり並び、夕方からの歩行者天国では路上パフォーマンスが繰り広げられる。周辺エリアを含め全国有数の繁華街といわれている。

夜もにぎわう本町通り界隈

●子ども向け展示室の評価も高い　★★

## 国立清州博物館 국립청주박물관 Cheongju National Museum

クンニプチョンジュパンムルグァン

▶市内東部 MAP P.404右

忠清北道の歴史と文化遺産を展示する国立の博物館。展示館は韓国を代表する建築家、金寿根による設計。三国時代、統一新羅時代の仏教美術に名品が多く、癸酉銘阿弥陀仏碑像は国宝に指定されている。

8つの展示館がある大きな博物館

---

**清州本町通り**

🏠 59, Sangdang-ro 59beon-gil, Sangdang-gu

🏠 상당구 상당로59번길 59

🏠 상당구 서문동 109-6

☎ (043) 223-5200

🕐 店舗による

❌ 店舗による

🚌 市内バス105、511番など「清州大橋（청주대교）」徒歩7分

🔗 www.instagram.com/seongan_gil

**国立清州博物館**

🏠 143, Myeongam-ro, Sangdang-gu

🏠 상당구 명암로 143

🏠 상당구 명암동 87

☎ (043) 229-6300

🕐 9:00～18:00

❌ 月（祝日の場合は翌日）、1/1、旧正月とチュソク当日

💰 無料

🚌 市内バス862-2番「国立清州博物館（국립청주박물관）」徒歩1分

🔗 cheongju.museum.go.kr

🅡 ペンノシクタン本店 P.408

清州百済遺物展示館 P.406
청주백제유물전시관
新鳳洞 Sinbong-dong
신봉동

北部市外バス停留所

🅢 北部市場 북부시장

雲泉公園 운천공원

**1**

雲泉洞 Uncheon-dong 운천동

シネマ

興徳寺址 흥덕사지
古印刷博物館 P.406 고인쇄박물관

バルボンベーカリー P.408

🅡 ヨングァンイネ P.408

展望台 전망대

寿岩谷カフェ通り P.45 P.406
수암골 카페거리

清州芸術の殿堂 청주예술의전당

清州市庁 청주시청

清州総合運動場 청주종합운동장

サムナムメ センサムギョプサル P.408

西門うどん本店 P.408
清州大橋 청주대교

大賢フリーモール 대현프리몰

清州体育館 청주체육관

社稷市場 사직시장 🅢

🅢 Homeplus

忠清北道庁 충청북도청

西門市場サムギョプサル通り 서문시장 삼겹살거리

清州本町通り P.405 청주성안길

P.408 忠州トルグイ

P.409 ヤシ H

N 清州中心部
チョンジュ / 청주
0　250　500m

**A**　　**B**

**2**

## 古印刷博物館

住 713, Jikji-daero, Heungdeok-gu
住 흥덕구 직지대로 713
旧 흥덕구 운천동 866
TEL (043) 201-4266
開 9:00～18:00
休 月　料 無料
交 市内バス831番「芸術の殿堂（예술의전당）」徒歩3分
URL cheongju.go.kr/jikjiworld/index.do

◇◇◇◇◇ COLUMN ◇◇◇◇◇

◆『捷解新語（しょうかいしんご）』

朝鮮王朝時代、最もよく使われた日本語解説書。文禄の役で日本に連れてこられた康遇聖が帰国後記したもので、彼の死後、1676年に活版印刷されて日本語学習者の必修テキストとなった。当時の日本語、朝鮮語がどんなものかを今に伝える貴重な資料となっている。

## 清州百済遺物展示館

住 9, 1sunhwan-ro 438 beon-gil, Heungdeok-gu
住 흥덕구 1순환로438번길 9
旧 흥덕구 신봉동 139-6
TEL (043) 201-4256
開 9:00～18:00
休 月
料 無料
交 市内バス30-2、707番「ウンチョンヒョンソクアパート（운천형석아파트）」徒歩2分
URL cheongju.go.kr/cjbaekje/index.do

## 寿岩谷カフェ通り

住 2, Sudong-ro 5beon-gil, Sangdang-gu（展望台）
住 상당구 수동로 5번길 2
旧 상당구 수동 81-245
開 休 店舗による
交 市内バス101、105、516番など「パンアダリ（방아다리）」徒歩10分

寿岩谷の展望台

---

● 現存する世界最古の金属活字本が展示されている　★★

# 古印刷博物館　고인쇄박물관　Early Printing Museum

コインセパンムルグァン　▶ 雲泉洞 MAP P.405-A1

世界最古の金属活字といわれ、ユネスコの世界の記憶に記載されている直指（チッチ）にちなんで設立された県立の博物館。新羅、高麗、朝鮮王朝時代の木版印刷から金属活字に至るまで、韓国の印刷文化を紹介している。活字を拾ったり製本したり、マネキンでのリアルな展示も斬新。

『捷解新語』にはひらがなも

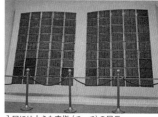

入口には大きな直指（チッチ）の展示

● 百済時代の古墳から出土したものを集めた　★★

# 清州百済遺物展示館　청주 백제유물전시관

Cheongju Historic Museum of Baekje　▶ 新鳳洞 MAP P.405-A1

チョンジュ ペクチェユムルチョンシグァン

新鳳洞（シンボンドン）古墳群は6回に至る発掘調査で4～6世紀の百済における最大古墳と判明した。その歴史的な価値は高く評価されている。ここでは新鳳洞古墳で出土した遺物と関連遺跡を展示、紹介している。

鉄器文化を中心に紹介

百済史に沿った展示内容

● 数多くのドラマが撮影された　★★

# 寿岩谷カフェ通り　수암골 카페거리　Suamkoru Cafe Street

スアムコル カペコリ　▶ 寿岩谷 MAP P.405-B1

寿岩谷はドラマ『カインとアベル』『製パン王キム・タック』などのロケ地となったところ。この地区は壁画アートで有名な芸術村。カフェ以外にもドラマや映画に関する銅像や彫刻などがたくさんある。フォトスポットも多いので、歩きながら探してみよう。

「カインとアベル」に登場する壁画

カラフルな壁画に彩られた路地

---

info 古印刷博物館のある敷地は「直指」が作られた興徳寺があった場所。寺の跡地には再建された金堂があり、祈りを捧げる人も多い。

### ●木造の五重塔で有名な山寺

## 法住寺 법주사 Beopjusa Temple

**★★ 世界遺産**

近郊

ポプチュサ

▶報恩郡 MAP P.407-B

533年の創建と伝えられてる山寺。捌相殿、雙獅子石燈、石蓮池と3つの国宝があり、特に捌相殿は韓国で唯一の木造の五重塔として名高い。境内には国宝のほか黄金に塗られた弥勒大仏もある。緑濃い参道も気持ちいいが、俗離山国立公園まで続く登山コースも人気だ。

国宝第5号雙獅子石燈

国宝第55号捌相殿

### ●グルメスポットも多い老舗の温泉街

## 水安堡温泉 수안보온천 Suanbo Hot Springs

**★**

近郊

スアンボオンチョン

▶忠州市 MAP P.407-B

朝鮮王朝の太祖李成桂 ▶P.491 が皮膚病を治すために訪れたという伝説が残ることから、王の温泉とも呼ばれている水安堡温泉。皮膚病以外にも神経痛、胃腸痛、婦人病などに効果があるといわれている。周辺はキジやきのこなど滋養に富む食材が多いことからも湯治に適している。

---

### 法住寺

**住** 405, Beopjusa-ro Sokrisan-myeon, Boeun-gun
**住** 보은군 속리산면 법주사로 405
**旧** 보은군 속리산면 사내리 209
**TEL** (043) 543-3615
**開** 夏期6:00〜18:30
冬期6:00〜17:30
**休** 無休　**料** 無料
**交** 清州市外バスターミナルから俗離山(속리산)まで約1時間。バスターミナルから徒歩22分
**URL** www.beopjusa.org

### 水安堡温泉

**住** 17, Multang 2-gil Suanbo-myeon, Chungju-si
**住** 충주시 수안보면 물탕2길 17
**旧** 충주시 수안보면 온천리 227-1
**TEL** (043) 846-3605
**交** 清州市外バスターミナルから忠州(충주チュンジュ)行き市外バスで約1時間30分。運賃₩1万500。水安堡(수안보)行きに乗り換えて約30分。運賃₩2800。
**URL** www.suanbo.or.kr

---

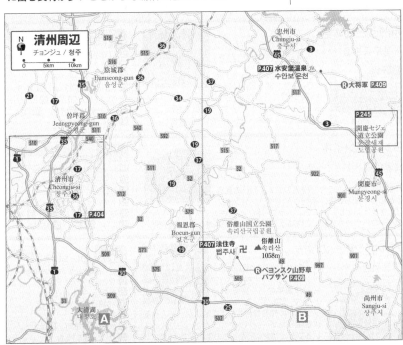

**清州周辺**
チョンジュ / 청주
N
0　5km　10km

忠州市
Chungju-si
충주시

P.407 水安堡温泉
수안보온천

R 大将軍 P.409

陰城郡
Bumseong-gun
음성군

曽坪郡
Jeungpyeong-gun
증평군

P.245
閄慶セジェ
道立公園
조령새재
도립공원

清州市
Cheongju-si
청주시

聞慶市
Mungyeong-si
문경시

報恩郡
Boeun-gun
보은군

P.404

俗離山国立公園
속리산국립공원

P.407 法住寺
법주사 卍

俗離山
▲속리산
1058m

R ベヨンスク山野草
パプサン P.409

大清湖
대청호

A

尚州市
Sangju-si
상주시

B

---

## サムナムメ センサムギョプサル

삼남매생삼겹살

清州の5大食材のひとつサムギョプサル（豚バラ）焼肉店。西門市場にあるサムギョプサル通りでも評判がよい。サムギョプサルは厚めで、10種類のおかずが付く。特製のタレは5種類の漢方材が入った醤油ベース。無農薬野菜に包んで食べよう。

▶ **西門市場**
MAP P.405-B2　豚焼肉
住 21-10, Musimdong-ro 372beon-gil, Sangdang-gu
住 상당구 무심동로372번길 21-10
旧 상당구 서문동 166-2
TEL (043) 223-3992
開 10:00～22:00　休 無休
日 不可　日メ なし　英メ なし
CC ADJMV

---

カンジャンサムギョプサル（豚バラ肉の醤油焼肉）

## 忠州トルグイ 충주돌고이

●チュンジュトルグイ 
醤油ダレに浸して焼く清州式の豚焼肉専門店。サムギョプサル1人前₩1万1000のほか、ハンジョンサル（豚トロ）1人前₩1万4000の人気も高い。

▶ **中心部**
MAP P.405-B2　豚焼肉
住 37, Namsa-ro 89beon-gil, Sangdang-gu
住 상당구 남사로 89 번길 37
旧 상당구 서문동 174-1
TEL (043) 253-0531
開 10:00～23:00　休 無休　日 不可
日メ なし　英メ あり　CC ADJMV

---

## ペンノシクタン本店

백로식당 본점 ●ペンノシクタン ポンジョム

中心部から北へ2km。10種類の韓方材に寝かした肉をワックスペーパーをひいた鉄板で炒めるヤンニョムブルゴギが名物。ペーパーに残ったタレにご飯を包んで3分間おくとおいしい締めご飯になる。

▶ **新鳳洞**
MAP P.405-A1　豚焼肉
住 418, 1sunhwan-ro, Heungdeok-gu
住 흥덕구 1순환로 418
旧 흥덕구 신봉동 51-2
TEL (043) 235-0533
開 11:00～22:00　休 無休
日 不可　日メ なし　英メ なし
CC ADJMV

---

## 西門うどん本店

서문우동본점 ●ソムンウドン ポンジョム

西門市場の近くにある、3代続くうどん店。素うどんは麺が多く、ボリュームがあって人気。『製パン王キム・タック』にちなんだパンが置いてあり、おみやげに買う人も多い。土・日曜は通し営業。

▶ **西門市場**
MAP P.405-B2　うどん・パン
住 8, Musimdong-ro 392beon-gil, Sangdang-gu
住 상당구 무심동로 392번길 8
旧 상당구 서문동 166-3
TEL (043) 256-3334　開 10:00～15:00、17:00～20:00　休 旧正月とチュソク当日　日 不可　日メ なし
英メ あり　CC ADJMV

---

## ヨングァンイネ

영광이네 ●ヨングァンの家

寿岩谷にある。ドラマ『栄光のジェイン』の撮影地としても知られる。西門うどんやワントンカス（大きなトンカツ）が人気。ドラマ『製パン王キム・タック』ゆかりのパンコーナーもあり、店内にはドラマの台本や写真が飾ってある。

▶ **寿岩谷**
MAP P.405-B1　うどん・パン
住 43, Suam-ro, Sangdang-gu,
住 상당구 수암로 43
旧 상당구 수동 88-2
TEL (043) 224-2332　開 11:00～21:00
休 旧正月とチュソク当日　日 不可
日メ あり　英メ あり　CC ADJMV

---

## パルボンベーカリー

팔봉제빵점 ●パルボンジェパンジョム／Palbong Bread

1947年創業のパン屋だが、ドラマ『製パン王キム・タック』の作品舞台として有名になった。作品に登場したコーンパンやニラがたっぷり入っているプチュパンなどが、この店ならではの味。

▶ **寿岩谷**
MAP P.405-B1　カフェ
住 57-1, Suam-ro, Sangdang-gu
住 상당구 수암로 57-1
旧 상당구 수동 81-35
TEL (043) 223-7838
開 10:00～22:00
休 無休　日 不可　日メ なし
英メ なし　CC ADJMV

---

info おしゃれなカフェが並ぶのは本町通りや寿岩谷。ドラマの撮影地として名高い清州だけあり、ドラマにまつわるオブジェなどが置かれている。

### ペヨンスク山野草パプサン
배영숙산야초밥상
●ペヨンスク サンヤチュ パプサン

世界遺産にも登録された法住寺の参道に位置するナツメ料理専門店。定食はふたりからの注文でひとり₩1万8000〜3万。ひとりの場合はナツメが入ったビビンパプ₩1万3000がおすすめ。

**テチュヨンヤンバプ（ナツメご飯）**

▶️俗離山 MAP P.407-B 郷土料理
住 253, Beopjusa-ro Songnisan-myeon, Boeun-gun
住 보은군 속리산면 법주사로 253
旧 보은군 속리산면 사내리 280-1
TEL (043)543-1136 時 9:00〜21:00
休 無休 日 不可 日× なし 英× なし
CC ADJMV URL www.bysfood.com

---

### 大将軍 대장군
●テチャングン

水安堡地区の名物であるキジを自ら飼育している専門店。予約制のコース料理が基本でひとり₩5万〜（大将軍Aコース）。

**クォンフェ（キジの刺身）**

▶️水安堡 MAP P.407-B キジ料理
住 105, Mireuksonggye-ro Suanbo-myeon, Chungju-si
住 충주시 수안보면 미륵송계로 105
旧 충주시 수안보면 안보리 74-55
TEL (043)846-1757 時 11:00〜16:00、17:00〜20:30 休 水、旧正月とチュソク連休 日 不可 日× あり
英× あり CC ADJMV

---

 ## 清州のホテル

### グランドプラザ清州

▶️市北部 MAP P.404右

グランド 플라자 청주호텔
●クレンドゥ プルラジャ チョンジュホテル／Grand Plaza Cheongju Hotel

市内北部にある大型ホテル。スーパーのホームプラスや映画館も入った複合施設。フィットネスやスパなど施設も充実している。111、115番などの市内バスで中心部へ行ける。全328室。

住 114, Chungcheong-daero, Cheongwon-gu
住 청원구 충청대로 114
旧 청원구 율량동 500-3
TEL (043)290-1000
FAX (043)290-1010
料 ₩13万5000〜
日 通じる CC ADJMV WiFi あり
URL www.grandplaza.co.kr

---

### ミュゼオ

▶️バスターミナル周辺 MAP P.404左

뮤제오호텔
●ミュジェオホテル／Museo Hotel

部屋は白を基調としたモノトーンのモダンなインテリア。ルーフトップは有料のおしゃれなプールになっている。中庭のカフェラウンジも緑がいっぱいでいい雰囲気。全59室。

住 41-20, Garosu-ro 1164beon-gil, Heungdeok-gu
住 흥덕구 가로수로1164번길 41-20
旧 흥덕구 강서동 469
TEL (043)267-3200
FAX 0502-280-3200
料 ₩10万〜 日 通じる
CC ADJMV WiFi あり
URL hotelmuseo.co.kr

---

### ヤジャ

▶️西門市場 MAP P.405-B2

호텔야자 청주서문로점
●ホテルヤジャ チョンジュソムンノジョム
Hotel Yaja Cheongju Seomunro Westgate

西門市場の近くにある全34室のホテル。カラオケやゲームのできる部屋があるなど若者向け。部屋もバスルームも広くて快適。

住 26, Namsa-ro 89beon-gil, Sangdang-gu
住 상당구 남사로89번길 26
旧 상당구 서문동 178-11
TEL (043)225-3665
料 ₩5万〜
日 不可 CC ADJMV WiFi あり
URL cjyaja.modoo.at

---

### ザ マーク

▶️バスターミナル周辺 MAP P.404左

더마쿠 호텔
●ド マーク ホテル／The Mark Hotel

バスターミナルの近くにあり、2019年秋に改装を終えたばかり。客室は落ち着いた色でまとめられており、ゆったりとくつろぐことができる。

住 41-34, Garosu-ro 1164 beon-gil, Heungdeok-gu
住 흥덕구 가로수로1164번길 41-34
旧 흥덕구 강서동 471
TEL (043)238-3344
料 ₩8万2000〜
日 不可
CC ADJMV
WiFi あり

---

 info 清州は周辺都市からのアクセスがいいので、日帰りで訪れるのも手。逆に清州に宿を決めて日帰り旅行を繰り返すのもいい。

# 大田 テジョン

대전 Daejeon

www.daejeon.go.kr
市外局番●042
人口●150万2227人

**観光案内所**
▶大田総合観光案内所
（儒教温泉駅前）
MAP P.412-A
TEL (042) 861-1330
開 9:00～18:00
休 旧正月とチュソク連休
▶大田トラベルラウンジ
MAP P.413-B1
TEL (042) 221-1975
開 9:00～21:00
休 旧正月とチュソク連休

**地下鉄**
1区間₩1400、2区間（10km
以上）₩1500（交通カード利
用時は₩150引き）
**市内バス**
₩1400（交通カード₩1250）
儒城へは地下鉄か市内バス
107、119などで
**タクシー**
初乗り₩3300（2kmまで）

儒城温泉の観光案内所

カラフルな外観が印象的なトラベルラウンジ

町の中心を流れる大田川と木尺橋

大田はKTX、京釜線、湖南線が交差する交通の要衝。韓国のほぼ中央にあり先端科学などの企業誘致がすすむ150万都市だ。自然も豊かで市の西にある鶏龍山は名山の誉れ高い。儒城温泉は伝統ある保養地。

## 歩 き 方

### ▶大田駅を中心に広がった町

**大田駅～中央市場**　大田は、もともと小さな村に過ぎなかったところが鉄道の要衝となって発展を遂げた町。そのため、大田駅を中心として町は広がっている。駅の西側に向かって商店街が延びていて、駅の周辺には特に古い店が残っている。中央路の南側は中央市場と呼ばれる大田市民の台所。大田川を越えた中央路駅周辺が町いちばんの繁華街になっている。

大田駅は韓国有数の大きな鉄道駅

軽食店も多い中央市場

**大田の地下鉄**　町を東西に貫くように地下鉄が延びている。市庁や政府庁舎のある新市街や儒城温泉へもこれ1本で行けるので便利だが、ふたつのバスターミナルは地下鉄駅から離れており、市内バスで行くことになる。

**グルメ**
ドトリムク（どんぐりの粉で作った寒天）や豆腐トゥルチギという煮込み料理。麺類では辛いスープのカルグクスやスッコル冷麺など名物が多い。

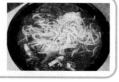

**宿泊**
市内では大田総合バスターミナル周辺のほか、儒城温泉にホテルが多い。市内中心部にもホテルはあるが、あまり多くはない。

info 木尺橋はそれまで飛び石が置かれていただけの大田川に、1912年にかけられた木造の橋がその名の由来となっている。2010年にアーチ型のデザインに変わり、大田のシンボル的な存在となった。

ACCESS

### ● ソウルから 서울 Seoul

| | | | 所要時間 | 料金 |
|---|---|---|---|---|
| KTX | ソウル駅➡大田駅 | 5:05〜23:30の間10〜30分に1便程度 | 約1時間10分 | ₩2万3700 |
| KORAIL | 龍山駅➡西大田駅 | 5:46〜21:25の間30〜90分に1便程度 | 約2時間 | ₩1万600 |
| SRT | 水西駅➡西大田駅 | 5:30〜22:40の間1時間に2〜3便程度 | 約1時間1 | ₩1万9800 |
| 高速バス | 東ソウル総合🚏➡大田複合🚏 | 6:00〜21:00の間30分に1便程度 22:10(深夜) | 約2時間 | ₩1万1200(一般) |

### ● 公州から 공주 Gongju

| | | | 所要時間 | 料金 |
|---|---|---|---|---|
| 市外バス | 公州総合🚏➡大田複合🚏 | 7:00〜20:50の間10〜30分に1便程度 | 約50分 | ₩5300(一般) |

### ● 清州から 청주 Cheongju

| | | | 所要時間 | 料金 |
|---|---|---|---|---|
| KTX | 五松駅➡大田駅 | 6:32〜翌0:22の間1時間に1〜2便程度 | 約15分 | ₩8400 |
| 市外バス | 清州市外🚏➡大田複合🚏 | 6:20〜22:00の間1時間に3〜5便程度 | 約1時間 | ₩4600(一般) |

### ● 大邱から 대구 Daegu

| | | | 所要時間 | 料金 |
|---|---|---|---|---|
| KTX | 東大邱駅➡大田駅 | 5:38〜22:57の間30分に1便程度 | 約40分 | ₩1万9700 |
| SRT | 東大邱駅➡大田駅 | 5:48〜23:48の間1時間に1〜4便程度 | 約40分 | ₩1万7600 |
| 市外バス | 東大邱🚏➡大田複合🚏 | 7:40〜20:20の間1〜2時間に1便程度 | 約2時間 | ₩1万500(一般) |

### ● 全州から 전주 Jeonju

| | | | 所要時間 | 料金 |
|---|---|---|---|---|
| KTX | 全州駅➡西大田駅 | 13:27 14:55 20:19 | 約1時間12分 | ₩1万1200 |
| KORAIL | 全州駅➡西大田駅 | 8:13 10:19 13:55 16:32 19:57 21:04 | 約1時間30分 | ₩7000 |
| 市外バス | 全州高速🚏➡大田複合🚏 | 6:30〜21:30の間30分に1便程度 22:30(深夜) | 約1時間30分 | ₩7300(一般) |

🚏…バスターミナル

大田広域図
テジョン / 대전

info 大田市内を一周する路面電車の整備計画が進行中。完成の目処は立っていないが大田都市鉄道
2号線という名称が付けられる予定。

西大田駅

大田複合バスターミナル

大田西部バスターミナル

儒城市外バスターミナル

### ▶大田駅と西大田駅

**大田駅は町の玄関口** 1905年の開業以来、町の中心として発展を見守ってきた大田駅。KORAILの本社もここ。ソウル、釜山、東大邱など京釜線の全便が停車する。駅から西に向かって繁華街が広がり、東側は日本統治時代以来の鉄道官舎群。

**西大田駅は湖南線** KTX湖南線は在来線乗り入れ線と公州駅を通る高速線があるが、乗り入れ線は西大田駅に全列車が停車する。地下鉄駅は西大田ネゴリ駅、五龍駅が最寄りだが、どちらも1kmほど離れている。駅前から市内バス612番東新科学校方面行きに乗れば、中央路駅を経由して大田駅へ行く。

### ▶バスターミナルから市の中心部へ

バスターミナルは大田複合（別名：大田東部）ターミナルと、「西部」と一般的に呼ばれる大田西部バスターミナルに分かれている。大半のバスは複合ターミナル発着。

**大田複合ターミナル** 高速バス、市外バス、空港バスのすべてが発着するターミナルで、「大田ターミナル」といえば通常はこちらを指す。大田駅とは急行バス2、市内バス102、201、501、607、701、802番などで結ばれている。

**大田西部ターミナル** 忠清道方面に強く、特に公州、論山、江景、扶余方面の便が多い。大田駅へは市内バス608番が中央路を経由して行く。儒城温泉方面へは113番がある。

### ▶儒城温泉の歩き方

温泉路周辺を中心に温泉ホテルやモーテルが並ぶ。もともとは大田とは別の町で、高速バスと市外バス両方のターミナルがある。高速ターミナルからは場垈路をまっすぐ南下すると、10分弱で地下鉄が通る鶏龍路に出る。

info 足湯場のある温泉路に面するスープ専門店、清州ヘジャンククは24時間営業で、肉系のヘジャンククのほか、ふぐチリのヘジャンククなども置いている。どの時間帯にもお客さんが絶えない。

## ◆ ウヌンジョンイ文化通り MAP P.413-A1

ウヌンジョンイ文化通りは大田市最大の目抜き
通り。スカイロードと呼ばれるLEDアーケードが
設置されており、夜になると屋根に映像が写し
出される。韓国で最も有名なベーカリーのひと
つ「聖心堂」もこの繁華街の一角にあるので足
を運んでおきたい。

大田最大の繁華街スカイロード

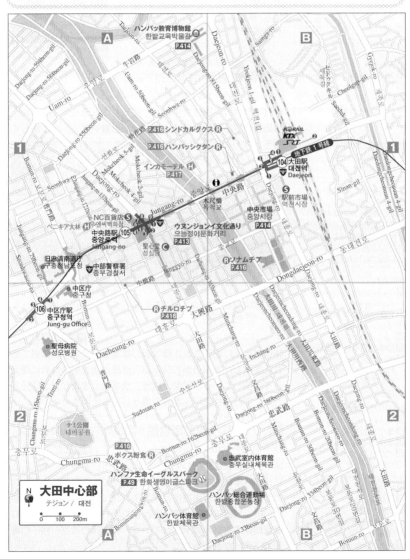

大田中心部
テジョン／대전
0　100　200m

## 中央市場

住 783, Daejeon-ro, Dong-gu
住 동구 대전로 783
旧 동구 원동 51-1
TEL (042) 226-0319
　（お客様センター）
開 店舗による
休 店舗による
交 地下鉄1号線 104 大田駅
　徒歩5分

## 儒城温泉

住 97, Gyeryong-ro, Yuseong-gu
住 유성구 계룡로 97
旧 유성구 봉명동 553-2
交 地下鉄1号線 116
　儒城温泉駅

### 儒城温泉足湯体験

MAP P.412-B
儒城温泉の温泉路では無料の足湯場が設けられており、市民の憩いの場であるほか、湯治客も気軽に楽しんでいる。入浴可能時間は季節により異なる。足を洗うシャワーが設置されているので、入浴前によく洗ってから入るようにしよう。

## 崇賢書院

住 36, Expo-ro 251beon-gil, Yuseong-gu
住 유성구 엑스포로251번길 36
旧 유성구 원촌동 산35-1
TEL (042) 861-0409
開 随時 休 無休 料 無料
交 市内バス121、705番「円村洞ソロモンロ公園（원촌동솔로몬로파크）」徒歩8分

## ハンバッ教育博物館

住 96, Uam-ro, Dong-gu
住 동구 우암로 96
旧 동구 삼성동 113-1
TEL (042) 670-2200
開 9:00～18:00
※最終入場17:30
休 1/1、旧正月とチュソク当日
料 無料
交 市内バス201、501、611、802番など「三省小学校（삼성초등학교）」徒歩4分
URL www.hbem.or.kr

---

● なんでも揃う巨大な駅前市場　★★
# 中央市場 중앙시장 Jungang Market
チュンアンシジャン　▶大田駅周辺 MAP P.413-B1

韓国中部では最大の伝統市場。とにかく広大で、エリア（通り）ごとに生鮮、乾物から衣料品や工具までありとあらゆるものが並ぶ。食堂街モクチャ通りでトッポッキやプルパン（あんこ菓子）、韓国式からあげ、マンドゥなどを頬張るのも楽しい。

軽食をとるのもおすすめ

● グルメや足湯も気軽に楽しめる　★★
# 儒城温泉 유성온천 Yuseong Hot Spring
ユソンオンチョン　▶儒城 MAP P.412

儒城温泉は27～56度のアルカリ性ラジウム温泉。三国時代からの歴史があり、韓国最大規模の湧出量を誇る。肌に優しく風呂上がりはツルツルに。スパ施設のほか大浴場を備えたホテルもある。

一見するとビジネス街

足湯は無料で楽しめる

地元の人たちの憩いの場

● 書院が点在する院村洞にある　★
# 崇賢書院 숭현서원 Sunghyun Confucian Academy
スンヒョンソウォン　▶院村洞 MAP P.411-B

16世紀後半に建設された儒学者の偉業を称えるために建てられた書院を、大田市が1994年から市民と観光客のために復元して公開している。祠堂、講堂、炊事場、書斎などが復元された。忠節精神を学ぶ教育の場としても活用されている。

● 大田で最初に造られた小学校を改修した博物館　★
# ハンバッ教育博物館 한밭교육박물관 Hanbat Museum of Education
ハンバッキョユクパンムルグァン　▶三省洞 MAP P.413-A1

博物館の建物は移住してきた日本人鉄道技術者の子弟のために、1911年に建てられた学校だったもの。2階建ての赤レンガの建物で、忠清南道庁と同じようなエントランス、丸窓が印象的。1992年に教育博物館としてオープンし、今は韓国の教育関連の資料が展示されている。各時代の教室の様子の再現コーナーなどがある。

---

info EXPO科学公園 MAP P.411-B は1993年に行われた国際科学博覧会を記念する公園で、市民の憩いの場となっている。HDドラマタウンなどの施設もある。

●山寺を巡るハイキングルートが人気　★★

# 鶏龍山 계룡산 Gyeryongsan National Park

## ケリョンサン

▶公州市 MAP P.415-A

峰と峰をつなぐ稜線の様子がまるで鶏のトサカを付けた竜のようで名付けられた山、最高峰は天皇峯で標高845m。春夏秋冬の自然景観と甲寺、東鶴寺、新元寺などの古刹のコントラストが美しく、ハイカーに人気がある。

山歩き情報ならビジターセンターへ

参道の途中にある展望台を兼ねた東屋

お堂が並ぶ東鶴寺

雄大な景色が楽しめる

**鶏龍山**
住 327-6, Donghaksa 1-ro Banpo-myeon, Gongju-si
住 공주시 반포면 동학사1로 327-6
旧 공주시 반포면 학봉리 777
TEL (042)825-3002（国立公園事務所）
開 随時 休 無休 料 無料
交 大田駅前などから市内バス107番「東鶴寺（동학사）」徒歩10分。公州市内バス206、303、350番でも行ける。
URL japanese.knps.or.kr

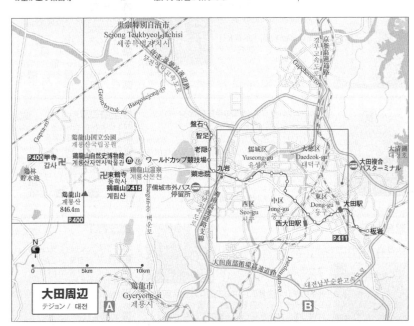

大田周辺
テジョン／大田

世宗特別自治市
Sejong Teukbyeol-jachisi
세종특별자치시

鶏龍山国立公園
계룡산국립공원

甲寺 P.400
갑사

貯水池

鶏龍山
계룡산
846.4m P.400

鶏龍山自然史博物館
계룡산자연사박물관

東鶴寺 鶏龍山温泉
동학사 계룡산온천

鶏龍山 P.415
계림산

盤石

智足

老隠

儒城区
Yuseong-gu
유성구

ワールドカップ競技場

顕忠院

九岩

大徳区
Daedeok-gu
대덕구

儒城市外バス停留所

大田複合
バスターミナル

大清湖
대청호

西区
Seo-gu
서구

中区
Jung-gu
중구

東区
Dong-gu
동구

大田駅

西大田駅

P.411

板岩

鶏龍市
Gyeryong-si
계룡시

info 大田からのバスは東鶴寺の手前で鶏龍山温泉 MAP P.415-A に停車する。泉質は疲労回復にいい成分が入った弱アルカリ性で、山歩きの疲れを癒すのにぴったり。

# 大田のレストラン

## ハンバッシクタン

한밭식당 ●ハンバッ食堂

大田駅前の繁華街の一角にある。1955年創業と長い歴史を持つという古い店で、朴正煕元大統領も訪れたことでも知られる。ソルロンタンやトガニタンなど牛骨のスープで有名。

▶ 大田駅
MAP P.413-B1　スープ
住 3, Taejeon-ro, Dong-gu
住 東区 태전로 3
旧 東区 中東 60-1
TEL (042)256-1566　開 10:00～20:30
休 旧正月とチュソク当日
日 不可　日メ なし　英メ・なし
CC ADJMV

## シンドカルグクス

신도칼국수

1961年創業の老舗で、「50年の伝統、100年の約束」を謳う。カルグクスは並₩6000、大盛り₩7000、替え玉₩2000。スユク（ゆで肉）小₩1万7000、大₩2万をまったり食べる人も多い。

▶ 大田駅
MAP P.413-B1　麺料理
住 11, Daejeon-ro 825beon-gil, Dong-gu
住 東区 대전로825번길 11
旧 東区 정동 30-16
TEL (042)253-6799
開 9:30～19:30　休 無休
旧正月とチュソク連休　日メ なし
英メ なし　CC ADJMV

## ソナムチプ

소나무집 ●松屋

オジンオ（イカ）チゲひと筋で半世紀やってきた店。
店に入ると自動的に鍋（1人前₩7000、2人前から）が出てくる。辛味が強く深い味わい。麺₩1000を追加して投入している人が多い。

▶ 中央路
MAP P.413-B1　鍋料理
住 59, Daejong-ro 460beon-gil, Jung-gu
住 中区 대종로460번길 59
旧 中区 대흥동 2-7
TEL (042)256-1464　開 11:30～15:30
17:30～21:00　休 第1・第3月曜
日 不可　日メ なし　英メ なし
CC ADJMV

---

P.64-17
八田さんおすすめ

### トゥブトゥルチギ（豆腐の炒め煮）
## チルロチプ 진로집

大田の郷土料理であるトゥブトゥルチギ（豆腐の辛煮）の老舗店。小₩1万1000～。好みでイカをトッピングも可能。中橋路から幅1mほどの細い路を入った左側にある。

▶ 中央路　MAP P.413-A2　豆腐料理
住 45-5, Junggyo-ro, Jung-gu,
住 中区 중교로 45-5
旧 中区 대흥동 314-1
TEL (042)226-0914　開 11:30～
15:00、16:30～22:00　休 月、旧正月
とチュソク当日　日 不可　日メ なし
英メ なし　CC ADJMV

---

P.72-88
八田さんおすすめ

### オルクニカルグクス（辛口の手打ち麺）
## ポクス粉食 복수분식
●ポクスブンシク

大田は多彩なカルグクス（手打ちうどん）に出合えることで有名な町。濃厚激辛が持ち味のオルクニカルグクスもそのひとつで、生の春菊をスープに浸しながら具として味わう。1人前₩6000。郷土料理のトゥブトゥルチギも用意している。

▶ 北軍洞　MAP P.413-A2　粉食
住 9, Bomun-ro 162beon-gil, Jung-gu
住 中区 보문로162번길 9
旧 中区 대사동 104-12
TEL (042)223-6518　開 11:00～
14:30、16:00～20:00（日11:00～16:00）
休 月、旧正月とチュソク当日　日 不可
日メ なし　英メ なし　CC ADJMV

## 温泉麺屋

온천면옥 ●オンチョンミョンク

儒城地区は北朝鮮から伝来したというスッコル冷麺が有名だが、温泉地区の中心で30年以上冷麺を出しているのがこの温泉麺屋。冷麺やマッククスは₩8000。ソッカルビ₩1万5000なども出す。

▶ 儒城温泉
MAP P.412-A　麺料理
住 2F 34, Oncheon-ro, Yuseong-gu
住 유성구 온천로 34 2층
旧 유성구 봉명동 552-1 2F
TEL (042)823-1234
開 24時間　休 旧正月とチュソク連
休　日 不可　日メ あり
CC ADJMV

info 大田駅前は1970年代からソルロンタン（牛スープ）の店が増えはじめ、今ではすっかり大田の名物として定着した。

# 大田のホテル

テジョン　●レストラン／ホテル

## 儒城ホテル

유성호텔

●ユソン ホテル／Yousung Hotel

儒城温泉は日本統治時代に大きく発展した湯治場で、このホテルは1915年に創業以来そのランドマーク的存在として親しまれてきた。大浴場は宿泊客以外の利用も多い。

▶ 儒城温泉 MAP P.412-A

- 住 9, Oncheon-ro, Yuseong-gu
- 住 유성구 온천로 9
- 旧 유성구 봉명동 443-9
- TEL (042) 820-0100
- FAX (042) 822-0041
- 料 ⑤ W ₩24万2000〜
- 日 不可　CC ADJMV
- WiFi あり
- URL www.yousunghotel.com

## ラマダ大田

라마다대전호텔

●ラマダ テジョン ホテル／RAMADA Daejeon Hotel

儒城温泉に2019年7月にオープンしたばかりの海外資本の4つ星ホテル。15階建ての建物を利用しており、レセプションは2階、フィットネスセンターとレストランは3階にある。総客室数は222で、4種類のタイプの部屋がある。

▶ 儒城温泉 MAP P.412-B

- 住 127, Gyeryong-ro, Yuseong-gu
- 住 유성구 계룡로127
- 旧 유성구 봉명동 548-13
- TEL (042) 540-1000
- FAX (042) 540-1002
- 料 ⑤ W ₩9万〜
- 日 不可　CC ADJMV
- WiFi あり
- URL ramadahoteldaejeon.modoo.at

## インターシティ

호텔 인터시티

●ホテル イントシティ／Hotel Interciti

儒城温泉街の東側にある大型ホテル。スパは本館ではなく別棟に入っており、男性用は3階、女性用は2階にある。宿泊客でなくても利用できるので、近くのホテルから浴場を利用する人も多い。

▶ 儒城温泉 MAP P.412-B

- 住 92, Oncheon-ro, Yuseong-gu
- 住 유성구 온천로 92
- 旧 유성구 봉명동 545-5
- TEL (042) 600-6000
- FAX (042) 600-6008
- 料 ⑤ W ₩9万〜
- 日 通じる　CC ADJMV
- WiFi あり
- URL www.hotelinterciti.com

## サンシャイン

호텔 선샤인

●ホテル ソンシャイン／Hotel Sunshine

大田総合バスターミナルの向かいに建つ大型ホテル。ショッピングモールやコンビニなどもあり便利な立地。実勢価格は、右の公式料金よりかなり安めで、平日は50%、金・土は40%ほど割引。

▶ 総合バスターミナル周辺 MAP P.411-B

- 住 1700, Dongseo-daero, Dong-gu
- 住 동구 동서대로 1700
- 旧 동구 가양동 451-1
- TEL (042) 620-6500
- FAX (042) 620-6555
- 料 ⑤ W ₩10万7000〜
- 日 不可　CC ADJMV
- WiFi あり
- URL www.hotelsunshine.kr

## 東横INN 大田政府庁舎前

토요코인 대전정부청사 ●トヨコイン テジョンジョンブジョンサ／Toyoko Inn Daejeon Government Complex

周辺に政府庁舎や公園があり、日中でも閑静なエリアに位置する。フロントスタッフは日本語が堪能。飲食店が多くある中央路までは地下鉄でおよそ15分。

▶ 政府庁舎駅 MAP P.411-B

- 住 13, Dunsanjung-ro 134beon-gil, Seo-gu
- 住 서구 둔산중로 134번길 13
- 旧 서구 둔산동 922
- TEL (042) 545-1045
- 料 ⑤ ₩5万5000〜
-   　W ₩8万5000〜
- 日 可　CC ADJMV　WiFi あり
- URL www.toyoko-inn.com

## インカモーテル

인카모텔

●インカモーテル／Inka Hotel

大田川のほとりにある。大田駅周辺のモーテル街には、老舗で設備も古くなった小さなモーテルが多いが、ここは2016年オープンと比較的新しく規模も大きい。部屋もきれい。

▶ 大田駅周辺 MAP P.413-A1

- 住 570, Daejeoncheondong-ro, Dong-gu
- 住 동구 대전천동로 570
- 旧 동구 중동 31-1
- TEL (042) 226-3000
- 料 ⑤ W ₩5万〜
- 日 不可　CC ADJMV
- WiFi あり
- URL blog.naver.com/kyutax

**info** 儒城温泉の市外バスターミナルからは清州、公州へのバスが頻発しているので、これらの町へは儒城温泉からの日帰りがおすすめ。

417

# Jeju-do 済州道
チェジュド

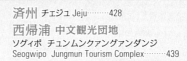

円内:済州島名物のオギョプサルでスタミナチャージ
4月は桜と菜の花が見頃を迎える

# 済州道 旅のガイダンス
チェジュド

## 済州道の基本

- ●韓国でいちばん大きい島
- ●韓国最高峰の火山をもつ島
- ●日本から最短1.5時間のビーチリゾート

韓国で柑橘が栽培できるのは済州島だけ!

済州特別自治道
제주특별자치도
チェジュド
Jeju-do

## このエリアでしたいこと

### 1 エメラルドグリーンの海
▶P.433
済州の海の美しさは驚くほど。グアムや沖縄にも負けないリゾートだ。

### 2 世界遺産の造形美
▶P.429
漢拏山の噴火がもたらした噴火口や溶岩洞窟など世界自然遺産の見どころがいっぱい!

### 3 自然の中でパワーチャージ
▶P.444
林道や休養林など自然に親しめるウオーキングコースに行ってみよう。

### 4 人気コスメの旗艦店へ!
▶P.443
全国展開しているコスメ、イニスフリーのコンセプトショップが済州島西部にある。

### 5 海カフェをはしご!
▶P.437
海岸線に沿って道路が造られた済州島では、海が眺められるカフェが急増中。

## 地理と気候

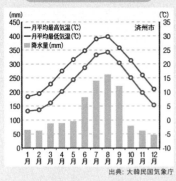

(mm) / (℃) 済州市
— 月平均最高気温(℃)
— 月平均最低気温(℃)
■ 降水量(mm)

出典:大韓民国気象庁

済州島は「風の島」といわれている。強風に備えて家や畑は溶岩を重ねた石垣で囲われているほど。7、8月が海水浴シーズン、10月頃まで日差しがあれば暑くなるが、風が強い日は体感気温は高くならない。冬の漢拏山は冠雪する。市街でも雨が降れば非常に寒く、雪になることもある。

## 旅のグルメ

なんといっても海産物の宝庫。アワビ、ウニ、タチウオ、スズメダイなど種類も豊富。黒豚も済州ブランドとして有名。また馬やキジなども食べる。柑橘を生産しているのは韓国では済州島だけ。みかんのほか、デコポンと同種のハルラボン ▶P.496 が人気だ。

アワビ飯、アワビ粥などは、アワビがたっぷり

黒豚は3枚肉＋皮と間の脂で5枚肉が地元で人気

タチウオを1尾そのまま焼いたり煮付けたりする店も

---

### おすすめ！

**花の季節に合わせた旅**

年明けの水仙、早春の椿、2月からは菜の花、4月に桜、夏の山つつじ、秋の紅葉とススキ、冬は林道を包む雪景色。四季に彩られる済州島は何度訪れても美しい。

漢拏山とヤマツツジ

### イベント

**野焼き祭**

済州島では春の種蒔きシーズンを前に、野焼きをする習慣があった。旧暦正月15日にセビョルオルムで行われている祭には、韓国本土からも観光客が訪れている。

山全体に火が放たれる野焼き祭

### 手作り体験

**オリジナルを作ろう！**

ハーブなど済州の自然素材で手作り体験ができる。香水、せっけん、柿渋染めなどにチャレンジして！

自分だけの香りができるね

済州イヤギで香水作り

---

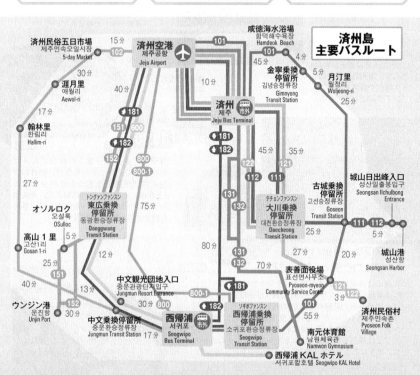

済州島主要バスルート

# 世界遺産の自然とグルメを楽しむ
# 2日間で巡る
# 済州島
## Jeju-do

月汀里海水浴場
월정리 해수욕장

イニスフリー済州ハウス&
オーソルロクティーミュージアム
이니스프리 제주하우스 &
오설록티뮤지엄

済州
제주

万丈窟
만장굴

西帰浦
서귀포

城山日出峰
성산일출봉

山房山
산방산

岩窟を利用して
作られた寺院

## 1日目　済州&島南西部
（チェジュ）

**10:00**　済州牧官衙　▶P.432

観光のスタートは朝鮮王朝時代に行政の中心だった済州牧官衙から。美しく彩色された建物が整然と並んでおり、済州の歴史を学ぶと同時に、フォトスポットとしても最適。

**16:30**　山房山　▶P.442

マグマが固まってできた山房山は漢拏山、城山日出峰と並ぶ済州島の三大山のひとつ。中腹には洞窟があり、山房窟寺というお寺になっている。洞窟の天井から湧き出る水滴は「長寿の水」と呼ばれている。

**10:45**　三姓穴　▶P.432

三姓穴とは済州島の建国神話で、三人の神人が現れたとされる穴。資料館も併設しており、神話を詳しく紹介している。すぐ東には「済州島民俗自然史博物館」があり、済州島の伝統的な生活様式や特徴ある自然について学ぶことができる。

やみつきになる
おいしさ

韓国では黒豚と
言えば済州！

**19:30**　夕食　▶P.435

済州市に戻って夕食。済州のグルメは色々あるので迷ってしまうが、初日の夕食には済州黒豚を使ったオギョプサル（五枚肉）をぜひ。東門市場の北、港に向かう途中には、黒豚一条街があり、多くの焼き肉店が軒を連ねている。

**12:30**
## イニスフリー済州ハウス&
## オーソルロクティーミュージアム
▶P.443

済州島には韓国を代表する緑茶ブランドのオーソルロクと自然派素材のコスメブランド、イニスフリーのフラッグシップストアがある。同系列なので隣り合っており、一緒に回れるのがうれしい。どちらにも展示室、カフェ、体験スペース、ショップがあり、特にイニスフリー済州ハウス内のカフェは済州島の食材を使ったオーガニックメニューが充実。まずはここでランチを楽しんでから中を見て回ろう。

**2日目** 済州（チェジュ）&島東部

砂浜と海の
コントラスト
に感動

**10:00** 城山日出峰 ▶P.429

済州からバスで島の東端へ移動。10万年前に海底火山が爆発することによってできた城山日出峰は高さ182mの山。山頂は展望台になっており、30分ほどで登ることができる。

済州島の
形によく似た
カメ岩

**11:45** 万丈窟 ▶P.429

バスを乗り継いで世界最大規模の溶岩洞窟の万丈窟へ。洞窟は約7.4mあるが、そのうち入口部分の1kmが一般に公開されている。一口に溶岩といっても、冷え固まる過程によって形状はさまざま。特に見学地点の最後にある溶岩石柱は高さ7.6mあり迫力満点。

**13:45** 済州イヤギ ▶P.437

バスで月汀里へ移動し、済州イヤギへ。工房兼ショップでは、済州で採れた植物を利用した化粧品を販売している。オリジナルの香水作りが体験できるコースもあるので挑戦してみよう。

香水を作ってみよう

**15:00** 月汀里海水浴場 ▶P.433

エメラルドグリーンの海が広がる月汀里海水浴場は、海水浴シーズンでなくともぜひ訪れたい所。砂浜近くはカフェ通りになっているので、美しい砂浜と海を堪能しながらのんびりとすごせる。

**19:00** 夕食 ▶P.436

済州市に戻り、埠頭にある刺身屋通りで海産物を楽しもう。軒を連ねる店はどこも店頭に水槽がおかれ、注文を受けてからさばくスタイル。新鮮さを活かした刺身（フェ）がおすすめ。

取れたて、さばきたての海産物を堪能

登山口からの50分ほどの屏風岩

**済州島 MEMO**

＼漢拏山登山／

済州島の中央に鎮座する漢拏山 ▶P.429 は標高1950mある韓国の最高峰。登山コースは5つあり、なかでも霊室（ヨンシル）コースは3.7kmと最も短く、初心者にもおすすめ。山頂までは行かないが、標高1698mのウィッセゾグンオルム展望台まで行く。同じコースを戻るのはもったいないので、4.7kmの御里牧（オリモク）コースを使って下山するとよい。原則として日帰り登山しか認められていないので、朝早く出発すること。各登山口ともに時期によって最終入山時間が決められている。

**ACCESS**

済州市バスターミナルから240番のバスで約1時間の霊室チケットオフィスバス停下車後、徒歩約40分したところに登山口がある。
御里牧ビジターセンターから御里牧入口バス停までは約15分。済州市バスターミナルへは240番のバスで約50分。

**済州国際空港**
チェジュククチェコンハン

**MAP** P.88-B2

🏠 제주시 공항로2
🏢 제주시 용담이동2002
☎ (064) 797-2526
🔗 www.airport.co.kr/jejujpn/index.do

▶**大韓航空（KE）**
☎ 1588-2001
🔗 www.koreanair.com

▶**アシアナ航空（OZ）**
☎ 1588-8000
🔗 flyasiana.com

▶**チェジュ航空（7C）**
☎ 1599-1500
🔗 www.jejuair.net

▶**ジンエアー（LJ）**
☎ 1600-6200
🔗 www.jinair.com

▶**エアプサン（BX）**
☎ 1666-3060
🔗 jp.airbusan.com

▶**ティーウェイ航空（TW）**
☎ 1688-8686
🔗 www.twayair.com

▶**ハイエアー（4H）**
☎ 1899-0111
🔗 www.hi-airlines.com

▶**フライ江原（4V）**
☎ 1800-7770
🔗 flygangwon.com

# 空港から市内へ

こぢんまりした空港ロビー

▶**済州国際空港** 済州島の空の玄関は、島の北側にある済州国際空港。済州島には鉄道がないので公共交通機関はバスだけだ。島の北側半分が済州市で、南半分が西帰浦市になっている。

▶**済州** 空港の西南に広がるのが「新済州」と呼ばれるエリアで、おもな政府機関や日本領事館がある。商業施設も多く繁華街はこちら。東南側は「旧済州」といわれ、歴史的な見どころ、老舗の店やホテル、市役所などがある。新済州、旧済州行きのバスは国内線の出口を出て左側。どちらへも市内バスで10〜20分ほどで着く。ホテルはどちらにもあるが場所によっては乗り換えとなることがある。新済州も旧済州も近いので、タクシーも利用価値がある。

▶**西帰浦** 島の南の中心都市は西帰浦で、西帰浦の西側には中文観光団地が隣接し、大型リゾートホテルが集まるエリアとなっている。

空港から西帰浦、中文観光団地へは600番のリムジンバスが便利。先に中文の大きなホテルを回りながら、中文なら50分、西帰浦へは1時間20分ほどかかる。

800番、800-1番は中文観光団地へは行かないので注意。いずれも国内線ターミナルを出て右に乗り場がある。

## ●済州島へのアクセス 済州空港への就航会社と所要時間

| | 航空会社 | 2レターコード | 済州行き | 復路 |
|---|---|---|---|---|
| **日本から** | | | | |
| 関西 KIX Kansai | ティーウェイ航空 | TW | 2時間 | 1時間40分 |
| **韓国内から** | | | | |
| ソウル GMP Seoul | 大韓航空 | KE | 1時間5分 | 1時間5分 |
| | アシアナ航空 | OZ | | |
| | チェジュ航空 | 7C | | |
| | ジンエアー | LJ | | |
| | ティーウェイ航空 | TW | | |
| | エアソウル | RS | | |
| | エアプサン | BX | | |
| 釜山 PUS Busan | 大韓航空 | KE | 55分 | 60分 |
| | チェジュ航空 | 7C | | |
| | ジンエアー | LJ | | |
| | エアプサン | BX | | |
| 光州 KWJ Gwangju | 大韓航空 | KE | 45分 | 45分 |
| | アシアナ航空 | OZ | | |
| | チェジュ航空 | 7C | | |
| | ジンエアー | LJ | | |
| | ティーウェイ航空 | TW | | |

| | 航空会社 | 2レターコード | 済州行き | 復路 |
|---|---|---|---|---|
| 群山 KUV Gunsan | ジンエアー | LJ | 55分 | 55分 |
| 蔚山 USN Ulsan | エアプサン | BX | 60分 | 60分 |
| | ハイエアー | 4H | | |
| 浦項慶北 KPO Pohang Gyeongju | ジンエアー | LJ | 70分 | 70分 |
| 麗水 RSU Yeosu | ジンエアー | LJ | 40分 | 45分 |
| | アシアナ航空 | OZ | | |
| 務安 MWX Muan | ハイエアー | 4H | 50分 | 45分 |
| 襄陽 YNY Yangyang | フライ江原 | 4V | 90分 | 90分 |
| 大邱 TAE Daegu | アシアナ航空 | OZ | 50分 | 55分 |
| | チェジュ航空 | 7C | | |
| | ジンエアー | LJ | | |
| | ティーウェイ航空 | TW | | |
| 原州 WJU Wonju | ジンエアー | LJ | 1時間10分 | 1時間10分 |
| 泗川（晋州）HIN Sacheon/Jinju | ハイエアー | 4H | 60分 | 50分 |
| 清州 CJJ Cheongju | 大韓航空 | KE | 60分 | 60分 |
| | アシアナ航空 | OZ | | |
| | チェジュ航空 | 7C | | |
| | ジンエアー | LJ | | |
| | ティーウェイ航空 | TW | | |

ℹ️ 済州島では家の門のかわりに横木が渡されているが、これは泥棒を想定していなかったためだといわれている。

●リムジンバス運行表

| 路線 | 運行時間 | 運行間隔 | 所要時間 | 料金 | おもなルート |
|---|---|---|---|---|---|
| 600番 | 6:00～21:50、22:20 22:50 | 20～30分 | 50分(中文) 1時間17分(西帰浦) | ₩4500 ₩5500 | 空港→済州サンホテル→ロッテシティホテル→中文観光団地入口→ケンジントン済州→ザ・ショアホテル→済州コンベンションセンター→テボ港→ヤッチョンサ・カンジョン→ケンジントンリゾート→ソゴンド→ワールドカップ競技場→西帰浦港→パラダイスホテル入口→西帰浦KALホテル |
| 800番 | 6:00～21:25 | 40～60分 | 1時間20分(西帰浦) | ₩5000 | 済州市バスターミナル→空港→西帰浦バスターミナル |
| 800-1番 | 6:20～21:50 | 40～60分 | | | 済州市バスターミナル→空港→西帰浦乗換停留所 |

●レッドバス運行表

| 番号 | 路線 | 運行時間 | 運行間隔 | 所要時間 | おもなルート |
|---|---|---|---|---|---|
| 101 | 西帰浦行き | 6:10～21:50 | 33～50分 | 2時間30分 | 空港→済州市バスターミナル→咸徳海水浴場→古城乗換停留所→西帰浦バスターミナル |
| 102 | 西帰浦行き | 6:10～21:50 | 30～50分 | 2時間5分 | 済州市バスターミナル→空港→翰林→高山→中文乗換停留所→西帰浦バスターミナル |
| 111 | 城山港行き | 6:10～22:00 | 40～105分 | 1時間15分 | 空港→済州市バスターミナル→大川乗換停留所→古城乗換停留所→城山日出峰入口→城山港 |
| 112 | 城山港行き | 6:50～21:10 | 75～85分 | 1時間30分 | 空港→済州市バスターミナル→大川乗換停留所→古城乗換停留所→城山日出峰入口→城山港 |
| 121 | 済州民俗村行き | 7:00～21:50 | 60～140分 | 1時間 | 空港→済州市バスターミナル→大川乗換停留所→済州民俗村 |
| 122 | 済州民俗村行き | 9:10～20:50 | 1日3便 | 1時間15分 | 空港→済州市バスターミナル→大川乗換停留所→済州民俗村 |
| 131 | 南元行き | 8:05～21:40 | 120分 | 1時間5分 | 空港→済州市バスターミナル→済州石文化公園→南元 |
| 132 | 南元行き | 6:50～20:40 | 140分 | 1時間15分 | 空港→済州市バスターミナル→済州市庁→済州国際大学→南元 |
| 151 | ウンジン港行き | 5:30～21:52 | 15～35分 | 1時間10分 | 済州市バスターミナル→空港→東広換乗停留所→ウンジン港 |
| 152 | ウンジン港行き | 6:30～20:55 | 1日便 | 1時間20分 | 空港→済州市外バスターミナル→東広乗換停留所→オロロク→ウンジン港 |
| 181 | 時計回り周遊路線 | 6:40～22:30 | 29～80分 | 2時間25分 | 空港→済州市バスターミナル→西帰浦乗換停留所→西帰浦バスターミナル→中文乗換停留所→東広乗換停留所→空港 |
| 182 | 反時計回り周遊路線 | 6:00～22:20 | 25～50分 | 2時間40分 | 済州市バスターミナル→空港→東広乗換停留所→中文乗換停留所→西帰浦バスターミナル→済州市バスターミナル |

※料金は区間により₩2000～4000。T-money、cashbeeなどが使用可

### ▶タクシーで市内へ

タクシーは、済州エリアと西帰浦・中文エリアで乗り場が違う。料金はメーター制で、新済州または旧済州まで₩5000～1万、西帰浦までは₩5万ほどかかる。

## 港 か ら 市 内 へ

国際航路はないが、韓国国内の釜山、木浦、海南、麗水、莞島などからの便がある。釜山からは12時間、木浦から3時間30分程度かかる。

済州港沿岸旅客ターミナル

到着はいずれも旧済州の北東にある済州港沿岸旅客ターミナル。表通りにバス停があり、315、411、415番などで中心部に出られる。バス停近くには観光案内所がある。

日本や中国などアジアからの国際線が発着する

**済州島のホテル**
済州市内の大型ホテルは立地や利便性のいい都市型。リゾート感のあるのは中文観光団地のホテル。好みで選ぼう。

600番バスの停留所

101番レッドバス

空港で待機するタクシー

**済州港沿岸旅客ターミナル**
MAP P.431-C1
TEL 1666-0930
URL jeju.ferry.or.kr
▶MSフェリー
(釜山路線)
TEL 1661-9559
URL msferry.haewoon.co.kr
▶ハニル高速
(莞島航路、麗水路線)
TEL 1688-2100
URL www.hanilexpress.co.kr
▶シーワールド高速フェリー
(木浦航路)
TEL 1577-3567
URL www.seaferry.co.kr

info 強い風から畑を守るため溶岩(石)を積んで囲っているのは島ならではの風景。済州島は石が多く、風が強く、女性が多いことから「三多島」といわれている。

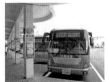

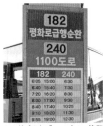

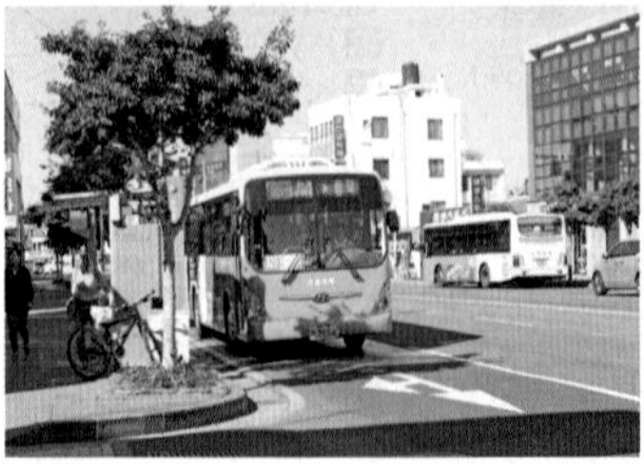

# 島内交通

済州島に鉄道は通っていないため、公共交通機関はバスだけだ。起点になるのは済州国際空港だが、済州市バスターミナルを経由、または始発とする便も多い。
もうひとつの起点は西帰浦(ソグィポ)。ただし西帰浦のバスターミナルは中心地から5kmほど西のワールドカップ競技場に隣接している。中心部の西帰浦乗換停留所まで行くバスもあるが、乗り換えになることも多いので注意しよう。

**▶バスの種類**

**長距離バス**　一般にレッドバスといわれる急行バス（100番台）とブルーバスと呼ばれる一般幹線バス（200番台）がある。

**中・近距離バス**　済州幹線バス（300番台）、済州支線バス（400番台）、西帰浦幹線バス（500番台）、西帰浦支線バス（600番台）、町村支線バス（700番台）、観光地循環バス（800番台）というように分けられている（空港リムジンは例外）。なお、深夜バスが済州（3000番台）と西帰浦市（5000番台）に走っている。

**▶停留所の表記**　急行バスが停まる停留所にはたいてい英語の停留所名が併記されている。漢字よりも英語で地名を覚えておくとよい。

**▶沿岸を走るバス**　東西に長細い済州島では、バス路線が西と東に分かれている。
東側の海岸線を走る101番の急行バス、西側の海岸線を走る102番の急行バスは覚えておくと便利。

**▶漢拏山(ハルラサン)を回り込むルート**　島の中央にそびえる漢拏山は、東側のふもとからも、西側のふもとからも西帰浦に抜けられる。181番バスは空港→済州市外ターミナル→（東ルート）→西帰浦中心部（西帰浦乗換停留所）→西帰浦市外ターミナル→（西ルート）→空港と循環している。182番は181番の逆ルートだが、西帰浦中心部（西帰浦乗換停留所）には停車しないので注意。
山のふもとを通るバスは、峠路となる。霧が出やすく通行止めにになることもあるので、天気予報には注意しておこう。

**▶内陸を通って東へ行くルート**　島の東端にある観光名所城山日出峰(ソンサンイルチュルボン)へは、海岸線を通らずに、111、112番で内陸から行くことができる。

**▶乗り換えポイント**　乗換停留所という名が付いた停留所は、その名の通り多くのバスが乗り入れており、バスの接続に利用しやすい。東広乗換停留所동광(トングァン) 환승정류장(ファンスンチョンリュジャン)は、オーソルロクやイニスフリー、神話ワールドなどに行くときに便利。

済州のバスターミナル

**済州市バスターミナル**
제주시버스터미널
チェジュシボストミノル
MAP P.430-B2
TEL (064) 753-1153

**西帰浦バスターミナル**
서귀포 버스터미널
ソグィポボストミノル
MAP P.439-B

レッドバスとブルーバス。停留所には路線番号と時刻が表示されている

**市内バス**……………………
郊外への急行バスは距離によって異なり、₩2000～
一般バスは₩1200
（交通カード₩1150）

市内バスの路線と行き先、始発、最終時間などは下記ウェブサイトを参照。

**済州特別自治道バス情報システム（韓国語）**
URL bus.jeju.go.kr

青い車体の市内バス。市民の足として親しまれている

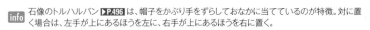

info 石像のトルハルバン ▶P.496 は、帽子をかぶり手をずらしておなかに当てているのが特徴。対に置く場合は、左手が上にあるほうを左に、右手が上にあるほうを右に置く。

## タクシー

済州では、繁華街以外で流しのタクシーは拾いにくい。郊外に出るなら、帰りのタクシーはまず拾えないので、観光の間待ってもらう必要がある。遠出をするなら、メーターで往復するより時間チャーターを交渉したほうが安い場合も多い。半日でW5〜8万、1日でW10〜15万ぐらいが目安。ホテルのコンシェルジュに相談してみるとよい。また、日本語の通じる運転手のタクシーを予約することも可能だ。

## レンタカー

済州島はソウルや釜山(プサン)などの大都会に比べて、車の数が少ないため、韓国の中では運転がしやすいところ。繁華街はバスも多いので避けた方が無難だが、空港から郊外へ直接行くようなときには役に立つ。レンタカーは、25歳以上でクレジットカードがあり、国外免許証を取得していれば借りることができる。現地には日本の免許証と両方を持って行くこと。

## フェリー

韓国最南端の馬羅島(マラド)へは、山房山の南にある松岳山(ソンアクサン)近くの港から25分の船旅。韓国本土と済州島の間にある楸子島(チュジャド)へは済州沿岸旅客ターミナルから約1時間。東端の牛島(ウド)へは城山日出峰から15分だ。フェリーの乗船にはパスポートが必要。西帰浦からは、遊覧船も出ている。海に直接流れ落ちる正房瀑布(チョンバンポクポ)や荒々しい崖や柱状節理を海から眺めることができる。

## 観光バス

どの会社のツアーも、1日は西へ、1日は東へ、1日は南へと分けている。ツアーに参加できるのが1日だけなら東部へ、2日とれるなら南のコースをプラスしたいところ。

▶**西回りコース** 翰林公園(ハルリムゴンウォン)、オーソルロクティーミュージアムなどを訪れる。個人ではなかなかハードルの高い、山房山を海から眺められるクルーズが付いているのが見どころ。

▶**東回りコース** 火山が創り出した自然の造形美を堪能できるコース。溶岩洞窟の万丈窟(マンジャングル)、海底火山の噴火でできた不思議阿な形をした城山日出峰(ソンサンイルチュルボン)は世界遺産だ。

▶**南回りコース** 漢拏山の西側のルートを通り、島の南側へ。途中トレッキングなどアクティブなプログラムがあるツアーも。西帰浦周辺では奇岩のウェドルゲ(ソグィポ)、柱状節理、正房瀑布などを見学する盛りだくさんの内容。

**タクシー**
初乗りW3300
126mまたは30秒につきW100加算。大型車、深夜は割増しになる。

**済州個人タクシー運送事業組合**
TEL (064) 744-2794

町ではタクシーを拾いやすいが、郊外では流しを見つけるのは難しい

**済州島内のおもなレンタカー会社**
▶韓国レンタカー
TEL (064) 748-5005〜5007
▶済州レンタカー
TEL 1588-3301
▶東亜レンタカー
（インターパークレンタカー）
TEL 1588-8694
URL dongarent.co.kr

**西帰浦港**
▶西帰浦遊覧船
TEL (064) 732-1717
料 W1万9000
市立公園入園料W1000
※11:20、14:00、15:20出航。予約が必要
URL seogwipocruise.com

**観光バス**
▶イェハ・ツアー
TEL (064) 713-5505
URL www.yehatour.com
▶済州トロリーツアー
TEL 1544-4118
URL www.tbus.co.kr

済州島のトルハルバン。下記欄外参照

info トルハルバン ▶P.496 は、「石のおじいさん」という意味。朝鮮王朝時代からの歴史があり、建物の前や集落の出入口に置かれた。魔除けなどの意味があるとされる。

島の北にある基点の町　　　済州道 済州市

# 済州 チェジュ

제주 Jeju

www.visitjeju.net
市外局番●064
人口●49万38893人

**済州観光情報センター**
**MAP** P.430-B3
住 23, Seondeok-ro, Jeju-si
住 제주시 선덕로 23
旧 제주시 연동 313-105
開 9:00~18:00
TEL (064) 740-6000
▶観光協会総合観光案内所
　済州国際空港内
TEL (064) 742-8866
▶済州市外バスターミナル
観光情報センター
TEL (064) 728-3920

**済州シティツアー**
乗り降り自由の観光バス。
都心コースと海岸コースの2
コースがある。
休 第1·3月曜
TEL (064) 741-8784~5
料 1回券₩5000
　1日券 ₩1万2000
URL jejucitybus.com

旧済州の中心にある済州牧官

済州島の北半分は済州市という行政区分だが、観光客にとっての済州は旧済州と新済州を合わせた地区を指す。北側の空港を挟んで東に位置するのが旧済州。ここは政治や行政の中心として発展してきたところ。行政機関のほか、老舗の大型ホテルが点在している。一方、空港の西南に位置するのが新済州。ショップが並ぶ繁華街には、ゲストハウスやカフェバーなども増えてきた。空港からはバスでどちらも10~20分。新済州~旧済州の移動もバスで20分ほどだ。

バスの詳細については ▶P.426

済州シティツアーのバス

info 済州シティツアーのチケットを提示すると三姓穴などの見どころ、提携レストラン（5~10%割引）、提携ホテル（5~30%）など割引特典がある。

# 見どころ

## ●2007年、世界自然遺産に登録 ★★★ 世界遺産
## 漢拏山 한라산 Hallasan National Park
### ハルラサン
▶島中央 MAP P.88-B3

夏の漢拏山

済州島は漢拏山の噴火によって形成された島。島のほぼ中央にあり、標高1950mは韓国最高峰だ。溶岩洞窟やオルムと呼ばれる側火山は、済州独特の景観を創り出している。一帯は国立公園として保護されており、2007年にはユネスコの世界自然遺産にも登録された。春夏秋冬の美しさがあるが、初夏に咲くヤマツツジと溶岩ドームは済州らしい風景を作り出す。

## ●済州島を象徴する景観のひとつ ★★★ 世界遺産
## 城山日出峰 성산일출봉 Seongsan Ilchulbong Peak
### ソンサンイルチュルボン
▶島東部 MAP P.89-D2

ご来光の名所としても名高い

済州島の最東端に突き出るようにたたずむ平たい山。火山の象徴的な景観として漢拏山などとともに世界遺産に登録されている。10万年前の海底火山の噴火口が地上に表れたもので、現在の海抜は180mある。上空からは、くぼんだ火口がはっきりわかり、火山であることが実感できる。

## ●世界規模の溶岩洞窟 ★★★ 世界遺産
## 万丈窟 만장굴 Manjanggul Cave
### マンジャングル
▶島東部 MAP P.89-C2

火山活動によって形成された溶岩洞窟。済州島にはこのような溶岩洞窟が120ヵ所もあるが、万丈窟を含め、そのうちの東北にあるものが拒文岳溶岩洞窟系として世界遺産に登録されている。万丈窟はわかっているだけでも全長7.4kmあり、世界屈指の規模。そのうちの約1kmは照明や歩道を整備し、観光客に公開している。中に入ると、溶岩が流れた跡、上層から落ちて盛り上がったもの、崩壊したものなど、いろいろな岩がある。暗いので懐中電灯があるとよく見える。足下に気をつけながら見学しよう。最奥の溶岩石柱まで30分はかかる。

---

### 漢拏山
**住** 산15-1, Topyeong-dong, Seogwipo-si
**旧** 서귀포시 토평동 산15-1
**TEL** (064) 713-9950
**開** 随時 **休** 無休 **料** 無料
**交** バス240番「御里牧入口（어리목 입구）」徒歩15分、または「霊室チケットオフィス（영실매표소）」徒歩40分

韓国最高峰、冬は雪景色

▶登山は日帰りが原則
漢拏山は登山道ごとに入山時間と下山時間が決まっている。夜間は入域できないので必ず日帰りで訪れるプランを立てよう。

### 城山日出峰
**住** 284-12, Ilchul-ro Seongsan-eup
**住** 서귀포시 성산읍 일출로 284-12
**旧** 서귀포시 성산읍 성산리 1
**TEL** (064) 783-0959
**開** 夏期7:00〜20:00 冬期7:30〜19:00
**休** 毎月第1月曜 **料** ₩5000
**交** バス111、112、201、211、212、295番「城山日出峰入口（성산일출봉입구）」

### 万丈窟
**住** 182, Manjanggul-gil Gujwa-eup
**住** 구좌읍 만장굴길 182
**旧** 구좌읍 월정리 산41-5
**TEL** (064) 710-7903
**開** 9:00〜18:00
**休** 毎月第1水 **料** ₩4000
**交** バス101、201番「金寧乗換停留所（김녕 환승정류장）」で乗り換え711-1、711-2番「万丈窟（만장굴）」徒歩1分

天井から床面に落ちた溶岩が固まってできた溶岩石柱

---

**info** 城山日出峰はご来光の名所としても名高く、済州十景として認められた絶景を求め、元旦は大勢の人が30分ほどかけて山の上に登る。2月頃からの菜の花畑はまさに見渡す限りで迫力満点だ。

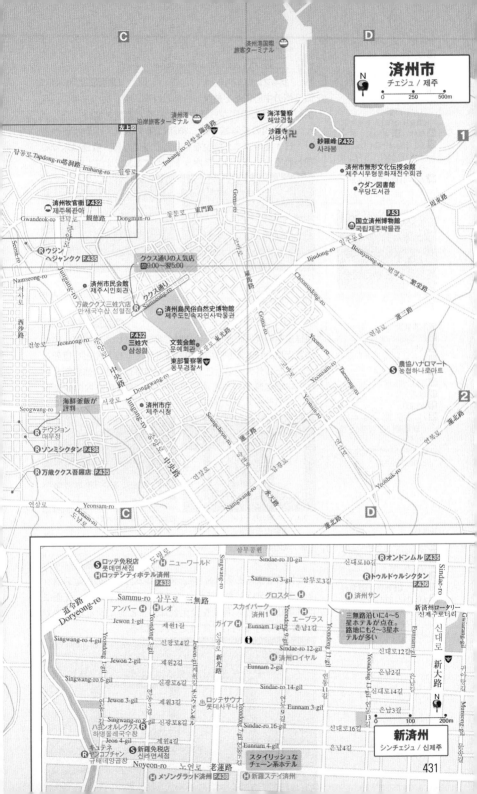

## 済州市
チェジュ / 제주

N

0　250　500m

済州港国際
旅客ターミナル

**C**　　　　　　　　　　　　　**D**

海洋警察
해양경찰

沙羅寺
사라사

沙羅峰 P.432
사라봉

紗羅峰 P.432
사라봉

**1**

済州市無形文化伝授会館
제주시무형문화재전수회관

ウダン図書館
우당도서관

沿岸旅客ターミナル
泊岸旅客ターミナル

済州港
제주항

左上図

済州港
臨港路　Imhang-ro・임항로

Imhang-ro 臨港路
임항로

Goma-ro

P.53
国立済州博物館
국립제주박물관

Iljudong-ro

Beonyeong-ro

탑동로 Tapdong-ro塔洞路
임랑로

済州牧官衙 P.432
제주목관아
Gwandeok-ro 관덕로 観徳路

東門路
東門路

Dongmun-ro

R ウジン
ヘジャンククク P.435

ククス通りの人気店
圏9:00～翌5:00

Namseong-ro

Jungang-ro

済州市民会館
제주시회관

ククス通り
Samseong-ro

Seosa-ro 서사로

西沙路

万歳ククス三姓穴店
안세국수삼 성혈점

済州島民俗自然史博物館
제주도민속자연사박물관

Jeonnong-ro 전농로

P.432
三姓穴
삼성혈

中央路
Jungang-ro

文芸会館
문예회관

東部警察署
동부경찰서

Cheonsadong-ro

Goma-ro

Yeomsu-ro

Yeonsam-ro

Taeseong-ro

農協ハナロマート
농협하나로마트

**2**

海鮮釜飯が
評判

Seogwang-ro

済州市庁
제주시청

Sanamcheon-ro

Jinji-ro

Yeonju-ro

Jinbuk-ro

R テウジョン
매우정

R ソンミシクタン P.436

R 万歳ククス吾羅店 P.435

Namgwang-ro

Dongpwang-ro

Yeonsam-ro

Yeonbuk-ro

연삼로 Yeonsam-ro

Donam-ro 도남로

Jinji-ro

Namgwang-ro

**C**　　　　　　　　　　　　　**D**

---

삼부공원

Singwang-ro

Sindae-ro 10-gil　신대로10길

R オンドンムル P.435

ロッテ免税店
롯데면세점

ニューワールド

Sammu-ro 3-gil　삼무로3길

R トゥルドゥルシクタン P.436

ロッテシティホテル済州 P.438

グロスター

H 済州サン

Sindae-ro

道令路
Doryeong-ro

Sammu-ro 삼무로 三無路

アンバー H H レオ

スカイパーク
済州

ガイア

Eunnam 1-gil 은남1길

エープラス
은남2길

三無路沿いに4～5
星ホテルが点在。
路地にも2～3星ホ
テルが多い

新済州ロータリー
신제주로터리

Gwarang-gil

신대로

新大路

Jewon 1-gil

Yeondong 9-gil

Eunnam-gil

Yeondong 3-gil

Singwang-ro 4-gil

Jewon 2-gil

新光路

Sindae-ro 12-gil 신대로12길

Eunnam-gil

Singwang-ro 1-gil

Jewon 2-gil 제원2길

済州ロイヤル

新大路

Yeondong 11-gil

Sindae-ro 14-gil

Singwang-ro 6-gil

제광로6길

Eunnam 2-gil 은남2길

신대로14길

Jewon 3-gil

제원3길

Sindae-ro 14-gil

Eunnam-gil

Yeondong-gil

Singwang-ro 8-gil

ロッテサウナ
롯데사우나

Eunnam 3-gil 은남3길

0　100　200m

Jeon 4-gil

ハロオルクルククス
해명울레국수

Sindae-ro 16-gil

신대로16길

N

キュテネ
ヤンコブチャン
규태네양곱창

新羅免税店
신라면세점

Eunnam 4-gil 은남4길

スタイリッシュな
チェーン系ホテル

**新済州**
シンチェジュ / 신제주

Noyeon-ro 노연로 老蓮路

H メゾングラッド済州 P.438

H 新羅ステイ済州

Munseong-gil

431

## 三姓穴

住 22, Samseong-ro
住 삼성로 22
旧 이도일동 1313 삼성혈
TEL (064) 722-3315
開 9:00～18:00
　　1/1、旧正月、チュソク
　　10:00～18:00
休 無休　料 W4000
交 332、365、415番「サムソン
　　小学校（삼성초등학교）」
　　徒歩5分
URL www.samsunghyeol.or.kr

旧済州の中心にひっそりとた
たずむ

## 済州牧官衙

住 25, Gwandeok-ro
住 관덕로 25
旧 삼도이동 1045-1
TEL (064) 710-6714
開 10:00～18:00
休 無休
料 W1500
交 バス316、325、440、442番
　　「観徳亭（관덕정）」徒
　　歩2分
※観徳亭のみ門の外にある
　ため見学自由

## 紗羅峰

住 61, Sarabongdong-gil
住 사라봉동길 61
旧 건입동 388
TEL (064) 722-8053
開 随時　休 無休　料 無料
交 バス312、316、325、326、
　　352、380、411、422、431番
　　「サラボン（사라봉）」徒
　　歩10分

---

● 済州の国創建伝説　　　　　　　　★★★
# 三姓穴 삼성혈 Samseonghyeol
サムソンヒョル　　　　　▶ 旧済州 MAP P.431-C2

旧済州の中心にある遺跡。三姓とは高、梁、夫の三神人。伝説によるとこの穴から現れて耽羅国 ▶P.494 を創始したという。敷地内の資料館では、神話に関するパネルや模型があり、日本語のアニメ解説を見ることができる。敷地は木々に覆われており、パワースポットとしても知られている。

穴は雪でも塞がらない。春の桜も見事　　ジオラマの展示もある

● 政治行政の中心だった　　　　　　　★★
# 済州牧官衙 제주목관아 Jeju Mokgwana
チェジュモックァナ　　　▶ 旧済州 MAP P.430左上

朝鮮王朝時代に政治や行政機関の集まっていた場所で、いわば官庁街。1991年からの発掘調査を経て、ほとんどを復元した。ただし外大門のところにある観徳亭は兵士の修練所として1448年に建てられたオリジナルで、済州島最古の建築物だ。夜のライトアップも必見。

マネキンで当時の様子を再現　　　　建物は美しく彩色されていた

● 漢拏山を背景に町を一望　　　　　　★
# 紗羅峰 사라봉 Sarabong Peak
サラボン　　　　　　　　▶ 旧済州 MAP P.431-D1

市街地の北東にある標高148.2mのオルム。山頂の展望スポットまでは20分ほどかかるが、ここからの眺めは絶景。正面には漢拏山と市街、角度を変えれば海。とくに夕日は有名で「紗羅峰落照」と呼ばれて讃えられている。

●島の北東にあるビーチ
## 月汀里海水浴場 월정리 해수욕장 Woljeongri Beach ★★

ウォルチョンニ ヘスヨクチャン　▶島東東 **MAP** P.89-D2

風力発電の真っ白なプロペラが並ぶビーチ。ビーチ沿いには
カフェが並び、開放的なテラスから、エメラルドグリーンの
海とコバルトブルーの空が堪能できる。透明度が高いことで
知られ、水中がクリアに見える「透明カヤック」は、最近登
場した人気のアクティビティだ。

●済州市街からも近い
## 咸徳海水浴場 함덕 해수욕장 Hamdeok Beach ★★

ハムドク ヘスヨクチャン　▶島北東 **MAP** P.89-C2

ソウボンというオルムが済州らしいビーチ風景を作り出して
いる。水深が浅く波も穏やかなビーチで、家族連れにも人気
がある。このあたりはニンジンの産地として知られ、絞りた
てのフレッシュジュースを出すカフェもある。

●夕日が美しい
## 挾才海水浴場 협재 해수욕장 Hyeopjae Beach ★★

ヒョプチェ ヘスヨクチャン　▶島北西 **MAP** P.88-A2

多くのビーチパラソルが並ぶ

済州島の北西、翰林公園に
隣接した海岸。対岸には
飛揚島が浮かぶ。このあた
りは海岸ギリギリにオルレ
(ウオーキングコース)が整
備されており、景色を楽し
みながら散策できる。夕日
の鑑賞ポイントとしても名
高いビーチ。

**月汀里海水浴場**
🏠 480-1, Haemajihaean-ro Gujwa-eup
🏠 구좌읍 해맞이해안로 480-1
🏠 구좌읍 월정리 33-3
☎ (064) 783-5798
🚌 バス101、201番「月汀里(월
정리)」徒歩12分

沖までエメラルド色!

**咸徳海水浴場**
🏠 519-10, Johamhaean-ro Jocheon-eup
🏠 조천읍 조함해안로 519-10
🏠 조천읍 함덕리 1008-1
☎ (064) 728-3989
🚌 バス101、201、311、312、
325番「咸徳海水浴場(함
덕해수욕장)」徒歩4分

済州市街から急行バスで30分
ほどで、この絶景が!

**挾才海水浴場**
🏠 339, Hallim-ro Hallim-eup
🏠 한림읍 한림로 329-10
🏠 한림읍 협재리 2447
☎ (064) 728-3981
🚌 バス202番「挾才海水浴場
(협재해수욕장)」徒歩3分

COLUMN

## ◆ 済州の風景を作り出すオルム

火山でできた島、済州島の独特な風景はポコン、ポコンとおわんを伏せたような
丘があちこちにあること。これは主火口以外の場所が噴火してできたもので、オ
ルム(側火山)と呼ばれている。済州島にはオルムが368個もあるという。いく
つものオルムが並ぶ景色は、済州島でしか見られない絶景だ。オルムは小さい山
が多く、簡単に登ることができる。眺めも抜群、風も心地よい地元の人にとって
も絶好の散歩コースなのだ。

info　火山の島、済州島では地上には大小約360のオルム(側火山)、地下には約160の溶岩洞窟がある。こ
のためユネスコの3つの事業、生物圏保存地域、世界遺産、ジオパークに認められている。

## 東門市場
- 住 20, Gwandeok-ro 14-gil
- 住 관덕로14길 20
- 旧 이도일동 1436-7
- TEL (064) 752-3001
- 開 店によって異なる
- 休 旧正月、チュソク
- 交 バス312、315、332、422番
「東門ロータリー、東門
市場（동문로터리,동문
시장）」徒歩3分
- URL market.jeju.kr/index.php

トルソンバンの形をしたオレンジジュース

● 活気あふれる市民の台所　　　　　　　★★★
# 東門市場 동문시장 Jeju Dongmun Traditional Market
トンムンシジャン　　　　　　　▶旧済州 MAP P.430左上

済州の台所として、魚介はもちろん青果やキムチなどなんでも揃う市場。日用品や衣料品から靴までもある。おすすめはタチウオなど済州ならではの魚介から作られる塩辛。店によって味が違うので味見をさせてもらおう。飲食できる店は、市場の南東に固まっている。

柑橘を利用しお菓子は土産物にぴったり

柑橘の種類も多い

特産のタチウオの塩辛はいかが

## 翰林公園
- 住 300, Hallim-ro Hallim-eup
- 住 한림읍 한림로300
- 旧 한림읍 협재리 2487
- TEL (064) 796-0001
- 開 9:00〜19:00
- ※最終入場17:20（6〜8月は17:50、11〜2月は16:30）
- 休 無休
- 料 ₩1万2000
- 交 バス202番「翰林公園（한림공원）」徒歩9分
- URL hallimpark.co.kr
- URL www.instagram.com/jeju_hallimpark

● 季節ごとに花が楽しめる　　　　　　　★★
# 翰林公園 한림공원 Hallim Park
ハルリムコンウォン　　　　　　▶島北東 MAP P.88-A3

亜熱帯植物園、古民家を集めた民俗村、バードガーデンなど広い敷地にさまざまなエンターテインメントがある複合施設。挾才窟という溶岩洞窟は溶岩と鍾乳石が見られる珍しい複合型。水仙の群落と梅の咲く1月に始まり、毎月のように花が楽しめる。

クジャクが放し飼いになっている

移築した古民家の内部を公開している

info 済州民俗五日市場 MAP P.430-A2外 は毎月2と7のつく日（5日ごと）に開かれる市場。65歳以上の出店者は無料で場所が借りられるということで別名「おばあさん市」とも呼ばれている。

**済州市のレストラン**

## 万歳ククス吾羅店

만세국수 오라점 ●マンセククスオラジョム／万歳索麺

済州のククスは豚骨スープの中太麺。豚肉がのるコギククスが₩7500。そのほかいりこだし味、ご飯の入るクッパブ、腸詰めスンデなどがある。民俗自然史博物館の北側の通称ククス通りにも支店 MAP P.431-C2 がある

▶ 旧済州 MAP P.431-C2　麺
住 156, Ora-ro, Jeju-si
住 제주시 오라로 156
旧 제주시 오라일동 1083-2
TEL (064) 702-7056
開 9:00～21:00(L.O.20:20)　休 旧正月とチュソク当日　日 少し通じる　図 あり　CC ADJMV

---

P.72-92
八田さんおすすめ

コギククス（豚スープ麺）
## オルレグクス 올래국수

開店直後から大行列ができる超人気店。お目当ては済州島のローカルフード、コギククス₩9000だ。豚骨を煮込んで作る濃厚スープに、ストレートの小麦麺が入って薄切りの茹で豚がのる。さながら済州島式のとんこつチャーシュー麺だ。

▶ 新済州 MAP P.430-A2　麺料理
住 24, Gwiarang-gil, Jeju-si
住 제주시 귀아랑길 24
旧 제주시 연동 301-19
TEL (064) 742-7355　開 8:30～15:00(L.O.14:50)　休 日、旧正月とチュソク連休　日 不可　図 あり　英 なし　CC ADJMV

---

P.67-43
八田さんおすすめ

カルチクク（タチウオのスープ）
## ムランシクタンタプトン店

물항식당 탑동점 ●ムラン食堂塔洞店

総合魚市場の敷地を入った右側。カルチクク₩1万3000のほか、コリコリした食感で、クセのない味のコドゥンオフェ（サバの刺身、₩3万～）料理 P.66-⑩31 など、済州名物の魚が味わえる。

▶ 旧済州 MAP P.430左上　郷土料理
住 37-4, Imhang-ro, Jeju-si
住 제주시 임항로 37-4
旧 제주시 건입동 1319-14
TEL (064) 755-2731
開 8:00～15:00、16:00～21:00　休 火、旧正月、チュソク2日間　日 不可　図 あり　CC ADJMV

---

## オンドンムル

엉덩물 ●オンドンムル

済州の郷土料理のひとつに、ムルフェ（水刺身）がある。細く切った刺身や野菜に味のついた冷たいスープをかけた料理。魚はイカやスズメダイなど季節のもので。料理 P.67-1⑩39

▶ 新済州 MAP P.431右下　刺身
住 7-7, Seongdu-gil, Jeju-si
住 제주시 성두길 7-7
旧 제주시 연동 291-116
TEL (064) 748-8885　開 11:00～15:00、17:00～21:00　休 日、旧正月とチュソク連休　日 不可　図 なし　英 なし　CC MV

---

## 炭火焼モントラック

참숯구이몬트락 ●チャムスックイ モントゥラク

自社牧場と加工場をもち、最高の状態の済州島産黒豚を出している。数種類の薬味で飽きずに食べられることが受けて、ソウルにも支店を出すほどの人気店になった。ソーセージも自社製品を使用。

▶ 旧済州 MAP P.430左上　豚焼肉
住 20, Imhang-ro, Jeju-si
住 제주시 임항로 20
旧 제주시 건입동 1388-3
TEL (064) 757-2300
開 15:00～23:00
休 日　日 通じる
図 あり　英 あり　CC ADJMV

---

P.68-53
八田さんおすすめ

コサリユッケジャン（豚とワラビのスープ）
## ウジンヘジャンクク 우진해장국

名物のコサリユッケジャン₩1万はワラビと豚肉を煮込んだスープ。どちらも繊維がほぐれるほど柔らかく煮込み、仕上げにそば粉を加えているので全体にとろみがある。同じく郷土料理であるモムクッ（ホンダワラのスープ）₩1万もぜひ味わいたい逸品。いずれも朝食におすすめ。

▶ 旧済州 MAP P.431-C1　スープ
住 11, Seosa-ro, Jeju-si
住 제주시 서사로 11
旧 제주시 삼도이동 831
TEL (033) 757-3393　開 6:00～22:00
休 日、旧正月とチュソク連休
日 不可
図 なし　英 なし　CC ADJMV

---

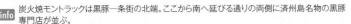

info 炭火焼モントラックは黒豚一条街の北端。ここから南へ延びる通りの両側に済州島名物の黒豚専門店が並ぶ。

## タップピョン
탑부평

黒豚一乗街の入口にある焼肉料理屋。黒豚は当然済州産で、オギョブサルが200gＷ1万8000。豚肉が専門だが、国内産の牛肉も出す。日本語メニューはないが、英語と中国語があるので、注文はしやすい。

▶旧済州 豚焼肉
MAP P.430左上
住 26, Gwandeok-ro 15gil, Jeju-si
住 제주시 관덕로15길 26
旧 제주시 건입동 1381-1
TEL (064) 721-7869
開 11:00〜23:00
休 無休  日 不可
日メ なし  英メ あり  CC ADJMV

---

## トラジシクタン
도라지 식당 ●トラジ シクタン／トラジ食堂

魚介を中心に郷土料理を出す大型店。済州産のタチウオは身が厚く食べ応えがあるのでおすすめ。肉ならトンベコギ（バラ肉をゆでた料理）が済州らしくておすすめ。

▶新済州 郷土料理
MAP P.430-B2
住 128, Yeonsam-ro, Jeju-si
住 제주시 연삼로 128
旧 제주시 오라삼동 2112
TEL (064) 722-3142  開 9:00〜20:30
(L.O.20:00)  休 日、旧正月とチュソク連休  日 不可  日メ あり
CC JMV  URL jejudoraji.modoo.at

---

## チョンウ馬ガーデン
정우 말 가든 ●チョンウ マル ガドゥン

済州島には、体の小さな在来馬（チョランマル）がおり、昔から馬肉を食べる習慣がある。この店は牧場から直接仕入れている専門店。馬刺しやユッケなど生にも自信がある。料理P.66-①34

▶新済州 馬肉料理
MAP P.430-B3
住 17, Ayeon-ro, Jeju-si
住 제주시 아연로 17
旧 제주시 연동 505-5
TEL (064) 747-6525
開 10:00〜22:00  休 無休
日 少し通じる  日メ なし、一部写真メニュー  CC ADJMV

---

## コドゥンオヘジャンクク（サバのスープ）
ソンミシクタン 성미식당
●ソンミ食堂

下煮をしたサバをすりつぶしてスープにしたコドゥンオヘジャンククＷ8000が有名な店。ご主人の故郷である楸子島の名産であるサムチフェ（サワラの刺身）Ｗ4〜5万も自慢で、ルイベのように冷凍したものを半解凍で海苔に巻いて味わう。

P.67-45 八田さんおすすめ

▶旧済州 MAP P.431-C2 スープ
住 18, Seogwang-ro 18-gil, Jeju-si
住 제주시 서광로 18 길 18
旧 제주시 삼도일동 571-7
TEL (064) 751-1250
開 10:00〜22:00  休 日、旧正月とチュソク連休  日 不可
日メ なし  英メ なし  CC ADJMV

---

## ケクチュリジョリム（ウマズラハギの煮付け）
トゥルドゥルシクタン 두루두루식당
●トゥルドゥル食堂

メジナ、アイゴ、ウマヅラハギといった地魚を刺身や煮付けで提供する海鮮料理店。中でもウマヅラハギを煮付けにしたケクチュリジョリムＷ4万〜に定評があり、ピリ辛の味付けと肝の濃厚さが後を引く。アナゴやヤリイカなどの料理もある。

P.65-18 八田さんおすすめ

▶新済州 MAP P.431右下 スープ
住 14, Sammu-ro 3-gil, Jeju-si
住 제주시 삼무로 3 길 14
旧 제주시 연동 291-10
TEL (064) 744-9711
開 16:00〜24:00  休 旧正月とチュソク連休ほか不定休  日 不可
日メ なし  英メ なし  CC ADJMV

---

## コドゥンオグイ（サバ焼き）
ムルコギセサン 물고기세상

済州島ならではの魚介料理を揃える郷土料理店。コドゥンオグイＷ1万5000をはじめとした各種焼き魚に加え、刺身、ムルフェ（水刺身）、煮付けなどを味わえる。取り扱う魚は、タチウオ（カルチ）、アマダイ（オクドム）、ウマヅラハギ（ケクチュリ）、クロソイ（ウロク）など。

P.63-10 八田さんおすすめ

▶済州市南部 MAP P.88-B2 郷土料理
住 33, Aran 4-gil, Jeju-si
住 제주시 아란4길 33
旧 제주시 아라일동 2180-5
TEL (064) 743-5152
開 11:00〜20:30  休 日
日 不可  日メ なし  英メ なし
CC ADJMV

---

info 蒸し大根をそば粉のクレープで包んだピントックは、素朴な島のおやつ。

## モンサン・ド・エウォル

몽상 드 애월 ●モンサンドゥ エウォル／mônsant de Aewol

▶島北西
MAP P.88-B2

カフェ

住 56-1, Aewolbukseo-gil Aewol-eup
住 제주시 애월읍 애월북서길 56-1
旧 제주시 애월읍 애월리 2546
TEL (064) 799-8900
開 11:00～19:30(L.O.19:00)
休 無休　日 不可　EM なし
CC ADJMV

島でいちばん夕日が美しいといわれるエウォル海岸にBIGBANGのG-DRAGONが作ったカフェ。外壁は夕日や海が映り込む鏡面で、天気がよければ全開になる。

## 472LOWA

●サチリLOWA

▶島北東
MAP P.89-C2

カフェ

住 472, Haemajihaean-ro Gujwa-eup
住 제주시 구좌읍 해맞이해안472
旧 제주시 구좌읍 월정리 6
TEL (064) 783-2240
開 11:00～18:30　休 無休
日 不可　EM なし　素 一部あり
CC ADJMV

島の東にある海水浴場には数軒のカフェが並ぶ「カフェ通り」がある。この店は屋上テラスがある眺望が自慢。窓を大きくとったフロアや、こぢんまりした中庭なども心地よい。

## タソニ

다소니

▶新済州
MAP P.430-B3

カフェ

住 24, Onam-ro 6-gil, Jeju-si
住 제주시 오남로6길 24
旧 제주시 오라일동 995-15
TEL (064) 752-5533　開 11:00～15:00,17:00～21:00(L.O.20:00)　休 第245日曜　日 少し通じる　EM なし、一部写真メニュー　CC ADJMV

新済州と旧済州の中間にある古民家カフェ。太い梁の風格あるたたずまいが印象的。伝統の食材を使ったベジタリアン料理がおすすめ。開放的な窓から庭の緑がきれいに見える。

# 済州市のショップ

## オリーブヤング タプトン店

올리브영 탑동점 ●オリブヨン タプトンジョム／Olive Young

▶旧済州 MAP P.430左上

ドラッグストア

住 15-1, Tapdong-ro, Jeju-si
住 제주시 탑동로 15-1
旧 제주시 삼도이동 1192-15
TEL (064) 702-5290
開 11:00～22:30　休 無休
日 不可　CC ADJMV
URL www.oliveyoung.co.kr

全国チェーンのドラッグストアだが、この店舗は済州のおみやげを置いている。ハンドメイドのものもあるので、探してみよう。

## ジ・アイランダー

더 아일랜더 ●ド アイルレンド／The Islander

▶旧済州 MAP P.430左上

雑貨・アクセサリー

住 33, Jungang-ro 7-gil, Jeju-si
住 제주시 중앙로7길 33
旧 제주시 일도일동 1242-1
TEL (070) 8811-9562
開 11:00～14:00、15:00～20:00
休 旧正月とチュソク当日
日 不可　CC ADJMV
URL the-islander.co.kr

島内のアーティストのアクセサリーや小物がたくさん並ぶ、かわいらしい店。ハルラボン（デコポンのような柑橘）、トルハルバン ▶P.496 、海女さんなどもモチーフが人気。

## 済州イヤギ

제주 이야기 ●チェジュ イヤギ／済州物語

▶島南東 MAP P.89-D2

コスメ／カフェ

住 67, Haengwon-ro 13-gil Gujwa-eup, Jeju-si
住 제주시 제구좌읍 행원로13길 67
旧 제주시 구좌읍 행원리 542-5
TEL (064) 803-2011
開 10:00～16:30　休 無休
日 不可　CC ADJMV
URL www.jeju-love.com

溶岩や火山灰の特性に注目し、いち早く化粧品に展開したメーカー。ハーブや花も自家栽培しており、工房兼ショップでは香水やリップクリーム作りが体験できる。

info 豚バラ肉は肉と脂が三層になっていることから「3枚肉（サムギョプサル）」といわれるが、済州では「皮」「その下の脂身」とを合わせて「5枚肉（オギョプサル）」を食べるのが一般的。

437

# 済州市のホテル

## ラマダプラザ済州
라마다프라자 제주호텔
●ラマダプラジャ チェジュホテル／Ramada Plaza Jeju Hotel

海沿いのリゾートホテル。1階のベーカリーがおいしいと評判。ビュッフェの朝食会場は海が見える開放的なレストラン。

▶旧済州 MAP P.430左上

- 住 66, Tapdong-ro, Jeju-si
- 住 제주시 탑동로 66
- 旧 제주시 삼도이동 1254
- TEL (064) 729-8100
- FAX (064) 729-8554
- 料 S T ₩28万～
- 日 通じる CC ADJMV WiFi あり
- URL www.ramadajeju.co.kr

## リージェント マリーン済州
호텔리젠트마린제주
●リジェントゥ マリン チェジュ／Regent Marine Jeju

2016年開業のホテル。モダンなインテリアのロビー、足下までガラスがはめ込まれた部屋の窓など現代的なしつらえ。

▶旧済州 MAP P.430左上

- 住 20, Seobudu 2-gil, Jeju-si
- 住 제주시 서부두 2길 20
- 旧 제주시 건입동 1443
- TEL (064) 777-5080
- 料 W ₩11万～
- 日 通じる CC ADJMV
- WiFi あり
- URL hotelrmblue.com

## グランドハイアット済州
그랜드하얏트제주
●グレンドゥ ハヤットゥ チェジュ／Grand HYATT Jeju

2つのビルからなる済州ツインタワーを利用をしている5つ星ホテル。客室は最低65㎡（約36畳）と広々としており、設備も屋上プールやジム、ショッピングセンターと申し分ない。

▶新済州 MAP P.430-A3

- 住 12, Noyeon-ro, Jeju-si
- 住 제주시 노연로 12
- 旧 제주시 노형동 925
- TEL (064) 907-1234
- 料 W T ₩29万8000～
- 日 通じる
- CC ADJMV
- WiFi あり
- URL www.hyatt.com

## ロッテシティホテル済州
롯데 시티 호텔 제주
●ロッテ シティ ホテル チェジュ／LOTTE City Hotel Jeju

ロッテ免税店の上階がホテルとなっている。レセプションは6階。22階のビュッフェレストランからは漢拏山や市街の向こうに海も見える。

▶新済州 MAP P.431右下

- 住 83, Doryeong-ro, Jeju-si
- 住 제주시 도령로 83
- 旧 제주시 연동 2324-6
- TEL (064) 730-1000
- 料 S T ₩14万4000～
- 日 通じる CC ADJMV
- WiFi あり
- URL www.lottehotel.com

## メゾングラッド済州
메종 글래드 제주
●メジョン グルレドゥ チェジュ／Maison Glad Jeju

キャンプサイトや芝の丘があり、アウトドアが楽しめるホテル。フィットネスも本格的な設備。

▶新済州 MAP P.431右下

- 住 80, Noyeon-ro, Jeju-si
- 住 제주시 노연로 80
- 旧 제주시 연동 263-15
- TEL (064) 747-5000
- 料 S T ₩37万4000～
- 日 通じる CC ADJMV WiFi あり
- URL www.glad-hotels.com

## ベストウエスタン済州
베스트 웨스턴 제주 호텔
●ベストゥ ウェストン チェジュ ホテル／Best Western Jeju

2015年開業のホテルで、部屋もきれい。1階にスターバックス、隣りにコンビニがあるので何かと便利。

▶新済州 MAP P.430-A3

- 住 27, Doryeong-ro, Jeju-si
- 住 제주시 도령로 27
- 旧 제주시 노형동 1295-16
- TEL (064) 797-6000
- FAX (064) 797-6007
- 料 T ₩7万～
- 日 通じる CC ADJMV WiFi あり
- URL www.bestwesternjeju.com

info 海カフェには食事メニューは少ない。ランチはコンビニなどで調達してビーチで食べるのがおすすめ。

# 西帰浦 中文観光団地
ソグィポ　　チュンムンクァングァンダンジ

www.visitjeju.net
市外局番●064
人口●18万7196人

서귀포 중문관광단지
Seogwipo Jungmun Tourism Complex

済州西帰浦観光案内所
**MAP** P.440-2
**TEL** (064) 732-1330
**開** 9:00～18:00
**休** 旧正月とチュソク当日
▶ソライソン観光案内所
**TEL** (064) 739-1391
**開** 9:00～18:00
**休** 旧正月とチュソク当日
▶中文観光団地観光案内所
**MAP** P.446-B1

市内バス・・・・・・・・・・・・・・・・・
一般バス₩1200（交通カード
₩1150）
タクシー・・・・・・・・・・・・・・・・・
初乗り₩3300、その後126m
または30秒毎に₩100加算

柱状節理帯の展望ポイント

西帰浦は済州島の南岸の中心都市。見どころは柱状節理などの海岸線にある。特産のみかんも栽培の中心は西帰浦周辺だ。市内では新鮮な魚が並ぶ西帰浦毎日オルレ市場周辺が観光ポイント。

隣接する中文観光団地は大型リゾートホテルが集中する地区。空港からは1時間ほどかかるが直通バスが発着するので不便はない。

なお、西帰浦市の行政の中心は、毎日オルレ市場のエリアからは5kmほど西になる。市外バスターミナル、ワールドカップ競技場などがあるところだ。600番の空港リムジンバスは、中文観光団地→ワールドカップ競技場（バスターミナル）→西帰浦KALホテルと停まるので上手に利用しよう。

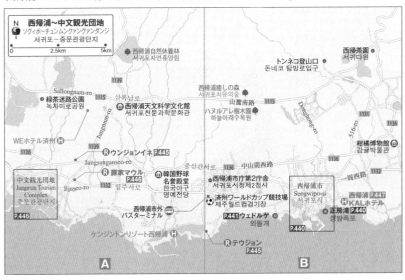

**info** 中文観光団地のホテルから西帰浦のバスターミナルまで510番のバスで15分ほど。

## 正房滝

住 37, Chilsimni-ro
214beon-gil
住 칠십리로214번길 37
旧 동홍동 278
TEL (064) 733-1530
開 9:00〜17:40（日没時間に
より変動）
休 無休　料 ₩2000
交 バス521、600、651、652番
「徐福展示館（서복전시
관）」徒歩5分

## 見どころ

●直接海へ流れ落ちる滝　　　　　　　　　★★★

## 正房滝 정방폭포 Jeongbangpokpo Falls

チョンバンポクポ　　　　　　　▶西帰浦港周辺 MAP P.440-2

海岸に直接落ちる滝。滝壺の周囲はガレ場となっており、そこまで降りることもできる。天地淵滝、天帝淵滝とともに、済州三大瀑布のひとつとされている。

info 正房滝、天帝淵滝、天地淵滝は、済州3滝と呼ばれパワースポットになっている。

● 済州島最大の三段瀑布 ★★

# 天帝淵滝 천제연폭포 Cheonjeyeon Falls

チョンジェヨンポクポ ▶中文観光団地 MAP P.446-B1

7人の天女が夜になると舞い降りて水浴をしたという伝説が残る滝。敷地内にある天帝楼から、正面に滝が見える。天女伝説にちなんで天女像で飾られた仙臨橋(ゾンイムギョ)と周辺の深い緑が印象的。

渓谷に架けられた仙臨橋

太陽を浴びて緑が鮮やかな2段目の滝

● 深い滝壺が神秘的 ★★

# 天地淵滝 천지연폭포 Cheonjiyeon Falls

チョンジヨンポクポ ▶西帰浦郊外 MAP P.440-2

高さ22m、幅12mの滝。水量が多く、3本に分かれた滝は轟音をともなって滝壺へ落ちる。天と地がくっつくという伝説から名付けられたともいわれる名瀑だ。深くえぐられた滝壺は水深20mにもなるが、水が澄んでいてフナなどが見えることもある。天然記念物のホロトノ木など珍しい植物も見られる。入口から川沿いの遊歩道も自然が感じられて気持ちのいい散策となる。

虹のかかる滝

● 海から突き出した奇岩 ★

# ウェドルゲ 외돌개 Oedolgae Rock

ウェドルゲ ▶西帰浦郊外 MAP P.439-B

150万年前に流れ出した溶岩が岩盤となり、波や風で浸食してできた高さ20mの岩。海食により、岸から離れ独立しているように見える。

ぽつんと離れて立つ岩

● 溶岩が造り出した不思議な景観 ★★★

# 大浦海岸柱状節理帯 대포해안주상절리대 Jusangjeolli Cliff of Daepo Beach

テポヘアンチュサンジョルリデ ▶西帰浦郊外 MAP P.88-B3

海に流れ込んだ溶岩が急速に冷やされて5または6角柱状に固まったもの。約2kmにわたる柱状節理 ▶P.494 は、韓国最大。観光用のデッキから見ることができる。

展望デッキからの風景

**天帝淵滝**
住 132, Cheonjeyeon-ro
住 천제연로 132
旧 중문동 2232
TEL (064) 760-6331
開 9:00〜17:20(日没時間により変動)
休 無休
料 ₩2500
交 バス202、282、510、690番「天帝淵瀑布(천제연폭포)」徒歩3分

**天地淵滝**
住 2-15, Namseongjung-ro
住 남성중로 2-15
旧 서홍동 666-1
TEL (064) 760-6304
開 9:00〜22:00
※最終入場21:20
休 無休
料 ₩2000
交 バス641、642番「天地淵瀑布(천지연폭포)」徒歩1分

**ウェドルゲ**
住 57, Namseong-ro
住 남성로 57(休憩所)
旧 서홍동 791
TEL (064) 760-3192
開 随時
休 無休
料 無料
交 615、627番「ウェドルゲ(외돌개)」徒歩2分

**大浦海岸柱状節理帯**
住 36-24, Ieodo-ro
住 이어도로 36-24(ビジターセンター)
旧 중문동 2768-1
TEL (064) 738-1521
開 9:00〜17:10(日没時間により変動)
休 無休
料 ₩2000
交 バス510、520番、リムジンバス600番「済州国際コンベンションセンター(제주국제 컨벤션센터)」徒歩15分

info ウェドルゲの近くに岩に囲まれたプールのような「ファウンジ海岸」がある。潜ってみればエメラルドグリーンの神秘の世界が広がる。

● 長寿の水が飲める ★★★
## 山房山 산방산 Sanbangsan Mountain
サンバンサン
▶ 島南西 MAP P.88-B3

標高395mの鐘状火山で、風化や浸食によりできた。中腹にある洞穴には、山房窟寺がある。天井から落ちる水は長寿の水といわれている。寺では400の階段がある。足下に気をつけて登ろう。

お椀を伏せたような丸みのある山

● さまざまな体験ができる ★★
## 日出ランド 일출랜드 Ilchul Land
イルチュルレンドゥ
▶ 島南東 MAP P.89-D3

溶岩洞窟「美千窟」を中心に、花壇のある庭園、果樹園、サボテン温室などさまざまな施設がある。アートセンターでは別料金で草木染めや陶芸、七宝焼きなどの体験ができる。

藍染めに挑戦！

● 食べ歩きも楽しい総合市場 ★★
## 西帰浦毎日オルレ市場 서귀포매일 올레시장
Seogwipo Maeil Olle Market ソグィポメイル オルレシジャン ▶ 中心部 MAP P.440-1

アワビやタチウオ、名産の柑橘など西帰浦の味覚が揃う。食べ歩きエリアは道幅が広くなっており中央に腰掛けて食べられるスペースがある。市場直送の海鮮レストランも入っている。

大きないけすが並ぶ

● 天才芸術家の半生をたどる ★★★
## イ・ジュンソプ美術館 이중섭 미술관 Lee Jung-seob Gallery
イジュンソプ ミスルグァン 李仲燮美術館 ▶ 中心部 MAP P.440-2

イ・ジュンソプは、日本の帝国美術学校（現武蔵野美術大）で学び、日本人を妻にするなど日本との関わりの深い画家。戦中戦後の極貧生活や、家族愛は映画になった。1970年頃から再評価され、今では韓国の国民的画家といわれている。

同じポーズで記念撮影

info イ・ジュンソプ美術館の近くに彼が住んでいた家も残されている。貧しかったため、とても狭いところで作品を作っていたことがよくわかる。

●フレーバーグリーンティーが人気　★★

## オーソルロク ティーミュージアム오설록 티뮤지엄

Osulloc Tea Museum オソルロク ティミュジオム　▶島南西 **MAP** P.88-A3

ソウルをはじめ、各地に展開するオーソルロク・ティーハウスの旗艦店。温暖な済州島は茶の栽培が盛んで、ここから緑茶のフレーバーティーブームが発信された。カフェの緑茶アイスが人気。

広い茶畑で記念撮影

●全国展開のコスメメーカーのフラッグシップ店　★★★

## イニスフリー済州ハウス 이니스프리 제주하우스

Innisfree Jeju House イニスプリ チェジュハウス　▶島南西 **MAP** P.88-A3

済州の溶岩など自然素材を使うことで人気があるコスメブランド、イニスフリーの店。手作り石鹸を作るコーナーや、カラフルドリンクが評判のカフェがある。ランチもヘルシーでおいしい。

家族で石鹸作り

●テーマパークを核に総合リゾートを開発　★★

## 済州神話ワールド 제주 신화월드 Jeju Shinhwa World

チェジュシヌァウォルドゥ　▶島南西 **MAP** P.88-B3

テーマパーク、免税店などブランドアーケード、カジノ、複数のホテルなどがある総合リゾート。神話テーマパーク内は3つのエリアに分かれており、韓国の3Dアニメ『ラーバ』をテーマにしたエリアもある。

15の乗り物があるテーマパーク

●ライトアップされたハーブ庭園もきれい　★★

## 済州ハーブ園 제주 허브 동산 Jeju Herb Dongsan

チェジュ ホブ トンサン　▶島南東 **MAP** P.89-D3

150種のハーブが植えられた庭園。ハーブエッセンスを使った足湯のほか、石鹸作り、アロマセラピー体験ができる。庭園には300個を超えるLEDのオブジェがあり、夜のライトアップが評判。

ひとりずつスペースがあり湯が張られるのが韓国流の足湯

---

**オーソルロク ティーミュージアム**
- 住 15, Sinhwayeoksa-ro Andeok-myeon
- 住 안덕면 신화역사로 15
- 旧 안덕면 서광리 1235-1
- TEL (064) 794-5312
- 開 9:00〜18:00
- 休 無休　料 無料
- 交 バス151、255番「オソルロク(오설록)」徒歩2分
- URL www.osulloc.com

**イニスフリー済州ハウス**
- 住 23, Sinhwayeoksa-ro Andeok-myeon
- 住 안덕면 신화역사로 23
- 旧 안덕면 서광리 1235-1
- TEL (064) 794-5351
- 開 9:00〜18:00
- 休 無休　料 無料
- 交 バス151、255番「オソルロク(오설록)」徒歩2分
- URL jeju.innisfree.co.kr

**済州神話ワールド**
- 住 38, Sinhwayeoksa-ro 304beon-gil Andeok-myeon
- 住 안덕면 신화역사로 304번길 38
- 旧 안덕면 서광리 산24
- TEL 1670-1188
- 開 施設による。神話テーマパークは10:00〜20:00
- 休 無休
- 料 W4万(神話テーマパーク総合利用券)
- 交 バス255番「済州神話ワールドテーマパーク(제주 신화월드 테마파크)」徒歩2分
- URL www.shinhwaworld.com

**済州ハーブ園**
- 住 170, Donoreum-ro Pyoseon-myeon
- 住 표선면 돈오름로 170
- 旧 표선면 표선리 2608
- TEL (064) 787-7362
- 開 9:00〜22:00 ライトアップは夏期18:30〜、冬期17:30〜
- 休 無休　料 W1万3000(足湯W1万5000)
- 交 バス222、295番「表善ハーブ園(표선 허브동산)」徒歩1分
- URL www.herbdongsan.com

---

**info** イニスフリー済州ハウスでは漢拏山を模したユニークなケーキを売っている。おみやげに人気。

# ◆ オルレ ウオーキングコース

▶**オルレとは** 「オルレ」は、済州の方言で道路から民家へいたる路地のこと。転じて散歩道や遊歩道という意味をもつようになった。火山独特の風景と海、多彩な動植物に彩られた済州島は、ウオーキングに適したところ。海岸を中心に26のルートが選定され、「済州オルレ」として整備されている。

▶**コースの標識** 各コースの始点と終点には玄武岩に彫られたコース解説がある。途中の道案内役は、ガンセという愛称をもつ青い馬。頭の向きが進行方向を示している。また、青とオレンジのリボンや矢印も目印だ。青は始点スタートの時の進行方向で、オレンジは終点からスタートした場合の進行方向。とくに注意が必要なポイントや、迂回路はプレートが掲げられる。

▶**服装と装備** 済州の天気は変わりやすく、風が強いのが特徴。森や浜辺を歩くので、長袖長ズボン、トレッキングシューズ、ウインドブレーカーを準備しよう。売店のあるところは限られるので、水と軽食も必要。サングラス、帽子、軍手、持ち帰り用のゴミ袋もあったほうがいい。

▶**情報収集** 済州の空港ロビーにある案内所や西帰浦の旅行者センターでも地図や詳細が確認できる。ボランティアガイドのツアーに参加することも可能だ。

**済州オルレ旅行者センター**
**MAP** P.440-2
**住** 22, Jungjeong-ro, Seogwipo-si
**TEL** (064) 762-2167　**開** 随時
**休** 無休
**URL** www.jejuolle.org
**URL** ollestay.modoo.at（宿泊施設）

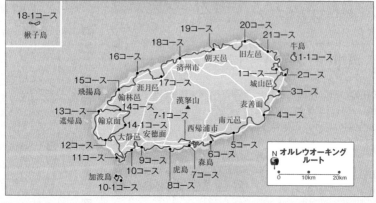

**info** ウオーキングをするときは、まずオルレ旅行者センターで地図を入手しよう。案内所ではルートの注意点なども教えてもらえる。

# 西帰浦と中文観光団地のレストラン

## ポドルチプ
버들집

西帰浦毎日オルレ市場の中にある老舗。45年、2代にわたって市場で働く人や市民に支持されているとあって、新鮮さはもちろん、ボリュームにも自信がある。写真右上はタチウオの鍋。

▶中心部　海鮮郷土料理
MAP P.440-1
住 10, Jungjeong-ro 73beon-gil, Seogwipo-si
住 서귀포시 중정로73번길 10
旧 서귀포시 서귀동 272-13
TEL (064) 762-7266　開 6:00～19:00
休 旧正月とチュソク連休　日 不可
訳 なし　CC MV

## テウジョン
대우정 ●Daewoojung

アワビ料理が評判の店。石鍋の炊き込みごはん（写真左）や釜飯は、少し食べ進んだところでバターを足すのが店のおすすめの食べ方だ。

料理P.71-77　料理P.71-82

▶西帰浦郊外　海鮮郷土料理
MAP P.439-B
住 866-37, Ieodo-ro, Seogwipo-si
住 서귀포시 이어도로 866-37
旧 서귀포시 법환동 1552-2
TEL (064) 733-0137
開 9:00～15:00、17:00～21:00
休 木　日 不可
訳 なし　CC ADJMV

## トムベゴギ（済州島式の茹で豚）
### イェンナルイェッチョク　옛날옛적

P.65-21　八田さんおすすめ

ポッサム（ゆで豚）で有名な店。済州島のポッサムは、まな板にのっていて、方言でトムベという。肉厚のワカメなど島ならではのパンチャンも評判。コースメニューのみで1人₩2万～（2人前から）。8:00～10:00はアワビ粥など朝食を出す。

▶島東部 MAP P.89-D2　郷土料理
住 4660, Iljudong-ro Seongsan-eup,Seogwipo-si
住 서귀포시 성산읍 일주동로 4660
旧 서귀포시 성산읍 온평리 486-1
TEL (064) 784-2252
開 9:00～21:00
休 無休　日 不可
訳 なし　英訳 あり　CC ADJMV

## ヘムルトゥクペギ（海鮮味噌鍋）
### サンボシクタン　삼보식당 ●サンボ食堂

P.67-47　八田さんおすすめ

アワビをはじめ海鮮がたくさん入ったヘムルトゥクペギ（海鮮味噌鍋）₩1万6000～が評判の店。オットムグイ（アマダイの塩焼き）や、カルチジョリム（タチウオの煮物）₩4万5000などの郷土料理がある。

▶中心部 MAP P.440-1　海鮮郷土料理
住 25, Jungjeong-ro, Seogwipo-si
住 서귀포시 중정로 25
旧 서귀포시 서귀동 319-8
TEL (064) 762-3620　開 8:00～16:00
(L.O.15:00)　休 第2・4水曜
日 あり　CC 不可

## ウンジョンイネ
섬마을 운정이네 중문본점
●ソムマウル ウンジョンイネ チュンムンボンジョム

タチウオを長いまま豪快に盛りつける、迫力ある演出で評判になったが、ウニとアワビの釜飯、サバの塩焼き（₩1万6000）もおいしい。

▶島南西　郷土料理
MAP P.439-A
住 726, Jungsanganseo-ro, Seogwipo-si
住 서귀포시 중산간서로 726
旧 서귀포시 중문동 1239-5
TEL (064) 738-3883
開 10:00～15:30、16:30～22:00
休 無休　日 不可　訳 なし、写真メニュー　CC ADJMV

## オクトムグイ（アマダイ焼き）
### 済州オソンカルチジョリム
제주오성 갈치조림
●チェジュオソンカルチジョリム

P.64-12　八田さんおすすめ

黒豚の焼肉とともに、アワビやウニの釜飯、アマダイ、タチウオの焼き魚など魚介料理も幅広く食べられる。ウンジョルミ定食₩6万5000～7万5000（2人前より注文可）も充実。

▶中文観光団地 MAP P.446-A1　郷土料理
住 27, Jungmungwangwang-ro,Seogwipo-si,
住 서귀포시 중문관광로 27
旧 서귀포시 색달동 2507-1
TEL (064) 739-3120　開 9:00～15:30、16:30～21:30(L.O.20:30)
休 無休　日 少し通じる　訳 なし、写真メニュー　英訳 あり　CC ADJMV

info 中文観光団地の天帝淵路は郷土料理店の並ぶ通り。団体ツアーでも対応可能な大型店が多い。

### フクテジグイ（黒豚の焼肉）
## 豚家マウル 돈가마을
●トンガマウル

巨大なかたまりの黒豚を提供する焼肉店。初回注文は皮付きのバラ肉と肩ロースを組み合わせた3人前（600g）₩6万3000からとなっている。中まで熱を通すのに時間がかかるので、すぐ食べたいときは到着時間を事前に伝えて頼むとよい。

▶ **中文観光団地** **MAP** P.439-A 焼肉

🏠 682, Iljuseo-ro, Seogwipo-si
🏠 서귀포시 일주서로 682
旧 서귀포시 회수동 973-2
☎ (064) 738-3150
🕐 12:00～22:00　休 旧正月とチュソク当日　日 不可　🅿 あり
CC ADJMV

---

## 🛍 西帰浦のショップ

---

### 済州観光公社中文免税店
## 제주관광공사 중문면세점
●チェジュクァンクァンコンサ チュンムンミョンセジョム

済州神話ワールドにオープンしたショッピングストリート内にある。2フロアの店舗はとても広く、済州の名産品、ハンドメイドのおみやげはもちろん、韓国コスメ、カジュアルファッション、海外ブランド品、家電なども扱っている。

▶ **島南西** **MAP** P.88-B3 免税店

🏠 38, Sinhwayeoksa-ro 304beon-gil Andeok-myeon
🏠 서귀포시 안덕면 신화역사로304번길 38
旧 서귀포시 안덕면 서광리 산24
☎ (064) 780-7700
🕐 10:00～19:00　休 無休
CC ADJMV
URL www.jejudfs.com

　**info** 済州神話ワールドのショッピングストリートには、世界のブランドショップが入っている。

# 中文観光団地のホテル

## ロッテホテル済州

롯데 호텔 제주
●ロッテ ホテル チェジュ／Lotte Hotel Jeju

▶中文観光団地 MAP P.446-A2

客室は500、レストランは9つある巨大ホテル。風車のあるウオーキングエリア、プールと庭園などどこも美しくデザインされている。なだらかな丘に建つ客室棟からの眺めも抜群。

住 35, Jungmungwangwang-ro 7 2beon-gil, Seogwipo-si
住 중문관광로72번길 35
旧 색달동 2812-4
TEL (064) 731-1000
FAX (064) 731-4333
料 ⑤Ⓣ₩36万～
CC ADJMV WiFi あり
URL www.lottehotel.com

## シーエスホテル＆リゾート

씨에스호텔 & 리조트
●シエスホテル&リジョウ／The Seaes Hotel & Resort

▶中文観光団地 MAP P.446-B2

全室コテージタイプのリゾートホテル。済州の伝統建築を取り入れ、庭園も優しい緑にあふれている。29室ある客室はそれぞれデザインが異なる。伝統家屋風の客室もある。

住 198, Jungmungwangwang-ro, Seogwipo-si
住 중문관광로 198
旧 중문동 2563-1
TEL (064) 735-3000
FAX (064) 735-3003
料 ⓌⓉ₩32万5000～
日 通じる CC ADJMV WiFi あり
URL www.seaes.co.kr

## 済州新羅ホテル

제주 신라 호텔
●チェジュ シルラ ホテル／The Shilla Jeju

▶中文観光団地 MAP P.446-A2

入口を抜けると、スムビガーデンと名付けられた美しい中庭が広がる。南欧風の赤い屋根がリゾートの雰囲気を盛り上げてくれる。白を基調とした客室はスタンダードでも40㎡ある。

住 75, Jungmungwangwang-ro 72beon-gil, Seogwipo-si
住 중문관광로72번길 75
旧 색달동 3039-3
TEL (064) 735-5114
FAX (064) 735-5415
料 ⑤₩45万～
日 通じる CC ADJMV WiFi あり
URL www.shilla.net/jeju

## 西帰浦KALホテル

서귀포 KAL 호텔
●ソグィポ KAL ホテル／Seogwipo KAL Hotel

▶西帰浦郊外 MAP P.439-B

西帰浦市街地の東端にある。600番の空港リムジンバスの発着ホテル。ビュッフェレストランは朝食だけでなく、ランチやディナーにも対応しており、気兼ねなくいろいろ食べられる。

住 242, Chilsimni-ro, Seogwipo-si
住 서귀포시 칠십리로 242
旧 서귀포시 토평동 486-3
TEL (064) 733-2001
FAX (064) 733-9377
料 ⑤Ⓣ₩46万～
日 通じる CC ADJMV WiFi あり
URL www.kalhotel.co.kr

## パルナスホテル済州

파르나스 호텔 제주
●パルナスホテルチェジュ／Parnas Hotel Jeju

▶中文観光団地 MAP P.446-A2

斜面に建てられた真っ白な外観が地中海リゾートの雰囲気を醸し出す。海側の遊歩道を通って中文海水浴場もすぐそこだ。客室は海側と山側があるがどちらもバルコニー付き。

住 100, Jungmungwangwang-ro 72beon-gil, Seogwipo-si
住 중문관광로72번길 100
旧 서귀포시 색달동 3039-1
TEL (064) 801-5555
料 ⑤Ⓣ₩36万3000～
日 通じる CC ADJMV WiFi あり
URL www.parnashoteljeju.com

## スイートホテル済州

스위트 호텔
●スウィトゥ ホテル／The Suites Hotel Jeju

▶中文観光団地 MAP P.446-A2

比較的リーズナブルなホテルだがバスタブが全室備えられており設備はよい。イタリアンレストランLa Terraseは吹き抜けの天井まで白い窓があり、朝日のなかさわやかに朝食がとれる。

住 67, Jungmungwangwang-ro 72beon-gil, Seogwipo-si
住 중문관광로72번길 67
旧 색달동 2812-10
TEL (064) 738-3800
FAX (064) 738-8080
料 ⑤Ⓣ₩22万～
日 通じる CC ADJMV WiFi あり
URL jeju.suites.co.kr

info 西帰浦港にあるセ섬 MAP P.440-2 は遊歩道が整備され、ちょっとした散歩コースになっている。セヨン橋のライトアップもきれい。

# あなたの**旅の体験談**をお送りください

「地球の歩き方」は、たくさんの旅行者からご協力をいただいて、
改訂版や新刊を制作しています。
**あなたの旅の体験や貴重な情報を、これから旅に出る人たちへ分けてあげてください。**
なお、お送りいただいたご投稿がガイドブックに掲載された場合は、
初回掲載本を1冊プレゼントします！

## ご投稿はインターネットから！

URL www.arukikata.co.jp/guidebook/toukou.html
**画像も送れるカンタン「投稿フォーム」**
※左記のQRコードをスマートフォンなどで読み取ってアクセス！

## または「地球の歩き方 投稿」で検索してもすぐに見つかります

地球の歩き方 投稿 　検索

▶**投稿にあたってのお願い**

★ご投稿は、次のような《テーマ》に分けてお書きください。
　**《新発見》**────ガイドブック未掲載のレストラン、ホテル、ショップなどの情報
　**《旅の提案》**───未掲載の町や見どころ、新しいルートや楽しみ方などの情報
　**《アドバイス》**──旅先で工夫したこと、注意したこと、トラブル体験など
　**《訂正・反論》**──掲載されている記事・データの追加修正や更新、異論、反論など

> ※記入例「○○編20XX年度版△△ページ掲載の□□ホテルが移転していました……」

★**データはできるだけ正確に。**
　ホテルやレストランなどの情報は、名称、住所、電話番号、アクセスなどを正確にお書きください。
　ウェブサイトのURLや地図などは画像でご投稿いただくのもおすすめです。

★**ご自身の体験をお寄せください。**
　雑誌やインターネット上の情報などの丸写しはせず、実際の体験に基づいた具体的な情報をお
　待ちしています。

▶**ご確認ください**
※採用されたご投稿は、必ずしも該当タイトルに掲載されるわけではありません。関連他タイトルへの掲載もありえます。
※例えば「新しい市内交通バスが発売されている」など、すでに編集部で取材・調査を終えているものと同内容のご投稿をい
　ただいた場合は、ご投稿を採用したとはみなされず掲載本をプレゼントできないケースがあります。
※当社は個人情報を第三者へ提供いたしません。また、ご記入いただきましたご自身の情報については、ご投稿内容の確認
　や掲載本の送付などの用途以外には使用いたしません。
※ご投稿の採用の可否についてのお問い合わせはご遠慮ください。
※原稿は原文を尊重しますが、スペースなどの関係で編集部でリライトする場合があります。

# 旅の準備と テクニック

円内:食事マナーをおさえてから韓国グルメを楽しもう
釜山を出港するクイーンビートル

# 旅の必要書類

青が5年、
赤が10年パスポート

**パスポート申請の問い合わせ先**

▶パスポート案内センター
**TEL** (03) 5908-0400 (東京)
そのほかの各都道府県は旅券課または在住市区町村の担当係に問い合わせを。

▶外務省 パスポートAtoZ
**URL** www.mofa.go.jp/mofaj/toko/passport/index.html

**各都道府県のパスポート申請窓口**

各都道府県の申請窓口へのリンク集
**URL** www.mofa.go.jp/mofaj/toko/passport/pass_6.html

**⚠ 旅のヒント**

**訂正旅券の取扱いに注意!**
2014年3月20日より前に、名前や本籍地等の訂正を行ったパスポート（訂正旅券）は、訂正事項が機械読取部分及びICチップに反映されておらず、国際標準とみなされるため、今後は出入国時や渡航先で支障が生じる場合もある。外務省では新規パスポートの申請をすすめているので下記URLで確認を。
**URL** www.mofa.go.jp/mofaj/ca/pss/page3_001066.html

**パスポートの残存期間**

パスポートには有効期限があるが、各国では切れる日までに必要な最低期間を決めており、これを「残存期間」という。韓国は「入国時3ヵ月以上残っていること」と定められている。

**最新情報は「地球の歩き方」ホームページもチェック!**

ガイドブックの更新情報や海外在住特派員の現地最新ネタ、ホテル予約など旅の準備に役立つコンテンツ満載。
**URL** www.arukikata.co.jp
海外再出発!ガイドブック更新&最新情報
**URL** www.arukikata.co.jp/travel-support

## パスポートの取得

パスポート（旅券）は旅行者が日本国民であることを証明し、渡航先の国に対して安全な通過や保護を要請した公文書である。

**残存有効期間** 韓国に入国する場合の残存有効期間は入国時3ヵ月以上あること。なお、残存有効期間が1年未満になったら切り替え申請ができる。

**5年有効と10年有効** パスポートには5年間有効のものと10年間有効のものがある（18歳未満は5年旅券のみ申請可）。10年用は赤、5年用は濃紺。

### ▶ パスポート申請の必要書類

**❶一般旅券発給申請書** 各旅券窓口のほか、市町村のサービスセンターでも配布している所が多い。10年用と5年用で用紙が違うので注意しよう。

**❷戸籍抄本または謄本:1通** 発行日から6ヵ月以内のもの。本籍地の市区町村で発行してくれる。委任状があれば代理人でも交付される。郵送で取り寄せることもできる。

**❸写真** 本人のみが写っていて、6ヵ月以内に撮影されたもの。縦45mm×横35mm。顔の位置や余白のサイズ、髪型など規定がいろいろとあるので、証明写真ボックス等で撮影するのが安心。

**❹身元を確認するための書類** 運転免許証やマイナンバーカード、前回取得したパスポート（失効の場合は6ヵ月以内）などがあれば1点でOK。

### ▶ パスポートの申請窓口

県庁などにあるパスポートセンター、住民登録している市区町村の窓口など都道府県により申請・発給場所が違う。一般的に申請は平日のみだが、受領は日曜日もできるところが多い。発行までは日曜、祝日を除いて1週間から10日はみておこう。

**居所申請** 学生または単身赴任などの理由で現住所と住民票の住所が一致していないとき、居所申請ができる場合もあるので問い合わせを。住民票の写しが必要になる。

### ▶ パスポートの受領

パスポート申請時に窓口で渡されるパスポート受領証に交付される日付が記載されているので、それに従い窓口へ。受領には以下のふたつが必要。

**❶パスポート受領証**
**❷旅券手数料** 収入印紙と都道府県の収入証紙（現金の場合もあり）で納める。売り場は通常窓口近辺にある。
10年旅券:1万6000円　5年旅券:1万1000円（申請時に12歳未満の人は6000円）。

**info** パスポートの直筆サインとクレジットカードのサインは同じにしたほうが旅はスムーズ。

# K-ETAの申請（電子渡航認証）

**申請は出発72時間前まで** 18〜64歳の人が韓国へビザなしで渡航する場合K-ETA（ケーイーティーエー）と呼ばれる電子渡航認証を申請しなければならない（2023年現在、一時的に不要。欄外参照）。1回の申請で3年間有効（2023年7月3日以降、それ以前の申請は2年）。手続き上、出国の72時間前までの申請が推奨されている。

スマホで簡単申請
**K-ETA**
iPhone　Android

スマホアプリはサクッと手軽に申請できるが、システムの不具合が多数報告されている。PCブラウザからの申請も頭の片隅に留めておこう。

## ▶ K-ETAの申請に必要なもの

**❶パスポート** 顔写真のあるページを申請書にアップロードする必要がある（下記参照）。

**❷Eメールアドレスと電話番号** アカウントの作成時に必要。電話番号は日本で使っているものでOK。

**❸証明写真（データ）** jpg形式で容量は100キロバイト、縦横700ピクセル以下のもの。アプリ申請時はモバイルで撮影してアップロード可。申請専用アプリ（欄外参照）を使うと画像データを自動的に調整してくれる。スマホで撮影した写真をブラウザ上でアップロードする場合は容量オーバーになってしまう。その場合はLINEなどの通話SNSアプリで画像を送信し、再度保存することでデータをサイズダウンできる。

**❹クレジットカードまたはデビットカード** K-ETA申請の支払いはカードのみ。費用は₩1万300。

## ▶ K-ETAの申請の手順

**❶**Apply for K-ETA（URL www.k-eta.go.kr）からアカウントを作成。**❷**パスポートデータをアップロード。**❸**今回の訪韓目的や現地滞在先の入力と顔写真のアップロード。現地滞在先が複数ある場合は、最も多く滞在する宿泊先もしくは初日に滞在する宿泊先でOK。**❹**クレジットカードまたはデビットカードで支払い。

**▌K-ETAは暫定的に取得不要に**
2023年4月1日から2024年12月31日まで、「2023〜2024韓国訪問の年」と題したキャンペーンにより、日本を含む22の国や地域のパスポートをもつ渡航者はK-ETAの取得が一時的に不要となり、機内や到着空港で配られる入国カードの記入、提出で入国できる。すでにK-ETAを持っている人は有効期間内まで利用可能。K-ETAを持っている場合は入国カードの記入、提出は不要だ。

**▌K-ETAの有効期限**
K-ETAの有効期限は3年間だが、その間にパスポートの有効期限が満了し、新たなパスポートに切り替えたり、姓名の変更など、パスポート情報に修正が加わった場合は、K-ETAを新たに取得しなくてはならない。

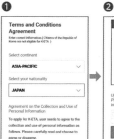

**❶ アカウント作成**
国籍やメールアドレスを入力。利用規約などは全てAgreeを選択。

**❷ アップロード**
写真のアップロードはjpg形式のみ。pdf形式はエラーになる。

**❸ 一般的な観光なら**
通常の場合はTourを選択、医療観光の場合はMedical Treatment。

**❹ 支払いはカードで**
支払いが完了すると、登録したメールアドレス宛に通知がくる。

## ▶ K-ETAを有効な状態に保つには

韓国へ行く機会ごとにK-ETA Application Results→Edit Informationから現地滞在先情報などを更新する必要がある。

**info** アメリカのESTAと異なり、トランジットやトランスファーで機内や空港内に留まる場合はK-ETAおよびビザは不要。

## 左サイドバー

**Q-code**

URL cov19ent.kdca.go.kr

新型コロナウイルス感染防止のための滞在情報登録システム。入国日と便名、韓国での滞在先などを入力する。未登録の場合は機内で配られる書類に必要事項を記入して入国時に手続きを行う。（2023年7月15日から不要になった）

**大韓民国大使館領事部**

住 東京都港区南麻布1-7-32

URL overseas.mofa.go.kr/jp-ja/index.do

▶ビザ申請時間

開 9:00 〜 11:30、
14:00 〜 16:00

▶大韓民国総領事館

札幌、仙台、新潟、横浜、名古屋、大阪、神戸、広島、福岡にある。

▶領事民願24

URL consul.mofa.go.kr

**ワーキングホリデー**

国ごとに年間の発給枠（韓国は1万人）が決まっている。申請方法など詳しくは下記のサイトを参照。

URL www.mofa.go.jp/mofaj/toko/visa/working_h.html

**おもな海外旅行保険会社**

▶東京海上日動保険

URL www.tokiomarine-nichido.co.jp

▶AIG保険

URL www.aig.co.jp/sonpo

▶三井住友海上火災保険

URL www.ms-ins.com

専用アプリ（スマ保）

▶au損害保険

URL www.au-sonpo.co.jp

専用アプリ（海外サポート）

**「地球の歩き方」ホームページで海外旅行保険について知ろう**

「地球の歩き方」ホームページでは海外旅行保険情報を紹介している。保険のタイプや加入方法の参考に。

URL www.arukikata.co.jp/web/article/item/3000681

**国際学生証取得**

下記ウェブサイトからのオンライン申請のみ。支払い方法はPayPalのみ。

料 1800円

URL www.isicjapan.jp

## ビザ

**90日以内はビザ不要**　観光、通過、単純訪問、短期商用、会議、短期の語学研修などの目的の場合には90日間ビザなしで滞留することができる。ただし、18〜64歳の人はK-ETA（電子渡航認証）の申請が必要 **P.451**（2024年12月まで一時的に免除）。

**ビザが必要な場合**　半年以上の語学研修や留学、会社の赴任での長期駐在、ワーキングホリデーを利用しての滞在はビザが必要になる。申請にはあらかじめ領事民願24で訪問日を指定しなければならなく、指定可能な訪問日は直近の平日のみ。訪問日を確定させてから航空券の購入が推奨されている。詳しくは韓国大使館または領事館へ。なお、領事館は担当地域が決まっている。

## 海外旅行保険

ケガや病気で現地の病院で治療を受けると、保険に入っていないと高額な医療費を請求されることになる。治療内容によっては数百万円に及ぶ場合も。海外旅行保険は、こうしたトラブルでかかった費用を補償してくれる。

**基本補償と特約**　疾病死亡や治療費、傷害死亡・後遺障害、携行品損害や賠償責任といった項目がおもな基本補償。特約はそれにプラスするオプションで、航空機遅延費用や旅行のキャンセル費用などがある。また、基本補償と特約がセットになったパッケージ型の商品もある。

**インターネット契約限定プラン**　インターネット契約限定プランでは、渡航先、日数、年齢などが細分化され、従来型に比べると割安なので、契約の主流になってきている。韓国へ1週間旅行する場合の保険料の目安は2000〜3000円と手頃だ。

**トラブルに遭ったら**　まずは保険会社の緊急ヘルプデスクやサポートセンターに電話しよう。24時間対応可能な電話番号を控えておくこと。サポートセンターに何かのトラブルで電話が通じないときは日本のコールセンターに電話をすることになるので、国際電話の掛け方もチェックしておこう。緊急の場合はホテルのスタッフなどに頼むのもいい方法だ。

インターネット契約商品で書類の郵送を希望しない場合でも契約者番号等がわかる画面やメールをプリントアウト、またはスクリーンショットを保存しておくと安心だ。

## 国際学生証(ISIC)

どこの国にも学割制度はあるが、基本的に自国の学生にしかその特権は認めていない。国際学生証は、それを外国の学生にも適用させたもの。スマートフォンなどで表示するバーチャルカードなので発行もスピーディ。学割が適用されるのは博物館、美術館、史跡、劇場など。入場料が割引または無料になる場合が多く、高速バスなどの交通機関で割引となることもある。

info 世界情勢が絶えず変化する昨今、短期旅行であっても海外旅行保険への加入は必要。補償対象となっているパッケージを選ぼう。

# 情報収集

明洞の観光案内所

## 韓国の情報はあふれている

ネット上には韓国フリークのブログがたくさんあり、どれが必要な情報か迷うほど。韓国旅行が初めてなら、まずは韓国観光公社を訪ねてみよう。とくに「地方へ行きたいと思っているけど何が見られるかな」「名物料理はどんなものかな」など、漠然とした疑問なら、ウェブサイトよりも紙のパンフレットがわかりやすい。

### ▶ 韓国観光公社(KTO)

URL japanese.visitkorea.or.kr

開 9:00～12:00、13:00～17:00　休 土・日・祝

東京　住 東京都新宿区四谷4-4-10　コリアセンター6階
　　　TEL (03) 5369-1755
　　　江原道観光事務所　TEL (03) 5369-1860
大阪　住 大阪市中央区城見2-1-61　ツイン21 MIDタワー23階
　　　TEL (06) 6942-0847
福岡　住 福岡市博多区博多駅前2-1-1　朝日ビル5階
　　　TEL (092) 471-7174

### ▶ 韓国観光公社 HiKR Ground ▶P.111

　最新の観光情報や韓国カルチャーを発信している韓国観光広報館。館内はK-POP体験やメディアアート鑑賞ができる空間となっており、いたる所に写真映えスポットが点在している。

情報収集に役立つ
ウェブサイト

▶「地球の歩き方」
　公式ウェブサイト
URL www.arukikata.co.jp
▶ コネスト
URL www.konest.com
▶ ソウルナビ
URL www.seoulnavi.com
▶ ソウル観光財団
URL www.visitseoul.net
▶ ブサンナビ
URL www.pusannavi.com
▶ 京畿観光公社
URL jp.ggtour.or.kr
▶ 江原道観光公社
URL jp.gangwon.to
▶ 慶尚北道文化観光公社
URL www.gtc.co.kr
▶ 慶尚南道
URL www.gyeongnam.go.kr
▶ 全羅南道
URL www.namdokorea.com
▶ 全羅北道
URL www.jeonbuk.go.kr
▶ 忠清南道
URL tour.chungnam.go.kr
▶ 忠清北道
URL tour.chungbuk.go.kr
▶ 済州道観光公社
URL www.visitjeju.net/jp

## ● 韓国旅行に役立つスマホアプリ

完全日本語対応の地図アプリ
**コネスト地図**
iPhone　Android

韓国全土の観光地、ホテル、レストランや交通ターミナルなどが日本語で地図検索が可能。現在地からのルート検索などもできる。

韓国 No.1 地図アプリ
**NAVER Map**
iPhone　Android

検索は韓国語のみだが日本語表示が一部可能。一部の都市では市内バスの追跡のほか、現在地からのルート検索などが可能。

韓国で支持される旧 Daum Map
**Kakao Map**
iPhone　Android

日本語には対応していないが英語表示は可能。ルート検索やバスのリアルタイム運行情報がわかる。地名や駅名のハングルが読めると心強い。

日本語対応の地下鉄乗り換え
**Subway Korea**
iPhone　Android

ソウル、釜山、大邱、大田、光州の地下鉄路線図のほか、駅の出口、リアルタイム交通情報が日本語で検索可能。アラーム設定で乗り越しも安心。

韓国全土で使える配車アプリ
**Kakao T**
iPhone　Android

韓国全土でタクシーが呼べる。日本語で操作が可能だが地名の入力は韓国語か英語。利用にはカカオトークのアカウントが必要。

韓国観光公社の公式アプリ
**Visit Korea**
iPhone　Android

観光地や名物料理、祭りなど地方の情報も幅広く網羅した観光公社の公式アプリ。最新ニュースや特集記事も読み応えがある。

カメラで撮って翻訳できる
**NAVER Papago 翻訳**
iPhone　Android

料理のメニューや看板、注意書きなどを写真に撮って画像データから翻訳できる。音声認識もでき、13ヵ国語に対応している。

展示品の説明がわかる
**国立博物館**
iPhone　Android

館内や主要展示物をガイド。ソウルの国立博物館のほか慶州、光州、全州、扶余の国立博物館でも利用可能。日本語対応。

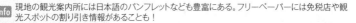
info 現地の観光案内所には日本語のパンフレットなども豊富にある。フリーペーパーには免税店や観光スポットの割り引き情報があることも！

# 両替、予算とお金

クレジットカードは必須

## 通貨
韓国の通貨はウォン(本書ではWで表記)。2023年2月現在、W100＝約9.59円。
▶P.8

## 再両替
ウォンから日本円に再両替をする場合は、韓国国内でやったほうがレートがよい。

## 金浦空港から明洞まで行く場合の空港で両替したい金額
空港から市内までの交通費
バス:W1万
タクシー:W4万
その日の食事代:W2万
など

## クレジットカードのキャッシング
両替レートは、両替商よりもATMを利用したクレジットカードでのウォン引き出し(キャッシング)のほうがよい。ただしATMではATM使用料(W4000程度)が加算され、またキャッシングは借入金なので、金利もつく。結局はあまりうまみがないということも。なお、コンビニエンスストアのATMの1回あたりのキャッシング限度額はW10～20万。ATMのなかには国際カードに対応していないものも多いので注意。

Global ATM

この表記があれば海外発行のクレジットカードでキャッシングができる

日本発行のクレジットカードはATMの操作画面でForeign Cardを選択

## 両替とレート

韓国の通貨はウォン(W)。日本でも空港や両替所でウォンを手に入れることができるが、一般にレートはよくないので、韓国到着後に両替する方がいい。

**両替レート**　韓国では両替レートがそれぞれ違う。一般に「空港の銀行」よりは「市中の銀行」さらに「市中の両替商」のほうが有利だといわれている。なお、空港から市内までの移動に必要な、地下鉄の交通カード、空港バスのチケットなどは、クレジットカードで購入できる。もちろんタクシーもクレジットカードが使えるので、極端にいうとレートの悪い空港で両替する必要はない。

**両替する場所**　銀行や銀行ATMのほか、両替商も利用できる。銀行は営業時間が短く書類を書く手間もあるので、両替商のほうが便利だ。どの両替機関でも日本円からウォンに両替できる。パスポートの提示を求められることもありうるので携帯しよう。

**手数料**　両替には手数料がかかる。無料をうたう両替商も多いので、実際の受取額をよく比べること。何度も両替すれば目減りする。

## クレジットカード

韓国では、スーパーやコンビニ、タクシーなどクレジットカードやスマホ決済の通用度は日本よりずっと高い。さすがに屋台では使えないが、地元の人は少額でもクレジットカードで支払いをしている。

### ▶ ICチップ付きのカードとPINコード

クレジットカードは、ICチップ付きのものにすること。タブレットにサインをする場合もあるが、4桁の暗証番号(英語でPIN code)が必要なことが多いので、確認しておこう。ATMでキャッシングをするときも、PIN(暗証番号)が必要だ。

### ▶ 日本円での決済は為替レートが不利

クレジットカードで支払う際に、日本円と韓国ウォンが選べる場合がある。現地通貨で決済したほうが一般的には有利なので、聞かれたらウォンを選択しよう。日本人だとわかると、店員が親切心から客に尋ねずに日本円に変更していることもある。PINコードを打ち込む前に金額だけでなく通貨単位を確認し、レシートもその場で確認すること。

KEBハナ銀行のATM

## デビットカード

クレジットカードと同じように使えるが、預金口座から即時引き落としとなる。口座残高以上は使えないのでクレジットカードより自己管理がしやすい。ATMでウォンも引き出しできる。

## 海外専用プリペイドカード

日本でウォンに両替するよりはレートがよく、クレジットカードのように審査がない。出発前にコンビニATMなどで日本円を入金し、その範囲内で現地のATMでウォンを引き出すことやショッピングもできる。もし盗難にあった場合は事前に入金されている金額以上は不正に使用されない。2023年1月現在、おもに右記のようなカードが発行されている。

## 旅の予算

円安の影響が多少あるものの、韓国物価は日本よりも少し安いか同じぐらい。コンビニで売られているおにぎりは同じか高いぐらいだが、バスや列車の運賃は日本よりも安い。日本-韓国間のLCCも頻発しているので週末のプチ旅行も手軽に行ける。実際にいくらぐらいかかるのか、シミュレーションしてみよう。

ビビンブルゴギおにぎり₩1600

▶デビットカード
JCB、VISAなどの国際ブランドから複数の金融機関がカードを発行している。
▶JCBデビット
URL www.jcb.jp/products/
jcbdebit
▶VISA
URL www.visa.co.jp

▶海外専用
プリペイドカード
アプラス発行
URL www.gaica.jp
▶MoneyT Global マネーティーグローバル
URL www.aplus.co.jp/
prepaidcard/moneytg
トラベレックスジャパン発行
▶Multi Currency Cash
Passport マルチカレンシーキャッシュパスポート
URL www.travelex.co.jp/
product-services/
multi-currency-cash-passport

| | | 高い | | | 安い |
|---|---|---|---|---|---|
| 航空券 | 時期や出発＆到着地によって大きく違う。LCCで格安など中小都市に行く便は往復で5000円という価格が出ることもある | 日本航空 全日空 大韓航空 6万円〜 | LCCソウル便 4万円〜 | LCC深夜便 2〜3万円 | LCC地方線 5000〜1万円 |
| 宿泊費 | どんなスタイルで旅をするかで予算が大きくかわる。ゲストハウスで1泊3000円から | 外資系 ホテルリゾート 2万円〜 | 5〜4星 1〜2万円 | 中間クラス 1万円前後 | ゲストハウス モーテル 3000円〜 |
| 食費 | 韓国では大勢で食べると割安だが1人ごはんは高くつく | 焼き肉、刺身 3000〜5000円 | 定食 1000〜1500円 | ビビンバブ 1100円 | ククス（麺） 900円 |
| カフェ | カフェ巡りは韓国の楽しみのひとつだが食事に比べ割高 | ピンス（かき氷） 1000円前後 | | | コーヒー1杯 300〜600円 |
| 交通費 | 地方へは鉄道かバスで。値段はあまり変わらないので利便性を重視 | ソウル→釜山 KTX 3時間乗車 6000円 | | タクシー 市内 5km800円 | 市内交通 1回100〜150円 |

### ●3泊4日でソウルと釜山を訪れた場合

| | | |
|---|---|---|
| LCCで深夜にソウルへ、釜山から帰国 | 航空券 | 3万円 |
| 中級クラスのホテルで宿泊　1泊1万円 | 宿泊費 | 3万円 |
| 釜山へKTXで | 交通費 | 6000円 |
| 市内バス、地下鉄代 | 市内交通 | 3000円 |
| 朝食はホテルで、昼食1000円、夕食1500円 | 食費 | 1万円 |
| | 合　計 | 7万9000円 |

info LCCの場合、荷物の重量や個数、サイズに厳しい制約がある。出国時は規定内だったが帰国時におみやげを買いすぎてしまって超過するケースが多い。

# 日本からのアクセス

成田発のチェジュ航空便

下関発のフェリー、はまゆう

## 航空機とフェリー

日本から韓国への渡航ルートは航空機またはフェリー。日本各地から韓国各地へたくさんの便が両国を結んでいる。2023年7月現在、コロナ明けということもあり、次々と増便が発表されている。

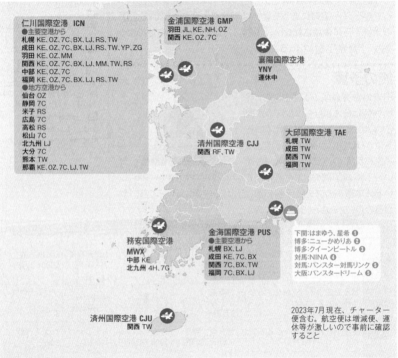

**仁川国際空港 ICN**
●主要空港から
札幌 KE、OZ、7C、BX、LJ、RS、TW
成田 KE、OZ、7C、BX、LJ、RS、TW、YP、ZG
羽田 KE、OZ、MM
関西 KE、OZ、7C、BX、LJ、MM、TW、RS
中部 KE、OZ、7C
福岡 KE、OZ、7C、BX、LJ、RS、TW
●地方空港から
仙台 OZ
静岡 7C
米子 RS
広島 7C
高松 RS
松山 7C
北九州 LJ
大分 7C
熊本 TW
那覇 KE、OZ、7C、LJ、TW

**金浦国際空港 GMP**
羽田 JL、KE、NH、OZ
関西 KE、OZ、7C

**襄陽国際空港 YNY**
運休中

**清州国際空港 CJJ**
関西 RF、TW

**大邱国際空港 TAE**
札幌 TW
成田 TW
関西 TW
福岡 TW

**務安国際空港 MWX**
中部 KE
北九州 4H、7G

**金海国際空港 PUS**
●主要空港から
札幌 BX、LJ
成田 KE、7C、BX
関西 7C、BX、TW
福岡 7C、BX、LJ

下関:はまゆう、星希 ❶
博多:ニューかめりあ ❷
博多:クイーンビートル ❸
対馬:NINA ❹
対馬:パンスター対馬リンク ❺
大阪:パンスタードリーム ❺

**済州国際空港 CJU**
関西 TW

2023年7月現在、チャーター便含む。航空便は増減便、運休等が激しいので事前に確認すること

## ●航空会社の略号とウェブサイト

| 航空会社名 | 2レターコード | URL |
|---|---|---|
| 日本航空 | JL | www.jal.co.jp |
| 全日本空輸 | NH | www.ana.co.jp |
| 大韓航空 | KE | www.koreanair.com |
| アシアナ航空 | OZ | flyasiana.com |
| ハイ・エアー | 4H | www.hi-airlines.com |
| チェジュ航空 | 7C | www.jejuair.net |
| スターフライヤー | 7G | www.starflyer.jp |
| エアプサン | BX | www.airbusan.com |
| ジンエアー | LJ | www.jinair.com |
| ピーチ・アビエーション | MM | www.flypeach.com |
| ティーウェイ航空 | TW | www.twayair.com |
| エアロK | RF | www.aerok.com |
| エアソウル | RS | flyairseoul.com |
| エア・プレミア | YP | www.airpremia.com |
| ZIPAIR | ZG | www.zipair.net |

## ●フェリー会社とウェブサイト

| | フェリー会社／URL |
|---|---|
| ❶ | 日本 関釜フェリー www.kampuferry.co.jp / 韓国 釜関フェリー www.pukwan.co.kr |
| ❷ | 日本 カメリアライン / 韓国 高麗フェリー www.camellia-line.co.jp |
| ❸ | 日本/韓国 JR九州高速船 www.jrbeetle.com |
| ❹ | 日本/韓国 未来高速 www.kobee.co.kr |
| ❺ | 日本 サンスターライン / 韓国 パンスターライン www.panstar.jp |

**info** 福岡空港の国内線と国際線の連絡バスは、20分に1本程度しかなく11分かかるので最大で30分以上みておく必要がある。時間帯にもよるが、荷物検査から出国審査まで40分ほど並ぶことがあるので注意。

# 出国と入国

仁川第2ターミナル

## 日本出国

近いとはいえ、韓国は外国。ここでは航空機で出入国をする場合を説明しよう。フェリーの手順も基本は同じだ。

### ▶ チェックイン

**カウンターでの手続き**　空港には出発時間の2時間前までに到着すること。着いたら出発フロアの掲示を見て、出発カウンターへ。パスポートとビザやK-ETAのプリントアウトを提示し、チェックインバゲージ（機内預け荷物）があれば渡し、ボーディングパス（搭乗券）とクレイムタグ（荷物の番号が入った半券）をもらう。

**チェックインバゲージ**　機内に預けられる荷物、手荷物ともに航空会社によって個数や重さの制限がある。利用クラスによっても違うので、事前に航空会社のウェブサイトで確認しておこう。LCC（格安航空会社）の場合は、無申告や超過荷物には厳しい。

### ▶ 手荷物検査、税関と出国審査

出国審査場の前に手荷物検査がある。航空機に持ち込めるものには制限があるので注意しよう。

高額な外国製品を持ち出す人は、帰国時に課税されないよう「外国製品持ち出し届け」を税関に提出する。

出国審査は羽田、成田、関空、中部、新千歳、福岡などの空港では顔認証ゲートが導入され、パスポートに出国印を押されない。

## 韓国に入国

機内で配られる入国の書類は、あらかじめ記入しておくとスムーズ。入国審査では入国申告書（K-ETA取得者は不要）とQ-codeのQRコード画面もしくは健康状態申告書、パスポートを提示しよう。目の光彩や指の指紋を登録されることもあるが係員の指示に従えば問題なく入国できる。

**旅行者携帯品申告書**　機内で配られるもうひとつの書類「旅行者携帯品申告書」は、免税対象者は提出の必要がなくなった（欄外参照）。

### ▌国際観光旅客税

日本からの出国には、1回につき1000円の国際観光旅客税がかかる。原則として支払いは航空券代に上乗せされる。

### ▌機内へ持ち込み制限

日本発、韓国発いずれも以下の制限がある。詳しくは航空会社で確認しよう

**▶手荷物にできないもの**
刃物、危険物、液体、エアゾール、ジェルなど。ただし、ひとつ100㎖以下で、縦横20cm程度の透明ビニール袋に入れた液体は持ち込み可能。なお、リップクリーム、ファンデーション、キムチ、塩辛、缶詰などゲル状のものは、液体とみなされる。

**▶機内預けにできないもの**
使い捨てライター（ひとり1個）、電子機器用の予備バッテリー（個数や容量に制限がある場合もある）などは手荷物として持ち込めるが、機内預けにはできない。

**▶機内預けにも、手荷物にもできないもの**
キャンプ用ガスボンベ、危険物

### ▌旅行者携帯品申告書について

2023年5月1日から、免税の範囲内で韓国に入る場合は、税関検査場にて「旅行者携帯品申告書」を提出する必要がなくなった。免税範囲内であれば、申告書に記入することなく検査場で**Nothing to Decare**（税関申告なし）に進む。携行品が免税範囲を超える、あるいは、超えるかどうか判断しかねる場合は、従来通りに記入したうえで、**Goods to Declare**（税関申告あり）にて税関職員に提出する。

### ●韓国入国の際の免税範囲

| 品物 | 内容 |
| --- | --- |
| 現金・有価証券 | 韓国通貨または外国通貨で米ドル$1万相当以下 |
| 物品 | 総額米ドル$800以下の外国で購入した物品（おみやげ含む） |
| 酒・たばこ・香水 | 酒2本（2ℓ以下で米ドル$400以下のもの）／紙巻きたばこ200本または葉巻50本またはその他250g／香水60㎖ |
| 農産物・家畜 | 松の実1kg、牛肉10kg、ひとつW10万以下のその他の農産物　※ゴマ、唐辛子、犬猫、牛豚肉とハムなど、植物の種子、野菜、生花、果物は免税範囲内でも要申告 |
| 漢方薬 | 高麗人参300g、鹿の角150g、1品目3kgまでのその他の漢方薬 |
| ※輸入禁止品 | 武器、ナイフ類、麻薬類、国際的に取引が禁止されている動植物とそれを原料にした製品など |

info 2023年内に大韓航空がアシアナ航空を買収合併する予定。その影響によって運行ダイヤが大幅に変更されるほか、傘下LCCの統廃合も予想される。

機内で配られる健康状態申告書。Q-code ▶P.452欄外 を事前に取っていない人はこちらに必要事項を記入し、提出する（2023年7月15日から不要になった）

**▶入国申告書の記入**

機内で配られる入国申告書。K-ETAの手続きをしていない人は提出する。

❶名字を活字体（ブロック体）のローマ字で書く

❷名前を活字体（ブロック体）のローマ字で書く

❸性別にチェックを入れる

❹国籍を英語で書く。日本人はJAPANESEと書く

❺生年月日を西暦で書く

❻職業を英語（下記参照）で書く。

**ARRIVAL CARD 入国申告書(外国人用)**
※ Please fill out in Korean or English.
※ 韓国語又は英語で記入して下さい

| ❶ Family Name / 氏 *CHIKYUU* | ❷ Given Name / 名 *AYUMU* | ❸ ☐ Male / 男 ☐ Female / 女 |
|---|---|---|
| ❹ Nationality / 国名 *JAPANESE* | ❺ Date of Birth / 生年月日 *1 9 8 6 0 1 1 5* | ❻ Occupation / 職業 *OFFICE WORKER* |

❼ Address in Korea / 韓国の連絡先 *The Shilla, Seoul*

※ 'Address in Korea' should be filled out in detail. (See the back side)
※ 韓国の連絡先は詳しく作成して下さい。(裏面参照)

❽ Purpose of visit / 入国目的
☐ Tour 観光　☐ Visit 訪問
☐ Business 商用　☐ Employment 就業
☐ Others その他

❾ Signature / 署名
*地球 歩*

❼宿泊ホテルの名前を英語で書き、右上の欄に電話番号を記入する

❽旅行の目的にチェックを入れる

❾普段使っている自分のサインを書く。漢字でもかまわない。パスポートのサインと同一であることが好ましい

**【職業記入の例】**
会社員：OFFICE WORKER　　　自営業：SELF-EMPLOYED
公務員：GOVERNMENT EMPLOYEE　学生：STUDENT
主婦：HOUSEWIFE　　　　　　　無職：WITHOUT OCCUPATION

**|帰国の際の証明書類について**
厚生労働省のウェブサイトは以下の通り。
🔗 www.mhlw.go.jp/stf/seisakunitsuite/bunya/0000121431_00209.html

**■ Visit Japan Web**
日本入国時の手続き「入国審査」、「税関申告」をウェブで行うことができるサービス。必要な情報を登録することでスピーディに入国できる。
🔗 vjw-lp.digital.go.jp

# 韓国を出国

空港に到着したら、チェックインカウンターで手続きし、ボーディングパスを受け取り、チェックインバゲージを預ける。その後は手荷物検査、税関、出国審査と順路に従って手続きをすませる。

**▶日本帰国**

機内で「携帯品・別送品申告書」が配られるので必要事項を書いておこう。2023年7月現在、日本帰国時に有効なワクチン証明書又は出国前検査証明書の提示は不要。詳しくは厚生労働省のウェブサイトを確認のこと。

成田や羽田空港などでは、日本国籍者の入国については、機械による顔認証となり、自分でパスポートをかざしてゲートを通過するようになった。帰国印は押されない。

ターンテーブルで荷物を受け取ったら、税関申告書を提出して出口へ向かおう。Visit Japan Webを利用すれば事前に税関申告が可能。

## ●日本帰国時における免税範囲

| 品物 | | | 内容 |
|---|---|---|---|
| たばこ | 紙巻き | 200本 | たばこの免税数量は、それぞれの種類のたばこのみを購入した場合の数量であり、複数の種類のたばこを購入した場合の免税数量ではない。「加熱式たばこ」の免税数量は、紙巻き200本に相当する数量となる。 |
| | 葉巻 | 50本 | |
| | 加熱式たばこ | 個装等10個 | |
| | その他の種類 | 250g | |
| 酒類 | 1本760㎖のもの3本 | | |
| 香水 | 2オンス（1オンスは約28㎖） | | |
| その他 | 海外市価の合計額20万円以内　※同一品目ごとの合計が海外市価で1万円以下のものは含めなくていい | | |

**info** Visit Japan Webを利用した税関申告の手続きだが、ターミナルによってはQRコードの読み取り機が少ない。混雑状況次第では機内で記入した申請書を提出するほうがスムーズな場合も。

# 国内交通

## 国内航空路線

ソウルと離島の済州をハブ空港に、航空路線がある。短期旅行では済州便の利用価値は大きいものの、そのほかのエリアは高速列車KTXやバス網が充実しているので、空港の往復等を考えるとメリットのある路線は多くない。

国内線の利用方法は日本と変わりはないが、最低限注意しておきたいことを挙げておこう。

**ソウルの国内線空港は金浦空港（GMP）** ソウルの玄関口は仁川と金浦だが、ほとんどの国内線は金浦空港を使用している。仁川から金浦までは列車で所要45分ほどかかるので、国際線から乗り継ぐ人は時間に余裕を持つこと。

**国内線のチェックイン締め切り** 一般にチェックインの締め切りは20分前とされている。預ける荷物がある場合はもう少し早く行ったほうがよい。

**繁忙期と閑散期** 年末年始、旧正月、夏期休暇、チュソクは繁忙期とされ、運賃が高く設定されている。逆にこの期間を除く平日は安くなるのが原則。ただし格安航空会社の参入で運賃はフレキシブルに変わるようになった。ウェブなどでチェックしよう。繁忙期の予約は早めにすること。

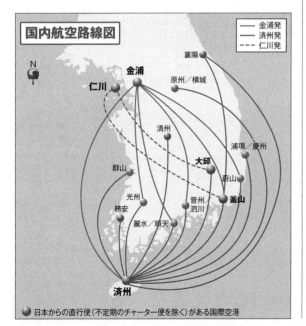

**国内航空路線図**

― 金浦発
― 済州発
--- 仁川発

N

金浦
仁川
襄陽
原州／横城
清州
群山
大邱
浦項／慶州
光州
晋州
泗川
南山
釜山
務安
麗水／順天
済州

⬤ 日本からの直行便（不定期のチャーター便を除く）がある国際空港

### 主要国内線

▶便数の多い路線
便数が最も多い路線は金浦～済州路線。1日40便以上も発着する。次に多いのが金浦～釜山で1日15便程度。それ以外の路線は、多くても4～5便となる。

▶所要時間、料金
所要時間は45～1時間15分程度。料金は₩6～8万だが₩3万ぐらいの安いチケットが出回ることも多い。

▶飛行機内のサービス
大手キャリアは無料でソフトドリンクがサービスされることが多い。LCCは有料。

▶機内持ち込み制限
液体や危険物の持ち込み制限は、国際線とほぼ同じ。
**▶P.457**

### 主要航空会社連絡先

▶大韓航空 Korean Air
TEL 1588-2001
URL www.koreanair.com

▶アシアナ航空
Asiana Airlines
TEL 1588-8000
URL flyasiana.com

▶チェジュ航空 Jeju Air
TEL 1599-1500
URL www.jejuair.net

▶ティーウェイ航空
T'way Airlines
TEL 1688-8686
URL www.twayair.com

▶ジンエアー Jin Air
TEL 1600-6200
URL www.jinair.com

▶エアソウル AIR SEOUL
TEL 1800-8100
URL www.flyairseoul.com

▶エアプサン Air Busan
TEL 1666-3060
URL www.airbusan.com

▶フライ江原 Fly Gangwon
TEL 1800-7770
URL flygangwon.com

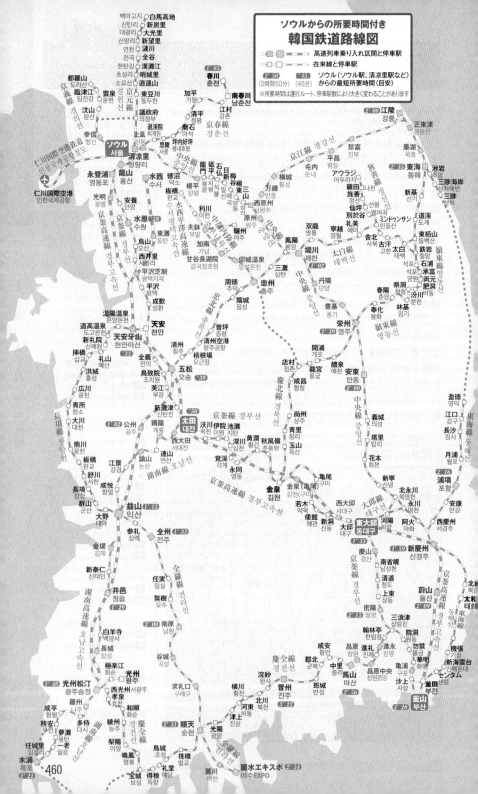

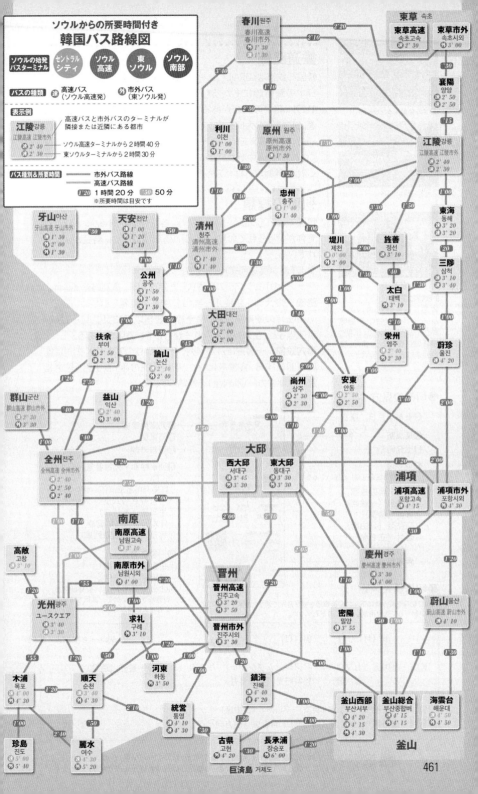

KTXの発着するソウル駅

ノーズの長いKTX

KTXの一般室

**▌夜行と寝台**
韓国にも夜行列車はあるが、運行距離が短く、所要時間がかからないので、未明、早朝の到着となる。また、寝台列車は運行していない。

# 鉄道路線

韓国の鉄道はKORAIL（コレイル 韓国鉄道公社）が運営している。日本の新幹線にあたるKTX（韓国高速鉄道）を中心に、全長4127kmほどの路線がある。発着時間は正確で、車内設備も快適。ソウルから大邱（テグ）を通って釜山（プサン）へ行く京釜線（キョンブ）が大動脈だ。
一方、地方都市を結ぶローカル路線は日本同様、減便を余儀なくされたり、途中駅が廃止になっていたりと、あまり使い勝手がくない。幹線以外はバスも重要な交通手段と考えよう。

# 列車の種類

韓国ではKTXのほか、特急、急行、各駅停車があるが、それぞれ愛称が付けられており、それらの列車種類ごとに料金が決められている。

## ▶ KTX （高速列車）

フランスのTGVシステムを導入した高速列車。最高時速300km。
**路線** 東大邱（トンテグ）～新慶州（シンキョンジュ）～釜山の京釜高速線をはじめ、龍山（ヨンサン）～光州松汀（クァンジュソンジョン）の湖南高速線、慶全線の晋州（チンジュ）以東やソウル～江陵（カンヌン）の京江線など。在来線に乗入れて運行している区間もある。
**車内設備** 一般室は2+2の4列、特室は1+2の3列。KTX-山川は座席が回転する。食堂車はなく、車内販売のみ。自由席（号車指定）、シネマカー（別料金）を連結している。

## ●切符の見方

❷乗車年月日・曜日
❸乗車駅
❺出発時刻
❼乗り場
「電光掲示板を確認」と書いてある
❾号車・席の種類
　一般席（一般席）
　特室（特室）
　自由席（自由席）
　入席（立ち席）
乗車料金

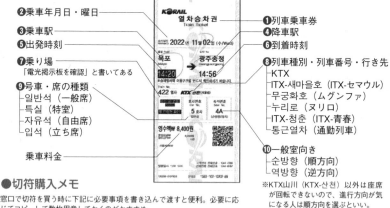

❶列車乗車券
❹降車駅
❻到着時刻
❽列車種別・列車番号・行き先
　-KTX
　-ITX-새마을호（ITX-セマウル）
　-무궁화호（ムグンファ）
　-누리로（ヌリロ）
　-ITX-청춘（ITX-青春）
　-통근열차（通勤列車）
❿一般室向き
　-순방향（順方向）
　-역방향（逆方向）
※KTX山川（KTX-산천）以外は座席が回転できないので、進行方向が気になる人は順方向を選ぶといい。

## ●切符購入メモ

窓口で切符を買う時に下記に必要事項を書き込んで渡すと便利。必要に応じてコピーして数枚用意しておくのがおすすめ。

_____月（月）　_____日（日）　　→ _____　　※ローマ字記入

KTX・새마을（セマウル）・무궁화（ムグンファ）・누리로（ヌリロ）・통근（通勤）
_____：_____発（発）　列車番号（列車番号）_____

일반실（一般室）・특실（特室）・자유석（自由席）
입석（立ち席）・순방향（順方向）・역방향（逆方向）　　_____장（枚）

info 2021年1月に中央線の清涼里駅～安東駅間で新型車両、KTXイウム（이음）が導入された。日本の新幹線と同じ動力分散方式を初採用している。新線路が延長すれば釜山まで乗り入れる予定。

## ▶ SRT （高速列車）

KORAILの子会社SR（鉄道運営公社）が運営する高速鉄道。ソウルの始発は江南にある水西駅。KORAILパス ▶P.464 では乗車できないので注意。

**路線** 水西～釜山のSRT京釜線と水西～木浦のSRT湖南線。KTXのように全羅線、慶全線への乗り入れはしていない。

**車内設備** シート下部にコンセントが付いている。スーツケース置き場は狭い。

## ▶ ITX-セマウル ITX-새마을 （特急列車）

セマウル号の後継特急。セマウルは「新しい村」という意味で、故・朴正熙大統領が提唱した農村改良運動（セマウル運動）にちなんだもの。

**路線** 京釜、湖南、全羅、中央の各線。

**車内設備** シート下部にコンセントが付いている。全車両一般室で2+2の4列。スーツケース置き場は狭い。

## ▶ ムグンファ 무궁화 （急行列車）

韓国の国花、ムクゲ（無窮花）から名付けられた。

**路線** 全国各線で運行。同じ路線でも停車駅を変えていろいろなパターンで運行する。

**車内設備** 全車両一般室で2+2の4列。電気気動車とディーゼル車がある。車体が大きいためリクライニングがゆったりしているが座席のテーブルはない。一部の列車にはカラオケ、マッサージ機、ゲームコーナー、ミニカフェ、PCコーナーなどがある。

## ▶ ヌリロ 누리로 （急行列車）

ヌリは世界、ロは路で"世界の路"という意味をもつ。

**路線** 領東線の江陵・東海～栄州間、中央線の清凉里～安東間の2区間で運行。

**車内設備** 全車両一般室で2+2の4列。車内の電光案内掲示などは新しい。リクライニングも快適。窓も大きく快適。小さなテーブルが付いている。

## ▶ ITX-青春 ITX-청춘 （急行列車）

京春線で運行している急行電車。ITXはIntercity Train Expressの略で都市間急行という意味。通常の地下鉄と同じホームを使うが、交通カードは使えないため、チケットは別に購入する。ホームに券売機がある駅と、改札を通り直す駅がある。

**路線** 龍山～清凉里～春川。

**車内設備** 全車両一般室で2+2の4列。8両のうち2両が2階建て車両。自転車置き場や自動販売機もある。

## ▶ 通勤列車 통근열차 （各駅停車）

2004年4月1日のKTX開業を前に、各駅停車の統一号が全廃され、その後継として一部運行している。

**路線** 光州駅と光州松汀駅を結ぶ路線のみ運行中。路線距離はおよそ12kmと短く、運行本数も少ないので観光客が利用する機会は多くない。

### ■ 観光列車

韓国には景観のよいルートを走る観光列車がある。以下の列車は一部制限があるがKORAILパスが使える。またコレイルのサイト ▶P.465 で予約ができる。

**▶ Oトレイン**
中部内陸循環列車。ソウルから慶尚北道・忠清北道・江原道が接する内陸を走る。手つかずの山河風景が楽しめる。月曜運休。

**▶ Vトレイン**
白頭大幹峡谷列車。O-train運行区間のうち渓谷を1時間ほど走る。月曜運休。

**▶ Sトレイン**
南道海洋列車。ソウルから麗水（南海岸地方）に向かう列車。海が見えるわけではないが、車窓の田園風景は美しい。車内パフォーマンスも人気。

**▶ DMZトレイン**
ソウルからDMZ方面へ向かう列車。▶P.174

**▶ Aトレイン**
旌善アリラン列車。ソウルから江原道の旌善まで走る。火・水運休（旌善五日市の開催日と祝日は運行）。

**▶ Gトレイン**
ソウルから群山などを経由し益山間を運行。オンドル室が好評。月～水運休。

### ■ その他の人気観光列車

**▶ 海列車**
江陵から三陟までの路線。海岸ギリギリ、海がすぐそこというロケーション。有名ドラマの撮影地としても知名度を上げた。▶P.182

座席が窓方向に向いている海列車の車両

**▶ レールクルーズ ヘラン**
韓国初のクルーズ列車。ブルートレインを思わせる藍色の車体が美しい。
URL www.railcruise.co.kr

ムグンファ号

ソウル地下鉄1号線は、コレイル在来線と線路を共用しており、水原など近郊へも行ける

ITXセマウル号

地下鉄車両にある妊婦優先席

**❶ 旅のヒント**
**不正使用は罰金!**
記名者以外の使用、使用日等の偽造、期限切れ乗車などの不正乗車には、利用区間運賃とその10倍から最大30倍の付加運賃(料金)が科せられる。

車内モニターも設置されている

**▌KORAILパスの料金例**
▶連続で3日使用パス
🎫W13万8000
▶連続で5日使用パス
🎫W21万
▶任意の2日使用パス
🎫W12万1000
▶任意の4日使用パス
🎫W19万3000
※大人料金、子ども料金、グループ料金の設定もある。

# 鉄道チケット

鉄道旅行を計画したら、とりあえずウェブで時刻や経路を調べよう。週末や祝日、学校が長期休暇になる夏は混雑しがちなので早めの予約が必要だ。

### ▶ 列車の運賃

運賃は、乗車券や特急券という区別ではなく、列車ごとに運賃が決まる。
KTXには特室特室（トゥクシル）というグリーン車に相当する車両が連結されている。2010年に登場したKTX山川山천にはビジネス室がある。これらは、運賃に加えて追加料金が必要。

**割引運賃**　立席割引。座席指定のないチケット。席があれば座ってもよい。5～15％割引。

**乗り継ぎ運賃**　KTXと他の列車を乗り継ぐ場合に、乗り継ぐ列車に適用される。

### ▶ チケットの購入

列車のチケットは、駅の窓口のほか一部の観光案内所や旅行会社でも購入可能。どの端末からでも全国すべての区間が購入できる。

駅には販売窓口のほかに現金とクレジットカードが使用できる自動券売機がある。ただし、韓国国内カードのみで、国際クレジットカードに対応していない機械も多い。英語画面が必ずあり、日本語が選択できる端末もある。

**事前購入**　チケットは乗車日の1ヵ月前の7:00から、出発直前まで発売される。

# KORAILパス

KORAILパスとは、韓国を訪れる観光客のためにKORAILが乗り放題になる鉄道パス。運営母体が違うSRT、海列車とクルーズ列車ヘラン、地下鉄と近郊電車には乗れないので注意しよう。

**購入**　ウェブサイトで乗車日の31日前から購入できる。本人のみ使用可能で貸与したり、転売することはできないため、パスポート番号などを登録することになっている。車内で検札があるので、乗車時もパスポートを持っていること。

**座席指定**　韓国の列車は座席指定が原則なので、事前にウェブの「MY RESERVATION」から座席指定をする。駅の窓口でも無料でできる。座席指定ができるのは1日2枚で、3回以上乗るときは立席利用となる。満席の場合も立席でなら利用可能。祝祭日は立席のみで利用できる。特室利用は本来の乗車料金の50％割引となる。

**KORAILパスの種類**　使用開始から連続で3日または5日使えるパスと、使いはじめから10日間の間に任意の2日または4日使えるフレキシーパスがある。大人用、4～12才以下用、2～5人で同一ルートを旅する人のセーバーパスがある。

## ▶ 時刻表の検索

最新の時刻表は下記のサイトで検索できる。キャンセル、KORAILパスの購入もこのサイトからできる。なお P.463 欄外の観光列車が選べないときは英語に表示を変えると出てくる。

URL www.letskorail.com

**❶ トップページで日本語を選択**

予約へ進む

日本語を選ぶ

**❷ 購入画面が出る**

すべて記入してクリックすると❹が出る

ここを探すと❸の選択画面が出る

**❸ 大きな町は下記から選ぶ**

上記にない町はアルファベットの頭文字をクリックして選択する

**❹ 列車の選択肢が出る**

運行の詳細がわかる

希望の列車を選択

**❺ 運賃情報が出る**

**❻ 購入前の確認画面**

**❼ チケットは印刷しておくこと**

**❽ 払い戻しもネット上でできる**

ココをクリック

詳細は ▶P.104 。

---

COLUMN

## ◆ 旅の必需品「交通カード」

韓国では、交通系ICカードが普及している。地下鉄やバスはもちろん、タクシーも使えることが多い。公共交通機関なら交通カードで支払うと現金で乗るときより安く、乗り継ぎの割り引きもある。カードの種類は多いが、ほぼ全国で使えるのは「T-money」と「cashbee」。カード型のほかにストラップタイプもあり、絵柄もいろいろだが同じように使える。交通カードは空港のコンビニで買える（カード型W2500～）詳細は ▶P.104 。

info 交通カードのチャージは駅の券売機やコンビニで可能だが、支払いは現金のみ。コンビニでチャージする際は「충전해주세요（チュンジョネジュセヨ）」と伝えよう。

▶ 高速バス統合（長距離）
URL www.kobus.co.kr
▶ 全国市外統合予約
（T-money系列）
URL txbus.t-money.co.kr
▶ BUSTAGO（cashbee系列）
URL www.bustago.or.kr
▶ 東ソウル総合
URL www.ti21.co.kr
▶ 釜山総合
URL www.bxt.co.kr

東ソウル総合バスターミナル

🚻 旅のヒント
**トイレ休憩に注意！**
長距離バスの車内にはトイレがない。2時間ぐらいで休憩ストップをする。ドライブインには同じようなバスがたくさん停まっているので、戻るときに間違えやすい。バスのナンバーや特徴をスマホで撮っておこう。

ドライブインでは軽食もある

● **バスチケットの読み方**
❶ 出発地　❷ 到着地
❸ 料金
❹ 一般
　（バスの座席のグレード）
❺ 出発日
❻ 出発時刻
❼ 座席
❽ バス乗り場の番号

・・・・・・・・・・・・・・・・・・・・・・・
# 長距離バス路線

韓国の都市間移動は鉄道よりもバスが主流。とくにKTXで乗り換えが必要な都市間は、所要時間も鉄道と大差なく、直通で行ける分、楽だ。

### ▶ バス輸送網が発達
国土がそれほど広くないこともあり、長距離路線でも400kmほど。高速道路網が発達しているので、最長でも5時間程度で到着する。

**弱点は渋滞**　朝夕のラッシュ時に大都市を抜ける場合、連休や行楽シーズンの高速道路は渋滞する。遅れることもしばしばだ。

### ▶ 長距離バスの種類
韓国の都市間バスには高速バスと市外バスがあり、運賃も使用ターミナルも違う。

**高速バス 고속버스**　目的地まで（おもに高速道路を使って）ノンストップで走るバス。高速ターミナルを使用する。高速バスには深夜バス＝深夜優等高速バス심야등고속버스もある。

**市外バス 시외버스**　おもに（高速道路の通っていないような）中小の町を結ぶ。主要な町をいくつか経由する直行バス직행버스と、より小さな停留所にも停まる緩行バス완행버스がある。近年は、ソウルを中心に高速道路を使ってノンストップで目的地へ向かう市外バスも走るようになった。しかし、これらを含め、市外バスは原則として市外バスターミナルを使用する。

### ▶ 長距離バスの設備
各社新型車両が投入され、長距離バスの車内環境は格段に良くなった。高速バスも市外バスもあまり差はない。車内のモニターでは降車案内やアニメなどが流れる。

**一般高速バス 일반고속버스**　通路を挟んで2席ずつ4席シートの車両。

**優等高速バス 우등고속버스**　通路を挟んでひとり席とふたり席がある車両。よりゆったり座れる。運賃は少し高い。

### ▶ バスターミナルでのチケットの買い方
大きなイベントなどがない限り、当日もしくは前日購入でOK。高速バスと市外バスではターミナルが違うことが多く、ソウルでは市外バスも方面別に分かれている。ターミナルは渋滞を避けるため郊外にある場合が多いので、時間に余裕をもって向かうこと。ほとんどのバスターミナルには自動券売機が設置されており日本語にも対応している。もちろん窓口でも購入でき、大きなバスターミナルでは、方面別に分かれている。窓口の上に次発後発の出発時刻や行き先が書いてあればその方面の窓口だ。英語表示も増えてきたが、わからなければ、とりあえず目的地を伝えると適当な窓口を教えてくれる。

**info** バスターミナルにある自動券売機およびチケット窓口は大きく分けてT-money系列とcashbee系列の2つに分類されるが、T-money系列の場合は海外発行のクレジットカードが使えない。

**バス料金** 同じ目的地でも高速バスか市外バスか深夜バスかで違う。さらに一般座席か優等座席かプレミアムかでも料金が変わってくる。バス料金はたとえば、約2時間かかるソウル〜大田（テジョン）で、一般座席で約₩1万、高速バスの優等で約₩1万5000、高速バスのプレミアムで約₩2万だ。

**プラットホーム** バスターミナルでは、チケットに書かれたプラットホーム番号を確認し、時間までに行くこと。基本的には指定席なので、並ぶ必要はない。バスは10分ほど前に来るが、時間前だと別の行き先のバスが停車していることがある。バスに表記されている行き先はハングルだけなので、スタッフに自分のチケットを見せて、乗るべきバスか確認しよう。

**荷物を預ける** 大きな荷物は荷物室に預ける。荷物のタグなどもなく、係員のチェックも通常はないので自己責任で。

**バスに乗る** チケットにQRコードやバーコードがあれば、運転席近くのリーダーに自分でかざして改札をする。ないチケットであれば運転手に渡す。半券をちぎって返してくれるので、降車までなくさないこと（半券をちぎらない運転手もいる）。

**バスを降りる** 直通のバスは問題ないが、経由地のある市外バスで途中下車する場合は注意。バスターミナルの地名はハングルだけのことが多いので、所要時間から降車のタイミングを割り出し、そろそろだと思ったら運転手に早めに確認したい。

ゆったり座れる優等座席

バスのフロントに行き先が貼り出されるがハングルのみ

自動券売機と発車表示

## 市内バスの中距離路線

都市部を走る市内バスの中には1時間程度の郊外へ行くバスもある。日帰りのショートトリップのときなどに利用しよう。都市部を走る路線バスは、色分けされているので複雑ではあるものの慣れれば使いこなせる。日本と比べると運転は荒い。

## レンタカー

韓国ではとくに都市部での渋滞がひどく、バスやタクシーの割り込みも目立つ。レンタカー利用は避けた方がいい。ただし、地方空港から田舎を回るような旅ならレンタカーが非常に役に立つ。道路標識はハングルだけ、もしくは英語の併記なので、どちらかで地名が把握できること。

なお、韓国で自動車は日本と反対の右側通行なので、左折時などに注意。山道や海岸道路も対向車はスピードを出していることが多いので十分注意をしよう。

## 国内航路

済州島（チェジュド）をはじめ、日本海の鬱陵島（ウルルンド）など離島への航路がある。済州島へは最短3時間の高速フェリーがあるが、航空便も多いのであまり現実的ではない。沿岸のリゾートタウンから離島に渡るようなときにはフェリーを利用する。なお、フェリーのチケット購入にはパスポートが必要だ。

**info** バスチケットのインターネット予約は高速バス統合 **URL** www.kobus.co.kr のみ決済ができる。予約時に韓国の電話番号が必要なので注意。

---

**■レンタカー会社**
▶SKレンタカー金浦空港店
**TEL** (051) 973-4646
**URL** www.skcarrental.com
▶Hertz
**TEL** (02) 797-8000
**TEL** 0120-489-882（日本）
**URL** www.hertz.com
**URL** www.hertz-japan.com
▶ロッテレンタカー
**TEL** 1588-1230
**URL** www.lotterentacar.net

**■フェリー会社**
▶シーワールド高速フェリー
木浦、右水営〜済州
**URL** www.seaferry.co.kr
▶ハニル高速
莞島〜済州
**URL** www.hanilexpress.co.kr

快適で安い宿はある？

# ホテルの基礎知識

派手なエントランスの中級宿

ビジネス利用も多い高級ホテル

高層ホテルの醍醐味は眺望

オンドルのあるファミリールーム。布団を敷いて寝る

韓屋ホテルも風情がある

| 予約 | 예약 | イェヤク |
|---|---|---|
| チェックイン | 체크인 | チェクイン |
| チェックアウト | 체크아웃 | チェクアウッ |
| パスポート | 여권 | ヨックォン（旅券） |
| 客室番号 | 방번호 | パンボノ |
| フロント | 프런트 | プロントゥ |
| 客室 | 객실 | ケクシル |
| 空室 | 빈방 | ピンバン |
| 満室 | 만실 | マンシル |
| 延泊 | 연박 | ヨンバク |
| 浴室 | 욕실 | ヨクシル |
| 浴槽 | 욕조 | ヨクチョ |
| 朝食 | 조식 | チョシク |
| Wi-Fi | 와이파이 | ワイパイ |
| パスワード | 비밀번호 | ピミルボノ（秘密番号） |
| トイレ | 화장실 | ファジャンシル（化粧室） |
| トイレットペーパー | 화장지 | ファジャンジ |
| カギ | 열쇠 | ヨルスェ |
| 宅配便 | 택배 | テクペ（宅配） |

## ホテルの等級と種類

韓国ではホテルや観光客向けのコンドミニアムに対して、5段階の等級評価をしており、星の数で表されている。ただし1〜2星は施設自体の数が少ないため、安宿を探すなら星なしのほうが選択肢が広い。快適さの目安として等級を考えるのであれば3つ星までが現実的だろう。

### ▶ 星付きのホテル

**5つ星、4つ星** 大型の高級ホテルで、国際基準を満たしている。全体の2割ほど。洗浄便座付きトイレ、バスタブもたいてい備えている。

5つ星にはソウル新羅ホテルなど韓国資本のほか、ハイアットやマリオットなど外資系ホテルが連なる。実勢価格でW10〜50万ぐらい。4つ星には世宗ホテル、L7明洞 by LOTTEなどがあり、W8万〜20万ぐらい。

**3つ星** 中級クラスのホテル。スカイパーク、ソラリア西鉄ホテルソウル明洞、東横INNなどビジネスホテルも3つ星が多い。W5〜15万ぐらい。

### ▶ 星なしのホテル

**旅館、山荘** 宿泊施設のなかには、旅館、山荘と名の付くものがある。ホテルよりは格下で、中長期滞在する人向け。トイレやシャワーも部屋にないことが多く、外国人観光客には向かない。W3〜5万ぐらい。

**モーテル** モーテルのなかには外観がお城だったり、駐車場に目隠しがあったり、日本のラブホテルに近いものがある。そういったところは、日中に休憩利用の設定をしているが、一般客も普通に宿泊できる。予約の必要がなく値段も安いのでフレキシブルに旅をしたい人には利用価値は高いだろう。

また、名前がホテルであっても、ラブホテル仕様だったり、逆にモーテルという名でも地味なホテルの場合もある。どちらの場合も、女性でも問題なく宿泊できる。W3〜8万。

**ゲストハウス** ドミトリー（相部屋）の部屋があり、共同のキッチンなどを備えた宿。洗濯ができたり、同宿の人と情報交換できるのがメリットで、若い人の利用が多い。オーナーの意向が強く出るので、飲酒や消灯などルールが細かい宿もある。W3万前後。

**ユースホステル** 韓国のユースホステルは公営で、青少年の活動施設として研修施設の意味合いが強い。ソウルなどで「ホステル」の名が付いているのは民営でゲストハウスに近い。

**韓屋ホテル** 韓国伝統の建築を活かしたホテル。古い建物をリノベーションしている施設と、新築の宿がある。オンドル部屋（後

468 **info** 中級ホテルやモーテルのなかには、共用スペースにインスタントラーメンが置いてあり、好きなときに無料で食べられるところがある。

述）が基本なので自分で布団を敷いて寝る。部屋にはシャワーと
トイレ、テレビが付く。デスクやソファはないことが多い。₩5万ぐ
らい。

**民泊** 韓国でも民泊が流行しており、ウェブサイトにもたくさん
出ている。しかし行政機関への届出なしに営業しているところも
あるようなので、利用は自己責任で。

### ▶ ホテルの設備

**トイレとバスルーム** 4～5つ星クラスと3つ星の一部では、バス
タブと洗浄便座、バスローブ、スリッパが付いていることが多
い。韓国ではトイレットペーパーを流さずに備え付けの籠に入れ
ることが多いが、3つ星クラスまでのホテルならそのまま流せると
ころが多い。

**アメニティ** 韓国では日本同様、環境保護の観点から使い捨て
プラスチック製品の削減が進められている。使い捨ての歯ブラ
シやクシ、カミソリなどは、ホテルの規模に応じて順次、無料提
供ができなくなっており、2024年にはすべての宿泊業で禁止され
る予定。シャンプーやコンディショナーなどは、ミニボトルでの提
供を廃止し、大型ボトルを設置するところが増えている。

朝食コーナーに、コーヒーマシンやトースター、カップラーメンが置いてある安宿。なぜかポップコーンも定番

### テレビやエアコンのリモコン操作

韓国のホテルにあるのは、サムスンやLGなど、すべからく韓国製。つまりリモコンの表記もハングルだけなので覚えるまでは、操作がしにくい。しかもエアコンとの一体型もあり、リモコンが解読できないと部屋の温度も変えられない羽目になる。以下に代表例を挙げたので参考にしてほしい。

### ●リモコンのハングル記載例

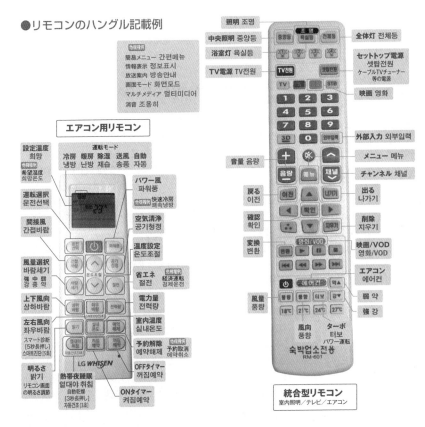

**エアコン用リモコン**

**統合型リモコン**
室内照明／テレビ／エアコン

充電用のコネクターが完備

モーテルの部屋

モーテルの猫足バスタブ

| 席 | 자리 | チャリ |
|---|---|---|
| 1人 | 한명 | ハンミョン |
| 2人 | 두명 | トゥミョン |
| 3人 | 세명 | セミョン |
| 4人 | 네명 | ネミョン |

| 1個 | 하나 | ハナ |
|---|---|---|
| 2個 | 두개 | トゥゲ |
| 3個 | 세개 | セゲ |

| 1人前 | 일인분 | イリンブン |
|---|---|---|
| 2人前 | 이인분 | イインブン |
| 3人前 | 삼인분 | サミンブン |

| おかず | 반찬 | パンチャン |
|---|---|---|
| ライス | 공기밥 | コンギッパブ |
| お弁当 | 도시락 | トシラク |
| テイクアウト | 테이크아웃 | テイクアウッ |
| 持ち帰り | 포장 | ポジャン（包装） |
| 朝食 | 조식 | チョシク |
| 定食 | 정식 | チョンシク |
| ランチ定食 | 런치정식 | ロンチジョンシク |
| 日替わり定食 | 요일백반 | ヨイルペクパン |
| 韓定食店 | 한정식집 | ハンジョンシクチプ |
| 食べ放題（ビュッフェ） | 부페 | ブペ |

コーヒーセット　部屋にはケトルとインスタントコーヒーとティーバック、紙コップのセットがある。安い宿の場合は共有スペースにマシンが備えられているだけのこともある。

水もたいてい部屋に用意されている。冷蔵庫に飲み物が入っている場合、伝票がなければ無料のサービス。伝票があればミニバーで有料となる。

インターネット　たいていのホテルでWi-Fiは部屋でも共有スペースでも使える。またパソコンを部屋に置いているホテルも少なくない。

土足厳禁?　布団を敷いて寝る韓屋ホテルは、建物の入口か部屋の入口で靴を脱ぐ。ベッドのホテルでも、入口に段差があったり、シャワールームにスリッパが備えられていたら、部屋には靴を脱いで入ること。

オンドル部屋　オンドルは寒い韓国の冬を快適に過ごすための床暖房システム。オンドル部屋で寝るときは、暖かさを感じられるよう敷き布団は日本よりもかなり薄くなっている。ふだん柔らかいベッドで寝ている人は、布団を余分にもらっておくといい。

韓屋ホテルは、オンドル部屋が特徴なので全室オンドル部屋だが、星付きの外資系ホテルでも、いくつかはオンドル部屋が備えられている。ファミリールーム、スイートルームなどのカテゴリーのこともあり、割安な料金設定になっている。

温度調整が一括管理されている宿泊施設もあるので、体調管理に気をつけよう。

## 予約と利用

予約　個人でホテルを予約するなら、なんといってもインターネットの予約サイトが便利。高級ホテルを利用する予定なら航空券とホテルだけのツアーのほうが安いことも多い。

チェックイン、チェックアウト　チェックインは14:00～16:00に設定、チェックアウトは11:00か12:00を締め切りとしているホテルが多い。ホテルの支払いを保証するためにチェックインの際にクレジットカードを求められることがある。安いホテルはチェックイン時に支払いをすませることが多い。

3つ星以下のホテルはレセプションが常駐していないことも多い。チェックインが遅くなる場合はあらかじめ連絡を入れておいた方がいい。

ホテルでの食事　ツアーで利用するような大型のホテルを個人で予約する場合はW1～2万で朝食を付けることができる（ツアーなら付いている）。しかし、食事のおいしい韓国なので、町へ出て粥などの朝食を試すのがおすすめ。2つ星以下のホテルやゲストハウスでは、原則として朝食は出ないが、トーストやカップラーメンをサービスすることがある。キッチンが付いているゲストハウスなら、スーパーマーケットで食材を買ってきて、自炊するのも楽しいものだ。

info 食材が豊富な韓国料理は野菜の種類も多く、ベジ、ビーガン料理もおいしい。

# レストラン

メニューが豊富な町の食堂

日本の韓国料理が「焼肉」というイメージからか、韓国料理は大勢で食べるものと思っている人が多い。確かに鍋や焼肉など2人前、4人前がミニマムという料理もあるが、どんぶり物や麺類にも名物料理がある。近年は都市部を中心に、個食傾向がすすんだため、1人前のセットメニューを用意する店も増えてきた。ここでは1〜2人で利用しやすいレストランを解説する。本場の韓国料理、臆せずに楽しもう！

## どこで食べるか

食の都、グルメの国だけに食事処は多い。予算やシチュエーションに合わせてチャレンジしよう。

### ▶ まずは食べたいものを決める

**専門店** 焼肉屋は牛、豚、鶏の店があり、さらに部位によってサムギョプサル専門、モツ専門などと分かれている。得意料理をタコ専門店、サムゲタン（丸鶏スープ）専門店などと標榜していることも多い。メニューを見て料理を決めるのではなく、食べたいものがある店を選ぶのが基本だ。

### ▶ 食事処の種類

**立ち食い、屋台** 見て回りながら、串に刺したりプラカップに入った料理を食べ歩きするのはノジョム（露店）という露店屋台の楽しみ。夕方に一般道に屋台が出る場合もあるが、常設の市場の一角という町も多い。1串₩4000〜。屋台でも座って食べるタイプはポジャンマチャ（布張馬車）。酒を飲みながら食べるところで、博多の中洲の屋台のような雰囲気。安くはないのでそのつもりで。

**プンシク** 直訳すると「粉食」。トッポッキ（餅の辛い煮込み）屋、ククス（麺）屋などがあり₩6000ぐらい。サイドメニューにキンパブ（海苔巻き）やオデン（練り物）が置いてあることが多い。

**持ち帰り** マクドナルドには、プルゴギバーガーなどご当地メニューがある。外資系ファストフードのほか、コチュジャン味の唐揚げなど、オリジナルのファストフードもある。
韓国でもコロナ以降、テイクアウトができるようになった店が急増した。

**コンビニエンスストア** 韓国にはコンビニがとても多い。辛いカップラーメンやレトルトのおかず、おにぎりなどが24時間入手可能だ。イートインコーナーがある店も少なくない。

**フードコート** ショッピングセンターやデパ地下にはフードコートがある。韓国料理のみならず、洋食やエスニック料理などバリエーションも豊か。ひとりでも利用しやすい。

**食堂** 比較的メニューにバリエーションがある。焼き魚定食、豚焼肉定食、クッパブ（雑炊）などのほか、テンジャンチゲ（味噌煮

### ▌食事の作法

ご飯とスープは、スプーンで食べる。おかずは箸で食べる。ご飯茶碗もスープも持ち上げてはいけないので、かきこんだり、すすったりはできない。ご飯はステンレス容器に入っており熱いので注意。皿も手に持たないこと。ただし冷麺のスープやお椀でヌルンジを飲む場合などに限り、器を持ち上げてもよいという主張もある。

小さなおかずパンチャンが並ぶ

写真入りのメニューも多い

屋台グルメで有名なソウルの広蔵市場

### ▌お酌の方法

飲みきってから注ぐ
まだ器に酒が残っているときは、つぎ足さずに飲みきってからつぐ。目上の人にお酒をつぐときは、両手を添えること。西欧と違い、女性がお酌をするのはOK。
目上の人への気配り
儒教的精神から目上の人とお酒を飲む時は横を向いて飲むといわれているが、実際は和気合合と飲んでおり、気にしなくてよい。

アジュンマのサービスも食堂ならではの楽しみ

**┃レストランは禁煙**
喫煙率の高い韓国だが平昌オリンピックを機にレストランやホテルの全面禁煙がすすめられた。現在ではバーなどを含め、屋内の飲食施設は禁煙（喫煙室の設置は認められている）となっている。

**┃会計は一括で**
レジでの会計は、年長者が一括で支払うのが韓国流。それぞれで会計したり、ワリカンにしたい場合は、一旦代表者が支払い、後に精算をするほうがスマートだ。

カフェで軽食というのもアリ

サンプルがある店は珍しい

焼肉は店の人が切ってくれる

込み鍋）、ヘジャンクク（具だくさんスープ）などひとり鍋＋ごはんが定番。外にハングルでメニューと値段が表記してあることが多い。₩8000～。

**定食だけの食堂**　食堂のなかには、「本日の定食」だけしかない店もある。そういうところは、ボリュームと安さがウリ。タクシーの運転手が使うキサシクタン（技士食堂）にこのパターンが多い。もちろん一般の人も利用できる。

**居酒屋**　日本の居酒屋のようにメニューが豊富で、酒を飲みながら料理を楽しむスタイルの店。近年増えてきており、若者グループなどに「イジャカヤ」として親しまれている。

**カフェ**　西洋風のカフェならオムライスやカレーなどがある。韓屋カフェなら韓国料理のひとり用のセットメニューを用意していることが多い。₩1万2000～。

**▶レストランの利用法**

**入店**　店に入ったら「アンニョンハセヨ（こんにちは）」と声をかけ、人数を伝える。ひとりなら「ホンジャエヨ」、ふたりなら「トゥミョンイエヨ」。

**テーブルの秘密**　水の入ったボトルとコップが置いてある。料理とともに箸やスプーンを持ってこないときは、テーブル下の薄い引き出しを探してみよう。紙おしぼりもここに入っていることがあるので自分で取って使う。

**パンチャン**　小皿に入った副菜。粥や麺でも普通は2品ぐらい付く。小皿が空になったらおかわりを持ってきてくれる。おかわりをセルフ方式で自由に取れる店もある。

**大食漢なら**　定食タイプのメニュー以外は、白飯（コンギパプ）は別に注文する必要がある。コッペギ（大盛り）も覚えておくと便利な単語。食堂では大盛りメニューを用意してるところも多い。サリチュカは替え玉追加という意味。麺料理の店では替え玉もメニューに載っている。トッピングの追加も「サリ」。

**ヨギヨ**　店員さんを呼ぶときの「すみません」に相当する。直訳すると「こっちです」。

**焼肉の作法**　テーブルに火がある料理の場合は、たいてい店員さんがケアしてくれる。焼肉なら、食べ頃になったらハサミで肉を切り分けてくれるし、炒め煮のような料理も頃合いを見て混ぜてくれる。パンチャンとして添えられた野菜を投入したほうがいいとか、巻いて食べるとおいしいなど食べ方も教えてくれる。

**コーヒータイム**　レジの横にコーヒーマシンが置いてある。甘いコーヒーか甘くてミルク入りのコーヒーなので好き嫌いは分かれるところ。辛い料理や味の濃い料理の後に飲む薄くて甘いコーヒーは意外においしい。

**会計**　日本と同じように支払いはレジでする。チップは不要。事前に伝票がほしければ、「ケサン（計算）ヘジュセヨ（お願いします）」、領収書はヨンスジュン。ちなみに、カフェなどではレシートにWi-Fiパスワードが印字されていることがあるが、レシートは言

**info** レストランの支払いに限らず、相手に物を渡す際は、左手を右腋の下に添えたり、右腕の下に添えたりするのが韓国の礼儀作法。

わないとくれないことが多い。

帰りがけに「マシッソッソヨ（おいしかった）」のひと言を。

### ▶ レストランの営業時間

**朝食** 朝食を出すレストランは7:00ぐらいから開店する。粥やスープなどの店が多い。ヘジャンククは酔い覚ましのスープといわれ、朝の定番とされている。サクッと食べたい場合はブンシク（粉食屋）でキンパプ（海苔巻き）やククス（麺）などを食べるのが手軽。

**昼食** 一般のレストランの開店時間は11:00か11:30としているところが多い。ランチタイムで混雑するのは12:00〜13:30。ランチ後の中休みを取るレストランは少数派だ。

**夕食** 18:00〜20:00は混雑する。閉店時間はまちまちだが、22:00を過ぎると店の選択肢がグッと少なくなる。

**24時間営業の店** ソウルなら南大門、東大門周辺に24時間オープンしている食堂がある。

バスターミナルではたいていファストフード店がある

写真でメニューをアピールするのが韓国流。窓全面に貼られて店内の様子がわかりにくいこともある

## レストランで注意したい感染症

韓国では、町もレストランも衛生管理はきちんとしているが、食材が豊富で調理法も多彩なため、日本よりも注意したほうがいい点もある。生もの、半生調理のものはできるだけ信頼のおけるレストランで食べよう。

### ▶ 食中毒、腹痛

夏は屋台での生もの（刺身等）、カットフルーツは控えたほうが無難。作り置きのパンチャン（小皿料理）もきちんと冷蔵庫や空調のきいたところで管理されていることが望ましい。

ホルモン焼きや焼肉店で出てくるレバ刺しや生肉にはO-157のリスクがある。

**顎口虫症** 有棘顎口虫とドロレス顎口虫は淡水魚（ライギョ、ドジョウなど）、剛棘顎口虫は生の豚肉から感染する。いずれも食べる際はよく火を通し、生食はしないこと。皮下に寄生すると皮膚の腫れ、痛痒感、発赤などのほか、皮膚爬行症、移動性の浮腫などの症状が出る。

**肝吸虫症** フナ、コイ等の淡水魚が感染源。生食はしないこと。軽症では食欲不振、倦怠感、下痢など。悪化すると重大な肝機能障害を起こす。

**肺吸虫症** 淡水産のカニが感染源で、生食、加熱不足で食べると感染する。サワガニのケジャンは通常サワガニを炒めてから醤油だれに漬けるが、加熱具合がわかりにくいので避けたほうが無難。

**有鈎条虫症** 豚が感染源。生や加熱不足の豚肉を食べることによって感染する。腹痛、下痢など。皮下に寄生すると指先大のコブができる。

**無鈎条虫症** 生や加熱不足の牛肉を食べることで感染する。腹部不快感、腹痛、下痢、食欲減退、全身倦怠感など。

**食べ物に由来しない 感染症**

▶ **狂犬病** 野生、飼育にかかわらず動物には安易に触れないようにしよう。噛まれたり傷をなめられた場合はすぐに病院へ。狂犬病は発症したらほぼ死亡する。地方で野生動物と接触する可能性がある人はワクチン接種を検討してもいいかもしれない。

▶ **鳥インフルエンザ** 韓国でも鳥インフルエンザが発生することがある。市場などでは生きた鶏に近づかないこと。

▶ **マダニ** マダニによる感染症は日本国内でも発生している。韓国でも注意喚起が行われている。ハイキングや展望台などちょっとした山に行くときも、脇道にそれたりしないほうがいい。下山時にコンプレッサーで強い空気を噴射する装置が備えられているところがあるので、靴やズボンの土を入念に払っておこう。マダニは2mm程度の大きさがあり、肉眼でも見つけられる。無理に引き離すと牙が体内に残るので、発見したら病院へ行こう。

info 韓国は中国と同様に提供された食事を少し残すのがマナーだが、完食したことによってトラブルに発展したケースはないに等しい。

# 免税ショッピング

金浦空港の免税売店

## VATの還付が受けられる人

・韓国滞在6ヵ月未満の外国人であること
・購入から3ヵ月以内に税関に申請すること
・商品は未開封、未使用であること
・代理人の申請は不可。税関では本人が手続きすること。

## タックスリファンド代行会社

▶グローバルブルー
URL www.globalblue.com
▶グローバルタックスフリー
URL global-tax-free.jp
▶キューブリファンド
URL www.cuberefund.com
▶イージータックスリファンド
URL www.easytaxrefund.co.kr
ほかに数社ある

仁川空港にあるタックスリファンド機

### ⓘ 旅のヒント
**市中のカウンターで還付を受けたとき**
市中のカウンターで還付を受けたとき、現金ならそのぶんの保証金としてクレジットカードに仮決済される。出国時に書類を提出していないと、仮決済の分が引き落とされ、結局還付がなかったということになる。
クレジットカードで還付を希望してやはり手続きを怠ったときは、カードに還付されないので、やはり還付がなかったということになる。空港での手続きをお忘れなく。

## 免税店の利用

韓国のVAT（付加価値税、日本の消費税に相当）は10%。観光客が指定店で1店舗につきW3万以上の買い物をした場合、最大9%が還付され、これをタックスリファンドという。なお、現地で消費するホテルや飲食、交通費には適用されない。

### ▶ 空港で払い戻しを受ける

**買い物をする**　「TAX FREE」マークがある店舗でW3万以上の買い物をする。安い品物でも同じ店であれば合算できる。合計でW3万以上が対象となる。

**リファンド・チェックを発行してもらう**　支払いのときにリファンド・チェック（免税書類）を発行してもらう。長いレシートのような紙をくれるので、氏名、パスポート番号、住所などを記入する。

Global Blue
TAX FREE
このマークのある店が還付対象店

**空港で❶　空港のタックスリファンド機**　仁川国際空港、金浦国際空港には「KIOSK」というタックスリファンド機がある。日本語にも対応しているので自分でパスポートなどをスキャンさせて手続きする。還付額がW7万5000未満であれば税関手続きは不要なので、購入商品を見せる必要はない。

**空港で❷　対象商品が手荷物の場合**　KIOSKを利用できない場合は、搭乗チェックインの後の税関に購入商品を見せ、その後タックスリファンド・カウンターで返金手続きを取る。商品は開封せずに持っていること。税関で輸出証明のスタンプを押してもらったら、搭乗フロアの免税カウンターに行く。

**空港で❸　対象商品が機内預け荷物の場合**　搭乗チェックインのときにタックスリファンド対象商品が含まれることを告げ、預け入れ荷物の手続きをし、ボーディングパスとバゲージタグを受け取る。係員の指示に従い、スーツケースを持って税関で輸出の手続きを取る。スタンプを押してもらったら、購入商品をスーツケースに入れ、税関職員の指示に従って預ける。最後に搭乗フロアの免税カウンターで返金の手続きをする。

**市中のカウンターで**　ソウルでは明洞（ミョンドン）や蚕室（チャムシル）にタックスリファンド会社のカウンターがある。ここで手続きするとクレジットカードに返金される。帰国時の空港でタックスリファンドカウンターに書類を提出する必要があるが商品を見せる必要はない。

### ▶ 即時還付制度

タックスリファンドは、原則として購入商品を税関に見せる必要があるため、スーツケースに入れられなかったり、EMSで送ることができず、何かと不便だった。そのため2016年2月からその場で還付してもらえる制度ができた。

info 免税のリターンは大きい。空港でも日本語でサポートしてくれるので手続きしよう。

手順 「TAX FREE」マークがある店舗でₓ3万以上、買い物をする。パスポートを提示すると店員がスキャンし、自動的に還付額を差し引いた商品代金が提示されるので、それを支払えばOK。1回の購入金

取り扱い会社は右上のマークで確認

額がₓ30万未満で、滞在期間中最大ₓ100万ウォンまで利用可能だ。

**対象となる店舗・商品** 百貨店はもちろん、ソウル・明洞などの観光地にある人気コスメ店やコンビニでも対応をはじめている。生鮮食料品などを除き、スーパーやコンビニの菓子なども対象になる。専用の機械を設置する必要があるため、外国人観光客の多い店舗に限られるが、今後も広がりそうだ。

### ▶ 免税店での買い物

韓国にはロッテ免税店、新羅免税店といった大型免税店がたくさんある。海外の高級ブランドを狙うなら、免税店もおさえておきたいスポットだ。

免税店での買い物は、はじめから免税の金額なので空港での手続きは必要ない。ただし、購入商品は輸出品として空港の制限エリア（出国手続きの後）で渡される。手荷物になるのであまり大きいものは適さない。

免税店にはパスポートを持参すること。帰国便も聞かれるのでメモをしておこう。免税店から空港までは店が購入商品を運んでくれる。出発便によって締め切りが設定されているので、最終日に買い物を予定している人はウェブサイトなどで確認しておこう。

### ▶ 空港免税店

出国審査の後の制限エリアにあるショップも免税店。同じものなら市中の店より安い。ただし、品揃えは市中の免税店にはかなわない。ソウルの金浦（キンポ）でも、だいぶ規模が小さくなる。

空港免税店で最後のお買い物♪

空港免税店も楽しみたいなら仁川（インチョン）から帰国するのがおすすめ。第2ターミナルも開業し、免税店はアジアのなかでも充実していることで知られている。ただし、昨今の新型コロナウイルスの影響で営業停止中の空港免税店はまだ多い。

◆ 旅のヒント

**オンライン免税店の利用**
近年では免税店ウェブサイトのオンラインショッピングで買い物をし、現地の帰国空港で受け取るシステムが、実店舗よりも安いといわれている。買う物が決まっている人は、とりあえずウェブで値段をチェックして、実店舗と比べてみるといいかも。

▶航空券が必要
出発60日前から購入可能だが、日本にいたとしても航空券（の番号）が必要。

▶新羅インターネット免税店
🔗www.shilladfs.com/estore/kr/ja
▶ロッテ免税店
🔗jpm.lottedfs.com

▌たばこの免税範囲
紙巻たばこ200本
葉巻たばこ50本
加熱式たばこ個装等10個
その他のたばこ250g
（注1）免税数量は、それぞれの種類のたばこのみを購入した場合の数量であり、複数の種類のたばこを購入した場合の免税数量ではありません。
（注2）「加熱式たばこ」の免税数量は、紙巻たばこ200本に相当する数量となります。
🔗www.customs.go.jp/kaigairyoko/cigarette_leaflet_j.pdf

空港の免税品受け取りカウンター

COLUMN

◆ **日本国内でも還付申請はできる！**

グローバルブルーなど一部の代行会社は書類が揃っていれば郵送もしくはEメールで申請手続きが可能。
ただし、税関でリファンド・チェック

にスタンプを押してもらうところまでは韓国の出国空港での手続きとなる。これを怠った場合は還付はできないので注意が必要だ。

info 韓国では物品購入のほか、ホテル宿泊費用や美容整形費用にかかった税金が還付されるサービスもある。全ての施設が該当するわけではないので利用前の問い合わせは必要。

スマートフォンは旅の必需品

# 郵便・通信事情

スマホは旅の強い味方

ソウルの中央郵便局

**▌郵政事業本部**
**（Korea Post）**
📞 1588-1300
🔗 www.koreapost.go.kr

**❓ 旅のヒント**
**コスメの大量購入**
韓国コスメをおみやげとして購入してEMSなどで送る場合、「標準サイズで一品目につき24個以内」という規定がある。また、自宅ではなく職場宛に送ってしまうと、営業のための輸入とみなされてしまい、税関でストップしてしまうことがある。
また、医薬品に当たる韓方素材や、使い捨てコンタクトレンズは2ヵ月分までとなっている。

## 郵便局

韓国の郵便システムはよく機能しており、遅配や誤配も比較的少ない。韓国から日本への航空便はがき料金は₩430。3～4日で日本へ届く。郵便ポストは縦長で赤色。

### ▶ 荷物を送る

ショッピングが目的で韓国に行く人はもちろん、おみやげが多くなった場合は、現地から日本へ送るとラクだ。

**小型包装物**　2kgまでの小包は「small packet」として割安に送ることができる。ただし普通郵便なので追跡や補償はない。
3辺の合計が90cm以下、一辺が60cm以下。2kgで₩1万7680。

**印刷物郵便**　中身が雑誌や書籍だけなら「Printed Matter」として5kgまで送ることができる。中身が見えるよう少し開封する必要がある。

**国際スピード郵便（EMS）**　30kgまでの荷物を送ることができ、国際貨物のなかでは最短日数で着く。税関で時間がかからなければ日本へは3～4日（1週間程度かかる場合もある）で着く。

**荷物の送り方**　上記の扱いはすべて郵便局。箱は郵便局でも売っており、ガムテープなどは備え付けられている。

**帰国時の書類**　帰国時に日本の税関に提出する「携帯品・別送品申告書」を2通提出する。

●EMS伝票の書き方

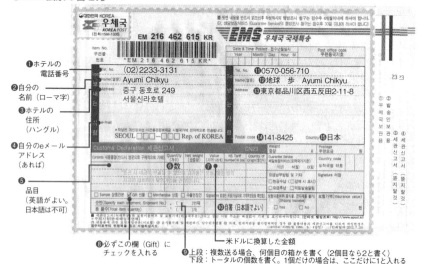

❶ホテルの電話番号
❷自分の名前（ローマ字）
❸ホテルの住所（ハングル）
❹自分のeメールアドレス（あれば）
❺品目（英語がよい。日本語は不可）
❽必ずこの欄（Gift）にチェックを入れる
❾上段：複数送る場合、何個目の箱かを書く（2個目なら2と書く）
　　下段：トータルの個数を書く。1個だけの場合は、ここだけに1と入れる
❼米ドルに換算した金額

※コスメや薬品（使い捨てコンタクトレンズや韓方素材も含む）は必ず自宅宛にすること。正式な書類が必要なものは会社や事業所宛では通関しないので注意。

　**info**　EMS料金は4kgで₩4万、7kgだと₩5万と重くなるほど割安になる。

## 電話をかける

携帯電話が普及した韓国では、公衆電話をほとんど見かけなくなった。空港や大きな駅にはあるが、必要なときに見つけ出すのは難しい。携帯電話を持っていない場合に緊急で電話をしたい場合は、割高でもホテルでかけるのが現実的だ。

電話のかけ方 ▶ **P.8**

## スマートフォン タイプ別利用法チャート

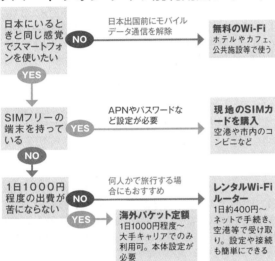

**|SIMフリー**

NTTdocomo、au、Softbankなど大手通信会社で契約したスマートフォン端末は契約した会社でしか通信できない。これをSIMロックというが、SIMフリーとは通信会社を自由に選べる状態のこと。近年はSIMロック解除が義務化されたこともあり、2015年5月以降発売の端末なら条件付きながらSIMロックを解除することができる。

**|日本でも買える
海外専用SIM**

レンタルWi-Fiルーターより割高だが、日本でも海外専用SIMを購入できる。使いたいデータ量分をチャージして使用するプランと従量制のプランがある。
▶トラベルSIM
**URL** www.travelsim-japan.com
▶HISモバイル
**URL** his-mobile.com/overseas

## インターネットとスマートフォン

韓国はいち早くインターネットを取り入れてきた国のひとつ。ホテルではほぼ100%Wi-Fiが繋がるといってよく、駅や空港はもちろん、鉄道車内でも使えることが多くなった。町ではフリーWi-Fiやファストフード店やカフェのWi-Fiサービスがあるので、ほとんどのところで繋がるといっていい。

**パソコン** 大きなホテルにはビジネスセンターがあるが、小規模ホテルであってもロビーなどにパソコンが備えられていることが多い。キーボードはハングルだが、客室に無料で使えるPCを置くホテルやモーテルも多い。

### ▶ スマートフォンで通信する

海外でも日本と同じようにメールをしたり、SNSを楽し見たいという人は多いだろう。日本で使用されている携帯電話のほとんどは国際ローミングに対応している。そのため、ローミング設定をオフにしていないと現地到着後に自動的に現地の通信会社のネ

## おもな海外パケット定額

**▶NTTdocomo**
海外パケ・ホーダイ
1日約24.4MBまで1980円、最大2980円。日本時間で計算される。

**▶NTTdocomo パケットパック海外オプション**
事前に申し込むことで日本で契約しているプランのデータ量を海外で使える。1時間200円、24時間980円、3日間2480円。

**▶au 海外ダブル定額**
1日約24.4MBまで1980円、最大2980円。日本時間で計算される。

**▶au 世界データ定額**
24時間980円（日本国内で事前予約しておくと24時間490円）。接続開始後、24時間後で自動切断される。データチャージへの加入が必要。専用アプリで出発前に設定しておくと便利。

**▶SoftBank**
海外パケットし放題
1日約10MBまで1980円、最大2980円。日本時間で計算される。

**▶SoftBank**
海外あんしん定額
事前に申し込むことで24時間1日980円、72時間3GB2940円で利用できる。利用開始は好きなタイミングで行える。2023年7月12日まで24時間3GB、72時間9GBにデータ増量中。

## ahamoと楽天モバイルの海外データ通信

ahamoは20GBの月間利用可能データ量で、追加料金や手続きもなく、海外データ通信が利用できる。ただし、海外データ通信の利用開始から15日後からは速度制限がかかり、データ速度が128kbpsになる。
楽天モバイル（Rakuten UN-LIMIT VII）は、2GBまで海外データ利用が無料で、超過後も1Gあたり500円でチャージすることができる。

## KT Wi-Fi

**▶プリペイドSIM**
1日用₩6600（データのみ）
5日用₩2万7500
10日用₩3万8500
30日用₩7万1500

ットワークに接続されてしまう。もし知らずにデータ通信をすると高額な通信料金をあとで請求されることになる。1日使っただけでも数十万円という金額になりかねない。そんなことにならないよう、自分のスマートフォンを韓国で使う方法がいくつかあるので状況に合わせて選ぼう。

ネットヘビーユーザーなら、モバイルバッテリーも必要

**無料Wi-Fiを使う**　とにかく通信費を安くしたい。ときどき繋がればいいという人向け。空港や市街地、駅などであれば繋がる。問題点としては、セキュリティが緩いことが多く、不正アクセスによりパスワードやクレジットカード番号等の個人情報を抜き取られてしまう危険性も否定できないことだ。セキュリティアプリやVPN等の対策をしておきたい。また、空港内など、多くの人が接続する場合、通信速度がかなり遅くなることがある。

無料Wi-Fiのなかでも、パスワードで接続を制限しているものもある。ホテルの場合はフロントのスタッフ、カフェの場合は店員にID（SSID）＝接続するアクセスポイントとパスワードを教えてもらい、接続しよう。カフェの場合はレシートにパスワードが書いてあることが多い。

**海外パケット定額を利用する**　海外パケット定額とは、1日当たりの料金が定額でデータ通信が使い放題になるサービス。1日単位で契約できるプランもあるので、ピンポイントで利用することもできる。気をつけたいのは、各社の定額サービスに対応する現地通信会社がそれぞれ異なる点。もしも非対応の通信会社に接続してしまった場合、定額料金が適応されず、従量制となり高額な通信料を請求される場合もある。

その点がクリアできれば、SIMカードの交換も不要なので日本で使っている電話番号も変わらず、ルーターなどの設備を持たなくていいというメリットがある。

現地到着後に定額プランが利用できる現地通信会社（定額対応事業者）に接続し、データ通信をローミングをオンにすると利用可能になる。

**SIM（シム）カードを購入する**　旅行者の場合、プリペイドタイプのSIMカードを購入することになるが、データ通信専用と音声通話付きのSIMカードがある。音声通話のみでデータ通信ができないタイプのSIMカードや、データ通信と電話の着信のみできるSIMもあるのでよく確認しよう。音声通話はスカイプやラインのネット回線からできるので、通常はデータ通信専用タイプを購入すれば不便はない。3G回線のみで高速通信に対応していないタイプもあるので注意が必要だ。

SIMカードが販売されている場所は主要空港の到着ロビーにある通信会社のショップや都市部のコンビニなど。町なかにあるモバイルショップでは手に入らないことが多い。SIMカードを入手し

**info** 韓国のPCカフェはオンラインゲームをするところで、いわゆるネットカフェの雰囲気ではない。

たら、APN、ユーザー名、パスワード等をSIMカードのパッケージや説明書に従って入力していく。登録にはデータ通信環境が必要なので空港やホテルのWi-Fiを使用しよう。説明書などは日本語で記載されていることも多い。

コンビニで販売されているSIMカード

データ通信のみのSIMカードであれば日本でAmazonや楽天などECサイトを通じて手に入るので非常に便利。近年はオンライン申し込みのみで開通できるeSIMプランも普及している。

**レンタルWi-Fiルーター**　レンタルWi-Fiルーターは持ち運び可能な小型のアクセスポイント。ルーターの設定は基本的に不要で簡単に使えるのも魅力。タブレットやノートPCも同時に接続できるので複数の機器を持って行く人には便利。とくに複数人で旅行する場合は、共有できるのでお得感もある。

利用回線、データ量により料金が変わってくるのでプランをよく検討してみよう。

利用するにはウェブサイトで予約し、日本受け取りの場合は出発空港で受け取るか宅配をしてもらう。現地ではモバイルデータ通信をOFFにし、設定で本体に貼られているID（SSID）を選択し、パスワードを入力するだけだ。返却は帰国した空港でできる。韓国国内でのレンタルサービスもある。

**レンタルWi-Fiルーター
取り扱い会社**
▶グローバルWiFi
TEL 0120-510-670
URL townwifi.com
▶イモトのWi-Fi
TEL 0120-800-540
URL www.imotonowifi.jp
▶ジャパエモ
TEL 0120-913-394
URL www.kaigai-wifi.jp
▶Wi-Fi box
無人レンタルサービス
URL wifibox.telecomsquare.co.jp

**❶ 旅のヒント
レンタルWi-Fiルーターの
注意点**
・iCloudなどのクラウドバックアップ設定、アプリの自動更新やWi-Fiアシストなどの設定をオフにしておこう。
・動作を確認する目的で予め試してみたい所だが、日本など対象国以外で電源を入れると、定額対象外の料金が発生することがある。

---

# INFORMATION

## 韓国でスマホ、ネットを使うには

　スマホ利用やインターネットアクセスをするための方法はいろいろあるが、一番手軽なのはホテルなどのネットサービス（有料または無料）、Wi-Fiスポット（インターネットアクセスポイント。無料）を活用することだろう。主要ホテルや町なかにWi-Fiスポットがあるので、宿泊ホテルでの利用可否やどこにWi-Fiスポットがあるかなどの情報を事前にネットなどで調べておくとよい。ただしWi-Fiスポットでは、通信速度が不安定だったり、繋がらない場合があったり、利用できる場所が限定されたりするというデメリットもある。そのほか契約している携帯電話会社の「パケット定額」を利用したり、現地キャリアに対応したSIMカードを使用したりと選択肢は豊富だが、ストレスなく安心してスマホやネットを使うなら、以下の方法も検討したい。

### ☆ 海外用モバイルWi-Fiルーターをレンタル

　韓国で利用できる「Wi-Fiルーター」をレンタルする方法がある。定額料金で利用できるもので、「グローバルWiFi（【URL】https://townwifi.com/）」など各社が提供している。Wi-Fiルーターとは、現地でもスマホやタブレット、PCなどでネットを利用するための機器のことをいい、事前に予約しておいて、空港などで受け取る。利用料金が安く、ルーター1台で複数の機器と接続できる（同行者とシェアできる）ほか、いつでもどこでも、移動しながらでも快適にネットを利用できるとして、利用者が増えている。

▼グローバルWiFi

　海外旅行先のスマホ接続、ネット利用の詳しい情報は「地球の歩き方」ホームページで確認してほしい。
【URL】http://www.arukikata.co.jp/net/

明洞の交番

## 安心安全に旅をしよう
# 旅のトラブル

日本からいちばん近い韓国だが、言葉も文化も違う外国。犯罪の多い国ではないが、それなりの緊張感をもって旅をしよう。

### ▶ 犯罪と不注意

旅行者が気をつけなければならない軽犯罪は、もちろん犯罪者に非があるが、多くは防げるものだ。

**スリと置き引き**　デパートや市場など混雑しているところ、地下鉄内ではスリに注意。特に買い物の際には注意力が散漫になりがちなので気をつけよう。バッグの口をきちんと閉める、体の近くに抱える、尻ポケットに財布を入れない、などは基本的だ。

窃盗のプロは、狙う相手を観察している。こちらをじっと見ているような人がいたら要注意だ。

また、チケットを買ったり、ホテルのチェックインのときに手荷物から目を離して置き引きに遭うケースもある。ホテルといえどもパブリックスペースは誰もが入り込める場所。油断しないようにしよう。

**金銭トラブル**　アジアの国では値段交渉が当たり前だと思っている人がいるが、韓国は定価のある国。屋台や市場にもちゃんと値札があるし、仮に値段の表記がなくても常識の何倍もの値段をふっかけてくるようなことは少ない。

声をかけられてついていった店でぼったくりにあった、カジノで知り合った人にお金を借りたら法外な利息を請求されたという例が日本大使館に報告されている。知らない人に気を許さないのは旅の基本だ。

客引きに特売中だといわれ、クレジットカードで買い物をしたが帰国後にカード明細を確認したところ10倍の金額が請求されていたという事例も。カード払いのときはレシートをその場で確認するようにしよう。

ネットで知り合った人にK-POPコンサートのチケット代金を送金したら音信不通になったという被害もある。

**痴漢**　背後から急に抱きつかれたり、すれ違いざまに胸をつかまれたりする被害がある。チムジルバン（韓国式のサウナ）で仮眠していたところ、胸や体を触られたということも。女性は特に夜間の行動には注意すること。

### ▶ 遺失物

忘れ物、落とし物も旅行者にとっては重要なトラブルのひとつだ。特にパスポートやスマホ、財布をタクシーやバスに置き忘れるケースが報告されている。バスや列車の荷物棚での置き忘れにも注意したい。特にパスポートの紛失は帰国のスケジュールにも影響するので十分注意したい。タクシーでは領収書をもらうと、忘れ物に気付いたときに問い合わせがしやすい。

### ▌緊急連絡先
▶ 警察
**TEL** 112
▶ 消防・救急
**TEL** 119
「Japanese Please」と言うか日本語で話し続けると、呼び出し音が鳴り日本語通訳者に接続される。「医療相談、病院及び薬局の案内」も同番号でできる。

### ▌観光通訳案内電話
**TEL** 1330
コリアトラベルホットラインが代行するサービス。旅行中のトラブルや相談、観光案内を日本語で24時間、無休で受け付ける。アナウンス後「3」番を選択。

### ▌韓国警察庁 LOST 112
**URL** www.lost112.go.kr
紛失時の対処や届けられた拾得物の画像等を掲載。

### ▌空港の遺失物管理所
▶ 仁川国際空港
**TEL** (032) 741-3114
アナウンス後「1」を選択
▶ 金浦空港
**TEL** (02) 2660-4097

### ▌コピー商品の購入は厳禁!
旅行先では、有名ブランドのロゴやデザイン、キャラクターなどを模倣した偽ブランド品や、ゲーム、音楽ソフトを違法に複製した「コピー商品」を、絶対に購入しないように。これらの品物を持って帰国すると、空港の税関で没収されるだけでなく、場合によっては損害賠償請求を受けることも。「知らなかった」では済まされないのだ。

### ❗ 旅のヒント
**渡航先で最新の安全情報を確認できる「たびレジ」に登録しよう**
外務省の提供する「たびレジ」に登録すれば、渡航先の安全情報メールや緊急連絡を無料で受け取ることができる。出発前にぜひ登録しよう。
**URL** www.ezairyu.mofa.go.jp/index.html

**info** 旅先なら遺失物を探す時間も惜しいはず。荷物を減らすのも管理しやすくするコツ。

**パスポートの紛失**　日本に帰国するための「帰国のための渡航書」を発行してもらうため、日本大使館の領事部に連絡して指示を仰ぐ。

**クレジットカードの紛失**　悪用を防ぐためにも気付いたらすぐにクレジットカード会社に連絡する。どのクレジットカード会社でも24時間受け付けの電話窓口がある。

## ▶ 交通トラブル

**タクシー**　不法請求（ぼったくり）の被害がいちばん多いのがタクシー。遠回りされたり、改造メーターを使っていたりというのは観光客にはわかりにくい。悪徳タクシーを避けるためには、向こうから声をかけてくるタクシーには乗らないこと。終電後にタクシー乗り場で並んでいるときに相乗りを持ちかけられても乗らないようにしよう。

**違法タクシー**　韓国には大きな荷物を持った客用の「コールバン」という運送手段がある。これはタクシーではないので、客とドライバーで相談して運賃を決めるシステムだ。この車両を「ジャンボタクシー」の外装に似せて営業し、タクシーだと思って乗車した客に法外な請求をする被害が出ている。

ドアに漢字やカタカナで「日本語（可能）」や「自動ドア」などと書かれ、日本人観光客を狙っているケースも多いようだ。

また、正規のタクシーを悪徳運転手に又貸しするケースもあるようだ。「自家用コールタクシー」と呼ばれるレンタカーを使用した違法タクシーもトラブルの原因になる。

被害に遭わないためにはタクシーのナンバープレートのハングルが「바」「사」「아」「자」のいずれかであること、外装だけで判断せず、「TAXI」「JUMBO TAXI」「택시」の文字があることを確認しよう。ダッシュボード上に掲示されている運転手の身分証明書が実際の運転手と同一人物かもチェックしたほうがいい。ナンバープレートを控えておくと後で報告するときに役に立つ。

## ▶ 交通事故

**横断歩道の渡り方**　信号のない横断歩道を渡ろうとしても車は止まってくれないことが多い。また、歩行者用の信号は青信号が短いことがあるので、大通りを渡るときは注意。信号によっては青信号の残り時間が表記されるので無理をしないことだ。

**バスに乗ったら**　中・長距離バスの事故も少なくない。高速道路ではシートベルトを締めておこう。

## ▶ アートメイクやマッサージ

**無許可営業**　美容大国の韓国だが、韓国警察によると外国人観光客を相手に、無資格でアートメイクやマッサージを行う業者が検挙される事例が報告されている。こういった店は衛生上問題があり、後に後遺症や肌トラブルが出ても補償されないので、当局が注意を呼びかけている。安易に客引きについていかずに、ウェブサイトなどで店の信頼性や免許の有無を確かめてから利用しよう。

### ▌在大韓民国日本大使館

🏠 8th Floor, Twin Tree Tower A, 6, Yulgok-ro, Jongno-gu, Seoul

🏢 서울시 종로로 율곡로 6 트윈트리타워　A동 8층

🏚 서울시 종로구 중학동 14 트윈트리타워　A동 8

☎ (02) 739-7400

🔗 www.kr.emb-japan.go.jp

### ▌在釜山日本国総領事館

🏠 18, Gogwan-ro, Dong-gu, Busan

🏢 부산시 동구 고관로 18

🏚 부산시 동구 초량3동 1147-11

☎ (051) 465-5101～6

🔗 www.busan.kr.emb-japan.go.jp

### ▌在済州日本国総領事館

🏠 Segi Bldg, 9F (Nohyeong-dong) 3351, 1100-ro, Jeju-si

🏢 제주특별자치도 제주시 1100로 3351　세기빌딩 9층

🏚 제주특별자치도 제주시 노형동 977-1　세기빌딩 9층

☎ (064) 710-9500

🔗 www.jeju.kr.emb-japan.go.jp

### ⚫ 旅のヒント

**パスポート（旅券）をなくしたら**

万一パスポート（以下旅券）をなくしたら、まず現地の警察署へ行き、紛失・盗難届出証明書を発行してもらう。次に日本大使館・領事館で旅券の失効手続きをし、新規旅券の発給または、帰国のための渡航書の発給を申請する。旅券の顔写真があるページと航空券や日程表のコピーがあると手続きが早い。コピーは原本とは別の場所に保管しておくこと。

「旅券申請手続きに必要な書類」の詳細などは、外務省のウェブサイトで確認を。

🔗 www.mofa.go.jp/mofaj/toko/passport/pass_5.html

このページの情報は日本大使館の「安全マニュアル」を参考にした。より詳しい内容は以下を参照のこと。

🔗 https://www.kr.emb-japan.go.jp/people/anzen/safety_manual.pdf

**info**　韓国では自動車は赤信号であっても歩行者がいない場合には右折できた。しかし、2023年1月22日から右折車用の信号機が赤の場合は、絶対に停車しなくてはならないようになった。

最重要ポイントをcheck！

# 韓国の歴史

韓国の歴史を観光に関する事象を中心にさっとおさらい

| | |
|---|---|
| B.C.1000-100頃 | 各地にコインドル（支石墓）が造られる |
| B.C.190頃 | 衛満が古朝鮮の王に。衛氏朝鮮が成立 |
| B.C.108 | 衛氏朝鮮が漢の武帝に滅ぼされる |
| B.C.57 | 朴赫居世が後の新羅建国 |
| B.C.37 | 朱蒙が高句麗建国 |
| B.C.18 | 温祚が百済建国 |

**紀元後（A.D.）**

高敞・和順・江華などのコインドルは世界遺産に登録されている ▶P.337

| | |
|---|---|
| 4～5C後半 | 高句麗、仏教を導入し国家体制を強化、領土を広げ427年に平壌城へ遷都 |
| 475 | 百済、泗沘城に遷都 |
| 501 | 百済、第25代武寧王即位 |
| 660 | 百済、新羅と唐の連合軍に敗北、滅亡 |
| 668 | 高句麗、新羅と唐の連合軍に敗北、滅亡 |

新羅の首都は慶州。善徳女王の時代に造られたとされる瞻星台 ▶P.255

国立公州博物館には百済時代の武寧王墓から出土した財宝が展示されている ▶P.399

| | |
|---|---|
| 676 | 新羅 ▶P.493、三国統一 |
| 751 | 仏国寺、石窟庵創建 |
| 918 | 新羅弱体化、群雄割拠の時代になり王建が高麗 ▶P.493 を建国 |
| 936 | 高麗による朝鮮半島の統一 |
| 1231 | モンゴルによる第1次高麗侵攻 |
| 1251 | 『八萬大蔵経』、復刻完成（海印寺 ▶P.234） |
| 1392 | 李成桂 ▶P.491、恭譲王を追放し即位。高麗滅亡、朝鮮王朝に |
| 1393 | 国号を朝鮮と改める。翌年、漢陽（現ソウル）に遷都 |
| 1419 | 第4代世宗 ▶P.493 即位 |
| 1443 | 『訓民正音』（ハングル）創製 |
| 16世紀 | 儒学思想が重んじられ、仏教寺院を弾圧 |
| 1592 | 文禄の役（壬辰倭乱）▶P.491 |
| 1597 | 慶長の役（丁酉倭乱）、豊臣秀吉の死により日本軍撤退 |
| 1607 | 日本と国交回復。朝鮮通信使再開 |

王仁博士は日本に論語を伝えた伝説の賢者 ▶P.354

晋州城 ▶P.319 は文禄の役で度重なる攻防戦が行われた地

| 1610 | 許浚が『東医宝鑑』を完成 |
| 1636 | 清軍による二度目の侵入（丙子胡乱）。清国への朝貢を認める |
| 1794 | 第22代正祖、水原華城 ▶P.171 築城を開始 |
| 1862 | 晋州に端を発した農民決起、壬戌民乱起こる |
| 1863 | 高宗即位。大院君が政権掌握 |
| 1865 | 景福宮 ▶P.132 の再建開始 |
| 1875 | ソウル近郊で日本の軍艦と武力衝突。江華島事件 ▶P.492 （翌年、日朝修好条規調印） |
| 1884 | 親日派クーデター、甲申政変失敗 |
| 1894 | 甲午農民戦争、日清戦争勃発 |
| 1895 | 閔妃殺害事件（乙未事変） |
| 1897 | 国号を大韓帝国と改める |
| 1904 | 日露戦争勃発 |
| 1905 | 第2次日韓協約調印（日本の保護国となる） |
| 1909 | 安重根が伊藤博文をハルピン駅で射殺 |
| 1910 | 日本による韓国併合（日本の領土となる） |
| 1919 | 植民地支配に対する抵抗運動、三・一独立運動広がる |
| 1940 | 創氏改名制度実施 |
| 1945 | 第二次世界大戦終結、日本の敗戦により朝鮮解放（8・15民族光復）。米ソが南北分割占領 |
| 1948 | 南に大韓民国、北に朝鮮民主主義人民共和国（北朝鮮）が成立 |
| 1950 | 北朝鮮、38度線を越え南に侵攻、朝鮮戦争勃発 |
| 1953 | 朝鮮戦争休戦 |
| 1963 | 朴正煕大統領就任 |
| 1965 | 日韓基本条約調印（日韓国交回復） |
| 1979 | 朴正煕大統領暗殺。全斗煥ら新軍部が実権掌握 |
| 1980 | 光州民主化運動おこる |
| 1987 | 6・29民主化宣言。大統領直接選挙制の復活 |
| 1988 | ソウルオリンピック開催 |
| 1991 | 大韓民国、朝鮮民主主義人民共和国、国連同時加盟 |
| 1997 | タイに始まったアジア通貨危機により韓国経済悪化 |
| 2000 | 金大中と北朝鮮の金正日が第1回南北首脳会談 |
| 2002 | 日韓ワールドカップサッカー大会共催 |
| 2004 | 韓国高速鉄道KTX開通 |
| 2014 | 珍島沖で旅客船セウォル号が沈没 |
| 2018 | 平昌冬季オリンピック開催 |
| 2018 | 平壌にて南北首脳が「9月平壌共同宣言」に署名 |
| 2022 | 尹錫悦大統領就任 |

水原華城 ▶P.171

景福宮 ▶P.132

木浦の旧日本領事館 ▶P.353

板門店 ▶P.176

韓国の旧大統領府、青瓦台 ▶P.138

冬季五輪を期にKTXは江原道へ

韓国の歴史

483

## ● 旅の韓国語 ●

ソウルでは英語が多少通じるが、地方のレストランなどではなかなか通じない。少しでも韓国語を読めるとなにかと役立つ。

### ハングルを覚えよう

まず知っておきたいのがハングルは**アルファベットがブロックのように組み合わされている文字**ということ。一見複雑そうに見えるがローマ字に置き換えてみると非常にシンプル。例えば、「韓」の字は韓国語では「ハン」と読むが、それをハングルで書くと「한」。**한のㅎはアルファベットのH、ㅏがA、ㄴがNに対応している。**つまり한の文字は、<sub>N</sub>HAと書いているのと同じことだ。ハングル内にある個々の文字要素は基本的に左上から右下、子音（初声）、母音（中声）、パッチム（終声）の順に読んでいく。

母音字が縦棒のときは子音字の右に置かれる

母音字が横棒のときは子音字の下に置かれる

ワ行の合成母音は子音字の右と下の両方に

パッチムがある場合は常に一番下に置かれる

### 子音（初声）

| ㄱ | ㄴ | ㄷ | ㄹ | ㅁ | ㅂ | ㅅ | ㅇ | ㅈ |
|---|---|---|---|---|---|---|---|---|
| カ/ガ行 | ナ行 | タ/ダ行 | ラ行 | マ行 | パ/バ行 | サ行 | ア行 | チャ/ジャ行 |
| g | n | d | l | m | b | s | なし | j |

| ㅊ | ㅋ | ㅌ | ㅍ | ㅎ | ㄲ | ㄸ | ㅃ | ㅆ | ㅉ |
|---|---|---|---|---|---|---|---|---|---|
| チャ行 | カ行 | タ行 | パ行 | ハ行 | カ行 | タ行 | パ行 | サ行 | チャ行 |
| ch | k | t | p | h | kk | tt | pp | ss | jj |

ハングルの子音字は19ある。特徴的なのは、**ア行を表す子音字がある**ということ。ローマ字で「ア」はAだけで表せるが、**ハングルでは、母音字のㅏだけでなく、ア行を表す子音字ㅇと組み合わせて아としなくてはならない。**また、ㄱがカ行とガ行、ㄷがタ行とダ行、ㅂがパ行とバ行、ㅈがチャ行とジャ行を兼ねているのも知っておきたい。**韓国語では清音と濁音を区別しない**のだ。語頭のㄱはカ行、ㄷがタ行、ㅂがパ行、ㅈがチャ行と清音だが、語中ではガ行、ダ行、バ行、ジャ行と濁音で発音することが多い。そのほか、**激音**と**濃音**という日本語にない発音もある。激音はㅊ、ㅋ、ㅌ、ㅍ、ㅎの5つで、息を強く吐き出して発音。濃音はㄲ、ㄸ、ㅃ、ㅆ、ㅉの5つで、息を吐かずに、喉をしめつけるように発音する。

### 母音（中声）

| ㅏ | ㅑ | ㅓ | ㅕ | ㅗ | ㅛ | ㅜ | ㅠ | ㅡ | ㅣ |
|---|---|---|---|---|---|---|---|---|---|
| ア | ヤ | オ | ヨ | オ | ヨ | ウ | ユ | ウ | イ |
| a | ya | eo | yeo | o | yo | u | yu | eu | i |

| ㅐ | ㅒ | ㅔ | ㅖ | ㅘ | ㅙ | ㅚ | ㅝ | ㅞ | ㅟ | ㅢ |
|---|---|---|---|---|---|---|---|---|---|---|
| エ | イェ | エ | イェ | ワ | ウェ | ウェ | ウォ | ウェ | ウィ | ウィ |
| ae | je | e | je | wa | we | we | wo | we | wi | wi |

info 韓国ではハングルをローマ字化するときは、文化観光部2000年式という方式で変換されているが、名前についてはその限りではない。キムさんはGimでなく、Kimと書くことが多い。

ハングルの母音字は全部で21もある。多すぎる印象を受けるが、理由のひとつは、ハングルでは**ヤ行やワ行も母音字で表す**ため。また、韓国語では日本語の「ウ」、「エ」、「オ」に対応する母音がふたつずつある。ㅜは口を尖らせてウと発音、ㅡは口を横に引っ張ってウと発音。ㅔは日本語のエに近く、ㅐは口を大きく開いてイと発音。ㅗは口を丸まらせてオと発音、

ㅓは口を大きく開いてアとオの間の発音をする。21ある母音字のうち基本の母音字は10で、残りの11は合成母音字だ。**合成母音字とはふたつ以上の母音が組み合わされた母音字**のこと。例えばエに対応するㅐはㅏとㅣのふたつが合成されたもの。アイと両方発音するのではなく、アを発音するときのような大きな口でイと発音することでエに近い音を出す。

## パッチム（終声）

| ㄷ | ㅌ | ㅅ | ㅆ | ㅈ | ㅊ | ㅂ | ㅍ | ㄱ | ㅋ | ㄲ | ㅎ | ㄹ | ㄴ | ㅁ | ㅇ |
|---|---|---|---|---|---|---|---|---|---|---|---|---|---|---|---|
| t | t | t | t | t | t | p | p | k | k | k | h | l | n | m | ng |

韓国語では英語のcatやdogのように最後に子音で終わる単語が多い。最後の子音のことをパッチムという。**ㅇは語頭の子音としてはア行だが、パッチムとして使うときはngと発音**するように、同じ子音字でも、パッチムのときに別の発音になるものもある。パッチムで使用する子音字は16あるが、発音は7種だけだ。また、鶏を意味する닭のようにひとつの文字内にふたつのパッチムがある場合もある。こうした場合、どちらのパッチムを読むかはケースバイケースで、닭の場合はㄹは読まず、ㄱの方を読むためタクと発音する。このほか、パッチムにㅇが続くと、ㅇに変わってそのパッチムが発音される、パッチムのㄴにㄹが続くと、ㄴがㄹに変化するなど、発音変化に関するルールがいくつかあるが、一般の旅行者が短期ですべてを覚えるのは大変。まずは基本の読み方をマスターしよう。

## ローマ字で書かれた韓国語の発音

ハングルはアルファベットをブロックのように組み合わせた文字なので、ローマ字で書かれた韓国語は、本来読みやすいはずなのだが、実際にはソウルはSoulでなくSeoul、大邱（テグ）はTeguではなくDaeguと綴るなど、**コツを知らないと、どう発音してよいかわからないこともしばしば**。発音する上で覚えておきたいことはおも3つ。まず、**母音が連続する場合は前の母音は無視して、後の母音だけ発音すること**。つまりSeoulはeoの最初のeは無視して、Soul（ソウル）と発音すると通じやすい。エオと発音しないのに、なぜわざわざeoと書くのかというと、韓国語には、「オ」に近い発音がふたつあり、ㅗにoを割り振り、ソウル（서울）のㅓはeoとしたため。同様に「ウ」「エ」についても、ㅜにuを割り振ったためㅡはeu、ㅔにe

を割り振ったためㅐはaeと綴る。
発音のコツのふたつめは**語頭にG、D、B、Jがあるときは、それぞれをK、T、P、CHとして発音すること**。ハングルをローマ字化した場合、ㄱはG、ㄷはD、ㅂはB、ㅈはJ。語頭だからといってK、T、P、CHとは綴らない。つまり発音するときは自分で変換する必要があるということ。Busanと書かれていたら、最初のBをPとしてPusan（プサン）、DaeguはDをTとした上で、さらにaeの最初のaは無視して、Tegu（テグ）と発音しよう。
**コツの3つめは文中のngにあるgはほとんど発音しない**。パッチムのngを「ング」とグまではっきり発音するとかえって相手に理解されづらいためだ。Myeongdong（明洞）はミョングドングというより、ミョンドンと言った方が通じやすい。

info　韓流をハングルで書くと한류。パッチムのㄴに語頭のㄹが続くとどちらもㄹになるので、韓国語としての発音はハルリュHallyuとなる。

# あいさつと便利フレーズ

## 【あいさつ】

こんにちは。
アンニョンハセヨ
안녕하세요.

ありがとう。
カムサハムニダ
감사합니다.

はい。／いいえ。
ネ／アニエヨ
네. ／아니에요.

やあ!／バイバイ!（親しい人へのあいさつ）
アンニョン
안녕!

はじめまして。
チョウム ベプケッスムニダ
처음 뵙겠습니다.

よろしくお願いいたします。
チャル ブタカムニダ
잘 부탁합니다.

ごちそうさま。
チャル モゴッスムニダ
잘 먹었습니다.

さようなら（残る人に）。
アンニョンヒ ケセヨ
안녕히 계세요.

さようなら（行く人に）。
アンニョヒ カセヨ
안녕히 가세요.

またお会いしましょう。
ト ペヨ
또 봬요.

ごめんなさい（軽く謝るとき）。
ミアナムニダ
미안합니다.

失礼しました（謝るとき）。
チェソンハムニダ
죄송합니다.

## 【便利フレーズ】

すみません（声をかけるとき）!
チョギヨ
저기요.

かまいません。／だめです。
ケンチャナヨ／アンデヨ
괜찮아요. ／안 돼요.

はい、いいですよ(快く了解するとき)。
ネ、チョアヨ
네, 좋아요.

けっこうです（否定）。／いりません。
テッソヨ／ピリョオブスムニダ
됐어요. ／필요없습니다.

ありますか?
イッソヨ?
있어요?

○○はどこですか?
○○オディエヨ?
○○ 어디예요?

私は○○といいます。
チョヌン ○○ラゴ ハムニダ
저는 ○○라고 합니다.

韓国語はわかりません。
ハングンマル モルラヨ
한국말 몰라요.

ゆっくりと話してください。
チョンチョニ マルスメ ジュセヨ
천천히 말씀해 주세요.

助けて!
トワジュセヨ
도와주세요.

日本語がわかる人はいますか?
イルボノ アシヌン ブン ケシムニカ?
일본어 아시는 분 계십니까?

○○をなくしました。
○○ルル（ウル） イロボリョッスムニダ
○○를 (을) 잃어버렸습니다.

# シーン別会話

## 【タクシー】

タクシーを呼んでください。
テクシルル　プルロ　ジュセヨ
택시를 불러 주세요.

○○へ行きたい。
○○エ　カゴシッポヨ
○○에 가고 싶어요.

○○へ行ってから、●●に行ってください。
○○エ　　カッタガ　●●ロ　カ　ジュセヨ
○○에 갔다가 ●●로 가 주세요.

3時間でいくらですか?
セシガン イヨンハミョン オルマエヨ?
3시간 이용하면 얼마예요?

この住所まで行ってください。
イ　ジュソロ カ ジュセヨ
이 주소로 가 주세요.

ここで降ろしてください。
ヨギソ ネリョ ジュセヨ
여기서 내려 주세요.

T-moneyで支払います。
ティモニロ　ネルケヨ
티머니로 낼게요.

領収書をください。
ヨンスジュン　ジュセヨ
영수증 주세요.

## 【バス】

バス乗り場はどこですか?
ボス タヌンゴシ オディエヨ
버스 타는 곳이 어디에요?

○○までは何分くらいかかりますか?
○○カジヌン　ミョッブンチョンド コルリョヨ?
○○끼지는 몇분정도 걸려요?

このバスは○○行きですか?
イ ボスヌン ○○カジ カヨ?
이 버스는 ○○까지 가요?

○○まで来たら教えてください。
○○カジ オミョン アルリョ　ジュセヨ
○○까지 오면 알려 주세요.

## 【カフェ】

ここで食べます(飲みます)。
ヨギソ モグルケヨ(マシルケヨ)
여기서 먹을게요(마실게요).

持ち帰ります。
カジョ ガルケヨ
가져 갈게요.

○○を●個ください。
○○ルル (ウル) ● ケ ジュセヨ
○○를 (을) ● 개 주세요.

(トッピングを)はい、のせてください。
ネー、オルリョジュセヨ
네, 올려주세요.

いいえ、けっこうです(柔らかい否定)。
アニョ、ケンチャナヨ
아니요, 괜찮아요.

いくらですか?
オルマエヨ?
얼마예요?

## 【レストラン】

○人です。
○ミョンイエヨ
○명이에요.

ひとりでもいいですか?
ホンジャインデ ケンチャヌルカヨ?
혼자인데 괜찮을까요?

メニューを見せてください。
メニュバン チョム ボヨ　ジュセヨ
메뉴판 좀 보여 주세요.

日本語のメニューはありますか?
イルボノ メニュバン イッソヨ?
일본어 메뉴판 있어요?

こっちです(店員さんを呼ぶ)。
ヨギョ
여기요.

これは辛いですか?
イゴン メウォヨ?
이건 매워요?

これをください（メニューや物を指して）。
イゴ　ジュセヨ
이거 주세요.

○○をください。
○○ルル（ウル）ジュセヨ
○○를 (을) 주세요.

辛くない料理はありますか？
アンメウン ヨリ イッソヨ
안 매운 요리 있어요?

（バンチャンを指して）おかわりください。
イゴ トー ジュセヨ
이거 더 주세요.

○○と●●を半々にしてください。
○○ハゴ ●●ルル（ウル）バンバンシク ヘ ジュセヨ
○○하고 ●●를 (을) 반반씩 해 주세요.

青唐辛子を抜いてください。
プッコチュ ベ ジュセヨ
풋고추 빼 주세요.

○○は辛くしないでください。
○○ヌン（ウン）アンメプケ ヘ ジュセヨ
○○는 (은) 안 맵게 해 주세요.

（注文した）○○がまだ来ません。
（チュムナン ケ）○○ガ アジク アンナワヨ
(주문한) ○○ 가 아직 안 나와요.

残したものを持ち帰ります（包んでください）。
ナムギンゴン ボジャン ヘ ジュセヨ
남긴 건 포장 해 주세요.

とてもおいしかったです。
アジュ マシッソッソヨ
아주 맛있었어요.

トイレはどこですか？
ファジャンシルン オディエヨ？
화장실은 어디에요?

■韓国語初心者向けの学習本
『1時間でハングルが読めるようになる本』
著：チョ・ヒチョル　発行：学研パブリッシング
『イラストでわかる はじめてのハングル』
著：八田靖史　発行：高橋書店
『改訂版キクタントラベル韓国語』
編：HANA韓国語教育研究会　発行：アルク

■コスメを買う際に役立つ韓国語

| クレンジング | トナー | スキン |
|---|---|---|
| クルレンジン | トノ | スキン |
| 클렌징 | 토너 | 스킨 |
| セラム | エッセンス | アンプル |
| セラム | エセンス | エムプル |
| 세럼 | 에센스 | 앰풀 |
| ローション | セラム | クリーム |
| ロション | エマルジョン | クリム |
| 로션 | 에멀전 | 크림 |
| 水分 | 水分クリーム | シートマスク |
| スブン | スブンクリム | マスクペク |
| 수분 | 수분크림 | 마스크팩 |

## 【ホテル】

○泊で部屋がありますか？
○バク ムグル バン イッスルカヨ？
○박묵을 방 있을까요?

テレビがうまく映りません。
ティビガ チャル アン ナワヨ
TV가 잘 안나와요.

シャワーのお湯が出ません。
シャウォギエソ トゥゴウン ムリ アン ナワヨ
샤워기에서 뜨거운 물이 안 나와요.

エアコンがつきません。
エオコニ　アン　キョジョヨ
에어컨이 안 켜져요.

近くにコンビニはありますか？
クンチョエ ピョニジョミ イッソヨ？
근처에 편의점이 있어요?

○時まで荷物を預かってください。
○シカジ チムル ボグネ ジュセヨ
○시까지 짐을 보관해 주세요.

（預けた）荷物を受け取りに来ました。
マッキョノウン チムル チャズロワッソヨ
맡겨놓은 짐을 찾으러 왔어요.

Wi-Fiがつながりません。
ワイパイガ ヨンギョリ アンデヨ
Wi-Fi가 연결이 안돼요.

ゴミ箱だけ掃除してください。
スレギトンマン チウォジュセヨ
쓰레기통만 치워 주세요.

# 数詞

「イチ、ニ」式の漢語と「ひとつ、ふたつ」のような固有語がある。
数えるときは必ず固有語を使う。

| 0 | ジェロ | 제로 |
|---|---|---|
| | ヨン | 영 |
| | コン | 공 |
| 1 | イル | 일 |
| 1の固有語 | ハナ | 하나 |
| 2 | イ | 이 |
| 2の固有語 | トゥル | 둘 |
| 3 | サム | 삼 |
| 3の固有語 | セッ | 셋 |
| 4 | サ | 사 |
| 4の固有語 | ネッ | 넷 |
| 5 | オ | 오 |
| 5の固有語 | タソッ | 다섯 |
| 6 | ユク | 육 |
| 6の固有語 | ヨソッ | 여섯 |
| 7 | チル | 칠 |
| 7の固有語 | イルゴプ | 일곱 |
| 8 | パル | 팔 |
| 8の固有語 | ヨドル | 여덟 |
| 9 | グ | 구 |
| 9の固有語 | アホプ | 아홉 |
| 10 | シプ | 십 |
| 10の固有語 | ヨル | 열 |
| 11 | シビル | 십일 |
| 11の固有語 | ヨラナ | 열하나 |
| 12 | シビ | 십이 |
| 12の固有語 | ヨルトゥル | 열둘 |
| 13 | シプサム | 십삼 |
| 13の固有語 | ヨルセッ | 열셋 |
| 14 | シプサ | 십사 |
| 14の固有語 | ヨルレッ | 열넷 |
| 15 | シボ | 십오 |
| 15の固有語 | ヨルタソッ | 열다섯 |
| 16 | シムニュク | 십육 |
| 16の固有語 | ヨルリョソッ | 열여섯 |
| 17 | シプチル | 십칠 |
| 17の固有語 | ヨリルゴプ | 열일곱 |
| 18 | シパル | 십팔 |
| 18の固有語 | ヨリョドル | 열여덟 |
| 19 | シプク | 십구 |
| 19の固有語 | ヨラホプ | 열아홉 |
| 20 | イシプ | 이십 |
| 20の固有語 | スムル | 스물 |

| 21 | イシビル | 이십일 |
|---|---|---|
| 21の固有語 | スムラナ | 스물하나 |
| 32 | サムシビ | 삼십이 |
| 32の固有語 | ソルントゥル | 서른둘 |
| 43 | サシプサム | 사십삼 |
| 43の固有語 | マフンセッ | 마흔셋 |
| 54 | オシプサ | 오십사 |
| 54の固有語 | シンネッ | 쉰넷 |
| 65 | ユクシボ | 육십오 |
| 65の固有語 | イェスンタソッ | 예순다섯 |
| 76 | チルシムニュク | 칠십육 |
| 76の固有語 | イルンニョソッ | 일흔여섯 |
| 87 | パルシプチル | 팔십칠 |
| 87の固有語 | ヨドゥニルゴブ | 여든일곱 |
| 98 | クシッパル | 구십팔 |
| 98の固有語 | アフンニョドル | 아흔여덟 |
| 100 | ペク | 백 |
| 1000 | チョン | 천 |
| 10000 | マン | 만 |
| 2倍 | トゥベ | 두배 |
| 3倍 | セベ | 세배 |
| 4倍 | ネベ | 네배 |

| 2分の1 | イブネイル | 이분의일 |
|---|---|---|
| 半分 | パン | 반 |
| 3分の1 | サムブネイル | 삼분의일 |
| 4分の1 | サブネイル | 사분의 일 |
| 5分の1 | オブネイル | 오분의 일 |
| 10分の1 | シップネイル | 십분의일 |
| 1.15 | イルチョム イロ | 일점 일오 |
| 1度 | イルト | 일도 |
| 2度 | イド | 이도 |
| 3度 | サムド | 삼도 |
| 第1 | チェイル | 제일 |
| 第2 | チェイ | 제이 |
| 第3 | チェサム | 제삼 |
| ひとり分 | イリンブン | 일인분 |
| ふたり分 | イインブン | 이인분 |
| 3人分 | サミンブン | 삼인분 |

| 1日 | ハル | 하루 |
|---|---|---|
| 2日 | イトゥル | 이틀 |
| 3日 | サフル | 사흘 |
| 4日 | ナフル | 나흘 |
| 5日 | タッセ | 닷새 |
| 1回 | ハンボン | 한번 |
| 2回 | ドゥボン | 두번 |
| 3回 | セボン | 세번 |
| 1名 | ハンミョン | 한명 |
| ひとり | ハンサラム | 한사람 |
| 2名 | トゥミョン | 두명 |
| ふたり | トゥサラム | 두사람 |
| 3名 | セミョン | 세명 |
| 三人 | セサラム | 세사람 |
| 1枚 | ハンジャン | 한장 |
| 2枚 | トゥジャン | 두장 |
| 3枚 | セジャン | 세장 |
| 1本 | ハンビョン | 한병 |
| 2本 | トゥビョン | 두병 |
| 3本 | セビョン | 세병 |
| 1冊 | ハングォン | 한권 |
| 2冊 | トゥグォン | 두권 |
| 3冊 | セグォン | 세권 |
| 1秒 | イルチョ | 일초 |
| 10秒 | シプチョ | 십초 |
| 1分 | イルブン | 일분 |
| 5分 | オブン | 오분 |
| 30分 | サムシップン | 삼십분 |
| 1時間 | ハンシガン | 한시간 |
| 2時間 | トゥシガン | 두시간 |
| 10時 | ヨルシ | 열시 |
| 10時15分 | ヨルシ シボプン | 열시 십오분 |
| 10時30分 | ヨルシ サムシップン | 열시 삼십분 |
| 10時半 | ヨルシバン | 열시 반 |
| 1階 | イルチュン | 일층 |
| 2階 | イーチュン | 이층 |
| 3階 | サムチュン | 삼층 |

# ●役に立つ単語●

## 【カレンダー】

| 今日 | オヌル | 오늘 |
|---|---|---|
| 明日 | ネイル | 내일 |
| 明後日 | モレ | 모레 |
| 毎日 | メイル | 매일 |
| 午前 | オジョン | 오전 |
| 午後 | オフ | 오후 |
| 夕方 | チョニョクテ | 저녁때 |
| 今朝 | オヌル アチム | 오늘 아침 |
| 今日の午後 | オヌル オフ | 오늘오후 |
| 今晩 | オヌル バム | 오늘 밤 |
| 明晩 | ネイル バム | 내일 밤 |
| 毎朝 | メイル アチム | 매일 아침 |
| 今週 | イボン チュ | 이번 주 |
| 来週 | タウム チュ | 다음 주 |
| 再来週 | タダウム チュ | 다다음 주 |
| 毎週 | メジュ | 매주 |
| 日曜日 | イリョイル | 일요일 |
| 月曜日 | ウォリョイル | 월요일 |
| 火曜日 | ファヨイル | 화요일 |
| 水曜日 | スヨイル | 수요일 |
| 木曜日 | モギョイル | 목요일 |
| 金曜日 | クミョイル | 금요일 |
| 土曜日 | トヨイル | 토요일 |
| 月 | タル | 달 |
| 今月 | イボン タル | 이번 달 |
| 来月 | タウム タル | 다음 달 |
| 再来月 | タダウム タル | 다다음 달 |
| 1月 | イルオル | 일월 |
| 2月 | イウォル | 이월 |
| 春 | ボム | 봄 |
| 夏 | ヨルム | 여름 |
| 秋 | カウル | 가을 |
| 冬 | キョウル | 겨울 |
| 年 | ニョン | 년 |
| 今年 | オレ | 올해 |
| 来年 | ネニョン | 내년 |

## 【色】

| 白 | フィンセク | 흰색 |
|---|---|---|
| 黄色 | ノランセク | 노란색 |
| 緑 | ノクセク | 녹색 |
| 青 | バランセク | 파란색 |
| 赤 | バルガンセク | 빨간색 |
| 黒 | カマンセク | 까만색 |
| 明るい | バルグン | 밝은 |
| 暗い | オドゥウン | 어두운 |

## 【薬】

| 風邪薬 | カムギヤク | 감기약 |
|---|---|---|
| 胃薬 | ウィジャンヤク | 위장약 |
| 下痢止め | ソルサヤク | 설사약 |
| 酔い止め | モルミヤク | 멀미약 |
| 解熱剤 | ヘヨルジェ | 해열제 |
| 痛み止め | チントンチェ | 진통제 |
| 食前 | シクチョン | 식전 |
| 食後 | シック― | 식후 |

## 【町歩き】

| ターミナル | トミノル | 터미널 |
|---|---|---|
| 市内バスターミナル | シネボス トミノル | 시내버스 터미널 |
| 高速バスターミナル | コソクボス トミノル | 고속버스 터미널 |
| 統合バスターミナル | チョンハッボス トミノル | 종합버스 터미널 |
| 停留所 | チョンニュジャン | 정류장 |
| 駅 | ヨク | 역 |
| 予約 | イェヤク | 예약 |
| 一般 | イルバン | 일반 |
| 優等 | ウドゥン | 우등 |
| プレミアム | プリミオム | 프리미엄 |
| ロータリー | ロトリ | 로터리 |
| 三叉路 | サムゴリ | 삼거리 |
| 4つ角 | サゴリ | 사거리 |
| 五叉路 | オゴリ | 오거리 |
| 前 | アプ | 앞 |
| 入口 | イブク | 입구 |
| 中央 | チュンアン | 중앙 |

## 【宿泊】

| ホテル | ホテル | 호텔 |
|---|---|---|
| モーテル | モテル | 모텔 |
| ゲストハウス | ケストゥハウス | 게스트하우스 |
| 韓屋ゲストハウス | ハノク ケストゥハウス | 한옥 게스트하우스 |
| オンドル部屋 | オンドルバン | 온돌방 |
| 宿泊 | スクバク | 숙박 |
| 禁煙 | クミョン | 금연 |
| 喫煙 | フビョン | 흡연 |
| コインランドリー | バルレバン | 빨래방 |

## 観光スポットをより深く知る
## ●人物・用語集●

### 【イ・イ】
#### 李珥　이이
1536〜84年。号は栗谷。李滉とならび、朝鮮王朝時代を代表する儒学者。母、申師任堂の実家である江陵の烏竹軒で生まれた。幼い頃から神童と呼ばれ、13歳で官吏を登用する科挙に合格した。李滉が主理説を唱えたのに対し、李珥は主気説を唱えた。学問を実社会を変えるために生かそうとし、政治改革の提案も活発に行った。肖像画は5000ウォン紙幣に用いられている。

### 【イ・スンシン】
#### 李舜臣　이순신
1545〜98年。朝鮮王朝時代の水軍の将で、文禄・慶長の役で活躍したことから、国を守るシンボルとして、ソウル中心部にある世宗路や釜山の龍頭山公園などに銅像が建っている。死後、「忠武公」の名が送られ、水軍の本拠地があった現在の統営市は、市に昇格した1955年から94年まで忠武市という名称を使用していた。100ウォン硬貨には李舜臣の肖像画が使われている。

### 【イ・ソンゲ】
#### 李成桂　（朝鮮王朝太祖）
#### 이성계
1335〜1408年。朝鮮王朝の初代王。高麗末の武将で、女真や倭寇を撃退するなど功を挙げて台頭し、1392年に朝鮮王朝を建国、首都を漢城（現在のソウル）に定めた。景福宮などの宮廷や、東大門や南大門などの城郭4大門を建設し、都を整備した。それまで重んじられてきた仏教を排除して儒教を国教とした。王位継承問題で1398年に王位を退いた。

### 【イ・ファン】
#### 李滉　이황
1501〜70年。号は退渓。朝鮮王朝時代を代表する儒学者であり、朱子学を体系化し、朝鮮に定着させた。科挙に合格後は中央や地方の官吏として活躍、隠遁してからは朱子学を深めると同時に、故郷の慶尚道安東に陶山書院を作り後進の育成に努めた。李滉の朱子学は、書物を通して日本の儒学思想にも影響を与えた。肖像画は1000ウォン紙幣に用いられている。

### 【イ・バンジャ】
#### 李方子　이방자
1901〜89年。日本の元皇族で、梨本宮の娘として生まれる。1920年、大韓帝国最後の皇太子であり、日本に滞在中の李垠と結婚。李垠は日韓併合によって、王族として皇族に準じる待遇を受けていた。1945年の日本の敗戦により、王族としての身分を喪失し、日本国籍も喪失してしまう。63年にようやく韓国への帰国が果たされると、朝鮮王朝時代の宮殿である昌徳宮で生活をすることになった。70年に李垠が亡くなると、遺志である障害児教育に取り組んだ。

### 【イムジンウェラン】
#### 文禄・慶長の役（壬辰倭乱）
#### 임진왜란
1592〜93年の文禄の役を壬辰倭乱、1597〜98年の慶長の役を丁酉再乱というが、これを合わせた総称としても使われる。豊臣秀吉は明を討つために朝鮮に道を開けることを求めたが拒否されたため、15万を超す大軍を朝鮮に派兵。釜山に上陸した軍は、首都の漢城や平壌を陥落させ、朝鮮半島の多くが戦乱に巻き込まれた。朝鮮が水軍の将、李舜臣や各地の義兵の活躍、明の援軍などによって戦況を巻き返し、最後は秀吉の死によって日本の軍は撤退した。景福宮の焼失をはじめ全国に戦争のつめ跡を残しただけでなく、陶工などが連れ去られるなど、朝鮮に大きな打撃となった。

### 【ウィサン】
#### 義湘　의상
625〜702年。新羅の僧で、華厳宗の朝鮮半島での開祖。650年に元暁と共に唐に入ろうとし失敗するが、661年に海路で唐入りに成功すると、華厳宗の第二祖である智儼について華厳の教義を学んだ。帰国後、王命を受けて浮石寺を創建して、華厳宗の布教に努めた。また、海印寺や華厳寺などにも教義を広めた。日本ではこの義

湘が唐に渡った時のできごとが「華厳宗祖師絵伝」という絵巻になって残っている。

## 【カンファドサコン】
**江華島事件** 강화도사건
1875年9月、日本の軍艦雲揚号が水路測量の名目で江華島付近に近づいたところ、砲撃を受けたことから応酬、砲台を占領し、朝鮮側に死者35名の被害を与えた。この砲撃を口実に、日本はそれまで鎖国を続けてきた朝鮮に対し開国を要求。76年2月、不平等な内容を盛り込んだ日朝修好条規の締結に至り、後の日韓併合への第1歩となった。

## 【キム・シミン】
**金時敏** 김시민
1554〜92年。文禄の役で活躍した朝鮮王朝の武将。1592年に起きた1回目の晋州城の戦いを指揮し、多勢の日本軍から城を守った。この戦いは、韓国で「晋州大捷（大勝利）」と呼ばれ、壬辰倭乱三大大捷のひとつとされている。しかし、金時敏はこの時に負った銃創が元で死去。日本軍からも戦いぶりが評価され、金時敏の職位である「牧使」の称号が転じた「もくそ官」が歌舞伎に登場するほど、話題になった。

## 【キム・チュンソン】
**金忠善（沙也可）** 김충선
1571 ？〜1642年。日本名は沙也可。文禄の役の際に加藤清正について朝鮮に渡ったが、部下と共に投降した。

朝鮮軍に火縄銃の技術を伝え、朝鮮軍の一員として日本軍と戦い、功績を立てたことから、金海金氏の姓が与えられ、現在の大邱近くにある友鹿洞に代々住むことが許された。現在では、彼を奉る鹿洞書院の隣に達城韓日友好館が建てられ、日韓の交流の場になっている。

## 【キム・ユシン】
**金庾信** 김유신
595〜673年。滅亡した金官伽耶の最後の王の子孫であり、新羅の武将。金庾信は629年にあった高句麗との戦いで手柄を立て一躍その名を轟かした。654年に真徳女王が死去して、姻戚関係の金春秋が第29代王に即位すると、唐と連合して、660年には百済を、668年には高句麗を破った。これにより、金春秋を継いで第30代国王になった、甥の文武王から最高の官位が与えられた。金庾信は673年に死去するが、3年後、半島内の唐の勢力を追い出し、三国統一が成し遂げられた。

## 【クガク】
**国楽** 국악
韓国の伝統音楽。大きくは、王室を中心に行われる正楽と、民謡やパンソリなどに代表される民俗音楽に分かれる。テレビ番組などで国楽番組が放送されたり、国楽の担い手を高校や大学などで養成していたりすることから、日本に比べ伝統音楽

を身近に感じている人が多い。現代風にアレンジした国楽も多く作られる。無形文化遺産に登録されているものに、宗廟祭礼楽、パンソリ、農楽などがある。

## 【コグリョ】
**高句麗** 고구려
紀元前37〜668年。中国東北部から朝鮮半島北部にあった古代国家の一つで、百済、新羅とともに三国時代を形成した。第19代の広開土王が即位した4世紀末から5世紀にかけて最盛期を迎え、領土も中国北東部まで拡大した。東アジアの大国である隋や唐と対峙して侵攻を受けながらも退けてきたが、668年に唐と新羅の連合軍によって滅ぼされた。

## 【コジョン】
**高宗（朝鮮王朝、大韓帝国）** 고종
1852〜1919年。朝鮮王朝の第26代王。12歳で即位するが、10年の間、父の興宣大院君が摂政を行う。22歳の年の1873年より親政を行い、妃である明成皇后（閔妃）の一族の影響を受け、鎖国から開国へと舵を切った。1897年には国号を大韓帝国と改めたが、1910年の日韓併合への流れを止めることはできなかった。1919年に死去するが、毒殺の噂が流れ、これが3・1独立運動への起爆剤になった。

## 【コリョ】
**高麗** 고려

918〜1392年。918年に王権が建国、936年に統一を果たした。首都は開京（現在の開城）。仏教を保護し、経典を結集した大蔵経が製作された。金属活字の発明、高麗青磁の隆盛など、文化が発達した。英語の国名である「Korea」は、この時代、アラビア商人によって世界に広まったものが語源になったと言われる。13世紀には元の侵攻を受けて国力が衰退し、その元が北京から追いやられ明が興ると混乱が起き、武将の李成桂によって滅ぼされた。

## 【サムソングルプ】
**サムスン（三星）グループ**
삼성그룹

1938年設立。韓国最大の企業グループ。サムスン物産が母体となり、1950年代に設立した第一製糖、第一毛織などを相次いで成功させた。69年に設立されたサムスン電子は、現在のサムスングループの中核企業に成長しただけでなく、世界最大のIT・家電メーカーへと飛躍した。プロ野球やサッカーチームも擁し、オリンピックの公式スポンサーでもある。美術館など芸術分野にも力を入れている。

## 【ジェイエスエイ】
**JSA** 제이 에스 에이

Joint Security Areaの頭文字を取ったもので、共同警備区域。板門店。軍事境界線上に設けられた東西800メートル、南北400メートルの長方形の地帯で、韓国のソウルから62キロメール、北朝鮮の開城から10キロメートルの地点にある。境界線を境に、北は北朝鮮軍、南は韓国軍が中心の国連軍が警備を行っている。一方で、南北にとって唯一の直接の接点となっており、南北の懸案などを協議するための実務者会議などが開かれる。2018年には、JSAの韓国側施設「平和の家」で南北首脳会談が開催された。

## 【シルラ】
**新羅** 신라

紀元前57〜935年。朝鮮半島南東部にあった古代国家のひとつで、高句麗、百済とともに三国時代を形成した。都は慶州で、仏国寺や石窟庵など仏教遺跡が残っているように、新羅では仏教が重んじられた。唐と連合し660年には百済を、668年には高句麗を滅ぼし、三国を統一した。935年に新羅は高麗によって滅ぼされた。

## 【シン・サイムダン】
**申師任堂** 신사임당

1504〜51年。朝鮮王朝時代の詩人、画家。江原道江陵で生まれ、本名は仁善と言われるが定かでない。師任堂は堂号で、賢母の手本とされる中国周王朝の文王の母、太任を見習うという意味で付けられた。幼い頃からさまざまな習い事をし、『草蟲圖』に代表されるよう

に、植物や虫などを描くのを得意とした。結婚後、7人の子どもを育て、そのひとりである李珥が天才的な儒学者となったことで、「良妻賢母」のシンボルとなった。2009年から発行されている5万ウォン紙幣の肖像画となっている。

## 【スロワン】
**首露王** 수로왕

?〜199年。朝鮮半島の南東部に位置した金官伽耶の始祖であり、韓国で最も人口の多い姓である金のなかでも最大の金海金氏の始祖と言われている。神話では、天から降りて来た6つの卵のひとつから生まれたのが首露王で、インドから妃をもらったとされる。金官伽耶は鉄の生産が盛んで、倭や楽浪などと取り引きをして、経済的に発展したというが、6世紀に新羅に降伏して滅亡した。

## 【セジョンデワン】
**世宗大王**
세종대왕

1397〜1450年。朝鮮王朝の第4代国王で、韓国で最も尊敬を受け「大王」の称号が付けられている。5万ウォン紙幣が発行される前の最高額紙幣であった1万ウォン札に肖像画が使われている。研究機関である集賢殿を拡充し、優秀な人材を登用して「測雨基」や「日時計」などを発明しただけでなく、難しい漢字を習わずして誰でも文字の読み書きができるよう訓民正音（ハングル）を創出した。

30年を超す在位の期間は、内政、外交共に安定していたことから、朝鮮王朝時代の黄金期と言われる。

## 【ソウルヨク コガドロ】
**ソウル駅高架道路**　서울역 고가도로

産業の発展によって渋滞が激しくソウル駅周辺を東西につないだ高架道路。朴正熙政権下の1975年に完成した。当時はまだこのような大きな建造物が珍しかったこともあり、地方から上京してソウル駅に降り立った人々はこれを見て驚いたと言われる。「漢江の奇跡」と呼ばれた韓国経済成長のひとつのシンボルでもあったが、老朽化したため、「ソウル路7017」という公園として生まれ変わった。

## 【ソンドクヨワン】
**善徳女王**　선덕여왕

？～647年。名前は徳曼。新羅の第27代王であり、新羅初の女王。父は第26代王の真平王で、王位を継承する男子がいなかったことから白羽の矢が立った。王位に就いた当時の新羅は、高句麗と百済の同盟軍から攻撃を度々受けていたが、これを唐との関係強化で乗り越えようとした。また、仏教の力を借りて国難を克服するため、皇龍寺9層木塔などの仏塔を建立した。他に、東洋最古の天文台と言われる慶州の瞻星台も善徳女王の在位中に作られた。

## 【タムナ】
**耽羅**　탐라

済州島に中世まであった国の名前。高・梁・夫の姓を持った3人が穴（三姓穴）から出てきて、碧浪国（日本と言われる）から来た女性3人をめとり、国をつくったとされる。もともと朝鮮半島とは海を隔てており、独自の文化を築いてきたが、高麗時代に一つの郡に編入され、名称も「済州郡」となった。朝鮮王朝時代に入ると同化政策が進む一方、首都から遠く離れた場所ということで流刑地とされ、数百人の政治犯らが送られた。

## 【タングン】
**檀君**　단군

紀元前2333年に古朝鮮を建国したとされる朝鮮民族の始祖。高麗時代の13世紀に書かれた『三国遺事』に登場する。それによると、天帝である桓因の子桓雄が、人間になる望みがかなえられた熊と結ばれて生まれたのが檀君王倹で、1500年もの間、国を治めたという。江華島摩尼山には、檀君王倹が天に祭祀を行ったと伝えられる塹城壇がある。

## 【チソンミョ】
**支石墓**　지석묘

韓国の主に西側に多く分布する、青銅器時代の代表的な墓の形式。「コインドル」とも呼ばれる。巨大な天井石をいくつかの石で支える形になっており、韓国では3万基以上が見つかっている。北朝鮮のものを合わせると世界の約半数が朝鮮半島で見つかっているとされる。中でも、江華、和順、高敞の支石墓は保存状態が良いことから世界遺産に指定されている。

## 【チュサンジョルリ】
**柱状節理**　주상절리

地表に噴出した溶岩が冷却する時の収縮作用によって生じる天然の石柱群で、断面が五角形や六角形をしている。火山島である済州島でよく見られる。特に南側には天然記念物にも指定されている韓国最大規模の中文大浦海岸柱状節理があり、ひとつの柱の高さが30～40m、海岸の長さは1kmにわたり、絶景を成している。

## 【チュニャンジョン】
**春香伝**　춘향전

朝鮮王朝時代に、大衆芸能のパンソリを通して流行した身分を越えた恋物語。後に小説化された。全羅道南原郡守の息子李夢竜は妓生の娘春香と出会い恋に落ちるが、父の転任で都に戻ることとなる。新しく赴任した郡守が春香をわがものにしようとするものの、拒まれたため、春香を牢に叩き込んだ。しかし、王の密使として南原を訪れた夢龍が現れ、郡守の悪事を暴き、春香を救い出し、ふたりは結ばれる。現在も、ドラマや映画に大きな影響を与えている。

## 【チョソンウネン】
**朝鮮銀行** 조선은행

植民地時代の朝鮮の中央銀行。1905年に日本の第一銀行京城支店が中央銀行の役割を担ったが、1909年に中央銀行として韓国銀行が設立されたことにより、業務を継承した。さらに10年の日韓併合後、翌年の朝鮮銀行法に基づく特殊銀行として朝鮮銀行に改称された。中央銀行として、通貨である朝鮮銀行券を発行するだけでなく、国庫事務の取り扱い、普通銀行業務を行った。仁川には、1899年に建てられた第一銀行支店が保存されており、市の文化財に指定されている。

## 【チョソンワンジョ】
**朝鮮王朝** 조선왕조

1392〜1910年。高麗の武将、李成桂が建国し、首都を漢城（現在のソウル）に定めた。以降、1910年に日韓併合により滅亡するまで、500年以上にわたって続いた。高麗での仏教に代わって、朝鮮王朝では儒教を重んじ、第4代王の世宗の時に訓民正音（ハングル）ができた。16世紀末から17世紀にかけて、日本や清の侵攻で疲弊していったが、英祖、正祖の時代に文化的黄金期を迎えた。しかし、国際情勢の変化に対応できず、1876年に江華島条約で門戸を開いた後、1910年には日本に主権を奪われるにいたった。

## 【チョンジョ】
**正祖** 정조

1752〜1800年。朝鮮王朝の第22代国王。本名はドラマのタイトルでも知られるイ・サン。第21代は祖父の英祖だが、父荘献は政敵の陰謀により英祖の命によって櫃に閉じ込められ死んでしまう。正祖が国王の座に就くと、父の墓を水原に移し、城門や城壁などを築いた。これが世界遺産となった水原華城である。正祖は、父が政争の犠牲になったことから、党派間の政治勢力のバランスを取り、現実を重視する実学的な政策を取ったことで知られる。

## 【チンジュソン　チョントゥ】
**晋州城の戦い** 진주성 전투

文禄の役の際の晋州城をめぐる朝鮮軍と日本軍の攻防。晋州城は現在の慶尚南道の西側にあった城で、百済が作ったものとされる。川辺の絶壁の上に建てられ、難攻不落と言われた。1回目は1592年10月に行われ、金時敏が率いる朝鮮軍が晋州城を守るのに成功したが、翌年6月に行われた2回目の戦いでは日本軍が勝利した。この時、城内にいた数万の住民が犠牲になったと言われる。日本軍勝利の宴の際、論介という妓生が敵将を抱きかかえ川に飛び込んだという有名な逸話が残っている。

## 【ディエムジー】
**DMZ** 디엠지

Demilitarized Zoneの略で、非武装地帯。国際条約や協約によって武装が禁止されている地域または地帯。1950年に勃発した朝鮮戦争が、53年7月に休戦した後、朝鮮半島を横断する約240kmの軍事境界線を境に南北2kmずつ、計4kmがDMZに設定された。60年以上にわたり人の出入りが統制されてきたため、絶滅の危機にある野生の動植物が多数棲息していると言われている。

## 【テジョ】
**太祖（高麗）** 태조

877〜943年。高麗時代の初代王。本名は王建。新羅時代末期、江原道一帯で勢力を伸ばしていた弓裔の下で武将として活躍した。918年、暴君化した弓裔が反乱によって追放されると、王建が王位に就き、高麗を建国した。百済の再興を狙う後百済との戦いに勝利し、新羅が降伏したことで、936年に高麗は朝鮮の統一を成し遂げた。

## 【テジョン】
**太宗（朝鮮王朝）** 태종

1367〜1422年。朝鮮王朝の第3代王。本名は李芳遠。朝鮮王朝の初代王、李成桂の五男で、異母兄弟を殺害し、兄で第2代王の定宗から王位を引き継いだ。太宗は朝鮮王朝の礎になるさまざまな政策を行った。国教である儒教を徹底させるため、全

国の多くの寺院を廃止させ領地を取り上げた。また、農地を調査し生産量を把握した上で税を課したり、16歳以上の男性の身分証の携帯を義務付け、国民の管理体制を強化した。

## 【トルハルバン】
**トルハルバン** 돌하루방

トルは「石」、ハルバンは済州島の言葉で「おじいさん」を意味し、「石のおじいさん」と呼ばれる。済州島のシンボルである。大きな目と鼻に閉じた口、左右の手がお腹のあたりを押さえ、ニット帽のような帽子をかぶった姿が特徴。石は火山島らしく玄武岩を使っている。トルハルバンが作られたのは18世紀中頃からとされており、45体のトルハルバンが済州島に現存する。複製したミニチュアはおみやげの定番でもある。

## 【トンハクノンミンウンドン】
**甲午農民戦争（東学党の乱）** 동학농민운동

1894年に全羅道古阜郡で起きた東学教徒と農民が蜂起した農民運動。韓国では「東学農民運動」と呼ばれる。東学は、西学（カトリック教）に対抗してできた「人すなわち天」という思想で、日頃から虐げられてきた農民層を中心に広まっていった。きっかけは地方官吏の不正に対するものだったが、次第に反封建、反侵略運動に拡大し、全州を占領するに至った。これに朝鮮王朝政府は清に派兵を要請するが、日本が出兵する口実にもなり、日清戦争を誘発することとなった。農民軍は日本の出兵に反対して再び結集して戦ったものの鎮圧された。

## 【トンヤンチョクシクチュシッケサ】
**東洋拓殖株式会社** 동양척식주식회사

1908～45年。日本の国策会社で、植民地政策を推進する目的で京城に作られた。1910年から18年まで朝鮮総督府が実施した土地調査事業によって国有地となった土地の払い下げなどを受け、朝鮮最大の地主となり、これらの土地を小作人に貸し農場経営を進めた。日本の農民の朝鮮移住を促進し、土地を失った朝鮮農民の満州移住を進めた。満州やモンゴル、南洋諸島にまで事業を広げ、朝鮮でも鉱工業や電力事業などの分野にまで手を広げた。

## 【ハルラボン】
**ハルラボン** 한라봉

柑橘類の一種で、日本の「清見」と「ポンカン」を交配させて作られた「シラヌヒ（不知火）」が元になっている。比較的温暖な済州島ではミカンなどの柑橘類の栽培が盛んだったが、1990年代初めからシラヌヒの栽培が始められ、凸部分が済州島の漢拏山に似ていることから98年より「漢拏峯（ハルラボン）」というブランド名にして全国的に知られるようになった。実が大きく、甘いことから人気があり、高価なため、贈り物にもよく使われている。

## 【バレ】
**渤海** 발해

698～926年。朝鮮半島北部から中国東北部、沿海州を領土にしていた国で、高句麗の遺民である大祚栄によって建国された。主に高句麗人と靺鞨人で構成されており、唐の文化を取り入れ、仏教を重んじた。唐からは「海東の盛国」と呼ばれた。南方にある新羅と対立したものの、日本とは交流を続けた。遼を興した契丹族によって滅ぼされた。

## 【ハンサンドテチョプ】
**閑山島の戦い** 한산도대첩

1592年にあった文禄の役の海戦のひとつ。韓国では、晋州の戦い、幸州の戦いと合わせて、壬辰倭乱三大勝利と呼んでいる。現在の統営にある閑山島の沖で、李舜臣率いる朝鮮水軍が、地の利を生かして日本水軍を迎撃し大打撃を与える勝利を収めた。この勝利は、漢城が陥落するなど敗北が続いていた朝鮮軍に勇気を与えるものとなった。一方の日本軍にとっては海上での戦いを禁じるなど、作戦の変更を余儀なくされ、文禄の役の形勢が変わるきっかけとなった。

## 【ペクチェ】
**百済** 백제

紀元前18〜660年。朝鮮半島南西部にあった古代国家のひとつで、高句麗、新羅とともに三国時代を形成した。韓国では高麗時代に編まれた「三国史記」の記録をもとに、紀元前18年に高句麗・夫余系の移住民により建国されたとしている。初期は漢江流域を首都にしていたが、高句麗の勢いに押され徐々に南下し、660年に新羅・唐の連合軍によって滅亡した。日本との関係が深く、仏教をはじめとした大陸文化や技術を持った人々が日本へ渡った。2015年に百済歴史遺産地区がユネスコの世界遺産に登録された。

## 【ペクチョンガンチョントゥ】
**白村江の戦い** 백촌강 전투

663年、現在の全羅北道群山市に流れる錦江の河口で繰り広げられた、百済復興勢力・倭国の連合軍と、新羅・唐の連合軍の戦い。韓国では百江口の戦いとも呼ばれる。百済は660年に新羅と唐の連合軍に敗れ既に滅亡していたが、百済の復活を目指す勢力が倭国に派兵要請を行い、これに倭国が応じた。戦いは新羅・唐連合軍の勝利で終わり、百済の復興は果たされることはなく、新羅が三国を統一した。

## 【ムヨルワン】
**武烈王** 무열왕

603〜661年。本名は金春秋で、新羅の第29代王。第25代真智王の孫で、新羅の三国統一に大きく貢献した。善徳女王の時代、唐に派遣され連合軍を実現させるなど、外交能力を発揮した。第28代王の真徳女王に後継ぎがおらず、金春秋は金庾信らに推されて王に即位、660年には唐と連合して百済を滅ぼしたが、翌年の661年、高句麗を討って統一を成し遂げる前に没した。

## 【ムワン】
**武王** 무왕

580〜641年。百済の第30代王。三国の争いが激しくなり対外的に緊迫した状況で、第28、29代王が相次いで1年ほどの在位で死去したため、混乱の中で即位した。武王は新羅に奪われた領土を取り戻すため、10回以上にわたって新羅を攻撃する一方、国内では王権を強化するため、益山に宮殿や巨大な弥勒寺を建立した。

## 【モレシゲ】
**砂時計** 모래시계

ソウルの新興ローカル局だったSBSが総力を結集して制作したドラマ。これによってSBSはドラマに定評がある放送局というイメージを決定的にした。光州事件をはじめとする1980年前後の韓国社会を描き、平均視聴率は45％を越え、最終回となった1995年2月16日の放送はなんと64.5％という驚異的な視聴率を叩きだした。2017年にはミュージカルが初演され、2018年には映画化が決定したとの報道が流れるなど、現在でもたびたび話題となっている。

## 【ヤンバン】
**両班** 양반

高麗・朝鮮王朝時代の支配階級。もともと文官を東班、武官を西班と呼び、この2つの班を合わせて両班と呼んでいたが、朝鮮王朝時代に入り、支配階級一般を指す言葉になった。朝鮮王朝時代の両班は国から土地を支給され、科挙を受けて官職になれる特権があった。しかし、朝鮮王朝時代後期になると、王朝の財政が悪化し、富裕な農民や商人に両班の地位を売ったため、両班の数が急激に増える一方、経済的に没落した両班も多くいたという。

## 【ロッテグルプ】
**ロッテグループ** 롯데그룹

1967年設立。2019年時点で、財界5位の企業グループ。ロッテ製菓が母体。48年設立の日本のロッテが、日韓国交正常化後の67年に韓国に進出した。日本ではガムやチョコレートなどの製菓で知られているが、韓国ではデパートやホテル業、建設、金融などにも進出して、成功を収めている。2017年に完成した123階建てのロッテワールドタワーの展望台、ソウルスカイは韓国で最も高い。

# ● 日・韓・英 対応 INDEX ●

## 地名韓国語読みかた索引

| ページ | 読み | 日本語 | 韓国語 | 英語 |
|---|---|---|---|---|
| 240 | アンドン | 安東 | 안동 | Andong |
| 375 | イクサン | 益山 | 익산 | Iksan |
| 163 | イチョン | 利川 | 이천 | Icheon |
| 153 | インチョン | 仁川 | 인천 | Incheon |
| 392 | カンギョン | 江景 | 강경 | Ganggyeong |
| 207 | カンヌン | 江陵 | 강릉 | Gangneung |
| 303 | キメ | 金海 | 김해 | Gimhae |
| 250 | キョンジュ | 慶州 | 경주 | Gyeongju |
| 330 | クァンジュ | 光州 | 광주 | Gwangju |
| 266 | クリョンポ | 九龍浦 | 구룡포 | Guryongpo |
| 370 | クンサン | 群山 | 군산 | Gunsan |
| 315 | コジェ | 巨済 | 거제 | Geoje |
| 337 | コチャン | 高敞 | 고창 | Gochang |
| 396 | コンジュ | 公州 | 공주 | Gongju |
| 213 | サムチョク | 三陟 | 삼척 | Samcheok |
| 168 | スウォン | 水原 | 수원 | Suwon |
| 342 | スンチョン | 順天 | 순천 | Suncheon |
| 96 | ソウル | ソウル | 서울 | Seoul |
| 439 | ソグィポ | 西帰浦 | 서귀포 | Seogwipo |
| 190 | ソクチョ | 束草 | 속초 | Sokcho |
| 338 | タミャン | 潭陽 | 담양 | Damyang |
| 428 | チェジュ | 済州 | 제주 | Jeju |
| 184 | チュンチョン | 春川 | 춘천 | Chuncheon |
| 356 | チョンジュ | 全州 | 전주 | Jeonju |
| 403 | チョンジュ | 清州 | 청주 | Cheongju |
| 203 | チョンソン | 旌善 | 정선 | Jeongseon |
| 212 | チョンドンジン | 正東津 | 정동진 | Jeongdongjin |
| 317 | チンジュ | 晋州 | 진주 | Jinju |
| 222 | テグ | 大邱 | 대구 | Daegu |
| 410 | テジョン | 大田 | 대전 | Daejeon |
| 204 | テベク | 太白 | 태백 | Taebaek |
| 213 | トンヘ | 東海 | 동해 | Donghae |
| 311 | トンヨン | 統営 | 통영 | Tongyeong |
| 365 | ナムォン | 南原 | 남원 | Namwon |
| 321 | ハドン | 河東 | 하동 | Hadong |
| 244 | ハフェ | 河回 | 하회 | Hahoe |
| 174 | パンムンジョム | 板門店 | 판문점 | Panmunjeom |
| 200 | ピョンチャン | 平昌 | 평창 | Pyeongchang |
| 270 | プサン | 釜山 | 부산 | Busan |
| 384 | プヨ | 扶余 | 부여 | Buyeo |
| 262 | ポハン | 浦項 | 포항 | Pohang |
| 245 | ムンギョン | 聞慶 | 문경 | Mungyeong |
| 351 | モクポ | 木浦 | 목포 | Mokpo |
| 267 | ヤンドン | 良洞 | 양동 | Yangdong |
| 197 | ヤンヤン | 襄陽 | 양양 | Yangyang |
| 347 | ヨス | 麗水 | 여수 | Yeosu |

ア・カ行

サ・タ行

ナ行〜

# 見どころ

| | | ページ | 見どころ名 | 韓国語 | 韓国語読み | 英語 | 掲載都市 |
|---|---|---|---|---|---|---|---|
| ア | ア | 192 | アバイ村 | 아바이마을 | アバイマウル | Abai Village | 束草 |
| | ア | 202 | アルペンシアリゾート | 알펜시아 리조트 | アルペンシア リジョトゥ | Alpensia Resort | 平昌 |
| | ア | 203 | アリヒルズ | 아리힐즈 | アリヒルジュ | Arii Hills | 旌善 |
| | アン | 243 | 安東市立民俗博物館 | 안동시립민속박물관 | アンドンシリブミンソクバンムルグァン | Andong Folk Museum | 安東 |
| | アン | 244 | 安東河回村 | 안동 하회마을 | アンドン ハフェマウル | Hahoe Village | 安東 |
| | アン | 248 | 安東焼酎伝統料理博物館 | 안동소주 전통요리박물관 | アンドンソジュ チョントンヨリ バンムルグァン | Andong Soju Museum·Traditional Food Museum | 安東 |
| | アン | 248 | 安東布展示館 | 안동포 전시관 | アンドンポ チョンシグァン | Andongpo Gallery | 安東 |
| | アン | 243 | 安東民俗村 | 안동민속촌 | アンドンミンソクチョン | Andong Folk Village | 安東 |
| イ | イ | 166 | イェスパーク | 예스파크 | イェスパク | Ye's Park | 利川 |
| | イ | 442 | イ・ジュンソプ美術館 | 이중섭 미술관 | イ ジュンソプ ミスルグァン | Lee Jung-seob Gallery | 西帰浦 |
| | イ | 443 | イニスフリー済州ハウス | 이니스프리 제주하우스 | イニスプリ チェジュハウス | Innisfree Jeju House | 西帰浦 |
| ウ | ウ | 441 | ウェドルゲ | 외돌개 | ウェドルゲ | Oedolgae Rock | 西帰浦 |
| | ウ | 210 | 烏竹軒 | 오죽헌 | オジュコン | Ojukheon House | 江陵 |
| | ウ | 413 | ウヌンジョンイ文化通り | 으능정이문화거리 | ウヌンジョンイムナコリ | Uineungjeongi Culture Street | 大田 |
| | ウン | 134 | 雲峴宮 | 운현궁 | ウニョングン | Unhyeongung Royal Residence | ソウル |
| | ウン | 336 | 雲住寺 | 운주사 | ウンジュサ | Unjusa Temple | 光州 |
| エ | エイ | 290 | 映画の殿堂 | 영화의전당 | ヨンファエチョンダン | Busan Cinema Center | 釜山 |
| オ | オ | 443 | オーソルロクティーミュージアム | 오설록 티뮤지엄 | オソルロクティ ミュジオム | Osulloc Tea Museum | 西帰浦 |
| | オ | 245 | オープンセット場 | 오픈세트장 | オプンセトゥジャン | Open Set | 聞慶 |
| | オ | 176 | オドゥサン統一展望台 | 오두산 통일 전망대 | オドゥサン トンイル チョンマンデ | Odusan Unification Tower | DMZ |
| | オウ | 376 | 王宮里遺跡 | 왕궁리유적 | ワングンニユジョク | Wanggungni Historic Site | 益山 |
| | オウ | 354 | 王仁博士遺蹟址 | 왕인박사유적지 | ワンインバクサ ユジョクチ | The Historic Site of Dr. Wangin | 木浦 |
| カ | カ | 196 | 花津浦 | 화진포 | ファジンポ | Hwajinpo | 束草 |
| | カ | 336 | 華厳寺 | 화엄사 | ファオムサ | Hwaeomsa Temple | 光州 |
| | カ | 171 | 華城行宮 | 화성행궁 | ファソンヘングン | Hwaseong Haenggung Palace | 水原 |
| | カイ | 234 | 海印寺 | 해인사 | ヘインサ | Haeinsa Temple | 大邱 |
| | カイ | 302 | 海雲台海水浴場 | 해운대 해수욕장 | ヘウンデヘスヨクチャン | Haeundae Beach | 釜山 |
| | カイ | 302 | 海雲台ブルーラインパーク | 해운대 블루라인 파크 | ヘウンデブルラインパク | Haeundae Blueline Park | 釜山 |
| | カイ | 302 | 海東龍宮寺 | 해동용궁사 | ヘドンヨングンサ | Haedong Yonggungsa Temple | 釜山 |
| | カイ | 354 | 海南大興寺 | 해남 대흥사 | ヘナム テフンサ | Daeheungsa Temple | 木浦 |
| | カイ | 182 | 海列車 | 바다열차 | パダヨルチャ | Sea Train | 正東津 |
| | ガイ | 315 | 外島ボタニア | 외도 보타니아 (외도해상관광농원) | ウェド ボタニア | Oedo-Botania | 巨済 |
| | カン | 164 | 官庫市場 | 관고시장 | クァンゴシジャン | Gwanggo Market | 利川 |
| | カン | 138 | 漢江クルーズ | 한강유람선 | ハンガンユラムソン | Hangang River Ferry Cruise | ソウル |
| | カン | 172 | 韓国民俗村 | 한국민속촌 | ハングクミンソクチョン | Korean Folk Village | 水原 |
| | カン | 314 | 閑山島 | 한산도 | ハンサンド | Hansando Island | 統営 |
| | カン | 393 | 灌燭寺 | 관촉사 | クァンチョクサ | Gwanchoksa Temple | 江景 |
| | カン | 301 | 甘川文化村 | 감천 문화마을 | カムチョン ムヌァマウル | Gamcheon Culture Village | 釜山 |

| | | ページ | 見どころ名 | 韓国語 | 韓国語読み | 英語 | 掲載都市 |
|---|---|---|---|---|---|---|---|
| コ | コ | 406 | 古印刷博物館 | 고인쇄박물관 | コインセパンムルグァン | Early Printing Museum | 清州 |
| | コ | 266 | 虎尾串日の出公園 | 호미곶해맞이공원 | ホミゴッヘマジコンウォン | Homigot Sunrise Park | 浦項 |
| | コ | 197 | 五色薬水 | 오색약수 | オセクヤクス | Osaek Mineral Spring | 襄陽 |
| | コ | 359 | 御真博物館 | 어진박물관 | オジンバンムルグァン | Royal Portrait Museum | 全州 |
| | コ | 202 | 五台山国立公園 | 오대산 국립공원 | オデサン クンニプコンウォン | Odaesan National Park | 平昌 |
| | コ | 349 | 梧桐島 | 오동도 | オドンド | Odongdo Island | 麗水 |
| | コ | 359 | 梧木台 | 오목대 | オモクテ | Omokdae | 全州 |
| コウ | | 367 | 広寒楼苑 | 광한루원 | クァンハルルウォン | Gwanghalluwon Garden | 南原 |
| コウ | | 142 | 高句麗鍛冶屋村 | 고구려 대장간마을 | コグリョ テジャンガンマウル | Goguryeo Blacksmith Town | ソウル近郊 |
| コウ | | 393 | 江景チョッカル市場 | 강경젓갈시장 | カンギョンチョッカルシジャン | Ganggyeong Traditional Salted Fish Market | 江景 |
| コウ | | 399 | 公山城 | 공산성 | コンサンソン | Gongsanseong Fortress | 公州 |
| コウ | | 400 | 甲寺 | 갑사 | カプサ | Gapsa Temple | 公州 |
| コウ | | 334 | 光州芸術通り | 광주 문화 예술 거리 | クァンジュムヌァ イェスルコリ | Gwangju Culture & Art Street | 光州 |
| コウ | | 334 | 光州歴史民俗博物館 | 광주 역사민속 박물관 | クァンジュ ヨクサミンソク バンムルグァン | Gwangju History & Folk Museum | 光州 |
| コウ | | 166 | 広州窯 | 광주요 | クァンジュヨ | Kwangjuyo | 利川 |
| コウ | | 337 | 高敞支石墓群 | 고창지석묘군 | コチャン チソンミョグン | Gochang Dolmen Site | 高敞 |
| コウ | | 337 | 高敞邑城 | 고창읍성 | コチャンウプソン | Gochangeupseong Fortress | 高敞 |
| コウ | | 196 | 高城統一タワー | 고성 통일타워 | コソン トンイル タウォ | Goseong Unification Observatory | 束草 |
| コウ | | 135 | 興仁之門 | 흥인지문 | フンインジムン | Heunginjimun Gate | ソウル |
| コウ | | 211 | 江陵市立博物館 | 강릉시립박물관 | カンヌン シリプ バンムルグァン | Municipal Museum | 江陵 |
| コウ | | 211 | 江陵船橋荘 | 강릉선교장 | カンヌン ソンギョジャン | Seongyojang House | 江陵 |
| コク | | 297 | 国際市場 | 국제시장 | ククチェシジャン | Gukje Market | 釜山 |
| コク | | 333 | 国立アジア文化殿堂 | 국립 아시아 문화전당 | クンニプアシア ムヌァチョンダン | Asia Culture Center | 光州 |
| コク | | 377 | 国立益山博物館 | 국립익산박물관 | クンニプ イクサン バンムルグァン | Iksan National Museum | 益山 |
| コク | | 352 | 国立海洋文化財研究所 | 국립해양문화재 연구소 | クンニプ ヘヤン ムヌァジェヨングソ | National Maritime Museum | 木浦 |
| コク | | 303 | 国立金海博物館 | 국립 김해 박물관 | クンニプ キメ バンムルグァン | Gimhae National Museum | 釜山 |
| コク | | 256 | 国立慶州博物館 | 국립 경주 박물관 | クンニプ キョンジュ バンムルグァン | Gyeongju National Museum | 慶州 |
| コク | | 334 | 国立光州博物館 | 국립 광주 박물관 | クンニプ クァンジュ バンムルグァン | Gwangju National Museum | 光州 |
| コク | | 399 | 国立公州博物館 | 국립공주박물관 | クンニプ コンジュ バンムルグァン | Gongju National Museum | 公州 |
| コク | | 319 | 国立晋州博物館 | 국립진주박물관 | クンニプ チンジュ バンムルグァン | Jinju National Museum | 晋州 |
| コク | | 405 | 国立清州博物館 | 국립청주박물관 | クンニプ チョンジュ バンムルグァン | Cheongju National Museum | 清州 |
| コク | | 361 | 国立全州博物館 | 국립전주박물관 | クンニプ チョンジュ バンムルグァン | Jeonju National Museum | 全州 |
| コク | | 232 | 国立大邱博物館 | 국립대구박물관 | クンニプ テグ バンムルグァン | Daegu National Museum | 大邱 |
| コク | | 140 | 国立中央博物館 | 국립중앙박물관 | クンニプ チュンアン バンムルグァン | The National Museum of Korea | ソウル |
| コク | | 388 | 国立扶余博物館 | 국립부여박물관 | クンニプ プヨ バンムルグァン | Buyeo National Museum | 扶余 |
| コツ | | 257 | 骨窟寺 | 골굴사 | コルグルサ | Golgulsa Temple | 慶州 |

| | | ページ | 見どころ名 | 韓国語 | 韓国語読み | 英語 | 掲載都市 |
|---|---|---|---|---|---|---|---|
| サ | サ | 212 | 砂時計公園 | 모래시계 공원 | モレシゲ コンウォン | Sandglass Park | 正東津 |
| | サ | 432 | 紗羅峰 | 사라봉 | サラボン | Sarabong Peak | 済州 |
| | サイ | 324 | 崔参判宅 | 최참판댁 | チェチャムパンテク | House of Choi Champan | 河東 |
| | サイ | 443 | 済州神話ワールド | 제주 신화월드 | チェジュシヌァウォルドゥ | Jeju Shinhwa World | 西帰浦 |
| | サイ | 432 | 済州牧官衙 | 제주목관아 | チェジュモックアナ | Jeju Mokgwana | 済州 |
| | サイ | 443 | 済州ハーブ園 | 제주 허브 동산 | チェジュ ホブ トンサン | Jeju Herb Dongsan | 西帰浦 |
| | サギ | 166 | サギマッコル陶芸村 | 사기막골예촌 | サギマッコル トイェチョン | Sagimakgol Ceramics Village | 利川 |
| | サン | 324 | 三聖宮 | 삼성궁 | サムソングン | Samsunggung | 河東 |
| | サン | 432 | 三姓穴 | 삼성혈 | サムソンヒョル | Samseonghyeol | 済州 |
| | サン | 442 | 山房山 | 산방산 | サンバンサン | Sanbangsan Mountain | 西帰浦 |
| シ | シチ | 323 | 七仏寺 | 칠불사 | チルブルサ | Chilbulsa Temple | 河東 |
| | ジ | 212 | 時の博物館 | 시간 박물관 | シガンパンムルグァン | Jeongdongjin Time Museum | 正東津 |
| | ジツ | 368 | 実相寺 | 실상사 | シルサンサ | Silsangsa Temple | 南原 |
| | ジュ | 406 | 寿岩谷カフェ通り | 수암골 카페거리 | スアムコル カペコリ | Suamkoru Cafe Street | 清州 |
| | ジュ | 414 | 儒城温泉 | 유성온천 | ユソンオンチョン | Yuseong Hot Spring | 大田 |
| | ジュ | 353 | 儒達山 | 유달산 | ユダルサン | Yudalsan Mountain | 木浦 |
| | ジュ | 303 | 首露王妃陵 | 수로왕비릉 | スロワンビヌン | Royal Tomb of Queen Heo | 釜山 |
| | ジュ | 303 | 首露王陵 | 수로왕릉 | スロワンヌン | Tomb of King Suro | 釜山 |
| | シュン | 367 | 春香テーマパーク | 춘향테마파크 | チュニャンテマパク | Chunhyang Theme Park | 南原 |
| | シュン | 185 | 春川マッククス体験博物館 | 춘천막국수 체험박물관 | チュンチョン マッククスチェホム パンムルグァン | Chuncheon Makguksu Museum | 春川 |
| | ジュン | 368 | 淳昌コチュジャン村 | 순창고추장마을 | スンチャン コチュジャンマウル | Sunchang Gochujang Village | 南原 |
| | ジュン | 368 | 淳昌醤類博物館 | 순창장류박물관 | スンチャンチャンニュ パンムルグァン | Sunchang Traditional Paste Museum | 南原 |
| | ジュン | 344 | 順天ドラマ撮影所 | 순천 드라마 촬영장 | スンチョン トゥラマ チャリョンジャン | Suncheon Open Film Location | 順天 |
| | ジュン | 344 | 順天湾国家庭園 | 순천만 국가 정원 | スンチョンマン クッカ チョンウォン | Suncheonman Bay National Garden | 順天 |
| | ジュン | 344 | 順天湾湿地帯 | 순천만습지 | スンチョンマンスブチ | Suncheonman Bay Wetland Reserve | 順天 |
| | ショウ | 134 | 昌慶宮 | 창경궁 | チャンギョングン | Changgyeonggung Palace | ソウル |
| | ショウ | 160 | 松月洞童話村 | 송월동 동화마을 | ソンウォルドン トンファマウル | Songwol-dong Fairy Tale Village | 仁川 |
| | ショウ | 345 | 松広寺 | 송광사 | ソングァンサ | Songgwangsa Temple | 順天 |
| | ショウ | 246 | 紹修書院 | 소수서원 | ソスソウォン | Sosu Seowon | 安東 |
| | ショウ | 133 | 昌徳宮 | 창덕궁 | チャンドックン | Changdeokgung Palace | ソウル |
| | ショウ | 300 | 松島 | 송도 | ソンド | Songdo | 釜山 |
| | ショウ | 160 | 松島国際都市 | 송도국제도시 | ソンド ククチェドシ | Songdo International City | 仁川 |
| | ショウ | 300 | 松島スカイウォーク | 송도 스카이워크 | ソンド スカイウォク | Songdo Sky Walk | 釜山 |
| | ショウ | 185 | 昭陽湖 | 소양호 | ソヤンホ | Lake Soyang | 春川 |
| | ショウ | 185 | 昭陽江スカイウォーク | 소양강 스카이워크 | ソヤンガン スカイウォク | Soyanggang Skywalk | 春川 |
| | ジョウ | 429 | 城山日出峰 | 성산일출봉 | ソンサンイルチュルボン | Seongsan Ilchulbong Peak | 済州 |
| | ジョウ | 261 | 城東市場 | 성동시장 | ソンドンシジャン | Seongdong Market | 慶州 |
| | シン | 193 | 新興寺 | 신흥사 | シヌンサ | Sinheungsa Temple | 束草 |
| | シン | 319 | 晋州城址 | 진주성지 | チンジュソンジ | Jinjuseong Fortress | 晋州 |
| | シン | 307 | 新世界スパランド | 신세계스파랜드 | シンセゲスパレンドゥ | Shinsegae Spa Land | 釜山 |
| | シン | 243 | 新世洞七層磚塔 | 신세동칠층전탑 | シンセドンチルチュン チョンタブ | Sinsedong 7 stories Brick Pagoda | 安東 |
| | ジン | 160 | 仁川上陸作戦記念館 | 인천상륙작전 기념관 | インチョン サンニュク チャクチョン キニョムグァン | The Memorial Hall For Inchon Landing Operation | 仁川 |
| | ジン | 159 | 仁川総合魚市場 | 인천 종합 어시장 | インチョン チョンハブ オシジャン | Incheon Fish Market | 仁川 |

503

# 地球の歩き方 シリーズ一覧

2024年5月現在

*地球の歩き方ガイドブックは、改訂時に価格が変わることがあります。 *表示価格は定価（税込）です。 *最新情報は、ホームページをご覧ください。 www.arukikata.co.jp/guidebook/

## 地球の歩き方 ガイドブック

### A ヨーロッパ

| | |
|---|---|
| A01 ヨーロッパ | ¥1870 |
| A02 イギリス | ¥2530 |
| A03 ロンドン | ¥1980 |
| A04 湖水地方＆スコットランド | ¥1870 |
| A05 アイルランド | ¥1980 |
| A06 フランス | ¥2420 |
| A07 パリ＆近郊の町 | ¥2200 |
| A08 南仏プロヴァンス コート・ダジュール＆モナコ | ¥1760 |
| A09 イタリア | ¥2530 |
| A10 ローマ | ¥1760 |
| A11 ミラノ ヴェネツィアと湖水地方 | ¥1870 |
| A12 フィレンツェとトスカーナ | ¥1870 |
| A13 南イタリアとシチリア | ¥1870 |
| A14 ドイツ | ¥1980 |
| A15 南ドイツ フランクフルト ミュンヘン ロマンチック街道 古城街道 | ¥2090 |
| A16 ベルリンと北ドイツ ハンブルク ドレスデン ライプツィヒ | ¥1870 |
| A17 ウィーンとオーストリア | ¥2090 |
| A18 スイス | ¥2200 |
| A19 オランダ ベルギー ルクセンブルク | ¥2420 |
| A20 スペイン | ¥2420 |
| A21 マドリードとアンダルシア | ¥1760 |
| A22 バルセロナ＆近郊の町 イビサ／マヨルカ島 | ¥1760 |
| A23 ポルトガル | ¥2200 |
| A24 ギリシアとエーゲ海の島々＆キプロス | ¥1870 |
| A25 中欧 | ¥1980 |
| A26 チェコ ポーランド スロヴァキア | ¥1870 |
| A27 ハンガリー | ¥1870 |
| A28 ブルガリア ルーマニア | ¥1980 |
| A29 北欧 デンマーク ノルウェー スウェーデン フィンランド | ¥1870 |
| A30 バルトの国々 エストニア ラトヴィア リトアニア | ¥1870 |
| A31 ロシア ベラルーシ ウクライナ モルドヴァ コーカサスの国々 | ¥2090 |
| A32 極東ロシア シベリア サハリン | ¥1980 |
| A34 クロアチア スロヴェニア | ¥2200 |

### B 南北アメリカ

| | |
|---|---|
| B01 アメリカ | ¥2090 |
| B02 アメリカ西海岸 | ¥2200 |
| B03 ロサンゼルス | ¥2090 |
| B04 サンフランシスコとシリコンバレー | ¥1870 |
| B05 シアトル ポートランド | ¥2420 |
| B06 ニューヨーク マンハッタン＆ブルックリン | ¥2200 |
| B07 ボストン | ¥1980 |
| B08 ワシントンDC | ¥2420 |
| B09 ラスベガス セドナ＆グランドキャニオンと大西部 | ¥2090 |
| B10 フロリダ | ¥2310 |
| B11 シカゴ | ¥1870 |
| B12 アメリカ南部 | ¥1980 |
| B13 アメリカの国立公園 | ¥2640 |
| B14 ダラス ヒューストン デンバー グランドサークル フェニックス サンタフェ | ¥1980 |
| B15 アラスカ | ¥1980 |
| B16 カナダ | ¥2420 |
| B17 カナダ西部 カナディアン・ロッキーとバンクーバー | ¥2090 |
| B18 カナダ東部 ナイアガラ・フォールズ メープル街道 プリンス・エドワード島 トロント オタワ モントリオール ケベック・シティ | ¥2090 |
| B19 メキシコ | ¥1980 |
| B20 中米 | ¥2090 |
| B21 ブラジル ベネズエラ | ¥2200 |
| B22 アルゼンチン チリ パラグアイ ウルグアイ | ¥2200 |
| B23 ペルー ボリビア エクアドル コロンビア | ¥2200 |
| B24 キューバ バハマ ジャマイカ カリブの島々 | ¥2035 |
| B25 アメリカ・ドライブ | ¥1980 |

### C 太平洋／インド洋島々

| | |
|---|---|
| C01 ハワイ オアフ島＆ホノルル | ¥2200 |
| C02 ハワイ島 | ¥2200 |
| C03 サイパン ロタ＆テニアン | ¥1540 |
| C04 グアム | ¥1980 |
| C05 タヒチ イースター島 | ¥1870 |
| C06 フィジー | ¥1650 |
| C07 ニューカレドニア | ¥1650 |
| C08 モルディブ | ¥1870 |
| C10 ニュージーランド | ¥2200 |
| C11 オーストラリア | ¥2750 |
| C12 ゴールドコースト＆ケアンズ | ¥2420 |
| C13 シドニー＆メルボルン | ¥1760 |

### D アジア

| | |
|---|---|
| D01 中国 | ¥2090 |
| D02 上海 杭州 蘇州 | ¥1870 |
| D03 北京 | ¥1760 |
| D04 大連 瀋陽 ハルビン 中国東北部の自然と文化 | ¥1980 |
| D05 広州 アモイ 桂林 珠江デルタと華南地方 | ¥1980 |
| D06 成都 重慶 九寨溝 麗江 四川 雲南 | ¥1980 |
| D07 西安 敦煌 ウルムチ シルクロードと中国西北部 | ¥1980 |
| D08 チベット | ¥2090 |
| D09 香港 マカオ 深圳 | ¥2420 |
| D10 台湾 | ¥2090 |
| D11 台北 | ¥1980 |
| D13 台南 高雄 屏東＆南台湾の町 | ¥1980 |
| D14 モンゴル | ¥2420 |
| D15 中央アジア サマルカンドとシルクロードの国々 | ¥2090 |
| D16 東南アジア | ¥1870 |
| D17 タイ | ¥2200 |
| D18 バンコク | ¥1980 |
| D19 マレーシア ブルネイ | ¥2090 |
| D20 シンガポール | ¥1980 |
| D21 ベトナム | ¥2090 |
| D22 アンコール・ワットとカンボジア | ¥2200 |

| | |
|---|---|
| D23 ラオス | ¥2420 |
| D24 ミャンマー（ビルマ） | ¥2090 |
| D25 インドネシア | ¥2420 |
| D26 バリ島 | ¥2200 |
| D27 フィリピン マニラ セブ ボラカイ ボホール エルニド | ¥2200 |
| D28 インド | ¥2640 |
| D29 ネパールとヒマラヤトレッキング | ¥2200 |
| D30 スリランカ | ¥1870 |
| D31 ブータン | ¥1980 |
| D33 マカオ | ¥1760 |
| D34 釜山 慶州 | ¥1540 |
| D35 バングラデシュ | ¥2090 |
| D37 韓国 | ¥2090 |
| D38 ソウル | ¥1870 |

### E 中近東 アフリカ

| | |
|---|---|
| E01 ドバイとアラビア半島の国々 | ¥2090 |
| E02 エジプト | ¥1980 |
| E03 イスタンブールとトルコの大地 | ¥2090 |
| E04 ペトラ遺跡とヨルダン レバノン | ¥2090 |
| E05 イスラエル | ¥2090 |
| E06 イラン ペルシアの旅 | ¥2200 |
| E07 モロッコ | ¥1980 |
| E08 チュニジア | ¥2090 |
| E09 東アフリカ ウガンダ エチオピア ケニア タンザニア ルワンダ | ¥2090 |
| E10 南アフリカ | ¥2200 |
| E11 リビア | ¥2200 |
| E12 マダガスカル | ¥1980 |

### J 国内版

| | |
|---|---|
| J00 日本 | ¥3300 |
| J01 東京 23区 | ¥2200 |
| J02 東京 多摩地域 | ¥2020 |
| J03 京都 | ¥2200 |
| J04 沖縄 | ¥2200 |
| J05 北海道 | ¥2200 |
| J06 神奈川 | ¥2420 |
| J07 埼玉 | ¥2200 |
| J08 千葉 | ¥2200 |
| J09 札幌・小樽 | ¥2200 |
| J10 愛知 | ¥2200 |
| J11 世田谷区 | ¥2200 |
| J12 四国 | ¥2420 |
| J13 北九州市 | ¥2200 |
| J14 東京の島々 | ¥2640 |

## 地球の歩き方 aruco

●海外

| | | |
|---|---|---|
| 1 | パリ | ¥1650 |
| 2 | ソウル | ¥1650 |
| 3 | 台北 | ¥1650 |
| 4 | トルコ | ¥1430 |
| 5 | インド | ¥1540 |
| 6 | ロンドン | ¥1650 |
| 7 | 香港 | ¥1320 |
| 9 | ニューヨーク | ¥1650 |
| 10 | ホーチミン ダナン ホイアン | ¥1650 |
| 11 | ホノルル | ¥1650 |
| 12 | バリ島 | ¥1650 |
| 13 | 上海 | ¥1320 |
| 14 | モロッコ | ¥1540 |
| 15 | チェコ | ¥1320 |
| 16 | ベルギー | ¥1430 |
| 17 | ウィーン ブダペスト | ¥1320 |
| 18 | イタリア | ¥1760 |
| 19 | スリランカ | ¥1540 |
| 20 | クロアチア スロヴェニア | ¥1430 |
| 21 | スペイン | ¥1320 |
| 22 | シンガポール | ¥1650 |
| 23 | バンコク | ¥1650 |
| 24 | グアム | ¥1320 |
| 25 | オーストラリア | ¥1760 |

| | | |
|---|---|---|
| 26 | フィンランド エストニア | ¥1430 |
| 27 | アンコール・ワット | ¥1430 |
| 28 | ドイツ | ¥1760 |
| 29 | ハノイ | ¥1650 |
| 30 | 台湾 | ¥1650 |
| 31 | カナダ | ¥1320 |
| 33 | サイパン テニアン ロタ | ¥1320 |
| 34 | セブ ボホール エルニド | ¥1320 |
| 35 | ロサンゼルス | ¥1320 |
| 36 | フランス | ¥1430 |
| 37 | ポルトガル | ¥1650 |
| 38 | ダナン ホイアン フエ | ¥1430 |

●国内

| | |
|---|---|
| 北海道 | ¥1760 |
| 京都 | ¥1760 |
| 沖縄 | ¥1760 |
| 東京 | ¥1540 |
| 東京で楽しむフランス | ¥1430 |
| 東京で楽しむ韓国 | ¥1430 |
| 東京で楽しむ台湾 | ¥1430 |
| 東京の手みやげ | ¥1430 |
| 東京おやつさんぽ | ¥1430 |
| 東京のパン屋さん | ¥1430 |
| 東京で楽しむ北欧 | ¥1430 |
| 東京のカフェめぐり | ¥1480 |
| 東京で楽しむハワイ | ¥1480 |

| | |
|---|---|
| nyaruco 東京ねこさんぽ | ¥1480 |
| 東京で楽しむイタリア＆スペイン | ¥1480 |
| 東京で楽しむアジアの国々 | ¥1480 |
| 東京ひとりさんぽ | ¥1480 |
| 東京パワースポットさんぽ | ¥1599 |
| 東京で楽しむ英国 | ¥1599 |

## 地球の歩き方 Plat

| | | |
|---|---|---|
| 1 | パリ | ¥1320 |
| 2 | ニューヨーク | ¥1320 |
| 3 | 台北 | ¥1100 |
| 4 | ロンドン | ¥1320 |
| 6 | ドイツ | ¥1320 |
| 7 | ホーチミン／ハノイ／ダナン／ホイアン | ¥1320 |
| 8 | スペイン | ¥1320 |
| 9 | バンコク | ¥1540 |
| 10 | シンガポール | ¥1100 |
| 11 | アイスランド | ¥1540 |
| 12 | マニラ セブ | ¥1650 |
| 14 | マルタ | ¥1540 |
| 15 | フィンランド | ¥1320 |
| 16 | クアラルンプール マラッカ | ¥1650 |
| 17 | ウラジオストク／ハバロフスク | ¥1430 |
| 18 | サンクトペテルブルク／モスクワ | ¥1540 |
| 19 | エジプト | ¥1320 |
| 20 | 香港 | ¥1100 |
| 22 | ブルネイ | ¥1430 |

| | | |
|---|---|---|
| 23 | ウズベキスタン サマルカンド ブハラ ヒヴァ タシケント | ¥1650 |
| 24 | ドバイ | ¥1320 |
| 25 | サンフランシスコ | ¥1320 |
| 26 | パース／西オーストラリア | ¥1320 |
| 27 | ジョージア | ¥1540 |
| 28 | 台南 | ¥1430 |

## 地球の歩き方 リゾートスタイル

| | | |
|---|---|---|
| R02 | ハワイ島 | ¥1650 |
| R03 | マウイ島 | ¥1650 |
| R04 | カウアイ島 | ¥1870 |
| R05 | こどもと行くハワイ | ¥1540 |
| R06 | ハワイ ドライブ・マップ | ¥1980 |
| R07 | ハワイ バスの旅 | ¥1320 |
| R08 | グアム | ¥1430 |
| R09 | こどもと行くグアム | ¥1650 |
| R10 | パラオ | ¥1650 |
| R12 | ブーケット サムイ島 ピピ島 | ¥1650 |
| R13 | ペナン ランカウイ クアラルンプール | ¥1650 |
| R14 | バリ島 | ¥1430 |
| R15 | セブ＆ボラカイ ボホール シキホール | ¥1650 |
| R16 | テーマパークinオーランド | ¥1870 |
| R17 | カンクン コスメル イスラ・ムヘーレス | ¥1650 |
| R20 | ダナン ホイアン ホーチミン ハノイ | ¥1650 |

# 地球の歩き方 旅の図鑑シリーズ

見て読んで海外のことを学ぶことができ、旅気分を楽しめる新シリーズ。
1979年の創刊以来、長年蓄積してきた世界各国の情報と取材経験を生かし、
従来の「地球の歩き方」には載せきれなかった、
旅にぐっと深みが増すような雑学や豆知識が盛り込まれています。

## W01
### 世界244の国と地域
¥1760

## W07
### 世界のグルメ図鑑
¥1760

## W02
### 世界の指導者図鑑
¥1650

## W03
### 世界の魅力的な
### 奇岩と巨石139選
¥1760

## W04
### 世界246の首都と
### 主要都市
¥1760

## W05
### 世界のすごい島300
¥1760

## W06
### 世界なんでも
### ランキング
¥1760

## W08
### 世界のすごい巨像
¥1760

## W09
### 世界のすごい城と
### 宮殿333
¥1760

## W11
### 世界の祝祭
¥1760

| | | |
|---|---|---|
| **W10** 世界197ヵ国のふしぎな聖地&パワースポット ¥1870 | **W12** 世界のカレー図鑑 ¥1980 | |
| **W13** 世界遺産　絶景でめぐる自然遺産　完全版 ¥1980 | **W15** 地球の果ての歩き方 ¥1980 | |
| **W16** 世界の中華料理図鑑 ¥1980 | **W17** 世界の地元メシ図鑑 ¥1980 | |
| **W18** 世界遺産の歩き方 ¥1980 | **W19** 世界の魅力的なビーチと湖 ¥1980 | |
| **W20** 世界のすごい駅 ¥1980 | **W21** 世界のおみやげ図鑑 ¥1980 | |
| **W22** いつか旅してみたい世界の美しい古都 ¥1980 | **W23** 世界のすごいホテル ¥1980 | |
| **W24** 日本の凄い神木 ¥2200 | **W25** 世界のお菓子図鑑 ¥1980 | |
| **W26** 世界の麺図鑑 ¥1980 | **W27** 世界のお酒図鑑 ¥1980 | |
| **W28** 世界の魅力的な道 178 選 ¥1980 | **W30** すごい地球! ¥2200 | |
| **W31** 世界のすごい墓 ¥1980 | | |

※表示価格は定価（税込）です。改訂時に価格が変更になる場合があります。

# 地球の歩き方 関連書籍のご案内

韓国や近場のアジア諸国への旅を「地球の歩き方」が応援します!

※表示価格は定価（税込）です。改訂時に価格が変更になる場合があります。

# あとがき

韓国は日本から2時間程度で気軽に行ける隣国です。初めて海外旅行する人はもちろん、リピーターにも有益な情報をこのガイドブックに詰め込みました。発行にあたり、ご協力いただいたすべての皆様に御礼申し上げます。

## STAFF

制 作：斉藤麻理  
編 集：どんぐり・はうす  
　　　大和田聡子、岩崎歩、  
　　　平田功、黄木克哲、柏木孝文  
デザイン、イラストマップ：アトリエ・プラン  
表 紙：日出嶋昭男  
地 図：黄木克哲（どんぐり・はうす）  
校 正：三品秀徳  

協 力　フォトグラファー：岩間幸司、豊島正直  
　　　協力：岡崎暢子、植平朋子、金志林、韓興鉄、高秀羅、八田靖史、加来沙緒里、  
　　　坂巻亜弥子、尹喜利、平岡ひとみ、申定容、徐庚材、塩田桃、渡辺とよこ、  
　　　チェ ヒョンジョン、朴正欽、姜声秀、聚珍社、慶尚北道文化観光公社、  
　　　大邱広域市観光協会  
　　　写真提供：韓国観光公社 Korea Tourism Organization、韓国観光公社東京支社、  
　　　全羅北道、井邑市、©iStock

Producer：Mari Saito  
Editors : Donguri House  
　　　Akiko Ohwada, Ayumu Iwasaki  
　　　Isao Hirata, Yoshinori Ogi, Takafumi Kashiwagi  
Designers, Illustrated Maps：atelier PLAN Co., Ltd.  
Cover Design：Akio Hidejima  
Maps：Yoshinori Ogi（Donguri House）  
Proofreading：Hidenori Mishina

本書についてのご意見・ご感想はこちらまで  
**読者投稿** 〒141-8425　東京都品川区西五反田2-11-8  
　　　　　株式会社地球の歩き方  
　　　　　地球の歩き方サービスデスク「韓国編」投稿係  
　　　　　https://www.arukikata.co.jp/guidebook/toukou.html  
**地球の歩き方ホームページ**（海外・国内旅行の総合情報）  
　　　　　https://www.arukikata.co.jp/  
**ガイドブック『地球の歩き方』公式サイト**  
　　　　　https://www.arukikata.co.jp/guidebook/

**地球の歩き方 D37**  
**韓国 2023-2024年版**  
**2023年4月 3日　初版第1刷発行**  
**2024年6月14日　初版第3刷発行**

Published by Arukikata. Co., Ltd.  
2-11-8 Nishigotanda, Shinagawa-ku, Tokyo, 141-8425, Japan

著作編集　　地球の歩き方編集室  
発 行 人　新井 邦弘  
編集人　由良 暁世  
発 行 所　株式会社地球の歩き方  
　　　　　〒141-8425　東京都品川区西五反田2-11-8  
発 売 元　株式会社Gakken  
　　　　　〒141-8416　東京都品川区西五反田2-11-8  
印刷製本　株式会社ダイヤモンド・グラフィック社

※本書は基本的に2022年8月～2022年12月（一部は2023年1月）の取材データに基づいて作られています。  
発行後に料金、営業時間、定休日などが変更になる場合がありますのでご了承ください。  
更新・訂正情報：https://www.arukikata.co.jp/travel-support

●この本に関する各種お問い合わせ先  
・本の内容については、下記サイトのお問い合わせフォームよりお願いします。  
　URL▶https://www.arukikata.co.jp/guidebook/contact.html  
・在庫については　Tel 03-6431-1250（販売部）  
・不良品（落丁、乱丁）については　Tel 0570-000577  
　学研業務センター　〒354-0045　埼玉県入間郡三芳町上富279-1  
・上記以外のお問い合わせは　Tel 0570-056-710（学研グループ総合案内）